T0247730

La línea rosa

La línea rosa

Un viaje por las fronteras queer del mundo

Mark Gevisser

TENDENCIAS

Argentina · Chile · Colombia · España
Estados Unidos · México · Perú · Uruguay

Título original: *The Pink Line*
Editor original: Farrar, Straus and Giroux
Traducción: Sara Villar Zafra

1.ª edición: mayo 2022

Copyright © 2020 *by* Mark Gevisser
All Rights Reserved
© de la traducción 2022 *by* Sara Villar Zafra
© 2022 *by* Ediciones Urano, S.A.U.
Plaza de los Reyes Magos, 8, piso 1.º C y D – 28007 Madrid
www.edicionesurano.com

ISBN: 978-84-92917-05-1
E-ISBN: 978-84-19029-75-1
Depósito legal: B-4.751-2022

Fotocomposición: Ediciones Urano, S.A.U.

Impreso por: Rodesa, S.A. – Polígono Industrial San Miguel
Parcelas E7-E8 – 31132 Villatuerta (Navarra)

Impreso en España – *Printed in Spain*

Para Dhianaraj Chetty.

«Una identidad solo es cuestionada cuando está amenazada, como cuando los poderosos empiezan a caer, o cuando los miserables empiezan a levantarse, o cuando el extraño entra por la puerta para no ser un extraño nunca más... Parece que la identidad es la vestimenta con la que uno cubre su propia desnudez, en cuyo caso será mejor que sea suelta, como las túnicas del desierto, a través de las cuales siempre se puede notar la propia desnudez y, en algunas ocasiones, distinguirla. Es esta confianza en la propia desnudez lo que nos otorga el poder de cambiarnos de traje»[1].

James Baldwin, *The Devil Finds Work: An Essay* (1976).

CONTENIDO

NOTA DEL AUTOR

Terminología

Me gusta la palabra *queer* por su doble significado. Además de que personas de todo el mundo se la ha reapropiado para describirse a sí misma, *queer* significa «diferente» o «torcido», y ver las cosas desde una «perspectiva queer» implica mirar al mundo de reojo, verlo de nuevo. Pero, francamente, es un término conveniente: sirve para todo y engloba a (casi) todas las L, las G, las B, las T y el resto de las letras en este abecedario en expansión. Por esta misma razón, no obstante, en ocasiones se ha perdido el sentido de lo queer, especialmente en Estados Unidos: si todo el mundo es queer, nadie lo es. Espero conseguir un buen equilibrio en estas páginas.

Además, en algunas partes del mundo, entre las que se incluye el Reino Unido, comunidades afroamericanas y mi Sudáfrica natal, *queer* sigue resultando un término incómodo. Esto se debe a que todavía se lo utiliza con demasiada frecuencia como un insulto. También hay personas trans que lo rechazan y tienen muy claro, como Liam, a quien conoceréis en estas páginas, que son «hetero».

He hecho todo lo posible por utilizar el lenguaje con el que más cómodas se sienten las personas sobre las que escribo. Describo a Liam como un hombre trans heterosexual porque así es como se describe él mismo. Sean, a quien también le asignaron sexo femenino al nacer, es *genderqueer* y prefiere el pronombre «elle», por lo que así me refiero a elle, a pesar del embrollo gramatical. Me he esforzado por respetar este principio, aunque me conduzca a inconsistencias inevitables en el texto. Hay quienes hablan de derechos y comunidades LGTB, quienes dicen

LGTBI, LGTBQ, LGTBIQ, LGTBQ+, etcétera. En la década de 2010, la convención aceptada en el discurso de los derechos humanos era LGTB, y por tanto es la sigla que uso por defecto. Pero si Tiwonge se refiere a sí misma como LGTBI, así la llamo yo también; si Pasha alude a sí misma como transgénero, así aludo a ella yo también. Y si Charlotte se define como transexual, pues lo mismo.

En la misma línea, *cisgénero* es un término desarrollado por la propia comunidad trans para describir a personas como yo: aquellas cuya identidad y expresión de género son coherentes con los cuerpos que les tocaron al nacer. Comparto el escepticismo del filósofo Kwame Anthony Appiah sobre la necesidad de empezar cada frase diciendo: «Como hombre blanco, gay, cisgénero, de clase media y mediana edad de Sudáfrica…», o cualquiera que sea el marcador de identidad. En un artículo de opinión de *The New York Times* publicado en 2018, Appiah dice: «Como los miembros de cualquier grupo identitario tienen experiencias que dependen de otros muchos factores, no son los mismos»[2]. Yo hablo por mí, no por ningún grupo. Sin embargo, lo hago desde cierta perspectiva privilegiada y, a pesar de los nuevos debates sobre la «apropiación cultural», quiero que sepas cuál es mi punto de partida mientras te pido que me acompañes en este viaje.

Espero al leer el libro, os veáis reflejados en estas páginas y os identifiquéis con las personas sobre las que escribo. También espero que tengáis esta sensación de emoción por lo nuevo, como me pasó a mí. En estos últimos párrafos ya hay palabras y frases que puede que no sean tan conocidas para quienes leáis esto: «cisgénero», «congruencia de género», «sexo asignado al nacer». ¿Se dice «cirugía de cambio de sexo», «cirugía de reasignación de género», «cirugía de afirmación de género» o «cirugía de confirmación de género»? Nos encontramos en arenas movedizas, ya que el repertorio léxico de un grupo de personas que durante mucho tiempo han sido malentendidas se está estableciendo como algo de uso cotidiano, fuera del discurso patologizante de la medicina. No existe ningún acuerdo: algunas personas utilizan «transexual» para diferenciar a quienes se han operado, mientras que otras rechazan la palabra por su connotación derogatoria y erotizada. De nuevo, he intentado encauzar el rumbo utilizando como guía la manera que tienen estas personas (y las convenciones aceptadas en el momento) para describirse a sí mismas.

Un precepto clave dentro del movimiento por los derechos trans contemporáneo, especialmente en Occidente, es hacer una clara distinción entre «orientación sexual» e «identidad de género». El movimiento trans tiene unos eslóganes estupendos que me han ayudado a entenderlo, y espero que también puedan ayudaros:

«El género es lo que tenemos entre las orejas; el sexo, lo que tenemos entre las piernas».

«Mi identidad de género es con lo que me voy a la cama; mi orientación sexual, con quien me voy a la cama».

«El sexo es lo que hago sin ropa; la expresión de género es lo que hago con ella puesta».

Esto funciona en el contexto estadounidense, pero no consigue capturar el complejo remolino de sexualidades e identidades de género de otros lugares. El objetivo dominante de este libro, si lo tiene, es mostrar que no hay una sola manera de existir en este mundo.

Traducción

Este libro recoge historias de muchas personas que no hablan nada de inglés, de algunas que lo hablan con fluidez como lengua extranjera y de otras para quienes es su lengua materna. En Malaui y Sudáfrica, Egipto, Rusia, la India y México, estuve trabajando con intérpretes-investigadores de chichewa, árabe, ruso, tamil y español. Esto quiere decir que las personas cuyas historias estoy contando están refractadas por un séquito extraordinario de intermediarios que han trabajado por partida doble conmigo, ya que tenían que escuchar en todo momento, mientras que yo podía desconectar brevemente después de hacer la pregunta y esperar su interpretación; también tuvieron que resolver, indagar y hacer de mediadores culturales en muchas ocasiones. Todos ellos hicieron un trabajo inestimable, pero no todos se expresaban con la misma fluidez en inglés y tenían sus propias idiosincrasias lingüísticas, debido al lugar y a la manera en que aprendieron la lengua. En algunas ocasiones, dado que estuve en contacto con los sujetos de mi estudio durante seis años, me vi obligado a recurrir a más de un intérprete, por lo que su voz fue cambiando a lo largo de la transcripción, entre visita y visita. Pasha, de Rusia, en ocasiones habla en un inglés más británico, como mi intérprete Margaret, y en otras es más estadounidense, como mi intérprete Zhenya.

Si, en Tamil Nadu, la manera de expresarse de Sheetal parece más grosera que la de su protegida Lakshaya, puede que no sea tanto por sus respectivas personalidades, sino porque Sheetal prefirió hablarme en inglés, de aquella manera, mientras que Lakshaya no pudo, por lo que su discurso está filtrado por el inglés más estándar de mi intérprete Lavanya. Incluso cuando no había ningún intérprete de por medio se presentaban estas posibles discrepancias. Nadav, el israelí, ¿es más elocuente que su novio Fadi, palestino? Lo dudo. Pero Nadav estuvo viviendo en Australia de niño, mientras que Fadi aprendió inglés a través de internet.

En algunas ocasiones también estuve hablando en francés o en español, de manera imperfecta, con personas para quienes estas eran sus lenguas maternas o extranjeras. Pude constatar con certeza que hubo cosas que se perdieron en la transferencia. Aun así, a pesar de estas limitaciones, me he esforzado por acercaros a estas personas en sus propias voces, con traducciones que son lo más precisas posible respecto de lo que los sujetos me dijeron. Pero la traducción no deja de ser una pantalla, y no es traslúcida.

Anonimato y seguridad

Varias personas me han pedido que utilizase seudónimos o que quedasen ocultas. Dado el peligro al que las personas queer se exponen, particularmente en países como Egipto o Nigeria, prometí anonimato para quienes así lo solicitaran. Siempre lo señalo cuando lo he hecho. Curiosamente, el lugar en el que más personas pidieron que no figuraran sus nombres, o que solo aparecieran sus nombres de pila y no sus apellidos, para que no pudieran ser rastreadas en internet, fue en Estados Unidos. Puede que esto se deba a que este libro se va a publicar allí en primer lugar; a que los estadounidenses están bien conectados y se saben manejar muy bien con estos medios, y a que mis sujetos principales acababan de cumplir la mayoría de edad y les preocupaba, con razón, lo que les pudiera suceder conforme llegaban a la vida adulta. Pero creo que esto también indica otra cosa: lo tenso que está este debate en Estados Unidos, y lo frágil y desmedido que ha sido el discurso cultural sobre la identidad trans en particular, a pesar de las relativas seguridad y libertad de las que la gente goza en ese país, en comparación con otras partes del mundo.

Nota del editor

Para la presente edición y siguiendo el principio del autor de respetar el derecho de las personas a nombrarse a sí mismas, hemos empleado los pronombres y la descripción de identidad que cada persona que aparece en este libro utiliza para sí misma.

Tanto el editor como el autor respetan profundamente la evolución de los idiomas como el español, no obstante, dado que las alternativas sin género son todavía un «trabajo en progreso» hemos tomado la decisión de utilizar las reglas estandarizadas convencionales de acuerdo al género. En cualquier caso, siempre que ha sido posible hemos utilizado adjetivos sin género en favor de una mayor inclusividad. Queremos que este libro sea leído, compartido y utilizado por una gama tan amplia de lectores como sea posible y es por ello que hemos tomado esta decisión respecto al lenguaje empleado.

Por último, atendiendo a la etimología del término «homosexual» —del griego *homós* (igual) y del latín *sexus* (sexo)—, el autor ha utilizado dicha palabra para describir comportamientos o acciones, en lugar de identidades, descritas como «gay», «lesbiana», «LGTB», «queer», entre otras.

Una deuda con el amor

«Gais se comprometen»[3].

Esto es lo que decía la primera plana del periódico *The Nation,* en el país centroafricano de Malaui, el domingo 28 de diciembre de 2009. Encima había una fotografía de dos personas, llorosas e incómodas, vestidas a conjunto con una tela *wax* estampada. El artículo decía: «Los tortolitos gais Tiwonge Chimbalanga y Steven Monjeza hicieron historia el sábado al animar la época de fiestas con una ceremonia de compromiso *(chinkhoswe)*», y mencionaba que esta era «la primera actividad pública de la que hay constancia para los homosexuales en este país». Debajo, en el lado izquierdo, había algunos «datos relevantes»: la homosexualidad era «ilegal en Malaui» y conllevaba «una sentencia máxima de cinco a catorce años de cárcel, con o sin pena corporal».

Cuatro años y medio más tarde, en mayo de 2014, revisé esta página con Tiwonge Chimbalanga, que se la había llevado con ella al exilio, a través de tres mil kilómetros y cuatro países, y la había fijado sobre la pared de zinc ondulado de su chabola en la aldea, un *township*** a las afueras de Ciudad del Cabo. A pesar de que la exhibía, también la rebatía: «No soy gay, soy una mujer», me dijo en inglés antes de volver a su lengua materna, el chichewa: «Me dijeron que era gay cuando me detuvieron. Me dijeron que me habían pagado personas LGTB del extranjero para que celebrara mi *chinkhoswe,* pero la primera vez que oí la palabra

---

* Áreas urbanas subdesarrolladas localizadas en las periferias de los pueblos y las ciudades en Sudáfrica, y pobladas por gente no blanca. (N. de la T.).

gay fue cuando la vi junto a esa foto y cuando los policías vinieron y me llevaron».

Antes, al llegar, Aunty —que era como conocían universalmente a Chimbalanga— me había estado esperando en la calle vestida con un elaborado conjunto violeta, con falda larga y turbante; el tipo de confección que normalmente se reserva para un *chinkhoswe* en casa. Pensé que tal vez estaría haciendo el esfuerzo porque iba a recibir una visita, pero resultó que era así como vestía siempre. Es algo que no concuerda en absoluto con las mallas de licra que tanto les gustan a las mujeres de la zona, en esta área proletaria y llena de arena. Aunty era alta y muy oscura, con facciones anchas. Habría sobresalido de todas maneras, aunque no hubiera llevado una buena capa de maquillaje para cubrirse el vello facial, lo que le proporcionaba un brillo plateado. Era quebradiza y regia, con una altanería estudiada, pero me di cuenta de lo rápido que podía evaporarse en una timidez femenina cuando estaba más relajada o cuando tenía motivos para recordar la vida que había llevado antes de que le dijeran que era gay y se la llevaran.

Aunty se movía con los modales determinados de alguien que podría colapsar si no mantuviera la barbilla hacia delante. Con zapatos de tacón bajito de color plateado, me condujo por un camino estrecho y empapado entre chabolas hasta llegar a la suya, una de las tantas que había en el patio de una gran casa. Sin duda, la de ella era la mejor de todas, gracias a una ayuda que había recibido por parte de Amnistía Internacional, por haber sido liberada como «presa de conciencia». Tenía un televisor grande, un sistema de sonido, y un grupito que incluía a su «marido» desde hacía casi un año, Benson, un compatriota de Malaui desempleado que vivía con ella. Los vecinos se pasaban por ahí constantemente para hacerse con algún tomate o para comprar cerveza que vendía por izquierda. «¡Aunty, Aunty!», exclamaban entre el afecto y la burla mientras pasaban por la valla de seguridad, que estaba cerrada.

Llevaba conmigo algo de comer: un cubo de Kentucky Fried Chicken y una botella de litro y medio de Mountain Dew. Benson era un hombre tranquilo y pequeño; estaba algo ebrio y, al parecer, dominado por Aunty. Ella le ordenó que sacara algunas sillas de plástico, y entonces me pareció que había alisado un mantel imaginario sobre la mesa que llenaba una de las dos habitaciones. Alrededor de la página que decía «Gais se comprometen» había pegadas, de una manera más o menos al azar, fotografías de ella con personas que parecían ser amigos y amantes, y otros artículos que detallaban su encarcelamiento y su posterior puesta en libertad en casa. Estaban entremezcladas con anuncios recortados con cuidado de revistas sudafricanas, esas que tienden hacia la hiperfeminidad que representa una chica sobre un coche deportivo. Había un código escrito con cuidado con un rotulador permanente negro sobre la parte frontal de la nevera, que era demasiado grande: «ROMA 13 8». Le pregunté qué quería decir.

Aunty extendió el brazo sobre la mesa para alcanzar la Biblia, de color verde y desgastada, que le había regalado la persona que más la había visitado cuando estuvo en la cárcel en Malaui, un sacerdote que le imploraba que se arrepintiera. La abrió por Romanos 13:8 y leyó el versículo con algo de dificultad: «No tengan deudas pendientes con nadie, a no ser la de amarse unos a otros. De hecho, quien ama al prójimo ha cumplido la ley».

¿Por qué había escogido escribir esas palabras en la nevera? «Son las palabras que figuraban en la invitación para mi ceremonia de compromiso», dijo en chichewa a través de su amiga Prisca, otra refugiada de Malaui. A Aunty le costaba hablar inglés incluso después de llevar cuatro años ahí. «Quiero que todos los que vengan a mi casa sepan lo que significa el amor. Entonces sabrán que no hice nada malo».

* * *

CUANDO CAROLINE SOMANJE, la periodista responsable del artículo acerca de los gais que se comprometieron, recibió un soplo que la alertaba sobre el *chinkhoswe* público de dos hombres, supo que tenía una exclusiva. Me lo contó por teléfono desde Malaui cuando hablamos en 2014. Antes de esto, los únicos momentos en los que los medios de comunicación del país habían hablado sobre la homosexualidad eran cuando, a veces, acusaban a un hombre por haber violado a una persona menor de edad. Pero los rumores sobre el tema se estaban expandiendo incluso aquí, uno de los países más subdesarrollados y aletargados de África.

Había una cadena sudafricana que proporcionaba televisión por satélite a Malaui y a toda África, y la telenovela *Generations* acababa de presentar un personaje gay negro. En el canal de noticias era frecuente que comentaran historias de matrimonios gais en Occidente, sobre todo en Estados Unidos, donde el tema se había avivado después del debate sobre la Proposición 8 en California. Y la epidemia de sida estaba forzando una desagradable controversia sobre la homosexualidad, debido a la creciente insistencia de los donantes internacionales. Como respuesta, el alegato de que los derechos de los gais eran una imposición de Occidente arraigó. También lo hizo el poder que tiene este tema para crear escándalos y vender periódicos, ya que los directores de Somanje bien podrían haber tomado nota del efecto que tenía en Uganda, donde la prensa amarilla nombraba y humillaba con regularidad a supuestos homosexuales.

Después de haber recibido el soplo, Somanje fue corriendo al complejo de cabañas Mankhoma, en el camino hacia el aeropuerto de Blantire, la ciudad más grande de Malaui. Aunty había estado trabajando allí como limpiadora y cocinera. La escena que se encontró Somanje fue tensa: «Había una multitud que se mostraba hostil. Habían venido a satisfacer su curiosidad, no a celebrar una boda. Tiwonge estaba llorando».

De hecho, el soplo había salido de la empleadora de Aunty, una destacada política local y dueña de un negocio que había pagado el *chinkhoswe*. Creía que así atraería a más clientes, pero entró en pánico cuando vio que la situación se le iba de las manos.

Durante el juicio, la mujer, Joan Kamphale, dijo en el juzgado que Aunty la había engañado haciéndole pensar que era una mujer. Supuestamente, había justificado sus características faciales masculinas diciendo que había nacido siendo niña, pero que de pequeña la habían embrujado.

Aunty me confirmó que, efectivamente, esa era la explicación que había dado —yo llegué a la conclusión de que ella misma se lo creía—, pero que Kamphale había mentido durante el juicio, ya que en todo momento había sabido que Aunty tenía un cuerpo masculino. Esto me quedó claro cuando la entrevisté a ella y a su familia en Blantire, más tarde, en 2014. La hija de Kamphale, Rachael, le había implorado que contratara a Aunty, a pesar del hecho de que «él» era «gay». «Hoy en día, nosotros, los jóvenes, estamos más abiertos a estas cosas. Ya no es nada nuevo, nos hemos modernizado, hemos crecido en un mundo que está cambiando constantemente, por lo que cuando conocemos a alguien que resulta que es gay, ¿qué más da?», me dijo Rachel.

Las autoridades no se sentían así. Cuando la policía llegó a la cabaña a la mañana siguiente, con una copia de The Nation en las manos, hizo que Aunty se desnudara a la fuerza. En cuanto los agentes verificaron que tenía genitales masculinos, los arrestaron a ella y a Monjeza bajo la sospecha de estar contraviniendo la Sección 153 del Código Penal, un vestigio del período colonial británico que prohibía las relaciones sexuales entre homosexuales por tratarse de «conocimiento carnal contra natura»[4]. Ambos fueron acusados, aunque esta disposición nunca había sido aplicada en contra de dos personas en edad para consentir y no había ninguna evidencia del acto. Después de un juicio humillante que paralizó a la ciudad de Blantire, los declararon culpables y los condenaron a la máxima pena de catorce años de trabajos forzados: «Una sentencia que da miedo», en palabras del juez. Había que «proteger» al público de «otros que podrían sentirse tentados a emular este [espantoso] ejemplo».

Hubo indignación internacional como resultado del juicio. Madonna, que había adoptado a dos niños de Malaui, inició una petición en internet, y Ban Ki-Moon, el entonces secretario general de las Naciones Unidas, encabezó una misión humanitaria en ese país. En una rueda de prensa conjunta con Ban, en junio de 2010, el presidente de Malaui, Bingu wa Mutharika, anunció que indultaría a Chimbalanga y a Monjeza. Pero dejó claro que estaba sucumbiendo a presiones internacionales, pues ambos habían «cometido un crimen en contra de nuestra cultura, nuestra religión y nuestras leyes»[5].

Después de dejarlos en libertad, The Nation le pagó a Steven Monjeza por una entrevista en la que denunció a Aunty por haberlo embrujado. Anunció su feliz compromiso con una trabajadora sexual del lugar, y al cabo de pocos meses ya volvía a estar en la cárcel, esta vez por haber robado un teléfono móvil. Intenté encontrarlo cuando fui de visita a Malaui a finales de 2014, pero al parecer estaba nuevamente a la sombra.

Aunty terminó pidiendo asilo en Sudáfrica debido a la persecución que estaba sufriendo en su país de origen tras su puesta en libertad, ya que su notoriedad le imposibilitaba estar en público. Pero su vida en Sudáfrica no era fácil. Tenía el cuerpo destrozado, y me lo mostró cicatriz por cicatriz, algunas en carne viva, para ilustrarme que eran consecuencia de los ataques que había sufrido desde que se había mudado a Ciudad del Cabo en 2011.

Una página de revista, pegada en la pared de Aunty, me llamaba la atención cada vez que la visitaba. Era una fotografía de James Small, el chico malo y sexy del rugby sudafricano, cubierto de sangre en el campo de juego, bajo un titular en afrikáans que se traduciría como «nadie lo mangonea». Aunty me contó que cuando su marido, Benson, quería ir de compras, ella necesitaba acompañarlo para protegerlo de los insultos que derivaban de su relación con ella. No quedaba duda de que había aprendido a usar los puños, y luego me enteré de que no le daba vergüenza hacerlo. Pero cuando saludaba con una reverencia y no conseguía mirarme a los ojos, o cuando se mecía suavemente para rezar en la iglesia los domingos por la mañana, recordaba quién era: una chica rural devota proveniente de una aldea al otro lado de las plantaciones de té en los acantilados de Thyolo, al sur de Malaui, muy muy lejos de allí.

* * *

Este libro es la historia de Aunty y la de otras personas de diferentes partes del mundo que se han encontrado en lo que yo llamo la «línea rosa»: una frontera de los derechos humanos que ha dividido y descrito el mundo de una manera completamente nueva durante las dos primeras décadas del siglo XXI. Ningún movimiento social global ha arrasado tan rápido como el que se ha llegado a conocer como «LGTB». Los mundos que Aunty y yo habitábamos en 2014 eran inconcebiblemente diferentes de los que habíamos vivido, en lugares tan dispares, apenas una década antes.

La casa de Aunty en Tambo Village no está ni a veinte kilómetros del magnífico bungaló centenario con vistas al mar desde el que escribí este libro. Mi marido C. y yo lo compramos en 2012. Nos casamos tres años antes, en 2009, el mismo año en que Aunty celebró su *chinkhoswe*. Pero mientras que su ceremonia de compromiso le causó una lamentable humillación, una sentencia de catorce años de cárcel y una vida en un exilio involuntario, la mía me proporcionó una anhelada estancia de varios años en París, beneficios conyugales por parte del trabajo de C. y los mismos derechos que cualquier otra pareja casada en nuestro país de origen, Sudáfrica. Nuestra constitución *post apartheid* se dio a conocer en todo el mundo como la primera en garantizar la igualdad en cuanto a la orientación sexual. Diez años más tarde, en 2006, Sudáfrica se convirtió en el quinto país del mundo en legalizar el matrimonio entre personas del mismo sexo. Ahí estábamos, una pareja gay casada, beneficiándonos con unos derechos que habrían sido impensables cuando era joven.

Tres décadas antes, camuflando el terror que sentía con una resistencia inflexible, salí del armario frente a mis padres a los diecinueve años. Me apoyaron, pero mi padre fue incapaz de esconder sus preocupaciones. ¿Llegaría a conocer la alegría de tener una familia? ¿Llevaría una vida solitaria? Yo defendí mi posición: por supuesto que tendría hijos, por supuesto que encontraría el amor. Pero estábamos en 1983, ni siquiera existía una internet que pudiera abastecerme con información y con el consuelo de una comunidad virtual, y me costó autoconvencerme. Más adelante, al ir adentrándome en la edad adulta, apareció la epidemia del sida con la cruel confirmación de lo que les habían hecho creer a todos los hombres gais sobre sí mismos: que éramos unos pecadores y que nos estaban castigando, que nuestra sexualidad era morbosa y que íbamos a morir.

Durante todo esto llegué a creer, con convicción, que tanto yo como otros iguales a mí teníamos el mismo derecho a vivir sin escondernos, como los demás, y contribuí en la lucha por esto. Como estudiante universitario en Estados Unidos en la década de 1980, asumí el mantra de Harvey Milk, el político gay de San Francisco a quien habían asesinado unos años antes, en 1978: «¡Hermanos y hermanas gais, debéis salir del armario!»[6]. La única vía para la plena participación de las personas homosexuales en la sociedad, la única vía para salir de la vergüenza y el secretismo de mi propia adolescencia, pasaba por la visibilidad, para que otros

—compañeros de trabajo y de clase, nuestros hijos y vecinos, nuestros padres y sacerdotes— supieran que estábamos ahí. Al volver a casa en 1990 después de que levantaran la prohibición sobre los movimientos de liberación en Sudáfrica y liberaran a Nelson Mandela, escribí públicamente sobre mi orientación sexual y coedité un libro sobre la vida gay y lésbica en mi país. Al mismo tiempo, gozaba de una carrera prominente como periodista que no se vio perjudicada de ningún modo por estar fuera del armario.

Dos décadas más tarde, en 2013, C. y yo vivíamos en Francia cuando el país legalizó, por fin, el matrimonio igualitario y mejoró la condición del *Pacte civil de solidarité* (PACS), una forma de unión civil. Un domingo de mayo, cientos de miles de personas se volcaron en París en la «Manif Pour Tous», un mitin en contra del matrimonio entre personas del mismo sexo y a favor de «la familia»[7], con el apoyo de la Iglesia católica en un intento por mantener su relevancia en una sociedad que se está secularizando rápidamente. Muchos de los participantes llevaban camisetas con un pictograma de cuatro figuritas de palo: una madre, un padre y dos hijos. Estaba con una amiga sudafricana, una mujer blanca que había adoptado junto con su esposa a dos niños negros, y observamos al gentío. Nos parecía que su indignación emanaba más bien de la confusión y no del enfado: una confusión sobre lo que había ocurrido con las certezas acerca de su mundo. Parecía como si fueran ellos los nuevos *outsiders* en un consenso social que estaba prosperando[8]: a pesar de la cantidad que había, según las encuestas se trataba de una minoría de franceses. Incluso en Estados Unidos, donde los «derechos de los homosexuales» habían sido durante mucho tiempo un *casus belli* para la guerra cultural, la encuesta anual Gallup mostraba que, para 2016, el 61 % de los estadounidenses estaba a favor del matrimonio igualitario[9].

Gais y lesbianas casándose y teniendo hijos, jefas de Estado abiertamente lesbianas y ejecutivos de multinacionales manifiestamente gais; medicamentos para el bloqueo de la pubertad que ayudan a niños que planean cambiar de género, órdenes presidenciales haciendo que niños trans puedan utilizar los baños de manera congruente con su identidad de género… Estas cosas eran impensables cuando participaba en las manifestaciones del Orgullo en Nueva York en la década de 1980 y ayudaba a organizar los Días de Concienciación de Gais y Lesbianas en la Universidad de Yale.

Ahora, en mi mediana edad, conforme el siglo XXI se desplegaba en su segunda década, este cambio se estaba dando en enclaves progresistas del mundo, en lugares como el Área de la Bahía de San Francisco (California), Buenos Aires, Ámsterdam o Ciudad del Cabo. Pero el mundo estaba cambiando más rápido que nunca debido al movimiento sin precedentes de bienes, capital, personas y, especialmente, de ideas e información: lo que hemos llegado a conocer como «globalización». Alrededor de todo el mundo, las personas descargaban estas nuevas ideas, obtenidas en muchas ocasiones a través de medios digitales, e intentaban aplicarlas a sus realidades analógicas. Así, empezaron a cambiar la manera que tenían de pensar sobre sí mismas, sobre su lugar en la sociedad, sus opiniones y derechos. Incluso en lugares tan remotos como Blantire, donde Aunty celebró su *chinkhoswe*, las inmemoriales convenciones sobre el género y la sexualidad se estaban viendo alteradas. Había nuevas negociaciones sobre lo que la sociedad consideraba que era público y privado, ilícito o aceptable.

Entre 2012 y 2018, el punto culminante de este nuevo fenómeno global, viajé mucho, en un intento por comprender cómo y por qué estaba cambiando el mundo. No fui a todas partes, sino que escogí lugares en los que sentía que podría reunirme con gente que sería capaz de contar mejor cómo el «movimiento por los derechos LGTB» estaba estableciendo una nueva frontera global en el discurso de los derechos humanos, tal como lo hicieron en su momento el movimiento por los derechos de las mujeres, el movimiento por los derechos civiles, el anticolonial o el abolicionista. Quería entender de qué manera esta nueva lucha era una consecuencia de las anteriores —que siguen ocurriendo—, pero también de qué manera se diferenciaba de las otras en esta era de revolución digital y explosión de la información, de consumo y turismo de masas, de migración y urbanización masivas, y de activismo global por los derechos humanos.

Seguí la trayectoria del viaje de Aunty desde Ciudad del Cabo, que se anuncia como «la capital gay de África», a su aldea natal en un lugar remoto de Thyolo. Fui tras un refugiado gay de Uganda desde Kampala hasta Nairobi, en la vecina Kenia, y luego hasta su reasentamiento en Canadá. Pasé el rato con adolescentes trans y no binaries de una agrupación juvenil LGTBQCA (lesbianas, gais, trans, bisexuales, queers, cuestionándose y asexuales) en Ann Arbor, Míchigan, y los seguí mientras se dispersaban por todo Estados Unidos. Pasé tiempo con un grupo de *kothis* («corazones de mujeres en cuerpos de hombres») que servían en un templo en una aldea de pescadores al sur de la India, a las afueras de Puducherry, y también con ingenieros informáticos trans que trabajan para compañías multinacionales cerca de Bangalore. Estuve con madres lesbianas en México y madres trans en Rusia; con palestinos queer en cafés de moda en Tel Aviv y Ramala, y con egipcias queer en cafés a pie de calle en el centro de El Cairo; en marchas por el Orgullo en Tel Aviv y en Delhi, Londres y Ciudad de México. Y seguí a la nueva élite internacional de activistas y fundadores en sus viajes por el mundo, en un circuito sin fin de reuniones y conferencias en el que iban tejiendo las redes que defienden esta nueva agenda global.

Fui testigo de cómo entró en acción una nueva y problemática equiparación: mientras el matrimonio igualitario y la transición de género se celebraban ahora en algunas partes del mundo como señal del progreso de la humanidad, se reforzaban leyes para criminalizar dichas acciones en otras partes. En 2013, el mismo año en que el Reino Unido aprobó la Ley del Matrimonio (para Parejas del Mismo Sexo), Nigeria promulgó su antítesis, la Ley (Prohibición) del Matrimonio entre Personas del Mismo Sexo. Hasta los paréntesis eran reaccionarios: el nombre estaba redactado a propósito para provocar al antiguo opresor colonial y el título era premeditadamente cínico, marcando un antes y un después retórico al prometer la inoculación de la sociedad africana contra un futuro contagio de Occidente. La ley contra la homosexualidad de Nigeria era la más dura en el mundo fuera de la ley islámica de la *sharía*: promulgaba sentencias obligatorias de catorce años no solo por tener relaciones sexuales, sino por mostrar cualquier tipo de «comportamiento homosexual» o su defensa, incluyendo asistir a eventos o asociarse con personas que se creía que podían ser homosexuales.

Y así se estableció una línea rosa entre aquellos lugares que estaban integrando cada vez más a la gente queer en sus sociedades como ciudadanos de pleno derecho y aquellos que hallaban nuevas maneras de acallarlos en cuanto hubieran salido del armario. A un lado de esta línea rosa estaban los países que habían experimentado cambios sociales gracias a sus propios movimientos por los derechos de las mujeres y de los homosexuales. Estas naciones apoyaban los «derechos LGTB» como una aplicación lógica de la Declaración Universal de los Derechos Humanos de 1948, de Naciones Unidas. Al otro lado estaban los países que condenaban la idea por ser una violación de lo que llamaban sus «valores tradicionales» y su «soberanía cultural».

Rusia y Uganda, por ejemplo, usaron la legislación antigay para erigir barreras morales en contra del flujo imparable de la globalización. Otros países, como Egipto, Turquía e Indonesia, intentaron demostrar su rectitud aplicando mano dura sobre las mujeres trans, la cara más visible de esta «inmoralidad» procedente de Occidente, a pesar de que, en Indonesia, el tercer género *waria* llevase mucho tiempo siendo parte de su sociedad[10]. Las medidas se solían tomar apelando a leyes que prohibían la prostitución, el «libertinaje» o la «vagancia», pero, como demostró ampliamente el caso de Aunty, dichas leyes no se necesitaban en países que imponían o reforzaban sus leyes contra la sodomía, ya que estas se podían aplicar a cualquiera que fuese oficialmente varón, sin importar su identidad de género.

En 2018, la Organización Mundial de la Salud introdujo una enmienda en su Clasificación Internacional de Enfermedades (CIE), que establece los códigos globales para los diagnósticos, para que la *incongruencia de género* —el término para el *trastorno de la identidad de género*— fuera eliminada de los «trastornos mentales» y se la añadiera a las «condiciones relacionadas con la salud sexual». Algunos países, con Argentina y Dinamarca a la cabeza, ya habían empezado a posibilitar el cambio legal del género a través de la «autodeterminación», lo que quiere decir que ya no se necesitaba ningún diagnóstico ni certificado externos. En el sur de Asia, donde ha habido comunidades de un tercer género durante siglos, los activistas se sentían con energías renovadas gracias al nuevo movimiento global trans, y se sirvieron de las constituciones de sus países para ganar victorias en cuanto al reconocimiento del género.

Pero, sobre la marcha, se trazó una nueva línea rosa con otros campos de batalla que abrían nuevas fronteras en la guerra cultural. En Estados Unidos, esta línea se extendía por los baños de los niños, ya que las juntas escolares y de padres dirimían batallas legales para evitar que los niños trans utilizaran los aseos de acuerdo con sus identidades de género. A principios de 2018, Donald Trump intentó prohibir que la gente trans se alistara en el ejército. *The New York Times* afirmó que esto era una señal de la «cruel determinación» del presidente para «transformar a Estados Unidos en un país que divide y deshumaniza a sus gentes»[11]. Más tarde, el gobierno de Trump propondría restringir los derechos y las oportunidades de la gente trans al definir el género como algo «biológico» e inmutable.

En muchas partes del mundo, la apuesta por demarcar una línea rosa junto con los derechos LGTB alteró las antiguas maneras de lidiar con la variedad de género y sexual. Igual que ocurrió en Occidente a finales del siglo xx, en Latinoamérica, Asia e incluso en África empezó a entenderse la homosexualidad cada vez más como una identidad merecedora de derechos y reconocimiento, y no solo como un simple comportamiento sexual que debía mantenerse oculto. Y tener una identidad de género diferente de la asignada al nacer comenzó a verse como un derecho humano, como algo que la medicina y la cirugía podían facilitar.

Por una parte, esto abrió oportunidades para la mejora, pero, por otra, el establecimiento de las nociones occidentales sobre el binarismo de género en sociedades que solían permitir que el género fuera algo más fluido supuso el cierre de espacios. De repente, categorías transgénero inmemoriales, como *waria* en Indonesia o *goor-jigeen* en Senegal, terminaron pintadas de rosa con el nuevo pincel LGTB. En muchas partes del mundo, los hombres andan del brazo o de la mano. Así, en países como Egipto y Nigeria, donde surgió un pánico moral en contra de una nueva categoría de personas que exigían su espacio y sus derechos, incluso estos gestos de afecto empezaron a ser sospechosos.

Quienes disponían de televisión por satélite en Dakar o en Lagos —o en El Cairo o en Kabul—, podían zapear entre *Transparent* y *Orange Is The New Black* en una cadena, y diatribas wahabitas en contra de todo tipo de actividades infieles provenientes de Occidente, incluyendo la homosexualidad y lo transgénero, en otra. Podían discutir con sus hijos sobre si ver desaprobaciones homófobas en el canal cristiano o una telenovela brasileña con una subtrama gay. Podían ver reportajes sobre desfiles del Orgullo en los canales de la BBC, la CNN e incluso en Al Jazeera en un número cada vez más alto de países, incluyendo la India y Turquía, o crónicas sobre niños cambiando de género en Estados Unidos. Y podían ver también a católicos protestando en masa en Francia y en Latinoamérica en contra del nuevo enemigo, la *ideología de género*, un término que valía para todo: la educación sexual, el matrimonio igualitario y la transición de género.

En la era de la tecnología digital y las redes sociales, personas que antes habían estado aisladas de repente empezaron a ser parte de comunidades queer globales, capaces de conectar con otros, primero en salas de chat y luego en plataformas para ligar o en redes sociales. Comenzaron a descargar ideas sobre la libertad personal y los derechos que los animaban a ser más visibles, a reclamar espacio en la sociedad. Pero también, en esas mismas plataformas, los miembros de algunos grupos religiosos tejían redes de contacto y accedían a ideologías y estrategias que iban más allá de sus parroquias o mezquitas individuales. La identidad religiosa, como la sexual o la de género, se globalizó, y el choque entre ambas fue inevitable.

En algunos lugares se dio una bifurcación cultural. En Malasia, el islamismo conservador parecía estar afianzándose a través de las nuevas leyes de la *sharía*, que prohibían, entre otras cosas, «hacerse pasar por una mujer»; a través de las redadas llevadas a cabo en bares gais y de la censura de exposiciones, e incluso, en 2018, mediante la condena sin precedentes a dos mujeres a que las azotaran públicamente con una vara por lesbianismo, al haber sido encontradas en su coche con un consolador. Pero, al mismo tiempo, los malasios jóvenes y más urbanitas apoyaban los derechos LGTB, igual que ocurría en otros lugares, como una manera de etiquetarse como parte de una comunidad global. Cuando, en 2017, un destacado grupo nacionalista propuso hacer boicot a Starbucks porque la compañía apoyaba los derechos de los homosexuales, los jóvenes aficionados al café sintieron un entusiasmo aún mayor por el «espacio global» que la cadena aportaba. Un conocido de Malasia me dijo: «Vamos al Starbucks porque el café es estupendo, pero también porque forma parte del mundo más grande». En la India, los profesionales de clase media se autoidentifican como ciudadanos globales a través del apoyo que profesan por la despenalización de la homosexualidad. Lo hicieron en México y en Argentina, mediante el apoyo al matrimonio igualitario.

Los movimientos migratorios en masa tuvieron mucho que ver con este cambio de conciencia: desde el campo hasta la ciudad, y a través de las fronteras nacionales de una parte del mundo hasta la otra. De repente, la gente empezó a encontrarse en mundos con costumbres totalmente diferentes a aquellas con las que se habían criado, más allá del alcance de sus clanes y congregaciones. Tal vez huyendo de la persecución o buscando la supervivencia económica, o puede que aprovechándose de la posibilidad de viajar o de estudiar provista por la movilidad ascendente, muchos experimentaron por primera vez la «autonomía personal», esto es, el poder de tomar sus propias decisiones sobre su vida. Después se llevaban dichas nociones sobre la orientación sexual y la identidad de género de vuelta a casa, para agitar las cosas allí. Acompañándolos en los viajes por el sur o por el este, o de la ciudad al campo, había cooperantes occidentales y funcionarios de la salud pública, activistas y turistas.

Todo este movimiento, a través de fronteras reales y virtuales, en la tierra y en el ciberespacio, creó una nueva sensación de espacio e identidad para las personas de todo el mundo. También creó una nueva serie de desafíos, ya que la gente intentaba alternar entre la liberación que habían experimentado por internet y las restricciones de sus vidas fuera de ella, o entre la libertad de la que gozaban en la ciudad y los compromisos que tenían en casa.

Esto creó nuevas categorías de gente que reivindicaba sus derechos y, también, una resistencia alarmada. Generó nuevos horizontes, ya que las sociedades empezaron a pensar de manera diferente sobre lo que significaba fundar una familia, ser hombre o mujer, ser humano. Y también, originó nuevos miedos.

La línea rosa se extendía a lo largo de estudios de televisión y parlamentos, a lo largo de salas de redacción y juzgados, de cuartos y aseos; de los propios cuerpos.

Esto partió la vida de Aunty y, también, la de muchos más.

Escribir sobre ello me pareció que era la deuda que yo tenía con el amor.

1

Las líneas rosas del mundo

«Señor presidente, ¿ha presionado usted al presidente Sall para asegurarse de que la homosexualidad sea despenalizada en Senegal? Y, presidente Sall, acaba de decir que acepta la democracia y la libertad. Como el nuevo presidente, señor, ¿trabajará por la despenalización de la homosexualidad en este país?» [12].

Esta fue una de las preguntas que le hicieron a Barack Obama y a su anfitrión, el presidente de Senegal, Macky Sall, en una conferencia de prensa que hubo después de que se conocieran en Dakar el 27 de junio de 2013. El tema fue inevitable, ya que mientras sobrevolaban el Atlántico el día anterior, Obama y su equipo estallaron de alegría al enterarse de que el Tribunal Supremo de los Estados Unidos había anulado la Ley de Defensa del Matrimonio (DOMA, por su sigla en inglés), sentando las bases del matrimonio igualitario en todo el país.

El caso había sido llevado ante el tribunal por Edith Windsor, una viuda octogenaria cuya compañera de vida durante cuarenta y cuatro años, Thea Spyer, había muerto en 2009. La DOMA había impedido que el gobierno federal de Estados Unidos reconociera los matrimonios entre personas del mismo sexo, y Windsor presentó una demanda porque eso significaba que no podría acogerse a los beneficios tributarios en calidad de cónyuge tras la muerte de Spyer. Se trataba de una prueba perfecta para ser televisada, y por mayoría Anthony Kennedy dictaminó que la DOMA había estigmatizado a las parejas del mismo sexo al permitir que los homosexuales estuvieran encuadrados en un «estatus separado» ante la ley.

En 1996, cuando el presidente Bill Clinton promulgó la DOMA[13] —bajo presión, insistió—, un 68 % de los estadounidenses se oponía al matrimonio igualitario, y solo un 27 % estaba a favor. En 2009, solo trece años después, estas proporciones se habían dado vuelta. Más tarde, Obama describiría el movimiento por el «matrimonio igualitario» como «la serie de cambios más rápidos en cuanto a un movimiento social que he visto [en mi vida]»[14]. El punto de inflexión, en público, ocurrió en mayo de 2012. No por casualidad, fue unos días después de que una encuesta de Gallup revelara que, por primera vez, más estadounidenses estaban a favor del matrimonio igualitario que en contra. En ese momento, un año más tarde, de camino a Senegal, el presidente hizo una declaración desde el avión presidencial: «Las leyes de nuestro país se están poniendo al día con la verdad fundamental que millones de estadounidenses llevamos dentro: cuando se nos trata a todos por igual, sin importar quiénes somos o a quién amamos, somos todos más libres»[15].

Este no era el caso de Senegal, donde el código penal prohibía por ley las prácticas homosexuales por «impropias o contra natura», una ley que se estaba aplicando después de haber permanecido latente durante muchos años. En lo que había sido una tormenta perfecta, las energías centrípetas de la globalización, que reducían las distancias en el mundo, habían traído nuevas y agresivas presiones desde el islam en el mundo árabe a este país musulmán de África Occidental, exactamente al mismo tiempo en que tenía lugar la epidemia mundial de sida. Fue una tormenta que se volvió más severa en los años posteriores, al correrse la voz, a través de canales cada vez más penetrantes de medios digitales y noticias por satélite, sobre los derechos LGTB y el matrimonio igualitario en Occidente.

En diciembre de 2008, el gobierno de Senegal organizó una conferencia panafricana sobre el sida. La nueva etiqueta era «hombres que tienen sexo con hombres» (HSH o MSM en inglés): formó una parte importante del programa de conferencias, igual que la propia organización de HSH de Senegal, AIDES Sénégal. El evento provocó las protestas de clérigos senegaleses y políticos islámicos que ya estaban exacerbados por la cobertura mediática sensacionalista que se le había dado a una «boda gay» —una premonición escalofriante de lo que ocurriría con Tiwonge Chimbalanga un año más tarde en Malaui—. Las autoridades respondieron con una redada en una reunión de AIDES Sénégal en la que arrestaron a quienes estaban ahí. Condenaron a nueves hombres a ocho años de prisión; los consideraron culpables de haber utilizado su trabajo de acercamiento sobre el VIH como una «tapadera para reclutar u organizar reuniones para homosexuales» [16]. Al final los absolvieron después de cinco crueles meses en la cárcel, porque no había evidencia de que hubieran cometido actos sexuales. Pero les arruinaron la vida, y muchos huyeron del país.

Poco había cambiado la situación cuando Barack Obama fue a Senegal cuatro años después, llevando consigo la euforia de los liberales estadounidenses por la decisión de Windsor. Yo había estado en Dakar de visita unos meses antes y me reuní con líderes del movimiento LGTB que vivían en la clandestinidad y con miedo. Un destacado periodista estaba en la cárcel, igual que varias mujeres: como casi la mitad de las leyes de sodomía alrededor del mundo, las de Senegal también criminalizaban el sexo lésbico.

El gobierno de Obama convirtió la protección global de los derechos LGTB en una prioridad en la política exterior estadounidense en diciembre de 2011, cuando Hillary Clinton, la secretaria de Estado, hizo aquellas declaraciones, por todos conocidas, ante las Naciones Unidas: «Los derechos de los homosexuales son derechos humanos; los derechos humanos son derechos de los homosexuales» [17]. Obama dio instrucciones a las agencias estatales para «combatir la criminalización de la condición y la conducta LGTB» y «de responder rápidamente a los abusos contra las personas LGTB». Como consecuencia, el Departamento de Estado empezó a informar sobre la cuestión, y a Obama seguramente le llegó información acerca de lo que ocurría en Senegal en 2012, que decía que «en muchas ocasiones, las personas LGTB se enfrentaban al encarcelamiento, la discriminación generalizada, la intolerancia social y actos de violencia» [18] en el país.

Allí, en el majestuoso y colonial Palais de la République, en Dakar, Obama respondió que había llamado personalmente a Edie Windsor desde el avión presidencial para felicitarla. La sentencia fue «una victoria para la democracia estadounidense»[19]. El tema de la despenalización de la homosexualidad no había surgido en esta reunión con el presidente de Senegal, dijo Obama. Intentó responderle al anfitrión con delicadeza trazando una línea entre las creencias personales y las tradiciones y costumbres, que debían ser «respetadas», y la responsabilidad del Estado, que era tratar a todas las personas por igual. Vinculó explícitamente su defensa por los derechos LGTB con el pasado de discriminación racial de su propio país: «Tuvimos que luchar largo y tendido en nuestro empeño por los derechos civiles para asegurarnos de que [se tratase a las personas por igual]»[20].

Cuando le tocó hablar al presidente de Senegal, Macky Sall hizo hincapié en algo que solían promover quienes colocaban los «valores tradicionales» en contra de la noción de los «derechos humanos universales»: «No podemos tener un modelo estándar que se pueda aplicar en todas las naciones... Tenemos tradiciones diferentes». Puso el asunto en un marco temporal: mientras que insistía —de manera incorrecta— en que en su país no se perseguía la homosexualidad, también sostenía que la sociedad necesitaba tomarse un tiempo para «digerir» estas cuestiones. Dijo: «Senegal... es un país muy tolerante, pero... aún no estamos preparados para despenalizar la homosexualidad».

De hecho, Sall era un liberal con un pasado por los derechos humanos que previamente había hecho declaraciones positivas sobre la despenalización. Y en comparación con otros líderes de África, sus comentarios eran comedidos, incluso alentadores, en tanto sugerían un camino hacia la reforma. Pero estaba bajo presión por parte de grupos islámicos y no podía mostrarse indulgente con Occidente. Más tarde expresaría su frustración en una entrevista con la revista alemana *Zeit*: «El matrimonio entre personas del mismo sexo está vigente en Europa desde hace dos días, ¿y se lo pedís ahora a África? ¡Todo está ocurriendo demasiado rápido! Y vivimos en un mundo que está cambiando con lentitud»[21].

La manera de decirlo fue reveladora. Nadie, ni los periodistas del *Zeit* ni Obama ni siquiera el movimiento por los derechos humanos de Senegal, estaba pidiendo que el gobierno de Sall legitimara las uniones del mismo sexo. En su lugar, le estaban pidiendo que reformara el código penal del país y despenalizara las relaciones homosexuales, dada la manera en que se había estado aplicando la ley como una herramienta discriminatoria.

Pero hubo otras dos conjeturas en la declaración de Sall que me llamaron la atención y que me han ayudado a enmarcar las cuestiones que trataré en este libro. La primera fue que «vivimos en un mundo que está cambiando con lentitud», y la segunda, que las personas que estaban pidiendo cambios en Senegal eran de fuera, de Occidente; «vosotros», no los propios senegaleses. ¿Estaba en lo cierto?

* * *

MIENTRAS REFLEXIONABA SOBRE LAS CONJETURAS DE SALL, pensé en otro país en que se estaba trazando una línea rosa, en este caso, sobre las viejas marcas del Telón de Acero que se estaban desintegrando: Ucrania. Con anterioridad a la revolución del Maidán y a la invasión rusa a Crimea, el país estaba debatiendo en 2013 sobre si continuar con la solicitud para adherirse a la Unión Europea (UE) o bien incorporarse a la nueva Unión Aduanera «Euroasiática» de Vladimir Putin. En ese año, Putin apuntó hacia la UE y su expansión hacia el este, y la manera en que lo hizo fue asegurando la protección de los «valores tradicionales» de la sociedad eslava ortodoxa en contra de un Occidente secular y en decadencia. El silbato para perros* de esta estrategia fue llamar a Europa «gayropa»[22]. En Kiev, la capital ucraniana, un representante del Kremlin erigió vallas publicitarias en las que se veían a figuritas de palo del mismo sexo de la mano con el eslogan «La asociación con la UE implica el matrimonio igualitario». Incluso surgió en la televisión rusa, vista por muchos ucranianos, una popular rima con un juego de palabras: «El camino a Europa es a través del culo»[23] (*V Evropu cherez zhopu*).

La adhesión a la UE implicaba la aceptación de los valores «europeos», entre los que se incluía la protección de las personas LGTB en contra de la discriminación y la violencia. Tanto Ucrania como Rusia habían abolido el

---

* *Dog-whistle* en inglés, utilizado sobre todo en política, se refiere a un mensaje en código dirigido a una parte del electorado sin que provoque a la otra, por haber pasado desapercibido. (N. de la T.).

crimen de la sodomía entre personas en edad para consentir —en 1991 y 1993, respectivamente—, un prerrequisito para entrar en el Consejo de Europa. Ahora, conforme una nueva élite religiosa y política buscaba establecerse en países desorientados por el colapso de la ex Unión Soviética, la nueva condición legal de las personas homosexuales —y su visibilidad— podía representar la rebeldía generalizada de la era poscomunista.

Se trataba de una moda en la región, y los políticos nacionalistas a favor de la natalidad empezaron a utilizar los derechos LGTB como una manera de restablecer la soberanía que sentían que habían cedido a Europa. En Polonia, los gemelos Kaczynski construyeron el partido antieuropeo Ley y Justicia, en gran parte a través de la demonización del movimiento LGTB, que estaba en ciernes en su país. Fue una estrategia que alcanzó su cúspide en la éxitosa campaña presidencial de 2020 de Andrzej Duda. En Hungría, el partido Fidesz, de Viktor Orbán, hizo lo mismo; en 2012 incluyeron una enmienda constitucional que prohibía el matrimonio entre personas del mismo sexo. En Polonia y en Hungría, igual que en Rusia, la homofobia pública formaba parte de un proyecto mayor para afirmar la identidad nacional en contra de los migrantes, otra consecuencia de las fronteras abiertas percibida como negativa, junto con la visibilidad gay.

Al mismo tiempo que Rusia empezó a tomar medidas serias contra los migrantes —en particular, contra quienes provenían de países de Asia Central—, desarrolló y aprobó una ley federal «con el propósito de proteger a los niños de la información que aboga por la negación de los valores tradicionales de la familia». Se la llegó a conocer como «ley de la propaganda homosexual». La ley prohibía cualquier mención de la homosexualidad en presencia de menores o en cualquier medio en el que pudieran oírla o leerla. Esto desató una ola de agresiones, que abarcó desde la caza de brujas a docentes hasta engañar por internet y torturar brutalmente, pasando por ataques violentos contra manifestantes en público. El hecho tuvo grandes consecuencias en mujeres trans en particular, que parecían ser la cara más visible —y extraña— del libertinaje occidental.

El presidente Putin dijo en una diatriba en diciembre de 2013 que la crítica por parte de Europa sobre la ley lo único que conseguía era mostrar su quiebra moral. La tendencia de Occidente a reconocer «el derecho de cada uno a la libertad de conciencia, la opinión política y la vida privada» implicaba la aceptación de «la igualdad entre lo bueno y lo malo»[24]. Para Putin, la evidencia principal de esta tendencia era la normalización de la homosexualidad: «Un camino directo hacia la degradación y el primitivismo, lo que resulta en una crisis moral y demográfica profunda»[25].

En este contexto me reuní con Olena Shevchenko, líder activista LGTB de Ucrania. Me contó cómo ella y sus camaradas estaban luchando por un estándar mucho más bajo que el matrimonio igualitario: evitar una copia del proyecto de ley contra la propaganda que estaba en aquel momento en el Parlamento, promovida tanto por representantes rusos como por nacionalistas ucranianos de derecha, y buscar protección ante la violencia pública en aumento contra las personas queer, una consecuencia —como en Senegal— de su visibilidad creciente. Pero algunos de los aliados de Shevchenko en el movimiento de la sociedad civil de Ucrania protestaron contra ella: no era el momento de hablar de estos temas. La sociedad ucraniana no estaba preparada, y podría darle ventaja a la oposición por ser peones europeos.

Shevchenko era abogada, tenía unos treinta años y se convirtió en la líder de una unidad militar femenina y voluntaria durante la revolución de febrero de 2014. «Sí. Tienen razón. La sociedad ucraniana no está lista para los derechos LGTB, estoy de acuerdo. Pero a las personas LGTB de Ucrania ya no se las puede contener. Se meten en internet, ven la tele, viajan; ven cómo pueden ser las cosas. ¿Por qué no deberían tener libertades semejantes? ¿Por qué deberían estar forzadas a vivir a escondidas? El mundo se está moviendo con mucha rapidez, y lo que ocurre nos está tomando por sorpresa en Ucrania. La única opción que nos queda es intentar ponernos al día», me dijo.

* * *

¿QUIÉN TIENE RAZÓN? ¿El presidente de Senegal, Macky Sall, que cree que «vivimos en un mundo que está cambiando con lentitud»? ¿O la activista ucraniana Olena Shevchenko, que insiste en que el mundo se está transformando tan rápidamente que la única opción que nos queda es intentar ponernos al día? La verdad, los dos.

En el siglo xxi, la línea rosa no es tanto una línea, sino un territorio. Es una zona fronteriza donde las personas queer intentan reconciliar la liberación y la comunidad que pueden haber experimentado a través de internet, en la televisión o en espacios seguros, con las limitaciones de la calle y el lugar de trabajo, el juzgado y la sala de estar. Es un lugar donde las personas queer van y vienen entre diferentes husos horarios cada vez que levantan la cabeza de sus teléfonos inteligentes y miran a la gente que hay alrededor de la mesa a la hora de cenar, o cuando salen de la discoteca subterránea por las escaleras y vuelven a entrar al Estado nación. En una zona, el tiempo se acelera; en la otra, se demora. Pasarse la vida cruzando de lado a lado puede llegar a marear.

Al igual que Aunty en su nuevo hogar en Tambo Village, la gente con la que me he reunido al investigar para este libro estaba sujeta a toda una variedad de influencias, desde el púlpito hasta el teléfono inteligente. Pero, al igual que Aunty, a quien se le ocurrió la idea de su *chinkhoswe* a ella sola y estaba construyendo su propia vida en Tambo Village, todos tenían voluntad. En este sentido, al menos, Olena Shevchenko entendió algo que Macky Sall no pudo o no quiso ver: puede que el llamamiento al cambio contara con el apoyo de fuerzas externas, como Barack Obama o la Unión Europea, pero lo estaban haciendo los propios senegaleses y ucranianos.

* * *

Este libro es, principalmente, una colección de historias con protagonistas muy particulares que tomaron decisiones muy personales en lugares muy concretos. Estas personas dirigen sus propias historias. El resto de nosotros —activistas y legisladores, académicos, escritores y lectores— intentamos estar al tanto.

Pero este libro también es un alegato sobre la manera en que el mundo ha estado cambiando en el siglo xxi y la razón por la que está ocurriendo.

No es una coincidencia que la noción de los derechos LGTB se estuviera expandiendo globalmente en el momento exacto en que las viejas fronteras estaban colapsando en la era de la globalización. El derrumbe de estas fronteras implicó la rápida expansión global de ideas sobre la igualdad sexual o la transición de género y, al mismo tiempo, una reacción drástica por parte de las fuerzas conservadoras, por patriarcas y sacerdotes que temían la inevitable pérdida de control que amenazaba este proceso. Estas eran las dinámicas ocurridas en la línea rosa, en especial en esas zonas en las que las personas eran consideradas gay, lesbiana, HSH o trans por primera vez. En la mayoría de las sociedades siempre habían estado ahí, aunque en ocasiones tuvieran que recurrir a formas restringidas, sumergidas o provocadoras. Pero ahora reclamaban un nuevo estatus conforme tomaban nuevas identidades políticas. Y se enmarañaron en una dinámica geopolítica más grande.

En las elecciones presidenciales de Francia de 2017, la candidata por el Frente Nacional, Marine Le Pen, dijo que el mundo ya no estaba dividido entre «la izquierda» y «la derecha», sino entre «globalistas» y «patriotas». Perdió las elecciones frente a Emmanuel Macron —quien insistía en que también era un «patriota»—, pero en otras partes del mundo hubo líderes con puntos de vista parecidos a los de Le Pen que cosecharon importantes triunfos. Donald Trump llegó al poder en Estados Unidos en 2016 utilizando la palabra *nacionalista* y alegando que quienes abrazaran la globalización eran antipatriotas. El Reino Unido votó por la salida de la Unión Europea aquel mismo año, y la nueva primera ministra, Theresa May, dijo: «Si crees que eres un ciudadano del mundo, no eres ciudadano de ninguna parte»[26]. Tanto la revolución de Trump como la del Brexit, que hizo que Boris Johnson llegara al poder en 2019, querían reafirmar las fronteras nacionales en contra de la libertad de movimientos para el comercio, el capital y, sobre todo, la gente. La nueva política consistía no solo en levantar nuevos muros, sino también en criticar que los antiguos habían sido derribados demasiado rápido.

En Europa particularmente, estos renovados movimientos nacionalistas a veces respaldaban sus objetivos al asegurar que no solo estaban protegiendo los trabajos y a la ciudadanía, sino también los valores. En el momento en que Le Pen se presentó como candidata en 2017, estos valores incluían los derechos de las personas LGTB. El hombre que escribió aquel guion fue el político holandés Pim Fortuyn, que había estado luchando contra la inmigración y fue asesinado en 2002. Era abiertamente gay y suscitó un apoyo masivo al declarar que la intolerancia de los musulmanes hacia la homosexualidad suponía una amenaza existencial a la civilización europea. Geert Wilders, su sucesor de la extrema derecha, impulsó la agenda de manera contundente. Cuando un musulmán con problemas mentales mató a cuarenta y nueve personas en Pulse, un local de ocio nocturno gay en Orlando (Florida), en junio de 2016, Donald Trump —por aquel entonces, en campaña electoral— criticó ferozmente el «terrorismo islámico radical»[27]. Wilders, que peleaba a su vez en la campaña electoral de su país, sacó el máximo rendimiento de esto: «La libertad de la que las personas gais deberían gozar (besarse, casarse, tener hijos) es exactamente contra lo que lucha el islam»[28].

Wilders perdió las elecciones holandesas, pero influyó en la agenda política de una manera tal que incluso el liberal de turno, Mark Rutte, admitió públicamente que en los Países Bajos había una creciente «inquietud cuando la gente abusa de nuestra libertad... [cuando] hostigan a los gais, acosan a las mujeres que llevan faldas cortas o tachan a los holandeses de racistas... Si rechazas nuestro país de una manera tan fundamental, preferiría verte marchar»[29].

En Francia, Marine Le Pen jugó en ambas partes: se oponía al matrimonio entre personas del mismo sexo, pero no participó en las protestas masivas en contra. En una entrevista televisiva durante su visita a Rusia en 2013, coincidió entusiasmada con sus nuevos camaradas del Kremlin en que la «homofilia es uno de los elementos de globalización»[30]. Pero su vicepresidente y director de estrategia era Florian Philippot, gay, quien apeló abiertamente al voto gay en 2017 con el mensaje de que sus políticas eran todo lo que había entre ellos y el «odio del islam a los homosexuales»[31], como dijo en un debate televisado con Macron.

Otros partidos de la derecha siguieron el mismo camino. En 2018, un portavoz del partido nacionalista flamenco, Vlaams Belang, dijo que sus ideas eran las más amigables con los homosexuales de todo el país, porque todos los demás estaban «dispuestos a importar a miles de musulmanes con ideas muy violentas en contra de ser gay o trans»[32]. Y aunque Alternativa para Alemania (AfD), en contra de la inmigración, se oponía al matrimonio homosexual y quería limitar las clases de educación sexual en los colegios, su líder era abiertamente lesbiana —Alice Weidel— y tenían un agrupamiento gay dentro del partido que insistía en la necesidad de actuar contra la «ortodoxia islámica» para la «supervivencia» de las personas alemanas LGTB[33]. En 2016, la rama berlinesa de AfD instaló vallas publicitarias que decían: «Mi pareja y yo no queremos encontrarnos con inmigrantes musulmanes que crean que nuestro amor es un pecado mortal»[34].

En Europa Occidental, los derechos LGTB se estaban convirtiendo en una línea rosa en contra de una nueva ola de migrantes. Al mismo tiempo, en Europa del Este se estaban afianzando como una línea rosa en contra del liberalismo occidental en decadencia. En ambos casos, se llegó a instrumentalizar políticamente a las personas queer como nunca. Adquirieron un significado político más allá de sus propias reivindicaciones de igualdad y dignidad. Para algunos se convirtieron en la encarnación del progreso y el cosmopolitismo, y, para otros, en el estigma moral y el declive social.

* * *

En 2013, el gigante de los muebles para el hogar IKEA publicó una historia en su revista digital sobre Kirsty y Clara, dos mujeres de Dorset, en el oeste de Inglaterra, que estaban construyendo su hogar con el mobiliario de la compañía: «Somos dos madres criando a nuestro niño en el loft de la madre de Clara. No somos la típica familia en la típica casa, pero si mi abuelita pudo criar a dos hijos en una caravana diminuta, nosotras podemos arreglárnoslas en nuestro pequeño loft»[35], dijo Kirsty.

El artículo formaba parte de una campaña global de IKEA que reimaginaba los tipos de familias que habitaban sus cálidos interiores nórdicos. Pero con una cuidada ilustración del modo en que las nuevas tendencias globales tropiezan con las realidades locales, IKEA sacó la historia de su catálogo en Rusia porque le preocupaba que su publicación incumpliera las nuevas leyes relativas a la propaganda homosexual. Hubo rumores en comunidades gais a nivel internacional sobre la autocensura de IKEA y amenazas de boicot. Al año siguiente, la compañía decidió dejar de publicar su catálogo en Rusia antes que comprometer sus «valores».

Exactamente al mismo tiempo que IKEA quitaba la historia de Kirsty y Clara de su campaña rusa, en la televisión nacional de Rusia daban un episodio del magacín *Special Correspondent*, que decía ser una investigación sobre los derechos LGTB, pero estaba expresando, en realidad y con mucha crudeza, la posición del Kremlin sobre el tema. El episodio se llamaba «Actores», lo que sugería que los astutos rusos «interpretaban» que eran gais para atraer fondos extranjeros. Pretendía responder a la siguiente pregunta: «¿Está Rusia amenazada por homosexuales [extranjeros] que intentan infiltrarse en nuestro país para organizar un movimiento de protesta bajo el pretexto de que nuestro Estado oprime a gais y lesbianas?»[36].

Cuando un panel de «expertos» en el programa se entera de que hay atletas del mismo sexo que podrían darse la mano en la ceremonia de apertura de los próximos Juegos Olímpicos de Invierno en Sochi en solidaridad con las personas LGTB de Rusia, algunos responden con alaridos de escándalo. La célebre escritora feminista Maria Arbatova —la única persona sensata en el panel— los reprende: «Si los deportistas se dan la mano en los Juegos, ¿le pasará algo al presupuesto federal de Rusia? ¿Se desplomarán nuestros récords deportivos?»[37].

Vitaly Milonov, el político del país más abiertamente antigay, explota en directo: «[Si los atletas se dan la mano] no voy a dejar que mis hijos vean la televisión»[38].

«¡Tira la televisión! —abuchea Arbatova—. ¡Deja que tus hijos sean unos completos ignorantes [sobre el mundo]!»[39].

Este intercambio resumía los términos de la batalla que se estaba librando en todo el mundo, a lo largo de la línea rosa. Si Arbatova veía a Milonov como a un provinciano lleno de miedos, Milonov veía a Arbatova como a una cosmopolita desarraigada. Si ella aceptaba el inevitable proceso de la globalización en nombre del progreso y de los «derechos humanos», él estaba intentando proteger a sus hijos de las consecuencias de este proceso en nombre de la religión y los «valores tradicionales».

Esta conversación, cómo no, es tan antigua como el concepto de modernidad. Sobre la sexualidad en particular, se remonta a la Europa del siglo XIX, cuando los científicos empezaron a codificar el comportamiento sexual y las sociedades comenzaron a hablar sobre ello. Se trataba de una conversación que animaba el discurso sobre los derechos de los homosexuales y los «travestis» en Berlín, y los juicios por indecencia de Oscar Wilde en 1895. Y Stalin lo usaba para infligir un pánico moral en contra de los homosexuales en la Unión Soviética en la década de 1930, cuando volvió a criminalizar la sodomía después de las redadas en varios locales homosexuales en Moscú —se la había despenalizado después de la revolución—. Al explicar la jugada en *Pravda*, el propagandista de Stalin Maxim Gorky declaró que ya era hora de que el proletariado «aplastara, como un elefante»[40], estos síntomas de una enfermedad capitalista que emana de Occidente.

En realidad, ¿cuál es la diferencia entre este lenguaje y el de personas como Vitaly Molonov o los líderes africanos que, a principios del siglo XXI, buscan criminalizar aún más la homosexualidad? Escuchad a David Mark, el líder del Senado en Nigeria y el responsable de la legislación contra la homosexualidad de ese país, hablando en 2013: «Hay muchos valores buenos que podemos emular de otras sociedades, pero, desde luego, no este»; la nueva ley «mostraría al resto del mundo, defensores de estos modos contra natura, que los nigerianos promovemos y respetamos la sensatez, la moralidad y la humanidad»[41].

Tanto el ruso Gorky como el nigeriano Mark se estaban erigiendo, a través de la expansión del siglo XXI, como los guardianes de la tradición y la moralidad, en contra del monstruo del capitalismo liberal de Occidente. Y una de las maneras más efectivas de hacerlo era mediante la apuesta por una línea rosa. Se trataba de una estrategia cada vez más utilizada en el siglo XXI, conforme proliferaba la información sobre los «derechos de los homosexuales» y el «matrimonio homosexual». Durante el congreso de su partido en 2003, que estaba en el poder, el presidente de Malasia Mahathir Mohamad dijo que los europeos querían imponer una «libertad sin restricciones» en el mundo, la cual contempla «la práctica del sexo libre, incluyendo la sodomía como un derecho... Nuestro estilo de vida tiene que ser igual que el suyo, los valores asiáticos no existen para ellos»[42]. No había manera más potente de definir los «valores asiáticos» —o los «valores africanos», «eslavos», «musulmanes», «cristianos» o «proletarios»— que ponerlos en contra de esta abominación que estaba siendo adoptada por el Occidente laico.

Pero, aunque este constructo no fuera nuevo, lo que le daba fuerza en el siglo XXI era la velocidad con la que las ideas volaban por el planeta. «Siempre hay rechazo cuando la gente se declara», dijo Julie Dorf, una veterana estadounidense y activista LGTB, en 2014, y agregó: «Pero lo que diferencia a esta época es que lo que ocurre hoy en Estados Unidos mañana se sabrá en Azerbaiyán. Y lo que las fuerzas conservadoras y de derecha temen es cierto: los derechos son los derechos son los derechos. Cuando se empieza a luchar por la igualdad de las personas LGTB, en algún momento se llegará a reclamar el matrimonio igualitario, y eso da miedo, aunque el matrimonio igualitario no sea algo que estén reclamando los activistas hoy en día, por ejemplo, en Nigeria o en Rusia. Simplemente están pidiendo poder vivir en paz y que no los maten, tener la misma protección básica que el resto».

La conversación del siglo XXI sobre la orientación sexual y la identidad de género es global, a pesar de que —como la campaña de IKEA— tenga acentos locales o regionales. En Rusia y en muchos Estados de África consiste, para algunos, en los derechos más básicos en cuanto a la libertad de asociación y la seguridad; para otros, en la protección de la infancia. En países que van desde Estados Unidos hasta México y Francia, la conversación ha versado sobre qué es una familia y quién tiene derecho a formar una. En los países católicos de Europa y Latinoamérica, la línea rosa se convirtió en parte de un conflicto más amplio sobre la «ideología de género» y las acusaciones de que la humanidad está jugueteando con un plan divino. En el Oriente Medio la conversación afloró como resultado de la Primavera Árabe, a medida que un movimiento queer en ciernes iba dando sus primeros y tentativos pasos hacia la visibilidad pública —lo que también fue descrito como un síntoma negativo de su apertura—. En gran parte de Asia, el debate se dio gracias al aliento de las nuevas redes sociales, y también por la rápida urbanización e industrialización, lo que implicó que nuevas y vastas poblaciones de jóvenes estuvieran lejos de su familia por primera vez. De diferentes maneras alrededor del mundo, la discusión giraba sobre la identidad de género y sobre el derecho de una persona a cambiar las categorías de hombre y mujer o de vivir entre ambas. Lo que tenían en común todas estas líneas rosas diferentes era el modo en que oponían algo llamado «tradición» contra algo llamado «modernidad». El trabajo de las personas queer a lo largo de la línea rosa en muchas ocasiones consistía en conciliar estos aspectos: aceptar una noción liberadora de la modernidad y, al mismo tiempo, seguir formando parte de sus sociedades y comunidades.

Alrededor de todo el mundo, precisamente porque la conversación era nueva en muchos lugares, era vibrante y en ocasiones violenta, pues las fuerzas conservadoras se oponían a las consecuencias inevitables de un nuevo mundo globalizado y a las ideas que generaba. Tachar esta reacción en contra como «homofobia» o «transfobia» es demasiado simple, aunque en ocasiones desplegara o provocara dicho miedo u odio. Movilizó un pánico moral en el que los homosexuales o las personas de género divergente se convirtieron en chivos expiatorios, en hombres del saco, o en excusas para recuperar la ley y el orden o para hacer frente a las fuerzas malvadas en contra de las que la nacionalidad estaba definida. En la mayoría de los casos, estas campañas pretendían proteger los «valores tradicionales» o «el orden natural» del embate ocasionado por la depredación de la sociedad moderna; y a la gente corriente, del accionar de una élite global o cosmopolita.

Al haberse sentido personalmente conmovido por el caso de Tiwonge Chimbalanga, el secretario general de las Naciones Unidas Ban Ki-Moon utilizó la plataforma de la Unión Africana en Adís Adeba en 2012 para hacer un llamamiento a todos los países africanos a fin de que derogaran las leyes contra la sodomía. El purpurado africano en el Vaticano, el cardenal Robert Sarah, respondió con severidad: «No se puede imponer algo estúpido como eso. Los países pobres como África [*sic*] simplemente lo aceptan porque se les impone a través del dinero, al estar sometidos a las ayudas»[43].

Este era el gran santo y seña del discurso global contra los homosexuales, desde los Maxim Gorky y los «Actores» en Rusia hasta el cardenal Sarah y los acosadores de Aunty en Malaui: la homosexualidad era una transacción comercial, una forma de «reclutamiento» que pretendía explotar a las personas pobres, jóvenes y de piel oscura, y comprometer los valores en los que se habían educado.

* * *

Si se tratara de una hoja de ruta que se remontara a la historia, la primera vez que se la utilizó en la era moderna, la de los «derechos de los homosexuales», fue durante la revolución de Irán de 1979. La desmesurada condena de la homosexualidad, que incluía la pena de muerte bajo la ley de la *sharía*, fue una de las maneras con las que los nuevos gobernadores se diferenciaron de la decadencia de Occidente bajo el régimen del sah —otra manera, sin duda, fueron las severas restricciones impuestas sobre las mujeres—. No hay una cifra fiable de la cantidad de supuestos homosexuales que han sido ejecutados desde 1979, pero miles han tenido que exiliarse.

Ahora, en 2015, el ayatolá iraní Alí Jamenei declaró que la juventud de Irán estaba expuesta a amenazas más peligrosas que nunca, debido a «los medios de comunicación que pueden extender comentarios o pensamientos erróneos» [44]. Irán ya «no estaba involucrada en la guerra militar», pero sí en «guerras políticas, económicas y de seguridad; y, sobre todo, en una guerra cultural». Jamenei no estaba hablando específicamente de la homosexualidad, sino de una difusión más amplia de los valores occidentales en el país. En otras declaraciones, dejó claro que la homosexualidad —y el matrimonio igualitario en particular— era la personificación perfecta de esta «estampida sobre los valores humanos» [45].

Dichas nociones arraigaron incluso en las partes más tolerantes del mundo. Indonesia, el país musulmán más grande, siempre había sido unos de los más relajados, pero tras haber tomado de manera poco habitual severas medidas contra las personas queer en 2016, el ministro de Defensa, Ryamizard Ryacudu, catalogó al movimiento LGTB como más peligroso incluso que una guerra nuclear, porque «no podemos ver quiénes son nuestros enemigos, pero de repente a todo el mundo le han lavado el cerebro» [46]. Habló de «una guerra subsidiaria» en la que «otro Estado podría ocupar las mentes de la nación sin que nadie se diera cuenta... Todo lo que conocemos podría desaparecer en un instante. Es peligroso». Al igual que Jamenei, Ryacudu estaba reconociendo la ineficacia de las contiendas convencionales —de las fronteras mismas, en realidad— contra esta nueva amenaza. Se trataba de una guerra moral, y había que pelearla en términos morales; en el ciberespacio, en vez de en fronteras físicas.

En mayo de 2017 el presidente de Hungría, el conservador Viktor Orbán, organizó el Congreso Mundial de las Familias, una iniciativa global liderada por evangelistas de Estados Unidos y conservadores ortodoxos de Rusia. En el discurso de apertura, Orbán relacionó sus severas políticas antiinmigración con «valores tradicionales»[47] cristianos, e hizo alarde de las vallas que habían levantado en su país, por el modo en que habían cambiado la historia al contener las mareas de migrantes que intentaban entrar en Europa. En otra parte del mundo, Donald Trump acababa de ser elegido presidente tras una campaña que profesaba una fe similar en cuanto a los muros.

Otro de los ponentes principales en Budapest subrayó la naturaleza cambiante de estas nuevas batallas. Se llamaba Jack Hanick y era uno de los fundadores del canal de noticias Fox; se había mudado a Moscú para ayudar a montar Tsargrad TV: «La televisión de Dios, al estilo ruso»[48], en palabras del *Financial Times*. Hanick proyectó una imagen de *The Brady Bunch* en una enorme pantalla: puede que la serie de televisión estadounidense de los años 70 tuviera un patriarca masculino y una ama de casa femenina, dijo, pero con su «familia mezclada»[49] representaba, sin embargo, el principio de un declive moral inexorable hacia *Modern Family*, la comedia del siglo XXI que «idealiza el matrimonio entre personas del mismo sexo». «Esto es una guerra, pero no es una guerra que se deba llevar a cabo en el mundo físico», dijo Hanick.

Si la televisión estaba «en el centro de la guerra espiritual»[50], como expresó Hanick, también lo estaba internet. El empleador de Hanick en Tsargrad TV era Konstantin Malofeev, un oligarca y activista de derecha que había montado la Liga para una Internet Segura en Rusia: en nombre de la protección de los niños, pretendía patrullar el ciberespacio tomando lecciones de China. El arquitecto del «gran cortafuegos de China», como se lo llegó a conocer, fue un hombre llamado Fang Binxing. En un foro sobre el tema en 2016 organizado por Malofeev, Fang insistió en que «si las fronteras existen, también lo hacen en el ciberespacio»[51]. También alegó que el gobierno estadounidense controlaba directamente las empresas que dominaban el ciberespacio. Por supuesto, Google, Facebook y Twitter están bloqueadas en China.

China despenalizó las prácticas homosexuales en 1997 y despatologizó la homosexualidad en 2001. Pero, así como la población queer del país empezó a ganar visibilidad a través de los medios occidentales y digitales, las ciberbrigadas pronto comenzaron a prestarles atención. En 2016 y 2017 el gobierno publicó una lista de «relaciones sexuales anormales»[52] prohibidas en la televisión y en internet. Entre ellas estaban las «relaciones entre personas del mismo sexo» junto con el «incesto», la «perversión sexual» y el «abuso sexual». En 2018, Sina Weibo —la versión china de Twitter— anunció que quitaría cualquier material gráfico que fuera pornográfico, sangriento, violento u homosexual, para cumplir con el mandato. Esto provocó la protesta más grande generada en China en cuanto a temas LGTB. La etiqueta #IamGay («soy gay») fue compartida más de quinientas mil veces y tuvo más de quinientas treinta millones de visitas. Decenas de millares de personas tuitearon sus propias historias sobre ser queer o sobre tener familiares o amigos queer. Weibo se retractó rápidamente.

En diferentes partes del mundo, las personas encontraron su comunidad e información —y sexo— a través de internet, pero el aumento de la conectividad también trajo amenazas a la seguridad, desde el ciberacoso y la exposición inesperada hasta las trampas en línea. En una conferencia internacional LGTB en 2012, escuché a oponentes del régimen de al-Ásad en Siria hablar sobre los chantajes que habían recibido con pruebas de su actividad en aplicaciones para ligar con gais. En los años posteriores, decenas de hombres egipcios cayeron en una trampa puesta por la policía del vicio en Grindr[53]. Como respuesta, la compañía inhabilitó la función del posicionamiento global en el país.

En Rusia, la periodista Elena Klimova utilizó las redes sociales para aportar recursos a la juventud queer, con una iniciativa llamada Children-404 —404 es el número de error en la web para indicar que una página ya no existe—. «Una de cada veinte familias tiene a una criatura LGTB, y estos son los "Children-404" invisibles de la sociedad»[54], escribió Klimova. Centenares de jóvenes participaron a través de un grupo privado de VKontakte, la plataforma de redes sociales rusa, o compartieron sus retratos e historias en páginas abiertas. Al mismo tiempo, el grupo Occupy Pedofilia utilizó VKontakte para engañar a hombres gais y luego publicar vídeos espeluznantes de los asaltos y torturas a los que los sometían.

De este modo se afianzaron las líneas rosas del siglo XXI: tanto por IKEA, Grindr, *Modern Family* y Weibo como por los legisladores del Departamento de Estado de Estados Unidos, el Kremlin, los tecnócratas de la Comisión por los Derechos Humanos de las Naciones Unidas y los activistas a ambos lados del frente.

* * *

EL 18 DE DICIEMBRE DE 2008, la flamante ministra francesa de Derechos Humanos, Rama Yade, trazó la primera línea rosa a lo largo del suelo de la Asamblea General de las Naciones Unidas al presentar una declaración, en nombre de la Unión Europea, que condenaba las «violaciones a los derechos humanos y a las libertades fundamentales con base en la orientación sexual o la identidad de género»[55]. Sesenta y seis Estados apoyaron la declaración. Otros cincuenta y siete firmaron inmediatamente una contradeclaración en protesta porque el movimiento interfería ilegalmente en sus asuntos internos y podía resultar en «la normalización social y, probablemente, la legitimación de muchos actos deplorables, entre los que se incluye la pedofilia».

Más adelante, la Rusia de Vladimir Putin llegaría a liderar el contramovimiento en las Naciones Unidas, pero en ese momento Rusia se mantuvo al margen de la contienda: no firmó ninguna de las declaraciones, y casi todos los que suscribieron la contradeclaración provenían del ámbito musulmán o de África. Pero las fronteras de la línea rosa no fueron tan predecibles como se podría haber imaginado: los sesenta y seis que apoyaron la iniciativa de Yade demostraron una nueva geopolítica fascinante. Estados Unidos no firmó nada aún. La administración republicana de George W. Bush todavía estaba en el poder y el debate sobre el matrimonio igualitario se estaba propagando a nivel nacional. Parecía que los estadounidenses pensaban que apoyar la declaración influiría en el derecho de los Estados a la hora de tomar decisiones sobre dichos asuntos por su cuenta. Poco después de que investieran a Barack Obama al mes siguiente, Estados Unidos rubricó la propuesta.

Y mientras que la iniciativa de Yade podría haber estado impulsada por pioneros de la Europa Occidental, diez de los firmantes eran latinoamericanos y quince, sorprendentemente, de Europa del Este. Esto provocaría una respuesta nacionalista negativa en los siguientes años, pero en ese entonces la aceptación oficial de los derechos LGTB fue vista en Europa del Este como un marcador de la modernidad, de pertenencia a este nuevo consenso global post Guerra Fría. Y, por supuesto, más significativamente, como un billete hacia la Unión Europea.

También en Latinoamérica las nuevas democracias postotalitarias empezaron a aceptar «la diversidad sexual» como símbolo de una nueva apertura, desafiando a sus predecesores autocráticos y al poder de la Iglesia católica, que, en ocasiones, fue cómplice de los dictadores. En 2002, Buenos Aires se convertía en la primera jurisdicción en Latinoamérica en ofrecer a las parejas del mismo sexo los mismos beneficios que a las parejas heterosexuales, y en 2009, Ciudad de México aprobó una serie de leyes que convirtieron a la ciudad en la más progresista de toda América, sin contar Canadá: se legalizó el matrimonio igualitario, igual que la adopción para parejas del mismo sexo, y el cambio legal y voluntario de la identidad de género. Lo que era notable en Latinoamérica era la manera en que la lucha por los derechos de los homosexuales pasaba por encima de la lucha por los derechos reproductivos. Para 2019, el matrimonio igualitario era legal en Argentina, Brasil, Colombia, Ecuador, Uruguay y gran parte de México, pero el aborto libre solo era legal en Uruguay, Cuba y Ciudad de México. La victoria del movimiento por los derechos LGTB, a lo largo de la región, fue etiquetar las uniones entre personas del mismo sexo como algo que iba sobre el amor y la familia, por lo que podía contrarrestar la influencia que tenía la Iglesia católica de una manera que era difícil de llevar a cabo para los activistas por el derecho al aborto.

Aunque la discusión en las Naciones Unidas fuera iniciada por países europeos y contara, durante los años en que estuvo Obama, con el apadrinamiento de Estados Unidos, cada vez estaba más liderada por países latinoamericanos, para hacerle frente a las alegaciones de «imperialismo cultural». Los Estados islámicos y africanos se negaban incluso a tratar el tema. La cuestión llegó a su punto crítico en 2016, cuando, tras cuatro años de debates acalorados, el Consejo de Derechos Humanos de las Naciones Unidas votó, con el mínimo margen, a favor de la designación de un «experto independiente» para que investigara la violencia y la discriminación en contra de las personas LGTB; un perro guardián, en efecto.

El grupo de Estados de África fue a la Asamblea General para oponerse, y la antigua embajadora de los Estados Unidos en las Naciones Unidas, Samantha Power, luego me contó que tanto ella como su equipo estuvieron un tiempo excesivo intentando eludir los esfuerzos por frustrar la iniciativa. Al final, la táctica del grupo de Estados de África falló por un margen estrecho: setenta y siete votos contra ochenta y cuatro. El experto podía empezar con su trabajo.

Al presentar el informe de 2019[56], Victor Madrigal-Borloz declaró que, en gran parte del mundo, fue imposible estimar el número de personas LGTB que se habían visto afectadas por la violencia y la discriminación, debido a la ignorancia «criminal» surgida de los prejuicios. Ante la ausencia de datos, «los legisladores están tomando decisiones a ciegas, confiando tan solo en preconceptos personales y en prejuicios».

En 2016, casi toda África y el mundo musulmán habían votado por frenar el nombramiento del experto. Prácticamente toda Europa, Norteamérica y Latinoamérica habían votado por que diera inicio a su trabajo. Hubo algunas sorpresas entre los países musulmanes: Albania y Turquía votaron para que la iniciativa saliera adelante. La región oscilante resultó ser el este de Asia.

En 2008, el único país asiático que había firmado la declaración de Yade era Japón. En los años siguientes, Corea del Sur, Filipinas, Tailandia y Vietnam también la suscribieron —Taiwán, que no era miembro de las Naciones Unidas, se convirtió en el primer país asiático en legalizar el matrimonio igualitario en 2019—. A excepción de Filipinas, estos países estaban lejos de la influencia teocrática del cristianismo y del islam. Tanto ideológica como económicamente, parecía que tenían menos por lo que temer por parte de la globalización; también estaban bajo la influencia de los argumentos que esgrimían el sector turístico y las multinacionales sobre los beneficios económicos que reportaría estar abiertos a los derechos LGTB. Además, igual que en los países de Latinoamérica, la distancia que tenían con sus antiguos colonizadores europeos, si es que había ocurrido, era suficiente como para que no hubiera capital político que ganar al marcar una línea rosa en contra del neocolonialismo, como sucedía en África.

«¿Debería la sociedad aceptar la homosexualidad?» [57].

Esta fue la pregunta que hizo el Centro de Investigaciones Pew en su encuesta cuatrienal Tendencias y Actitudes Globales, en julio de 2013. De los treinta y nueve países encuestados, los niveles de tolerancia fueron mucho mayores que los anticipados en Europa y Norteamérica: España, 88 %; Alemania, 87 %; Canadá, 80 % —Estados Unidos estaba mucho más lejos, con un 60 %—. Pero en África fueron tan bajos que se los consideró insignificantes: Nigeria, 2 %; Uganda y Senegal, 4 %. También fue así en los países musulmanes: Pakistán, 2 %; Egipto e Indonesia, 3 %. Latinoamérica y los países asiáticos oscilaron a lo largo del rango. Pew llamó a su encuesta *La división global sobre la homosexualidad*, y su conclusión general fue que había una «mayor tolerancia» hacia las personas homosexuales en «países más laicos y prósperos», aunque Rusia y China constituían excepciones: 16 % y 21 %, respectivamente.

Por muy limitada que pueda ser esta encuesta, ofrece el único indicador comparativo y empírico de las actitudes globales hacia la homosexualidad, y de la correlación que existe entre estas y la ley. Unos académicos han definido una «escala» [58] que es muy útil cuando de derechos homosexuales se trata. En el escalón más bajo están los «derechos básicos»: vivir sin miedo a la discriminación y al acoso. Más arriba están los «derechos sexuales»: la derogación de la legislación contra la sodomía. Y en los escalones más altos están los «derechos afectivos»: poder cohabitar, casarse y formar una familia. Los países que están en los escalones más altos se corresponden, por lo general, con aquellos que están más altos en el *ranking* de tolerancia de Pew, aunque no siempre estuvo claro cuál fue el huevo, y cuál, la gallina: ¿crea una sociedad tolerante leyes justas o son las leyes justas las que forjan una sociedad tolerante?

No obstante, hay algunos casos aparte en la ecuación, y uno de los más notables es mi país de origen. A pesar de que Sudáfrica estuviera en lo más alto de la escala de los derechos, ya que los «derechos afectivos» estaban consolidados por el matrimonio igualitario, registró solo un 32 %[59] en el índice de tolerancia del Centro Pew en 2013. Brasil y Estados Unidos fueron los otros casos de excepción. También estaban cerca de lo más alto en la escala de los derechos, pero ambos contaban con niveles de tolerancia medios. Lo que estos tres lugares tienen en común[60] es que son diferentes mundos contenidos en un mismo país, sociedades multiétnicas con índices de desigualdad muy altos. Cuando Pew realizó la encuesta de 2013, Sudáfrica tenía el segundo coeficiente de Gini, que mide la desigualdad, más alto del mundo; Brasil ocupaba el puesto 19.º, y Estados Unidos, el 39.º, entre un total de ciento cincuenta y siete países.

Una encuesta de 2016 sobre la postura de Sudáfrica[61] mostraba una imagen más compleja. De los encuestados por el Consejo de Investigación en Ciencias Humanas, el 72 % dijo que desaprobaba las prácticas homosexuales. No obstante, el 51 % creía que los homosexuales merecían los mismos derechos que el resto de los sudafricanos y que no deberían ser discriminados por ello. La fundación Other, que encargó la investigación, tituló el informe *Puritanos progresistas*, como sugiriendo que los sudafricanos llevábamos la línea rosa dentro de nosotros: a pesar de que aceptábamos que estas personas merecían tener derechos, desaprobábamos lo que hacían.

¿Era esto el legado del decreto de los derechos humanos después del *apartheid* que se había adelantado a los comportamientos sociales? Y en caso de ser así, ¿confirmaban estos datos la queja que tenía Macky Sall acerca de ir demasiado rápido en Senegal? Yo sentía lo contrario. En todo caso, se trataba de una medida de la «tolerancia» sudafricana, por insuficiente que pudiera ser; que tanta gente respetara los derechos de aquellos a quienes desaprobaban. También sugería que, en efecto, era posible cambiar las actitudes al modificar la ley, o al proporcionar liderazgo moral, a pesar de que las respuestas negativas complicaran el proceso.

Yo fui testigo de esto en los inicios de la democracia sudafricana en 1997, cuando informé sobre la historia de una joven pareja en Soweto. Cuando el abuelo de Sbongile Malaza se enteró de la relación que tenía con Pretty Robiana, apuntó a esta con una pistola y las agredió a ambas, tildando la relación de «satánica» y «nada africana»[62]. Huyeron de Soweto y buscaron refugio en un centro de acogida para mujeres. Al presentar cargos por intento de asesinato, Pretty recibió una respuesta inesperada por parte de la nueva jefa de la policía local, una mujer negra: «Ahora tenemos la constitución. Habéis decidido que queréis llevar esta vida y os reconforta, así que vamos a llamar a la familia y... hacer las paces». La policía convocó una reunión con ambas familias e hizo que Pretty, de unos veinticinco años, firmara una declaración jurada en la que se responsabilizaba de Sbongile, que tenía diecinueve años y todavía estaba estudiando.

Cuando la jefa de policía le dijo a la familia de Sbongile que «no había nada ilegal sobre la relación»[63], el abuelo Malaza cambió de cantinela y empezó a negociar con Pretty el pago de la dote. Aquello fue, como redacté en su momento, «un ejemplo llamativo del modo en que la gente cambia de ideología para amoldarse a las nuevas hegemonías». Cité a Tsietsi Thandekiso, el párroco gay que las casó: «La homofobia en los *townships* es superficial... Vivimos en un momento en el que no es para tanto ser gay... Hay gais en las calles, en las tabernas. Ya es parte de nuestra vida».

Puede que fuera demasiado optimista. Dos décadas después del informe de los *Puritanos progresistas*[64], al preguntar si pensaban que las lesbianas eran «repugnantes», el 64 % de las personas negras que respondieron estuvo de acuerdo —por oposición al 44 % de las blancas—. Al preguntar si pensaban que los travestis eran «repugnantes», el 71 % de las personas negras dijo que sí —en comparación con el 49 % de las blancas—. Pero dada la suposición tan extendida —me di cuenta de que yo también la albergaba— de que la línea rosa dividía a las personas claras de las oscuras, tanto en mi país como en el resto del mundo, estas discrepancias no eran tan grandes como había anticipado: el 29 % de mis compatriotas blancos pensaba que yo era repugnante, mientras que el 61 % de los negros, no. De hecho, en comparación con las cifras del Centro Pew para otros países de África, y dados los niveles de devoción religiosa en las comunidades sudafricanas negras, la tolerancia de los sudafricanos negros encuestados fue notablemente alta: el 57 % dijo que aceptaría a un miembro de la familia que fuera gay o lesbiana.

En 1996, cuando Sudáfrica adoptó la constitución tras el *apartheid*, que protegía especialmente a las personas con base en su orientación sexual, la revolución digital estaba expandiendo su alcance en el país. Los derechos y la información llegaron a la vez, y en ese despertar, una subcultura urbana queer y negra se reafirmó en las calles y en el entretenimiento popular. Pretty y Sbongile formaban parte del animado ambiente de Soweto, y en Johannesburgo había una próspera movida de bares y discotecas para gais y negros. En 2004, los activistas negros organizaron el Orgullo de Soweto, y en todos los canales de televisión había famosos negros y queer. Durante esos mismos años, la clase media negra de Sudáfrica floreció gracias a la política gubernamental del Congreso Nacional Africano para el Empoderamiento Económico Negro. Más personas negras que nunca recibieron una educación universitaria y se convirtieron en profesionales. *Puritanos progresistas* confirmó que era más probable que la ciudadanía sudafricana —blanca o negra— con estudios fueran más tolerantes con la homosexualidad y la fluidez de género que los que no habían tenido acceso a ellos.

Pero hubo algunos descubrimientos alarmantes que sugerían que la vida era mucho más difícil para Tiwonge Chimbalanga que para mí, a pesar de que supuestamente estábamos dentro del mismo saco LGTB. Me dejó estupefacto leer que 73 respuestas de las 3115 dijeron que habían agredido físicamente «a hombres que actuaban como mujeres»[65]. Por otro lado, 218 dijeron que podrían hacerlo en el futuro. Unas 79 respuestas dijeron que habían agredido físicamente a mujeres que «se vestían y actuaban como hombres en público». Y 143 dijeron que podrían hacerlo en el futuro. Los porcentajes eran pequeños, pero los números indicaban lo rápido que el miedo o la ignorancia se transformaban en

odio y violencia en Sudáfrica, un país en el que había niveles inaceptable-
mente altos, en cualquier caso, de violencia interpersonal y por el género,
lo cual estaba relacionado con las altas tasas de desempleo y alcoholismo.

Esto ayudó a explicar el hecho de que yo viviera con poco miedo
de violencia basada en el odio, mientras que apenas a veinte kilómetros de distancia Aunty era frecuentemente víctima de agresiones. Y el
porqué de que una de sus vecinas en Tambo Village hubiera abierto un
centro de acogida para lesbianas negras de clase trabajadora, dada la
cantidad de personas que habían sido víctimas de lo que se conoce
como «violación correctiva» desde el momento en que una subcultura
lesbiana y negra empezó a reafirmarse en los *townships*. Esta violencia,
en especial hacia las mujeres *butch*, era un ataque por parte de algunos
hombres jóvenes en un momento de intensa inestabilidad económica
hacia una nueva categoría de personas supuestamente empoderadas;
ellos creían que habían sido usurpados y que les estaban quitando los
trabajos y las mujeres.

Yo era un hombre gay blanco que vivía en la parte «laica y próspera»
—como dijo el informe Pew— de una línea rosa que dividía no solo el
mundo, sino también mi ciudad natal de Ciudad del Cabo. Aunty era
una mujer trans, negra y pobre que residía en la otra parte. Había muchos
componentes en esta línea rosa entre nosotros: yo vivía detrás de unos
muros, tenía un coche y era de género normativo; ella habitaba en un
patio abarrotado, iba a pie y era de género no conforme. Era plenamente
consciente de que estaba cruzando esta línea rosa cada vez que me alejaba
apenas veinte kilómetros en coche por la costa de Bahía Falsa, desde mi
bungaló en primera línea de playa en la Bahía de Kalk hasta su chabola en
Tambo Village.

2

Aunty

Aldea Chimbalanga – Blantire – Ciudad del Cabo

Tiwonge Chimbalanga: «Aunty», refugiada de Malaui; empleada de oficina y vendedora de cerveza irregular, treinta y tantos años. Pronombre: ella.

Benson: marido de Aunty, migrante de Malaui, desempleado; Ciudad del Cabo, unos cuarenta años. Pronombre: él.

Blackie Chimbalanga: tío de Aunty, jefe de la aldea; Chimbalanga, unos setenta años. Pronombre: él.

Annie Manda: prima de Aunty, ama de casa; cerca de Chimbalanga, unos cincuenta años. Pronombre: ella.

Gift Trapence: fundador y director del Centro para el Desarrollo de las Personas (CEDEP, por su sigla en inglés), una organización LGTB; Malaui, treinta y tantos años. Pronombre: él.

Dunker Kamba: jefe del CEDEP; Blantire, treinta y pocos años. Pronombre: él.

*Martin: asistente social de Aunty en Gender DynamiX, Ciudad del Cabo. Pronombre: él.

*Seudónimo.

1

En septiembre de 2014, viajé desde Ciudad del Cabo hasta Malaui para intentar comprender mejor cómo era la vida de Aunty Tiwonge Chimbalanga allá, antes de su *chinkhoswe* (ceremonia de compromiso), antes de que hubiera oído las palabras *gay*, *transgénero* o *LGTBI*; antes de que la detuvieran, la metieran en la cárcel y la forzaran al exilio en Sudáfrica.

Aunty quería que le llevara algunos regalos a su familia en Malaui, así que pasé por su chabola en Tambo Village antes de partir. Había seleccionado un par de fotografías de estudio de las que tenía colgadas en las paredes. Eran de ella y su marido, Benson, serenos frente a una cascada, posando en cenadores dorados en parques fantásticos. Envolvió los regalos formando capas con ropas viejas que luego tendría que repartir yo entre sus familiares. Saqué el móvil para grabar un mensaje para su familia. La pareja se acurrucó para poder entrar bien en la pantalla, Aunty con un elegante sombrero de color negro y su collar favorito de cuentas de plástico rosa fosforito encima de una blusa negra con volantes, y Benson con su rostro en forma de nuez y los ojos vidriosos. En el mensaje, Aunty decía que había pasado por momentos difíciles, pero que no se preocuparan por ella. Benson, tímido y taciturno, dijo: «Soy el marido de Aunty Tiwo y todo va bien».

Unos días más tarde, me topé con un sendero inclinado y lleno de baches que llevaba a una aldea, llamada también Chimbalanga, que estaba como a una hora hacia el sur de Blantire, la ciudad más grande de Malaui. La zona, humilde y apartada, no tenía electricidad ni agua corriente, y no se veía ningún otro coche en el camino. Toda la aldea se había congregado sobre el terreno rojizo y duro bajo el majestuoso mango que había a la salida de la casa del jefe, hecha con ladrillos de barro: se había corrido el rumor de que la propia Aunty iba a venir y todo el mundo quería verla. Habían sacado de la casa del jefe dos sillas de plástico en las que nos sentamos, él y yo, con unas cincuenta personas a nuestros pies. Pasé las fotografías enmarcadas entre los aldeanos, que las aceptaron con gritos ahogados, en ausencia de Aunty, como prueba de una vida fabulosa en el extranjero.

El jefe, Blackie Chimbalanga, era el tío materno de Aunty y su padre adoptivo. La había acogido a los cinco años, después de la muerte de su madre. «Mi tío me aceptó como una niña. Esto se debe a que me mantenía activa entre las demás criaturas: cocinaba, cuidaba de los pequeños, y cuando un bebé se ponía malo, era yo quien sabía que tenía fiebre», me había contado Aunty. Señaló que cuando los demás la insultaban, «mi familia ponía una denuncia y llevaban a los culpables a un tribunal popular». Aunty recordó que esto ocurrió en tres ocasiones. A los culpables se los castigó y multó con algunas gallinas.

El jefe me confirmó que, por lo menos, uno de esos juicios había tenido lugar. Tenía ya setenta largos años, pero también ese brío inesperado de la gente mayor del campo. Fuimos trotando por la colina hasta llegar a una clínica desabastecida para que pudiéramos tener algo de privacidad. Me contó que cuando acogió a Aunty, él había estado viviendo con su mujer e hijos en otra aldea, pero que, al romperse su matrimonio, volvió a Chimbalanga solo y se trajo a Aunty con él. Ella era aún pequeña, pero «no pensaba que fuera malo que se encargara de las tareas propias de las mujeres, porque alguien tenía que hacerlas: él o yo», me contó. El rol de género de su sobrina le iba bien al jefe, así que él lo aceptó de forma pragmática. Esto confirmaba el recuerdo de Aunty: «En un momento dado, mi tío me dijo: "Eres una mujer de verdad. Ya no eres un hombre, porque haces todas las tareas propias de las mujeres"».

Pero Aunty sentía que su tío la estaba explotando y se peleó con él. De adolescente se escapó de casa para irse a vivir con su prima, la hija del jefe, Annie Manda. Doña Manda me contó que Aunty siempre se vestía como un hombre, pero que todo lo demás en ella era femenino. Tanto era así que había sido objeto de burla con frecuencia. Se dio cuenta de que Aunty blandía los puños para defenderse, y por ello intentaba persuadirla, sin éxito, para que ignorara los insultos y desprecios.

Aunty abandonó a la familia Manda tras haber pasado varios años estudiando, cuando tenía unos diecisiete años. No está claro por qué se fue, pero parece ser que está vinculado con un embrujo que, a su vez, se relacionó con su identidad de género. La versión de Aunty era que sufría fuertes dolores de cabeza y le sangraba la nariz, por lo que sospechaba que quienes la habían embrujado querían matarla, así que huyó hacia el norte y encontró a un curandero tradicional que podría ayudarla. No obstante, doña Manda me contó que la familia pensaba que Aunty había sido embrujada porque «creció como un hombre, pero nunca sintió ningún interés por las mujeres. Se fue al norte buscando ayuda para poder comportarse como un hombre y sentir algo por las mujeres».

De ser esta la intención de la familia, les salió mal: al regresar dos años más tarde, Aunty había sufrido un cambio drástico. Ahora vivía enteramente como una mujer, vestía el conjunto tradicional de dos piezas conocido en la zona como «nigerianos» y tenía un nombre nuevo. Ahora afirmaba que formaba parte de la tribu tumbuka, en el norte, en vez de pertenecer a la de los lomwe, la gente de su distrito natal. Dado que el género de «Tiwonge» es neutro y los pronombres en Malaui, también, animaba a las personas a que la llamaran «Aunty», aunque por lo general se trate de un término de respeto reservado para las mujeres mayores.

Aunty me contó que el curandero del norte la liberó del embrujo. Tal vez haya sido una liberación de las restricciones sobre el género que la sociedad le había impuesto, y ahora, lejos de casa, pudo encontrar el valor para reinventarse de manera que su parte exterior pudiera empezar a corresponderse con su manera de sentirse por dentro.

También necesitó de la bebida para encontrar el valor. Después de su estancia en el norte, se instaló en Blantire y encontró trabajo. Cuando estuve en la ciudad en 2014, conocí a su antigua jefa, una directora de banco llamada Vaida Kalua. Mientras contemplábamos las rosas de su bien cuidado jardín y bebíamos unas Coca-Colas sacadas de la tienda clandestina que regentaba desde su hogar, doña Kalua me dijo que ella vinculaba el profundo alcoholismo de su empleada con la insistencia cada vez mayor de presentarse como mujer: «Puede que sea el estrés de tener que defenderse todo el rato», concluyó. En principio, contrató a Aunty como sirviente, pero «poco a poco, empezó a llevar ropa femenina. Primero fue el turbante *chitenje* y luego los pantalones y camisa a juego. A mí no me suponía ningún problema, pero quería protegerlo, porque se estaban burlando de él y lo insultaban. Intenté convencerlo para que parara, pero no me hizo caso».

Doña Kalua seguía considerando a Aunty como uno de los mejores sirvientes que había tenido, pero después de siete años de trabajo tuvieron una discusión —por la bebida y por traer a hombres a su casa— que hizo que se marchara. Se estableció en una chabola y subsistía a base de vender *kachasu*, la fuerte cerveza artesanal de Malaui. Uno de sus clientes era el hombre que luego se convertiría en su primera pareja formal. Él tenía mujer e hijos, pero Aunty aceptó la situación polígama. Eso fue hasta que la mujer le tocó las narices más de la cuenta. Aunty respondió con los puños y le sacó dos dientes a su rival. El hombre la dejó.

Cuando se prendió fuego su chabola dos años después, Aunty fue hasta el complejo de cabañas Mankhoma con todas sus pertenencias, incluyendo un osito de peluche enorme. «Sentía pena por Aunty Tiwo y, además, necesitábamos una sirvienta. Mi madre estaba siempre fuera, había niños a los que cuidar y yo tenía que hacer deberes», me dijo Rachael Kamphale. Trabajando en el complejo, Aunty conoció a Steven Monjeza, y él empezó a quedarse por las noches. Comenzaron a ir juntos a la iglesia de la zona y Aunty anunció su compromiso. Unos meses después, la pareja celebró el *chinkhoswe* y los arrestaron por «delitos contra natura».

La persona a quien más unida estaba Aunty en casa era el profesor de la aldea, su cuñado Simon Wangiwa. «Aunty Tiwo nunca quiso que la criticaran por cómo vestía y actuaba. Se peleaba con quien lo hiciera», me dijo Wangiwa cuando visité la aldea Chimbalanga. Él creía que era razonable: «Cualquiera puede alterarse cuando lo presionan tanto. Incluso usted, señor, cuando alguien se entrometa, reaccionará. No es tan diferente». También tenía una manera cuidada y lógica de describir cómo llegó a aceptar a Aunty y un motivo por el que no llegó a tener ningún enfrentamiento con ella: «Claro que sabía que Tiwonge había nacido siendo un niño, pero su carácter hizo que la aceptara como mujer. Dejé de verla como cualquier otra cosa».

Cuando conocí a Aunty, me dijo que sus cinco hermanos, todos mayores, habían fallecido, quizá como consecuencia de la misma maldición que se había cobrado a sus padres. Pero cuando visité la aldea, descubrí que dos de ellos seguían viviendo ahí: uno de sus hermanos, que vino corriendo a saludarme con gran entusiasmo, y una de sus hermanas, que mantuvo las distancias. Me enteré de que Aunty había tenido un violento altercado físico con su hermana justo antes de marcharse a Sudáfrica. La hermana, una ferviente cristiana, creía que Aunty merecía ir a la cárcel y que debía cambiar de actitud.

A pesar de que la historia familiar de Aunty fuera compleja, hallaba consuelo en el discurso del apoyo familiar. Este discurso no era desacertado: aunque ellos no acudieran a su *chinkhoswe* —no los había invitado—, algunos miembros de su familia habían protestado cuando la arrestaron; le mostraron su apoyo durante el juicio —doña Manda solía estar en el juzgado— y la aceptaron cuando volvió a vivir a la aldea después de su puesta en libertad. Aunty se apuntó al grupo de mujeres de la iglesia de la aldea y, con gran entusiasmo, entró a formar parte del coro. «Salí más fuerte de la cárcel. Mi familia me aconsejó que nunca cambiara», me dijo.

Quizá la última palabra sobre el asunto la tenga el propio jefe, Blackie Chimbalanga, que me contó que su puesto era hereditario y que le preocupaba tener que elegir a un sucesor entre sus sobrinos.

«¿Por qué solo tienes en cuenta a tus sobrinos? ¿Qué pasa con Tiwonge?», le pregunté. «Es verdad. ¡Ya hay muchas aldeas que tienen a mujeres como jefas!», me respondió.

* * *

La persona que me llevó a la aldea Chimbalanga se llamaba Dunker Kamba, un hombre fornido y vividor que venía de Blantire. Él fue el primero en visitar a Aunty en la cárcel cuando la detuvieron el 28 de diciembre de 2009.

Kamba fue uno de los fundadores del CEDEP, la sigla en inglés del Centro para el Desarrollo de las Personas, una entidad con un nombre deliberadamente impreciso, fundada en 2007 para poder prestar sus servicios y recursos educativos sobre el sida a la comunidad homosexual de Blantire, pequeña pero creciente. Al igual que ocurría en el resto del continente, se habilitaron fondos para el trabajo de acercamiento destinado a los HSH (hombres que tienen sexo con hombres). Esto brindaba una cobertura para que los gais pudieran empezar a movilizarse en organizaciones como el CEDEP. «Cuando intentas ir por la vía de los derechos humanos, te cierran la puerta. Pero cuando vas por la vía de la salud pública y tienes estadísticas que prueban tu existencia, entonces te escuchan», me explicó Kamba de camino a Chimbalanga.

La confluencia de la epidemia de sida y un movimiento global por los derechos LGTB hizo que las personas homosexuales de la zona empezaran a hacerse oír a principios del siglo XXI. Incluso aquí, en Malaui. Cuando se celebró el *chinkhoswe* de Aunty, este pequeño país había sido devastado por el sida, la globalización y una mala gestión del gobierno. Al depender del tabaco, el té, el turismo y las ayudas al desarrollo —que suponían un 40 % de su presupuesto—, este era uno de los páramos más pobres, hermosos y conservadores de África: hasta 1994 a las mujeres no se les permitió llevar pantalones en público.

Pero después de una conversión relativamente tardía hacia una democracia pluripartidista en 1994, Malaui se encontró con una constitución ejemplar que los activistas entendidos del CEDEP estaban intentando utilizar para despenalizar la sodomía. En los meses anteriores al arresto de Aunty en 2009, el CEDEP había organizado —con la financiación de los Países Bajos— una campaña pública para modificar la ley. Esto contrarió al gobierno: bastante apartado del conservadurismo cristiano y de su vínculo con la ideología del evangelismo estadounidense, se mostraba cauteloso ante cualquier tipo de desafío municipal a su autoridad política. Apenas unas semanas antes del *chinkhoswe* de Aunty [66], las oficinas del CEDEP sufrieron una redada, a Dunker Kamba lo detuvieron y confiscaron un montón de material sobre sexo seguro por considerarlo pornografía. Después de los arrestos de Aunty y de su prometido Steven Monjeza, parecía que las autoridades pensaban que el CEDEP había montado el *chinkhoswe* a propósito, con apoyo extranjero, para tantear el terreno o para desafiar al gobierno.

En realidad, Dunker Kamba y su jefe, Gift Trapence, se enteraron del *chinkhoswe* cuando leyeron en *The Nation* durante la mañana del 28 de diciembre el artículo titulado «Gais se comprometen». Antes de eso, no conocían a Aunty ni habían oído hablar de ella. Pero como acababan de hacer una redada en el propio CEDEP, ambos sabían que iban a arrestar a Chimbalanga y a Monjeza. Por eso fueron corriendo a la estación de policía en Limbe, donde habían detenido a la pareja. Fueron los primeros en visitarlos, y les costó bastante poder acceder: «Nos dijeron: "¿Por qué queréis ver a estos *animales*?"», recordaba Kamba. Al final, les concedieron cinco minutos.

«Si hubiera sabido que esto iba a ocurrir, jamás lo habría hecho», le dijo Aunty a Kamba y a Trapence. Aseguró que no sabía que lo que iba a hacer era ilegal. «Creía que era una mujer, no un hombre gay, y, por tanto, no veía ningún problema con el evento», me dijo Kamba.

Aunty me contó que ya había organizado un *chinkhoswe* con su pareja anterior, pero que había tenido lugar en privado y había sido una ceremonia tranquila. Entonces, ¿por qué había decidido celebrarlo en público con Monjeza? Me dio razones diferentes en momentos diferentes: «Es nuestra cultura. No podemos levantarnos un día y decidir que estamos casados. Hay que presentar a las familias», me dijo durante una discusión. A pesar de que la familia de Monjeza estuvo presente, la suya no asistió. Por eso contrató a «bailarinas» para que actuaran como sus parientes durante el ritual. La costumbre manda que los invitados a un *chinkhoswe* contribuyan con un regalo pecuniario. «Todo el mundo me conocía. Yo fui a muchas bodas y funerales, y esta era la manera de que la gente me recompensara», me dijo en otra ocasión. Había un aspecto en el que fue totalmente coherente: «Lo estaba haciendo para ganar visibilidad, porque todo el mundo tiene derecho a casarse. Pero no lo hacía por otros, para que los LGTB pudieran salir. Lo estaba haciendo por mí».

Quizás Aunty necesitaba, más que si le hubieran asignado sexo femenino al nacer, una afirmación pública de su lugar como mujer en el mundo. Su jefa la había incitado a ello, bien por ingenuidad, bien por avaricia, y había corrido la voz por todo Blantire. Y ahora, después de los arrestos, el país estaba en llamas. «Nadie podía hablar sobre otra cosa. Estaba en los periódicos, en los programas de radio, en los taxis, durante los sermones», me dijo Gift Trapence. Sodoma había quedado al descubierto y «era como si la propia Malaui estuviera llegando a su fin». Blantire se quedaba en punto muerto cada vez que Aunty y Monjeza aparecían por el juzgado, y las calles de alrededor estaban congestionadas por mirones curiosos y, en ocasiones, hostiles.

Trapence, un hombre serio y con la cara redonda que rondaba los cuarenta cuando nos conocimos, era un agente político altamente efectivo:

había conseguido, con gran destreza, alejar el discurso en Malaui de los titulares sobre el «matrimonio gay» que dominaba la lucha LGTB en Occidente y llevarlo hacia unos mínimos de seguridad y acceso a la sanidad. Pero ahora, con Aunty y Monjeza en el banquillo de los acusados, «todo el mundo pensaba que íbamos a intentar introducir el matrimonio gay por la trastienda. Fue un período profundamente traumático para ambos. Hubo una caza de brujas. Tuvimos que escondernos como organización, y lo mismo hizo la comunidad gay. Cerramos el centro».

Durante mi estancia en Blantire en 2014 conocí a Amanda, una «reina» —en sus propias palabras— con estudios universitarios. Amanda me contó que antes de los arrestos se sentía «bastante libre» vistiéndose como una mujer en la ciudad por la noche. «Me encantaba hacerlo, para atraer a hombres, aunque obviamente era consciente de que podía meterme en problemas si me descubrían». Pero me explicó que, inmediatamente después del arresto de Aunty, «paré, tenía miedo. Incluso ahora, tantos años después, toda nuestra vida gay en Blantire está paralizada. Sigo sin vestirme como una mujer en público. Lo he hecho una o dos veces, pero siempre me han gritado: "¡Aunty, Aunty!". La gente aún no lo ha olvidado».

Durante el juicio a principios de 2010, Aunty y Monjeza fueron sometidos a exámenes físicos humillantes y los mandaron a observación psiquiátrica. Mucho de lo que cubrieron los medios sobre esto fue tanto salaz como despectivo. Monjeza, desconcertado, se deshizo en un mar de lágrimas. Aunty, que normalmente llevaba un turbante *chilenje* y una blusa femenina, se mantuvo firme: hay fragmentos televisivos en los que se la ve dando manotazos a quienes intentan tocarla de camino hacia el juzgado en una camioneta descubierta. Un día se desplomó, enferma de malaria y vomitó, y la dejaron ahí, tirada sobre su propio vómito en el banquillo; luego la obligaron a limpiarlo.

El CEDEP coordinó la defensa legal y una campaña de solidaridad internacional. Richard Bridgland, un abogado británico, vino a trabajar con los letrados de la defensa y le dijo al equipo de rodaje de un documental durante el juicio que Aunty era «un personaje que inspira. Tiwonge se pasa doce horas al día en una celda, le dan dos escasas comidas, y aun así el tipo viste y se presenta de manera impecable: ni una pizca de rencor ni de enfado»[67]. En los inicios de la fama de Aunty, no se entendía su identidad de género: «En el Reino Unido diríamos de Tiwonge que es gay y orgulloso», dijo el abogado.

Se les negó la fianza aduciendo que la pareja necesitaba custodia protectora, y el presidente del Tribunal Supremo de Malaui se negó a remitir el caso al Tribunal Constitucional para su adjudicación. Al final, en febrero de 2010, el tribunal dictó la sentencia máxima de catorce años de trabajos forzados. Por un breve momento, Malaui salió en las noticias de todo el mundo. Hubo organismos de ayuda humanitaria de Occidente que amenazaron con terminar sus programas. El activista gay británico Peter Tatchell protagonizó una campaña de solidaridad desde Londres y Madonna consiguió reunir treinta mil firmas a través de una petición. En las Naciones Unidas, a Ban Ki-Moon lo convencieron de que la discriminación a la que se enfrentaban las personas LGTB era uno de los mayores desafíos en cuanto a los derechos humanos de la época, y decidió convertirlo en uno de sus proyectos con mayor legado. Fue en avión hasta Malaui, donde se dirigió al Parlamento y pidió la derogación de las leyes contra la sodomía en todo el mundo. Se reunió con el presidente Mutharika, que terminó concediendo un indulto reticente. Madonna, por su parte, le dio las gracias a las treinta mil personas que firmaron la petición por el papel que habían desempeñado: «Siempre he pensado que el amor todo lo puede»[68], escribió en una carta abierta.

Después de ser puestos en libertad, los defensores de Aunty y Monjeza los llevaron a Lilongüe, la capital de Malaui, a cuatro horas en coche hacia el norte: creían que sería más seguro que estuvieran ahí. El CEDEP les consiguió un piso franco, pero dos semanas después Aunty y Monjeza tuvieron una pelea violenta y Monjeza se marchó. Volvió a Blantire y puso una denuncia contra Aunty. Sin asesoramiento psicológico continuo, Aunty se vio arrastrada hacia el abuso del consumo de alcohol: «Me ayudaba a olvidar todos los problemas que tenía», me contó.

Por aquella época, Gift Trapence y Dunker Kamba también vivían en el piso franco. Ellos también tenían que esconderse, en gran parte, por el papel que estaba desempeñando Trapence en un movimiento de amplia base de protesta contra el gobierno, que era cada vez más importante.

Codirigió una protesta nacional que duró dos días y en la que el gobierno mató a diecinueve manifestantes. Como respuesta a esto y a otras drásticas medidas que se tomaron —incluyendo una ampliación del código penal para criminalizar también el sexo lésbico—, el gobierno estadounidense suspendió la subvención de tres millones y medio de dólares que le había concedido al país para la red eléctrica. Al mismo tiempo, la economía de Malaui colapsó. Fue la reacción en cadena de la crisis financiera global de 2008, que se vio exacerbada por una mala gestión del gobierno. «La gente estaba enfadada. Congelaron las ayudas, la gente no tenía qué comer ni beber; no había combustible ni refrescos. La gente intentaba buscar un chivo expiatorio, por lo que echaron la culpa a los gais. ¡Éramos nosotros quienes los estábamos dejando sin las ayudas de Occidente!», me contó Kamba.

En este contexto, las normas del piso franco del CEDEP eran muy estrictas: al caer la noche, Aunty tenía que estar en casa y no podía traer a hombres desconocidos. Pero le costaba cumplirlas, y en al menos una ocasión, le robaron y le dieron una paliza antes de volver. «Para nosotros, era una verdadera responsabilidad. Si le pasaba algo, ¿qué le diríamos a la familia?», me dijo Kamba.

Un grupo religioso se había ofrecido a financiar su traslado a Canadá, pero al final aquello quedó en nada. Así, Amnistía Internacional sugirió que fuera a Sudáfrica, dada la protección constitucional que ofrecía a las minorías sexuales, su proximidad, la existencia de una organización local trans que se ofreció a acogerla, y dado también que no necesitaba visado. Hasta esto supuso todo un reto, ya que las autoridades se hicieron rogar para expedirle el pasaporte. Mientras tanto, el CEDEP y Amnistía Internacional creyeron que era demasiado arriesgado que Aunty estuviera en Lilongüe, así que la mandaron de vuelta a casa, a su aldea.

Cuando Aunty por fin consiguió el pasaporte un año más tarde, le dijeron que tenía una semana para preparar su partida. Dunker Kamba fue en coche hasta su aldea para traerla y Amnistía Internacional la alojó en una pensión de Blantire. Llegaron en avión los responsables de Sudáfrica para conocerla y acompañarla de vuelta. «Tengo muchas ganas de irme de aquí para poder ponerme las minifaldas como a mí me gusta», le dijo a uno de ellos. Tales eran las sensaciones de posibilidad y liberación que le brindaba su nuevo hogar.

El día de su partida llegó al CEDEP vestida para el vuelo con todos sus accesorios puestos y una falda y una blusa muy femeninas. Dunker Kamba le dijo: «Aunty, ¿quieres irte de Malaui? Sabes que no vas a poder ni pasar por el aeropuerto si sales así». Al final terminó cediendo y se puso una alternativa «más unisex»: un conjunto tradicional de pantalones y camisa a juego. «No creo que Aunty estuviera siendo difícil o insolente, porque por dentro siente con tanta fuerza que es una mujer que no entiende que por fuera no se la vea como tal», recordaba Kamba.

2

Aunty embarcó en un vuelo de South African Airways el 28 de septiembre de 2011, acompañada por Dunker Kamba. Apenas dos horas más tarde, aterrizaron en el Aeropuerto Internacional de Johannesburgo - O. R. Tambo, al otro lado de la línea rosa. Cuando pidió asilo en el control de pasaportes, las autoridades la estaban esperando: Amnistía Internacional ya había presionado al gobierno de Sudáfrica para que le concediera la condición de refugiada. Así, se convirtió en una de las primeras refugiadas del país en conseguir asilo por temor a la persecución por motivos de orientación sexual o identidad de género.

La destinaron a Ciudad del Cabo, donde la acogería Gender DynamiX (GDX), una organización por la defensa trans. Pero mientras procesaban su solicitud de asilo, se quedó en una pensión de Johannesburgo regentada por un pastor gay, Paul Mokgethi-Heath, que recuerda que llegó «traumatizada», por mucho que estuviera emocionada por la posibilidad de una nueva vida en Sudáfrica. Recordaba especialmente momentos en la iglesia en los que «todas las reinas se acercaron a Aunty y empezaron a chasquear la lengua, y entonces le dieron consejos sobre el cuidado del cabello y de las uñas, ¡para que fuera una mujer de verdad!».

La expresión «refugiado LGTB»[69] estaba en uso desde el 2005, cuando las organizaciones de servicios para refugiados en Turquía empezaron a notar una entrada significativa de gais, lesbianas y trans provenientes de Irán que huían del temor a ser encarcelados o de que los presionaran para pasar por una operación de reasignación de sexo. Según la Convención sobre el Estatuto de los Refugiados de las Naciones Unidas de 1951, un «refugiado» podía ser cualquier persona que tuviera «fundados temores de ser perseguida por motivos de raza, religión, nacionalidad, pertenencia a determinado grupo social u opiniones políticas» [70]. En 2008, ACNUR estableció que el término *determinado grupo social* podía aplicarse a «personas LGTB» [71]. Algunos países ya estaban concediendo el asilo basándose en esto, pero la decisión de ACNUR lo convirtió en una cuestión de política internacional. Hacia el final del gobierno de Obama en 2016 [72], Estados Unidos recibió a la mayor cantidad, con diferencia, de este tipo de refugiados. Se estima que fueron entre setenta y cinco y cien al año.

Cinco años antes, cuando Aunty se fue a Sudáfrica, los países del norte de Europa fueron los pioneros. Por ejemplo, Bélgica aceptó a 441 refugiados [73] de los 1289 solicitantes entre el 2007 y el 2010. El elevado número de solicitudes rechazadas, tanto aquí como en otros sitios, reflejaba la preocupación por la «credibilidad». ¿Cómo iban a verificar las autoridades si el miedo de los solicitantes a ser perseguidos era legítimo? Para empezar, ¿cómo iban a probar que eran gais?

A algunos países, como la República Checa [74], los acusaron de llevar a cabo pruebas para medir la excitación sexual de los solicitantes de asilo. En otros, como Australia y el Reino Unido [75], había una jurisprudencia vehemente sobre la posibilidad de que el gobierno pudiera deportar a solicitantes bajo el argumento de que no habían sido lo suficientemente «prudentes» sobre su orientación sexual en sus países de origen. En el Reino Unido, a dos solicitantes de Irán y de Camerún se les negó la condición de refugiados sobre la base de que podrían librarse de la persecución en sus países si ocultaban sus identidades. Los hombres recurrieron la sentencia y en 2010 ganaron. En un fragmento de la sentencia del Tribunal Supremo que ya forma parte del canon queer, uno de los magistrados, Lord Rodger, insistía en que «al igual que los hombres heterosexuales pueden disfrutar libremente de jugar al rugby, beber cerveza y hablar sobre chicas con sus amigos, los homosexuales pueden disfrutar libremente de ir a conciertos de Kylie Minogue, beber cócteles de colores exóticos y hablar sobre chicos con sus amigas heterosexuales»[76].

A pesar del uso irónico de los estereotipos que hizo Lord Rodger —¿sería menos creíble un refugiado gay si le gustara el rugby y tomara cerveza?—, la decisión provocó un cambio significativo sobre el debate y ACNUR lo confirmó[77]: era inaceptable denegar el asilo bajo el argumento de que las personas LGTB podían eludir la persecución ocultando sus identidades. Aun así, en 2019, un juez de inmigración del Reino Unido denegó la petición de asilo de un hombre gay[78] porque, al parecer, no llevaba pintalabios ni se comportaba de manera afeminada, como hacían otros solicitantes. Los datos británicos muestran que entre 2016 y 2018[79] el país rechazó por lo menos 3100 peticiones de asilo provenientes de países donde la homosexualidad es ilegal —1197 eran de Pakistán—. El partido Liberal Demócrata criticó severamente lo que denominó «la cultura de recelo del Ministerio del Interior».

Obviamente, dada la notoriedad del caso de Aunty, no había problemas de «credibilidad» sobre su solicitud de asilo en Sudáfrica. Tampoco habría sido razonable esperar de ella que ocultara su identidad. La solicitud fue procesada en Pretoria en un tiempo récord de treinta días. Por lo general, en una primera instancia solo se concede el asilo temporal, y en aquel momento el proceso para conseguir la condición de refugiado permanente duraba una media de tres años. Aunty me contó que los funcionarios del Ministerio de Asuntos Internos fueron «muy buenos y agradables», algo muy diferente de la brutal discriminación, la dilatoria burocracia y la patente extorsión a la que la mayoría de los solicitantes de asilo en Sudáfrica están sujetos.

En Ciudad del Cabo, le concedieron a Aunty un piso con entrada propia en un refugio para mujeres y niños víctimas de abuso en el *township* de Manenberg, de gente «mestiza»*, y la inscribieron en un curso de inglés en una escuela cercana para refugiados. Durante los dos primeros

---

* *Colored*, en inglés, históricamente ha sido utilizado para referirse a los sudafricanos con ascendencia de raza negra y blanca; hoy también se utiliza para aludir a las personas que tienen un origen étnico mixto. (N. de la T.).

cursos de inglés Aunty destacó, pero pasó apuros en el tercero y terminó por dejar de ir a las clases. Sus profesoras estaban convencidas de que se debía a que sufría un desorden por estrés postraumático que no había sido tratado. Una de ellas, una joven perspicaz llamada Chivonne Africa, creía que Aunty estaba absorta por el tipo de orgullo que surge al llevar toda una vida a la defensiva: «No se tomaba a bien ninguna corrección, porque tenía muchísimas ganas de expresarse de la manera que quería». En cuanto las clases pasaron de lo más básico del inglés a las matemáticas y las ciencias sociales, Aunty empezó a faltar a clases.

El abandono coincidió con el momento en el que dejó de vivir en el refugio. Y con el momento en el que empezó a juntarse con Benson. Aunque Aunty me dijo que ese refugio era un «buen lugar», su abogada Lusungu Kanyama-Phiri lo recordaba como «muy solitario para Aunty. Lo pasó muy mal. Ahí la tenías, intentando iniciar una nueva vida, siendo quien quería ser, saliendo por ahí y conociendo a un hombre, pero confinada... No le permiten llevar a hombres y tiene toque de queda. Y cuando se escapa para tomar algo y disfrutar de la compañía, hay personas de Malaui que la reconocen e insultan».

En los cuatro primeros meses desde su llegada a Ciudad del Cabo, a Aunty la agredieron dos veces. En ambas ocasiones la dejaron inconsciente y tuvieron que hospitalizarla. Me enseñó las marcas que le dejaron las heridas con cuchillo que le hicieron en las piernas y en la espalda. Me dijo que, en ambos ataques, sus agresores eran de Malaui. En el primero le dijeron que estaba «avergonzando a Malaui»; en el segundo, que le iban a dar una lección porque «tenía demasiado orgullo». Mientras tanto, en el refugio estaban teniendo problemas con su falta de adhesión a las normas. Los responsables de GDX determinaron que sería mejor que tuviera su propio espacio y acordaron que se quedara en un piso en Tambo Village, bastante cerca. Martin, el trabajador social al que le asignaron el caso de Aunty, vivía ahí. Él la ayudaría a integrarse y al mismo tiempo podría echarle un ojo.

Pero el nuevo casero de Aunty empezó a quejarse, casi de inmediato, por las juergas de su inquilina, y le pidió que se marchara. GDX decidió utilizar parte de la subvención de Amnistía Internacional para comprarle un *zozo*, que es como se conoce a las chabolas prefabricadas en Sudáfrica. Por fin tendría su propia casa. Llegados a este punto, la relación con GDX se había roto casi por completo. Simeon Mawanza, de Amnistía Internacional, me dijo que hubo «problemas de confianza. Tuvimos que mediar en muchas ocasiones. Estaba convencida de que otras personas se estaban gastando el dinero que le habían destinado a ella. Esta es una de las trampas de las ayudas al desarrollo: "Otras personas se están quedando con nuestro dinero"».

La fundadora de GDX, Liesl Theron, había sido fundamental para que trajeran a Aunty a Sudáfrica. Me dijo: «El problema radica en la manera en que acomodamos a Tiwonge al principio. Se quedó en el local [GDX compartía una escuela reconvertida con el refugio], y en un momento dado tuvimos a seis miembros del equipo detrás de ella. Nos dimos cuenta de que Tiwonge no podía ser nuestro único proyecto, así que empezamos a retirar parte de ese apoyo tan visible e intenso que le habíamos dado al principio, particularmente porque sentimos que necesitaba comenzar a cuidarse ella misma mientras quedase algo de dinero de la subvención de Amnistía Internacional. Queríamos que echara a volar mientras siguiera teniendo una red de seguridad bajo ella. Pero supongo que lo vivió como un abandono».

Sibusiso Kheswa, la persona que sucedió a Theron, fue más terminante: «El mayor obstáculo para su integración es el dinero que ha recibido. No la presiona de la misma manera que al resto de los extranjeros para que interactúe con la gente del lugar, aprenda su lengua y encuentre algo que hacer».

Simeon Mawanza, que se encargó de administrar la ayuda para el traslado concedida por Amnistía, recuerda que un día paseando por un centro comercial con ella, señaló a vendedores ambulantes de fruta y verdura. «Sugerí que considerara hacer algo así. Ella se indignó: "¿Yo, Tiwonge Chimbalanga, vendiendo verduras en la calle? ¡Jamás!". Yo le respondí: "Hermana, llega un punto en el que todos tenemos que hacer lo que sea para volver a salir adelante"».

Tambo Village está en la periferia de Guguletu, un *township* denso, animado y lleno de iglesias, escuelas y niños en la calle, pero también de *shebeens*, que es como se conoce a las tabernas ilegales, y de peligros. Aunty fue a Sudáfrica para ser libre, pero me dijo Martin —el trabajador social de GDX— que era «demasiado libre para un *township* sudafricano». Dio buena cuenta de todo el daño que la fama le había hecho, no solo por los aires de grandeza, sino porque la gente la reconocía. «"¡Te hemos visto en la tele, Aunty! ¡Vamos a quedar! ¡Vamos a tomar algo!". Y luego el dinero, finiquitado». Martin pasó dos años al servicio de Aunty, prácticamente a jornada completa, igual que Dunker Kamba en Malaui. La llevaba a clase cada día, intentaba ayudarla a ahorrar dinero, acudía a su rescate enseguida cuando la asaltaban y se encogía de hombros cuando ella se enfadaba con él.

Bajito y fornido, Martin era natural del Cabo Oriental y tenía esa falta de confianza y ese encanto lacónico propios de un hombre campestre. Su sexo asignado al nacer fue el femenino y vino a Ciudad del Cabo en gran parte para someterse a una transición de género. Vivía en Tambo Village con su novia y su peque. No quería hablar demasiado sobre sus propias experiencias, salvo para decir que «la gente sigue siendo muy ignorante, y hay que ser muy valiente para poder decir: "Soy trans"». Aun así, el mero hecho de su existencia, entretejida en la vida de las Planicies del Cabo, era la prueba de un fenómeno significativo de la cultura queer en la Sudáfrica urbana durante la segunda década del siglo XXI: la cantidad de personas jóvenes negras que habían salido del armario como lesbianas *butch*, pero que ahora estaban tomando hormonas, se fajaban el pecho y vivían como hombres.

Martin dejó de trabajar para GDX un año antes de que nos conociéramos, pero seguía echándole un ojo a Aunty y le reconstruyó la chabola cuando tuvo que volver a mudarse —esta vez no fue por su culpa—. Y aunque todavía profesara un gran afecto por ella, terminó apartándose por completo. La gota que colmó el vaso fue cuando Aunty interrumpió la *braai* (barbacoa) un domingo por la tarde en su casa acusándolo de que sus amigos le habían robado el móvil. En realidad, se lo había dejado por ahí mientras bebía. Martin decía que, si pudiera mantener la bebida a raya, «Aunty echaría a volar».

El problema, creía, era que Aunty estaba viviendo una mentira: «Se dice que está a "ese nivel". "¡Puedo pagarlo todo! ¡Puedo invitarte!". No está viviendo su vida, sino la de otra persona. Pero es que no trabaja, no tiene formación para hacer nada». Me dijo Martin encogiéndose de hombros. «Quizá sea algo gay, ¿sabes? Tengo otro amigo gay que lleva unas cosas que yo no puedo ni plantearme comprar...».

A pesar de que Amnistía Internacional le daba treinta dólares semanales —una cantidad decente en un *township* sudafricano—, Aunty nunca tenía suficiente. Recogía su asignación cada martes en presencia de Benson y montaba un espectáculo al darle una cantidad considerable directamente a él.

Sibusiso Kheswa, de la GDX, entendía que Aunty se estaba aprovechando del dinero para protegerse, «para construir una comunidad a su alrededor, incluyendo a amantes amarrados que no tenían ingresos propios». Kheswa, que era un hombre trans, me dijo que también se había dado cuenta de que «sobre todo en las relaciones, si eres una mujer trans, es probable que termines cediendo mucho, porque tienes a una persona que te dice: "Eres mi chica". Vas a dejarlo todo para aferrarte a esto».

Durante mis viajes por el mundo investigando para este libro, me encontré con personas en este tipo de relaciones desde la India hasta Rusia y desde México hasta Filipinas. En efecto, la pareja anterior de Aunty, un hombre de Zimbabue, le había dado una paliza y había falsificado sus documentos para el asilo para poder trabajar. Aunty insistía en que Benson era «un buen hombre; no me pega y me quiere».

Por supuesto, este tipo de relaciones se prestan al abuso: pueden cambiar en un instante y pasar de la protección a la amenaza. Fui testigo de ello, aunque no con Benson, sino con otro amigo, al visitar a Aunty en una ocasión. Había invitado a dos vecinos, un hombre de Malaui llamado Bernard y su mujer Asanda, sudafricana. La pareja estaba comunicativa gracias a la bebida de un sábado por la tarde. Querían mucho a Aunty, me dijeron, y la defendían ante los insultos. Asanda me dijo: «Grito a la gente si se meten con ella. Les echo la bronca, en xhosa, y así se callan».

Bernard me dijo que llevaba en Sudáfrica diez años, «así que sabemos que existen estas personas [gais], estamos acostumbrados a ellos». Pero un par de horas después de haberme ido recibí una llamada de Aunty, que estaba histérica. Bernard se había ido a un *shebeen* y ahora estaba fuera, dando cuchilladas a su chabola y amenazando con matar a Benson. Bernard llegó a la conclusión de que yo le había pagado a Benson para que me concediera una entrevista —no lo hice—, y ahora él también quería algo por haber hablado conmigo.

* * *

Unos días después del incidente con Bernard, volví a Tambo Village. Eran alrededor de las 10:30 a. m. de un jueves, después de un día festivo, y mientras aparcaba fuera de la chabola de Aunty para nuestra cita, oí música. Estaba alta. Un vecino, al pasar por delante del coche, dijo una palabrota en voz alta y me di cuenta de que la música salía de casa de Aunty. Miré por la valla de seguridad y la vi sentada en la mesa grande con Benson y otros tres hombres. En la televisión había un vídeo de música malauí. Los hombres estaban tirando cartas sobre una mesa llena de vasos de cerveza y charlaban muy animadamente. Cuando se dieron cuenta de que estaba ahí, los hombres se esfumaron y la anfitriona se apresuró a limpiar todo. Conforme nos acomodábamos, explicó que los hombres habían venido a «consolar» a Benson por un altercado que hubo el día anterior: el mismo vecino al que oí decir palabrotas lo había insultado, acusándolo de tener sida y de estar en tratamiento antirretroviral. Aunty se vio incitada a responder con violencia. Según iba contando la historia, empezó a llorar desconsoladamente. Lo que parecía que le provocaba la angustia eran las adversidades que había tenido que afrontar su marido al estar vinculado con ella y la consiguiente posibilidad de que este la abandonara.

Mientras hablábamos, Bernard, el amigo de Aunty, entró. Parecía que habían olvidado su reciente conflicto. Estaba totalmente borracho y llevaba un apósito para nada adecuado sobre una herida reciente y con mala pinta en un lado del cuello. Lo habían lastimado con una botella rota la noche anterior. Aunty dijo que siempre andaban acuchillándolo en los *shebeens*, porque «se emborracha y empieza a gritar, y la gente se enfada con él. Los *shebeens* son sitios peligrosos, por eso yo ya no voy por ahí. Ahora solo bebo en casa».

Para entonces sus lágrimas eran desesperadas. Tambo Village era demasiado peligrosa tanto para ella como para Benson, y se quería marchar. Hizo planes para vender la chabola y alquilar una habitación en la ciudad. También estuvimos hablando, aquella mañana, sobre sus planes para la transición de género médica. A pesar de que me dijera que tenía muchas ganas de empezar a tomar estrógenos, el equipo del GDX me comentó que había faltado en dos ocasiones a su primera cita con el Triangle Project, un servicio de salud LGTB que derivaba a personas trans a un programa gratuito de terapia hormonal subvencionado por el Estado. Cuando le pregunté el motivo, me dijo: «Nadie podía llevarme, no conozco el camino».

Por supuesto, el idioma tiene que haber sido un impedimento, sobre todo cuando se trataba de la perspectiva de una consulta íntima con médicos o terapeutas. Pero el problema también era otro: ella no se consideraba *transgénero*, un término que oyó por primera vez cuando le presentaron a GDX en Ciudad del Cabo.

Ronald Addinall-Van Straaten, el especialista en género que llevaba el programa en el Triangle Project, me dijo que se trataba de un fenómeno común entre su clientela: «Hay algunas personas a las que a veces me gustaría decirles: "Vamos a ponernos serios. Esto es lo que tienes que hacer para sobrevivir". Pero cuando se trata de alguien que ha luchado tanto por tener su propia identidad, que ha tenido que pelear constantemente con la gente que le decía que no es lo que sabe que es… Ese sentido de identidad hay que respetarlo».

Estando con Aunty aquel jueves por la mañana, deseé que encontrara la manera de ir al Triangle Project para que pudiera escuchar esas palabras por ella misma.

3

En julio de 2016, casi dos años después de nuestro primer encuentro, Aunty fue la artista principal del evento Colores de Ciudad del Cabo, que tendría lugar un sábado en el Nest, un local de moda para «jóvenes africanos creativos» en el centro de aquella ciudad.

«Acompáñanos en una noche solidaria con la comunidad de refugiados LGTBI», decía la invitación de Facebook. Lo había publicado PASSOP —la sigla en inglés para Personas Contra el Sufrimiento, la Opresión y la Pobreza—, una organización en defensa de los refugiados en la que Aunty trabajaba como voluntaria dos veces por semana. Más de cien personas respondieron y se amontonaron en las salas de la parte de arriba del Nest, esparciéndose hasta el balcón victoriano de hierro forjado que se asomaba a lo que ocurría en la calle Darling, al lado de la plaza Grand Parade. Esta multitud no era habitual para Ciudad del Cabo, donde seguía habiendo más segregación racial que en Johannesburgo. Había un gran grupo de los refugiados a los que había llegado a conocer —provenientes de Zimbabue, Uganda, la República Democrática del Congo y Burundi— desperdigados entre los jóvenes queer que se habían enterado del evento por las redes sociales. Había jóvenes lesbianas del barrio de Khayelitsha con el pelo rapado y mucho carácter, y activistas de más edad a quienes llevaba veinte años sin ver. Un coro empezó el acto con un góspel celestial. Venía de la nueva rama, recientemente establecida, de una iglesia LGTB nigeriana llamada Casa del Arcoíris.

Llegué tarde, pero enseguida vi a Aunty. Estaba radiante y majestuosa con sus «nigerianos» de color morado: una falda larga y una blusa con un brocado extravagante de oro y plata, coronada con un turbante fastuoso. A su lado estaba Benson, sonriente y asintiendo con la cabeza, envuelto en un traje a conjunto. Cuando Aunty se levantó para ir a por el micrófono, su voz sonó tentativa pero firme, cada palabra dicha con el cuidado que debió poner al escribirlo: «Me llamo Tiwonge Chimbalanga y soy de Malaui, pero ahora vivo en Ciudad del Cabo, Sudáfrica». Después de explicar su implicación en «la primera boda gay de Malaui», habló de la «dolorosa experiencia» que tuvo en prisión y de las dificultades que pasó en Sudáfrica, las agresiones y el desempleo. Enfatizó en el tema de la gratitud y nombró a las diecisiete organizaciones y personas que la habían asistido; también «a todas las personas que vinieron a verme y a darme apoyo durante aquella época [en prisión]. Como personas, tenemos que ayudarnos unas a otras en momentos difíciles, igual que me ayudaron a mí».

Durante el evento se distribuyó un panfleto: «Las personas LGTBI de África que se enfrentan a peligros extremos en sus países de origen huyen hacia Sudáfrica para encontrar refugio, ya que su constitución es la más progresista de la región. Sin embargo, la realidad que se vive al llegar deja mucho que desear. Los refugiados LGTBI se enfrentan a retos muy difíciles después de su traslado a Sudáfrica». El panfleto describía una «doble marginación»: no los «aceptaban en sus comunidades de refugiados por su orientación sexual/identidad de género» y tampoco los «aceptaban en las comunidades LGTBI por ser de otro país».

A esto había que sumarle la xenofobia que experimentaba la mayoría de los migrantes negros que llegaban a Sudáfrica. Desde que terminó el *apartheid*, habían llegado millones de otros africanos al país, y en una sociedad en la que había tanto altos índices de desempleo como de crímenes, le echaban la culpa a los extranjeros por ambas cosas. En una ola de violencia xenófoba en mayo de 2008 hubo sesenta y dos muertes y miles de desplazados. El año anterior se había fundado la PASSOP, y para cuando Aunty empezó a colaborar con ellos, ya habían establecido una Red LGTBI con un número estimado de cuarenta personas, aunque solo un puñado de ellas habían solicitado, como Aunty, la condición de refugiado con base en su orientación sexual o identidad de género. El resto, «o no sabían que podían solicitarla aduciendo que eran LGTBI, o temían que los volvieran a perseguir o a echar de sus comunidades si lo hacían». Esto me lo dijo el coordinador Guillain Koko, un abogado por los derechos humanos exiliado del Congo.

Koko dedicaba gran parte del tiempo a ayudar a miembros de la red a reubicarse fuera de Sudáfrica, en países como Estados Unidos. ACNUR se encargaría de hacerlo si podías demostrar que eras igual de vulnerable en el país al que habías huido que en el de origen. Una de las mejores candidatas de Koko para la reubicación era Aunty, dada la violencia que había sufrido en Ciudad del Cabo. Pero ella no quería volver a trasladarse, en gran medida por Benson: no podría soportar perder a un hombre otra vez.

* * *

Fue en PASSOP donde me reuní con Aunty por primera vez a principios de 2014. En aquel momento, la organización estaba ubicada en una oficina algo decrépita sobre un escaparate en Wynberg, en los suburbios del sur de Ciudad del Cabo. La planta de arriba, un ático, había sido cedida a la Red LGTBI. Había muebles dispersados que no hacían juego y pancartas de arcoíris colgadas que los miembros de PASSOP habían hecho para una marcha del Orgullo que había tenido lugar hacía poco. Daba la sensación de que era una sala de estudiantes, y había un trajín de gente entrando y saliendo constantemente, durmiendo en el sofá, aprovechando que había wifi gratis o consultando a Koko por sus casos. También había siempre un puñado de becarios internacionales colaborando. Eran voluntarios europeos o estadounidenses, muchos de ellos estudiantes de posgrado, que habían venido para ponerse a trabajar con este grupo marginalizado, reconocido como tal hacía poco tiempo en una ciudad convenientemente accesible.

Pero pocas veces se podía encontrar a Aunty aquí, en el ático LGTBI. Prefería mucho más estar abajo «con las otras mujeres», como me dijo, ayudando a los trabajadores sociales cuando atendían a quienes venían sin cita, desorientados, muy lejos de casa y buscando la manera de quedarse. Así conoció Aunty a su amiga Prisca, que hizo de intérprete para mí: «Aunty Tiwo es educada y cortés con todo el mundo, no como mucha otra gente, así que no nos paramos a pensar en quién es. Simplemente, la vemos como a alguien que nos ayuda».

Vi cómo se le abrían los ojos a Prisca conforme me iba traduciendo la historia de Aunty. Ella era una cristiana acérrima que no había llegado a procesar la realidad de la identidad de su amiga. Al principio, trató el tema haciendo de Aunty una excepción: estaba su amiga, a quien quería, y había otros, que eran pecadores. Pero Prisca, una mujer joven y a la moda que trabajaba como niñera para una familia blanca, tenía un gran corazón y la mente abierta. Cuando tuvimos nuestra última reunión unas semanas después, estaba llena de rabia por las adversidades que le habían ocurrido a su amiga, «simplemente por la persona a la que ama».

Igual que el resto de la gente en PASSOP, Prisca solo había conocido a Aunty estando sobria. Tendai, la recepcionista de Zimbabue y otra de sus amigas, se mostró desconcertada cuando le pregunté por el hábito de beber que tenía Aunty. Se paró a pensarlo un momento, visiblemente angustiada, antes de contestar: «Tienes que entenderlo, Mark. Si estás en casa, aburrido, te pones a beber. Por eso Aunty necesita un trabajo».

Me tomé estas palabras a pecho.

Cuando empecé a visitar a Aunty, por rutina me llamaba para pedirme algo de dinero. Al principio respondí apareciendo con la compra, pagándole el transporte si era ella quien venía a la ciudad a verme, o ayudando con el dentista aquella vez que Benson iba doblado por el dolor de una muela. La conciencia me trae hasta aquí, en mi trabajo, cuando me encuentro preguntándole a la gente en apuros que comparta su historia conmigo. Pero después de escuchar a Tendai y a Prisca, empecé a delinear otra solución para Aunty.

PASSOP se quedó sin financiación en 2015. Tuvo que prescindir de la mayoría de sus trabajadores y ya no podía pagar el poco salario que les ofrecía a los «voluntarios», unos quince dólares al día. La organización necesitaba trabajadores tanto como Aunty precisaba ese salario, ya que era la primera parada para los solicitantes de asilo que llegaban a Ciudad del Cabo. Así que les aporté los fondos suficientes para que Aunty pudiera estar ahí dos días a la semana. Esto le daría a Aunty una razón para ir a trabajar y un sueldo más que vital, ahora que el dinero de Amnistía Internacional se estaba acabando; pero también le daría una mano extra a PASSOP, que podría continuar exponiendo a los refugiados a una persona trans que los estaba ayudando, desterrando así sus propios prejuicios, como había ocurrido con los de Prisca.

Después de haber organizado este acuerdo, me mantuve al margen. Cuando volví a contactar con Aunty y con PASSOP a principios de 2016, para invitarla a participar en un panel en la Escuela de Verano de la Universidad de Ciudad del Cabo, llevaba alrededor de un año sin verla. El personal me dijo que a pesar de que solo le pagaban esos dos días que habíamos acordado, Aunty iba prácticamente a diario y se había convertido en una parte indispensable del equipo. Además de cumplir con sus labores de limpieza básicas, había aprendido a utilizar el ordenador y ayudaba a quienes aparecían sin cita previa con sus «cartas a los recién llegados». Aunty acudió al evento universitario conmigo. Un gay británico, de más edad, se sintió tan conmovido por ella que se ofreció a financiar a PASSOP para que le diera trabajo dos días más a la semana. Yo me retiré. Primero, el británico tomó el relevo; luego, una fundación alemana.

A través de PASSOP y el ordenador, Aunty descubrió las redes sociales. Para cuando encabezó el evento Colores de Ciudad del Cabo, tenía más de setecientos amigos en Facebook. La mayoría de ellos eran también de Malaui o miembros de la comunidad de refugiados de Ciudad del Cabo, pero también había un par de activistas estadounidenses destacados y varios líderes africanos del movimiento, desde Uganda hasta Zimbabue. Estaba conectada, a pesar de que sus actualizaciones de estado estuvieran escritas en chichewa y la mayoría de las imágenes que subía fueran *selfies*: Aunty sentada laboriosamente delante del ordenador en la oficina, Aunty posando frente al carrusel de un parque público. Para cuando la vi en el Nest aquella noche, estaba enganchada al teléfono inteligente. Me dijo: «Facebook, malo. Demasiados malauís. Hablan mal a Aunty. Muy mal. WhatsApp, mejor». Solía mandarme mensajes y mantenía el contacto a su manera telegráfica, que tan bien le venía al medio.

Volví a visitarla en Tambo Village. Benson y ella me enseñaron con gran orgullo el puesto de comida que habían montado contiguo a la chabola. Por fin se había apeado del burro y había utilizado lo último que le quedaba de la ayuda de Amnistía Internacional como capital inicial para construirlo y llenarlo de coles y tomates, manzanas y cebollas. Benson regentaba el puesto mientras Aunty trabajaba en PASSOP. Pronto se dio cuenta, no obstante, de que le iba mucho mejor vendiendo cerveza, y expandió esa parte de su negocio. La demanda era mayor y los márgenes de beneficio, también. Y no se echaba a perder. Dejó de vender verduras, y su chabola se convirtió en otro *shebeen* en el *township*.

Parecía que Aunty se había integrado al entorno. En un día laboral cualquiera, en vez de llevar sus «nigerianos» tan elaborados, se ponía una minifalda vaquera ceñida y desteñida, una camiseta y zapatillas con lazos rosa fuerte que hacían juego con su collar de cuentas. Me dijo que había decidido no tomar hormonas. Lo hacía de manera categórica, sin las excusas de antes sobre no tener acceso. Pero los pequeños bultos que había debajo de su camiseta sugerían que podría estar utilizando una crema para el aumento del pecho.

También parecía que había hecho las paces con sus vecinos, y me presentó a una nueva amiga, una mujer xhosa que estaba en el patio y con quien iba a la iglesia. También había un malauí mayor al que conocían, simplemente, como Madala («hombre viejo»). Me dijo que era de la misma aldea que Aunty y que la familia de ella lo había enviado a buscarla, pero que había decidido quedarse. A pesar de las agresiones a manos de sus compatriotas, por fin había conseguido construir una comunidad con los suyos a su alrededor. Había mucha gente de Malaui en Tambo Village, y vivía, en gran medida, en un mundo chichewa.

* * *

En Colores de Ciudad del Cabo vi cómo Aunty recibía una gran ovación después de dar su discurso. Me sentía profundamente orgulloso de ella. Y también me gratificaba saber que había podido contribuir de alguna manera a que pudiera adaptarse. Me di cuenta de que esto no solo procedía de un sentimiento de pena o de justicia, sino de la afinidad.

A mí también me habían pedido que dijera algo en el evento del Nest, y me centré en el problema de la «doble marginación». Normalmente, los refugiados buscaban trabajo y techo en sus propias redes étnicas o nacionales cuando llegaban a un lugar nuevo —expliqué—, pero si eran queers no tenían acceso a estos recursos; estaban condenados al ostracismo por su orientación sexual o su identidad de género. Dije: «Nosotros, como LGTB de Cape Town que se benefician de las libertades de esta sociedad, somos su familia y tenemos una obligación con ellos».

Por mucho que creyera en esto, estaba preocupado por mis propios sentimientos de orgullo y satisfacción. Me acordé de lo que habían dicho los otros benefactores de Aunty sobre los peligros de la trampa de la dependencia. ¿Estaba contribuyendo a ella yo también? No lo creía, pues mi aporte llegaba a través de PASSOP, que era donde ella lo estaba ganando. Pero no me esforcé demasiado por mantenerme en el anonimato, y ella descubrió que yo era su benefactor. ¿Por qué dejé que ocurriera tal cosa?

¿Había sido víctima del complejo del salvador blanco? ¿Se me estaban empezando a humedecer los ojos al escuchar a Aunty hablar en público un año después de que yo decidiera contribuir con ella porque pensaba que estaba desempeñando algún papel en su redención con mis irrisorios treinta dólares semanales?

Estuve rumiando sobre algo que me había supuesto un reto durante todos los años que estuve investigando sobre la línea rosa. Si la nueva «conversación» del siglo XXI sobre la orientación sexual y la identidad de género se estaba diseminando por todo el planeta por los vectores de la globalización —la revolución digital, la migración en masa, el movimiento por los derechos humanos transnacional y la cultura popular—, entonces estaba claro que también tenía que entenderme a mí mismo como uno de esos vectores. Llevaba mis propias ideas y experiencias en la espalda, por no mencionar en el bolsillo —o su percepción— e incluso en mi propia lucha como hombre gay. Y todo esto lo soltaba cada vez que me encontraba con alguien como Aunty.

Fui particularmente consciente de ello al recibir la beca de la Open Society, un premio que otorga la organización de George Soros, la cual ha financiado gran parte de mi investigación. Mis propios benefactores se encontraban entre los mayores partidarios del mundo del nuevo movimiento global LGTB y, sin lugar a duda, eso me abrió muchas puertas. Me obligó a reflexionar sobre el modo en que podría estar introduciendo ideas que no estaban ahí o sobre el modo en que podría estar influenciando, de alguna manera, en el modo de pensar de las personas y sus comunidades sobre ellas mismas y sobre el mundo. Puede que haya desempeñado un pequeño papel a la hora de ayudar a Aunty a conseguir una vida más estable e integrada, y que haya contribuido como «familia queer». Pero tenía que aceptar que me había convertido en parte de una dinámica de solidaridad y dependencia intrínseca al trazado de la línea rosa y, por tanto, a las políticas queer globales de estos tiempos.

Aunque admitiera la voluntad de acción de gente como Aunty, tenía que lidiar con el hecho de que mi propia presencia en su chabola en Tambo Village o bajo el árbol en su aldea natal de Chimbalanga alimentaba la idea de que gente como yo pagaba a gente como ella para que fuera gay o

LGTB —o, por lo menos, que había un grifo de financiación, una vía hacia la movilidad ascendente, adjunto a estas nuevas identidades—.

Se había hablado mucho de esto en el entorno de Aunty en Malaui. Quienes lo hacían la acusaron repetidas veces de que su *chinkhoswe* había sido un montaje para ganar dinero, y decían que a los pocos partidarios que tenía en Malaui los había «comprado» con dinero de Occidente. Hubo una declaración pública en la que el presidente malauí Bingu wa Mutharika dijo que la única razón por la que concedió el indulto a Aunty y a Monjeza fue para descongelar las ayudas al desarrollo provenientes de Occidente. Y, por supuesto, que Aunty se fuera al exilio fue considerado una prueba del pago: su *chinkhoswe* y la alianza que tenía con sus defensores globales eran un billete hacia todas las riquezas que ofrecía Sudáfrica. La visita que hice a su aldea natal y las fotografías que traje, con esos fondos de estudio tan excéntricos, lo enfatizarían.

Poco después de la puesta en libertad de Aunty, en mayo de 2010, el *Daily Times* de Malaui publicó un relato titulado «Las ONG sacan partido de los gais»[80]. El artículo alegaba que había donantes anónimos que estaban ofreciendo quinientos mil dólares a las organizaciones locales para que promovieran la homosexualidad en el país. Sin duda, cuando fui de visita cinco años más tarde, me encontré con una microeconomía próspera: abogados, periodistas y sacerdotes, todos supuestamente heterosexuales, de viaje a Ginebra para hablar sobre los derechos LGTB en el Consejo de Derechos Humanos de las Naciones Unidas, o con fondos para organizar talleres de sensibilización o para publicar artículos en medios locales. Esto estaba levantando sospechas, a pesar de que, obviamente, las cantidades que circulaban eran insignificantes en comparación con las que había en los sectores de ayudas al desarrollo, como la educación o la sanidad públicas. No me sorprendió que a mí también, con frecuencia, me intentaran sacar dinero en Blantire. Muchas personas, incluyendo al pastor que casó a Aunty y a un activista gay destacado, solo hablarían conmigo si les pagaba. No lo hice.

Por toda África, el bulo del «reclutamiento» seguía avanzando con fervor por quienes temían o desaprobaban este nuevo fenómeno social. Por supuesto, tenía un corolario: la homosexualidad era una manera de explotación, o su consecuencia, y no una característica innata. Estas ideas siempre han formado parte del discurso occidental contra la homosexualidad, con el cual —por ejemplo, en Gran Bretaña— se acusaba a los homosexuales de clase alta de explotar y pervertir a los hombres de clase obrera al pagarles por sus servicios. Esta línea de pensamiento también guarda un lugar especial en la teoría anticolonialista: Frantz Fanon, el psiquiatra caribeño cuyo trabajo se convirtió en los primeros textos sobre la descolonización, escribió que los compatriotas homosexuales negros que encontró en Europa no eran «neuróticos», como había descrito Freud, sino que estaban practicando la homosexualidad como «un medio de sustento, igual que para otros es el proxenetismo»[81].

Ahora, en el África del siglo XXI, el «reclutamiento» tenía una plétora de aplicaciones. En Senegal, la lucrativa industria del VIH era vista como una trampa; en Nigeria, el diablo no tenía qué hacer; en Zimbabue, se utilizaba el término como el nativismo en contra de Occidente. Y en Uganda, donde el discurso era más intenso, todas las dinámicas anteriores estaban en juego. La retórica era igualmente fuerte en Rusia y en otros países de la antigua Unión Soviética, donde la legislación sobre la propaganda homosexual estaba formulada expresamente para prevenir este tipo de reclutamiento y donde había un discurso nacionalista similar sobre aislar a los ciudadanos de los efectos depravados del capitalismo liberal de Occidente.

La identidad de género de Aunty, evidentemente, no era una estrategia para salir de la pobreza, pues la hundió más en este ciclo por la manera en que la estigmatizó. Aun así, es innegable que su aceptación de una identidad LGTBI estaba conectada al capital que esta etiqueta conllevaba en una nueva economía global en la que el Occidente acaudalado —gente como yo— valoraba dichas identidades y entendía que estas personas eran vulnerables y merecían nuestra ayuda. O, por lo menos, nuestra solidaridad. Aunty sabía perfectamente lo que estaba haciendo cuando le dijo al público de Colores de Ciudad del Cabo que su *chinkhoswe* fue «el primer matrimonio gay en Malaui» y cuando le dio las gracias con ostentación a los diecisiete benefactores al final del discurso, antes de recibir la ovación en pie: se estaba ganando los garbanzos en la línea rosa.

Más adelante, en 2016, fui a visitar a Aunty en Tambo Village. Era un lunes por la mañana y, como ocurría siempre después de cada fin de semana, el *township* estaba adormecido. Tanto Aunty como su casa estaban hechas un desastre. Enseguida me di cuenta de que el televisor que estaba encima de la nevera, su posesión más preciada y que normalmente emitía vídeos de música malauí, estaba destrozado.

Me dijo con seriedad que el día anterior había ido a la iglesia, como de costumbre, pero que Benson había decidido quedarse en casa. Más tarde, cuando ella volvió, se encontró con el caos: Benson se había pasado el día bebiendo cerveza y fumando *dagga*, y al llegar la noche se había emborrachado y estaba desquiciado, gritando a los clientes y destrozando la chabola. Los vecinos de Aunty —entre ellos, su sufrido casero— intentaron ayudar, pero no sirvió de nada. Terminó por llamar a los familiares de Benson, que le dijeron que lo echara. Todos los vecinos estuvieron de acuerdo: había llegado el momento de darle la patada a Benson. Mientras Aunty me contaba todo esto, Benson estaba a su lado, sentado. Parecía arrepentido; a lo mejor solo estaba borracho. No recordaba nada de lo ocurrido el día anterior.

La llevé en coche al trabajo y luego a comer a Nando's, cerca de las oficinas de PASSOP. Estaba alicaída. «Le daré otra oportunidad a mi marido», dijo. Yo le pregunté: «¿Por qué? Se está bebiendo tu dinero y está ahuyentando a la clientela. Ahora, además, te ha roto el televisor. ¿Por qué no haces caso a tus vecinos y amigos?». Se quedó en silencio. «¿Porque lo quieres?». «Demasiado».

3

¿Una nueva guerra cultural global?

En marzo de 2009, un año antes de que arrestaran a Tiwonge Chimbalanga en Malaui, un destacado pastor envió una invitación a un seminario para desenmascarar los «objetivos de los homosexuales» en un país al norte: Uganda. El pastor, Stephen Langa, escribió: «Hoy, la maquinaria homosexual, bien organizada y financiada, está tomando una nación tras otra despenalizando las prácticas homosexuales en esos países y legalizando los matrimonios gais en algunos. Ahora, Uganda está bajo una presión extrema por parte de ese mismo grupo para que despenalice la homosexualidad»[82].

El seminario de Langa prometía a los africanos ayudarlos a «protegerse a sí mismos»[83] de este gigante, y contaba con tres oradores evangélicos estadounidenses para protagonizar el evento. Los primeros dos eran Caleb Lee Brundidge y Don Schmierer, los nombres más conocidos en cuanto a las terapias de conversión en Estados Unidos. El tercero era Scott Lively, en cuyo libro *The Pink Swastika* (*La esvástica rosa*), de 1995, alegaba que en la Alemania nazi había empezado una conspiración homosexual para dominar el mundo, y que ahora los gais de todo el planeta se estaban confabulando para instigar el «caos y la destrucción social»[84] a través del matrimonio homosexual, el divorcio, la pederastia y el sida.

Kapya Kaoma, un clérigo africano residente en Boston, respondió a la invitación de Langa y viajó hasta Uganda para asistir al seminario. Kaoma era un sacerdote anglicano de Zambia y estaba profundamente afligido por lo que consideraba la exportación por parte de la derecha religiosa estadounidense de la homofobia[85] a su continente nativo, y la consiguiente incitación al odio que provocaba. La primera vez que Kaoma se dio cuenta de esto fue en su propia iglesia, cuando los estadounidenses pertenecientes a la Iglesia episcopal, opuestos a la ordenación de sacerdotes gais y al matrimonio entre personas del mismo sexo, hicieron causa común con los africanos anglicanos en la década de 1990. Ahora Kaoma estaba centrado, específicamente, en la manera en que los evangélicos estadounidenses estaban intentando influir sobre las políticas públicas en países africanos, conforme a un guion sobre la guerra cultural que habían perfeccionado en casa.

Así fue como Kaoma, un hombre heterosexual casado, con hijos y con los modales encantadoramente atentos de un sacerdote de parroquia, fue de incógnito al seminario en contra de los gais de Langa. En el artículo que publicó después de su visita, citó el discurso principal de Scott Lively en el que el pastor estadounidense comparaba la despenalización de la homosexualidad con la legalización del bestialismo y la pederastia. Informó sobre las conversaciones que mantuvo con algunos participantes, que no dejaban de comentar cómo habían abierto los ojos, gracias a los ponentes estadounidenses, ante la necesidad, en palabras de uno de ellos, de «mantenerse firmes en la lucha contra la homosexualidad». Y confirmó que, durante su estancia en Uganda, Scott Lively se reunió con el diputado que había redactado la legislación propuesta en contra de la homosexualidad, que incluía la pena de muerte para reincidentes. Kaoma tituló su informe «La globalización de la guerra cultural», para capturar la manera en que la derecha religiosa estadounidense estaba exportando su misión al extranjero, ya que había perdido la batalla en casa.

El término *guerra cultural* fue utilizado por primera vez en Estados Unidos para describir la división sobre temas «morales» que habían traído a colación los conservadores del Partido Republicano a finales de la década de 1970, con la intención de movilizar a los votantes y de influir sobre la política en una sociedad cada vez más liberal y laica. Los políticos estadounidenses en campaña electoral, por consiguiente, se aferraron a los asuntos sociales: puede que los demócratas «azules» defendieran el gasto en el bienestar social y el gobierno, pero cada vez los definían más los valores seculares y el liberalismo social; puede que los republicanos «rojos» prefirieran un gobierno pequeño o el conservadurismo fiscal, pero cada vez los definía más la creencia en que la fe religiosa debería establecer valores nacionales y el conservadurismo social.

Empezando con el intento de retroceso en contra del caso «Roe vs. Wade», la decisión del Tribunal Supremo de 1973 que legalizó el aborto, los guerreros culturales estadounidenses afianzaron el campo de batalla sobre los derechos reproductivos, la educación sexual y la educación científica; y luego, por supuesto, sobre los derechos de los homosexuales. Estas batallas llegaron a su punto álgido a principios del siglo XXI con el matrimonio igualitario.

Pero para cuando Kapya Kaoma estaba escuchando a Scott Lively en Kampala, los sondeos mostraban una clara tendencia entre los estadounidenses hacia el apoyo al matrimonio entre personas del mismo sexo. La derecha religiosa había «pasado décadas demonizando a las personas LGTB y trabajando por mantenerlas en el armario»[86], escribió el Southern Poverty Law Center en un informe de 2013. Pero, ahora, esta derecha religiosa se encontraba «en el bando perdedor de una batalla que parece incapaz de ganar. Como resultado, estos grupos e individuos han ido fijando la atención cada vez más en otras naciones donde las posturas en contra de la homosexualidad son mucho más fuertes, y la violencia contra el colectivo LGTB, demasiado común».

Puede que este proyecto haya encontrado defensores entre los lunáticos marginales como Scott Lively, pero tiene raíces en la clase dirigente. Contaba con el empuje de la propia Casa Blanca durante el mandato de George W. Bush, que era evangélico; en concreto, con el Plan de Emergencia del Presidente de los Estados Unidos para el Alivio del Sida. El PEPFAR, por su sigla en inglés, priorizó los programas de lucha contra el VIH «con base en la religión», que predicaban la abstinencia por encima de la distribución de preservativos. Lo que dijo David Kuo, el arquitecto principal de las políticas evangélicas de Bush, sobre la política interior estadounidense se aplicaba también a la política global sobre el sida. Más tarde, escribió: «Sabíamos que el gobierno no podría alimentar a la gente con religión, pero si podíamos conseguir dinero para los grupos religiosos privados —prácticamente todos eran cristianos—, podríamos llevarlos al comedor»[87]. Hubo organizaciones cristianas estadounidenses que consiguieron subvenciones del PEPFAR y colocaron a suplentes en África y en otras partes, muchos de los cuales se deshicieron de la hoja de ruta de la guerra cultural estadounidense. Con los fondos provenientes de Estados Unidos, ganaron un poder institucional significativo y llegaron a influir sobre la política nacional en países como Uganda y Malaui.

Al mismo tiempo, un grupo de clérigos y políticos estadounidenses conocidos como «la Familia» empezó a involucrarse en la ayuda para el establecimiento de políticas sociales en varios países. Su existencia fue revelada por primera vez por el periodista Jeff Sharlet, que los etiquetó como «los teócratas secretos de Estados Unidos»[88]. Vieron la oportunidad en Uganda, donde su portavoz era David Bahati, un legislador que estudió en la Escuela de Negocios Wharton y que redactaría el proyecto de ley contra la homosexualidad. «Haremos que se apruebe, antes o después», le dijo Bahati a Sharlet cuando se reunieron en Kampala en 2009: «Y cuando lo consigamos, cerraremos la puerta a la homosexualidad y abriremos la sociedad a algo más grande»[89]. Sharlet dijo que aquello «era el quid de la cuestión para Bahati. Para él, la homosexualidad es tan solo un síntoma de lo que la Familia le había enseñado que era una plaga mayor: el gobierno de las personas, no de Dios».

El continente africano era una tierra fértil para un dogma como este, ya que «el gobierno de las personas» no había salido demasiado bien en gran parte del territorio. Al igual que los islamistas, los cristianos evangélicos tenían una misión social y contaban con los fondos para proporcionar servicios, como la salud y la educación, que los estados cada vez más débiles eran incapaces de proveer. También eran estados sincréticos y ecuménicos que tomaban las formas de devoción indígena y las integraban en su culto. Quizá lo más importante sea que prometían el camino hacia la prosperidad a través de la devoción, y podían ser un oasis alegre y exuberante en un mundo muy difícil. Había algunos conversos muy poderosos, como la primera dama de Uganda, Janet Museveni, una devota de la

Iglesia Saddleback de Rick Warren. Este dijo en una visita a Uganda en 2008 que «la homosexualidad no es un modo de vida natural y, por tanto, no es un derecho humano»[90].

Hicieron falta cuatro años para que la Ley contra la Homosexualidad de David Bahati se aprobara en diciembre de 2013 y para que la anulara, siete meses después, el Tribunal Constitucional del país por motivos procesales. Durante el tiempo intermedio, una oleada de homofobia violenta arrasó Uganda: mataron a un activista destacado, a muchos la prensa sensacionalista los sacó del armario y otros huyeron al exilio. Estados Unidos aplicó sanciones en contra del país y Scott Lively fue procesado en su ciudad natal de Massachusetts por «crímenes de lesa humanidad». Cuando el juez al final dictaminó en 2017 que no podía tomar el caso porque estaba fuera de su jurisdicción, dijo, no obstante, que creía que el pastor estadounidense había violado el derecho internacional al haber contribuido a «una campaña despiadada y aterradora de represión en contra de las personas LGTBI en Uganda»[91].

Esta guerra cultural global se llevó a cabo también en otras partes. En Belice, una antigua y pequeña colonia británica en la costa del Caribe, el activista Caleb Orozco acudió a un tribunal en 2013 para que se declarara inconstitucional la ley del país en contra de la sodomía. El mayor oponente de Orozco era Scott Stirm, un misionero de Texas cuyo apoyo legal y financiero procedía de dos importantes organizaciones cristianas estadounidenses de derecha. Orozco terminó ganando el caso en 2016. Fue representado en el tribunal por Lord Peter Goldsmith, antiguo fiscal general del Reino Unido, y contaba con el apoyo de organizaciones internacionales de derechos humanos.

Al igual que en Uganda, ambas partes afirmaron ser víctimas de una guerra subsidiaria, alegando interferencias excesivas de agentes externos que tenían sus propias agendas globales. El Southern Poverty Law Center acusó a las organizaciones cristianas estadounidenses de «alimentar las llamas del odio contra los homosexuales»[92] con «propaganda despiadada, propia de las ideologías estadounidenses». Stirm devolvió el golpe alegando que sus partidarios estadounidenses tan solo estaban ayudando a los beliceños en contra del «ataque global homosexual sobre la moral y los valores familiares»[93]. Al año siguiente, después de que los embajadores actuales y anteriores de Estados Unidos en Belice apelaran al país para que derogara la ley, la Asociación de Iglesias Evangélicas de Belice de Stirm replicó que «ninguna nación, grande o pequeña, tiene el derecho de manipular, coaccionar o interferir en los procesos de otra nación»[94].

Al final, por supuesto, el Tribunal Supremo de Belice decidió el asunto conforme a su propia constitución y falló a favor de Caleb Orozco. Se convirtió en una especie de héroe local, y el gobierno le concedió varias asignaciones sin relación con los derechos LGTB. Belice pasó página.

* * *

EL MISMO ELENCO de actores cristianos estadounidenses estaba ocupado en otra parte del mundo en la que se estaba trazando una línea rosa en contra del supuesto imperialismo cultural de los liberales occidentales. Aquí, el «agresor» imperial era la Unión Europea, acusada de entrometerse en asuntos de los países del antiguo bloque soviético. El hecho de que hubiera una crisis demográfica en estos países —los niveles de población se estaban desplomando— quería decir que eran un caldo de cultivo para la agenda «profamilia» de la guerra cultural: la lucha contra el aborto, los anticonceptivos y las familias homosexuales. Ya por 1995 hubo conservadores religiosos estadounidenses[95] que fueron a Moscú para idear el Congreso Mundial de Familias (WCF, por su sigla en inglés) junto con sus homólogos rusos. En 2015, el WCF era «una de las organizaciones estadounidenses con más influencia en la exportación del odio»[96], según afirmó Human Rights Campaign, la organización líder en defensa de los derechos LGTB en Estados Unidos.

Esta «fiebre por los valores familiares»[97] que barrió Rusia en su momento puede remontarse a dos encuentros del WCF en 2010, según la periodista Hannah Levintova, de la revista *Mother Jones*: una conferencia sobre la santidad de la maternidad que tuvo lugar en Moscú, en la que Larry Jacobs, del WCF, fue el ponente principal; y la presencia de un emisario de la Iglesia ortodoxa de Rusia, Alexey Komov, antiguo propietario de un local de ocio nocturno, en un encuentro del WCF en Colorado

(Estados Unidos), en aquel mismo año. Más tarde, Vladimir Putin y Viktor Orbán, de Hungría, se apropiaron de los «valores familiares», pero la noción fue diseminada por Europa del Este a través de la relación entre los evangélicos estadounidenses y los cristianos ortodoxos rusos.

Alexey Komov no era, ni mucho menos, el único o incluso el defensor más poderoso de la legislación sobre la «propaganda homosexual» en Rusia, pero era el vínculo principal entre los conservadores rusos y estadounidenses. El WCF lo ayudó a establecer el grupo ruso FamilyPolicy.Ru, que proporcionaba a los legisladores de ese país datos y estrategias tomados de la experiencia en Estados Unidos. Se trataba de una hoja de ruta redactada originalmente en Estados Unidos y que empezó con la campaña de Anita Bryant de 1977 «Save Our Children» («Salvemos a nuestros hijos»), que pretendía suprimir todas las referencias a la homosexualidad del currículum escolar y que resultó en varias leyes *no promo homo* —contrarias a la promoción de la homosexualidad— alrededor de todo el país. En 2017, siete estados estadounidenses todavía registraban estas leyes, que eran anteriores a las rusas, igual que la conocida enmienda al artículo 28 de Margaret Thatcher, que prohibía a las autoridades locales «promocionar» la homosexualidad en las escuelas. Dicha enmienda no fue revocada hasta 2003.

Después de que Rusia aprobara la ley federal sobre la propaganda homosexual en 2013, su autora, Yelena Mizulina, consiguió implementar una ley que prohibía la adopción de niños rusos por parte de parejas extranjeras homosexuales. Los argumentos que presentó para ello los sacó de una investigación controvertida llevada a cabo por Mark Regnerus, un sociólogo de la Universidad de Texas que afirmaba que los niños de padres homosexuales sufrían consecuencias muy negativas, como una elevada vulnerabilidad ante el abuso. Los padres homosexuales enseñarían a sus hijos a ser gais, igual que era más probable que los alcohólicos tuvieran hijos que bebieran, proclamó Mizulina en una reunión en la Duma de Estado, la cámara baja de la Asamblea Federal de Rusia. Este era el tipo de «experimento social que Occidente estaba llevando a cabo con sus propios niños»[98], y Rusia ya había tenido suficiente de tanta experimentación «en la que la familia era destruida».

Si los cristianos estadounidenses de derecha estaban compartiendo un manual de estrategias sobre la guerra cultural con sus compañeros rusos, estos creían que estaban educando a los estadounidenses, a su vez, sobre lo que Alexey Komov llamó «los peligros de este nuevo totalitarismo»[99], según la experiencia que habían tenido con el comunismo. Komov dijo a *Mother Jones* en 2014 que había «grupos de presión influyentes» que querían «promocionar una campaña de transformación social agresiva utilizando a los activistas LGTB como medios. Lo vemos como una continuación de la misma agenda revolucionaria radical que tantas vidas costó en la Unión Soviética cuando destruyeron iglesias. Esta corrección política se está usando para oprimir las libertades religiosas y para destruir a la familia».

Esta idea generó un nuevo movimiento ecuménico de oponentes evangélicos, católicos y ortodoxos a esta nueva amenaza comunista, «la ideología de género», en la que el matrimonio igualitario y la aceptación de lo trans eran ejemplos de la mayor amenaza que ha existido para la humanidad desde el comunismo: la negación de la naturaleza otorgada por Dios. El movimiento se extendía desde Latinoamérica —donde Jair Bolsonaro lo abrazaba— y a través de los Estados Unidos de Donald Trump hasta los antiguos países comunistas: no solo Rusia, sino también Hungría y Polonia. El arzobispo de Cracovia, Marek Jędraszewski, resumió esta nueva ideología en una homilía que pronunció en agosto de 2019; dijo que Polonia ya «no estaba afectada por la plaga roja»[100], pero que había «una nueva que quiere controlar nuestras almas, corazones y mentes… No es marxista ni bolchevique, pero nace del mismo espíritu neomarxista; no es roja, sino un arcoíris».

En la campaña electoral del partido Ley y Justicia, su líder, Jarosław Kaczyński, alabó al arzobispo por su postura: «[Debemos] vivir en libertad, y no vernos sometidos a todo lo que está ocurriendo al oeste de nuestras fronteras… donde la libertad está siendo eliminada»[101]. Un sondeo realizado en aquel momento mostraba que el 31 % de los hombres polacos[102] menores de treinta y nueve años veían lo «LGTB» y la «ideología de género» como la mayor amenaza al país, más que Rusia o la crisis climática.

* * *

Mientras tanto, al otro lado de la línea rosa:

En octubre de 2012 me senté en la Cámara de los Lores, de estilo medieval y cargada de terciopelo y oro, mientras escuchaba el histórico primer debate sobre temática LGTB en el Parlamento del Reino Unido. El conservador Lord Lexden había hecho uso de sus privilegios para «preguntar al gobierno de Su Majestad la valoración realizada sobre el trato a hombres y mujeres homosexuales en los países en desarrollo»[103]. Hubo un consenso generalizado, a derecha e izquierda del cetro del portavoz, sobre que el Reino Unido debería avanzar y proteger los derechos de los homosexuales a nivel global.

Lord Chris Smith, del Partido Laborista —el primer ministro de gabinete abiertamente gay durante el mandato de Tony Blair—, elogió el progreso que se había llevado a cabo en el país durante los últimos quince años «para asegurar los derechos y libertades de gais y lesbianas». Pero era «particularmente vergonzoso» que no fuera así en gran parte del resto de la Commonwealth, donde la homosexualidad continuaba siendo ilegal en cuarenta y dos de los setenta y ochos Estados miembros, incluyendo Malaui, Uganda y Belice. La «amarga ironía» era que estas leyes «han sido heredadas de nosotros. Creo que esto nos otorga una responsabilidad especial para hacer lo que podamos para ayudar a que las cosas cambien».

Cuando la Ley de Sodomía de Gran Bretaña, que en su origen conllevaba la pena de muerte para las prácticas homosexuales, se aprobó por primera vez en 1533, se afianzó junto a una línea rosa de los Tudor. Fue presentada por Enrique VIII como un pretexto para asaltar la Iglesia católica, cuyos monasterios eran vistos como hervideros de actividad homosexual. Además, albergaban el oro que tanto ansiaba el rey protestante. «El deseo del rey por la riqueza de la Iglesia convirtió el pecado en un crimen»[104], dice Peter Ackroyd. La pena de muerte fue retirada en 1861, pero en 1885 se hizo una enmienda a la ley para criminalizar cualquier contacto sexual entre hombres —o su intento—, por ser una «conducta indecente». Esta disposición fue la que encarceló a Oscar Wilde, y también a miles de otros hombres, hasta que las prácticas homosexuales en privado entre dos personas en edad para consentir fueron despenalizadas en el Reino Unido en 1967, mucho más tarde que en el resto de Europa Occidental.

La misma era victoriana que extendió la sodomía a las «conductas indecentes» también la convirtió en crimen en las colonias británicas a través del Código Penal de la India de 1860, aprobado por Thomas Babington Macaulay, que conformaba las bases de la mayoría de las leyes en todo el imperio. La cláusula 377 prohibía los «actos carnales contra natura»[105], y surgió a partir de dos preocupaciones coloniales muy particulares, según el académico Alok Gupta: el miedo a la «infección moral» de los nativos y la misión de la «reforma moral» entre estos nuevos sujetos.

Gran Bretaña perdió la mayoría de su imperio antes de despenalizar la homosexualidad en 1967, lo que quería decir que las prácticas homosexuales continuaban siendo ilegales en la mayoría de los nuevos países independientes de la Commonwealth, aunque raramente se ejecutaba esta ley antes de que los derechos LGTB empezaran a ser reivindicados en el siglo XXI. En el discurso de Westminster, Chris Smith tenía razón sobre lo irónico del caso: en aquellas naciones, algunos utilizaban la legislación colonial para reforzar que la homosexualidad era inaceptable y decían que la exigencia de que se despenalizara era un desprecio neocolonialista sobre su soberanía.

Aun así, la idea de que Gran Bretaña tenía una «responsabilidad especial» en la defensa de la despenalización de leyes que había instaurado en el mundo hacía pensar en una nueva misión civilizadora o, al menos, en un nuevo proyecto ideológico para el Occidente liberal. Un año antes, en octubre de 2011, el primer ministro británico David Cameron sugirió que la ayuda británica a los países iba a estar condicionada a la despenalización de la homosexualidad. Como respuesta, la ira: en un comentario típico, el ministro de Asuntos Exteriores de Tanzania dijo, furioso, que «no estamos listos para permitir que cualquier nación rica nos dé ayudas con condiciones inaceptables simplemente porque somos pobres»[106]. Algunos activistas africanos informaron que hubo un aumento significativo[107] de violencia homófoba después de la declaración de Cameron, y casi todas las organizaciones LGTB del continente y sus líderes firmaron una carta condenando un enfoque que lo único que haría sería complicarles aún más la vida a los africanos queer que, por supuesto, eran quienes se iban a beneficiar de estas ayudas junto con el resto de sus compatriotas y que, como pasó en Malaui, los utilizarían aún más como chivos expiatorios si las ayudas eran revocadas a causa de ellos.

Puede que el relato de Uganda sea el que mejor exprese el efecto de la amenaza de una presión internacional de este calibre y el apuro en el que los países occidentales —y algunos líderes africanos— se encontraron. En una reunión en 2010 con el embajador estadounidense, el presidente de Uganda Yower Museveni llegó a condenar la propuesta de ley de David Bahati contra la homosexualidad, asegurando que esa pena tan dura era «inaceptable»[108] y que debería ser archivada. En una filtración del Departamento de Estado de Estados Unidos, una circular ofrece una pista clave sobre el motivo por el que Museveni cambió de idea cuatro años más tarde y convirtió la propuesta en ley: «El presidente ha mencionado en dos ocasiones unos dibujos políticos locales en los que se lo retrata en este asunto como una marioneta de la secretaria Clinton [y de otros líderes occidentales] y ha pedido a donantes internacionales que se retirasen para darle espacio para lidiar a su manera con la legislación contra la homosexualidad».

En los años siguientes a esta reunión, los proponentes del proyecto de ley de Uganda la promocionaron con efectos crueles, David Cameron hizo aquellos comentarios sobre las ayudas condicionadas, Hillary Clinton dio el discurso en el que dijo que «los derechos homosexuales son derechos humanos» en las Naciones Unidas y el gobierno de Obama anunció que la promoción de los derechos LGTB sería una prioridad en la política exterior. Estados Unidos, Gran Bretaña y otros países amenazaron con sanciones si Uganda aprobaba el proyecto de ley contra la homosexualidad. En 2014, la postura de Museveni se había endurecido y, al enfrentarse seriamente por primera vez a sus oponentes políticos después de veintitrés años en el poder, sentía que no podía permitir más alegatos de que fuera un secuaz neocolonialista. Al aprobar el proyecto de ley, dijo que la oposición coordinada que este había suscitado desde Occidente era «un intento de imperialismo social para imponer valores sociales»[109].

Al aprobarlo estaba llevando a cabo un gesto de autodeterminación anticolonialista en contra de este «imperialismo», sin importar que las ideas que impulsaron el proyecto de ley también hubieran provenido de Occidente.

* * *

LAS POLÍTICAS que anunció Hillary Clinton en las Naciones Unidas en diciembre de 2011 tuvieron un efecto casi inmediato. Las embajadas estadounidenses proporcionaron el refugio y los fondos de auxilio necesarios para las personas perseguidas del lugar, y Estados Unidos abrió las puertas a los refugiados LGTB como nunca: incluso bien entrada la era Trump, después de 2016, las misiones estadounidenses continuaron siendo refugios vitales para activistas queer perseguidos en África y Asia. Pero, inevitablemente, esta política de derechos humanos se vio entrelazada —o, como mínimo, asociada— con la agenda militar estadounidense. En julio de 2011, antes incluso del discurso de Clinton, la embajada de Estados Unidos en Pakistán decidió albergar un evento del Orgullo LGTB en el recinto de Islamabad, apenas dos meses después de que Osama bin Laden fuera asesinado cerca de ahí en un ataque aéreo estadounidense sobre territorio soberano pakistaní. Los lugareños antiestadounidenses no tardaron en sacar jugo de la conexión: «Condenamos la conspiración estadounidense para incentivar la bisexualidad en nuestro país», dijo Mohammad Hussain Mehnati, un destacado clérigo de la clase dirigente, en un acto de protesta contra el evento, y agregó: «Nos han destrozado físicamente, nos han impuesto la llamada "guerra contra el terrorismo" y ahora han desatado el terrorismo cultural sobre nosotros»[110].

En 2010, el presidente Obama abolió la ley Prohibido Preguntar (*Don't Ask, Don't Tell*, en inglés), lo que permitió que hombres y mujeres abiertamente homosexuales sirvieran en las fuerzas armadas. En 2013 incluso hubo un evento del Orgullo LGTB en Kandahar, en la base militar que tenía Estados Unidos en la ciudad afgana asediada. Y el Departamento de Defensa grabó un vídeo para promocionarlo. Uno de los soldados estadounidenses gais a los que entrevistaron dijo: «Creo que es muy importante que estemos aquí en representación de los Estados Unidos de América, y esperamos que cuando nos marchemos, hayamos dejado cosas positivas; y que sepan cómo es Estados Unidos, y que somos un país igualitario que trata a toda su ciudadanía por igual»[111].

Algunos activistas LGTB empezaron a criticar el modo en el que los homosexuales se habían convertido en parte de la clase dirigente en países como Estados Unidos, al haber conseguido los derechos para casarse y servir en el ejército —y ser parte de una misión civilizadora—. Una de las implicaciones fue que las personas homosexuales se estaban alistando para justificar el nacionalismo y el racismo, tal como había ocurrido en las nuevas políticas de derecha de Europa Occidental, ejemplificadas con Pim Fortuyn y Geert Wilders en los Países Bajos. El académico Jasbir Puar lo definió como «homonacionalismo»[112]. Se citó a Israel como un claro ejemplo[113], acusado de hacer *pinkwashing* sobre los abusos a los derechos humanos contra los palestinos, al abrazar los derechos LGTB para anunciarse como un oasis de libertad. De hecho, las fuerzas de defensa de Israel aceptaban a reclutas abiertamente LGTB mucho antes de que Obama derogara la política del Prohibido Preguntar.

Algunos activistas y académicos cuestionaron el valor que podía tener un enfoque basado en la identidad occidental para la extensión de la libertad sexual en partes del mundo que no contaran con la tradición occidental liberal que generó el movimiento contemporáneo LGTB, sociedades que tenían su propia historia y tradiciones para acomodar las diferencias. El defensor más elocuente, aunque extremo, de esta postura fue el académico palestino Joseph Massad, profesor en la Universidad de Columbia.

En 2002, Massad publicó un ensayo provocador e influyente[114] en el que argumentaba que tanto los activistas occidentales por los derechos humanos como los turistas habían alterado los inmemoriales modos de las prácticas homosexuales en el mundo árabe al endilgarles la etiqueta «gay». Afirmaba que esto había forzado a que saliera a la luz una práctica bien aceptada, aunque no se hablara de ella, y se exigió que se le atribuyeran una serie de derechos. Massad señaló a Human Rights Watch y a Amnistía Internacional, y también a grupos con el foco de atención puesto específicamente en lo LGTB, como la Comisión Internacional Gay y Lesbiana de Derechos Humanos, con sede en Nueva York. Él se refería a este nexo como «la Internacional Gay». Decía que su defensa provocaba un conflicto cultural innecesario y una nueva conciencia de la homosexualidad que, en realidad, cerraba el espacio, no lo abría, al forzar que la sexualidad fluida de los hombres árabes entrara en un «binarismo occidental» de «gay» o «heterosexual». De repente, las costumbres que cubrían la actividad homosexual, como ir de la mano en público o lavarse uno a otro en un *hammam*, se volvieron sospechosas.

Sin duda alguna, encontré varios ejemplos de esta dinámica durante mis viajes, desde el modo en que ir de la mano se convirtió en algo sospechoso en Nigeria tras la aprobación de la ley en 2014, que criminalizaba cualquier «muestra pública de relación amorosa del mismo sexo»[115], hasta la desaparición de los *goor-jigeen* —una antigua comunidad transgénero en Senegal— tras el pánico moral de 2008. A pesar de que la lectura de Massad sea de ayuda para poder entender esta dinámica compleja, no deja de retraerse a una especie de nostalgia deliberada. Al igual que Macky Sall, que desterró el llamamiento a los derechos LGTB en Senegal —«Vosotros nos lo estáis pidiendo a nosotros»[116]—, o el cardenal Robert Sarah, que creía que estaban «comprando» a los pobres[117], o el presidente ucraniano Leonid Kravchuk, que en 1999 culpó a las «películas extranjeras» por la homosexualidad[118] en su país, Massad se imaginaba a los nativos completamente aislados de las influencias globales e incapaces de pensar —y de soñar— por sí mismos, antes de que llegaran los de la Internacional Gay.

* * *

EN OCASIONES, DURANTE LOS AÑOS en los que estuve investigando para este libro, cerraba los ojos y veía a un ejército rojo cruzando con gran estruendo la sabana africana —o las planicies de Europa del Este— liderado por Vladimir Putin, que iba ondeando la bandera de los «valores tradicionales». Tras él, un grupo de infantería alineado y formado por evangélicos estadounidenses de derecha, guerreros católicos en contra de la «teoría de género», imanes y sacerdotes, así como por nativistas y líderes autoritarios temerosos de la democracia. Desde Occidente acudía a la confrontación un ejército azul con Barack Obama al frente, importantes organizaciones internacionales por los derechos humanos, agencias para el desarrollo occidentales, agencias internacionales de lucha contra el sida, compañías multinacionales globalizantes y activistas LGTB. Yo iba con el ejército azul, obviamente.

La imagen era errónea. Debió haberse formado, en alguna parte de mi cerebro, por la sobreexposición a las ideas de *Choque de civilizaciones*, el libro de Samuel Huntington tan prevalente en el cambio de milenio, pero criticado por su determinismo geográfico y el esbozo monolítico que hace del mundo, al dividirlo en un «Occidente» cada vez más democrático frente al «resto», destinado a la dictadura. El mundo era más complicado.

En «La globalización de la guerra cultural», Kapya Kaoma trata el modo en que los clérigos africanos se convirtieron en «subsidiarios en un conflicto distintivamente estadounidense»[119], tras el gran enfrentamiento que hubo en la Iglesia episcopal de Estados Unidos por la ordenación del sacerdote abiertamente gay Gene Robinson como obispo de Nuevo Hampshire en 2003. Kaoma revisa la manera en que los disidentes estadounidenses financiaron a los anglicanos africanos y les proporcionaron una doctrina antigay. Y cita una investigación que concluyó que «lo que ha sido durante tanto tiempo el retrato de la auténtica voz del anglicanismo africano no es, evidentemente, africano, y puede que nunca lo haya sido».

Pero se podía entender de otra manera. El obispo nigeriano Peter Akinola[120] contaba con un tropel de diecisiete millones, el más grande por mucho en la Comunión anglicana, y en la Conferencia de Lambeth de 1998 lideró la campaña en contra de la ordenación de sacerdotes gais y del visto bueno a las uniones del mismo sexo. Consiguió una aplastante victoria, con quinientos veintiséis a favor y setenta en contra. Los africanos tenían de su lado los números y la doctrina, y se enorgullecieron de que fueran ellos quienes estuvieran manteniéndose firmes. Ya no eran unos salvajes, sino los baluartes que enfrentaban a los bárbaros que estaban a las puertas. Tomar las riendas en contra de la homosexualidad

«ofrecía al clero anglicano una manera de simbolizar la inexorable realidad de que el poder estaba cambiando dentro de la Comunión [anglica-
na] hacia el electorado africano, más populoso»[121], dice el científico
político Rahul Rao. Aunque las iglesias africanas se hubieran beneficiado de sus compañeros estadounidenses —o puede que precisamente por
eso—, había una energía redentora hacia la defensa africana de las proscripciones bíblicas en contra de la homosexualidad. Daba igual lo que
pensara la gente de Occidente; para ellos se trataba de una postura «africana».

* * *

En una ocasión, en Washington D. C., en 2013, asistí a una conferencia que dio Kapya Kaoma sobre el impacto de la derecha religiosa estadounidense. Insistía en que la homofobia era una importación occidental a su
África natal, traída por primera vez por los misioneros victorianos durante
el siglo xix y luego por los evangélicos estadounidenses en el siglo xxi.

Otro africano que se encontraba presente habló en su contra. Era el
activista camerunés Joel Nana, que lideraba una coalición a nivel continental de organizaciones LGTB que trataban la salud de los hombres.
Nana, por supuesto, iba con el ejército azul. No solo comentó la homofobia indígena que se daba en la sociedad africana, también habló de su
propio crecimiento y desarrollo mientras trabajaba para la Comisión Internacional Gay y Lesbiana de Derechos Humanos. Quería saber si era
más o menos «auténtico» que el temperamental pastor Martin Ssempa, el
líder ugandés homófobo del ejército rojo, formado en Texas y beneficiario
de la generosidad de la mayoría de la derecha religiosa estadounidense; o
que el pastor Stephen Langa, formado en Canadá, el hombre que había
llevado a Scott Lively a Uganda.

A Nana le preocupaba que la homofobia fuera tratada solo como una
exportación de Occidente, porque entonces se estaba considerando a los
africanos, una vez más, como recipientes de ideas occidentales, que era
exactamente la manera en que los evangélicos veían a los africanos cuando los acusaban de estar siendo pervertidos o comprados por una agenda

gay internacional. Expuso: «Si de verdad creemos que los africanos son humanos, deberíamos poder entender que ellos también son capaces de tomar sus propias decisiones. Puede que estas decisiones estén influidas por la necesidad de proteger o violar los derechos, para un bien personal o colectivo, real o percibido, pero no dejan de ser decisiones africanas. Se reconocen y defienden. Negarles la capacidad de hacer esto se parece mucho a despojar a la población de su humanidad».

4

Michael

Mbarara – Kampala – Nairobi – Vancouver

Michael Bashaija: refugiado de Uganda, estudiante de instituto; Nairobi,
últimos años de la adolescencia. Pronombre: él.

Pius: novio de Michael, refugiado de Uganda, estudiante de instituto; Nairobi,
últimos años de la adolescencia. Pronombre: él.

Robert «Changeable»: «madre» de Michael, refugiado de Uganda, profesor de
escuela primaria; Nairobi, treinta y tantos. Pronombre: él.

Shane Phillips: benefactor y «padre» estadounidense de Michael, trabajador
eventual y activista por los derechos humanos; Arizona, unos cuarenta
años. Pronombre: él.

1

Tras la reunión con Michael Bashaija en julio de 2015, lo dejé en la carretera
Ngong para que tomara un *matatu* de vuelta a Rongai, donde vivía en una
casa comunal con otros veinte refugiados LGTB de Uganda. Todos ellos habían huido del país a través de la frontera con Kenia. Lo observé colocarse las
suntuosas trenzas debajo del gorro de lana roja y acomodar su delgada figura
al ritmo de la calle, más delgada aún por los vaqueros verdes ajustados que
llevaba. Escondió sus reveladoras características tras una máscara de masculinidad y desapareció entre la multitud de la hora punta en Nairobi.

Unas horas antes, observé a Michael quitándose el gorro y sacudiendo las trenzas, con la raya a lo largo de la parte superior de la coronilla para que cayeran a los lados de la cabeza y formaran un corazón con su cara delicada. Hacía un año que no lo veía, y me di cuenta inmediatamente de que era más femenino y asertivo que el tímido joven de dieciocho años que había conocido en Kampala. Había algo en su comportamiento, incluso en la manera en que tiró su bolsa *tote* con rabia y frustración, que indicaba que se había encontrado a sí mismo.

Michael vino a mi encuentro desde las oficinas del Alto Comisionado de las Naciones Unidas para los Refugiados, adonde había tenido que ir para conseguir documentación nueva, ya que un policía de Kenia le había roto los papeles cuando se negó a darle un soborno. Al principio, me dijo, los guardias de ACNUR se rieron de él y no le permitieron el acceso: «¡Vosotros, ugandeses, estáis trayendo el pecado a Kenia!». Al final lo habían dejado entrar, pero cuando le dieron los nuevos papeles, le dijeron que tendría que repetir la entrevista para la elegibilidad de refugiado que había hecho unas semanas antes.

Esto hizo que entrara en pánico. «No me creen, no creen que sea LGTBI de verdad. Estoy seguro. Deben creer que soy uno de los impostores. O puede que me estén castigando porque fui parte de la protesta [contra ACNUR]», me dijo cuando nos vimos, mientras se deshacía en lágrimas.

Conocí a Michael en Kampala, la capital de Uganda, en junio de 2014, el día antes de que fuera al juzgado para testificar contra el hombre que lo engañó a través de Facebook, lo extorsionó, le dio una paliza y lo torturó sexualmente. La agresión ocurrió en febrero del año anterior, justo después de que el presidente de Uganda, Yower Museveni, aprobara la Ley contra la Homosexualidad[122]. Aunque se había revocado la pena de muerte para lo que llamaban «homosexualidad con agravantes» —sexo con menores de edad o sabiendo que se tiene VIH—, la cadena perpetua seguía siendo la sentencia obligatoria para cualquiera que «toque a otra persona con la intención de perpetrar actos de homosexualidad». Esto provocó una serie de fraudes organizados con extorsión. Michael no era la única víctima, pero sí el único dispuesto a hacer algo. Cuando consiguió escapar, fue a la policía.

Desde el principio me chocó el esmero con el que hablaba Michael, dado que el inglés no era su lengua materna y que hacía dos años que había dejado de estudiar. En Kampala había contado su historia sin apasionamientos, como si estuviera mirando a su yo violado desde lejos. Pero ahora, en Kenia, estaba diferente, resentido e inquieto. Sin una entrevista satisfactoria para la elegibilidad de refugiado, no podía seguir adelante, ya que no podía conseguir la tarjeta de identidad del extranjero de las autoridades kenianas, que le otorgaría más protección y le permitiría trabajar y comenzar el proceso de solicitud de reasentamiento en Estados Unidos. «No creo que lo consiga aquí, me vuelvo a Uganda y que me muera». Era la súplica de un adolescente, una amenaza, un grito de ayuda. «Es mejor que estar aquí. Aquí a nadie le importo».

* * *

MICHAEL HABÍA HUIDO de Uganda seis meses antes. Fue uno de los setenta ugandeses que pidieron asilo por motivos de orientación sexual o identidad de género en diciembre de 2014, un récord histórico. Lo registraron, lo albergaron en un centro de paso durante unos días y le dieron doce mil chelines kenianos —unos ciento veinte dólares estadounidenses—. Se fue a buscar a un amigo con el que había contactado y que lo había invitado a compartir habitación cerca del aeropuerto.

Una semana después, el día de Navidad, mientras hacía la compra para la comida, tres hombres le empezaron a dar empujones: «¿Por qué te comportas como una chica?». Lo tiraron al suelo y lo patearon. Volvió a casa con magulladuras y un ojo hinchado, horrorizado por el hecho de que nadie hubiera intervenido para ayudarlo. No pudo olvidarse de lo que le habían dicho sus agresores, que partieron las ilusiones que se había hecho en cuanto a la seguridad que le brindaría el asilo: «Museveni te ha perseguido en tu país, y ahora has venido aquí a arruinarlo también».

Michael se mudó a un edificio en un distrito más céntrico donde vivían varios refugiados más. Unas semanas más tarde, lo arrestaron en una redada policial, cuando los vecinos presentaron una queja por una fiesta ruidosa. Lo llevaron, junto a otros treinta y cuatro ugandeses, a celdas de detención en la comisaría local, donde los policías le dieron una paliza cuando vieron que había ocultado un teléfono móvil con el que estaba intentando pedir ayuda. Después de veinticuatro horas ahí dentro, sufrió un ataque de pánico y se desmayó. Lo trasladaron al hospital, y cuando le dieron el alta se enteró de que a él y a sus compañeros refugiados se les había desahuciado del alojamiento. Sin los recursos suficientes en mitad del mes para encontrar otro sitio en el que vivir, los refugiados se juntaron frente a las oficinas de ACNUR, pero se les denegó la entrada. Organizaron una protesta frente a las puertas del recinto y estuvieron tres noches durmiendo ahí. Cuando, según ACNUR, el grupo empezó a comportarse de «manera violenta»[123], la agencia se vio obligada a llamar a la policía keniana para que los dispersara. Un sacerdote católico ugandés progresista que vivía en Nairobi, el padre Anthony Musaala, intervino. Alquiló dos propiedades en Rongai, las llamó «Comunas del Arca», y dio cobijo a Michael y a los demás.

Ahí es donde estaba viviendo Michael cuando viajé hasta Kenia para conocerlo en julio de 2015.

* * *

PARA LLEGAR HASTA LAS COMUNAS DEL ARCA, tuve que conducir veinte kilómetros desde Nairobi y atravesar la ciudad de Rongai hasta salir de la carreta en un bar local y dar con un sendero de tierra empinado que me dejó ante una puerta de acero en medio de un muro de ladrillos. Detrás de ella había una casa de colono grande, antigua, con una cancha de *netball* hecha en la tierra —el equipo del Arca, al parecer, competía en torneos locales— y un sofá andrajoso en la veranda con el tapizado estropeado. Más adelante me entrevistaría en este sofá, para «Ark TV», un niño llamado Kenneth, que había sido una «personalidad de la radio» en Kampala antes de verse forzado a huir. Se había vestido con una elegante chaqueta americana de color azul marino y un par de gafas de estilo retro, sin cristales. La entrevista fue grabada por otro miembro de la comuna con un teléfono inteligente.

La casa no tenía agua corriente ni horno —se cocinaba en una chimenea-hogar—, y había unos cuantos muebles desiguales y desperdigados por las áreas comunes. Había una tabla con nombres de los «oficiales» colgada con cuidado por unas chinchetas: el «presidente» era el padre Anthony, el fundador del Arca; también había un «presidente del Tribunal Supremo» y un «ministro de Ética e Integridad», una pulla al ministerio de Uganda con el mismo nombre, responsable de liderar la campaña oficial del país en contra de los homosexuales. Michael, que con diecinueve años era el residente más joven, era el «viceministro de Educación». Su trabajo consistía en buscar oportunidades de formación, y tanto él como otros dos se habían apuntado recientemente a un curso de Informática, pero lo habían dejado por falta de financiación.

También en la pared de la entrada había un horario con una serie de instrucciones: «Sé limpio y ordenado», «Sé amable y hospitalario», «¡Sé emprendedor!» (dos veces), «¡Sé feliz!». Una tabla de «Normas y regulaciones» enumeraba los castigos por diferentes infracciones: una multa de quinientos chelines kenianos por no mantener «autodisciplina y pulcritud en todo momento»; una multa de tener que ir a por cinco latas de gasolina llenas de agua desde el pozo comunitario de la aldea por pasar la noche en la cama de otra persona sin haber obtenido permiso oficial.

Cuando estuve de visita había alrededor de veinte residentes. Algunos compartían habitación, otros dormían en el garaje de dos plazas, que estaba dividido, y otros se habían hecho sus madrigueras en casetas en el exterior. Algunas habitaciones mostraban señales de un asentamiento más permanente: cortinas divisorias confeccionadas con esmero, fotos en la repisa de la chimenea, percheros ordenados. Pero la mayoría reflejaba la transitoriedad de sus habitantes: un colchón en el suelo con una bolsa de deporte cerrada con candado al lado. Había llevado provisiones, y mientras Pius, el novio de Michael, supervisaba al equipo encargado de hacer la comida, el resto de los residentes se juntaron en el área común para contarme sus vidas.

Tony, el lacónico ídolo de masas y director del grupo de baile del Arca, se había desmayado hacía poco por un problema de presión alta que no podía permitirse tratar, pero huyó del hospital cuando el personal médico se dio cuenta de que era gay y amenazó con llamar a la policía. Alex era un hombre más mayor y angustiado; fue uno de los primeros ugandeses en buscar refugio en Kenia y pasó por un infierno en el campo de refugiados de Kakuma, en el desierto, en la frontera con Etiopía. Estaba abatido porque Estados Unidos le había denegado el reasentamiento por motivos de credibilidad. Yasin, un profesional elocuente de unos treinta años, fue uno de los últimos en llegar: se había visto forzado a abandonar su lugar de residencia una semana antes, cuando una turba lo rodeó al haber descubierto que los residentes eran homosexuales. El jefe de la aldea y el comandante de la policía local habían acudido en su ayuda, pero, obviamente, no les era posible regresar.

También aquí, en Rongai, las Comunas del Arca habían empezado a levantar sospechas entre los vecinos. Como respuesta a los ataques terroristas de 2014 y al flujo de refugiados somalíes del norte, el gobierno de Kenia había iniciado el programa Usalama Watch, de vigilancia por la paz: todos los kenianos debían conocer a sus vecinos y dar parte de cualquiera a quien no conocieran o consideraran sospechoso. Inevitablemente, esto generaba xenofobia y también les complicó aún más la vida a los refugiados de Uganda. Alguien interpuso una queja ante las autoridades en Rongai por esos «desconocidos» que vivían en la casa, y la policía local tuvo que acudir a investigar. Los residentes insistieron en que eran refugiados políticos, como les enseñaron a hacer desde ACNUR, pero ni el vecindario ni las autoridades estaban convencidos.

Este disimulo creó un dilema casi imposible: «Nos dicen que seamos discretos e incluso que mintamos sobre la razón por la que estamos aquí. Pero también nos dicen que debemos integrarnos en la sociedad keniana y que seamos emprendedores para poder mantenernos. ¿Cómo se pueden hacer ambas cosas?», dijo Michael.

El grupo todavía estaba dolido por una comunicación que había publicado la oficina de ACNUR en Nairobi unas semanas antes: «Es esencial para las personas LGTBI en Kenia actuar de una manera discreta y que no llame la atención por su propia seguridad… Es, por tanto, sumamente importante que los solicitantes mantengan un perfil bajo». Michael dijo que estaba intentando con todas sus fuerzas no «ser tan gay». Pero no dejaba de repetir una máxima que los refugiados se habían apropiado como una especie de lema: «La naturaleza no obedece a ninguna ley».

Muchos sentían que estar en Kenia los limitaba más que vivir en Uganda. Allá conocían el terreno y podían negociar. Kenneth me dijo: «He cambiado mi forma de vestir por completo. Me he cortado el pelo, me he quitado todos los pines [piercings]. En el mundo parece que soy un hombre, pero no voy a decir que mantengo un perfil bajo en cuanto a mi forma de hablar y a los movimientos que hago. Está imbuido en mí. Lo he intentado, de verdad que sí. Pero incluso vistiendo así la gente me considera afeminado».

¿Vestía de manera más extravagante en Kampala? «¡Pues claro! Allá todos teníamos muchísimo más rollo».

El mentor de Michael en la casa comunal tenía poco más de cuarenta años. Era profesor en una escuela primaria, se llamaba Robert —todo el mundo lo conocía como Changeable, «el cambiante»— y lo habían despedido cuando su sexualidad fue revelada. Me dijo: «Michael es mi hija. Desde que ha venido a Nairobi, está mucho más cómodo consigo mismo. Se está dando cuenta de que no solo es gay, sino de que es, en realidad, trans. Por eso le pegan tanto en la calle, por caminar de manera afeminada».

Michael parecía estar de acuerdo con esta valoración, aunque no con demasiada convicción. O eso me pareció. En cualquier caso, me dijo que esto tendría que esperar hasta que estuviera reubicado en Estados Unidos —estaba resuelto a que lo mandaran allí—. Por ahora, necesitaba mantener su feminidad a raya si quería sobrevivir.

Entonces, ¿por qué se había hecho las trenzas? «Lo hice porque sí. Sentía que necesitaba ser yo mismo. En Uganda había normas, pero aquí soy independiente. Nadie puede decirme: "No hagas esto, no te vistas así, Michael; no te hagas trenzas"».

Michael necesitaba las trenzas y también el gorro: lo primero, como parte de su proceso de autorrealización; lo segundo, para mantener ese proceso a raya, teniendo en cuenta el lugar en el que se encontraba. Se trata de un malabarismo difícil de manejar para cualquiera, más aún para un joven impetuoso de diecinueve años que acababa de descubrir las posibilidades que tenía en el mundo. Se había marchado de Uganda para emprender un viaje hacia ser él mismo tras una adolescencia violenta y opresiva en la que su propia supervivencia había estado en riesgo por ser quién era. Que cruzara la frontera a Kenia era el primer paso hacia esa libertad imaginada, hacia la vida que creía que le esperaba en Estados Unidos. Y estaba viviendo con un grupo de otras personas con exactamente las mismas expectativas. ¿Cómo puede alguien en este contexto atemperar esos anhelos? ¿Cómo puede alguien cultivar la esperanza, sobre todo después de semejante mezquindad, y volver a guardarla en el gorro?

* * *

La vida de Michael había sido extremadamente dura en Uganda. Pero igual que la mayoría de los refugiados ugandeses a los que conocí en Nairobi, lo había atraído hasta Kenia lo que la propia ACNUR admitiría que era un «factor desencadenante para los jóvenes de Uganda» [124].

En diciembre de 2013, los primeros veintitrés refugiados se habían presentado en el campo de refugiados de Kakuma, en el norte árido del país, cuando quedó claro que la propuesta de Bahati se iba a convertir en ley. Normalmente, la reubicación de una persona refugiada en un tercer país tomaba entre tres y cinco años, pero ACNUR enseguida vio lo vulnerable que era este tipo (de refugiados) en particular, especialmente en un entorno como el de Kakuma, lleno de refugiados sudaneses y somalíes musulmanes conservadores. La agencia había recibido presiones por parte del Departamento de Estado de Estados Unidos, que ahora había hecho de la protección de las personas LGTB una prioridad en su política exterior, así que dinamizó el procedimiento y lo rebajó a seis meses, algo sin precedentes. Para mediados de 2014 los veintitrés estaban en Occidente, principalmente en Estados Unidos.

ACNUR también había accedido a otorgar a los refugiados LGTB de Kakuma su propio campamento especial, justo al lado de la comisaría. Pero les salió mal: el grupo se volvió más visible de inmediato y los otros consideraron que les estaban dando un trato de favor. Las agresiones contra ellos se intensificaron, y cuando un segundo grupo de refugiados ugandeses organizó una protesta en Kakuma, ACNUR decidió permitirles vivir en Nairobi y darles la ayuda financiera de seis mil chelines kenianos

—sesenta dólares— al mes en lugar del alojamiento y la comida que recibirían en el campamento.

Estos eran los «factores desencadenantes»: rápida reubicación y una paga mensual. Como era de esperar, la agencia se vio desbordada por los solicitantes, incluso después de que la Ley contra la Homosexualidad fuera invalidada. Un año después, cuando estuve de visita, había quinientos solicitantes de asilo LGTB de Uganda en Kenia, pero ACNUR estimaba que al menos cien eran fraudulentos. La propia comunidad de refugiados había alertado a la agencia de que había un autobús lleno de nuevos solicitantes a los que sus traficantes les habían dicho que jugaran la baza homosexual, y que otros en realidad seguían viviendo en Uganda y solo pasaban por la frontera al principio de cada mes para recibir el estipendio.

ACNUR pisó el freno y volvió al procedimiento estándar. Ahora, cientos de refugiados que esperaban una reubicación rápida se vieron atrapados en Nairobi, un ambiente que, en palabras de la agencia de Hester Moore cuando hablamos a finales de 2015, «para ellos, en un sentido legal, es exactamente el mismo que en Uganda. Y en un sentido social, tampoco es tan diferente. Lo único que pasa es que Kenia no ha recibido tanta atención como Uganda, pero las barreras están todas allí, en Kenia, para los refugiados LGTBI: barreras contra la integración local, al buscar empleo, para acceder a un sustento, estar a salvo de la violencia y tener una vida que merezca la pena. La realidad de esta sociedad homófoba hace que su situación sea realmente difícil».

Los refugiados de Uganda eran muy diferentes al resto de las personas con las que había lidiado la agencia: jóvenes, urbanos, con estudios y plenamente conscientes de sus derechos. A diferencia de los aldeanos somalíes o congoleños que huían de la guerra, ellos se habían marchado de sus países con el claro entendimiento de que sus derechos habían sido violados y con la expectativa de que serían respetados en otras partes. Y no era solo por la homofobia con la que se toparon en Kenia que no tenían la intención de quedarse: «No quieren estar aquí, sino en Occidente. Y existe la percepción de que si aprendes suajili y consigues un trabajo y te integras, entonces será menos probable que ACNUR te reubique, ya que la reubicación en un tercer país solo se concede si puedes demostrar que no estás seguro en el país que te concedió el asilo», me dijo una keniana que dirigía un programa de integración con base en la iglesia.

Y ahí estaba esta parte de la juventud del mundo, principalmente de la Kampala cosmopolita, en una sociedad por lo menos tan intolerante como la que habían dejado atrás, fáciles de identificar y, por tanto, frecuentemente acosados, intimidados, extorsionados e incluso atacados o arrestados. Cuando llegué a Nairobi en julio de 2015 para conocer a Michael y a sus compañeros refugiados, me encontré con un grupo principalmente de hombres jóvenes —había unas cuantas lesbianas y alguna mujer trans entre ellos— agraviados, insatisfechos y que, al parecer, eran incapaces o estaban poco dispuestos a integrarse en la sociedad keniana. Incluso la propia comunidad LGTB de Nairobi los miraba con recelo. Un amigo keniano volvió de un viaje de trabajo a Kampala ensalzándola como «el San Francisco del África Oriental» y se preguntaba por qué los ugandeses necesitaban marcharse de ahí. Los llamó «*gayfugees* profesionales», haciendo un juego de palabras entre «gais» y «refugiados», y decía que utilizaban su país como un trampolín hacia Occidente.

Se corrió la voz: Michael y su pandilla eran estafadores y causaban problemas.

2

«Te lo contaré, Mark. Mis problemas empezaron con el amor».

Estas fueron las primeras palabras que me dirigió Michael Bashaija cuando encendí la grabadora en mi habitación de hotel en Kampala en junio de 2014, un año antes de que lo volviera a ver en Nairobi. No fui la primera persona[125] a la que le contó su historia, y él sabía cómo tenía que elaborarla. Un periodista británico lo había entrevistado el día anterior, y su secuestro y agresión habían sido incluidos de manera destacada en un informe del Human Rights Watch/Amnistía Internacional, que fue como lo descubrí.

A los quince años, Michael había empezado una relación con un compañero de clase en los barracones militares al oeste del país, donde se crio. El muchacho se emborrachó y se lo contó a su familia. La familia le echó la culpa a Michael y acudió a sus padres. El padre de Michael era un soldado profesional y su madre, una predicadora. Su padre mandó a la policía militar a casa para que le diera una paliza y la madre lo expulsó de la iglesia. Se le prohibió estar en presencia de sus hermanas y hermanos por si acaso los contagiaba. Sus padres dejaron de darle comida y de pagar los gastos de escolaridad. Michael se marchó de casa.

Esto pasó durante el momento más álgido de la campaña pública del gobierno para movilizar los apoyos a favor de la Ley contra la Homosexualidad a principios de 2012. Si Michael hubiera sido unos años mayor y su romance adolescente hubiera sido descubierto unos años antes, probablemente su conducta habría sido ignorada —o, como mucho, habrían lidiado con ella a través de una paliza y una advertencia—. Michael podría haber sido uno de los pocos en encontrar la manera de llegar hasta Kampala y la floreciente comunidad *kuchu* de la ciudad —*kuchu* es la palabra en lengua luganda para queer, reapropiada por el colectivo LGTB de Uganda—. Lo más probable es que hubiera hecho caso de la advertencia y se hubiera esforzado más por encubrir su sexualidad. Pero Michael tuvo la fortuna ambivalente de haber nacido en la línea rosa: los años de su niñez fueron, coincidentemente, aquellos en los que el discurso público sobre la sexualidad se difundió a causa tanto de la epidemia de sida como de la revolución digital, junto con la difusión global paralela de una cristiandad modulada por la ideología antigay al estilo estadounidense.

Uganda era en su mayoría cristiana, tradicionalmente dividida casi a partes iguales entre católicos y anglicanos, pero durante las primeras décadas del siglo XXI el número de protestantes evangélicos se elevó en forma espectacular hasta un 11 % en 2014. Esto se debía en gran parte a la influencia de los misioneros estadounidenses: la propia madre de Michael había nacido de nuevo en la Iglesia evangélica. Podemos conjeturar que aunque doña Bashaija hubiera estado al tanto de la «abominación» de la homosexualidad por lo que dice Levítico 18:22, probablemente no llegó a estar bien versada en ello hasta el momento en el que nació Michael, en 1996. Esa fue la época en la que la Comunión anglicana a nivel mundial se estaba preparando para la lucha en la Conferencia de Lambeth sobre la homosexualidad, y se empezó a predicar sobre el tema desde los púlpitos en todo el continente, al mismo tiempo que la Iglesia anglicana africana concentraba a sus defensores contra la ordenación de sacerdotes gais y contra el matrimonio entre personas del mismo sexo.

Este nuevo punto de encuentro era especialmente potente en Uganda por la excepcional historia con la que cuenta el país sobre la homosexualidad y la iglesia. El reino de Buganda fue uno de los más sofisticados [126] en el África precolonial. En la década de 1880, en el momento de la colonización, el *kabaka* (rey) era un joven hombre llamado Mwanga, adicto a «la práctica de la homosexualidad», según el discurso cristiano sobre la conquista de Uganda, y presidía sobre una corte corrompida por «vicios abominables» y «pasiones vergonzosas». El *kabaka* no era un converso, pero durante un tiempo en el que las diferentes religiones competían por las almas en su reino, él mantuvo un equilibro de poder al retener tanto a los cortesanos católicos como a los protestantes. Según el relato cristiano, cuando algunos de estos hombres resistieron sus avances sexuales, ejecutó al menos a treinta de ellos, a la mayoría en una quema en público, en marzo de 1886. Esto llevó a una coalición entre cristianos y musulmanes que consiguieron la ayuda de los británicos para destituirlo en 1888 y, en última instancia, para colonizar Uganda.

En el propio acto de afianzar la Uganda cristiana moderna, entonces, estuvo la expulsión de la abominación de la homosexualidad: las víctimas de Mwanga, paladines contra el vicio, son defendidos como mártires por la Iglesia, y el lugar en el que fueron masacrados es el sitio de peregrinación más santificado del país. Y así, de todos los países africanos, Uganda estuvo particularmente predispuesta a la oleada de cristiandad política que fue precursora de la lucha dentro de la Iglesia anglicana y afianzada por el floreciente movimiento evangélico. Al igual que en otras muchas partes del mundo durante los años en los que se marcó la línea rosa, esta nueva forma radical de cristiandad empezó a arraigar exactamente al mismo tiempo que la subcultura gay se desarrolló en el país, otorgando a los patriarcas preocupados y a los sacerdotes una nueva y potente herramienta de proselitismo.

Debido en gran parte a la red sagaz de activistas ugandeses, el país adquirió una mala reputación global, como uno de los peores lugares en el mundo para ser gay. Pero mis amigos kenianos tenían razón: antes de la promoción de la legislación contra la homosexualidad, el país albergó el ambiente más abierto de todo el África Oriental. En 2004, un grupo de activistas fundó Minorías Sexuales de Uganda (SMUG*, por sus siglas en inglés), la primera organización del continente fuera del África Austral. Igual que en Senegal, esto tenía mucho que ver con la forma en que se abordaba el tema del sida en Uganda: el país, uno de los más afectados por la epidemia en África, fue uno de los primeros en hacer frente a la crisis. Esto quería decir que organizaciones como SMUG tenían acceso a fondos para el trabajo con HSM y empezaron a echar raíces institucionales al mismo tiempo que las organizaciones cristianas de derecha estaban haciendo lo mismo al acceder a fondos PEPFAR estadounidenses para las iniciativas «basadas en la religión». El choque era inevitable.

Cada vez se hablaba más sobre el matrimonio entre personas del mismo sexo en Occidente y el movimiento ugandés se hacía más fuerte; mientras tanto, los evangélicos presionaban a los legisladores para criminalizar el matrimonio entre personas del mismo sexo a través de una enmienda constitucional. En 2005, el Parlamento de Uganda votó con una mayoría aplastante a favor. Michael Bashaija tenía nueve años en aquel entonces y ya sabía que «no era como los otros chicos», me dijo, y que «prefería hacer cosas de chicas». Pero mientras que antes esto podría haber sido visto simplemente como una anomalía, ahora se estaba convirtiendo en la muestra de una abominación.

Podemos especular con que los padres de Michael leyeron el reportaje sobre la enmienda constitucional, incluyendo las descripciones detalladas de las guaridas del vicio adonde se llevaban a cabo tales abominaciones. El día después de la enmienda constitucional, el *New Vision*, propiedad del gobierno y el periódico más grande del país, publicó un editorial en el que

---

* *Smug* también significa «presumido» en inglés. (N. de la T.).

apelaba a que los funcionarios del gobierno «visitaran los agujeros mencionados en la prensa, espiaran a los pervertidos, los arrestaran y los procesaran»[127]. Dos semanas después, el presidente de un consejo local en Kampala se vio obligado a hacerlo, con una redada al fundador de SMUG, Victor Mukasa. Los hombres confiscaron enseres sin una orden judicial, arrestaron a Mukasa y a un amigo, y se los llevaron a la comisaría, donde les dieron una paliza y los agredieron sexualmente.

Mukasa es trans: su sexo asignado al nacer fue el femenino y lo sometieron a un exorcismo espeluznante en su iglesia cuando se descubrió su «lesbianismo». Era valiente y astuto y, cuando lo arrestaron, ya estaba conectado globalmente. Con la ayuda de organizaciones internacionales demandó al Estado ugandés. El juicio tardó cuatro años en llegar, pero en 2009 un juez dictaminó que el arresto de Mukasa había sido contrario a la constitución. A Mukasa le correspondieron unos siete mil dólares por daños, pero lo que consiguió la sentencia fue incitar a los evangélicos de Uganda que estaban en contra de los homosexuales a que redoblaran sus esfuerzos con la ayuda de sus simpatizantes estadounidenses. Unas semanas después, Stephen Langa mandó las invitaciones para el encuentro con Scott Lively y los otros estadounidenses.

En octubre de 2010, justo después de que Michael Bashaija cumpliera catorce años, la revista ugandesa *Rolling Stone* —no tiene nada que ver con la estadounidense— sacó el titular «Que los cuelguen»[128] en la portada y publicó los nombres, las fotografías y las direcciones de cien personas conocidas y supuestamente homosexuales. El acoso comenzó casi de inmediato. De nuevo, los activistas de SMUG utilizaron el poder judicial independiente de Uganda para buscar asistencia legal. Consiguieron una orden para impedir cualquier otra noticia similar y, en última instancia, un fallo a favor que decía que la publicación violaba sus derechos a la dignidad y a la privacidad. Las indemnizaciones que debió pagar la revista fueron lo suficientemente altas como para que *Rolling Stone* cerrara, pero su editor seguía impenitente: «La guerra contra los gais debe y va a continuar. Tenemos que proteger a los niños de esta sucia ofensa homosexual»[129], dijo.

Tres meses más tarde David Kato, el director de SMUG, fue asesinado en su hogar. Su asaltante fue atrapado y condenado, y aunque dijeron que el móvil del hecho había sido el robo, sin duda alguna el discurso público enaltecido había dejado a Kato en una posición más vulnerable ante un asalto violento. Y su asesinato exacerbó aún más el discurso del país contra la homosexualidad. Michael Bashaija no recordaba nada de esto, habiendo pasado la juventud en una ciudad-cuartel. Pero fue por esa época, justo cuando empezaba a entender su atracción por otros hombres, cuando los clérigos de Uganda, y puede que su madre también, comenzaron a predicar por rutina en contra del pecado de la homosexualidad.

En febrero de 2012, casi en el mismo momento en que la relación de Michael con su compañero de clase lo llevó a la expulsión de su casa familiar, hubo otro pico en la cobertura informativa sobre la homosexualidad: David Bahati reintrodujo el proyecto de ley en el Parlamento. Unos días más tarde, el ministro para la Ética e Integración, Simon Lokodo, ordenó una redada y cerró un taller de formación LGTB en un hotel afirmando que era una «asamblea ilegal». Lokodo defendió más tarde sus acciones diciendo: «No podemos permitir que los terroristas se organicen para destruir el país»[130]. Acusó a los occidentales de «reclutar a gente para salir y divulgar la ideología LGTB» en su país, donde «la cultura, la tradición y las leyes no apoyan el bestialismo ni el lesbianismo».

* * *

FUE EN ESTE AMBIENTE TÓXICO donde Michael Bashaija, que tenía quince años en 2012, se fue de casa y llegó hasta Kampala, donde creía que encontraría a otros como él, según la poca información que consiguió durante un par de sesiones encubiertas en un cibercafé del lugar. Un hombre lo halló, llorando, en la estación central de autobuses de Kampala. Se lo llevó al este del país y le dio trabajo en un hotel. Pero un mes después redujeron la plantilla y echaron a Michael. Había ahorrado el dinero suficiente para comprarse un teléfono inteligente, y con esto se pudo conectar con la comunidad gay de la capital ugandesa. «Facebook me salvó y Facebook me dañó», me dijo.

A través de las redes sociales, Michael conoció a un hombre que le dio cobijo durante un par de semanas. Tuvo sexo con él y luego lo echó.

Michael se refugió entonces en una mezquita durante un tiempo, hasta que el imán descubrió que era un «perro cristiano» y también lo echó. En la calle, desorientado y con hambre, una misión cristiana lo recogió, y lo metió en el orfanato e internado Destiny. A finales del año, los pastores del Destiny llevaron a Michael de vuelta a casa, donde su padre, borracho, se enfrentó a ellos con un machete y estas palabras: «¿Son ustedes quienes le están enseñando a mi hijo la homosexualidad?».

Al descubrir el motivo inicial por el que Michael había terminado en las calles, los misioneros del Destiny decidieron volver a dejarlo ahí. Cuando mi investigador ugandés, haciéndose pasar por un compañero cristiano preocupado, contactó por Facebook con la pastora principal de la escuela, Eve Murgerwa, ella explicó: «No podíamos tener a una persona que fuera gay, había miedo de que lo propagara entre el resto de los estudiantes». Al sugerir mi investigador que tal vez se había tratado de una «decisión irracional», la pastora respondió rápidamente: «¡¿Por qué un cristiano nacido de nuevo pensaría que hemos hecho algo mal al dejar ir a un homosexual?!».

Y así, con dieciséis años, Michael volvía a estar sin hogar. A través de Facebook conoció a una serie de hombres que o bien lo decepcionaron, o bien lo explotaron al querer tener relaciones sexuales con él o prostituirlo, hasta que terminó bajo los cuidados de un activista estudiante un poco mayor llamado Apollo, que lo acogió a principios de 2014 y le proporcionó algo parecido a un refugio.

Poco después, justo tras la aprobación de la Ley contra la Homosexualidad, Michael recibió una petición de amistad en Facebook de un tal «John Doe»*. El señor Doe le dijo a Michael que había leído su historia en el perfil y que quería ayudarlo a que volviera a estudiar. Le pidió que fuera a su casa para poder documentar su vida. Michael accedió porque «tenía una cara amable y dulce, y hablaba como si fuera gay».

Al llegar, lo llevó hasta una habitación donde —me dijo— se encontró a «un hombre gay, completamente desnudo en el suelo, al que otros

---

* Alias utilizado en inglés para referirse a personas cuya identidad se desconoce o no se quiere revelar. (N. de la T.).

dos hombres le estaban dando golpes y patadas». Michael se dio la vuelta para huir, pero el hombre «amable» lo paró, lo tiró, hizo que se desnudara y empezó a pegarle a él también. Estuvo retenido ahí durante unas ocho horas. Durante este tiempo le dijeron que se masturbara con grasa para cocinar mezclada con pimienta de Cayena; le orinaron encima, lo quemaron con agua caliente; lo ataron, le propinaron golpes y patadas a tal punto que empezó a toser sangre, y lo coaccionaron para que tuviera sexo con un tercer rehén, un hombre mayor.

«Todo el rato me preguntaban: "¿Quién te ha hecho gay? ¿Por qué eres gay? ¿Quién te ha pagado para que fueras gay?"», recordaba Michael. Le quitaron la cartera y el teléfono y lo soltaron —con graves amenazas— cuando les prometió que podía conseguir más dinero. Logró contactar con su amigo Apollo, que lo puso en comunicación con una organización ugandesa que daba servicios legales al colectivo LGTB.

Un abogado lo acompañó a la comisaría para que presentara cargos. Este proceso, el de denunciar el ataque, lo traumatizó aún más, desde la manera en que los policías gritaban al abogado: «Vosotros, las organizaciones de derechos humanos, estáis ayudando a los gais», hasta el miedo a las represalias en cuanto soltaran a su agresor bajo fianza. De hecho, más o menos una semana después, un grupo se presentó en la puerta de Apollo: «Ya nos encargaremos de ti, sabemos lo que haces, te vamos a dar caza», dijeron. Aunque no le hicieron daño ni a él ni a Apollo en esta ocasión, Michael se volvió paranoico y pensaba que la gente lo estaba siguiendo. Con la ayuda de Apollo y de otros, se matriculó en un internado y se fue de Kampala; solo volvía cuando tenía que testificar en el juzgado.

3

El 27 de diciembre de 2014, seis meses después de haber conocido a Michael y de que testificara contra su agresor, recibí el siguiente mensaje por Facebook:

Hola, Mark. Lo siento por decepcionarte pero por mi bien tengo que hacerlo. Me fui a Kenia. Ya hace dos semanas... después los hombres que me chantajearon me siguieron. Soltaron a su amigo, por eso me perseguían. Temía por mi vida. Ahora estoy en Kenia y estoy registrado como refugiado en ACNUR... Lo estoy pasando mal en Nairobi como refugiado. Me dieron una paliza en Navidad unos kenianos por caminar como una chica. Necesito todo el apoyo y sé que no me dejarás solo... Te quiero mucho, lo siento por los estudios. Feliz Año Nuevo.

Yo fui uno de los que ayudó a que Michael fuera a la escuela en Uganda. Me sentí obligado a contribuir cuando me enteré de que los mayores de la comunidad estaban planificando su vuelta. No podía sino pensar en las dificultades que pasé al cumplir la mayoría de edad siendo un hombre gay, y eso que disfrutaba de una comodidad financiera y mi familia no me rechazó. ¿Cómo podía siquiera empezar Michael a aceptarse a sí mismo en la situación en la que estaba? Pagué doscientos dólares para que pudiera matricularse y terminar el curso en el que estaba; también hice una ronda entre mis amistades para recaudar fondos y que pudiera continuar con los estudios en caso de que aprobara el curso.

Este dinero fue directamente al internado de Michael, pero mientras él estuvo ahí —y sobre todo cuando estaba de vuelta en Kampala por vacaciones escolares—, me mandaba mensajes de vez en cuando diciendo que no tenía dinero o que estaba pasando hambre. Parecía que mi dominio también se extendía sobre su vida personal. En un momento dado, intentando establecer un vínculo íntimo, me mandó un mensaje preguntando si le estaba permitido tener novio. Traté de ser suave al respecto: «Eres adulto, Michael. Puedes hacer lo que quieras», le dije antes de aconsejarle de manera algo santurrona que usara condones.

Llegados a este punto, Michael me llamaba «hermano mayor» y me decía lo mucho que me quería. Pero luego se mostraba furioso porque no estaba recibiendo ninguna paga. Si no se materializaba, amenazaba: «Me voy a marchar de la escuela. No me puedo quedar». Era insoportable para él que «otros estudiantes piensen que no tengo una familia que se preocupe por mí».

Mi respuesta fue dura: «Michael, no tienes a una familia que se preocupe por ti. Te echaron a la calle. Esta es tu realidad. Lo siento mucho, no es justo. Pero es así».

Después se marchó. A Nairobi.

* * *

Respondí al mensaje que me había enviado Michael para informarme de su marcha, para desearle suerte y decirle que los fondos que había conseguido para él solo valían para que continuara con su educación. Se lo veía aplicado y pasó algo de tiempo investigando opciones para seguir estudiando en Kenia, pero había dejado toda la documentación en Uganda, así que tendría que volver a empezar matriculándose en dos cursos anteriores, algo imposible dada su edad. En cualquier caso, él tenía otras necesidades más acuciantes y yo me vi soltando fondos como una forma de ayuda de emergencia. Para sacarlo del apuro durante un período en el que ACNUR dejó de pagar la asistencia financiera a los refugiados mientras llevaba a cabo investigaciones por fraude, le mandé doscientos cincuenta dólares. Se suponía que eran para techo y comida, pero al enterarse de que su madre había sufrido un accidente en la carretera, prefirió enviarle gran parte de ese dinero. Como tantos otros de los jóvenes queer rechazados a los que conocí durante mis viajes, estaba intentando volver a ganarse a la familia a través del dinero. En ese momento, me alejé. Puse el resto de lo que había recaudado para Michael en la fundación de Neela Ghoshal, la investigadora del Human Rights Watch que me había puesto en contacto con él, y la animé a que ella decidiera qué hacer con esa suma.

Cuando Michael y yo nos vimos en Nairobi, me contó que estaba bajo una enorme presión para que mandara dinero a casa para su madre enferma, ahora que tenía trabajo en Kenia.

«Pero aquí no estás trabajando, Michael. Eres un solicitante de asilo desempleado con una pequeña ayuda por parte de ACNUR. Ni siquiera tienes permiso para trabajar aún en Kenia», le dije.

Parecía avergonzado. «Mi familia cree que estoy aquí porque tengo un trabajo». «¿Por qué no les has contado la verdad?», le pregunté. «Porque cuando le hice llegar ese dinero a mi madre no quería que supiera que es dinero gay».

«¿Qué es dinero gay?». Era una pregunta inductiva, y Michael se dio cuenta enseguida. Levantó las cejas, que quedaron arqueadas, e inclinó la cabeza ligeramente hacia delante, en mi dirección.

* * *

Lo CIERTO ES que mi presencia en la vida de Michael alimentaba más los prejuicios de personas como su padre, que exclamaba: «¡Vete con esa gente que te ha enseñado a ser homosexual para pagarte la matrícula!», o como los agresores de Michael, que querían saber «¿quién te ha pagado para que fueras gay?». Cuando el arzobispo anglicano de Uganda, Henry Orombi, le dijo a un investigador en 2008 que «los activistas que están promoviendo las relaciones homosexuales han atraído a la gente económicamente»[131] y que «si un niño necesita pagar las tasas escolares... y le ofreces dinero, la tentación es muy fuerte», estaba hablando sobre gente como yo.

Se utilizaba este tipo de argumento del «reclutamiento» para justificar que se reforzaran las proscripciones contra la homosexualidad más allá de las leyes contra la sodomía. Quizás fuera más fácil para muchos africanos «cristianos tradicionales» entender la homosexualidad como una relación material, que aceptarla como un comportamiento humano natural y un tanto inexplicable. Si mi hijo es gay por deseo[132], entonces el mundo deja de tener sentido: ¿qué pasa con todo lo aprendido en la iglesia sobre el pecado? ¿Qué ocurrirá con la línea de sangre y la riqueza familiar? Pero si es gay porque está necesitado, o porque es codicioso, es más o menos comprensible.

Al igual que la identidad femenina de Aunty, la homosexualidad de Michael no era, manifiestamente, una estrategia para sacarlo de la pobreza. Pero al igual que con Aunty, se podía decir que su aceptación de la etiqueta LGTBI, que es como él y todos los refugiados se llamaban, tenía relación con el capital que esta etiqueta aportaba en la nueva economía global, donde el Occidente rico daba valor a estas identidades: se merecían nuestra ayuda o, como mínimo, nuestra solidaridad.

Cuando Michael quedó huérfano, el billete LGTBI se convirtió en su medio más seguro para sobrevivir. Pero aunque las primeras conexiones hechas a través de Facebook fueran transaccionales, también fueron emocionales. A lo largo del tiempo y del espacio, desde las *molly houses** de Londres hasta las casas de *vogue* en el Harlem y las de *hijras* en Bombay, siempre ha habido una constante en las comunidades de prófugos sexuales y de género: se forman familias alternativas, de manera intergeneracional, y se afianzan los lazos por la manera en que las personas se convierten en «madres» e «hijas» o en «hermanos» y «hermanas».

Cuando Changeable afirmó que Michael era su «hija» en la comunidad de refugiados de Nairobi, estaba asumiendo una responsabilidad, pero también estaba reclamando una relación que esperaba que lo apoyara emocional y materialmente, en ausencia de la familia que lo había rechazado. Asimismo, cuando Michael me llamaba «hermano mayor» y me decía que me quería, podía tratarse de un despliegue oportuno de afecto, pero también era un anhelo por la familia que había perdido, sin duda, junto con el apoyo tanto emocional como material.

En la era digital, en las que estas nuevas familias son tanto virtuales como físicas y en la que las redes sociales permiten crear una intimidad por una vía rápida y vertiginosa, era inevitable que Michael consiguiera también un «padre» estadounidense: se llamaba Shane Phillips y vivía en Phoenix, Arizona.

Phillips era un hombre gay de cuarenta y tantos años, un cristiano devoto que me contó su historia en una conversación por Skype en septiembre de 2015. Andaba molesto por el papel que jugaba la derecha evangélica en Uganda desde que se enteró en 2009, y sintió la obligación de mostrarles a los africanos una faceta diferente de la cristiandad. Obrero de la construcción itinerante, fundó una organización llamada One World Voice, «una voz del mundo», cuya misión era: «Salvar más vidas que nadie en el mundo, porque ya nadie lo intenta». Quería establecer un «espacio seguro» para refugiados reasentados en Phoenix. Se ofreció como el «anfitrión ancla» de Michael en Estados Unidos en caso de que lo reasentaran

---

* Tabernas o habitaciones privadas en las que se reunían hombres homosexuales en la Inglaterra de los siglos XVIII y XIX. (N. de la T.).

allí, y me dijo que su sueño era que Michael fuera el primer residente del centro.

Phillips me contó que cada vez lo horrorizaban más las historias que leía sobre Uganda y la posibilidad de lo que él llamaba, en su web, un «genocidio» inminente contra los gais del país. Recaudó quinientos dólares de un pastor del lugar «para sacar a unas cuantas personas» y empezó a conectar con redes de contacto ugandesas a través de Facebook. «En ese momento trabajaba como repartidor de pizzas para Papa Joe's. Todo el dinero extra que ganaba lo destinaba a sacar a gente de Kampala».

En cuanto Museveni aprobó la Ley contra la Homosexualidad en febrero de 2014, Phillips se puso a buscar a gente a la que ayudar, por internet. Encontró a Charles, un hombre en cuya casa se estaba quedando Michael por aquel entonces. Phillips mandó el dinero suficiente para que ambos viajaran a Nairobi a hacer la solicitud de asilo, pero cuando Charles robó el dinero y dejó a Michael en la estacada, Phillips y Michael empezaron a mensajearse: «Cuando Michael me contó su historia, le dije: "Te prometo que seré un padre para ti durante el resto de tu vida, sin importar lo que haga falta. Nunca te dejaré de lado"», me dijo Phillips.

Michael fue uno de los tres hombres jóvenes ugandeses con los que Phillips forjó un vínculo así. Y, de hecho, Michael hablaba de Phillips como de un salvador. Al escuchar a ambas partes, vi las tensiones que se dan en tantas relaciones entre padres e hijos, en los chantajes emocionales y las manipulaciones, pero Phillips fue fiel a su palabra: se enviaban mensajes prácticamente a diario y tenían conversaciones de audio de manera habitual. Se conocieron, al fin, cuando Phillips fue de visita a África por primera vez en febrero de 2015 y pasó unos días en Nairobi. Ambos lloraron, y en las fotografías que colgaron en las redes, Phillips —calvo, corpulento y con esa afabilidad estadounidense— destaca sobre su pupilo sonriente y esbelto.

Las contribuciones materiales de Phillips para el bienestar de Michael no fueron grandes, pues ya estaba desbordado con el apoyo que proporcionaba a los demás y tampoco era un hombre de muchos recursos. Pero cuando Michael empezó a mandarle mensajes a principios de diciembre de 2014 cada vez más llenos de pánico —historias de pesadillas y amenazas de suicidio—, se sintió obligado a actuar. «Estaba claro que tenía que salir de ahí. Le envié los fondos necesarios para un billete de autobús y le dije que se fuera a Nairobi», me dijo.

En su recién descubierto activismo, Phillips encontró inspiración en el trabajo solidario de otros estadounidenses; en concreto, en la activista y bloguera Melanie Nathan[133], que fundó el «Fondo de rescate para ayudar a que las personas LGTB huyan de África». Nathan ofrecía la categoría «Máximo salvador» a quienes donaran más de tres mil dólares; «Monedas especiales de Elie Wiesel» —inspirada por la solidaridad de los judíos con los supervivientes del Holocausto y con los *refúseniks** soviéticos—, a quienes donaran el dinero suficiente para un billete de avión; y «Monedas de Nelson Mandela» —había nacido en Sudáfrica—, a quienes brindaran lo suficiente para un pasaporte. Su objetivo era «ayudar a africanos LGTB perseguidos a que huyeran de sus países, y también financiar refugios y peticiones de asilo».

Nathan recibió mucho reconocimiento por sus esfuerzos y ha sido una defensora incondicional de los refugiados LGTB en Estados Unidos. Pero su enfoque suscitó duras críticas. La activista sudafricana Melanie Judge escribió en *The Guardian*: «Promocionar una "huida" de África a "pastos estadounidenses más verdes" sin abordar las condiciones subyacentes que fuerzan esta migración es peligroso y oportunista»[134]. Tales intervenciones, decía Judge, eran, «como mucho, paliativas y paternalistas; como poco, refuerzan el victimismo de la población africana y la condición salvadora de la población occidental. Esto forma parte de la lógica que mantiene en juego el discurso actual de que "la homosexualidad es antiafricana"».

Estas iniciativas también fueron vapuleadas por algunos de los líderes del movimiento LGTB de Uganda, que sentían que creaban precisamente el tipo de situación en la que se encontró Michael, desamparado en Nairobi. Pero cuando se lo expresé a Phillips, él contestaba con emoción que cada una de las personas a las que había ayudado —estimaba que a unas cuarenta— había estado en una situación de «vida o muerte» y había tenido tendencias suicidas.

---

* Término utilizado para los judíos soviéticos a quienes se les negaba el permiso para emigrar de la Unión Soviética. Viene del inglés *to refuse* (denegar) y el sufijo ruso -*nik*. (N. de la T.).

Richard Lusimbo, uno de los líderes de SMUG que había conseguido una pequeña ayuda para Michael en Uganda, me dijo que se quedó «estupefacto» cuando se enteró de la partida de Michael. «Sí, lo habían echado de casa y había sido víctima de aquella terrible agresión, pero todo parecía haber estado funcionando desde entonces. La policía encontró al agresor y los juzgados lo procesaron. El colectivo se solidarizó [con Michael], había vuelto a estudiar. Parecía que su historia estaba avanzando hacia una resolución positiva. Y necesitamos ese tipo de historias para equilibrar el estereotipo de "peor país del mundo para los gais"».

Le pregunté a Michael por qué se había marchado. Me confirmó que Shane Phillips le había aconsejado que lo hiciera, pero insistía en que en realidad no tenía otra opción. Aunque volviera al internado, donde contaba con financiación, tendría que velar por sí mismo durante seis semanas antes de que el centro abriera de nuevo. Tenía dieciocho años, ningún tipo de habilidad para el trabajo o el mercado laboral, y no iba a consentir el trabajo sexual. Apollo estaba exigiendo una parte del dinero de SMUG, y se habían enfadado. A pesar de los fondos de ayuda, no tenía un lugar estable en el que quedarse y, para exacerbar su inseguridad, se había enterado de que su agresor había salido de la cárcel: «Sentía que era solo una cuestión de tiempo que viniera a por mí».

4

En mi último día en Nairobi, en junio de 2015, fui a ver a Michael actuar con el grupo de baile del Arca en un club en las laderas de Ngong, el tipo de lugar en el que alguien con dinero de sobra se lo podría gastar en una bebida y una comida a la barbacoa, o en un chapuzón durante el fin de semana. El lugar, pintado de azul y amarillo vivo, con eslóganes exclamatorios en suajili sobre las paredes, consistía en una serie de casetas cubiertas de paja alrededor de una enorme piscina azul centelleante. No estaba lejos de las Comunas del Arca, y un grupo de los ugandeses se habían hecho amigos del propietario. El conjunto había estado ensayando para participar en una competición de baile durante el Día Mundial de los Refugiados —ganaron— y le propusieron al propietario actuar para entretener a la clientela los domingos por la tarde. El grupo recaudó fondos para vestuario y ensayaron con diligencia. Fueron todo un éxito, y el club les pagó quince mil chelines kenianos —unos ciento cincuenta dólares— por espectáculo.

Michael era uno de los bailarines, y le apasionaba el proyecto: «Nos da la oportunidad de expresarnos, como ugandeses y como LGTBI. ¡También de estar orgullosos de ser ugandeses!». Además, creaba un espacio seguro en el que podían conectar con kenianos de la zona en vez de vivir con miedo. La manera que tenían para expresarse «como LGTBI» era utilizando la tapadera del baile para «ser un poco más gais», y en los bailes tradicionales, dando espacio a los miembros que eran afeminados para que hicieran los personajes femeninos, con el pretexto de que eran un conjunto solo de chicos.

A medida que los ugandeses iban llegando al club me di cuenta, no obstante, de que también había varias mujeres entre ellos. Sockie, el «agente de las relaciones públicas» del grupo, me explicó que los dueños del club habían estado varias semanas sin invitarlos. De hecho, esa tarde estaban actuando gratis solo para poder enseñarme lo que hacían. A Sockie le preocupaba que el dueño —o los clientes— pudieran haber empezado a sospechar que el grupo era gay. Por esta razón decidieron reunir a un grupo de refugiadas ugandesas para participar, como tapadera.

Sockie era el maestro de ceremonias. «¡Presente!», gritaba al micrófono de una mesa de mezclas para DJ con las gafas de sol pegadas a la parte posterior de la cabeza. «¡¡¡Pre-SEEEEEEN-TE!!!». Soltó las sílabas siguiendo el ritmo del compás unas cuantas veces más, hasta que al final dijo lo que estaba presente: «¡UUUUU-gan-da!», y los bailarines salieron en línea, con Eddie al frente, el líder macizo cuya habilidad para transformar el golpe de cadera tradicional del baile de la tribu baganda en un *twerk* trepidante robó el espectáculo. Los hombres llevaban el pecho al descubierto, con faldas tradicionales cinchadas y arremangadas hasta la parte alta del muslo. Las tres mujeres vestían, sin duda, de una manera más recatada.

El programa repasaba diferentes bailes tradicionales de alrededor del mundo e incluía también algún número de góspel conmovedor. El público fue escaso aquella tarde, solo hubo un puñado de clientes que se rieron en algún momento y aplaudieron con amabilidad; parecía que estaban pasando un buen rato. No pasaba nada: los ugandeses se habían traído su propio público de casa y cada baile quedó documentado con gran entusiasmo por una pila de teléfonos inteligentes; aquella noche las redes sociales estarían llenas de *vlogs*. El conjunto lo estaba disfrutando y yo también: fue como una lluvia de alivio tras muchos días secos y largos, llenos de quejas.

El número que causó furor consistió en una canción del norte de Uganda en la que un hombre que está a punto de casarse negocia el precio de la novia con la familia de su prometida. El fornido de Eddie hacía del novio; una parodia exagerada. El novio de Michael, Prius, hacía del padre de la novia; todo su encanto desgarbado metido en una larga túnica. Una de las mujeres hacía de la novia y otra, de su madre. Ambas se mostraron excepcional y —sin lugar a dudas— fielmente cohibidas en sus roles. Me pregunté, con una risita, si los chicos se habrían reprimido de manera similar cuando les tocó interpretar los papeles femeninos, antes de verse obligados a traer al espectáculo a estas tímidas chicas como tapaderas.

En otra canción una madre le habla a su hija, que está prometida, sobre las bondades de tener descendencia. Había algo dolorosamente conmovedor en la satisfacción que estos forasteros queer sentían al interpretar estos rituales de conformación de las familias, teniendo en cuenta que a la mayoría de ellos los habían echado de las suyas.

Michael había participado en las danzas tradicionales, con las trenzas recogidas en el gorro tejido de color rojo. Su expresión era más seria, más íntima que la del resto, y prefirió quedarse con la camiseta puesta. Resurgió, durante el cambio de vestuario, con los vaqueros ceñidos de color verde y el gorro todavía en su sitio para bailar los interludios de «música contemporánea», bien solo, bien con otro chico. Sus movimientos parecían estar cuidadosamente planeados al principio, y eran sorprendentes por la manera en que fusionaban el estilo *staccato* del hip-hop más masculino con giros más femeninos. Mientras los altavoces bombeaban bajos frenéticos hacia las colinas, Michael cerró los ojos y dejó que el ritmo le diera forma. Sus movimientos se volvieron menos estructurados y más fluidos. La expresión seria que había mostrado durante las danzas tradicionales se relajó en una sonrisa beatífica.

* * *

Unas semanas después, Michael se fue de las Comunas del Arca porque había empezado a ser inseguro estar ahí. Poco después, el resto de los residentes llamaron a ACNUR para que los ayudaran a evacuar el recinto al encontrarse con una amenaza inminente de ataque por parte de una pandilla. La agencia los puso en un hotel durante cuatro días hasta que pudiera conseguirles un alojamiento alternativo, y les recomendaron que vivieran en grupos más pequeños y que llamaran menos la atención. El Arca se desplomó en medio del reasentamiento de sus residentes más responsables y de mayor edad.

Varios de los chicos a los que había conocido en Nairobi empezaron a mandarme mensajes desde sus nuevas casas: Alex desde Ámsterdam, Roy desde Columbus, Changeable desde Filadelfia. Pero las cosas se volvieron más inseguras en Nairobi para los que aún no estaban reasentados. A finales de 2015, ACNUR anunció que dejaría de proveer estipendios mensuales a los refugiados LGTB y reemplazaría los fondos con un plan de desarrollo empresarial, más sostenible a largo plazo, pero mucho menos fiable. Algunos tuvieron éxito, pero fueron muy pocos. Otros simplemente se dieron por vencidos y regresaron a Uganda, o se volvieron cada vez más dependientes del trabajo sexual, o incluso se retiraron ellos mismos al campo de refugiados de Kakuma. Michael y un amigo presentaron un plan para montar un puesto de comida callejera, pero para finales de 2016 aún no se sabía nada. En cualquier caso, Michael se mostró más hábil en otro tipo de emprendimiento: sobrevivió a través de la red de contactos que había establecido con benefactores individuales, como Shane Phillips y otro en los Países Bajos, a quien también había conocido por internet. No era mucho, pero lo mantenía con vida. Además, era generoso con lo que le daban y ayudaba también a otros.

En septiembre de 2016 Michael tuvo, por fin, la entrevista para la elegibilidad de refugiado, y le otorgaron la condición de asilo formal en

Kenia. Fue a su entrevista de reasentamiento, y le dijeron que lo iban a recomendar para que fuera a Canadá: con los servicios sociales que tenía, era una mejor opción que Estados Unidos, dadas su juventud y su vulnerabilidad. También puede que los responsables de reasentamiento en ACNUR se estuvieran oliendo lo que vendría después de la campaña presidencial de 2016 y hayan predicho, correctamente, el cambio radical en la política respecto de los migrantes y refugiados bajo el mandato de Donald Trump.

Los posteos de Facebook de Michael se volvieron más animados, incluso dichosos, y se lo veía como a cualquier adolescente petulante, luciendo una nueva camisa o un nuevo peinado con rastas cortas, o simplemente celebrando el placer de salir con su *bae* un sábado por la noche. Aun así, su vida continuó siendo extremadamente impredecible. Cuando cayó enfermo de neumonía en noviembre de 2016, lo ingresaron en el Hospital de Mujeres en Nairobi siguiendo las instrucciones de ACNUR. Pero por motivos que no están claros, la agencia se negó a pagar la factura de dos mil dólares cuando llegó la hora de darle el alta, y el hospital lo retuvo. Esto implicó que no llegara a la entrevista de reasentamiento en la embajada de Canadá. Al final, a través de la intervención, una vez más, de Neela Ghoshal, de Human Rights Watch, que veló por Michael como un ángel de la guarda, ACNUR resolvió lo de la factura. Pero para finales de año —el segundo aniversario de su vuelo a Kenia—, volvía a estar desesperado: estaba muy enfermo. Resultó que tenía tuberculosis, y no le permitirían reasentarse hasta que estuviera curado. Habría que esperar hasta 2018 para que firmaran sus papeles de reasentamiento: iba a ir a Vancouver.

* * *

El 9 de septiembre de 2018, Michael viajó desde Nairobi hasta su nuevo hogar en Canadá vía Ámsterdam. Llevaba una sudadera de color rojo intenso y documentó el viaje en las redes sociales, levantando los dedos hacia la cámara en *selfies* que proyectaban perplejidad e inquietud. «Gracias a todos»[135], escribió a sus «amigos y familia de Kenia»: «Espero volver a veros».

«He llegado bien»[136], publicó Michael desde la zona de arribos en Vancouver al día siguiente. Le dieron alojamiento temporal en el Centro de Bienvenida a la Sociedad de Servicios para Inmigrantes de la Columbia Británica y le asignaron un trabajador social. Acudió a una sesión de orientación, a que le hicieran una revisión en la clínica del centro y lo ayudaron a que abriera una cuenta en el banco en la que depositaron dos mil doscientos dólares canadienses. Le darían mil dólares al mes durante un año para asistirlo mientras tanto, divididos entre ayudas para comida, techo, comunicaciones y transporte. También había una partida para vestimenta de quinientos cincuenta dólares, especialmente para ropa de invierno.

Las publicaciones de Michael en Facebook durante las primeras semanas[137] en su nuevo hogar hacían pensar en el tipo de vida un tanto alienada de quien acaba de llegar a un lugar de promesas, si no —todavía— de facilidades: un primer plano de una porción de pizza («Sintiendo la comida»), una fotografía en un centro comercial con bolsas («De compras»), una *selfie* encendiendo un cigarrillo y colocándose («Preciosa BC»); vídeos de un predicador evangélico en un vestíbulo, un local *underground* con una banda punk de adolescentes; una noche de karaoke y —¿era posible?— un concierto de Beyoncé. También había varias fotografías de comprobantes que mostraban que había pagado el alquiler de unas cuantas casas en Nairobi: dedicaba gran parte de su tiempo a ayudar a otros refugiados en África y promocionaba su Fundación Michael Bashaija en internet. Había dejado a varias personas en la habitación que había alquilado en Nairobi, y me contó cuando hablamos en enero de 2019 que les enviaba entre treinta y cincuenta dólares de sus propios fondos cada mes.

Los mensajes que reposteaba Michael de otros ugandeses todavía atascados en Kenia mostraban que la vida no se estaba poniendo más fácil, sobre todo porque el mundo había apartado la mirada de Uganda con sus problemas LGTB y el gobierno de Trump había ralentizado el reasentamiento de refugiados en Estados Unidos. Y en mayo de 2019, un caso sacado a colación por activistas kenianos para despenalizar la homosexualidad fue rechazado por la Corte Suprema. La sentencia afirmaba, asombrosamente, que no veía evidencia alguna de discriminación y que la despenalización misma sería inconstitucional, ya que llevaría a «personas del mismo sexo a que vivieran juntas como parejas»[138], en «conflicto directo» con la estipulación constitucional de que el matrimonio se daba entre un hombre y una mujer.

En la otra parte del mundo, los primeros meses de Michael en Vancouver habían sido claramente duros, y estaba sombrío y circunspecto. Hubo un malentendido con un contrato de teléfono, y ya estaba endeudado y sin teléfono móvil; parecía que su trabajador social lo había abandonado; la organización de refugiados LGTBQ con la que yo lo había puesto en contacto no parecía inspirar mucha confianza y se mostraba indiferente; su primer casero le había pedido que se marchara porque había pagado el alquiler tarde debido a un retraso por parte de la agencia de reasentamiento; su segundo casero era simpático —un hombre gay negro que había conocido en Grindr—, pero no tenía nada de privacidad, en una ciudad llamada Surrey, algo lejos de Vancouver. Había conocido a otros refugiados LGTB de Uganda y pasó las navidades con ellos, pero no los vio demasiado: las distancias eran grandes y la gente estaba ocupada.

«Tengo problemas de ansiedad. Todas las personas con las que intento hablar me evitan», me dijo. Había ido a una reunión de jóvenes en Qmunity, el centro cívico LGTBQ de Vancouver, pero el resto de los asistentes lo rehuyeron cuando intentó entablar una conversación. «Incluso en el tren la gente se aparta de mí, así que voy a lo mío. Tengo miedo cuando hablo con la gente. Con los que sí hablo solo me están alejando». Su vínculo con el mundo exterior era Grindr, que no es uno de los ambientes más positivos.

Consiguió hacer dos amigos a través de la aplicación: un canadiense chino y un nigeriano. El primero lo ayudó a encontrar un trabajo como repositor en una droguería —lo dejó cuando se mudó a Surrey—, y el último lo llevó a la iglesia, donde Michael se unió, muy entusiasmado, al coro. Pero solo aguantó un par de domingos. «Ese pastor no da ningún sermón sin hablar mal de las personas LGTBI y de cómo arruinan el mundo. No podía sentarme ahí». Sentía que se debía sobre todo a razones de seguridad. «Sabes que soy afeminado, Mark. ¿Y si sospechan?».

En lo más sombrío entre la Navidad y el Año Nuevo de 2018, Michael encontró una publicación en Facebook sobre orientación pastoral. Envió un correo electrónico, una llamada de auxilio. Un tal Jim Jardine contestó desde la iglesia de Port Kells, y cuando Michael dijo que no podía esperar hasta el Año Nuevo, el pastor acudió a verlo inmediatamente. Aunque a Michael le quedó claro por la visita que la orientación consistiría en que él renunciara a su homosexualidad, «dejé que continuara», me dijo cuando hablamos unas semanas más tarde. «Me prometió un trabajo, me dijo que podría ayudarme con el alojamiento; me sentía desesperado».

Siguiendo a unas cuantas provincias canadienses, la ciudad de Vancouver presentó una ordenanza municipal por la que prohibía hacer negocios ofreciendo terapias de conversión. No obstante, Surrey es una ciudad diferente y el pastor Jim podía argumentar que él no tenía ningún negocio. Aun así, lo que sucedió fue una repetición atroz del abuso que Michael había sufrido por parte de los cristianos evangélicos la primera vez que huyó a Kampala. Tengo constancia de todas sus comunicaciones por internet: después de recibir varios mensajes, oraciones y lecturas de las Escrituras sobre la «inmoralidad sexual» por parte de Jardine, Michael sintió que no podía continuar. «Me alegro de que hayas intentado ayudar, pero no puedo traicionarme a mí mismo. Soy gay y eso no va a cambiar. Lo siento», le escribió al pastor.

El pastor contraatacó: «Eso, sencillamente, no es verdad, Michael. Se aprovecharon de ti. Es importante que te vuelva a llenar el Espíritu Santo… Créeme, hermano, a mí también casi se me va de las manos. Si quieres libertad, puedo ayudarte a conseguirla… [pero] si te gustan el pecado y la vergüenza, no hay mucho que pueda hacer por ti».

Cuando vio que eso no había dado resultado, el pastor lo volvió a intentar: «Supongo que no te interesa el trabajo de mi colega. Está bien. ¿Dónde vas a vivir, amigo?».

«Lo siento. No voy a cambiar, así que no quiero a un amigo empiñado [empeñado] en cambiarme. Estoy enamorado de mi naturaleza hasta que Dios me juzgue. No quiero ser hetero», escribió Michael.

Y así, el pastor Jim lo abandonó, añadiendo que siempre estaría ahí para él si cambiaba de opinión: «Mi corazón está para cualquiera atrapado como un esclavo y que quiera encontrar la libertad en el Reino de Dios».

* * *

MÁS O MENOS POR LA MISMA ÉPOCA, Michael se dio cuenta de que un desconocido estaba dándole «me gusta» a todas sus publicaciones de Facebook. De nuevo, desesperado por vincularse, contactó con él, ya que parecía que era de la misma edad y de Vancouver. Hablaron durante un tiempo e intercambiaron un par de enlaces, y de repente el chico, aparentemente sin ninguna provocación, dijo: «Deja de hablarme».

«Vale, perdona. Creí que querías hablar. Buenas noches», escribió Michael.

«Vete de mi país, puto chiflado», fue la respuesta.

Por primera vez en su vida, Michael se encontró con un nuevo fenómeno y empezó a usar una nueva palabra: *racista*. Su amigo chino de Grindr «resultó no ser tan amigo. Tenía ideas racistas. Para él, era como si los negros fueran mascotas, pobrecitos, para hacer lo que quieras [con ellos]».

Me quedé asombrado —y entristecido— por el estoicismo de Michael. Me parecía que su actual situación, tras seis meses en el lugar que se suponía que iba a ser su santuario, había exacerbado más que atenuado sus preocupaciones, que ahora tiraban hacia la paranoia. Pero no había nada de la antigua furia, de aquella indignación. Me sentía incómodo presionándolo para que me hablara de su nueva vida, notaba que estaba pendiente de un hilo. Así que lo dejé que tomara la delantera. «No es lo que esperaba, Mark. Pensaba que la gente sería acogedora. Lo parecen, pero te alejan indirectamente. Pensé que la gente iba a ser todo felicidad. Pero no pasa nada. No pasa nada, de verdad. En serio», ofreció en una conversación.

Hablamos una o dos veces más en los meses siguientes, y lo seguía por las redes. Me dijo que estaba trabajando como ayudante de camarero en una marisquería famosa en el puerto deportivo de Vancouver. A mediados de 2019 me contó que había encontrado a «un amigo de verdad». Estaba subiendo *selfies* entusiastas, haciendo gestos sobre el horizonte de la ciudad desde un piso alto en un complejo de apartamentos o sentado en la mesa de una cafetería, con una pinta elegante y cosmopolita, con una camisa de cuello y una fina corbata negra. En una imagen, está agachado ante una estatua en conmemoración de la guerra, imitando al soldado de bronce tras él, y apuntando una pistola hacia el futuro.

5

La línea rosa a través
del tiempo y del espacio

«Sᴇɴᴛɪᴍᴏꜱ ᴠᴇʀ ǫᴜᴇ ᴜꜱᴛᴇᴅᴇꜱ [en Occidente] viven de esa manera. Pero nosotros hacemos silencio al respecto» [139].

El presidente de Uganda, Yoweri Museveni, dijo estas palabras a los medios internacionales cuando aprobó la Ley contra la Homosexualidad en 2014. Era una perspectiva significativamente diferente del dogma de que «la homosexualidad es extranjera» de otros líderes africanos, como el de Zimbabue, Robert Mugabe, que entendía la homosexualidad como una importación de Occidente. O incluso de la de los propios proponentes del proyecto de ley de Uganda, como David Bahati. Museveni, en cambio, estaba trazando una línea entre las maneras de Occidente, donde la sexualidad se había convertido en parte de la identidad pública y, por tanto, merecía reconocimiento y derechos, y las de África, donde continuaba siendo privada. Su premisa básica era cierta: mientras que la homosexualidad es un componente inherente al comportamiento humano a través del tiempo y de las culturas, la noción de una identidad gay o de los derechos LGTB viene de Occidente, como resultado de una historia económica, política y social muy particular.

Este contexto enmarca la línea rosa, que ha sido trazada en el espacio y, también, en el tiempo. La línea a través del espacio se puede ver como un límite geográfico: entre aquellas partes del mundo que han llegado al punto de aceptar la existencia —y la igualdad— de las personas que se desvían de las normas sexuales y de género, y aquellas regiones que continúan negándola. La línea a través del tiempo puede ser vista como la progresión de las épocas desde un pasado opresivo hacia un futuro igualitario. Sería más preciso, no obstante, entender la línea rosa —tanto en el espacio como en el tiempo— como un límite entre diferentes sistemas de conocimiento: mientras que el primero entiende la sexualidad como algo que se «hace», bien o mal —«duermo con hombres», «duermo con mujeres»—; el segundo lo ve como algo que se «es», una marca de identidad: «soy gay», «soy heterosexual».

A partir del siglo XIX, la gente —primero en Europa; luego, en el resto del mundo— asumió el segundo entendimiento y adoptó identidades sexuales —y de género— que eran tanto políticas como sociales; en un principio, como *urning* o *schwul* en Alemania, y después como queer, homo, gay, lesbiana, trans y, de nuevo, queer o ahora LGTBI, como llegarían a considerarse Tiwonge Chimbalanga y Michael Bashaija. Al llegar el siglo XXI, los términos estaban siendo acuñados en algunas partes del mundo para significar estas nuevas identidades y para nombrar a quienes las llevaban como algo que no fuera «pervertidos» o «desviados»: *mithli* en árabe, *tongzhi* en chino. En otros lugares, antiguas identidades del tercer género —como *hijra* en la India o *'yan daudu* en Nigeria— empezaron a cambiar de significado, o de estatus, conforme entraban en contacto con las identidades políticas más novedosas de trans o gay.

* * *

TODAS LAS SOCIEDADES, por supuesto, tienen su manera de entender el sexo y la sexualidad, el género y la identidad de género. La manera europea, que es la que proporcionó la plantilla para lo que luego se entendería como LGTB, tiene sus raíces en el siglo XVIII, cuando la industrialización y la urbanización estaban remodelando la sociedad y se empezaron a desarrollar los Estados nación modernos.

El gran teórico francés sobre la sexualidad, Michel Foucault, ha mostrado cómo, como función de esa modernidad, surgió «una incitación técnica, económica y política a hablar sobre sexo»[140]. Esto se debía, en gran parte, a que los gobiernos fueron comprendiendo que ya no estaban simplemente gobernando a sujetos, sino dirigiendo poblaciones. El nuevo entendimiento requería un compromiso con las tasas de muerte y nacimientos, con temas como el matrimonio, la fertilidad y los anticonceptivos; de ahí la discusión sobre sexo y sexualidad. En el siglo xix, el estudio del sexo se había convertido en una labor científica reputada. Desde Charles Darwin hasta Sigmund Freud, los científicos se dedicaron a explorar y a codificar el sexo. Los términos *homosexual* y *heterosexual* fueron acuñados por el periodista austrohúngaro Károly Mária Kertbeny en 1869, en un intento por encontrar un lenguaje científico que describiera a las personas que se sentían atraídas por su mismo sexo, como le pasaba a él. Al publicar la revolucionaria obra *Psicopatía del sexo* en 1886, Richard von Krafft-Ebing importó dichos términos al repertorio científico.

Desde luego, ya existían códigos religiosos para el comportamiento sexual sacados de las Escrituras judeocristianas. Habían servido como base para la ley europea. Pero ahora se estaban desarrollando nuevas formas binarias para ponerse al nivel de —o incluso para desafiar— la división que había hecho la religión sobre el comportamiento humano entre «virtud» y «pecado». La conducta sexual se distribuía científicamente entre lo que era normal y lo que no, lo que era público y lo que era privado; lo que era sano y lo que era patológico. Aunque no lo parezca desde la perspectiva del siglo xxi, esto supuso un gran paso hacia los derechos que se reclamarían más adelante: a los homosexuales había que ayudarlos y curarlos o, como mínimo, estudiarlos; no había que encarcelarlos, demonizarlos o ignorarlos. Salieron a la luz de una manera completamente nueva, e incluso encontraron un indicativo de reconocimiento público y aceptación con reservas, especialmente en Alemania.

Mucho antes, la Revolución francesa había establecido el principio de que el sexo sin fines de procreación entre personas en edad para consentir era legal, y esto fue adoptado por el Código Civil de Napoleón, que conformó las bases para las leyes de gran parte del sur de Europa y América Latina. Pero la sodomía —en ocasiones definida como «relaciones sexuales sin fin reproductivo»— continuaba siendo ilegal en la mayor parte del norte de Europa, incluyendo Alemania. Y en 1897, el sexólogo

Magnus Hirschfeld fundó un visionario protomovimiento por los derechos humanos para luchar contra el artículo 175 del código penal alemán. El comité científico-humanitario de Hirschfeld no consiguió cambiar la ley: las relaciones homosexuales entre personas en edad para consentir seguirían siendo ilegales en Alemania Occidental hasta 1969. Pero la campaña de Hirschfeld consiguió introducir en el dominio público la noción de que la homosexualidad era una variación natural, y no una enfermedad o un pecado. Hubo una cultura homosexual que prosperó en Berlín hasta la prohibición nazi de la década de 1930. Esto se debió, en gran parte, al activismo y a las políticas de un comisario progresista.

Hirschfeld supervisó las primeras y rudimentarias operaciones quirúrgicas de cambio de sexo, y ejerció presión con éxito para que los *travestidos* —él acuñó el término; *transexual* y *transgénero* llegarían más adelante— tuvieran carnés de identidad oficiales que les permitieran presentarse como del otro género. Treinta años atrás, un abogado bávaro llamado Karl Heinrich Ulrichs había acuñado el término *urning* (uranista) para describir a un alma femenina dentro de un cuerpo masculino, y en ocasiones se entendía que era así por su atracción por otros hombres. No existía la distinción que llegaría más tarde entre gay y transgénero: aunque luego cambiaría de opinión, Hirschfeld también entendió en un principio a los homosexuales como un «tercer sexo».

Empezó en Alemania a finales del siglo XIX, y «homosexualidad» y «travestismo» se establecieron como una identidad pública y se politizaron en un proceso que se fue extendiendo por todo Occidente a lo largo del siglo XX y culminó en los movimientos por los derechos de los homosexuales en la década de 1970. Con un marcador de identidad así, no solo se podían crear vínculos con otros iguales a ti, sino que podías reclamar tus derechos con base en esto: si os juntáis los suficientes, podéis llegar a ejercer poder político, de la misma manera en que ya lo habían hecho otras minorías y grupos de interés especial, sobre todo en Estados Unidos.

También había un lado oscuro en esta dinámica, la cual tenía su propio papel en la formación de la identidad sexual y de género tal como la entendemos hoy en día. En cuanto la noción de la identidad homosexual entró en el dominio público, las acusaciones de homosexualidad —un pecado en la Europa cristiana— podían ser presentadas como evidencia para luchar otras batallas. Como precursor de la manera en que las personas queer se convertirían en un objetivo en algunas partes del mundo en el siglo XXI, hubo una serie de revelaciones públicas de supuestos homosexuales a finales del siglo XIX en Alemania. En la más sensacionalista de todas, al aristócrata Philipp von Eulenburg lo pusieron en evidencia unos periodistas de izquierda para desacreditar a su íntimo amigo —y posible amante— Kaiser Wilhelm. La publicidad del consiguiente juicio hizo más que los esfuerzos de Hirschfeld por popularizar la idea de una identidad homosexual innata, aunque no fuera de la manera en que al sexólogo le hubiera gustado.

Y luego, evidentemente, ocurrió la catástrofe del Tercer Reich, que también desempeñó un papel retorcido en la política moderna respecto de la formación de la identidad gay. En cuanto los nazis llegaron al poder en 1933, los primeros libros que quemaron fueron los de la biblioteca de Hirschfeld. Hitler lo calificó como «el judío más peligroso de Alemania»[141]. Al año siguiente, asesinaron al líder nazi Ernst Röhm junto con su camarilla homosexual y a muchos otros durante «la noche de los cuchillos largos». Heinrich Himmler enmascaró un conflicto de poderes al declarar una limpieza en el partido. La purga marcó el inicio de la persecución nazi a los homosexuales como grupo: miles fueron detenidos y enviados a campos de concentración, donde fueron obligados a usar el triángulo rosa. Al menos 7500 morirían.

El triángulo invertido rosa se convirtió más adelante en un símbolo del movimiento gay por una buena razón: si estabas oprimido por ser miembro de una minoría, podías reclamar el derecho restitutivo a partir de eso mismo. Después de la Segunda Guerra Mundial, el régimen de los derechos humanos modernos se codificó en la Declaración Universal de Derechos Humanos de 1948, y el trabajo del movimiento a partir de entonces era asegurar que estos derechos se aplicaran a quienes sufrían discriminación por motivos de orientación sexual o, más tarde, de identidad de género.

La primera organización moderna por los derechos de los homosexuales, la neerlandesa COC (Centro de Cultura y Recreación, en español), se estableció en Ámsterdam en 1946. Durante las décadas siguientes, algunas ciudades en Occidente se convirtieron en ejes de este movimiento, que a veces surgía de la protesta violenta, como ocurrió en Stonewall, en Nueva York, en 1969. Desde Ámsterdam y Londres, a través de Nueva York y San Francisco, hasta Ciudad de México y Río de Janeiro, las líneas rosas también llegaron a describir periferias urbanas. Y separaron a la ciudad del campo, más que un país —o una época— de otro.

* * *

En el siglo xxi, había comunidades queer en Estambul y Pekín, en Moscú y en Bombay, que eran por lo menos tan considerables, relativamente, como las de ciudades en Europa Occidental o en América. En todo el mundo, incluso en países que eran hostiles con los derechos LGTB —como Rusia o Egipto— o indiferentes ante ellos —como China o Turquía—, hubo un crecimiento sin precedentes de poblaciones urbanas gais en las primeras décadas del siglo xxi al mismo tiempo en que millones de jóvenes se fueron en tropel hacia las megaciudades en expansión, especialmente en Asia, que se estaba industrializando a gran velocidad. Lo que ocurría en esas ciudades reflejaba un proceso que el historiador John D'Emilio describió en el revolucionario ensayo de 1983, *Capitalismo e identidad gay*.

D'Emilio aporta una interpretación clave[142], junto con Foucault, sobre cómo se forjó la identidad gay moderna en Europa a través de la Revolución industrial. Conforme la gente se trasladaba del campo a la ciudad para encontrar trabajo, empezó a practicar la «autonomía personal». Estas personas ya no estaban destinadas de la misma manera a la familia y la lealtad, sino que ahora eran trabajadores individuales, valorados tanto por su productividad como por su reproductividad. Y estaban lejos de casa. Se ganaron el espacio —tanto literal como figuradamente— para hacer valer sus derechos a la privacidad y a elegir. En el Nuevo Mundo inmigrante y deambulante, el efecto fue aún más intenso: jóvenes, lejos de su familia o incluso con un océano entremedio, experimentaron una cantidad de libertades personales sin precedentes en ciudades como Nueva York o San Francisco.

En el libro *Historia de lo trans*, Susan Stryker utiliza la teoría de D'Emilio para imaginar lo que las mismas fuerzas del capitalismo y la urbanización podrían haber significado específicamente para las lesbianas —para quienes la autonomía personal era más difícil de conseguir, pero más significativa, dadas las obligaciones femeninas de casarse, tener hijos y cuidar a los mayores— y para personas de género variable: si te clasificaban como mujer al nacer pero lograbas presentarte como hombre, tenías «mayores oportunidades para viajar y encontrar trabajo»[143]; si te clasificaban como hombre al nacer pero sentías que eras una mujer, tenías «más oportunidades», también, de alcanzar la independencia en las ciudades remotas en las que podías reinventarte.

En el siglo XXI, una versión de las dinámicas descritas por D'Emilio y Stryker estaba ocurriendo en sociedades que se estaban urbanizando rápidamente en todo el mundo. En esta ocasión, el proceso se vio fomentado por la revolución digital, que diseminaba la información y acercaba a la gente como nunca. Y, por supuesto, por el tipo de cultura de consumo que convirtió lo «gay» en una marca global, desde las aplicaciones para ligar hasta estilos de moda, música, discotecas e incluso drogas.

Miles de hombres jóvenes salían de fiesta por las discotecas gais de Moscú y San Petersburgo cada fin de semana, por ejemplo, incluso durante el punto más álgido de la prohibición rusa de la «propaganda homosexual», aunque tenían que ser discretos, o mantenerlo en secreto, en casi todas las otras partes de estas ciudades. En el episodio del magacín de 2013 «Actores», la periodista cultural Elena Yampolskaya dijo que «cuando la gente llegaba a Moscú de las ciudades de provincia, actuaban como hombres de verdad al principio, pero luego, unos años después, te encontrabas con algo creado por los estilistas»[144]. Esto se convirtió en un *punch line*: «Al gay lo hace el estilista, no nace de mamá y papá».

El «estilista», obviamente, era la ciudad misma: un lugar en el que podían escapar de las garras de su clan y encontrar su propio camino.

En las ciudades indias, los nuevos trabajadores en centros de atención telefónica o en la industria tecnológica se vieron por primera vez lejos de casa, cumpliendo turnos de noche y compartiendo alojamiento con otros jóvenes; podían explorar su sexualidad o identidad de género lejos de los ojos fisgones de su familia y posponer los matrimonios concertados un poco más. Las ciudades eran también lugares a los que podían huir buscando anonimato o incluso refugio. En 2011, las novias a la fuga[145] se habían convertido en un problema tal en el nuevo y enorme centro de operaciones industriales de Gurgaon, a las afueras de Delhi, que un juzgado decidió sentar precedente aceptando el matrimonio de una pareja lesbiana como forma de protegerlas legalmente ante el peligro de los crímenes de honor que podían perpetrar sus respectivas familias. Armadas con esta sentencia conseguida en la ciudad, volvieron a su distrito rural, donde —informaron más adelante— las aceptaron.

Convertirse en el sostén de la familia en la ciudad aportaba algo de independencia; también cierto estatus y espacio: al enviar remesas a casa, podían aprovechar las ganancias para que los respetaran y aceptaran, como intentó hacer Michael. Y, por muy convincentes que fueran las ideas de John D'Emilio, no pueden capturar la complejidad de las sociedades no occidentales en el siglo XXI, pues las personas queer tienen problemas para mantener el equilibrio entre los compromisos familiares y las nociones urbanas recién adquiridas sobre la autonomía personal. China es un claro ejemplo. Para la segunda década del siglo, Blued, la aplicación gay más grande del mundo, tenía cuarenta millones de usuarios, muchos de ellos capaces de enrollarse y formar comunidades, o de emparejarse, porque eran migrantes urbanos que vivían sin sus familias. Aun así, por ser fruto de la política del hijo único en China y obligados a mantener el legado familiar, muchos de ellos también estaban inscritos en aplicaciones especializadas en los *xinghun* gais, o matrimonios de conveniencia, para que pudieran llevar a un nieto y presentarlo a la familia durante el viaje anual a casa, en el campo. El sitio web más grande de *xinghun*, Chinagayles.com, tenía más de cuatrocientos mil usuarios en 2018 y afirmaban haber juntado a más de cincuenta mil parejas.

Y mientras que la urbanización abrió el espacio para el ascenso social de las personas queer, a veces tenía efectos negativos sobre los más pobres. Sandeep Namwali, un activista y médico de Indonesia, me explicó cómo ocurrió esto en su Jakarta nativa durante los años que siguieron a la dictadura de Suharto a principios del siglo XXI: «La urbanización y la gentrificación se entrelazaron con la modernidad islámica en un proyecto para limpiar las ciudades», dijo, describiendo un plan que tenía objetivos tanto materiales como morales. El tercer género, *waria*, había formado parte de la vida de la ciudad durante décadas: se ganaban el pan en la calle a través del trabajo sexual o tocando música, pero ahora las leyes de vagancia estaban siendo usadas para hacer «limpieza». Después del pánico moral que se dio en 2016, perdieron muchos de sus espacios y, por tanto, su manera de ganarse la vida. Aquellos que pudieron se pasaron al formato digital; el resto terminó cada vez más en la miseria.

* * *

EN OTRAS PARTES DEL MUNDO, los gobiernos de las ciudades patrocinaban y en ocasiones organizaban eventos del Orgullo. Así ocurría con el Mardi Gras de Sídney y también con el Orgullo de Tel Aviv, aunque de forma controvertida. La propia ciudad llevaba adelante el evento con subvenciones del gobierno nacional como manera de animar al turismo «rosa» y promocionar Israel como un oasis de tolerancia en una parte hostil del mundo. También el gobierno de la Ciudad de México patrocinaba el Orgullo de su ciudad: cuando fui al de julio de 2016, me chocó ver el foco de atención del desfile, la estatua del Ángel de la Independencia, cubierto con banderines oficiales que declaraban: «Ciudad de Diversidad».

Con más de medio millón de asistentes, el Orgullo de la Ciudad de México fue el tercero más grande del mundo, por detrás de São Paulo y Río de Janeiro en Brasil. Se extendía varios kilómetros a lo largo del Paseo de la Reforma, y cubría, según la gramática estándar de estos desfiles, el mundo entero: primero, los grupos de activistas y las organizaciones del colectivo coreando consignas; luego, los grupos afines a las empresas con logos y marcas ingeniosas; después, los camiones-fiesta de los bares y discotecas, con música a todo volumen en plena mañana mientras los gogós y las *drag queens* lanzaban condones a la multitud. Había, como en todas partes, inflexiones locales: aquí estaban las bandas de mariachis, al igual que en el Orgullo de Delhi había derviches giradores; las túnicas y los ponchos con bordados de colores brillantes eran los equivalentes de los *lederhosen* y los *dirndls* en Múnich; y también una carroza adorable de vaqueros gais, que eran los auténticos, y no el macho *camp*.

Pero para mí lo más chocante fueron los participantes corrientes: no solo por la cantidad que había, de por sí impresionante, sino por su demografía. Sin duda, todos los subconjuntos que cabría esperar de un Orgullo global del siglo XXI estaban ahí: las parejas mayores, las familias, los artistas de *performance* caseros, los batallones de chicos de gimnasio en camisetas de tiras, las chicas moteras, las trabajadoras sexuales trans, los jóvenes queer con piercings y afeitados; las reinonas mayores y solitarias aceptando las reverencias de cada año. Pero la sorpresa llegó con la cantidad —decenas de miles, ciertamente— de jóvenes de clase obrera de «la periferia», más allá de los suburbios de esta megalópolis, desfilando en silencio entre los camiones-discoteca, aparentemente asombrados por el evento, presentes pero sin estar muy seguros de qué hacer —me parecía a mí—, hasta que la fiesta por la noche en el Zócalo, la mítica plaza central de la ciudad, les proporcionó algo más conocido: beber y bailar con la música de un programa estelar que incluía a la icono del pop Alejandra Guzmán.

Durante un rato seguí la pista de un grupo de tres de estos jóvenes, vestidos con ropa deportiva de marcas reconocidas globalmente y algo rasgadas. Parecían desorientados mientras deambulaban detrás de un camión-discoteca. De vez en cuando mostraban algún gesto de euforia o hacían una pirueta siguiendo el ritmo o saludando a algún espectador, pero después se retrotraían en una especie de masculinidad taciturna. Cuando fui a hablarles, me di cuenta de que uno de ellos —se presentó como Jaime— mantenía los puños cerrados. Entendí aquello como una especie de hostilidad defensiva, pero me confundí. En un momento dado, durante la conversación, Jaime los abrió y desplegó los dedos: tenía las uñas pintadas de manera alternada, de un magenta intenso y un malva blanquecino. Entonces volvió a cerrar los puños y dijo, entre risas, que necesitaba estar sobrio y quitarse tal adorno para ir a la iglesia con su familia a la mañana siguiente.

El Orgullo de México fue la imagen más potente que he visto jamás, durante mis viajes, del modo en que la ciudad funcionaba como un lugar de posibilidad para las personas queer que, de otra manera, llevarían vidas mucho más constreñidas. Y era una indicación poderosa de la manera en que las fuerzas de la globalización —sobre todo, obviamente, la revolución de la información y la urbanización— estaban cambiando a sociedades como esta, empujando a un número cada vez más amplio de jóvenes desde la periferia hacia una identidad pública, aunque solo fuera por un día.

Jaime y sus amigos eran de Iztapalapa, un distrito con una gran densidad de población de clase trabajadora al este de la ciudad, conocido por las tasas de criminalidad. Me dijeron que conocían a algunas chicas trans del barrio que hacían la calle y a una pareja lesbiana mayor que llevaba un restaurante, pero no se vinculaban con ellas. En casa eran chicos hetero, y cruzar la línea rosa, para ellos, consistía en los cuarenta minutos de metro que había entre Iztapalapa y la Zona Rosa, el barrio tradicionalmente gay de la ciudad.

* * *

Tres años y medio antes de acudir al Orgullo de México, estaba en Bangalore, el centro de operaciones tecnológicas al sur de la India, para los eventos del Orgullo en diciembre de 2012. Como me pasaría luego en México, me llamó mucho la atención la mezcla: en particular, la manera en que empleados de empresas multinacionales estadounidenses se juntaban con *hijras* y los activistas queer radicales en un desfile animado y un tanto anárquico. La procesión, que culminaba en los anchos escalones de piedra del ayuntamiento de Bangalore y estaba controlada diligentemente por agentes de la policía, daba una sensación de lo rápido que la vida en las ciudades de la India estaba cambiando.

El Orgullo de Bangalore fue, en su momento, uno de los once eventos similares en toda la India. Tres años antes, en 2009, la Corte Suprema de Delhi había dictaminado que el artículo 377 del Código Penal indio era inconstitucional en el caso de personas en edad para consentir. Fue el resultado de una excelente campaña que duró ocho años. Poco después de mi visita a la India, un recurso de apelación reinstauró el artículo, y fue recién en 2018 cuando se dio por terminado el asunto, por fin, al dictaminar todos los miembros de la Corte Suprema que la ley era inconstitucional. Llegados a este punto, todos los partidos políticos de la India apoyaban la despenalización, menos el que estaba en el poder, el Partido Popular Indio (BJP), que mantuvo silencio sobre el tema.

Desde los magnates de las películas de Bollywood hasta los de las empresas tecnológicas de Bangalore, la población india «moderna» se había peleado por apoyar la despenalización de la homosexualidad como marcador del progreso del país y, por tanto, de su merecido lugar en la nueva economía global liberal. «India ya ha entrado en el siglo xxi»[146], pregonaban los periódicos en 2009, cuando la Corte Suprema de Delhi «interpretó» por primera vez el artículo 377. El autor Vikram Seth y el economista Amartya Sen fueron los principales impulsores de una notoria petición para su derogación. Bollywood por fin había encontrado al personaje gay, y los columnistas en los periódicos bromeaban con el día en que los padres indios empezaran a publicar anuncios matrimoniales para buscarles novios a sus hijos gais.

En el Orgullo de Bangalore, en diciembre de 2012, conocí a un grupo de hombres jóvenes trans del vecino estado de Kerala. Entablé conversación con uno de ellos, Dev, que trabajaba en un centro de atención telefónica en Bangalore para clientes norteamericanos. En el trabajo, entendían que Dev era una marimacho «o incluso lesbiana», y podía llevar camisa-pantalón, como dicen los indios, sin que pasara nada. «Da igual la pinta que tenga mientras suene bien. A nadie le importa si quienes llaman piensan que soy un hombre. Incluso puedo usar mi nombre masculino».

Con un corte de pelo asimétrico y piercings, Dev desde luego parecía un joven a la moda, aunque delgado, en las calles de la cosmopolita Bangalore. Pero de vuelta en casa en Kerala, era —de manera incontrovertible— hija, hermana y futura novia. La frontera entre Karnataka —el estado de Bangalore— y Kerala era su línea rosa, y se reía de lo hábil que se había vuelto a la hora de cruzarla, cambiándose de ropa para ponerse un atuendo femenino en el estrecho espacio de un cubículo de baño en la estación de autobuses, antes de partir hacia su hogar familiar. En la parte de Kerala de la línea rosa, un matrimonio concertado parecía inevitable, que Dev posponía «de momento» con las remesas mensuales: podía usar el hecho de que estuviera ayudando a mantener a la familia como explicación de por qué aún no se había casado. Soñaba con escaparse a Hong Kong para someterse a una cirugía o, de forma más realista, con un traslado de trabajo a Delhi, más lejos aún de su familia.

* * *

PODER CRUZAR LA LÍNEA ROSA —y la doble vida que dichos cruces conllevan— siempre ha sido un factor de la identidad queer en todo el mundo. La disonancia puede ser grave: en casa, la revelación puede acabar en la expulsión o incluso en la violencia, mientras que al otro lado de la línea rosa pueden terminar siendo objeto de fetiche como un símbolo de la tolerancia y la diversidad.

Desde el 2007 Marcelo Ebrard Casaubón, el entonces alcalde progresista y militante de Ciudad de México, empezó a usar nuevas leyes llamativas que legalizaban el aborto y el matrimonio entre personas del mismo sexo para atraer a jóvenes progresistas —y turistas con dólares rosas— a la metrópoli, bautizando al DF como «La ciudad de las libertades»[147]. Buenos Aires utilizó las políticas progresistas de Argentina para bautizarse de una manera similar, como decía la web oficial de la ciudad en 2018: era «el mejor destino en Latinoamérica para el turismo LGTB»[148], por su «atmósfera de tolerancia, diversidad, libertad y respeto».

Esta era una dimensión clave de las ciudades con comunidades queer visibles en la era de los viajes masivos: desde Buenos Aires y Río de Janeiro hasta Tel Aviv y Ciudad del Cabo y, por supuesto, Bangkok, todos ellos se habían convertido en destinos significativos para el turismo rosa. Las poblaciones gais incluso llegaron a entenderse como predictores[149] del crecimiento económico, como afirmó el urbanista Richard Florida en su influyente libro, publicado originalmente en 2002, *La clase creativa*: «Para no andarnos con rodeos un lugar en el que esté bien que los hombres vayan de la mano por la calle probablemente también será un lugar en el que ingenieros indios, genios del *software* que lleven tatuajes y emprendedores nacidos en el extranjero se sentirán en casa»[150], dijo Florida, precisamente, sobre San Francisco.

Las ideas de Florida tuvieron impacto en ciudades en todo el mundo, pero tal vez en ningún otro sitio como en Singapur, una ciudad moderna y cosmopolita que todavía en el siglo XXI cuenta con una ley contra la sodomía en los registros y con un gobierno autoritario. En 1998, el ex primer ministro Lee Kuan Yew había criticado a Occidente por aceptar la homosexualidad, pero en 2007 cambió de opinión: ahora argumentaba que la homosexualidad tenía que ser despenalizada si el floreciente Estado nación quería alcanzar su potencial como «parte del mundo interconectado»[151]: «Si queremos a personas creativas, tenemos que tolerar sus idiosincrasias, siempre y cuando no infecten el corazón».

Al parecer, la Corte Suprema de Singapur estaba en desacuerdo con Lee: ratificó la ley tras un desafío en 2014. Puede que los homosexuales fueran necesarios para el crecimiento económico, pero el corazón necesitaba no obstante ser protegido de la infección que ellos le pudieran transmitir. La dicotomía demuestra, perspicazmente, la manera en que la gente urbana queer continúa sujeta a los regímenes represivos de sus familias, iglesias o gobiernos, a pesar de que parezcan tener más libertades que nunca.

En *Historia de lo trans*, Susan Stryker apunta[152] que las primeras leyes que criminalizan el travestismo coinciden con la rápida urbanización de la década de 1850 por la aparición de personas de género variable en las ciudades. Esto refleja la manera en que las autoridades mexicanas y brasileñas empezaron a usar ordenanzas municipales de orden público para poner freno a los crecientes ambientes homosexuales en sus ciudades a mediados del siglo XX; y después, en el siglo XXI, el modo en que las leyes contra la sodomía estaban siendo aplicadas por primera vez y se estaban promulgando nuevas legislaciones para refrenar a las comunidades urbanas gais en África y en la antigua Unión Soviética.

Pero incluso en una ciudad como Lagos, en la bien homófoba Nigeria, había suficiente ancho de banda en la atmósfera y bastantes agujeros en el tejido urbano por debajo —una playa, el bar de un hotel, el vestíbulo de un teatro— para permitir que las personas queer se conectaran a través de internet y después buscaran la manera de verse. Lo vulnerable que era este lugar, sin embargo, quedó de manifiesto en agosto de 2017, cuando en una fiesta semanal en el Hotel Vintage en Lagos hubo una redada: cuarenta y siete hombres fueron arrestados y acusados bajo la Ley (Prohibición) del Matrimonio entre Personas del Mismo Sexo. En un país en el que nadie estaba fuera del armario a pesar de las grandes poblaciones gais, se publicaron sus fotografías en los principales medios de comunicación. «Se acerca una epidemia de VIH»[153], resonaba en el periódico nacional *Sun*, declarando que casi todos los hombres habían dado positivo en la cárcel «y ahora andan sueltos por la sociedad» como resultado de haber salido bajo fianza. Al periódico le preocupaba —haciendo literal la metáfora de la infección que había utilizado el ex primer ministro de Singapur— que los acusados pudieran estar «infectando a nuevas personas a diario», dada la «propensión entre algunos de ellos a ir, de repente, a una misión de infección masiva». Los hombres fueron a juicio en noviembre de 2019. El caso sería desestimado en 2020.

En 2016, fui de visita a Nigeria y pasé un rato en Ibadan, la ciudad universitaria a dos horas en auto al noreste de Lagos. Mientras estuve ahí, acudí a la misa del domingo en una iglesia LGTB llamada Casa del Arcoíris, cuyos fieles se reunían en un apartamento corriente en una urbanización cerrada. Observé la manera en que llegaban los asistentes de veintipocos años: vestidos con ropa callejera normal y corriente de hombre, y cargando con mochilas de un tamaño considerable, llamaban a la puerta cerrada del apartamento sin número. Al ser evaluados a través de la mirilla, los dejaban pasar. Pero antes de acomodarse en los bancos improvisados con sillas de plástico blanco puestas alrededor de un altar bajo una bandera del arcoíris, se iban a la parte de atrás del apartamento a cambiarse.

El baño era un lugar muy frecuentado antes de los rezos, pues los feligreses se tenían que arreglar —a veces bastaba con un chaleco con volantes, un poco de máscara de pestañas o un par de sandalias de tacón— para encontrarse con el Señor «como de verdad siento que soy», me dijo uno de ellos. Al final del servicio, el pastor Jude Onwambor —un vendedor de muebles durante el día— le recordó a su rebaño que se retirara el maquillaje, se volviera a cambiar y se pusiera la ropa de calle, y que «se comportaran de manera decente» en cuanto abandonaran el recinto, «como llegasteis».

Puede que la línea rosa sea una frontera entre países o entre diferentes partes del mundo gobernadas por ideologías en conflicto, o entre los suburbios y las ciudades, o entre el pasado y un futuro imaginado, pero para la propia gente queer, a veces es una puerta de seguridad: entre el miedo y la vulnerabilidad, por una parte, y el refugio y la afirmación, por otra.

* * *

A PRINCIPIOS DEL SIGLO XXI, algunas ciudades desarrollaron reputaciones como refugios seguros para las personas queer: turistas, compradores, migrantes económicos y refugiados políticos por igual. En 2013, asistí a un grupo de apoyo para migrantes LGTB en el centro de Johannesburgo: todos habían llegado desde otros países africanos para trabajar o por la tormenta política que había en sus naciones, y no por su orientación sexual. Pero ahora que estaban experimentando la relativa libertad de poder llevar una vida gay, a pesar de la cohibición resultante de la xenofobia y del crimen, nadie tenía intención de volver a casa.

Beirut ocupaba un lugar similar en el mundo árabe. Había sido durante mucho tiempo «la París de Oriente Medio», y mientras era reconstruida después de los conflictos de finales del siglo XX, las personas queer de toda la región empezaron a ir de visita como turistas, junto con otros que buscaban placeres que no estaban disponibles en sus propias regiones. Muchos de la gran diáspora libanesa volvieron a casa después de la guerra —desde ciudades en Europa y Norteamérica— y tuvieron mucho que ver con el ambiente tolerante y cosmopolita de Beirut. También lo hicieron la diversidad de la población de la ciudad y quienes privilegiaban el emprendimiento y el comercio. Si Beirut se hizo famosa por su escena nocturna gay, también se convirtió en un imán para las personas que buscaban refugio ante la violencia y la persecución en otros países.

Aunque la sodomía seguía siendo ilegal en el Líbano, Beirut fue el hogar de la primera organización abiertamente LGTB de la región, Helem, fundada en 2004. Helem tenía un centro comunitario y desplegó una importante red de contactos queer internacional: la Fundación Árabe por las Libertades y la Igualdad (AFE). Pero en 2019, el servicio de inteligencia del país intentó clausurar la conferencia anual de AFE: los nombres de todos los participantes fueron registrados, y a los que venían de otros países les prohibieron volver a entrar al Líbano. El servicio de inteligencia justificó esto por motivos de «protección a la sociedad frente a vicios importados»[154] que alteraban «la seguridad y la estabilidad de la sociedad» y violaban «el orden público libanés». Enmarañado entre todos los cruces de frontera que dividían este pequeño país, había otro más: una línea rosa.

La otra ciudad «abierta» de la región era Estambul, como consecuencia del entusiasmo de Turquía por entrar a la Unión Europea durante la primera década del siglo. Conforme Estambul estallaba en una conurbación de quince millones de personas, una animada comunidad LGTB se convirtió en parte de su tejido: las personas queer fueron en tropel hacia allá provenientes del resto del país, igual que lo hicieron los refugiados queer, en particular, de Irán. Desde el 2003 hubo marchas del Orgullo que partían desde el parque Gezi en la plaza Taksim, la primera en el mundo musulmán. Para el 2013 ya había más de diez mil participantes, pero la marcha fue prohibida en 2014 como consecuencia de la ocupación del parque Gezi, en la que activistas LGTB tuvieron un papel importante. Aun así, las repetidas prohibiciones y la intimidación policial no pudieron parar al Orgullo de Estambul: en 2019 se juntaron miles, a pesar de la enorme presencia policial y del uso de gas pimienta y balas de goma para dispersar a la multitud.

Pero en Turquía, como en tantos otros países, hubo una significativa reacción en contra de esta nueva visibilidad, que fue desde la prohibición de todos los eventos LGTB en la ciudad capital de Ankara hasta un repunte en los asesinatos a mujeres trans, la tasa más alta en toda Europa según los informes. Algunos líderes empezaron a recitar el guion de la guerra cultural global. Cuando el ministro de Interior Süleyman Soylu se quejó en septiembre de 2019 sobre los fondos que Estados Unidos estaba facilitando a la insurrección kurda de Siria, añadió que también le estaba proveyendo veintidós millones de dólares en ayudas a una organización LGTB en Ankara: «¿Hace falta que diga que el verdadero objetivo es [que Estados Unidos está imponiendo] su creencia, identidad y existencia en esta tierra?»[155].

La otra gran metrópolis de la región, El Cairo, exageró de manera drástica las dinámicas de la línea rosa de Beirut y Estambul. Igual que como ocurrió en el parque Gezi, gran parte de la juventud egipcia salió a la plaza Tahrir durante la revolución de 2011. Un activista a quien llamaré Murad me contó que se había mudado a El Cairo desde Puerto Saíd para estudiar. Antes de la revolución, había vivido «la vida gay» que le ofrecía la ciudad, siendo el hijo respetuoso de una familia devotamente religiosa en casa. Pero su salida del armario en El Cairo había sido «en internet y en un espacio privado», como dijo. «La revolución cambió todo eso», explicó con palabras que describían lo que ocurre —en teoría, al menos— en las ciudades. «Me dio una sensación de unidad, un impulso para salir de mis burbujas seguras dentro de la nueva plataforma del activismo. Estábamos todos en la plaza: heteros, queers, suníes, chiíes, coptos. Era consciente de que la plaza era muy diversa. ¿Por qué no podía serlo la sociedad también?».

Estábamos hablando en 2015, después del golpe militar egipcio y de las restricciones que siguieron.

6

Amira y Maha

El Cairo – Estambul – Ámsterdam

Amira: dueña y encargada del Café de las Chicas; El Cairo, treinta y tantos años. Pronombre: ella.

Maha: esposa de Amira, contable y activista LGTB; El Cairo, treinta y tantos años. Pronombre: ella.

Nawal*: activista feminista y revolucionaria; El Cairo, treinta y tantos años. Pronombre: ella.

Zaki*: profesional e intelectual; El Cairo, cincuenta y tantos años. Pronombre: él.

Ayman Sirdar: estrella del pop; El Cairo, veintipocos años. Pronombre: él.

Abdel Rahman: estudiante universitario; El Cairo, veintipocos años. Pronombre: él.

Murad*: activista y estudiante de posgrado; El Cairo, unos veinticinco años. Pronombre: él.

Amgad*: clienta regular en el Café de las Chicas; El Cairo, veintipocos años. Pronombre: ella.

*Seudónimos.

1

Se llamaba *Ahwet el-Banat*: el Café de las Chicas.

El nombre estaba pintado sobre una pancarta hecha por Amira y Maha, y la habían colgado sobre la entrada, en la fachada de la tienda reconvertida que alquilaron en junio de 2012. En una calle peatonal deteriorada en el centro de El Cairo, las sillas rojas de plástico de las chicas se entremezclaban con las negras, blancas y naranjas de los cafés vecinos, y los camareros de cada establecimiento las volvían a colocar periódicamente en línea, una amalgama de territorios en competición a lo largo de una calle de adoquines picados. El centro de El Cairo había sido remodelado a finales del siglo XIX para evocar la modernidad cosmopolita de París: fachadas reglamentadas con detalles *art nouveau* y vallas de hierro fundido alrededor de glorietas ajardinadas. Al caer la noche un siglo más tarde, las farolas parpadeaban de manera inesperada —todo lo demás estaba en muy mal estado—, en un juego de luces con los carbones relucientes de las *shishas* encendidas en las decenas de cafés que había en la acera. Alrededor de una mesa se apiñaba un grupo de estudiantes universitarios con el pelo largo; en otra, oficinistas que jugaban al backgammon o dependientes que se tomaban un descanso. Era el abrasador verano de 2013, justo antes de la tormenta.

En los últimos años del régimen de Hosni Mubarak, el *wust-el-balad* de El Cairo —el centro— había sido sitio de protestas cada vez mayores, y *el centro* se había convertido en un símbolo de la libertad y la modernidad para un lugar en el que las mujeres podían sentarse en público y fumar *shisha* sin llevar velo, donde hombres y mujeres podían sentarse juntos e incluso tomarse de las manos. Aunque el ambiente seguía siendo predominantemente masculino, en 2013 era más común ver a grupos mixtos; también los debates nocturnos fervientes sobre política y sociedad. Esta era la zona liberada de la revolución, y el Café de las Chicas parecía ser parte de ello.

El café tenía a sus clientes habituales, como el hombre mayor bien vestido que se acomodaba cada tarde con el periódico durante una o dos horas, o la mujer sin piernas inmaculadamente peinada que aparecía en su silla de ruedas a las seis en punto para fumar *shisha*. También estaba siempre, ardiente en la periferia, el matón del barrio, musculoso, que se había nombrado a sí mismo el protector de las Chicas. Conforme se hacía de noche, llegaban paseando jóvenes perfumados con camisas bien planchadas y vaqueros ceñidos, solos o en pequeños grupos, y acercaban sillas a las mesas en las que siempre cabía alguien más. Muchos de ellos se identificaban como «travestis» —la manera que tenían los egipcios queer para referirse a las personas trans—, y aunque llevaban ropa masculina en la calle, su parte femenina se les escapaba: en un chillido que penetraba en el murmullo constante de la ciudad, en un brazo que apuntaba hacia arriba, en un saludo extravagante o incluso en una pelea de gatas. Todas eran señales de alarma para Amira, que venía corriendo para acallarlos antes de regresar a su *shisha* en la «mesa de las jefas» al lado de la puerta, alrededor de la cual se juntaban varias mujeres lesbianas, más calladas y menos preocupadas que los hombres por su apariencia física.

Amira era brusca y masculina, y tenía una actitud seria que no toleraba ninguna discrepancia, pero se deshacía fácilmente en risas. Solía recogerse el pelo, que le llegaba a la altura de los hombros, dentro de una gorra de béisbol, y llevaba vaqueros de talle bajo. Maha, su esposa —se habían casado en privado (y, obviamente, de manera ilegal) el año anterior—, era un poco más joven, rolliza y cariñosa, y tenía una atractiva sonrisa; el cabello le caía a un lado del rostro. Maha trabajaba para una embajada extranjera y acudía al *ahwa* por las tardes, después del trabajo, para echar una mano. En los meses previos a la revolución, había ayudado a fundar la primera organización LGTB de Egipto, Bedayaa (la palabra significa «inicios»), y aunque no había salido del armario, le apasionaba esta nueva causa en su vida.

Al sentarse en la Café de las Chicas se podían distinguir, conforme iba pasando la noche, las marcas que había dejado El Cairo queer posrevolucionario: abajo, en el bar El-Horreya o en el Greek Club en la calle Talaat Harb, donde vendían alcohol, o en la plaza Tahrir para hacer *cruising*, para quien estuviera interesado en ello. Podías pasar la noche entre las mesas del Café de las Chicas y las de otro *ahwa* a la vuelta de la esquina, que era amigable con los queers y estaba metido en el vestíbulo de un edificio antiguo y majestuoso, aunque abandonado, con mesas que daban a una calle concurrida. El tráfico no llegaba a parar nunca, pero en las primeras horas de la mañana, en cuanto calmaba un poco, los clientes se apropiaban de la vía pública y los taxis, bien entrada la noche, tenían que esquivar las mesas efervescentes de *shisha* y chismes.

«Después de la revolución todo el mundo estaba en la calle, como nunca, los gais más que nadie», me dijo Maha en un inglés fluido. «Una noche, en abril de 2011, estábamos un grupo grande sentados en un café de allá —señaló a un establecimiento más formal—; había algunos gais muy afeminados con nosotras, llevaban maquillaje y ropa de mujer, y se reían en voz alta. Los camareros llamaron a la policía militar, que vinieron y quisieron inspeccionar las bolsas de los chicos». La policía encontró maquillaje en un bolso, que las mujeres intentaron insistir en que era de ellas. Nos reímos tontamente ante la idea de que Amira, tan masculina, hiciera como que el maquillaje fuera suyo; de manera similar, la policía tampoco estaba convencida: amonestaron al grupo por comportamiento indebido y se marcharon.

«Pero los trabajadores del café no se quedaron contentos. Empezaron a insultar a los chicos y se desató una pelea violenta. A dos de nuestros amigos los tomaron como rehenes», continuó Maha. La policía militar volvió y todo el mundo se dispersó, pero Maha y sus amigos estaban seguros de que los habían seguido hasta su casa. Esto fue dos meses después de la revolución de 2011, que forzó la dimisión de Mubarak, y los militares estaban tomando fuertes medidas en un intento por restablecer el orden. Amira, Maha y sus amigas entraron en pánico, sobre todo después de que Maha empezara a recibir llamadas telefónicas por parte de un hombre «preguntando cosas extrañas». Las amigas se instalaron en el apartamento de la pareja en el centro y no salieron a lugares públicos hasta unos dos meses más tarde.

«Nos dimos cuenta de que era una locura. "No hemos luchado en una revolución para quedarnos en casa"», recordaba Maha. Y de ahí surgió el *ahwa*. La idea, traída al mundo por la revolución, era sencilla pero revolucionaria en sí misma. Como me dijo Amira en árabe —no hablaba inglés—: «La gente gay se merece un lugar, como todos los demás. Un lugar en el que sentarse fuera, de manera segura, donde no haya acoso ni te molesten».

Les tomaría un año conseguir hacerlo, y luego otro año más para que se lo cerraran.

* * *

UNA TARDE, MAHA vino a mi encuentro en el Café de las Chicas después de haber terminado con el trabajo. Me encontraba en El Cairo para entender cómo se estaba afianzando la línea rosa aquí, en esta gran ciudad aparentemente liberada por la Primavera Árabe y la revolución de 2011. Sabía que quería escribir sobre el Oriente Medio musulmán, y en mi corta lista estaban incluidas Estambul y Beirut, pero elegí El Cairo precisamente por lo reciente que era esto de estar fuera del armario y por lo represivo que había sido el régimen de Mubarak. Amira, Maha y su clientela fueron los primeros egipcios en mostrarse abiertamente en público, a pesar de que siempre hubo un ambiente discreto en el país: en las casas particulares y en restaurantes, para la gente de clase media, y en los *hammams*, los baños públicos, para la gente más humilde. Y el turismo de sexo gay siempre había sido uno de los atractivos de El Cairo, en una sociedad en la que las relaciones homosexuales entre hombres eran una alternativa más aceptable que las aventuras pre o extramaritales, siempre y cuando se tratara de algo confidencial y tú fueras el activo. Por esa razón, en parte, Egipto ya había constituido una frontera de la línea rosa durante las espantosas medidas que se tomaron después de una redada en el club flotante Queen Boat, en el río Nilo, en 2001.

Maha y yo nos sentamos en la mesa de las jefas, tomamos un té frío de hibisco y observamos cómo Amira, con las manos en las caderas, reprendía a un proveedor.

«¡Qué dura es!», me reí.

«Por eso me gusta», me contestó Maha, también riendo. «Tiene que serlo, es la única mujer dueña de un *ahwa* en todo el centro. Creo que eso nos causa tantos problemas como nuestros clientes gais. Al resto de los dueños los saca de quicio la idea de que haya una mujer a su mismo nivel. Es como si les estuviéramos robando no solo a los clientes, sino también su autoridad. A veces se mofan de Amira diciendo que debe estar frustrada sexualmente porque todos sus clientes son *khawalat*» (el término egipcio para «maricón», derivado del vocablo tradicional para los bailarines travestidos).

Habían amenazado tantas veces a Amira —o le habían dañado las pertenencias del *ahwa*— que las mujeres a menudo pensaban en cerrar el local. También estaban cada vez más exasperadas por algunos de sus clientes, que parecía que no podían rebajar su amaneramiento, tal vez embriagados por la posibilidad de ser ellos mismos en público por primera vez. En muchas ocasiones, la provocación para una pelea era la inapropiada manera que tenían los clientes para ligar con otros hombres.

Me acordé de una frase que acababa de leer en el libro de Shereen El Feki sobre la sexualidad en el mundo árabe, *Sexo en la ciudadela*: «El *ahwa* es un lugar profundamente masculino, se podría pensar que le echan testosterona a la *shisha*»[156], mientras Maha me contaba el peor incidente que habían tenido hasta la fecha. «Ocurrió hace unos meses. Dos de nuestros clientes hombres, muy femeninos, habían ido a por un trozo de pizza al restaurante de al lado, y algunos de los matones del lugar abordaron a nuestros trabajadores y les dijeron: "Nos vendrá bien a todos que estas personas dejen de sentarse aquí. Si los volvemos a ver, les daremos una paliza". Obviamente, no les dijimos a nuestros clientes que se marcharan, y más tarde vino un grupo de trabajadores del café de al lado —señaló hacia las sillas al otro lado de una línea invisible, unos pasos más allá—. Le propinaron un golpe a uno de los chicos gais, y el otro salió corriendo. Amira se quedó atrapada dentro».

Amira, que se había unido a nosotros en este punto, retomó el hilo: «Un tío empezó a molestar al muchacho [gay] con un láser. Cuando le pidió que parara, comenzó a golpearlo y llamó a los otros. Vinieron con palos. Rompieron todo, arrojaron sillas rotas por ahí, apalearon a mis trabajadores. Cuando pararon, tomé una silla de dentro y salí con ella. Aparté algunas de las que estaban rotas con el pie y planté la mía. Justo aquí, donde estamos sentados ahora. Les pedí a mis trabajadores que me prepararan una *shisha*».

Amira miró a los agresores a los ojos y los desafió: «Bueno, ¿hay algo más que os gustaría hacer?».

2

«Amira y yo fuimos las primeras lesbianas en la plaza el 25 de enero», me dijo Maha con un estallido de entusiasmo mientras charlábamos en la mesa de las jefas una tarde. Como millones de su generación, fueron revolucionarias accidentales: encontraron sus voces públicas —y la una a la otra— durante los famosos «dieciocho días de protestas» en la plaza Tahrir.

Maha acababa de terminar una relación a distancia con una mujer extranjera y estaba deprimida. Había visto noticias en las redes sociales que llamaban a un «día de rebelión». Al tener el día libre, fue al centro con la idea de ver qué estaba pasando. Se acomodó en un *ahwa* para disfrutar de su *shisha* mañanera, y para la hora de comer, formaba parte de una gran mesa que incluía a Amira, a la que conocía vagamente. Mientras tanto, empezaron a surgir las noticias sobre el gran número de personas que se estaban juntando en la plaza. Dijo que quería ir a verlo y Amira —interesada en ella— se ofreció a acompañarla.

Cuando llegaron allá, ya había miles reunidos: en el centro, un núcleo de fervientes radicales y estudiantes con pancartas y cánticos; a su alrededor, muchos más mirando a ver qué iba a ocurrir. «De repente, sin motivo aparente, la primera bomba de gas [lacrimógeno] aterrizó a nuestros pies», recordaba Maha. Ambas fueron corriendo hasta donde estaban sus amigos en el café, y después de reflexionar durante un rato, decidieron volver a la plaza: «Y lo hicimos, cada día durante dieciocho días, hasta que cayó Mubarak».

Estuvieron ahí durante la Marcha del Millón hasta el palacio presidencial el 1 de febrero. También tres días después, cuando dos millones de cairotas salieron a las calles en el Viernes de la Salida. No montaron tiendas de campaña en la plaza y se instalaron, pero estuvieron pendientes de las batallas entre revolucionarios que tiraban piedras y las fuerzas de seguridad fuera del Museo Egipcio de El Cairo. Vieron cómo se derramaba sangre, mantuvieron las manos abiertas y en alto mientras gritaban «¡Una mano!» junto con millones de personas para evocar la unidad de los egipcios. La experiencia les cambió la vida.

Cuando se anunció la dimisión de Mubarak el 11 de febrero, algunas de las mujeres del círculo de amistades de Amira y de Maha propusieron una celebración. El plan inicial era ir a la playa en Alejandría, pero no era seguro salir de viaje. Así que insistieron en alquilar un apartamento en el centro de El Cairo durante dos días, el fin de semana del 19 de febrero, y unas quince mujeres fueron para allá. «¡Fue horrible!», recordó Maha con un gritito. «Fue una locura, los dos días más locos de todo nuestro grupo. No salimos del apartamento. Fue una de las mejores cosas que hemos hecho en nuestra vida. Me emborraché más que nunca. Estaba sentada en una silla con todas las botellas a mi lado, nada más que bebiendo. Había música. La gente bailaba».

En mitad de su embriaguez, Maha fue consciente de que alguien estaba pidiéndole todo el rato que bailara con ella: «¿Quién es esta loca? ¿No ve que no puedo levantarme?». La loca era Amira. Las dos habían congeniado en la plaza, y ahora Amira estaba dando el paso. Maha intentó levantarse y perdió el conocimiento. Recuerda vagamente que Amira la ayudó a ir a una habitación, la metió en la cama y se quedó con ella unas horas. Cuando volvió en sí, Amira estaba ahí, limpiándole la cara con una toalla húmeda. Ese fue el comienzo de su relación.

Cuando le pregunté a Amira por esto, lanzó una risa irreverente: «¡Lo hicimos! Lo hizo la población egipcia, ¡y *nosotras*, también!».

* * *

TRES MESES MÁS TARDE, la pareja alquiló un apartamento en Talaat Harb, justo en el centro de la ciudad. Estaba en un bloque de principios del siglo XX, muy parecido al edificio Yacobián en el número 34 de la misma calle, famoso por la novela de Alaa al-Aswani. El apartamento tenía una majestuosidad marchita, con balcones, techos altos y una gran sala de estar con vistas a la calle principal de la ciudad. Ese fue el momento exacto en el que ocurrió el incidente con la policía militar, después del cual las mujeres y sus amigas decidieron quedarse en casa una temporada. Así, el apartamento se convirtió en una especie de «nuestro café privado de interior», como dijo Maha: el salón de un círculo de mujeres —y uno o dos hombres— que ahora se hacían llamar Banat Wust-el-Balad, «las Chicas del Centro».

«Nos llamaban "gente del centro" casi como si fuera un insulto, como si fuéramos arrogantes. Así era como nos veían también otras personas LGTB. Personas que no eran de mente abierta, que eran religiosas y discretas con su imagen. Nos odiaban. Pero, para nosotras, que nos llamaran "gente del centro"… nos encantaba. Somos de mente abierta, liberales; estamos en el centro», recordaba Maha.

Amira llevaba viviendo en el centro en su propio piso desde 2008. Su madre la había encontrado con una novia, por lo que se marchó de casa tras una pelea familiar. Amira era la hija de una familia mercantil acomodada, y empezó a ayudar en la tienda de su padre a los quince años. Había sido económicamente independiente desde entonces, trabajando en una inmobiliaria y regentando un *ahwa* en Heliópolis. «Pero cuando me fui de casa y me mudé al centro, me volví más abierta sobre mí. Más orgullosa de mí misma, al haberme declarado en una parte tan cerrada de mente de El Cairo».

A pesar de que Maha compartía el alquiler con Amira en Talaat Harb, solo podía quedarse una o dos noches al mes; mentía a sus padres diciendo que necesitaba viajar por trabajo. Vivía en un distrito periférico de El Cairo con su familia, también prósperos comerciantes, y normalmente paraba en Talaat Harb durante un par de horas de camino a casa desde el trabajo, o venía a pasar el día los viernes. Le encantaba cocinar. Preparar comidas sería la actividad que la uniría al nuevo hogar que compartía con Amira, y no tanto quedarse a dormir. Después de seis meses, Amira se mudó a un sitio más grande, también en el centro, y ahí fue donde la pareja celebró su boda en enero de 2012: quince amigos fueron testigos del intercambio de votos y anillos con la fecha de la boda grabada, y después compartieron un festín.

En un buen mes, Maha podía pasar unas cuatro noches en los brazos de Amira. La frustraba esa doble vida, pero no veía la manera de salir de aquello a no ser que se fuera de El Cairo, una ciudad a la que amaba. «Sí, si no podemos llevar una vida como dos personas normales, una relación normal, cariñosa, entonces sí, estamos pensando en irnos del país», decía Maha.

* * *

Tanto Amira como Maha habían estado usando las palabras *lesbiana* y *gay* para describirse desde el 2007, cuando internet se volvió fácilmente accesible en Egipto. Habían formado parte de redes intersecadas de mujeres que se habían encontrado en salas de chat en línea, pues la revolución digital y la globalización implicaron que Egipto experimentara su propia versión de la guerra cultural. Aquí, entre una corriente principal que tendía, en manada, hacia un islamismo de estilo saudí que el gobierno ya no podía suprimir y una generación cada vez más inquieta de jóvenes conectados a través de internet en la región y que podía descargar nociones occidentales sobre la libertad personal.

Maha sentía esta bifurcación intensamente en su propio hogar. Sus padres habían sido liberales laicos y con mundo. La habían mandado a escuelas coeducativas católicas y la habían criado para que fuera una profesional. Ella tenía muchas ganas de estudiar Historia, pero su padre se mostró autoritario: iba a ser contable, como él, para que pudiera mantenerse por sí misma.

Pero en el año 2000, su madre empezó a acudir a la mezquita y se puso un *hiyab* por primera vez, junto con millones de otras mujeres egipcias. Su padre, que había viajado mucho, siguió su ejemplo. Maha se encontró, para su sorpresa, en un hogar devoto.

En esos años se puso de moda llevar velo en la universidad, y Maha se unió a la tendencia. Pero un conflicto que tuvo con su madre en 2006 hizo que cambiara: «Estábamos viendo un programa de debates en la televisión sobre el bahaísmo, y mi madre estaba de acuerdo con los panelistas que estaban insultado al participante bahaí. Cuando la confronté, dijo: "¡No eres una verdadera creyente!", y yo le contesté: "Si crees que por tener una opinión no soy creyente, entonces estás en lo cierto: ya no creo en tu religión"».

Maha ya había reconocido su orientación sexual. Sus padres fueron de los primeros en tener televisión por satélite, y a su familia le encantaban los dramas estadounidenses. Explicaba que cuando tenía unos catorce años, «había una chica besando a otra [en uno de los programas], y mientras que mis hermanas estaban asqueadas, yo pensé que, de algún modo, era agradable». Esto debió ser a mediados de la década de 1990. Archivó esta respuesta adolescente temprana hasta que, después del conflicto con su madre, empezó a navegar por internet y fue tomando información no solo sobre la homosexualidad, sino también sobre la libertad y la democracia. Al fin, en 2008, «despertó», como me dijo, por una enfermedad seria y decidió dejar de salir con hombres. Escribió en la barra del buscador del MSN Messenger: «Lesbiana en Egipto».

Tenía veintidós años y su mundo estalló: «Fueron mis años salvajes. Desde el verano de 2008 hasta que conocí a Amira en 2011, tuve ocho novias. ¡Ocho!». Se convirtió en parte de un grupo de mujeres que se reunía en cafés o en restaurantes. La costumbre de que las mujeres fumaran *shisha* en público había llegado a Egipto, de manera extraña, desde el golfo Pérsico y al mismo tiempo que el wahabismo. Y «no era en absoluto inusual ver grupos de mujeres en público, así que nadie sospechaba que fuéramos lesbianas. Y no hay ningún problema en que las mujeres sean afectuosas entre ellas en público».

Un tiempo después, varios hombres se unieron a las mesas de las mujeres. A Amira y a Maha les gusta exagerar un poco con lo de que «la vida era mucho más sencilla cuando solo había mujeres en nuestro grupo, cuando no había hombres causando problemas por hablar demasiado alto», como decía Maha. Pero lo que las atrajo de sus nuevos amigos hombres fue, precisamente, la valentía que tenían: «Ellos son más visibles. Saben cómo reclamar su espacio. Las mujeres no se defienden lo suficiente», dijo Maha.

* * *

Para Maha, la vida antes de la revolución consistía en el miedo: «Miedo a la sociedad, a los padres, a todo. Pero después de la revolución fue como decir: "Bueno, así soy". Libertad. No creo que fuera solo para la gente gay, sino para todo el mundo. "Puedo hacer lo que quiera ahora. Nadie me va a parar"».

Cuando fui de visita a El Cairo en 2013, todas las personas a las que conocí tenían una manera de explicar la repentina visibilidad de las personas queer en Egipto después de la revolución de 2011. Zaki, un intelectual y veterano del colectivo gay, hablaba de una nueva valentía: «La gente entendió que solo tenía una vida y que puede terminar en cualquier momento, así que será mejor que la vivan ahora. Se están arriesgando más, es un juego de atreverse o morir».

Abdel Rahman, estudiante, tenía una manera preciosa de describir el modo en que la gente ocupaba ahora los espacios públicos: «La gente empezó a flotar por las calles con sus pensamientos y sentimientos, en vez de dejarlos en casa cuando salían».

Me dijo Amira que estar en la plaza Tahrir no solo hizo que congeniara con Maha, sino también que aumentara el número de personas queer a las que conocía: «¡Había tantas! Y nos encontrábamos. Al principio solo eran miradas, pero lo sabíamos. Simplemente. Después nos presentábamos. Hicimos grandes amistades durante esos dieciocho días. El círculo se hizo más y más grande».

Una de esas personas a las que la pareja conoció en la plaza era una activista feminista a quien llamaré Nawal. La cantidad de personas queer protestando fue una revelación para ella; me dijo Nawal: «No solo vi a hombres intelectuales gais y a activistas del movimiento feminista como yo, sino que vi a mujeres trans en grupos más o menos pequeños, trabajadoras sexuales a las que conocía de los baños públicos de [la estación] Ramsés; gais, lesbianas, intelectuales, no intelectuales. No lo podía creer. *Yanni*, quería besar a cada uno de ellos».

También era un barómetro: «Pensé que si toda esta gente estaba saliendo a las calles, no se trataba de una manifestación más. Para que esta gente tuviera las agallas de salir así, sin duda, algo grande estaba a punto de ocurrir». Para Nawal, «los dieciocho días fueron casi una sociedad comunal utópica... Personas que en el día a día me acosarían estaban siendo amables y cooperativas; me ofrecían comida, protección».

Pero la visibilidad y la seguridad parecían excluirse mutuamente, y la decepción de Amira y de Maha no tardó en llegar. El 8 de marzo de 2011, el Día Internacional de la Mujer, hicieron caso de un llamamiento en Facebook para acudir a una marcha en la plaza; iban a exigir un cambio en la constitución que permitiera que una mujer se presentase a la presidencia. Los pocos centenares de mujeres que participaron fueron confrontadas por una contramanifestación mucho más grande de hombres enfadados. La pareja no podía creer los insultos que les lanzaban algunos de los mismos hombres junto con los que habían protestado seis semanas antes: «¡Quedaos en vuestra casa! ¡Quedaos en la cocina! ¿Creéis que podéis ser presidente? ¡Eso no va a pasar!». La pareja intentó proteger a una extranjera de que la acosaran sexualmente y terminaron uniéndose a otras mujeres en un círculo apretado para mantener a raya lo que se había transformado en una multitud enfadada e intimidante. A Maha la empujaron de un bordillo alto y se hizo mucho daño en la rodilla. Mientras Amira la sacaba del caos, vieron a unos treinta hombres abalanzándose sobre la mujer que había estado a su lado. Dos años más tarde, todavía las perseguía esta imagen y la incapacidad para ayudarla.

«Durante los dieciocho días nadie nos hizo nada. La gente era respetuosa y nos apoyaba. Ahora la verdad nos volvía a golpear. Es un proceso largo. No te vuelves libre de repente, hay que trabajar duro. No volvimos a la plaza», me dijo Maha. En su lugar, empezaron a pensar en el *ahwa*.

3

Una de las razones por las que la presencia visible de personas queer en la plaza Tahrir le parecía tan significativa a la activista feminista Nawal era el hecho de que cualquier tipo de muestra pública de una identidad queer había sido forzada a permanecer en la clandestinidad por la brutal represión de hacía una década. Nawal recordaba, concretamente, una conversación en la plaza con tres hombres jóvenes: «Eran muy agradables, sonreían, te tocaban, y me dijeron: "Somos jóvenes y no hemos visto lo que tú has visto, pero sabemos que tenemos que ir con cuidado por lo del Queen Boat"».

El Queen Boat amenazaba, como un barco fúnebre, a la identidad queer en el Egipto del siglo XXI. El club flotante había sido popular entre los expatriados y los hombres gais, y el 11 de mayo de 2001 había habido una redada por parte de la brigada antivicio de la policía egipcia en colaboración con la división de Investigaciones para la Seguridad del Estado. La redada estuvo precedida por varios arrestos a hombres homosexuales. En total, cincuenta y dos sospechosos fueron acusados de participar en un «culto homosexual» [157].

Egipto no tiene una ley contra la sodomía, pero desde 1951 había criminalizado el *fujur* o «libertinaje», un pecado coránico que, en sus inicios, se refería a la prostitución, pero en 1975 un veredicto lo extendió a la conducta homosexual, aun cuando no hubiera intercambio de dinero. Ahora, al añadir acusaciones de conspiración a las del *fujur*, el gobierno podía mandar el caso del Queen Boat al Tribunal de Seguridad del Estado. Esto llevó a que los periódicos proclamaran: «Los pervertidos declaran la guerra a Egipto» [158].

El principal acusado era un hombre de negocios acaudalado de treinta y dos años, un enemigo político del presidente Hosni Mubarak. Muchos creían que había mandado hacer la redada principalmente para sacar a más sospechosos y que se pudiera sostener la acusación de conspiración en contra del presidente. Los coacusados se extendían a lo largo de toda las clases sociales; eran desde vendedores ambulantes hasta profesionales. Fueron torturados y abusaron de ellos durante tres semanas en la cárcel, antes de llevarlos a juicio. Sus familias les suplicaron que se taparan el rostro, y para ello se fabricaron unas máscaras con la ropa blanca de la prisión. Las llevaron puestas durante el juicio: un símbolo poderoso de la vergüenza que sentían. No había pruebas contundentes de conspiración ni de conductas sexuales en contra de ninguno de ellos, aparte del infame examen anal «forense» que realizaron las autoridades egipcias utilizando un protocolo de diagnóstico desacreditado que se desarrolló en la Francia del siglo XIX. Aun así, veintitrés fueron declarados culpables y les cayeron sentencias de entre dos y doce años. A los que fueron absueltos los enviaron a otro tipo de prisión. La mayoría de ellos sufrieron el rechazo o el repudio de sus familias; los que estaban casados perdieron a sus esposas y el acceso a sus hijos. Algunos consiguieron huir al exilio, otros se escondieron bajo tierra.

La redada del Queen Boat fue solo el comienzo de una serie de restricciones que durarían varios años. El Estado policial egipcio era experto en la vigilancia, y la repentina llegada de las redes sociales al país pudo haber alertado a las autoridades —y en particular, a la brigada antivicio— acerca de una subcultura gay en El Cairo y de la popularidad de las discotecas flotantes, en particular. Durante varios años, la brigada llevó a cabo una serie de acciones, a través de confites que formaban parte del colectivo gay, a quienes chantajeaban para engañarlos: organizaban fiestas en las que después harían una redada. La policía también embaucó a personas solitarias en salas de chat para que acudieran a una cita secreta, generalmente en Tahrir, de donde podían llevarlas hasta las oficinas de la brigada antivicio, que estaban en la decimotercera planta del edificio premonitorio de Seguridad del Estado, que se ubicaba en la plaza; ahí las interrogaban y acusaban. Human Rights Watch registró por lo menos cuarenta y siete acusaciones que salieron de este tipo de trampa en línea entre 2001 y 2004, y creían que esto era solo «una pequeña parte» [159].

Scott Long, que dirigió una investigación de Human Rights Watch, ha descrito el engaño por internet como «aprovecharse de la soledad» [160]. Ahora, con miedo a conocer a gente en la calle o incapaces de hacerlo en lugares públicos por las medidas restrictivas, los hombres buscaban consuelo y compañía en las nuevas tecnologías que tenían disponibles, lo cual les otorgó «un peligroso simulacro de seguridad. Crees que estás a salvo, porque puedes esconder quién eres. No lo estás, porque los demás pueden hacer lo mismo».

Un agudo reportaje de Howard Schneider en *The Washington Post* situó la redada al Queen Boat y sus consecuencias en una «lucha cultural más amplia entre los tradicionalistas religiosos y los defensores de una sociedad más laica y tolerante» [161]. Schneider apuntaba que, después de haber reprimido un alzamiento islamista violento en la década de 1990, «el Estado egipcio está más dispuesto que nunca a prohibir libros, encarcelar a disidentes y procesar a quienes consideran desviados, en un esfuerzo por socavar los argumentos fundamentalistas de que el país se está occidentalizando demasiado».

El gobierno estaba utilizando la causa gay también de otra manera: para enviar un telegrama a los activistas por los derechos humanos y a sus defensores en Occidente, como me dijo Murad, activista queer: «"¡Hasta aquí! No nos vais a imponer quién tiene derechos y por qué". Mientras tanto, Mubarak le estaba diciendo a los egipcios: "¿Veis? Esto es lo que quiere la comunidad internacional cuando habla de democracia, y esto es de lo que os vamos a proteger: sodomía, libertinaje, perversión"».

Y así, el episodio del Queen Boat fue una maquinación temprana de la línea rosa, trazada entre una cosmovisión «globalizada» orientada hacia Occidente en la que los deseos homosexuales eran afirmados en una identidad y subcultura «gay», y una sociedad patriarcal musulmana determinada a guardar el terreno en contra de esta arremetida y de todo lo que representaba. Después de que un grupo de legisladores estadounidenses condenaran el juicio del Queen Boat en 2001, la revista semioficial *Al-Ahram al-Arabi* publicó el siguiente titular: «Sé un pervertido y el Tío Sam te dará el visto bueno»[162]. *Al-Akhbar*, propiedad del Estado, hablaba de «la globalización de la perversión».

Scott Long, del Human Rights Watch, describió esta campaña como un «pánico moral», uno de los varios desatados por el régimen de Mubarak en aquel momento para desviar «a los medios de comunicación de las crecientes crisis de un sistema político atascado en la inacción e… incapaz de abordar el aumento de la pobreza o el descontento popular»[163], para crear «chivos expiatorios» y para «otorgarse un nuevo papel defendiendo la ortodoxia [religiosa]», a pesar de que había reprimido violentamente a los Hermanos Musulmanes. Su reportaje afirmaba, con evidencias, que había más hombres encarcelados por homosexualidad en Egipto en aquel momento que en cualquier otro país del mundo.

* * *

EN UNA PEQUEÑA FIESTA con profesionales gais adinerados en el distrito de clase media alta de Zamalek en el verano de 2013, mencioné que había estado pasando el tiempo en los cafés a pie de calle del centro. Los otros invitados hicieron gestos de horror. Sin duda alguna, era una cuestión de clase: «Yo fui una vez, y me interesé por un joven muy apuesto… Hasta que abrió la boca. ¡Esos dientes!», dijo un profesor de Derecho. Pero también era una cuestión de visibilidad: «¿Es que estos niños se han olvidado de la lección del Queen Boat?».

Zaki, el hombre mayor que me había dicho que era una cuestión de «atrevimiento o muerte» en el Egipto posrevolucionario, había decidido en el último momento no acudir al Queen Boat la noche de la redada. Lo que le ocurrió a su generación después de la redada y del juicio —me dijo— fue «una vuelta al armario. Desaparecimos durante años». Él había estado en un grupo unido de nueve hombres gais: los otros ocho se apresuraron a casarse y a formar familias.

El período de represión y vigilancia que siguió a la redada del Queen Boat duró unos cinco años. Se calmó alrededor de 2006. Aun así, cuando fui de visita a Egipto en 2013, la ruptura entre la generación del Queen Boat y los niños de la revolución, como Amira y Maha, que habían descubierto sus identidades públicas en la plaza y en el centro de El Cairo más tarde en aquella década, era todavía palpable.

Zaki parecía ser uno de los únicos vínculos entre ambas generaciones. Tenía algunos recursos y había cedido su piso para las reuniones de Bedayaa, la nueva organización LGTB. Así, la juventud del centro iban hacia el suburbio rico y se sentaban entre su extensa colección de antigüedades y rarezas para hablar sobre temas como la seguridad, la fe y la visibilidad. Una tarde en la que estaba en aquella sala de estar, Zaki me dibujó un mapa extenso de los espacios queer de El Cairo a lo largo de los años, desde la taberna del Hilton en el Nilo hasta clubes y restaurantes más recientes. La mayoría habían cerrado las puertas a los clientes gais, y Zaki creía que esto había desempeñado un papel importante en el crecimiento del ambiente queer a pie de calle: «No nos dejan estar dentro, así que nos sentamos fuera».

Aun así, cuando los amigos mayores de clase media de Zaki iban al centro, no se acercaban para nada a esos cafés. En la actualidad, su sitio preferido era un restaurante caro de «estilo continental» que recibía de buena gana a los clientes gais. La rutina de Zaki consistía en acomodarse ahí con sus amigos de más edad y tomarse una o dos bebidas —obviamente, no había alcohol disponible en los bares de las veredas—, y hacer varias incursiones a los cafés conforme la noche iba pasando para comprobar cómo estaban sus amigos más jóvenes y abiertos.

* * *

MIENTRAS ESTABA con Zaki en su apartamento esa tarde, me enseñó una publicación de Facebook de aquella mañana de un joven conocido: «Tengo algo que anunciar —empezaba, en árabe—: Me siento atraído tanto por hombres como por mujeres… Espero que ahora que se me conoce por quien soy en realidad, todos me aceptéis. Pero si no lo hacéis, besadme el culo».

Zaki le envió un mensaje al chico en privado: «Estoy orgulloso de ti. Pero si necesitas consejo, acude a mí. No va a ser fácil». Las respuestas públicas iban desde la incredulidad haciendo bromas —«Dame algo del hachís que estás fumando, *habibi*»— hasta el horror y la repulsa. Mientras nos desplazábamos por los comentarios, vimos en tiempo real cómo se retractaba el joven: «Para quienes os lo creísteis, tengo que deciros que fue una broma. Me obligaron a hacerlo porque perdí jugando al póker anoche».

«¡Esta es la época en la que vivimos! El mundo digital les da espacio a las personas para que se imaginen de alguna manera, y después… —Chasqueó los dedos—. En cuanto lo escribes o lo dices, te conviertes en eso y lo vives», dijo Zaki.

En una sociedad como la de Egipto, esto podía crear una disonancia extrema. Zaki y yo discutimos sobre una mujer trans a la que había entrevistado el día anterior, que manejaba tres cuentas de Facebook: una de «hombre hetero», para su familia y los amigos del colegio; una de «mujer hetero», a través de la cual podía explorar ser una mujer; y una trans, con la cual interactuaba con la comunidad digital de gente como ella. A través de este último canal, encontró un mercado negro en línea que suministraba estrógeno y empezó a tomarlo. Su apariencia cambiante funcionó a las mil maravillas para el perfil de «mujer hetero», pero comenzó a atraer respuestas negativas en las calles de la ciudad, y también tuvo problemas con su familia. Algunos de los mayores en la comunidad la persuadieron de que limitara sus exploraciones trans a su habitación y a su cámara web.

«Somos los hijos de la revolución. Pero, más que eso, somos los hijos de internet», me dijo Abdel Rahman. Él era típico de su generación en tanto había descubierto su identidad por internet —como muchos lo hicieron, a través del porno gay— y se había metido en la comunidad gay a partir de páginas para ligar: primero, Manjam; luego, Hornet y Grindr, que contaban con una tecnología de posicionamiento global. En dos ocasiones, los contactos con los que había quedado a través de estos sitios le robaron. Pero también encontró a su novio, Fadi, cuando Grindr le dijo que había alguien conectado tan solo dos puertas más abajo. Estaba tan comprometido con la aplicación, por ser un espacio comunitario, como lo había estado la generación de Zaki con el bar Tavern o con el Queen Boat en otra época.

Durante mi estancia en El Cairo conocí a alguien más que había salido del armario en las redes sociales. Se llamaba Ayman Sirdar y era un cantante de pop guapo, con el pelo largo y rizado, que contaba con una audiencia entregada de fans jóvenes y, en su mayoría, chicas. Ayman se había declarado en su página de fans de Facebook a finales de 2012, «porque esto es la revolución y debemos ser quienes somos», me dijo cuando me senté con él en el McDonald's de Heliópolis. Dijo que había recibido algunos comentarios negativos, sobre todo por parte de su familia extendida, pero esta nueva condición no parecía haber marcado mucha diferencia en la popularidad que tenía entre sus fans.

Fui a uno de los conciertos de Ayman con un grupo de personas, incluyendo a Zaki y a Maha. Vimos a chicas adolescentes con el *hiyab* pegando saltos a los pies del escenario al son de la canción distintiva de su ídolo, una versión pop en árabe de *I Am What I Am*, con frases como «el arcoíris necesita que tus ojos amen la diferencia para que puedan ver sus colores».

«¿Saben de qué va la canción? ¿Saben que es gay?», grité por encima de la música a Zaki.

«Puede que piensen que solo es un tipo joven y moderno. ¿Cómo lo llamáis a esto en Europa? Metrosexual». Y sobre la canción, agregó: «Siempre la presenta diciendo que se la dedica a todas las personas que se sientan diferentes. Y dado que todo el mundo se siente diferente, sobre todo la gente joven, pueden tomarlo en ese sentido».

Pero la declaración de Ayman en las redes continuó formando parte de su huella digital, incluso después del golpe militar en julio de 2013 y de las restricciones contra los homosexuales que formaron parte de una represión y una reafirmación más amplias del poder militar en Egipto. Ayman recibió amenazas de muerte después de haber participado en un gran concierto en las pirámides en 2014 y decidió exiliarse.

Cuando lo volví a encontrar en 2017 había recibido asilo en Estados Unidos por temor a ser perseguido por su orientación sexual. Se ganaba la vida tocando música en el metro de Nueva York.

4

Cuando destrozaron el *ahwa* de Amira y Maha en febrero de 2013, unos meses antes de que nos conociéramos, Amira había llamado a la policía mientras estaba todavía atrapada dentro del local. «Pero claro que nadie contestó», me dijo. Este era el doble filo de la revolución: «Tenemos más libertad como gais, pero los delincuentes también».

Este Estado sin ley era una nueva y sorprendente característica del Egipto posrevolucionario. En los disturbios que sucedieron tras la elección de los Hermanos Musulmanes en 2012, las fuerzas policiales se evaporaron. Las empresas sin licencia, como el Café de las Chicas, podían surgir donde fuera. Y la gente gay podía reclamar un espacio público como nunca. Pero también corría un riesgo su persona, como el resto de los egipcios, como nunca. El Cairo había sido una ciudad conocida por su seguridad, pero ahora había agresiones y atracos en la calle, incluso allanamientos de morada. Y desde entonces, a ojos de la mayoría de la gente, los gais eran igualmente criminales; su nueva visibilidad solo servía para indicar más aún el colapso de la sociedad egipcia desde la revolución.

La visibilidad en sí misma era una espada de doble filo, «el cielo-infierno», como Amgad, un habitual en el Café de las Chicas, me había dicho: «El cielo es [que] por fin puedes ser tú mismo en las calles y formas parte de una comunidad. El infierno es el acoso, que no sufrías cuando simplemente te quedabas en casa».

Amgad era cauteloso a la hora de experimentar con su identidad trans, y Amira, que era íntima, me dijo que a su amigo «ahora le parece más difícil salir a la calle como mujer. Antes nadie se daba cuenta, pero ahora todo el mundo nos conoce, y cuando la gente va hacia la plaza Tahrir para protestar en contra de la criminalidad, ven a un travesti y le gritan: "¡Estos son los criminales a los que tenemos que sacar de las calles!"».

$$* * *$$

Unos días después de marcharme de El Cairo, el 30 de junio de 2013, Amira y Maha se unieron a unos veinte millones de egipcios en lo que probablemente fue la mayor protesta pública en la historia del país. Estaban pidiendo la destitución de Mohamed Morsi, el presidente de los Hermanos Musulmanes. Se le imputaban principalmente dos delitos: la imposición de una constitución islamizada que también le otorgaba poderes prácticamente dictatoriales y la disfunción de su gobierno, en particular el colapso de la ley y el orden. La protesta fue convocada por un movimiento de masas de la sociedad civil llamado Tamarod («rebelión»), y Zaki se involucró con gran entusiasmo.

Aprovechándose de las protestas de Tamarod, los militares, bajo las órdenes del general Abdel Fattah al-Sisi, destituyeron a Morsi y tomaron el poder con un apoyo popular masivo. Unas semanas después del golpe, el nuevo gobierno venció una insurgencia islamista. Al-Sisi declaró el estado de emergencia con un toque de queda a las 07:00 p. m. En el *ahwa*, Amira y Maha se vieron sorprendidas entre el toque de queda y los matones del lugar, que las estaban extorsionando —ahora estaban visiblemente confabulados con una fuerza policial—.

La gota que colmó el vaso fue un incidente ocurrido en octubre de 2013, en el que Amira se vio envuelta en una bronca con un matón que le había pegado a uno de sus camareros. En la pelea, ella le rompió la navaja al agresor, un acto pequeño pero humillante para él: «No les gustó que una mujer les rompiera las armas que llevaban. Me dijeron que me iban a hacer algo grande, que me iban a robar todas las cosas. Entonces fueron a mi hermana y amenazaron con lanzarle ácido en la cara». Los costes de regentar el Café de las Chicas se habían vuelto demasiado altos para Amira y Maha. Lo cerraron.

Más o menos al mismo tiempo en el que echaron el cierre, hubo una redada en un gimnasio en un distrito de clase obrera de la ciudad. Fue muy divulgada. Arrestaron a catorce hombres, los expusieron públicamente en la televisión, les dieron una paliza y abusaron de ellos cuando los detuvieron, y los declararon culpables de *fujur*. Así empezó la segunda ronda de una intensa persecución a los homosexuales en Egipto, doce años después de la redada en el Queen Boat. En noviembre de 2016, una fuente calculó [164] que al menos doscientas setenta y cuatro personas habían sido objeto de acción policial, acusaciones o violencia en ciento catorce casos criminales y veintiún crímenes de odio documentados. Una vez más, Egipto estaba metiendo en prisión a más gente por homosexualidad que en cualquier otro país del mundo. «Cada semana recibimos una llamada diciendo que habían arrestado a alguien a quien conocíamos. Sentíamos que cada vez el círculo se hacía más pequeño, ya fuera por un arresto o porque alguien se iba del país», me dijo Maha.

En septiembre de 2014 hubo un eco amenazador del Queen Boat: ocho hombres fueron arrestados y declarados culpables de *fujur* tras haber asistido a una supuesta ceremonia de boda entre personas del mismo sexo en un barco en el Nilo. Tres meses antes, el vídeo de este evento se filtró en YouTube y se volvió viral; al final, llegó a la televisión. Esto generó un escándalo, sobre todo por los Hermanos Musulmanes, a quienes habían echado: uno de sus líderes tuiteó que «por primera vez en Egipto oímos hablar del matrimonio gay. Los líderes del golpe abrazan los objetivos occidentales del derribo y la decadencia de la religión, y Egipto se ha convertido en un burdel» [165].

Parecía que las autoridades se habían visto obligadas a responder. Como dijo un ministro extranjero a BuzzFeed: «Egipto y el resto del mundo árabe, en este momento post Primavera Árabe, están vigilándose unos a otros de cerca. Nadie quiere que lo acusen de secularismo o de tener valores occidentales. No es esto lo que significa este momento post Primavera Árabe, postislamismo. Seguimos siendo sociedades tradicionales, y el liderazgo de hoy tiene que mostrarle esto a la nación» [166].

El nuevo régimen parecía decidido a sacar el arma del *fujur* como parte de unas medidas severas más amplias que incluían nuevas regulaciones contra toda protesta, contra organizaciones no gubernamentales que hacían de perros guardianes sobre la represión del Estado y contra cualquier actividad política que desafiara al Estado. Las cárceles estaban llenas con supuestos disidentes, mayoritariamente islamistas, pero también algunos abogados por los derechos humanos y activistas de izquierda. En este contexto, dijo la abogada de derechos humanos Dalia Abdel Hamid, «la policía quiere mostrar que tiene un agarre fuerte sobre la sociedad [a través del arresto de] personas LGTB»[167]. Ponerle freno al libertinaje fue también una manera fácil, dijo, de que los militares demostraran que eran «más islámicos que los islamistas»[168] a los que habían sacado del poder, y de ganarse a los egipcios musulmanes escépticos y que estuvieran de su parte.

En Senegal, en 2008, la revelación de una «boda gay» en una revista de celebridades llegó hasta el arresto de nueve activistas de la lucha contra el VIH. En Malaui, al año siguiente, Tiwonge Chimbalanga y Steven Monjeza fueron arrestados y sentenciados a catorce años de trabajos forzados tras la cobertura en primera plana de su compromiso. Del mismo modo, las restricciones[169] en Egipto contra el *fujur* de la era de al-Sisi también fueron el resultado de una danza tóxica entre las agencias de medios sensacionalistas y un Estado represivo e inquieto. Los medios publicitarios estaban explotando la perspectiva local de una noticia sobre los «derechos de los homosexuales» y el «matrimonio entre personas del mismo sexo»; los consumidores la habrían estado siguiendo de todos modos a través de internet o en la televisión por satélite. Asimismo, las autoridades estaban usando estas restricciones para mostrar la habilidad que tenían a la hora de mantener el control sobre una ciudadanía que era cada vez más consciente del mundo que había más allá y de las otras maneras que había de ser.

Y así, la línea rosa afianzada en primer lugar por la redada al Queen Boat trece años antes fue reforzada en Egipto. En esta ocasión se vio intensificada no solo por la revolución digital y los medios de masas, sino por la propia Primavera Árabe. La tragedia fue el modo en que los jóvenes árabes que se habían declarado durante la revolución —que habían internalizado los mensajes de la autonomía personal y la independencia que acarreaba, y por el acceso que tenían a un mercado global de ideas— fueron sorprendidos en las fronteras de la línea rosa y se encontraron con que ellos mismos estaban provocando las consiguientes restricciones. Esta vez, tomar a las mujeres trans —o a hombres con inconformidad de género— como los objetivos específicos se estaba convirtiendo en un marcado componente de la campaña del Estado. Más visibles que nunca desde la revolución, los «travestis» eran, quizá, los símbolos más fácilmente identificables del «libertinaje» del centro en contra del cual la dictadura de al-Sisi se había posicionado.

En 2014 la policía había empezado a utilizar, de nuevo, las trampas a través de internet. Pero ahora el método era más sofisticado. Las aplicaciones para ligar como Grindr, que contaban con una tecnología de posicionamiento global, facilitaron muchísimo el trabajo. Como respuesta, Grindr desactivó su función GPS en Egipto en septiembre de 2014 y mandó una advertencia estándar a todos sus usuarios, e incluso facilitó un enlace a una página de información sobre cómo convertirse en solicitante de asilo.

A un antiguo camarero del Café de las Chicas lo engañaron y sentenciaron a tres años en la cárcel. También uno de los voluntarios de Bedayaa, la organización LGTB que Maha ayudó a que saliera adelante: sus líderes entraron en pánico y cancelaron todas las actividades. Las lesbianas aún no se habían convertido en un objetivo, pero Amira y Maha cada vez se sentían más aisladas y vulnerables. En julio de 2014, mientras Amira estaba en un *ahwa* en el centro de El Cairo, el dueño de un café acudió corriendo a decirle que abandonara el distrito rápidamente, pues la policía estaba yendo puerta a puerta con una fotografía de ella preguntando a los dueños si sabían dónde podían encontrar a la propietaria del *ahwa al-khawalat*: «el café de los maricones».

Amira se asustó y abordó un vuelo a Estambul tres días después.

* * *

Unas semanas más tarde, Maha me contó que un programa de televisión emitió una «investigación» sobre la amenaza que significaban los ateos, supuestamente, para la sociedad egipcia. Enviaron a un reportero a entrevistar a los moradores de un *ahwa* conocido universalmente como «el café de los ateos», ya que parecía que había absorbido a los revolucionarios que quedaban y que aún andaban por el centro. Maha compartió el enlace conmigo. En uno de los planos se las veía claramente a ella y a Amira, que aún no se había ido de El Cairo cuando se grabó aquello. Amira estaba jugando al backgammon con un amigo mientras Maha miraba, con la pipa de la *shisha* en la boca. Maha me tradujo la voz superpuesta: «Las opiniones que tiene la gente sobre los ateos varían. La mayoría los llama "pervertidos, ignorantes y corruptos", [y] cree que deberían desterrarlos de la sociedad»[170]. (En árabe, el término para «pervertido» es *shaz*: deriva de la palabra «diferente», pero ha terminado siendo utilizado exclusivamente para «gay» u «homosexual»).

Resulta que los padres de Maha lo estaban viendo. Se pusieron furiosos. Maha nunca había hablado sobre su sexualidad o su activismo con nadie de su familia, aunque conocían a Amira y les gustaba. Pero ahora, después de la emisión, una de las hermanas de Maha tuvo una charla con ella: «Me dijo que sabía que estaba trabajando para los derechos LGTB. Tenía toda la información, lo sabía todo». Maha estaba aterrorizada, porque el mejor amigo de su hermana era un agente superior en los servicios de inteligencia de la policía: «O él se lo contó a mi hermana, o ella se lo contó a él. En cualquier caso, es escalofriante». Se tomó tres meses de baja sin paga y compró un billete de avión para reencontrarse con Amira en Turquía.

Las mujeres se quedaron en casa de amigos que habían hecho a través de los movimientos LGTB y feministas de la región. Cuando terminó la baja de Maha, se enfrentaron a una encrucijada. Maha decidió volver a El Cairo: «Sabía que las cosas seguirían igual, puede que incluso peor; pero quería estar en casa. También quería volver a mi trabajo». Amira no estaba de acuerdo. A pesar de que ella no hubiera viajado tanto, siempre había estado más predispuesta a marcharse. Se quedaría en Turquía y solicitaría asilo.

Pero cuando Maha volvió, su propósito se disipó. Siguió a su esposa hasta El Cairo. En este punto, el ambiente del centro se había apagado por completo. Amira encontró un piso cerca de las pirámides, una larga caminata desde la residencia familiar de Maha en la otra parte de la ciudad. Sin las guaridas del centro y viviendo cada una en una punta, las mujeres tuvieron problemas para encontrar su espacio, tanto como pareja como en su cada vez más reducida comunidad. Sus amigas lesbianas se casaron con hombres y tuvieron hijos. Uno de los amigos gais más cercanos de Maha estaba solicitando asilo en los Países Bajos; otro, en Alemania. Amgad se había sometido a una cirugía de reasignación de género, en gran parte para evitar el servicio militar, pero nunca salía de casa por miedo al acoso. La hermana de Amira, también lesbiana, se había unido a un barco de refugiados sirios en Turquía, quedó varada en Grecia y luego llegó hasta Bélgica para solicitar asilo.

En julio de 2015, Maha recibió una invitación para participar en una conferencia sobre los derechos LGTB globales en los Países Bajos, financiada por el gobierno holandés. Ocurrió durante el Orgullo de Ámsterdam, y volvió a El Cairo en la gloria, «sintiendo la libertad como nunca, y sintiéndome segura por primera vez también». En esa ocasión, estar en casa la sumió en una espiral de depresión: dejó el trabajo y compró otro billete para Ámsterdam en septiembre de 2015. Al llegar, acudió a una consulta con un abogado especializado en asilo, y antes de que venciera su visado Schengen un mes después, se presentó ante las autoridades con las palabras que había estado ensayando: «Quisiera solicitar asilo en los Países Bajos con base en temores de persecución por ser lesbiana en Egipto».

Amira se quedó en El Cairo, que cada vez parecía más inhóspito, desesperada por obtener un visado que le permitiera seguir a Maha hasta Europa.

* * *

«AMIRA Y YO llevamos sin vernos un año y cuatro meses. Lo hemos pasado mal, pero tenemos una relación sólida. Intentamos no estar juntas, pero no lo conseguimos. Así que ahora volvemos a estarlo. Juntas, pero separadas», me dijo Maha cuando hablamos por WhatsApp en marzo de 2017.

Maha me hizo un videotour del nuevo apartamento, asignado por las autoridades holandesas, en la sexta planta de un complejo de viviendas sociales de la década de 1970 en un barrio de inmigrantes. Tenía una cocina limpia, un dormitorio pequeño y una sala de estar con dos sofás y, por supuesto, una *shisha*. También tenía un gran balcón sobre el canal: «Mi pequeño Nilo». La vida de Maha volvía a ser plena, el ambiente en su apartamento recordaba a los días de gloria de Talaat Harb. Me enseñó todos los ingredientes que tenía dispuestos en la encimera de la cocina para preparar un pollo *merhaba* para los visitantes que iba a recibir aquella noche. Me di cuenta de que había montones de maletas por todas partes. «Refugiados, otros egipcios. ¡Hay tantos aquí! Aún están en los centros de recepción de refugiados y no se sienten seguros al dejar sus cosas, así que las guardo aquí para ellos». Maha había conocido por lo menos a diez egipcios que residían en esos centros; y a algunos los conocía, vagamente, de casa.

La propia Maha había estado en uno de esos centros cuando llegó, pero se fue de ahí bastante rápido y se quedó con unos amigos, debido a la homofobia de los otros refugiados. También lo pasó mal con el intérprete durante la primera entrevista para la solicitud de asilo; tenía la sensación de que era homófobo: «No dejaba de utilizar *shaz* [pervertida] para "gay". Así que dije que prefería hablar en inglés durante la segunda entrevista, y si nadie más estaba disponible, entonces prefería a una intérprete mujer». Cuando llegó a la segunda entrevista vio que la intérprete era una mujer, pero llevaba velo. «Madre mía, ¿cómo iba a decirle que era gay? Pero en cuanto empezamos, vi que era muy amable y me sentí mal por haberla juzgado», recordaba.

Maha también se sentía incómoda por el «ambiente antiinmigración» de los Países Bajos. En concreto, por el creciente apoyo que el político antiinmigración Geert Wilders estaba ganando al «utilizar el colectivo gay para hacer énfasis en los inmigrantes musulmanes. Es como si estuviese enfrentando una mitad mía con la otra», en palabras de Maha.

A pesar de que el electorado rechazó al partido PVV de Wilders en las elecciones de marzo de 2017, esta tensión formaba parte de la vida holandesa con la que Maha se encontró: la chispa se volvió a encender unas semanas después de las elecciones, cuando una pandilla de marroquíes adolescentes asaltó con violencia a una pareja gay que iba de la mano en Arnhem. En protesta, muchos hombres holandeses —incluyendo a líderes políticos con trajes sobrios y corbatas— se fotografiaron dándose la mano en público.

Países Bajos era conocido como el país más amigable con los gais en todo el mundo: las relaciones entre personas del mismo sexo tenían reconocimiento desde 1998 y la discriminación por motivos de orientación sexual era ilegal desde 1994. Cuando Maha llegó en 2015, la noción de la igualdad LGTB estaba profundamente arraigada en la sociedad holandesa. Diez años atrás, el gobierno holandés había sacado un vídeo controvertido para que lo vieran inmigrantes en proceso de pedir la ciudadanía. En él se incluían imágenes de dos hombres besándose y una mujer bañándose en *topless* como ejemplos de la cultura holandesa. Estaban examinando las actitudes de los inmigrantes hacia los homosexuales en los exámenes de naturalización. Uno de ellos —encontrado en una prueba en línea de ejemplo de 2005— plantea la siguiente pregunta: «Estás en una terraza con un colega y en la mesa de al lado dos hombres se están acariciando y besando. Te sientes irritado. ¿Qué haces?»[171]. Las posibles respuestas eran:

a. Te quedas quieto y haces como que si no te importara.
b. Le dices a tu colega en voz más bien alta lo que piensas sobre la homosexualidad.
c. Les dices a los hombres que se sienten en otro sitio.

Estos supuestos eran reveladores: no contemplaban la posibilidad de que no te sintieras irritado en absoluto.

A Maha le impresionó, en un primer momento, el apoyo que estaba recibiendo por parte de las autoridades holandesas. En cuanto consiguió la condición de refugiada, le buscaron un alojamiento y le subvencionaron el alquiler. Conoció a otros refugiados queer —mayoritariamente de Siria— en el programa de integración al que estaba obligada a asistir, y se convirtieron en su círculo de amigos. Cuando hablamos en 2017, estaba yendo a las clases obligatorias y gratuitas de holandés que facilitaba el Estado y tenía la esperanza de matricularse en un máster de estudios de género en la Universidad de Ámsterdam. Acababa de salir del hospital tras una operación de emergencia por una ruptura del apéndice: todo el procedimiento había sido gratuito, y quedó asombrada por la calidad de la atención recibida.

Aun así, dijo, el primer año fue «muy duro. Sabía que estaba a salvo y todo eso, pero echaba muchísimo de menos Egipto. Estaba yendo de un sitio a otro, me estaba agotando y no dejaba de pensar: "¿Debería volver e intentarlo o debería quedarme?"». Lo más complejo fue el engaño a su familia; su padre había dejado de dirigirle la palabra: «Les dije que estaba cansada de Egipto y de mi trabajo. Ellos no dejaban de preguntar cuándo iba a volver a verlos, y yo no tengo respuesta a eso». Pero, al final, decidió aguantar. El plan consistía en solicitar el visado de pareja para Amira en cuanto fuera elegible, en cosa de un año.

* * *

Por fin conseguí hablar también con Amira a finales de 2017. Charlamos por teléfono durante tres noches consecutivas, entre las 02:00 y las 03:00 a. m. de Egipto —y también de Sudáfrica—. Había sido logísticamente complicado. Tuvo que trasnochar hasta unas horas que en cualquier otra parte del mundo se considerarían una locura, porque necesitábamos a una intérprete en quien ella pudiera confiar y porque vivía en un barrio de El Cairo muy alejado, y a la intérprete le tomaba bastante tiempo llegar. «Muy muy lejos del centro», dijo Amira melancólica.

Pregunté cómo estaba. «Todavía con vida».

Quería saber cómo había cambiado su vida desde la última vez que la había visto. Se echó a llorar. «Vivo mi vida de puertas para adentro».

Me explicó que ya no iba al centro: «Soy demasiado conocida por ahí y no estoy a salvo». Además, ya no había cafés en los que se pudiera sentar la gente gay: «Estoy deprimida, me siento sola; simplemente estoy a la espera de encontrar la manera de irme de Egipto».

Su amiga Noor nos hacía de intérprete, y me informó que a Amira se le puso una gran sonrisa cuando pregunté por sus «buenos recuerdos» del Café de las Chicas.

«Requería mucho esfuerzo. Un gran esfuerzo, esto de regentarlo. Y acabamos cerrándolo. La gente en el centro nos llamaba "Café *Khawalat*", pero lo desafiábamos todo. Hice algo por la comunidad, desafié a la sociedad al hacerlo», decía Amira.

La conexión era mala. Hubo un largo silencio después de que Noor hubiera terminado de traducir y unos ruidos raros como de chasquidos. ¿Habría alguien escuchándonos? «¡Aló! ¡Noor! ¿Estás ahí?», grité al teléfono.

«Estamos aquí. Amira dice que abrirá otro café, en Ámsterdam. Beberemos té y fumaremos *shisha*. No será El Cairo, pero será El Cairo», contestó Noor.

* * *

UN POCO ANTES, AQUELLA NOCHE, a una hora algo más civilizada, también había hablado con Zaki. «Tenía esperanza hace unos tres años. Ahora entiendo que la situación no cambiará jamás, así que he decidido vivir una vida normal, una vida escondida. La lucha ha terminado». Quizá, reconoció, «la desesperanza era tan extrema porque las expectativas también lo eran. Ahora ya no tengo». Aun así, a diferencia de Amira, no tenía la idea de irse de Egipto: «Cuando viajo a París, veo a estos hombres hermosos, fuera del armario, sentados a solas en los cafés. Aquí, al menos, nunca estoy solo».

En aquellas noches cairotas de ponernos al día a la distancia también conseguí localizar a Murad, el activista, que estaba intentando entrar en un programa de posgrado en Estados Unidos.

«Parece que vuelve a ser la época del Queen Boat», dije, pero él estaba rotundamente en desacuerdo: puede que se hubieran retirado del activismo político o de la vida pública, «pero la generación más joven no se ha retirado de la actividad ni de la identidad gay. Al contrario. Esto es resultado de internet y puede que de la revolución. Han salido y ya no pueden volver a entrar».

EL VISADO DE PAREJA DE AMIRA llegó a finales de 2017 y se mudó a Ámsterdam. Para entonces la pareja cargaba con el lío de intentar vivir fuera de Egipto casi cuatro de los siete años que llevaban juntas, y habían pasado dos sin verse. Sus diferencias se habían vuelto irreconciliables. Esto y lo extraño que le resultaba Ámsterdam hicieron que el tiempo que pasó Amira ahí fuera insoportable. La pareja rompió y Amira volvió a El Cairo seis meses después. Se arrepentía profundamente de haberse ido de Ámsterdam, me dijo cuando contacté con ella unos meses más tarde. Estaba trabajando en otro plan para irse de Egipto.

Cuando Maha y yo hablamos más o menos por la misma época, a mediados de 2018, la crítica que tenía sobre la vida en Ámsterdam se había convertido en amargura: «Hay mucha discriminación en este país. Es precioso por fuera, pero una vez dentro, el sistema es horrible. No te da el espacio para que puedas avanzar como refugiada. Puede que hayas sido médico en tu país de origen, pero aquí trabajarás en un supermercado». En particular, lo que menos le gustaba era el «lavado de imagen», como decía: la manera en que los políticos «usan el asilo para mostrar que este es un gran país, un país seguro; pero, de verdad, el sistema está jodiendo a la gente». A pesar de la ayuda gubernamental a los refugiados, «no nos consideran ni como ciudadanía de segunda clase».

Maha era la coordinadora de un «grupo de refugiados queer» llamado Sehaq —«la palabra es tan peyorativa como "tortillera" en árabe y queremos reapropiarnos de ella»[172]—, y cuando hablamos, estaba ayudando a organizar un funeral para uno de sus miembros, un hombre del Líbano, que se había quitado la vida hacía poco: «Su partida es un recuerdo de la necesidad vital de ayudarnos unos a otros y de construir una comunidad en este sistema opresivo y violento que trabaja activamente por excluirnos y consumirnos», decía el aviso en la página de Facebook del grupo.

Sehaq organizaba fiestas regularmente en Vrankrijk, el «café político» de la calle Spui. «Nuestra manera de bailar, de socializar, es política en sí misma porque estamos creando un espacio que no existe»[173], dijo Nisreen, otra de las fundadoras del grupo, a *The Guardian* en 2019. «Es muy subversivo juntarse y pasárselo bien, no solo pedir que nos den servicios. Los solicitantes de asilo no necesitan servicios, necesitan libertad».

Pero a Maha le costaba definir lo que significaba la libertad. Sabía que era prudente quedarse en los Países Bajos durante los otros dos años que le restaban para poder solicitar los papeles de residencia, me dijo cuando hablamos en 2018, pero vivía el día a día al borde de comprar un billete de avión para El Cairo: «Siento que he estado en tránsito estos últimos tres años, como si hubiera estado en un largo viaje. Pienso en ir a casa cada día».

7

Demonios populares rosas

En septiembre de 2017, la popular banda libanesa de rock alternativo Mashrou' Leila actuó en el Cairo's Music Park Festival. El vocalista principal, Hamed Sinno, era abiertamente queer, uno de los pocos famosos así en el mundo árabe, y durante el concierto dos fans ondearon una bandera arcoíris. No era la primera vez que ocurría en la ciudad. «Una bandera arcoíris, en público, en El Cairo»[174], había escrito Sinno en Facebook tras haber dado un concierto el año anterior. «Joder, estoy orgulloso. Quienquiera que seas, tu valentía es la hostia de inspiradora».

Pero en esta ocasión, después de que las fotos de la bandera ondeando se hicieran virales en las redes sociales, el fiscal en jefe anunció que iba a empezar una investigación. En enero de 2018, más de ochenta y cinco personas fueron arrestadas y al menos cuarenta cumplieron una pena en la cárcel, incluyendo los dos jóvenes que habían hecho ondear la bandera, acusados de promocionar una organización ilegal.

Seis años antes, en 2012, unos chiquillos iraquíes[175] que se sentían liberados por los vientos de la Primavera Árabe se descubrieron víctimas de una prohibición mucho más brutal cuando el ministro del Interior etiquetó la subcultura emo como una influencia extranjera «satánica». Lo emo era un estilo joven global y andrógino, y en Irak llegó a asociarse no solo con la decadencia occidental, sino con la homosexualidad. Los medios iraquíes desataron un pánico antiemo y las milicias empezaron a hacer purgas: la Misión de Asistencia de las Naciones Unidas para Irak (UNAMI, por su sigla en inglés) denunció una estimación de entre cincuenta y seis y noventa muertes, y pudo verificar directamente, por lo menos, doce: «Lo más seguro es que estuvieran motivadas por actitudes negativas hacia la moda "emo" o por la orientación sexual percibida»[176].

Había precedentes para este tipo de medidas en Irak. En abril de 2009, conforme las tropas estadounidenses empezaron a salir del país, un escuadrón de asesinos con máscaras negras arrasó Bagdad. Fueron eligiendo a hombres que parecían afeminados para revelarlos ante sus familias como «pervertidos», los secuestraron y mataron de maneras espantosas. Un hombre de treinta y cinco años llamado Hamid escapó: «Vinieron a mi casa y vieron a mi madre, y uno de ellos dijo: "¿Dónde está el maricón de tu hijo?". Eran cinco hombres con las caras tapadas. Por suerte, no estaba ahí, pero mi madre me llamó cuando se fueron, llorando. A partir de entonces, me escondí en un hotel barato durante dos semanas. No puedo hacer frente a mi familia, me rechazaría. No puedo ir a casa»[177]. Hamid huyó de Bagdad, y cuando un investigador lo entrevistó unas semanas más tarde, seguía estando tan traumatizado que le costaba hablar. Su pareja, con la que llevaba diez años, había sido una de las víctimas. Lo sacaron de su casa familiar: «Tiraron su cadáver a la basura. Le habían cortado los genitales y le habían sacado parte de la garganta».

Una fuente de UNAMI estimó que cientos de hombres fueron asesinados así a principios de 2009, durante los meses caóticos de la retirada de los estadounidenses. Un verdugo le dijo a un reportero que creía que estaba curando «una seria enfermedad en la comunidad que se ha estado expandiendo con rapidez entre la juventud después de que la importaran desde fuera los soldados estadounidenses»[178]. Los escuadrones de la muerte estaban alineados con el ejército de al-Mahdi de Muqtada al-Sadr, y varios informantes dijeron en una investigación de Human Rights Watch que creían que las milicias chiitas buscaban restablecerse tras la ocupación estadounidense «presentándose como agentes de limpieza social», en palabras de HRW, y que aspiraban «a la popularidad fijando como objetivos a personas que pocos en Irak se atreverían a defender».

Sin importar la posición coránica ortodoxa sobre la actividad homosexual —está en disputa—, hay poca evidencia de que fuera punible en tiempos precoloniales, porque los guardianes de las leyes religiosas hacían la vista gorda con la vida privada de las personas. Pero con el aumento del islam político a finales del siglo xx y a principios del xxi —justo cuando las personas queer empezaron a reclamar el espacio público tímidamente—, la censura de la homosexualidad se convirtió en parte de un proyecto político más amplio en todo el mundo musulmán, desde Senegal hasta Chechenia y desde Egipto hasta Indonesia. Tuvo un resultado particular: se podía utilizar para señalar la necesidad de levantar barreras en contra de «la decadencia moral que hace estragos y que ha estado saliendo de Occidente hacia el resto del mundo»[179], como dijo sobre la homosexualidad el ayatolá de Irán, Alí Jamenei, en un discurso en 2016.

En 2018, había seis países que contemplaban explícitamente la pena de muerte por homosexualidad bajo la *sharía*, igual que los Estados musulmanes al norte de Nigeria. En otros países, era parte de una prohibición más extensa en contra de cualquier tipo de relación sexual fuera del matrimonio. Pocos la ejecutaban, pero una de las entidades que lo hacía de manera categórica e incluso performativa era el Dáesh, el Estado Islámico. A partir de 2012, el califato aumentó su presencia global en internet al difundir imágenes de asesinatos a sospechosos homosexuales, a menudo lanzados desde edificios para matarlos. Para el 2018, Human Rights Watch tenía evidencia[180] que sugería que más de cuarenta hombres habían sido ejecutados.

En julio de 2017, después del asesinato del actor Karar Nushi en Bagdad —supuestamente por el crimen de llevar el pelo largo—, el comentarista británico-iraquí Amrou al-Kadhi escribió en *The Independent* que «no era coincidencia» que la «violencia contra las personas LGTBQI+ en Irak hubiera aumentado dramáticamente desde la invasión de Occidente en 2003»[181]. La homosexualidad se había «convertido en la imagen de una exportación occidental», y «el desdén por Occidente es potente en suelo iraquí; ¿qué esperábamos después de haber destrozado a una civilización por ningún motivo real?».

Legales o extrajudiciales, estos asesinatos fueron todos crímenes por la línea rosa, ya que fueron llevados a cabo para suscitar un pánico moral hacia los homosexuales, que eran vistos como una amenaza demoníaca extranjera para la sociedad «pura» del islam.

* * *

EL CONCEPTO DE «PÁNICO MORAL» fue desarrollado por el antropólogo Stanley Cohen en el clásico libro de 1972 *Demonios populares y pánicos morales*, para describir momentos en los que «una condición, episodio, persona o grupo de personas surgen para ser definidos como una amenaza a los valores e intereses de la sociedad»[182]. En el clarividente ensayo *Reflexionando sobre el sexo*, de 1984, Gayle Rubin describió la manera en que los pánicos morales con frecuencia se basan en el sexo: «Los medios de comunicación se indignan, la gente se comporta como una turba enfurecida, se activa a la policía y el Estado promulga leyes nuevas. Cuando el furor haya pasado, algún grupo erótico inocente habrá sido diezmado y el Estado habrá extendido su poder a nuevas áreas de conducta erótica»[183].

Rubin escribía sobre los Estados Unidos del siglo XX, pero su descripción se podría leer más adelante en partes de África, Rusia y Oriente Medio en el siglo XXI. O volver atrás a uno de los primeros pánicos documentados a los homosexuales, cuando sacaban a la gente de las *molly houses* en el Londres del siglo XVIII. Aunque la sodomía era un delito capital[184] en Gran Bretaña, la ley solo era aplicada en raras ocasiones. Eso fue hasta que un grupo conocido como Sociedad por la Reforma de los Modales utilizó una cruzada contra los *mollies* o maricas para anunciar la campaña que habían organizado para «limpiar» Londres. Los «maricas» eran hombres afeminados —o mujeres transgénero, según la definición actual—. A las *molly houses* que funcionaban como establecimientos para beber y como burdeles apenas se les prestaba atención, ya que por lo general la población no conocía su existencia. Pero después de que las investigaciones que la Sociedad llevó a cabo de incógnito provocaran una redada policial en 1699, los maricas se convirtieron en el centro del escándalo público, con reportajes en los periódicos sensacionalistas, decenas de arrestos, juicios e incluso ejecuciones bajo la ley de sodomía. En un modo que prefiguraba los pánicos morales del siglo XXI, las campañas fueron conducidas desde el púlpito, y con frecuencia se culpaba a las funestas influencias extranjeras: el reverendo Bray predicó desde la iglesia de Santa María-le-Bow en 1708 en contra de «una fuerza malvada que está invadiendo nuestras tierras»; desde Europa, claro.

Este pánico moral temprano también anticipó de otra manera lo que ocurriría más adelante en Senegal, Egipto, Rusia, Uganda e Indonesia: fue difundido por los vientos de la revolución de la información. Las redes sociales fueron al principio del siglo XXI lo que los medios de prensa masiva a los inicios del siglo XVIII. Como dice el historiador Rictor Norton: «La publicidad masiva que siguió a los juicios de sodomía en Inglaterra, Francia y los Países Bajos de principios del siglo XVIII (en poemas, octavillas y panfletos) fue posible gracias a los avances en la tecnología de impresión barata y al apetito cada vez mayor que tenía el público por las "noticias"»[185].

Norton ofrece una valoración de la consecuencia que tuvo esta publicidad repentina que también resuena en los inicios del siglo XXI. El pánico moral a los maricas hizo que no solo «se mostraran» ante historiadores modernos y contemporáneos, sino unos frente a otros: la Sociedad por la Reforma de los Modales «fue responsable en sí misma de estimular el crecimiento de la subcultura gay»[186], lo cual «se fundió bajo las presiones de este ambiente reformista».

* * *

A principios de 2016, *Republika*, un periódico conservador de Indonesia, llevaba por titular «LGTB: una seria amenaza»[187]. Al mismo tiempo, el ministro de Educación Superior respondió a un folleto para una «red de apoyo mutuo LGTB»[188] en la Universidad de Indonesia diciendo que las organizaciones homosexuales deberían estar prohibidas en el campus. A lo largo de los siguientes meses, incitado por la prensa amarillista que solo buscaba titulares, se desató un pánico moral en el país conforme políticos, clérigos y agencias del gobierno clamaban contra los derechos LGTB. Hubo redadas durante los años 2016 y 2017 en saunas, discotecas, habitaciones de hotel, salones de peluquería y residencias privadas, y por lo menos trescientas personas fueron arrestadas. A excepción de la isla turística de Bali y de un par de bares en Jakarta, la vida queer pública se apagó.

«Cuando Estados Unidos estornuda, el mundo se resfría». Así me explicó el fundador del movimiento LGTB de Indonesia, Dede Oetomo, la razón por la que el pánico moral de 2016 ocurrió cuando lo hizo, unos meses después de que el Tribunal Supremo de Estados Unidos legalizara el matrimonio igualitario. En un país famoso por el laicismo y la tolerancia, hubo islamistas en busca de ganar poder político que se aprovecharon de las noticias; les fue de gran ayuda la multiplicación de las organizaciones LGTB, ocurrida en parte gracias a los fondos para luchar contra el VIH. En cuanto el nuevo demonio popular rosa fue nombrado, incluso los miembros del gobierno liberal tecnocrático de Joko Widodo se vieron obligados a añadir sus voces al pánico moral, especialmente durante el período previo a las elecciones de 2019, que los musulmanes conservadores esperaban ganar en coalición con el contrincante de Joko, un antiguo general.

«Tienes que parecer y sonar religioso si quieres sobrevivir en la política mayoritaria aquí», me dijo Oetomo. El laico Joko ganó cómodamente, pero esto se debió, en gran parte, a su candidato a la vicepresidencia, el clérigo conservador Mar'uf Amin. Como jefe del Consejo de los Ulemas de Indonesia, Mar'uf había apoyado[189] con entusiasmo *fatwas* en contra de las personas LGTB.

En países propensos a pánicos sexuales, las personas queer saben mantenerse a escondidas y cuidarse en épocas de elecciones. En el período previo a las elecciones presidenciales de 2019 en Senegal, la organización HSH AIDES-Sénégal tomó la decisión de no tener ningún perfil público, a pesar de que su trabajo se centraba mayoritariamente en la salud pública. Y durante el pánico moral vinculado a las elecciones de Indonesia de aquel mismo año, Sandeep Namwali, un médico que había montado una organización para atender a personas *waria* en Yogyakarta, acudió a la policía para pedir protección extra para su comunidad.

Namwali se quedó estupefacto ante la respuesta: el comandante estaba más que feliz de otorgar protección a esta comunidad en «minoría» con la que su fuerza estaba tan familiarizada, siempre y cuando no fueran parte de la nueva «amenaza LGTB». «Me di cuenta de que no tenían ni idea de lo que significaba LGTB. Solo sabían que era peligroso, una amenaza para la sociedad», me dijo Namwali. Desde las purgas de comunistas llevadas a cabo por la dictadura a finales del siglo XX, estos «enemigos internos» invisibles llevaban tiempo siendo un tropo en la política de Indonesia, y «LGTB era simplemente la última manifestación».

Al escribir sobre una serie de ataques anteriores a supuestos homosexuales en Indonesia hacía dos décadas, el antropólogo Tom Boellstorf acuñó el término *homofobia política* para describir la manera en que «el deseo entre hombre y hombre puede interpretarse cada vez más como una amenaza a la masculinidad normativa y, de este modo, a la propia nación»[190]. Boellstorff mostró el modo en que el Estado indonesio estaba utilizando duras medidas contra los gais que estaban saliendo tímidamente por primera vez, para sacar los músculos contra una oposición más extensa a su gobierno. Esta es la manera exacta en la que Vladimir Putin en Rusia y los líderes africanos, como el de Uganda, Yoweri Museveni, y el de Malaui, Bingu wa Mutharika, desplegarían su homofobia política en el siglo XXI.

Una aplicación más limitada pero potente de la homofobia política ocurrió en Malasia en 1998, cuando el primer ministro Mahathir Mohamad se deshizo de su antiguo diputado Anwar Ibrahim al acusarlo de sodomía y encarcelarlo. En Egipto, Hosni Mubarak utilizó el cargo de «libertinaje» para encarcelar a un oponente problemático a través de la redada en el Queen Boat en 2001; los medios partidarios del Estado ruso[191] intentaron derrotar al exboxeador y político ucraniano Vitali Klichkó de la misma manera en 2013.

En todas estas instancias, las alegaciones de homosexualidad sirvieron por partida doble. Primero, la homosexualidad no era solo inmoral, sino también ilegal; podía, por tanto, ser usada para deslustrar a los enemigos y fortalecer el espíritu de los partidarios. Y segundo, dado el mensaje de que la homosexualidad había sido transmitida desde Occidente, se trataba de una manera potente de sugerir que era una amenaza a la soberanía planteada por una cultura de la comodidad globalizada y liberal. En Malasia, Mahathir Mohamad primero mandó a la prisión a Anwar, y luego criticó el «hedonismo» y la «sodomía» como violaciones europeas a los «valores asiáticos»[192].

En Nigeria y en Uganda, el proceso fue manejado por políticos ambiciosos que resultaron ser cristianos fervientes: David Mark y David Bahati. Dado el interés mediático sensacionalista sobre el tema gay, la agresiva promoción que hicieron de la homofobia política estableció sus credenciales religiosas. También hizo que sus carreras profesionales crecieran, expandiendo su electorado al movilizarse en contra de una comunidad impopular y temida, y de la amenaza imaginada del matrimonio entre personas del mismo sexo. Como políticos populistas, también estaban afirmando una identidad nacional —una identidad *africana*—, en contra de la arremetida neocolonial.

Ciertamente, había ejemplos de un arbitrio occidental sobre el asunto, o una confusión de los objetivos de los derechos humanos con intenciones más imperiales, pero tales acusaciones solían sustituir las inquietudes más abstractas por una pérdida del control sobre los súbditos y el propio territorio en la era de la globalización. La epidemia de sida y la crisis financiera global de 2008 lo único que hicieron fue resaltar la dependencia de muchos países africanos con respecto a Occidente, y en este contexto había un nuevo ímpetu para luchar contra el «neocolonialismo» de la ayuda al desarrollo. Muchos líderes africanos empezaron a sentirse cada vez más incómodos con dicha dependencia. Así, buscaron un lugar en el que colocar su orgullo. Puede que fueran pobres, pero ¡al menos tenían valores! Entre todos los indicadores globales sobre el bienestar en el mundo, podían al menos liderar en uno: la moral. ¿Acaso hay una mejor forma de mantener el apoyo popular que a través del uso de una minoría impopular como chivo expiatorio en nombre de una batalla contra la decadencia de Occidente?

* * *

HACE TIEMPO QUE LA HOMOSEXUALIDAD ha servido convenientemente como chivo expiatorio para enfermedades sociales aparentes, o como manera de difamar a enemigos, o como algo en contra de lo cual definir la propia superioridad moral.

202

En la Alemania nazi, Heinrich Himmler culpó a la homosexualidad, junto con el aborto, de la baja tasa de nacimientos entre los alemanes arios. Esta fue una de las piedras angulares de la homofobia oficial del Tercer Reich. Vladimir Putin siguió el ejemplo cuando, en su discurso en diciembre de 2013 sobre el tema, describió la normalización de la homosexualidad como un signo de «la pérdida de la habilidad para la autorreproducción»[193] en países occidentales. Los países de Occidente estaban «implementando políticas que equiparaban a las familias numerosas con las uniones del mismo sexo», dijo Putin. Era como equiparar «creer en Dios con creer en Satanás». Desde luego, la crisis demográfica de Rusia no tenía nada que ver con las uniones o las familias del mismo sexo, pero la homofobia política se convirtió en un arma considerable en su arsenal a favor de la natalidad, una campaña que incluía recuperar la tradición de otorgar medallas y premios en metálico a las familias numerosas.

Como ocurría en países africanos, los partidarios más agresivos de la legislación sobre la propaganda homosexual de Rusia eran políticos regionales ambiciosos que utilizaban el asunto para formar a su electorado con el aval de la Iglesia y desarrollar perfiles nacionales a través de los medios. De esta manera, la legislación fue aprobada en ocho regiones rusas entre 2006 y 2012. Cuando Putin necesitó políticas populistas para reafirmar su autoridad, vio el valor que tenía el asunto y fue con él.

Esto formaba parte de un giro total hacia la derecha que dio Putin en su campaña electoral de 2011-2012, después de que cientos de miles se echaran a las calles para protestar contra su vuelta a la política. Entre ellos se destacaban grupos LGTB con banderas del arcoíris. Para compensar la potencial pérdida del apoyo de la clase media urbana, Putin se desvió hacia el nacionalismo, los «valores tradicionales» y el respaldo de la Iglesia ortodoxa. Una de las primeras maneras en que demostró este cambio fue a través de la acusación —con cargos de blasfemia— a Pussy Riot tras la actuación de la banda punk feminista en la catedral de Cristo Redentor de Moscú, por la defensa del feminismo y de los derechos LGTB. Poco después de la reelección de Putin en marzo de 2012, su partido Rusia Unida anunció que una ley federal sobre propaganda homosexual cubriría toda la nación.

Incitar a un pánico moral en contra de las personas queer, cuya visibilidad iba en aumento en el país, le proporcionó al presidente ruso un triplete irresistible. Era una manera de que el Estado sacara músculos en contra del activismo civil y del individualismo liberal de las ciudades. Lo de los valores familiares era un punto populista para ganarse el favor del electorado ruso y solidificar la relación con la Iglesia. También era, por supuesto, la manera más aguda de definir la Rusia imperial que Putin deseaba establecer en contra de la decadencia de Occidente.

Hacía tiempo que los propagandistas soviéticos habían aprendido el valor del «enemigo interno»: los beneficios de cebar a la población con el temor al vecino, a un colega o incluso a algún familiar, cuya perniciosa influencia contrarrevolucionaria era invisible y que debía ser extirpado de la sociedad, con la ayuda, por supuesto, de la vigilancia y las fuerzas del Estado. Los homosexuales entraban en este proyecto de ley a la perfección, incluso más, porque eran un «enemigo interno» que aprendía las ideas depravadas «desde fuera».

Hubo un precedente estadounidense irónico para esta maniobra de guerra cultural: el alegato que hizo en 1950 el senador Joseph McCarthy; había dicho que un elevado número de los que componían la «amenaza comunista» y a los que quería sacar de su escondrijo eran homosexuales, dado que «prácticamente cada comunista en activo es un perverso, de forma mental o física»[194]. McCarthy desató lo que se ha conocido como «terror lila», que asoció la homosexualidad con la traición: miles de empleados federales se vieron forzados a dimitir o fueron despedidos entre las décadas de 1940 y 1970. «La histeria de la Guerra Fría estadounidense sobre la supuesta amenaza causada por los homosexuales no tuvo precedentes»[195], escribe el historiador David K. Johnson. «En un momento en el que los estadounidenses se sentían amenazados por un enemigo externo que parecía ir ganando fuerza y robando sus secretos militares, la búsqueda de enemigos internos se dio de manera desenfrenada, y los homosexuales resultaron ser un objetivo fácil». El hecho de que las personas queer fueran percibidas como vulnerables y, por tanto, poco fiables contribuyó a las arcaicas incomodidades que surgieron tras la Guerra Fría sobre ellas en las administraciones estadounidenses, desde el arreglo del Prohibido

Preguntar de Bill Clinton de 1993 hasta el intento de Donald Trump para prohibir que las personas trans accedieran al ejército en 2016.

En Rusia, la construcción de las personas queer como «enemigas internas» que aprendían las ideas «desde fuera» facilitó otro hábil doblete. En casa, el gobierno podía definirse como defensor de los «valores familiares» y podía justificar más medidas en contra de la sociedad civil: las organizaciones LGTB estuvieron entre las primeras víctimas de la ley que regulaba a los «agentes extranjeros», la cual restringía las actividades de organizaciones que llevaban a cabo una «actividad política» con fondos extranjeros.

Mientras tanto, Putin podía desplegar la homofobia como un instrumento de política exterior en el extranjero. Este era un componente fundamental hacia el establecimiento de lo que el periodista Owen Matthews apodó «la Internacional Comunista Conservadora»[196], una política exterior rusa centrada en los «valores tradicionales». Los diplomáticos de Putin utilizaron la noción como un adhesivo para volver a unir a los países de la ex Unión Soviética en una nueva esfera euroasiática de influencia rusa para hacer frente a Occidente. Hubo tácticas más duras, como amenazas de paralización del comercio y de los recursos energéticos o, en el caso de Ucrania, una invasión militar. Pero también tiraron de la suave palanca de la propaganda, esto es, de los medios de comunicación federales, propiedad del Estado, que llegaban a todo el antiguo imperio soviético, donde había grandes minorías de hablantes de ruso, y de la Iglesia ortodoxa rusa, que era un agente político poderoso en los que habían sido países soviéticos hacia el oeste.

En los Estados bálticos, la influencia rusa creó una disonancia entre el marco legal proeuropeo basado en los derechos y la programación televisiva que los espectadores de habla rusa veían cada noche. Estonia desarrolló un perfil nórdico tolerante, pero en Lituania y en Letonia las actitudes homófobas eran las más altas de la Unión Europea: según la encuesta del Eurobarómetro de 2015, la mitad de la población de Lituania no creía que los homosexuales debieran tener los mismos derechos que los heterosexuales, y más de tres cuartas partes se sentirían incómodos si su hijo saliera con una persona del mismo sexo. Solo un cuarto de los lituanos aprobaba el matrimonio igualitario, y menos de una quinta parte de la población letona.

Lituania había implantado una ley en 2009 que prohibía hasta la discusión acerca de la homosexualidad en las escuelas. Ahora se estaban presentando leyes más amplias sobre la propaganda basadas en las de Rusia, tanto allí como en otros cinco países de la antigua Unión Soviética, que iban desde Europa hasta la estepa asiática. Ninguna de estas iniciativas tendría éxito, pero los debates que despertaron elevaron la temperatura homófoba de una manera considerable en la región, en tanto que convertían los «peligros» de la homosexualidad en una cuestión del discurso público. En 2017, al menos ochenta y tres hombres fueron acorralados en Azerbaiyán, torturados con electricidad y forzados a revelar datos de otros hombres, en nombre de la seguridad y la salud públicas. El mismo año, el fiscal del Estado de Tayikistán reveló un «registro» de trescientos setenta y seis supuestos homosexuales, «debido a la vulnerabilidad que tienen en la sociedad; por su seguridad y para prevenir la transmisión de enfermedades de transmisión sexual»[197].

Y a partir de diciembre de 2016, hubo un extenso pogromo contra hombres homosexuales en el territorio ruso autogobernado de Chechenia: más de cien fueron encarcelados y torturados, y al menos a tres los mataron. Masha Gessen escribió en *The New Yorker* que Chechenia era «una versión más extrema de Rusia: un Estado-mafia que utiliza la retórica religiosa para imponer el control sobre sus ciudadanos»[198], aunque «una versión rudimentaria, de andar por casa, del islam», más que de la cristiandad. El periódico ruso que sacó la noticia[199], *Novaya Gazeta*, sugería que el pogromo fue la reacción en contra de una llamada que hicieron activistas rusos para que se celebraran marchas del Orgullo en el Cáucaso. Pero, según Gessen, lo más probable era que se hubiera desencadenado por la revelación de aplicaciones para ligar con gais en el teléfono móvil de un detenido al que arrestaron por consumo de drogas.

En cualquier caso, se despertó un pánico moral. La legislación rusa sobre la propaganda homosexual y la homofobia que esta generó mandó «una señal muy clara de que las personas LGTB son inferiores», me dijo Tatiana Vinnichenko, la presidenta de la Red LGTB de Rusia. Era una señal de que al líder checheno Ramzán Kadýrov «se le daba muy bien tomarlo y explotarlo para sus propios fines». El pogromo checheno creó el siguiente espectáculo, tras las protestas globales por los Juegos Olímpicos de Sochi tres años antes, a lo largo de la zona fronteriza de la línea rosa en la Europa del Este. Putin fue públicamente reprendido por la entonces canciller alemana Angela Merkel; hubo protestas frente a las embajadas rusas en Occidente, y activistas LGTB rusos hicieron un recorrido por Estados Unidos para recaudar fondos y establecieron una ruta de escape desde Chechenia. «Evacuaron» a más de cincuenta hombres gais y los alojaron temporalmente en otras partes de Rusia. Entre abril y julio de 2017, a veintisiete de estos hombres les concedieron el asilo en Occidente; a doce, en Canadá. Las mujeres lesbianas también se vieron bajo un nuevo escrutinio; algunas huyeron, escapando de la amenaza de un crimen de honor.

Estos pánicos, escribe el antropólogo Gilbert Herdt en la introducción al libro de 2009 *Pánicos morales, pánicos sexuales*, «son característicos de Estados que experimentan tiempos de opinión pública dividida, circunstancias políticas, económicas y sociales en cambio, y un choque entre los mecanismos de control del Estado y la expresión libre y la elaboración individual de la sexualidad»[200]. El pogromo checheno contra los gais formó parte —dijo la Red LGTB de Rusia— de una campaña mucho más amplia llevada a cabo por las autoridades en contra de todo, desde el alcoholismo hasta los derechos de las mujeres y las subculturas juveniles, conductas que, todas ellas, eran vistas como «manifestaciones de la libertad personal»[201] que iban en contra de las normas de una sociedad chechena idealizada.

8

Pasha

Liúbertsy – Moscú

Pasha Captanovska: consultora informática y exfrancotiradora; Liúbertsy,
    treinta y tantos años. Pronombre: ella.
Yulia Captanovska: exmujer de Pasha, ejecutiva de seguros; Liúbertsy, unos
    treinta años. Pronombre: ella.
Yarik: hijo de Pasha y Yulia; Liúbertsy, siete años. Pronombre: él.
Valentina Kuzminichna: madrastra de Pasha, peluquera jubilada y trabajadora
    de fábrica; Liúbertsy, unos setenta años. Pronombre: ella.
Alya: novia de Pasha, psicoterapeuta; Liúbertsy y Volga, treinta y tantos años.
    Pronombre: ella.
Vitya: hijo de Alya, estudiante; Volga, en los últimos años de la adolescencia.
    Pronombre: él.
Yael Demedetskaya: activista trans y copropietaria de una clínica de transición
    de género; Moscú, unos cuarenta y cinco años. Pronombre: ella.
Andrei Demedetskiy: marido y socio de Yael; Moscú, unos treinta y cinco años.
    Pronombre: él.
Varya: conductora de autobús y madre joven; Arcángel, unos treinta y cinco
    años. Pronombre: ella.
Kate Messorosh: desarrolladora de productos tecnológicos; San Petersburgo,
    veintitantos años. Pronombre: ella.

1

Al terminar la vista del primer día, durante la solicitud de Pasha Captanovska para poder ver a su hijo, ambas partes se encontraron fuera de la sala del tribunal, esperando incómodamente el mismo ascensor. Pasha le había dado un regalo de cumpleaños a Yulia para que se lo diera a Yarik —su hijo estaba a punto de cumplir ocho años—, y ya no se podía contener: «¿Qué pasa con nuestras propiedades compartidas?», reclamó refiriéndose a los bienes sacados del apartamento e incluso al coche en el que Yulia se fue el día que se marchó con Yarik hacía poco más de dos años.

«¡Ni te atrevas a acercarte a mí!», gritó Yulia como respuesta, pero antes de que Pasha pudiera responder, la abogada se interpuso entre ambas. «¿Quién te crees que eres? Mírate, eres un monstruo. No deberían permitirte estar cerca de niños», le dijo la abogada a Pasha.

Era el 4 de agosto de 2016 y la expareja se encontraba en el Palacio de Justicia, tal como indicaban las letras doradas que había encima de un arco imperial descomunal, colocado sobre la fachada del nuevo edificio rosa, en una cruda ciudad dormitorio llamada Liúbertsy, al sudeste de Moscú. Pasha llevaba una cinta en el pelo que le apartaba la media melena rubia rojiza de la frente y una capa finísima de polvo de maquillaje que cubría los suaves rasgos del rostro: tenía los ojos almendrados y los pómulos marcados. Iba con unos pantalones negros unisex y una blusa sobria; un discreto corazón colgaba de un cordón negro que llevaba alrededor del cuello, y se había puesto dos anillos. Su petición era razonable, y al principio tanto la jueza como el trabajador social asignado por el Estado parecían alentadores. Pasha quería ver a Yarik una vez a la semana y pasar unas vacaciones con él dos veces al año.

Pero a Yulia esto le parecía inaceptable, y acusó a Pasha de «violencia psicológica» contra ella y su hijo: «Pensar que podía cambiar de género y que el niño y yo podríamos vivir con él como si no hubiera ocurrido nada… Esto solo puede ser cosa de una mente enferma» [202]. Yulia era alta y sofisticada, y llevaba la melena larga y negra recogida en una cola tirante. Contó en el tribunal que Pasha solía andar por la casa con ropa interior femenina; su padre añadió durante la declaración ante el tribunal que había visto a

Pasha amamantar de un sacaleches en presencia del niño. Al escuchar estas acusaciones, Pasha no se lo podía creer. Me dijo que era mentira.

Pasha «nunca había actuado en beneficio del niño, ni antes ni después del divorcio»[203], dijo Yulia al tribunal. Ella y su padre exageraron: Pasha no le había enseñado a Yarik a usar el inodoro, no se comunicaba con él y en vez de salir con él para que jugara, se quedaba en la cama hasta las once de la mañana «besándolo y chupándolo, lo cual empezó a parecer una perversión cuando resultó que era una mujer», resopló el hombre mayor de manera hipercrítica. Cuando Yarik preguntó dónde estaba su padre, contaba su abuelo, «le dije que ya no tenía padre, que se había convertido en una mujer…».

Hubo una cosa que angustió a Pasha más que oír esto, y fue enterarse de que su hijo, de carácter dulce, había empezado a asistir a clases de «peleas de perros» —un tipo de lucha de contacto— y que decía: «Cuando sea mayor, me vengaré de mi padre».

La jueza E. G. Aksenova dictaminó a favor de Yulia: no habría ningún tipo de comunicación entre Pasha y su hijo hasta que el último cumpliera dieciocho años. Hasta entonces, ver a Pasha «provocaría daños»[204] no solo en la salud física y mental del niño, sino en su «desarrollo ético» y en el entendimiento de «los valores familiares tradicionales». En caso de que hubiera alguna duda sobre el acierto de su decisión, la jueza sacó el fallo del campo del derecho familiar y lo aplicó a la nueva batalla ideológica que estaban librando las autoridades rusas: «La querellante no oculta su condición transgénero, le habla al niño sobre la posibilidad de cambiar de sexo; por lo tanto, está violando la Ley Federal sobre la Protección de los Niños contra la Información Nociva, que prohíbe la propaganda de relaciones sexuales no tradicionales entre los menores».

La jueza estaba interpretando de manera libre la infame ley rusa aprobada tres años antes, ya que, en realidad, no incluía la «condición transgénero» o el «cambio de sexo» entre las «relaciones sexuales no tradicionales» que debían evitar ser «promocionadas» en un radio que estuviera al alcance del oído de los menores.

Pasha se había convertido en una víctima en la línea rosa.

* * *

Un año antes, en julio de 2015, estuve con Pasha en el cuarto de Yarik, la capilla sombría por un niño perdido. Cuando Yulia se fue de casa no dejó nada del niño, salvo unas cuerdas para escalar atadas a la litera y un retrato sentimental que le había hecho. En él salía el niño con alas de ángel, desnudo y con peonías; estaba colgado en la pared. Ambos objetos seguían en su sitio, en la habitación por lo demás vacía. Los únicos vestigios que quedaban del niño eran los dibujos hechos con lápices de cera a su altura, justo encima del zócalo: eran personajes de *Angry birds* y del cómic sueco *Karlson*.

Pasha vivía en un apartamento que hacía esquina, en la planta baja de uno de los bloques de la era de Jrushchov que se extendían kilómetros a lo largo de Oktyabrsky Prospekt, la calle principal de Liúbertsy. La ciudad se desarrolló en la década de 1950 para alojar a los trabajadores de las fábricas cercanas, y en la era postsoviética consiguió muy mala reputación por ser el hogar de la nueva mafia de Moscú. Conforme me apeaba del *marshrutka* con Zhenya, mi intérprete, parecía como si estuviéramos adentrándonos en una ciudad planificada típica de la era soviética, aunque actualizada por las políticas actuales: conté cinco coches, en la corta distancia entre la parada de taxis y el bloque de Pasha, que llevaban pegatinas que decían «Obama *shmoe* [imbécil]».

A veces, las personas trans se mudaban lo más lejos posible de sus vidas anteriores para poder empezar de nuevo. Pero Pasha llevaba aquí, en el mismo apartamento, treinta y siete años, desde que tenía cuatro. Había sido un apartamento comunitario durante la época soviética, que había alojado a diferentes familias en tres habitaciones con una cocina compartida en medio. Conforme los otros inquilinos fueron saliendo adelante, las «abuelas» de Pasha empezaron a instalarse, por lo que para cuando la Unión Soviética cayó, se trataba, en efecto, de un hogar familiar. A su padre le habían otorgado el título de propiedad de la vivienda cuando se privatizó, y al morir en 1995, Pasha la heredó. La renovó en azules y grises limpios y contemporáneos. El ajetreo del bulevar quedaba filtrado por el doble acristalamiento y las persianas venecianas, y los dos cuartos estaban

212

a un lado: daban a los listones de madera que había entre su bloque de apartamentos y la escuela de al lado.

Pasha se había cambiado el apellido a una forma femenina —Captanovska en vez de Captanovsky—, pero había conservado su nombre de pila, un diminutivo de género neutro. Esta decisión vino de la mano con la de quedarse en el apartamento: «Quiero mostrarle a la gente que soy la misma persona que antes». Me dijo que era *genderqueer*: a pesar de que había asumido una identidad femenina después de la operación y de haber cambiado los papeles —un proceso laborioso e impredecible—, su estilo seguía siendo andrógino, como siempre. Hoy llevaba unos vaqueros negros rotos unisex y una camiseta de algodón. Era alta y atlética, y solía esconder su impresionante belleza tras una cortina de pelo que le caía por el rostro y que se apartaba constantemente al darle una calada al cigarrillo electrónico.

En el momento en que nos conocimos estaba en medio de la batalla por la custodia de Yarik, triste por el duelo de haber perdido a su hijo y por el agotamiento de intentar recuperarlo. También estaba con los efectos secundarios e inesperados de la vaginoplastia a la que se había sometido: todavía le resultaba difícil caminar por un problema que había tenido con la epidural. Apenas salía y suplía el amor que tenía por la naturaleza a través de un comedero de pájaros que había colgado fuera de la ventana de su cuarto. A veces subía vídeos cortos a Facebook de los pájaros picoteando, grabados a través de las persianas venecianas. Estos vídeos me daban la impresión de un encarcelamiento, pero también de esperanza.

Pasha era considerada y elocuente, pero se cohibía mucho. Hablaba tan suave que casi era un susurro. Mientras que esto podría haber sido un intento por feminizar su voz, no debía entenderse como una vacilación o como falta de autoconfianza: estaba convencida de que a Yarik le iría mejor con ella. «Estaba comprometida con la individualidad de mi hijo. Yulia sentía que a un niño hay que decirle cómo comportarse, qué hacer, qué pensar. Creía que yo no lo estaba educando para que fuera un hombre», dijo.

Pasha planteó su determinación en recuperar a Yarik como una manera de salvarlo: «Por la forma en que le están lavando el cerebro sobre mí, puedo ver que lo están tratando como si fuera de arcilla y pudieran modelarlo a su antojo. Esa es la razón por la que creo que yo debería criarlo, porque entonces será libre para tomar sus propias decisiones sobre lo que quiera ser, sobre lo que piense de los demás. Estoy luchando por darle algunos momentos en los que se encuentre a salvo de lo que le están inculcando ahora mismo».

La principal evidencia de que le estaban «inculcando» algo fue la valoración psicológica del niño que hizo un jurado nombrado por el Estado, como consecuencia de la petición de custodia. Le echamos un vistazo juntos: «Cuando le preguntan por su hogar, [Yarik] se pone tenso y cierra los puños [y] se ve arrastrado por la ira, exclamando: "Ya no tengo padre... Al principio era mi padre, bueno y atento, y ahora es una señora chiflada"»[205]. Esto es una mala traducción de la jerga vulgar rusa que utilizó el niño, presumiblemente influido por lo que decían los adultos a su alrededor. Pasha había «causado mucho dolor a mamá y a la abuela», les dijo a los peritos. «Los hombres no deberían comportarse así». Volvía repetidamente a este tema: sus amigos eran «hombres de verdad»; tenían «huevos» y, juntos, «estamos aprendiendo a pelear como hombres de verdad en una batalla». Su abuelo, uno de esos «hombres de verdad», le había dicho que, dado que «papá ahora lleva trenzas, pendientes y horquillas», necesitaba «que le enseñasen cómo son las cosas». Yarik también dijo que «mamá no me deja ver a papá porque podría contagiarme su enfermedad».

Los psicólogos rechazaron valorar la relación entre Pasha y Yarik, porque no los habían observado juntos. Pero en un giro de la lógica, se negaron a reunirlos con el propósito de realizar dicha valoración porque podría «desestabilizar al niño»[206]. Por tanto emitieron un fallo, a falta de observación apropiada, que sería irrefutable para Pasha: Yulia lo utilizaría para evitar que Pasha tuviera cualquier tipo de acceso a su hijo.

* * *

La última vez que Pasha vio a Yarik[207] fue el verano anterior, alrededor de su sexto cumpleaños, a principios de agosto de 2014. Esto fue unas seis semanas después de que se marchara Yulia, y entretanto, habían concertado varias citas para jugar, siempre en espacios públicos y con Yulia y algún otro miembro de su familia presentes. Esta vez, la cita se dio en un parque de atracciones cercano: Yulia llevó a Yarik y pasó el rato con una amiga mientras el niño arrastraba a Pasha hasta una de las casetas de feria y pedía que ganara para él un osito de peluche. Ambos trabajaron en equipo, tomando tres turnos cada uno para tirar los dardos a los globos. Acertaron todas las veces, y el dueño de la caseta, irritado, le dio un gran oso de color gris, casi más grande que el mismo niño, al que Yarik bautizó inmediatamente como Misha. Pasha bromeaba con que los iban a echar de la caseta si continuaban así. «Qué queréis que os diga, somos una familia de francotiradores», alardeó Pasha en Facebook aquella noche: lo había sido durante el servicio militar y parecía que su hijo había heredado su puntería perfecta. Pasha le dio a Yarik un regalo de cumpleaños, un kit de *Star Wars* de Lego, y cuando llegó la hora de despedirse, «Yarik, como siempre, me dijo adiós con la mano y me tiró besos al aire, que yo recogí y le devolví».

La visita fue un éxito rotundo: dos días más tarde, a Pasha le ofrecieron otro encuentro en el parque. «¡Nada de osos!»[208], bromeó al saludar a su hijo. En esta ocasión quien hizo de carabina fue la madre de Yulia, y mientras estaban apoyadas sobre la barandilla del trampolín pirata, Pasha le pidió a su antigua suegra que le explicara por qué estaba ahí. La mujer no respondió, y Pasha perseveró: «Para mí es humillante e insultante que solo pueda ver a mi hijo bajo la supervisión de dos personas. No soy una criminal ni nada por el estilo»[209].

Aun así, la mujer mayor se negó a contestar, y cuando Pasha insistió en el porqué, ella estalló: «¡PORQUE NO QUIERO HABLAR CONTIGO! ¡PORQUE QUIERO PARTIRTE LA CARA!». «¡¿Por qué!?». «POR TU CULPA, NOS HAS DESTROZADO LA VIDA A TODOS».

Las letras en mayúscula son de Pasha; quedaron registradas en una publicación de Facebook aquella noche, en la que describía la manera en que el «agradable rostro femenino» de la madre de Yulia «se vio distorsionado por las muecas de un odio y un enfado sin límites. Esta mujer, con quien he vivido codo con codo durante quince años, ¡y que se ha referido a mí como "mi querido yerno"! ¿Cómo puede alguien cambiar de una manera TAN rápida?».

Por supuesto, Yulia y su familia contestaron —no a mí: Yulia no respondió a las repetidas peticiones que le hice para una entrevista— que era Pasha quien había cambiado de una manera tan rápida e inexplicable. Creían que Pasha había echado más leña al fuego: estaban enfurecidas por la publicación del texto de arriba en las redes sociales, por haber aireado en público el conflicto que tenían. En este momento el divorcio se había hecho efectivo y Yulia había roto todos los vínculos, a pesar de los derechos de visita que estipulaba el acuerdo.

Cuando Yarik y sus acompañantes no se presentaron al siguiente encuentro concertado, Pasha llamó y le dijeron que el niño estaba enfermo. Fue al apartamento de los padres de Yulia con regalitos para él, pero le negaron la entrada: la madre de Yulia le lanzó insultos verbales, y su hermano y algunos amigos llegaron «borrachos, intentando sacarme a rastras a la calle. Entendí que querían darme una paliza, pero como activista que soy, tengo algo de experiencia en esto, así que levanté las piernas para que no pudieran moverme. Se juntó una pequeña multitud y una señora mayor empezó a gritarles: "¿Qué hacéis? ¡Parad!". Y así, me soltaron y se fueron».

Pasha no volvió a ver a Yarik. Las únicas noticias que recibía del niño llegaban a través de su madrastra, Valentina, que tenía una «conexión *babushka*» con la abuela de Yulia: la mujer llamaba de vez en cuando con noticias sobre Yarik, claramente intentando sonsacar las intenciones legales de Pasha.

* * *

«¡MELOCOTONES!».

Valentina Kuzminichna anunció su botín en cuanto cruzó el umbral del apartamento de Pasha una tarde calurosa de julio de 2015. «¡Melocotones y pepinos! Tengo preciosos melocotones de verano y pepinos y tomates, ¡del mercado, para ti!».

La madrastra de Pasha era una trabajadora de fábrica y peluquera jubilada. Era una mujer bajita y fornida, llevaba un vestido floral sin mangas, el pelo corto y esa combinación singular de entusiasmo y sentimentalismo que define a las *babushkas*. «Pasha es mi hija adoptada. La he criado desde que tenía siete años», me dijo antes incluso de que nos presentaran.

«En realidad, fue con ocho años», la corrigió Pasha.

«¡Si lo sabré yo! Fue con siete. Se estaba acercando tu octavo cumpleaños. Yo llegué a finales de año».

«Tenía casi ocho años».

«¡Como quieras! Me casé con tu padre después de solo dos meses de cortejo. Nunca tuvimos ninguna riña. Estábamos en paz, a pesar de que tuviéramos a dos, a veces tres, abuelas viviendo con nosotros. ¡Todo un logro! Lo único por lo que a veces nos peleábamos, querida Pasha, era por tu negativa a comer. Tu abuela solía intentar forzarte a que comieras, pero yo siempre te apoyaba».

Mientras la mujer mayor se acomodaba en el sofá al lado de Pasha —tenía un problema de corazón y mala circulación en las piernas—, se enteró de las últimas noticias: Pacha no solo había perdido su apelación contra la decisión por la custodia, sino que además había recibido una llamada de la abogada de Yulia en la que le decía que ya no podría ver más a su hijo, dado el informe de los psicólogos, que decían que sería «desestabilizador». Valentina estaba hecha una furia: «Si hubieras visto alguna vez a Pasha y al niño juntos, verías lo especial que era su relación. ¡Me duele tanto esto! ¡Estoy tan enfadada!». Rodeó con los brazos a «mi Pasha» y le pellizcó las mejillas: «Siempre ha sido mi niña. La quería cuando era mi hijo y ahora la quiero como mi hija».

Pasha solo tenía cuatro años cuando su propio padre la separó de su madre. Esto ocurrió después de que volviera de un viaje de negocios y se encontrara a su hijo hospitalizado debido al descuido de su madre. El único recuerdo tangible que tiene Pasha de su madre era estar sentada en el suelo con un juguete y ver su espalda en la mesa de la cocina mientras bebía hasta el olvido, como consecuencia de lo que ahora entendía Pasha que era una depresión posparto sin tratar. A partir de aquello solo vio a su madre una o dos veces, y su desaparición fue una motivación de enorme importancia para luchar por seguir presente en la vida de su hijo.

Esto se veía agravado, sin duda, por la evidencia de que la familia de Yulia estaba volviendo a Yarik en su contra. «Cuando era pequeña, me dijeron muchas cosas duras y feas sobre mi madre. Pero conforme he ido creciendo, me he dado cuenta de que no era esa persona malvada. Era una víctima que debería haber recibido ayuda, en vez de que la dejaran abandonada a su suerte. Me mata que estén llenándole la cabeza a Yarik con la idea de que soy malvada, igual que me llenaron a mí la cabeza de pequeña».

Ya de adulta, Pasha empezó a buscar a su madre, pero las pistas eran vagas: en la Unión Soviética, la gente desaparecía de verdad.

Cuando el padre de Pasha se quedó con su custodia, se mudó con ella a Liúbertsy, porque él trabajaba en una zona cercana como ingeniero en la gigantesca fábrica de helicópteros Mil de Moscú y porque su madre vivía ahí. Aunque Pasha no lo dijera, su batalla por la custodia de Yarik debió estar influida, también, por la manera en que su padre, atípico para un hombre en la sociedad rusa, la crio: «Amaba a ese hombre. Para mí, era un ejemplo de *humanismo*».

«Las abuelas» que criaron a Pasha —la madre y las tías de su padre— eran un equipo formidable, curtido por haber pasado la infancia en un orfanato durante la Gran Guerra: a sus progenitores los habían mandado a Siberia durante la purga de los *kulaks* en la década de 1930. Vivían con la convicción —una condición rusa— de que había que estar preparado en esta vida contra una inminente catástrofe y no tenían «una postura demasiado buena» ante las personas que estaban al mando. Por ellas, Pasha se empapó de un temprano desdén por el autoritarismo soviético, y se mantuvo al margen del Partido Comunista y de los movimientos juveniles que podrían haber hecho que avanzara, tanto a nivel educativo como profesional.

El género en la familia de Pasha no era para nada convencional: sin duda, su padre fue el sostén primario de la familia y le enseñó a su hijo a disparar, pero también era el buenazo que alentó la individualidad de Pasha. La abuela, por otra parte, era «el hombre de la casa: no toleraba discrepancia alguna». Desde la atleta hasta la trabajadora, había, de hecho, espacio en la sociedad soviética para las mujeres con inconformidad de género, y cuando Valentina Kuzminichna —viuda— se unió a la familia

Captanovsky con su hijo de diez años, mostró ser una de ellas: se iba a trabajar cada día, no cocinaba ni una sola comida y no hacía ninguna tarea del hogar. Ella y Pasha se hicieron íntimas.

* * *

AHORA, EN LA SALA DE ESTAR de Pasha, su madrastra ofreció, por iniciativa propia, lo siguiente sobre su «nueva hija»: «Claro que esto no es *tradicional* para nuestro país. No es convencional. Tenemos nuestras propias tradiciones y convenciones aquí, en Rusia, no como vosotros, en Occidente. Pero hay que ser *humanista* —ahí estaba, de nuevo, esa palabra— en cada situación». Su opinión sobre la familia de Yulia era que «están bastante asustados, y no puedo averiguar por qué».

«A lo mejor están asustados por lo que otros puedan pensar», sugerí.

«Entonces, ¿por qué no estoy yo asustada?», respondió. Al principio lo pasó mal con la nueva identidad de Pasha, pero ahora se había convertido en su más firme defensora: «¿Cómo podría darle la espalda a mi propia hija cuando las madres de *asesinos* siguen yendo a visitar a sus hijos a las cárceles? ¡Mi Pasha no es ninguna criminal! Es mi niña y debo apoyarla ahora que todo el mundo está en su contra». La emoción la abrumaba. «¡Voy a ir para allá [al apartamento de la familia de Yulia] y les voy a dar una paliza! ¡La policía no podrá siquiera frenarme!».

¿Estaba todo el mundo en contra de Pasha?

Fuimos a visitar a una vecina, una mujer mayor llamada Natalya Efseyeva. «Podía ver cómo iba cambiando, pero no quería husmear. Pero luego te encuentras con fragmentos de cosas en la televisión y descubres que ocurren cosas así y que —¡Santo Cielo!— tu vecino, el pequeño Pasha al que conoces desde que era un niño… ¡Pasha es uno de ellos!».

La señora Efseyeva confirmó, igual que Valentina y todas las otras personas con las que hablé, incluyendo a una amistad de la familia de Yulia, que Pasha había sido el cuidador principal de Yarik hasta que Yulia se lo llevó. El primer empleo de Pasha, después del servicio militar, había sido como francotirador en la Guardia Nacional, pero lo había dejado tras unos años: «Odiaba las caras de miedo que ponía la gente cuando veían a un hombre con un arma», me dijo. Así que se recicló en tecnología de la información y empezó a trabajar fundamentalmente desde casa —su principal cliente era Aeroflot—, mientras que Yulia era una ejecutiva en la industria de los seguros que se aplicaba a fondo en el trabajo y en la fiesta; apenas estaba en casa.

Pasha era «un padre maravilloso» dijo la señora Efseyeva, pero «era demasiado blando. Nunca regañaba a los niños». Puso los ojos en blanco ante Pasha y se dirigió a ella con un suave sarcasmo: «Siempre preferiste *explicarle* por qué estaba mal algo, ¿no?». Al parecer, la familia política de Pasha estaba de acuerdo, y hubo un conflicto sobre la disciplina que fue anterior a la transición de género.

El hijo de la señora Efseyeva había sido el mejor amigo de Pasha en el colegio, y aunque ya no quería tener nada que ver con ella, la mujer mayor consideraba a su vecina como una buena amiga, a pesar de que no consiguiera usar bien los pronombres. La abrazó con cariño cuando se vieron. La gente en el edificio chismorreaba sobre Pasha, pero «no por maldad. No conocemos sus motivos, así que nos encogemos de hombros. Si fuera inmoral, lo juzgaríamos mucho más, pero ¡Pasha es una persona tan buena! Supongo que a veces un chico simplemente se convierte en una chica. Así es la vida».

2

Pasha solía trabajar en casa, y cuando la llamaron inesperadamente para que fuera a la oficina la mañana del jueves 26 de junio de 2014, tuvo una premonición: «Parecía que Yulia tenía muchas ganas de que saliera de casa. Cuando volví y vi que se habían marchado, supe de inmediato lo que había ocurrido. Me puse histérica. Llamé por teléfono a Yulia varias veces, pero no contestó».

Al final Pasha consiguió contactar con Yulia, bien entrada la noche. «No te preocupes por nada. Estamos bien», le había dicho Yulia. «¿Y qué hay de mí?», respondió Pasha. «Ahora eres libre de vivir como elijas».

Era cruel, pero Yulia tenía razón. Durante años, Pasha había estado posponiendo cualquier pensamiento sobre la transición, precisamente, como tantos otros, por el temor a verse obligada a renunciar a su mujer e hijo. Pero me dijo que ahora «no tenía nada más que perder».

Una amiga de Pasha le dio a conocer una clínica de género en Moscú y empezó su transición: se sometió a una junta de tres médicos liderados por un psiquiatra, a un diagnóstico médico de «transexualidad», una vaginoplastia y luego, por fin, al arduo proceso de persuadir a la burocracia rusa para que le cambiaran los papeles —no había un procedimiento estándar para esto, y dependía del antojo del funcionario local—.

Que Pasha perdiera a Yarik al convertirse en una mujer era la trágica ironía de su historia, ya que fue el nacimiento de su hijo lo que había despertado su manera de entenderse a sí misma como mujer. Era un sentimiento que había conseguido reprimir desde que tenía unos diez años. Como tantas otras niñas trans, durante la temprana infancia no entendía por qué la llamaban «niño» y esperaban que hiciera cosas varoniles. Pero era naturalmente atlética, y su pasión era disparar: le encantaban la «concentración» y la «tranquilidad» que requería la puntería. Consiguió suprimir su feminidad: «La puse bien al fondo, en una cajita, y era invisible para el exterior. Mi vida era como esa escena de *Terminator*. Schwarzenegger está mirando a una pantalla y descifrando cuáles son sus opciones. Hay varias, y la más apropiada está resaltada. Yo actué de la manera que sería más apropiada para evitar problemas», me dijo.

Pasha se convirtió en Terminator: «Servicio militar: *resaltado*, por lo que me uní al ejército y me convertí en francotirador. Marido: *resaltado*, por lo que me casé con Yulia. Paternidad: *resaltado*, por lo que tuvimos a Yarik».

Pero cuando nació el niño se dio cuenta de que «todos mis sentimientos femeninos volvieron a aflorar. Sentí un amor inmenso por esta criatura pequeña, y quería protegerlo, alimentarlo, cuidarlo. Pero se consideraba que los hombres no debían actuar así. Me reprochaban por ser demasiado blando, demasiado cariñoso, no lo suficientemente varonil como padre. Esto me impresionó y confundió. Con el tiempo llegué a la conclusión de que se me estaba imponiendo una prohibición en la manifestación de estos sentimientos. En cuanto lo entendí, me di cuenta de que tenía el poder de rechazar la prohibición y mostrar esos sentimientos. La sociedad no tenía derecho a controlar cómo me sentía, así que solté esos sentimientos… Liberé mi conciencia de todo lo que se me había impuesto. Entonces me acepté como mujer».

Esto no se llevó a cabo en el vacío. Precisamente en esos años se empezó a expandir de manera drástica una conciencia global sobre la identidad transgénero, debido a la explosión de la información digital, al aumento en el acceso a los medicamentos y a las operaciones quirúrgicas, y a las victorias sobre los derechos gais en Occidente, que habían abierto nuevas fronteras y habían producido un movimiento por los derechos trans. También fueron estos los años en los que un nuevo movimiento por los derechos empezó a ganar visibilidad en Rusia: a partir de 2006, un grupo llamado GayRussia solicitó cada año la celebración de un evento del Orgullo en Moscú. Y cada año rechazaban la solicitud, pero los activistas seguían adelante de todos modos, lo que provocaba alguna agresión por parte de contramanifestantes y algún arresto por parte de la policía. En el nuevo alfabeto LGTB que se estaba entretejiendo en el repertorio ruso —en 2012 al acrónimo ya lo utilizaban formalmente los oponentes hostiles—, la T empezó a hacerse valer: participantes trans y pancartas en los eventos anuales suspendidos del Orgullo, documentales sobre género en el Festival de Cine LGTB en San Petersburgo; une activista *genderqueer* que se hacía llamar Grey Violet y realizaba *performances* públicas con Pussy Riot.

Pasha pasó mucho tiempo en transgender.ru, que había empezado en 2004, y en salas de chat. También comenzó un curso intensivo autoguiado en teoría del género leyendo en ruso y en inglés. Observó el nuevo activismo desde la distancia, cada vez más animada. A principios de 2012, en un momento en el que las cosas parecían ir bien en su familia —«Nos sentíamos felices, a pesar de nuestra diferencia. No soy masoca», me dijo—, decidió confiarle a Yulia su identidad de género. Al principio Yulia pensó que su marido era gay, pero cuando Pasha le explicó minuciosamente la diferencia entre orientación sexual e identidad de género, «Yulia se mostró muy comprensiva, incluso calmada. Entonces ocurrió todo lo de la propaganda homosexual en Rusia y todo cambió». Para ambas.

* * *

EL PUNTO DE INFLEXIÓN lo marcó la campaña de reelección de Putin en 2011 y su posterior presidencia.

«De repente, después de que reeligieran a Putin, empezaron a poner programas horribles en la televisión. "Es nocivo, es una enfermedad proveniente de Occidente con el propósito de destruir Rusia desde dentro"», recordaba Pasha.

En el hogar Captanovsky, las opiniones de Yulia comenzaron a cambiar. «Había sido bastante progresista y democrática antes, pero ahora se había unido al grupo de los seudopatriotas que terminaron exclamando: "¡Crimea pertenece a Rusia!". Sus opiniones sobre las minorías sexuales también se volvieron de esa tónica», me contó Pasha. Discutiendo en casa, Yulia dejó claro que apoyaba la nueva legislación contra la homosexualidad, que pretendía tratar solo sobre la protección a la infancia. Se abrió un abismo entre la pareja casada: ambos estaban radicalizados, en direcciones opuestas.

En diciembre de 2012, Pasha leyó en internet algo sobre una besada frente a la Duma Estatal en protesta por la primera lectura de la nueva legislación federal contra la propaganda, que expandía las leyes provinciales para abarcar cualquier tipo de información sobre «orientación sexual no tradicional»[210], incluyendo —de forma crucial— la que creara «una imagen distorsionada de una equivalencia social entre las relacionas sexuales tradicionales y las no tradicionales». En otras palabras, la igualdad entre gais y heterosexuales. Empujada por la rabia y en parte por su anhelo de comunidad, Pasha decidió asistir. Lo hizo en forma discreta, como transeúnte.

Dos meses más tarde, en una extremadamente fría mañana de enero, volvió a ir, cuando se hizo la segunda lectura del proyecto de ley. Entre sus planes no estaba que la arrestaran, pero cuando vio la fuerza con la que estaban maltratando a otros, se sentó en la nieve y se negó a moverse. Fue una de las veinte activistas a quienes metieron en un furgón policial y se llevaron a la comisaría de Tverskaya: «El día de los besos ha sido un éxito»[211], publicó en Facebook junto con fotografías de ella misma, de otros detenidos en el furgón y de la comisaría. «Hubo muchos participantes, periodistas, polis y matones. Estos últimos intentaron atacar, pero no lo consiguieron. No hirieron a nadie».

Esta fue la declaración pública de Pasha, si no como trans aún, entonces como activista por los derechos LGTB. Yulia, como era de esperar, se molestó y acusó a Pasha de traicionar un acuerdo al hacerlo público. «Yulia es una perfeccionista», me dijo una amistad de la familia. «A ella y a su familia les importa mucho mostrar al mundo la cara "correcta". ¡Imagínate si alguien a quien conocieran hubiera visto a Pasha en la televisión o en alguna de aquellas manifestaciones! Yulia no podría haber vivido con la vergüenza. También estaba preocupada, con toda la razón, por si se metían con el niño».

El 11 de junio de 2013, Pasha acudió por tercera vez a protestar. Habían convocado una besada frente a la Duma Estatal, donde se estaba dando la votación final. El gran contingente policial fue más duro que nunca y estuvo menos dispuesto a frenar la violencia de los contramanifestantes de derecha: varios participantes sufrieron brutales agresiones. Era a principios del verano, y de camino Pasha había comprado, por impulso, un racimo de peonías rojas. Aunque no la arrestaron en esta ocasión —quizá por deferencia a Yulia—, se las arregló para darle el racimo a un manifestante a quien estaban arrastrando hasta el furgón policial, que estaba a la espera; la imagen de las flores ondeando a través de los barrotes del furgón conforme se alejaba se convirtió en un símbolo de la resistencia de aquel día.

Dentro de la Duma, los legisladores votaron casi por unanimidad que el proyecto de ley siguiera adelante. Solo hubo una abstención. Putin aprobó la ley tres semanas más tarde. Entonces, en septiembre, la nueva ley halló una lógica consecuencia en la propuesta de enmienda al Derecho de Familia que permitiría al Estado quitarles a los niños a los padres homosexuales, de la misma manera que tenía esa potestad sobre adictos a las drogas, alcohólicos y otros que llevaban, supuestamente, un estilo de vida amoral. El autor de la medida, el ultranacionalista Alexei Zhuravlev, explicó que no era suficiente con prohibir la «propaganda homosexual» en los medios y en los espacios públicos; también tenía que darse en «la familia»[212], porque el daño que podía hacerle a un niño era «inmenso». Incluso después de que su propuesta fuera archivada, su mera existencia provocó el pánico dentro del colectivo LGTB; también desempeñó un papel significativo al alimentar el discurso homófobo.

«El mensaje es claro», dijo Sasha Semyonova, que llevaba una red de familias LGTB en San Petersburgo cuando la conocí en octubre de 2013, cuando el proyecto de ley de Zhuravlev estaba siendo discutido: «"Cállate o te quitaremos a tus pequeñas criaturas. Puede que también te quitemos las discotecas y los bares"».

Semyonova realizó una encuesta para Coming Out San Petersburgo, donde trabajaba, a doscientas cincuenta familias en la ciudad: la mayoría tenían madres lesbianas, también había algunas con madres o padres trans y gais. Más de la mitad dijeron que estaban planeando irse de Rusia, y otro cuarto dijo no tenerlo claro; incluso quienes afirmaron que deseaban quedarse comentaron que tendrían que actuar con más discreción. Semyonova también era madre y se refería a su propia angustia: «Estamos hablando de madres y padres que han estado enseñando a sus hijos que estén orgullosos de sus familias. Ahora tienen que volver a hablar con ellos y decirles que tienen que ser más discretos e incluso esconder el hecho de que tienen dos mamás. Imagínate». Ella se marchó de Rusia con su familia a finales de 2013 y se establecieron en la República Checa.

La encuesta de Semyonova aporta una clave indispensable para entender las condiciones que tuvieron que ver con lo que había estado ocurriendo en Rusia. Que madres y padres queer estuvieran contemplando volver al armario implicaba que habían estado saliendo de dicho armario en los años anteriores: el mero hecho de que hubiera una red de doscientas cincuenta familias queer en San Petersburgo ya ofrece una indicación del modo en que la cultura urbana rusa había estado cambiando a principios del siglo XXI.

Hubo, en efecto, algo así como un «*baby boom* lésbico», en palabras de Semyonova, durante aquellos años. Reflejaba lo que había ocurrido en muchas otras partes del mundo, también, ahora que la noción de las familias queer estaba siendo popularizada por la legalización del matrimonio igualitario en algunos países, y la idea estaba siendo retransmitida a nivel global a través de la televisión y las redes sociales. «Parecía algo inevitable que los derechos LGTB llegaran a Rusia», me dijo Semyonova. Eligió las palabras de manera juiciosa para describir el ambiente durante los años anteriores al regreso de Putin a la presidencia en 2012: «Incluso se respiraba, quizás, un espíritu de optimismo».

Las ciudades habían estado prosperando; los rusos, viajando. Y los beneficios del capitalismo, solo al alcance de la flor y nata de la sociedad durante la nefasta década de 1990, ahora se disfrutaban de una manera más extensa. El tirón de Occidente seguía siendo fuerte entre la Rusia urbana de clase media, sobre todo cuando se trataba de las libertades personales y del consumo de productos; en las ciudades empezó a desarrollarse una importante subcultura gay. En 2012, Rusia era uno de los países más conectados del mundo: las redes sociales implicaron que las personas aisladas a lo largo de este vasto país se pudieran conectar y formar parte de una comunidad virtual, aunque no pudieran ir en persona a las discotecas o ligar. Las organizaciones activistas estaban brotando, sembradas en parte por fundadores que promocionaban los derechos LGTB a nivel global, como la Open Society Foundations de George Soros y las agencias de desarrollo nórdicas y holandesas.

No fue coincidencia que la primera ley regional contra la propaganda homosexual se aprobara en 2006 —en Riazán—, justo después del primer intento de organizar un evento del Orgullo en Moscú. Había barreras que no se podían traspasar: protestas políticas públicas, incluso la visibilidad; cualquier reivindicación de los derechos.

* * *

¿Habría encontrado Pasha el valor para realizar su transición de no haber habido un movimiento por los derechos LGTB cada vez más visible en la sociedad rusa durante esos años y discusiones públicas cada vez más numerosas sobre sus derechos?

Ni la propia Pasha podía estar segura, pero una cosa era cierta: si Yulia estaba cambiando de cierta manera durante esos difíciles años —volviéndose cada vez más lo que su expareja llamaba «seudopatriota»—, también lo estaba haciendo Pasha. No solo política, sino físicamente. Había empezado a tomar estrógenos —sin supervisión; la cumplimentación de las recetas es muy laxa en Rusia— y a utilizar una crema para aumentar el pecho.

Las cosas alcanzaron un punto crítico en unas vacaciones familiares en el campo durante la primavera de 2014. La tía de Yulia era médica y se dio cuenta enseguida de lo que estaba ocurriendo. Su diagnóstico fue perentorio y brutal: le dijo a la familia que Pasha estaba mentalmente enferma y que eso era grave.

Cualesquiera que fueran las tensiones personales que había en la familia sobre la transición de Pasha, las diferencias entre ella y Yulia fueron exacerbadas por el cada vez más estridente discurso público sobre los derechos LGTB y la homosexualidad. Había alcanzado el punto álgido apenas unas semanas antes de las fatídicas vacaciones familiares con la inauguración de los Juegos Olímpicos de Invierno, acogidos por Rusia en Sochi: ese fue el momento en el que la homofobia del país pasó de ser una cuestión doméstica a un titular internacional.

A lo largo de las décadas anteriores, se había ido estableciendo la tradición de montar una Casa del Orgullo en los Juegos, una especie de carpa de hospitalidad para atletas y fans queers. A principios de 2012, las autoridades habían rechazado una solicitud de Nikolai Alekseev, el activista LGTB más beligerante de Rusia, para montar una Casa del Orgullo en Sochi. Esto fue ratificado por un juzgado local, que dictaminó que promover «actitudes positivas hacia los deportistas LGTB» en Sochi no solo estaría en desacuerdo con «los cimientos de la moralidad pública»[213], sino que también «socavaría la soberanía y la integridad territorial» de Rusia, debido a su defensa del «extremismo» y su promoción de «la reducción de su población».

Estas nociones estaban sacadas directamente de lo que se estaba convirtiendo rápidamente en el manual de estrategia del Kremlin para el asunto, y Aleeksev y sus camaradas hicieron sonar las alarmas a nivel mundial. A finales de 2013, había más medios informando sobre este tema[214] a nivel internacional que sobre casi cualquier otro asunto de Rusia. A pesar de que esta atención desempeñó un papel importante al poner de relieve la situación de las personas LGTB en Rusia, los alegatos de pogromos generalizados eran a menudo exagerados; los gestos de solidaridad, en algunos casos, equivocados:

el boicot al vodka Stolichnaya en bares y discotecas gais, por ejemplo, cuando la marca ni siquiera era rusa. Esto le vino de perlas a Putin: el Kremlin acusó a Occidente de estar llevando a cabo una campaña de desprestigio e instó a los rusos a defender sus valores frente a esta arremetida.

En una reunión internacional de hombres de Estado que convocaron sus representantes en diciembre de 2013, Putin acusó a Occidente de cruzar una «línea roja» al intentar manipular la soberanía rusa. Aquí describió la normalización de la homosexualidad como «un camino directo hacia la degradación y el primitivismo»[215]. Aun así, Putin insistía en que a los homosexuales no se los discriminaba en Rusia, una afirmación a la que volvería con frecuencia en los próximos meses, mencionando cansinamente a Tchaikovsky y a Pushkin. «No estamos prohibiendo nada, no estamos deteniendo a nadie, no tenemos castigos penales para tales relaciones, a diferencia de otros países»[216], dijo a potenciales visitantes extranjeros a los Juegos de Sochi. Sí añadió algo al final, vinculando una vez más la homosexualidad con la pedofilia, igual que lo hacía la propia legislación contra la propaganda: «Pueden estar tranquilos y relajados, pero, por favor, que dejen en paz a los niños».

En una entrevista para un documental británico, el analista político Alexey Mukhin dejó más claro el acuerdo del Kremlin para las personas queer: «Es cierto que puede ser bastante difícil ser gay en Rusia. Pero si no eres públicamente activo dentro de la comunidad gay, la gran mayoría de los problemas desaparecerán sin más. Se podría decir que ser gay en Rusia es como vivir en el armario, un armario muy grande y cómodo»[217].

Para las autoridades rusas, el problema estaba en que una cantidad cada vez más grande de rusos se estaban dando cuenta de que el armario no era tan cómodo después de todo, por las mismas razones por las que ocurría en otras partes del mundo globalizado: entendieron que podrían ser más libres y estar más actualizados si pudieran dejar de llevar una vida doble, que podrían reclamar los derechos que sus compatriotas heterosexuales tenían y que las personas queer estaban ganando en Occidente. Aunque, en el armario, Pasha escondió su identidad de género más que su sexualidad, la lógica que la sacó de ahí fue la misma.

Seis meses después de la inauguración de los Juegos de Sochi, y tres meses después de las vacaciones de primavera en el campo cuando la tía de Yulia declaró la «enfermedad» de Pasha, Yulia se marchó con Yarik y empezó con el proceso de divorcio.

* * *

AL FINAL, la ley de la propaganda rara vez se aplicaba, pero facilitó lo que Human Rights Watch denominaría más tarde una «licencia para dañar»[218]: emboscadas a través de internet y agresiones espantosas llevadas a cabo por grupos como Occupy Pedofilia; sacar a la fuerza a docentes gais y lesbianas de sus trabajos; un aumento pronunciado en las agresiones a hombres que parecían ser gais, incluyendo un par de asesinatos; un ataque en una reunión a la hora del té un domingo en San Petersburgo, en un centro de lucha contra el VIH, que dejó a un hombre parcialmente ciego; las brutales agresiones a activistas LGTB en manifestaciones públicas.

En octubre de 2013 fui de visita a la ciudad de Arcángel, al norte de Rusia. Esta fue la segunda región en aprobar la ley contra la propaganda, dos años antes, en lo que fue una clara reacción contra un colectivo LGTB local que se mostraba firme. Estando ahí, una conductora de autobús joven y lesbiana llamada Varya me trajo una pegatina que había encontrado sobre un billete usado del tranvía: «¡Aplasta a los maricones como a un montón de mierda!», proclamaba sobre la imagen de un joven místico con el pelo lila al que lo estaban pisoteando con unas botas de estilo nazi. Estas pegatinas estaban por todas partes en Arcángel. Había otras parecidas en Moscú que representaban a un ave de corral amanerado bajo la palabra *petukh*, «gallo» en argot; era la manera despectiva de referirse a un hombre al que habían violado en prisión. Las agresiones sexuales eran parte del día a día en el sistema penitenciario soviético, como sabía la mayoría de los rusos. Esta es una de las razones por las que una política oficial sobre la homofobia cayó sobre un terreno tan fértil.

Varya acababa de ser madre. Vivía con su novia, que también tenía un bebé. La criatura de Varya, Serafima, fue el resultado de un rollo de una noche con un tipo al que conoció en el ambiente *nieformaly* de Arcángel, el mundo musical alternativo con influencias góticas en el que muchos jóvenes queer encontraron su espacio, tanto en Rusia como en otras partes. Tras la declaración de la nueva ley que le quitaría los hijos a los padres homosexuales, el padre de Serafima empezó a amenazar a Varya con una demanda por la custodia, a pesar de que él nunca hubiera visto a la criatura.

En su caso, no fue más allá de las amenazas, pero para otros, sí: en el libro *Propaganda homosexual: historias de amor rusas*, una mujer de Moscú cuenta la historia[219] de cómo tuvo que ir a juicio para luchar por la custodia con sus propios padres. A diferencia de Pasha, ella pudo quedarse con su criatura al «probar» ante el tribunal que su compañera no era su amante, sino, simplemente, su compañera de piso. En 2019, una pareja gay quedó bajo sospecha[220] cuando su hijo de doce años dijo inocentemente a las autoridades hospitalarias cuando lo ingresaron por un dolor de estómago que tenía dos padres. Tras una entrevista y una investigación, a Andrey Vaganov y Evgeny Erofeyev les dijeron que había sospechas de «abusos sexuales» y que podrían tener que llevar al niño a un centro de rehabilitación del Estado mientras durase la investigación del caso. La pareja huyó del país, y en su ausencia se abrió un caso contra la agencia de adopción que les había entregado al niño.

Una madre de San Petersburgo, una mujer lesbiana llamada Olga, me explicó que su hija adolescente había estado expuesta recientemente a comentarios y bromas homófobas e infames por parte de su padre, anteriormente tolerante. La chica había estado acompañando a su madre a las reuniones de Coming Out San Petersburgo desde que tenía doce años. Después de conocer a otros niños que creía que necesitaban apoyo, intentó empezar un grupo de «niños arcoíris» en la organización, pero no se lo permitieron, ya que contravendría la ley y podría poner en peligro a toda la organización. Después de la aprobación de las leyes contra la propaganda, ninguna de las organizaciones LGTB de Rusia podía anunciar servicios que proporcionaran acercamiento o apoyo a los menores.

Había más jóvenes declarándose que nunca. Y en ese mismo momento, los servicios que podrían haberlos ayudado fueron retirados de manera abrupta.

Una iniciativa atrevida intentó llenar ese vacío. Y a través de ella, indirectamente, Pasha conoció a su nueva pareja, Alya, unos meses después de que Yulia la dejara a finales de 2014.

3

Cuando conocí a Pasha en junio de 2015, Alya estaba con ella. Fue en el punto de encuentro de la gente queer de Moscú, llamado descaradamente Propaganda, un café-restaurante de estilo *steampunk* en las sombras del gigantesco edificio de la jefatura de policía en la plaza Dzerzhinsky. Propaganda era conocido por organizar noches de baile los sábados. Ahora, un jueves por la tarde, Pasha y Alya estaban apretujadas en una de las butacas granates al lado de la pista de baile.

Pasha iba vestida al estilo roquero, aunque moderada: zapatillas tipo Converse, vaqueros con los bajos recortados y una camiseta negra que decía NOS ENCANTAN LOS VIERNES en dorado y plateado brillantes. Alya podría haber salido directamente de un póster soviético: una cascada de cabello rubio, corpulenta y con ojos en forma de medialuna del mismo color que el vestido ajustado azul eléctrico. Llevaban juntas poco más de seis meses y actuaban como se haría al principio de una relación. Se acariciaban las mejillas, probaban la comida de sus respectivos platos, terminaban las frases de la otra, y todas las veces que estuvimos en el exterior durante mis dos visitas aquel verano, iban de la mano y del brazo, sin darse cuenta de las miradas que atraían.

Alya no vivía en Moscú, pero se había convertido en una habitual en el viaje en tren de ocho horas desde su ciudad natal en el río Volga, donde tenía marido, un hijo adolescente y una consulta de psicoterapia con mucho ajetreo. Cristiana devota, creció en una familia que consiguió mantener las costumbres religiosas durante la época de la Unión Soviética. Cuando era adolescente, su interés por la justicia social y su deseo de tener una relación personal con Dios la llevó hasta el luteranismo. Estudió Teología en la universidad y pasó de ser líder del grupo juvenil de la iglesia a directora de programación de la escuela dominical.

La vida de Alya también cambió drásticamente por las leyes contra la propaganda y por el odio que inspiraban. Me contó que, de repente, «el sarcasmo habitual de mi sacerdote sobre la homosexualidad, su tendencia a reírse de alguien, pasó a ser una ira con aires de superioridad moral. Daba sermones homófobos, por lo menos, una vez al mes». En ese momento, Alya no se identificaba como lesbiana o LGTB —«como mucho, se podría decir que tenía tendencias bisexuales»—, pero tenía algunos amigos gais y había una mujer lesbiana en la iglesia. Escuchar al sacerdote «referirse a mí como "hermana en Cristo", y después verlo subir al altar para arrojar semejante odio... No, no podía aguantar aquella hipocresía». Alya dejó la iglesia y vio cómo «el tema empezó a estar más presente públicamente. Rusia comenzó a parecerse a la Alemania fascista; eso de señalar a un grupo vulnerable y acusarlo de algo. Me pregunté: "¿Quién será el siguiente?"».

En ese momento, Alya había obtenido la licencia para ejercer como psicóloga y estaba trabajando con adolescentes. Sentía que tenía que hacer algo, así que —dado su interés en las personas jóvenes— contactó con Dyeti-404, «Children-404», la iniciativa de internet que dirigía un grupo cerrado en VKontakte para la juventud LGTB. Dyeti-404 pronto estuvo bajo la mirada de la nueva policía contra la propaganda. Para empezar, le plantaron una —extraña— acusación a su moderadora, Elena Klimova, por contravenir la ley contra la propaganda; cuando esto fue desestimado, pusieron una queja en noviembre de 2014 ante el regulador de las comunicaciones del Estado. Al final, un tribunal dictaminó que el perfil digital del proyecto «podría hacer que los niños pensasen que ser gay significa ser una persona valiente, fuerte, segura, persistente; que tiene un sentido de la dignidad y autorrespeto»[221]. A Klimova la multaron con cincuenta mil rublos rusos —unos ochocientos dólares—, y cerraron la página web en julio de 2015. Montó la suya propia y continuó con el trabajo.

Un componente clave de Dyeti-404 era la prestación de servicios sociales a la juventud a través de internet, y a principios de 2014 Alya se ofreció como voluntaria para ayudar. Conforme iba escuchando los testimonios de su nueva y joven clientela, quedó aún más convencida de que Rusia estaba siguiendo la dirección del fascismo: su política y su compromiso se volvieron más intensos. En noviembre de 2014, viajó hasta Moscú para participar en la primera conferencia que se celebraba en Rusia de Familias LGTB. Aquí conoció a Pasha, que había venido en busca de consuelo y solidaridad dos meses después de que Yulia se marchara con Yarik.

Alya no conocía a ninguna persona trans y no podía quitarle los ojos de encima a Pasha: «Yo miraba y no podía entender quién era esta persona. La oí decir que estaba a punto de iniciar la transición, que era activista; pero, aun así, no lo terminaba de entender». No hablaron, pero Alya más tarde encontró a Pasha en las redes y empezaron a chatear: «Desde nuestras primeras conversaciones la entendí como una mujer. Sentía que era una mujer; de hecho, ¡lo era más que yo!».

Me dijo Alya que estar con Pasha la liberó de los estereotipos de género que le habían impuesto: «Durante la mayor parte de mi vida intenté forzarme a creer que podría vivir como una mujer normal, ya sabes, preparando albóndigas y criando a una familia. Pero eso solo duraba una o dos semanas; luego volvía a ponerme con algún proyecto social, algo que se supone que tendría que hacer un hombre. Con Pasha no tengo esos estereotipos internos. No tengo que contenerme si siento que soy competente en ciertas áreas. Puedo ser yo misma».

Pasha se sometió a la cirugía de transición en diciembre de 2014, muy poco tiempo después de la conferencia de Familias LGTB. En ese momento, ella y Alya ya estaban en medio de una relación romántica a través de internet. Pero tras la operación, la línea telefónica quedó cortada y Alya entró en pánico. No podía viajar hasta Moscú, y cuando se enteró de que a Pasha la habían ingresado en un hospital público —estuvo ahí durante tres semanas espeluznantes—, le preguntó a una amiga si podía comprobar cómo estaba. Hubo complicaciones y Pasha estaba muy enferma. Cuando le dieron el alta hospitalaria a principios de enero de 2015, de vuelta en casa e incapaz de cuidarse por sí misma, Alya lo dejó todo y vino a Moscú. Planeó quedarse en la ciudad unos cuantos días, pero al final fueron seis semanas, hasta que Pasha fue capaz de hacer las cosas más básicas por su cuenta. Desde entonces, Alya dividió su tiempo entre Moscú y el Volga. Al volver a casa, hablaba con Pasha por Skype durante varias horas al día; estando en Moscú, las dos hacían lo mismo con su hijo de dieciséis años, Vitya, y también con su marido si estaba por ahí. El matrimonio tenía una «relación abierta», dijo, y no parecía que a él le molestara el nuevo interés que tenía.

Vitya estudiaba inglés y lo leía con fluidez, así que su madre a veces le pedía que le tradujera cosas. Una de esas cosas fue el discurso que tanto circuló sobre la salida del armario de la directora de cine trans Lana Wachowski. Cuando empezó a salir con Pasha y quería explicarle a su hijo quién era su nueva pareja, volvió a consultar el vídeo. Él se encogió de hombros de manera evasiva, como hacen los adolescentes.

Unos meses más tarde, durante el verano de 2015, Alya se lo trajo a Moscú para que estuviera con ella y con Pasha durante las vacaciones. Estaba sumamente preocupada por cómo se llevarían entre sí. «Pero, la verdad —se reía Alya—, me doy cuenta de que esta preocupación solo la tengo yo y nadie más. Ambos son introvertidos, pero si los vieras juntos, jamás lo adivinarías. Hablan sobre ordenadores, juegos, armas y el trabajo de Vitya como moderador de Wikipedia. No entiendo ni una palabra de lo que dicen, pero Pasha tiene muchos conocimientos, y eso emociona a Vitya. Solo han pasado un par de días y ya son viejos amigos».

Conocí al trío en el piso de Liúbertsy el día después de que hubieran ido juntos al Museo del Espacio. Vitya dormía en la habitación de Yarik y Pasha parecía estar contenta con esto: «En muchos sentidos, lo miro y veo a mi propio hijo. Creo que hasta se parecen. Y se comunican de la misma manera. Son algo tímidos al principio, pero cuando te toman confianza, sacan todo su esplendor».

Vitya era guapo y estudioso, mostraba una galantería irónica alrededor de su madre y su nueva novia, y tenía un humor ruso seco. Estaba claro que adoraba a Alya, y la única dificultad que admitió haber pasado durante los meses previos fue la ausencia de su madre. También estaba muy unido a sus abuelos, los padres de Alya, y pasaba mucho tiempo con ellos en el pueblo, que estaba cerca.

Pregunté qué ocurriría si Alya llevase a Pasha a casa para que conociera a los abuelos. «No. Eso sería muy difícil», respondió él.

Alya decidió no «visibilizarse» como la novia de Pasha precisamente para evitarle tal dificultad a Vitya. Abrió un nuevo perfil en Facebook con un seudónimo, Alya Amada, en el sentido de «querida». En la foto de perfil tenía un unicornio arcoíris y en el apartado de «relación», a Pasha: este era el perfil LGTB de Alya, y lo mantenía separado del otro.

Un par de días más tarde, paseamos juntos por el parque Gorky y comimos una pizza en el café al lado de la ribera. Alya y Pasha habían intercambiado unos anillos y les gustaba fantasear con la idea de celebrar una boda, tal vez en Dinamarca, uno de los destinos preferidos por las parejas rusas del mismo sexo. Les dije que el matrimonio igualitario era legal en Sudáfrica y que yo estaba casado con mi pareja. ¿Por qué no venían a Ciudad del Cabo?

«Es una muy buena idea. Comprad billetes solo de ida, por favor», dijo Vitya. Todos nos reímos.

4

Pasha llevó a cabo la transición física a través de una clínica en Moscú que había montado una pareja casada en la que ambos eran trans: Yael y Andrei Demedetskiy. Yael se había dedicado con gran éxito al análisis financiero antes de su transición en 2009, y era la activista trans pionera de Rusia: puso en marcha la Fundación Trans en 2004 con una página web, en la que Pasha empezó con sus propias exploraciones unos años más tarde. Yael subvencionaba la fundación a través de una empresa en internet llamada Transdostavka, «trans-reparto», que vendía ropa y accesorios, y en 2013 la pareja abrió una clínica integral, el Centro para la Sexología, la Androginia y la Cirugía Reconstructiva (RSAS, por su sigla en inglés).

Fui a conocerlos en junio de 2015. No fue fácil de encontrar, estaba al fondo de un laberinto de patios en una zona semiindustrial y anunciaba su presencia de manera sutil con un rótulo que decía CLÍNICA MÉDICA al lado del contorno de un rostro femenino dibujado en la puerta. Dentro había una sala de recepción, una sala de consultas, un quirófano y una salita con dos camas mirando a un jardín comunitario agradable, en la que

Pasha se había estado recuperando durante una semana antes de que la tuvieran que trasladar al hospital general.

Andrei Demedetskiy, de treinta y tantos años, era discreto y flemático; Yael, una década mayor, era expresiva y sentimental. Me contaron que habían encontrado a una psiquiatra amable, y trabajaron con ella para convocar a un comité de valoración que obtuvo la licencia del Estado para ofrecer diagnósticos de transexualidad. También contrataron los servicios de consultores médicos para que llevaran a cabo las operaciones a un coste significativamente inferior al de otras consultas privadas —la vaginoplastia de Pasha costó unos tres mil dólares, dos tercios de lo que habría pagado en cualquier otra parte de Rusia—. En 2015, estaban llevando a cabo entre trescientas y cuatrocientas operaciones de transición al año; alrededor de dos tercios eran de hombre a mujer, y el otro tercio, de mujer a hombre. De los primeros, la gran mayoría de las pacientes solo se sometían a orquiectomías —extirpación de los testículos—, que eran mucho más baratas que las vaginoplastias completas y servirían como prueba suficiente de «cambio irrevocable» para poder cambiar oficialmente los papeles. De los últimos, todos se sometían a mastectomías o reducciones de pecho, y un pequeño número se sometía a faloplastias, una operación muy cara que aún estaba en las primeras fases de desarrollo en todo el mundo.

Cuando Pasha acudió para la valoración en noviembre de 2014, me dijo que la psiquiatra de la entrevista preliminar le había transmitido «un buen presentimiento», pero durante la vista con el comité uno de los médicos le preguntó, con algo de hostilidad: «¿Se da usted cuenta de que nunca será una mujer de verdad?».

«¿Cuál es su idea de una mujer de verdad?», lo desafió ella. Le dijo que aunque entendiera que ella nunca daría a luz, «hay muchas mujeres que no pueden quedar embarazadas, y eso no las convierte en mujeres menos reales. Yo ya soy una mujer de verdad, así que no se trata de que me convierta en una».

El hombre quería discutir con ella, pero los otros dos miembros del comité lo cortaron de raíz. Yo conocí a la psiquiatra que lideraba el equipo, la doctora Nadezhda Solov'yova, y se acordaba del caso de Pasha: «La consideramos adaptable, comunicativa y capaz de adquirir nuevas habilidades de socialización. No era depresiva. Estos son los criterios que utilizamos, conforme a la CIE-10 [la décima edición de la Clasificación Internacional de Enfermedades], que es lo que requiere el gobierno ruso». Dijo que debido a que los criterios de diagnóstico para la transexualidad de la CIE-10 eran tan imprecisos y estaban tan abiertos a la interpretación, «el aspecto en el que más nos centramos es en el de la exclusión. Por ejemplo, excluimos cualquier tipo de psicopatología subyacente, como la esquizofrenia, que puede manifestarse como una conducta transgénero». Un pequeño número de solicitantes fue rechazado por el comité de Solov'yova.

Solov'yova era una mujer enérgica y afable, y tenía los cuarenta ya cumplidos. Estaba especializada en el tratamiento de la demencia; no había lidiado con la condición trans hasta que la contrató el matrimonio Demedetskiy. Me dijo que lo que le había chocado más de su nueva cohorte de pacientes era que «para pasar por todos estos procesos, estos exámenes para cambiar de género, en realidad hay que estar más sano que la mayoría de la gente corriente. Hay que estar tan equilibrado, ser tan sensato y resistente al estrés… Esto no es para los débiles».

* * *

«LAS PERSONAS TRANSGÉNERO tienen un tipo de enfermedad mental»[222].
Esta afirmación fue planteada a diferentes personas de veintitrés países que iban a responder un cuestionario realizado por Ipsos para valorar las actitudes hacia las personas trans y sus derechos. En España, el 8 % estaba de acuerdo; en Argentina y el Reino Unido, el 13 %; en Estados Unidos, el 32 %. El país con el número más alto de gente encuestada que creía que las personas trans estaban mentalmente enfermas, con diferencia, fue Rusia: un 64 %. También en Rusia, el 59 % no creía que las personas trans debieran ser protegidas frente a la discriminación —también era la proporción más alta, con creces—. En cada medida, las ciudadanías española y sueca resultaron ser las más tolerantes y las que estaban mejor informadas; Estados Unidos andaba por ahí en medio y Rusia quedó en último lugar. Las personas encuestadas supusieron que sería

«por la campaña anti-LGTB que hubo alrededor de la aprobación de la ley de la supuesta propaganda homosexual en 2012».

A pesar de que la condición trans no estuviera especificada en la ley federal contra la propaganda, las mujeres trans fueron muy destacadas en el aluvión de programas de televisión emitidos por los medios de comunicación controlados por el Estado tras la aprobación en 2013, porque destacaban y al resto de los rusos les parecían raras. En un programa emitido en horas de máxima audiencia aquel mismo año[223], se había afirmado que un grupo de trans aparentemente desquiciadas estaban al servicio de un complot ucraniano para desestabilizar Rusia. El mensaje era inequívoco: Occidente —que ya había «conquistado» a Ucrania— quiere otorgar derechos a estos monstruos; mantenedlos lejos de vuestros hijos o los pervertirán y causarán la caída de nuestra civilización.

Al ser fáciles de identificar como la manifestación más visible de la «perversión» de la homosexualidad, como se consideraba ahora, las mujeres trans —siempre en peligro en una sociedad que desprecia la afeminación en los hombres— ahora eran especialmente vulnerables. En 2017, el legislador Alexei Zhuravlev intentó aprobar la ley que impediría que las personas trans se casaran, y el promotor de la ley contra la propaganda en San Petersburgo, Vitaly Milonov, estaba intentando prohibir por completo la cirugía para la transición de género. «Esto empieza a parecer una caza de brujas. Desde luego, nos da miedo que los siguientes podamos ser nosotros», me dijo la Dra. Solov´yova en 2015.

Se refería a que uno de los psiquiatras más ilustres de Rusia, Dmitri Isaev, se había visto forzado a dimitir de su puesto en una institución médica en San Petersburgo controlada por el Estado y a disolver su comité de valoración del género. Hubo una campaña de desprestigio por redes en contra de Isaev en la que incluían publicaciones que lo acusaban de emitir «certificados para pervertidos a gran escala». Cuando hablamos en 2017, Isaev me dijo que entre 2006 y 2015 había supervisado unas setecientas solicitudes para cambiar de género —un 70% de ellas habían sido aceptadas— y que había habido un repunte en los últimos años: en San Petersburgo, en particular, había un ambiente trans floreciente. Después de renunciar, pasó a la clandestinidad en una clínica privada: a pesar de que hubiera obtenido el certificado para continuar con el comité, solo recibía a las personas que venían a través del boca a boca, y el hecho de que ya no trabajara en el sistema del Estado implicaba que sus honorarios eran significativamente más altos.

* * *

ADEMÁS DE LA CLÍNICA, el matrimonio Demedetskiy dirigía un centro comunitario en el sótano de un gran bloque de apartamentos de la época de Stalin, en un rincón de la ciudad majestuoso, cerca del río Moscova. A los pies del hueco de la escalera, adonde se accedía a través de una puerta cerrada sin identificación, estaba la sala de exposición de Transdostavka, que parecía, a primera vista, estar llena de ropa estándar para travestirse: ropa interior sexy, vestidos con lentejuelas, zapatos de tacón escandalosamente altos, paredes llenas de pelucas. Pero, al observar con más atención, vi que tenía todo lo que una persona trans, hombre o mujer, podía necesitar: accesorios tanto sobrios como salvajes, maquillaje, prótesis de pecho, *binders*, prótesis de pene... También había una gran sala de reuniones y, más allá de la sala de estar, una serie de cabinas de tratamiento en las que trabajaban técnicos en depilación.

En las pocas horas que pasé ahí una tarde, alguien con el cuerpo y la ropa de un hombre de mediana edad llamó al timbre, bajó por las escaleras, desapareció por el fondo y volvió a aparecer maquillada y vestida como una mujer, pasó un rato en la sala de estar, nos ofreció té, volvió a desaparecer, reapareció con ropa de hombre y dijo adiós. Era evidente que no se quería ir. Llevaba una alianza puesta.

Los Demedetskiy me hablaron un poco sobre sus vidas. Como muchos hombres trans rusos, Andrei lo había tenido más fácil y había sido aceptado por su familia. Había lugar para las mujeres *butch* en la sociedad rusa; entonces, si hacían la transición hacia la identidad masculina, la testosterona hacía efecto rápidamente y sus rasgos femeninos desaparecían bajo el vello facial y una nueva voz, más profunda. Pero como en muchas otras partes del mundo, la afeminación del hombre estaba profundamente estigmatizada en Rusia. Además, como en muchas ocasiones a las mujeres trans les resultaba mucho más difícil esconder su sexo original después de la transición, eran especialmente vulnerables si no «pasaban». Me dijo Yael que por esta razón, «muchos hombres trans, como Andrei, pueden mantener el contacto con sus familias, mientras que para nosotras, las mujeres trans, la transición implica borrar nuestra vida previa y empezar de nuevo».

Esto es lo que le ocurrió a Yael: «Yo también me casé», me dijo al hablar sobre Pasha. «Yo también tuve un hijo. Seguía posponiendo la transición por el niño, esperando a que caminara y hablara, esperando a que fuera a la escuela... Mi mujer lo sabía todo, y cuando me dijo que debía esperar hasta que fuera mayor de edad, me di cuenta de que no podría esperar tanto. Me suicidaría. Así que me marché».

El niño tenía cinco años. Yael continuó manteniéndolo, pero, al igual que Pasha, no tenía derecho a visita. No solo su exmujer no se lo permitía, tampoco su madre, que quiso bloquear el proceso de transición al intentar que la declararan mentalmente trastornada. Cuando su exmujer organizó una campaña de desprestigio contra ella en un tabloide nacional —«¡Cambio de sexo en el juzgado!»—, Yael intentó suicidarse. Pasó varios días en coma y un año recuperándose, cosa que consiguió gracias a los cuidados de Andrei. Cuando nos conocimos en 2015, llevaba sin tener contacto con su hijo desde hacía una década: ahora debía tener unos quince años. Conforme empezamos a hablar sobre esto, se desmoronó, rompió un vaso de agua en medio de todo el dolor y luego salió corriendo de la habitación, llorando.

«Estoy seguro de que el hijo piensa que ha muerto», me dijo Andrei cuando se marchó. Después de una pausa, continuó: «Tantas amigas suyas se han llegado a suicidar...».

¿Tenía esto relación con la ley contra la propaganda y el odio que había engendrado?

«Claro, tiene que ser eso. Estamos hablando de personas que ya están deprimidas, que ya han tenido que dejar a sus familias. Esto tiene que tener un impacto en la autoestima. Especialmente dado que cambia la actitud de la gente a su alrededor, que piensan que son normales y tú eres una anormalidad».

Yael se tomó muy mal las muertes de sus amigas, dijo Andrei, «porque ella es como una madre para todo el mundo en la comunidad de las mujeres trans. Les dice que vengan a Moscú, las recibe en la estación de tren; las cuida realmente bien».

«¿Crees que está intentando compensar la pérdida de su propio hijo al hacer todo esto?», preguntó mi intérprete, Margret.

«Sí, puede ser. A lo mejor está dándoles todo el amor que no pudo dar».

* * *

En 2017, conocí a otra mujer que había transicionado después de haber tenido hijos, pero con consecuencias diferentes a las que habían experimentado Pasha y Yael. Se llamaba Kate Messorosh, tenía treinta y cuatro años y era madre de dos niños: un varón de nueve años y una niña de tres. Trabajaba en el floreciente sector de las empresas tecnológicas emergentes de San Petersburgo, donde su transición fue celebrada y afirmada por su empleador ruso como parte del perfil diverso y de la conexión que tenían con el mismo mundo del que Putin deseaba aislar a Rusia. La mujer de Kate, Olga, una psicóloga, lo había aceptado y, a pesar de que se iban a divorciar, estaban comprometidas a criar juntas a sus hijos.

Prepararse para decírselo a su hijo de nueve años, Lev, fue la parte más tensa del proceso para Kate. Pero como suelen hacer los niños, este redujo el asunto a su aspecto más simple: «¿Vas a ser siempre una mujer?».

Cuando Kate contestó que sí, él dijo: «Guay», y preguntó si podía irse a jugar. En general, los compañeros de Lev lo aceptaron, igual que su escuela, donde Kate fue forzada a visibilizarse tras una campaña pública orquestada por el más ferviente paladín ruso en contra de la perversión, Timur Bulatov, el activista que consiguió que despidieran al psiquiatra Dmitri Isaev.

Cuando Bulatov descubrió que Kate estaba actuando como apoderada en la Comisión Electoral rusa para las elecciones de septiembre de 2016, distribuyó pósteres con una fotografía de ella en los que se leía: «La sociedad y el sentido común exigen que retiren a un pervertido sexual enfermo del control sobre el proceso electoral». Si intervenía en la Comisión Electoral, dijo en una cuña sobre el asunto en las telenoticias, Kate estaría «trabajando en una escuela donde hay adolescentes» y, por tanto, en contravención de la ley contra la propaganda. Peor aún, al convivir con sus propios hijos, estaba violando por lo menos trece leyes federales. Él votaba por presentar una denuncia ante las autoridades pertinentes para que le quitaran a sus hijos.

Bulatov anunció que iría a la escuela de Lev para sacar a Kate del armario, por lo que Kate y Olga se apresuraron para llegar antes. Era una escuela pública en un barrio «muy típico» en San Petersburgo, «pero no hubo ningún problema», me dijo Kate. Lo mismo con la agente de policía que fue a buscarla a raíz de la demanda de Bulatov, molesta por que la hubieran mandado sin ningún motivo: «Me dijo que no había fundamentos para que el asunto fuera más allá». El partido que la nominó se negó a sacarla de la comisión, y el resto de quienes trabajaban con ella «simplemente continuaron con el trabajo, con calma y profesionalidad».

Kate y Olga eran profesionales con estudios superiores y trabajaban en una burbuja liberal dentro del San Petersburgo europeísta. Aun así, la manera en que respondieron la escuela, la policía y el partido indicaba algo, me parecía a mí, sobre el espacio entre quienes alimentaban el odio, tipos como Bulatov y Milonov, y las personas decentes cuyos valores afirmaban estar defendiendo. Había personas como Yulia en Rusia, pero también como Olga.

Por supuesto, dijo Kate, «fue una época muy dura y pasé muchas horas con abogados intentando entender los derechos que tenía». La convencieron de que el Estado tenía muy poco margen para quitarle a sus hijos, pero «siempre tengo un plan B. Después de todo, esto es Rusia. Sé cómo salir del país en dos días, sé dónde ir si pasa algo, si hay violencia física».

* * *

En 2017, Pasha presentó un recurso de apelación ante el fallo de la jueza E. G. Aksenova, que le denegaba el derecho de visita a Yarik hasta que cumpliera los dieciocho años. Pero, desgraciadamente, la convicción absoluta que tenía sobre que ella era más adecuada para el cuidado de Yarik la anuló, por correcta que fuera.

Cuando interpuso la demanda por la custodia de Yarik, sus abogados le advirtieron que eso la volvería vulnerable y que debería, en su lugar, conformarse con un régimen de visitas regulares. Tenían razón: ahora, como resultado del caso de custodia que requería que Yarik fuera observado por psicólogos nombrados por el Estado, había pruebas periciales de que el niño tenía problemas con la nueva identidad de Pasha, a pesar de que estos problemas hubieran sido sugeridos por su madre y su familia. Estas fueron las pruebas que utilizó Yulia para denegarle a Pasha cualquier visita a Yarik.

Pasha recurrió y perdió. Tenía una última vía abierta para ella: el Tribunal de Casación, el tribunal de última instancia de Rusia. Al perder ahí —como estaba segura de que ocurriría—, ya cumplía con los requisitos para buscar amparo en el Tribunal Europeo de Derechos Humanos en Estrasburgo (Francia), según le dijo su abogado Larry Vasiliev. Vasiliev solía trabajar en casos de asilo y siempre estaba dispuesto a pelear. Consideraba que la sentencia contra Pasha era una violación del artículo 6 del Convenio Europeo de Derechos Humanos, que garantiza el derecho a un proceso equitativo, y del artículo 8, que asegura el «derecho al respeto a la vida privada y familiar». Dado que a Pasha le habían denegado manifiestamente un proceso equitativo y que el Convenio Europeo no contemplaba la condición trans como algo enfermo o inmoral, Vasiliev tenía confianza en el resultado.

Se equivocaba: el Tribunal Europeo no aceptó sus argumentos de que era más que una cuestión familiar, y en julio de 2018 rechazó oír el caso, a pesar de que hubiera fallado en contra de la ley contra la propaganda homosexual de Rusia en 2017, declarándola «inherentemente discriminatoria» e indemnizando por un valor de cincuenta mil dólares a tres litigantes a los que habían acusado.

* * *

EN JULIO DE 2017, el hijo de Alya, Vitya, terminó la secundaria y se mudó con su madre a Moscú. Pasha les dio la bienvenida con un nuevo peinado fabuloso, una cabeza llena de extensiones con hilos rojos brillantes entretejidos con su pelo natural. Tal vez, estando su nueva familia ahí, le mejoraría el ánimo en los próximos meses.

Vitya solicitó plaza en varias universidades en Moscú y esperaba empezar a estudiar Lingüística en el otoño. El plan era que ocupara permanentemente el cuarto de Yarik, dejando sus propias marcas, sin duda, sobre los dibujos de *Angry Birds* y *Karlson*. Alya iría trasladando poco a poco su consulta y seguiría atendiendo a algunos de sus pacientes por Skype. Su marido se quedaría en la ciudad cerca del Volga. Alya y Vitya llegaron a Moscú tan solo con las maletas y un esqueje de geranio: «Viene originalmente de la casa de mis padres en el campo, y luego lo planté en nuestra casa en la ciudad. Así que ahora está aquí, en Moscú; el fruto de mis padres, como yo», me dijo Alya.

El Estado había perdido el interés en la ofensiva contra la cuestión gay por ahora —tenía otras maneras de cebar el nacionalismo, como una guerra en Ucrania— y, por tanto, también los medios nacionales. Pero todos los activistas rusos con los que contacté insistían en que la vida, sin embargo, no había mejorado para las personas queer rusas: «Nuestras estadísticas muestran que hay tantos abusos y violaciones de los derechos humanos individuales hoy como en 2012 o 2013», me dijo Svetlana Zakharova, de la Red LGTB de Rusia.

Alya tenía su propia manera de valorar cómo habían cambiado las cosas: «Por lo que puedo ver, salir del armario no es más fácil en absoluto. Pero el colectivo LGTB se ha vuelto más consciente, más activo y, por tanto, más exigente. Así que, por ejemplo, cuando conozco a otros psicólogos en los eventos, o cuando sigo las discusiones en foros de terapeutas en línea, no dejo de oír que hay una nueva cohorte de clientes que buscan ayuda. De repente, mis colegas quieren saber qué es la identidad no binaria o me preguntan si puedo explicar a qué se refiere la homofobia interiorizada. ¡Mis colegas se quejan unos a otros de que no saben qué hacer!».

Pasha me dijo que por fin se había declarado a sus colegas de trabajo. Le sorprendió particularmente la reacción de su jefe, un «tipo normal» que le dijo que sus propias opiniones habían cambiado gracias a ella y que había dejado de hacer chistes groseros sobre «maricones». Tenía una curiosidad sincera, no era lascivia. A ella le gustaba hablar con él y se hicieron amigos. Unos meses más tarde, sin embargo, cuando se enteró de que el Tribunal Europeo de Derechos Humanos no oiría su caso, también le dijeron a Pasha que ya no habría más trabajo para ella en Aeroflot. No tenía nada que ver con su identidad de género, pero le atormentaban las dificultades que tendría para encontrar trabajo como mujer trans. En el verano de 2018, me pareció que nunca había estado en horas tan bajas.

Esto frustraba a Alya, que sentía que su pareja necesitaba ayuda profesional o medicación. Pasha reconoció el estrés que su estado le causaba: «No puedo permitirme seguir mostrando cómo me siento porque estoy agotadísima, y a Alya le molesta que no muestre sentimientos en la relación».

Sin duda alguna, las dos habían madurado desde aquellos primeros momentos, cuando se conocieron, y ahora estaban lidiando con las complejidades de una relación sentimental duradera, en la que cada una era sumamente consciente del papel que desempeñaba en la dinámica. Me decía Pasha que, a veces, le preocupaba que el complejo de salvadora de Alya fuera lo que las mantuviera juntas.

Por su parte, Alya le había mostrado todo su apoyo a Pasha durante el pleito para recuperar a Yarik, asegurándose de estar en Moscú cada vez que había una comparecencia. Pero se cuestionaba si Pasha había hecho bien en llevar el asunto más lejos: «Cada vez que hay un proceso judicial, Pasha se pasa un mes en el sofá. No se puede levantar. No la culpo, faltaría más…».

* * *

AL FINAL de una larga conversación con Pasha para ponernos al día tras perder la apelación en 2017, le pregunté qué hacía últimamente para pasárselo bien. Cuando nos conocimos por primera vez, hacía dos años, me estuvo hablando de la ambivalencia de su transición durante el largo período de recuperación: «El cuerpo resultaba incómodo, pero el alma se regocijaba». Ahora, cuerpo y alma estaban en mejor armonía. Me contó que ya no sufría neuropatía en los pies y que volvía a poder hacer ejercicio.

Le encantaba ir en patinete, y se había apuntado a un grupo casual que se juntaba los fines de semana. De vez en cuando colgaba fotos de las escapadas que hacían.

También escuchaba música, preferiblemente heavy metal, pero del tipo más suave. Mencionó una grabación que le gustaba mucho en aquel momento, una versión hecha por el grupo sudafricano Seether de la balada de George Michael, *Careless Whisper*.

I'm never gonna dance again*... La encontré en YouTube y la escuchamos juntos, meciéndonos suavemente por Skype, entre Ciudad del Cabo y Moscú.

---

* «Nunca volveré a bailar». (N. de la T.).

9

Pánico a la teoría de género

«¡Sexo, sí! ¡Género, no!»[224], gritaban los cientos de miles de manifestantes, de una manera un tanto extraña, en las protestas de la Manif Pour Tous en contra del matrimonio igualitario de las que pude ser testigo en París en 2013. Reclamaban el restablecimiento del binarismo de género otorgado por Dios sobre las arenas movedizas que suponían las relaciones sociales definidas por el término *género*.

En los años siguientes, una lucha contra la «teoría de género»[225] —o, en ocasiones, la «ideología de género»— provocó movilizaciones masivas desde París hasta Ciudad de México y São Paulo. La lucha, ante todo, era católica, pero se convirtió en la cámara de compensación ideológica del siglo XXI para la cooperación entre todos los conservadores cristianos, incluyendo a los ortodoxos rusos en Europa del Este y a los evangélicos en toda América. Recogía todos los asuntos en contra de los cuales luchaban los conservadores sociales, desde los métodos anticonceptivos hasta la educación sexual, pasando por el aborto y el matrimonio gay, y los colocaba bajo una sola teoría perniciosa que, supuestamente, estaba en el corazón del «experimento» occidental secular: la mera idea de que el género existiera.

El Vaticano empezó a pronunciarse en contra del género como respuesta a los éxitos que fue consiguiendo el movimiento feminista en cuanto a los derechos sexuales y reproductivos, que fueron reconocidos en dos conferencias revolucionarias de las Naciones Unidas: la Conferencia Internacional sobre la Población y el Desarrollo, en El Cairo en 1994, y la Conferencia Mundial sobre la Mujer, en Pekín un año después. Incluso antes de que lo nombraran papa una década más tarde, el conservador Benedicto XVI estaba activando la alarma sobre el género, y en cuanto se convirtió en papa habló públicamente sobre los peligros de las «teorías sobre el género»[226]: en 2008, dijo que el hombre tenía que ser protegido «de su propia destrucción», que llegaría con dichas ideas. En ese sentido, su sucesor, Francisco I, estaba de acuerdo. En un discurso que dio en Polonia en 2016, dijo: «Dios creó al hombre y a la mujer. Dios creó el mundo de una manera… Y nosotros estamos haciendo precisamente lo contrario»[227].

Francisco I se labró una reputación compasiva hacia los homosexuales: «Si una persona es gay y busca a Dios y tiene buena fe, ¿quién soy yo para juzgarlo?»[228], dijo en 2013, y más tarde apeló a la Iglesia para que se disculpara ante las personas gais a las que había ofendido. Pero se convirtió en un guerrero implacable en contra del «género», situando la lucha —como tantos críticos de los derechos LGTB hicieron— en el marco de la desigualdad geopolítica: «Se están produciendo formas genuinas de colonización ideológica»[229] en el mundo, dijo en el discurso de Polonia. «Y una de esas —la llamaré por su nombre— es "género". Hoy en día a los niños —¡a los niños!— se les enseña en las escuelas que todos y todas pueden escoger su sexo. ¿Por qué les enseñan esto? Porque los libros los facilitan las personas e instituciones que os dan dinero».

El movimiento en contra de la «teoría de género» tenía mucha fuerza en Francia, donde durante mucho tiempo prevaleció una escala de valores que respetaba la naturaleza en la reproducción: la gestación subrogada fue prohibida inmediatamente, igual que los tratamientos de fertilidad para quienes no constituyeran una pareja heterosexual. Dos años antes de la Manif Pour Tous en Francia, los activistas en contra de la teoría de género se anotaron la primera victoria importante cuando consiguieron evitar la introducción del concepto de género en los libros de texto de Biología de secundaria. «Mientras que el matrimonio igualitario solo afecta a un grupo minoritario, la enseñanza siempre es una preocupación para la gran mayoría»[230], escribió el sociólogo Éric Fassin al explicar cómo estaban cambiando de táctica los católicos franceses desde el «ataque contra el matrimonio gay» a «una polémica en contra de la "teoría del género"».

Había algo más tras este cambio estratégico: los acólitos iban muy por delante de la Iglesia cuando se trataba de aceptar la homosexualidad, tanto en Francia como en otros lugares. Esto formaba parte de una tendencia más grande. Mientras que gran parte del mundo monoteísta se estaba volviendo más devoto o teocrático en el siglo XXI, las dos regiones donde el catolicismo era dominante —Europa y Latinoamérica— estaban girando en sentido contrario. Nada dejaba esto más claro que las luchas que hubo por el matrimonio igualitario en dos países católicos: Argentina en 2010 e Irlanda en 2015.

En Argentina, en 2010, solo alrededor del 20 % de los católicos asistían a misa semanalmente[231], mientras que el 57,7 % aprobaban el matrimonio igualitario, según una encuesta que se hizo en toda América. Era el segundo recuento más alto de todo el continente, después de Canadá —63,9 %—, y notablemente más alto que el de Estados Unidos —tan solo el 47 %—. Cuando la entonces presidenta argentina, Cristina Fernández, llevó a su gobierno a que abogara por el matrimonio igualitario, algunos comentaristas creyeron que estaba aprovechando el asunto[232] para marcar una línea rosa contra una Iglesia que la había criticado con severidad, tanto a ella como a su marido y predecesor, Néstor Kirchner, por el fracaso de sus gobiernos a la hora de tratar las desigualdades y la pobreza.

Si se trataba de una trampa, el cardenal Bergoglio —a punto de ser el papa Francisco I— cayó fulminantemente. Lideró una lucha acalorada en contra de la reforma utilizando un discurso que no tenía demasiado sentido en el mundo moderno: el matrimonio igualitario era «la envidia del demonio, a través de la cual se introducía el pecado en el mundo y que con astucia se propone destruir la imagen de Dios: hombre y mujer»[233]. La presidenta Fernández comparaba el fervor de la Iglesia sobre el asunto con «los tiempos de la Inquisición»[234], un ademán retórico que cayó en terreno fértil por la manera en que resaltaba la hipocresía católica.

En Argentina, la Iglesia católica perdió la influencia moral que tenía por su complicidad en la «guerra sucia» durante la dictadura militar ocurrida entre 1976 y 1983. La Iglesia perdió también la instancia moral suprema en Irlanda, principalmente, por la protección inconcebible que otorgó a los curas pedófilos. Cuando se celebró el referéndum sobre el matrimonio igualitario en el país en 2015, el autor Colm Tóibín se fijó en que la autoridad moral había cambiado de la Iglesia a quienes eran percibidos como sus víctimas, entre quienes debían incluirse, por supuesto, los homosexuales, los menores que habían sufrido abusos y las mujeres a quienes se les había negado el acceso al aborto o a las que se las había obligado a renunciar a sus hijos si no estaban casadas. En este contexto, igual que en Argentina, la oposición de la Iglesia al matrimonio entre personas del mismo sexo parecía que lo único que conseguía era aumentar el número de personas que lo apoyaban. El 62 % del electorado irlandés votó a favor de legalizar el matrimonio igualitario en el referéndum, la primera victoria de este calibre a nivel global.

Algunos datos de Estados Unidos sugieren un segundo motivo por el que tantos irlandeses podrían haber votado que sí en el referéndum, en contra de las directrices de su Iglesia. Entre 2006 y 2009, Freedom to Marry, una organización que abogaba por el matrimonio igualitario en Estados Unidos, dirigió una serie de grupos de discusión y descubrió que mientras que la Iglesia católica ejercía «un gran impacto» en la actitud que tenían las personas latinas[235] sobre la homosexualidad, el impacto se veía disminuido «cuando la experiencia y el conocimiento de primera mano de personas homosexuales no se ajustan a lo que dice la Iglesia».

Puede que este fuera el punto clave en el referéndum irlandés. Colm Tóibín lo dijo así: «Es una sociedad íntima, ahora todo el mundo conoce a alguien que es gay o cuyo hermano o primo es gay. Es personal antes que político»[236]. Tres años más tarde, en 2018, el electorado irlandés votó con un margen aún mayor permitir el aborto en ciertas circunstancias: de nuevo, el fervor de la Iglesia jugó en su contra ante la experiencia —y el conocimiento personal— de mujeres que habían tenido que «irse de viaje», como decía el eufemismo, para encargarse de embarazos de riesgo o no deseados en Gran Bretaña.

Tiernan Brady, un líder y activista irlandés, se mudó a Australia para dirigir la campaña por el matrimonio igualitario en ese país cuando el gobierno accedió a que se realizara una «encuesta por correo» sobre el asunto en 2017. Brady utilizó la plantilla irlandesa y se centró en el «poder del relato humano»[237], dijo. «La gente aquí necesita ver el asunto a través de los ojos de personas con las que se puedan identificar». Muchos comentaristas atribuyeron el 61,6 % de votos positivos[238] a esta estrategia; en particular, a la saturación de narrativas personales en las redes sociales y al éxito rotundo de la etiqueta #RingYourRellos, que animaba a los australianos queer a que llamaran a sus familiares (*rellos*) para que participaran.

En la era digital, la propia naturaleza subjetiva de las redes sociales implicaba que los relatos de las personas llegaran a dominar las noticias, especialmente si trataban sobre adversidades y cómo las superaron. Los franceses de la Manif Pour Tous, sagaces y que servirían como modelo para las movilizaciones contra la teoría de género en otras partes del mundo, lo sabían muy bien: se esforzaron por condenar la homofobia y la violencia contra las personas LGTB e incluso tenían a algunos gais en la dirección. No estaban «en contra de los homosexuales», sino «en contra del matrimonio entre homosexuales»; estaban en contra de un concepto, no de un grupo de personas ni de tu vecino ni de tu *rello*.

En la segunda década del siglo XXI, los pánicos morales se volvieron abstractos. Los demonios populares rosas ahora eran teorías, no personas.

* * *

EN LATINOAMÉRICA, donde comúnmente libran otras batallas, la lucha contra la «ideología de género» tomó un impulso significativo.

En Brasil, en 2011, se consiguió una victoria temprana cuando los cristianos conservadores obligaron a la nueva y vulnerable presidenta, Dilma Rousseff, a que suprimiera el paquete educativo «Escuela sin Homofobia»[239], que llegó a conocerse entre sus detractores como el «kit gay». Los derechos LGTB habían sido una de las reformas sociales distintivas de su predecesor Lula da Silva, y su aparente abandono fue una salva temprana, cruzando la línea rosa de Brasil, por un «bloque evangélico» que llegaría a dominar el Congreso. El bloque encontró una causa común con los militaristas y conservadores católicos en una coalición resuelta a hacer que dimitiera el Partido de los Trabajadores de Lula da

Silva, al que culpaban con acusaciones tanto de corrupción como de permisividad moral.

Luchar contra el «kit gay» se convirtió en el punto de encuentro para un movimiento de derecha, la «Escuela sin Partido» (*Escola sim Partido*), que se había fundado unos años antes para «proteger» a los niños de que los pervirtieran las ideologías malvadas tanto del género como del comunismo. Este movimiento, que buscaba prohibir «la ideología de género» en las escuelas, fue abrazado por Jair Bolsonaro en su exitosa campaña electoral de 2018. Tras la victoria, Bolsonaro apoyó con gran entusiasmo la campaña del movimiento para que grabara —como dijo su hijo Carlos en un» tuit— a «depredadores ideológicos que se disfrazan de docentes»[240], y ordenó al ministro de Educación que redactara leyes que prohibieran la enseñanza del género en las escuelas primarias[241].

Bolsonaro mezcló de manera explícita el género y el comunismo[242] como si fueran las amenazas ideológicas gemelas de la izquierda: ambiciosos experimentos sociales en contra del orden natural de las cosas. De este modo, según el sociólogo brasileño Gustavo Gomes da Costa Santos, su campaña electoral forjó «un homogéneo "nosotros", presentando así a ciudadanos buenos, rectos y devotos en una reyerta moral contra "ellos", los comunistas, los simpatizantes del PT [Partido de los Trabajadores], las feminazis y los degenerados queer. Por consiguiente, las elecciones de 2018 se convirtieron en una cruzada moral en contra del mal, y Bolsonaro se retrató como el único capaz de salvar a Brasil del colapso total»[243].

Una lucha populista contra la ideología de género discurrió de manera parecida, dos años antes, en Colombia. Tras el suicidio de un adolescente gay debido al acoso escolar que sufrió, el Tribunal Constitucional ordenó al Estado que tomara acciones reparadoras. Cuando el Ministerio de Educación obedeció publicando un manual sobre sexualidad y género, miles se echaron a la calle a protestar: acusaron a la ministra de Educación, Gina Parody, abiertamente lesbiana, de utilizar su ministerio para facilitar la «colonización gay»[244] —otra vez esa palabra— de la nación.

Esto tuvo implicaciones de gran alcance —e intencionadas—: el presidente Juan Manuel Santos acababa de convocar un referéndum por el acuerdo de paz con las Fuerzas Armadas Revolucionarias de Colombia

(FARC), y su oponente conservador, Álvaro Uribe Vélez, utilizó el liberalismo social de Santos para reunir a los votantes en contra del acuerdo. Los críticos se aferraron al uso de la palabra *género* en una cláusula sobre la reparación de los males cometidos contra las mujeres durante el conflicto. «Si me preguntan: "¿Quiere la paz con las FARC?", yo digo: "¡Sí!"»[245], dice unos de los líderes del movimiento «no» en un vídeo de la campaña. Pero si le preguntaban si quería la ideología de género «fomentada como una política pública... Digo: "¡No!"».

Santos perdió el referéndum por un pelo; la movilización del electorado socialmente conservador sin duda inclinó la balanza, y dos años más tarde el protegido de Uribe, Iván Duque Márquez, un conservador populista, ganó las elecciones. El especialista en Ciencias Políticas colombiano José Fernando Serrano-Amaya discute convincentemente que la «ideología de género» era un silbato para perros[246] utilizado por la derecha para desacreditar la iniciativa de paz de Santos y volver al poder en 2018, una «adaptación local» efectiva «de las tendencias globales de oposición a los derechos sexuales y de género».

Mientras ocurrían las manifestaciones colombianas en 2016, había marchas aún más grandes en México en contra de la ineludible extensión del matrimonio igualitario a todo el país. Cuando el presidente Enrique Peña Nieto anunció que iba a introducir la legislación para legalizar el matrimonio entre personas del mismo sexo a nivel nacional, se lanzó el Frente Nacional por la Familia (FNF), basado en el modelo de la Manif Pour Tous. Como ocurrió en Francia, la Iglesia católica se quedó en un segundo plano en la campaña, pero desempeñó un papel importante en su financiación y en la movilización de los simpatizantes a nivel parroquial; el papa Francisco incluso emitió un comunicado de apoyo. El FNF, dirigido por conservadores laicos, estaba coreografiado de una manera excepcional, igual que su marca. Los protestantes iban de blanco —muchos llevaban camisetas con figuras de palo que representaban a una familia heterosexual— y con globos; el mensaje había sido pulido con sumo cuidado. Hubo protestas en ciento veinticinco ciudades, incluyendo una con más de cuatrocientas mil personas en Ciudad de México. El partido de Peña Nieto (PRI) perdió el control de siete estados en las elecciones posteriores, y culparon en parte a su iniciativa por el matrimonio igualitario; su partido lo desobedeció y se negó a seguir con el asunto en el Congreso. Era la primera vez que ocurría una rebelión así en la política mexicana.

De nuevo, como en Francia, la campaña hizo un gran esfuerzo por insistir en que se oponía a la violencia en contra de las personas LGTB. Más bien, se centraba en tres mensajes principales[247]: la santidad del matrimonio heterosexual, los derechos de los niños a tener una madre y un padre, y el rechazo de la «ideología de género» en la educación de los niños. Esto se había convertido en la Santísima Trinidad de la nueva lucha.

Lo que llamaba la atención sobre todas las campañas en Latinoamérica era el modo en que consiguieron reconciliar a los católicos con el movimiento protestante evangélico, que crecía a marchas forzadas, y la manera en que esta nueva alianza endureció significativamente el tono del discurso homófobo en la región, a pesar de que las leyes y las actitudes sociales cambiaran.

Durante mucho tiempo hubo una parte de la Teología de la Liberación latinoamericana —y de la pastoral— abierta a los católicos homosexuales. Esto lo expresaba muy bien el apoyo que mostraba el cardenal Bergoglio a las uniones civiles y a la legislación en contra de la discriminación en Argentina, incluso cuando predicaba el apocalipsis por el matrimonio entre personas del mismo sexo. Pero las iglesias evangélicas fundamentalistas condenaban la homosexualidad sin más. Siguiendo la hoja de ruta estadounidense, estas empresas en crecimiento vertiginoso también hicieron uso de los asuntos morales para alejar a las congregaciones de la «hipocresía» católica y para ganar influencia política. Esto era muy evidente en Guatemala y en Honduras, donde el 40 % de su población pertenecía a una congregación evangélica en 2018, y en Brasil, donde las megaiglesias reclamaban el 25 % de su población. Según ciertos indicadores, estos países tenían las tasas más altas de violencia homófoba y tránsfoba[248] en Latinoamérica.

Puede que la «ideología de género» fuera un demonio más abstracto, pero —al menos, en el dogma evangélico— poseía a personas a quienes luego había que exorcizar. Y a pesar de que afirmaban que las campañas estaban en contra de la violencia y la discriminación, la lucha contra la ideología de género deshumanizaba a las personas queer porque las consideraba prescindibles o porque provocaba una ira homicida hacia ellas. En las últimas dos febriles semanas de la campaña mexicana en contra del matrimonio igualitario en 2016, entre diez y quince mujeres trans fueron asesinadas —en un país que ya tenía las cifras más altas de este tipo de asesinatos a nivel global, por detrás de Brasil—.

En Brasil, el Grupo Gay de Bahía[249], que recogía datos de crímenes de odio a nivel nacional, informó que por lo menos cuatrocientos cuarenta y cinco brasileños LGTB murieron como víctimas de la homofobia —trescientos ochenta y siete asesinatos y cincuenta y ocho suicidios— en 2017, un aumento del 30 % desde 2016. Luiz Mott, el antropólogo que dirigía la organización, vinculó el aumento de la violencia directamente con el recrudecimiento de los discursos de odio que daban los políticos cristianos de derecha en el país, que «equiparan a las personas LGTB con los animales». Siendo portavoz de la Cámara Baja del Congreso, el presentador de radio evangélico Eduardo da Cunha encabezó no solo la destitución de Dilma Rousseff, sino también una ofensiva pública llena de odio contra las personas LGTB. El futuro presidente Jair Bolsonaro fue dado a decir cosas como que a los niños gais se les podía dar una paliza para volverlos heteros o que, si su hijo fuera gay, preferiría que muriera en un accidente de coche.

* * *

UNA DE LAS LUCHAS más extrañas en la línea rosa global ocurrió en la Universidad Federal de São Paulo en noviembre de 2017, en una conferencia que dio la filósofa feminista Judith Butler. Cuando se corrió la voz de que iba a acudir, hubo grupos cristianos que intentaron impedir su visita y recogieron trescientas setenta mil firmas en una petición en la que se describía como una amenaza «al orden natural del género, la sexualidad y la familia»[250] en Brasil. En ese momento, a la salida de la sala de conferencias, una turba de unas cien personas levantó una efigie de ella con un sujetador rosa chillón y un sombrero de bruja, y le prendieron fuego.

Una contramanifestación aseguró el local y defendió a la filósofa. A Butler se la conocía por el libro de 1990 [251] *El género en disputa*, en el que escribió que el género es algo que aprendemos al «representar» repetidamente los papeles de la masculinidad o de la feminidad; en este contexto sugería la mutabilidad e inestabilidad de los roles de género. Llevaba mucho tiempo siendo una figura de culto entre los académicos de izquierda, y aunque recibió críticas por parte tanto de las lectoras feministas como de personas trans [252], fue de los católicos de derecha de quienes se convirtió en una enemiga real. Así la consideró nada más y nada menos que el cardenal Ratzinger en 2004, justo antes de que se convirtiera en el papa Benedicto, al denunciarla en una carta que circuló mucho entre los obispos sobre «la colaboración entre hombres y mujeres» [253]. Se la llegó a percibir, erróneamente, como la madre de la «ideología de género» y la principal defensora de los «estudios de género».

En otra parte del mundo, Hungría prohibiría de manera efectiva los estudios de género en las universidades en agosto de 2018, al retirarles el derecho a expedir grados o diplomas en esa disciplina. Lo que ocurría en Hungría —y en Brasil— se hacía eco de lo que se decía en Rusia: recordad a la parlamentaria Yelena Mizulina declarando en 2013 que la población rusa estaba cansada de esos ambiciosos experimentos sociales «en los que la familia se destruye» [254] y al activista Alexey Komov describiendo los derechos LGTB como «la continuación de los mismos objetivos revolucionarios radicales que tantas vidas costaron en la Unión Soviética» [255].

Esta demonología de derecha se extendía ahora desde Rusia y Europa del Este a través del Atlántico hasta Latinoamérica y también Estados Unidos, donde se reflejó en la determinación que mostraron los cristianos de derecha en el gobierno de Trump por revertir una orden, que venía desde la administración de Obama, que permitía a los niños utilizar los baños que fueran congruentes con su identidad de género. En octubre de 2018 se filtró una circular a *The New York Times* en la que se recomendaba a todas las agencias del gobierno que adoptaran una definición de género «con una fundamentación biológica que sea clara, basada en la ciencia, objetiva y que se pueda administrar» [256]: es decir que estuviera ligada irrevocablemente a las características sexuales de cada uno en el momento de nacer.

El hombre responsable de la propuesta de esta nueva política era un activista católico conservador llamado Roger Severino, el nuevo jefe de la Oficina de Derechos Civiles en el Departamento de Salud y Servicios Humanos. Todo el mundo conocía la opinión de Severino: en 2016 había sido coautor de un artículo en el que se denunciaba la decisión inicial de Obama como «la culminación de una serie de intentos unilaterales y, en muchas ocasiones, ilegales… de imponer una nueva definición de lo que significa ser un hombre o una mujer en toda la nación»[257], lo que dio lugar a una «reacción negativa en masa de personas que… se niegan a aceptar un gobierno federal que se mueve por una ideología de género tan radical».

Para los políticos que intentaban aprovecharse de esta supuesta «reacción negativa», desde Donald Trump y Vladimir Putin hasta Jair Bolsonaro y Viktor Orbán, la «ideología de género» sirvió por partida doble. Era una nueva ideología opresora impuesta de manera similar al comunismo —o, en el caso estadounidense, al decreto del gobierno federal— pero también era un síntoma de que la globalización neoliberal estaba amenazando a la soberanía nacional —o los «derechos de los estados» en Estados Unidos—. Como dijo el arzobispo de Cracovia en 2019, era la nueva «plaga arcoíris»[258] que había reemplazado a la antigua «plaga roja». Esto fue parte de la exitosa campaña de ideología anti-LGTB del Partido Polaco de Ley y Justicia para retener la presidencia en 2020.

En Hungría, Viktor Orbán utilizó un ataque a la ideología de género para demonizar más aún a su compatriota y crítico George Soros, un defensor apasionado —y patrocinador— de la circulación libre de ideas, incluyendo los derechos de las personas LGTB. «Lo que no toleramos del imperio soviético no lo toleraremos del imperio de Soros»[259], dijo Orbán en el congreso del partido de 2017. Orbán afirmó que Soros y su imperio malvado se habían apropiado de la Unión Europea y que tenían la determinación de imponer en Hungría y en otras naciones una criatura llamada *Homo bruselicus*, alguien a quien le habían «arrebatado [su] identidad cultural, nacional, religiosa y de género».

La presencia de «género» en esta lista estaba colocada con sumo cuidado. Orbán continuó ejemplificando la amenaza de este nuevo cosmopolitismo globalizado: las «tropas» de Soros querían expresamente derrocar el antiquísimo entorno natural en el que «había hombres y mujeres, madres y padres»[260] y «forzarnos a entrar en un mundo» en el que «no está claro quién es un hombre y quién, una mujer; lo que es una familia y lo que significa ser húngaro o cristiano. Están creando un tercer género y ridiculizando la fe, y consideran redundantes a las familias, y a las naciones, obsoletas».

La retórica de Orbán vinculaba los límites nacionales «naturales», como los de Hungría, que, aparentemente, siempre habían resistido al imperialismo, con los límites naturales del cuerpo. Trazaba una línea rosa alrededor de ambos, en contra de un proyecto globalizador que quería «eliminar las naciones» y «crear una Europa con una población mixta», al permitir que los inmigrantes la invadieran y que las personas construyeran sus propios cuerpos y familias desafiando el orden natural. En 2019, el gobierno de Orbán aprobó una ley que declara ilegal cambiar los marcadores legales de género. Esto sería impugnado en el Tribunal Constitucional de Hungría. (Nota: el tribunal fallará a fines de enero de 2021).

* * *

Viktor Orbán pronunció el discurso anterior el 12 de noviembre de 2017, apenas cinco días después de que quemaran la efigie de Judith Butler en São Paulo —donde también ardieron retratos de George Soros y del expresidente de Brasil Fernando Henrique Cardoso, un colega cercano de Soros y el gran liberalizador de la economía del país—.

¿Qué hacían Soros y Cardoso en este extraño auto de fe? Su presencia ponía de manifiesto la manera en que Butler y su teoría de género habían llegado a ser vistas como parte de una nueva ola de globalización neocolonialista que amenazaba no solo la soberanía cultural y los valores tradicionales de naciones como Brasil, Hungría o Polonia, sino también su independencia económica. Aquí, los manifestantes seguían el guion del papa Francisco y de Viktor Orbán sobre la teoría de género, entendida como una forma de «colonización ideológica».

La antropóloga Isabela Oliveira Kalil[261] se dedicó a entrevistar a los manifestantes a la salida de la conferencia de Butler; quería conocer sus opiniones sobre política. El 62 % dijo que prefería que Jair Bolsonaro fuera presidente en 2018 por encima de otros candidatos de derecha. Los motivos quedaron claros con otra pregunta: el 45,5 % estaba de acuerdo con que «la solución para Brasil podría llegar a través de una intervención divina», y el 72,9 % creía que «una intervención militar» podría funcionar. Aunque la encuesta hubiera reunido a un hervidero de fanáticos (al fin y al cabo, estaban quemando la efigie de una filósofa), indicaba algo —igual que las protestas contra la teoría de género en todo el mundo— sobre la manera en que se podría marcar una línea rosa para promover la nostalgia por el autoritarismo contra los fracasos percibidos de la modernidad, ejemplificados a la perfección por estas descabelladas ideas nuevas.

10

Zaira y Martha

Guadalajara

Zaira de la O Gómez: activista feminista y vendedora; Guadalajara, veintitantos años. Pronombre: ella.

Martha Sandoval Blanco: esposa de Zaira, madre a tiempo completo y emprendedora; Guadalajara, unos cuarenta y cinco años. Pronombre: ella.

Sabina: su hija; Guadalajara, cuatro años. Pronombre: ella.

Alé y Max*: vecinas de Zaira y Martha; Guadalajara, treinta y pocos años. Pronombre: ella.

Maribel López y Blanca: pareja con un bebé; Guadalajara, cincuenta y pocos y veintitantos años. Pronombre: ella.

Luz*: amiga de Zaira, madre soltera lesbiana; Guadalajara, unos treinta años. Pronombre: ella.

Claudia*: madre, miembro del grupo de madres lesbianas de Zaira; Guadalajara, unos treinta años. Pronombre: ella.

María y Soledad*: madres; Guadalajara, unos treinta años. Pronombre: ella.

*Seudónimos.

1

La boda de Zaira de la O Gómez y Martha Sandoval Blanco estaba programada para el mediodía del 23 de diciembre de 2013 en el Registro

Civil Número Uno en el centro de Guadalajara, pero las autoridades la cambiaron en el último momento a las 08:30 a. m. para eludir a los manifestantes que protestarían: los grupos religiosos «profamilia» se habían enterado de la primera boda legal entre personas del mismo sexo en el estado de Jalisco y llevaban toda la semana amenazando con interrumpirla. La madre de Zaira llegó a oír a un cura en la iglesia el domingo anterior decir a los fieles que se movilizaran en contra de su hija, a quien había descrito como el diablo personificado; llamó a Zaira al amanecer en la mañana de su boda suplicándole que no siguiera adelante, «por el bien de la niña»: su hija pequeña, Sabina.

Pero «era precisamente por el bien de Sabi que teníamos que casarnos desde un principio», me dijo Zaira cuando nos reunimos en un café al aire libre en el centro de Guadalajara, en junio de 2016, bajo la sombra de la espléndida catedral de la ciudad colonial. Zaira era la madre biológica de Sabina, y la pareja no había conseguido registrar a Martha como la otra madre. Tenían la esperanza de que ahora, con el certificado de matrimonio, pudieran añadir el nombre de Martha al certificado de nacimiento de Sabina.

Zaira era morena y voluptuosa, de una belleza casi demasiado madura. Acababa de salir del trabajo en unos grandes almacenes de la zona, donde vendía camas estadounidenses a mexicanos de clase media. Martha tenía dieciséis años más; era delicada y de piel clara, y tenía una melena de color castaño rojizo. Regentó una tienda que vendía productos para la limpieza, pero ahora se dedicaba a ser la madre de Sabina a tiempo completo. Mientras Zaira me contaba su historia, Martha no quitaba el ojo de encima de su hija, una niña animada de cuatro años que se escabullía para investigar el quiosco de música que había en la plaza.

Zaira abrió el móvil para enseñarme imágenes del día de la boda, que habían sido emitidas en la televisión local. Conforme la pareja sale del registro[262] y se acerca al pequeño grupo de personas que habían ido a desearles lo mejor y a los *paparazzi* que estaban ahí, la emoción se extiende por momentos en el rostro de Zaira. Lleva un vestido blanco ajustado, la melena negra en un magnífico recogido alto. Marta también va de blanco: un vestido sin mangas con el escote de encaje. Su emoción, como su belleza, es más sutil, y mientras abraza fuertemente a Sabina se distinguen parpadeos que alternan entre la inquietud y la alegría.

«¡Beso! ¡Beso! ¡Beso!»[263], grita la multitud.

Martha sonríe nerviosamente y aleja mínimamente la cara, pero Zaira la sujeta en un abrazo. La multitud las vitorea.

«Todo es posible», dice Zaira a las cámaras, ronca y rebosante de vitalidad, como si estuviera en una campaña electoral. «Y este es un mensaje para cualquiera que tenga un sueño tan grande como el nuestro. No se rinda si puede conseguirlo. No será fácil».

Martha me contó más tarde que le costó disfrutar el día. «No soy activista, así que fue muy difícil para mí, la boda, con todos los medios de comunicación. Mi familia estaba muy en contra. Hubo conflicto».

Los padres de Martha habían fallecido y ninguno de sus hermanos asistió a la ceremonia. Pero los padres de Zaira estaban presentes, y las cámaras los captaron bajo una bandera arcoíris, estoicos y elegantes. Su padre llevaba un traje blanco de solapas anchas y un sombrero panamá a juego inclinado hacia un lado, sobre los ojos; la madre iba cubierta de bisutería. En palabras que suenan como si se hubieran ensayado muchas veces, la señora Gómez le dice a una reportera de la televisión local: «Desgraciadamente hay todavía mucho desconocimiento, mucha intolerancia, pero es su decisión [casarse]. Son seres humanos, tienen su vida propia, entonces hay que apoyarlas para evitar en un futuro muchos suicidios, muchas desuniones de familias, muchas pérdidas de hijos»[264].

Hubo, en efecto, un reguero de manifestantes, pero la policía había cerrado la calle frente a la oficina del registro, y los invitados a la boda no se los encontraron. «La gente nos estaba apoyando, haciendo de barrera. Me sentí como Angelina Jolie o alguien importante. Fue raro», me contó Martha más tarde.

El día terminó con una fiesta en un patio pintado de colores intensos donde las recién casadas mostraron sus anillos a juego —tiras arcoíris engastadas en oro— y posaron con todos sus amigos. Luego se sentaron para disfrutar de la comida con la que todos habían contribuido. Cortaron una tarta de boda enorme con un glaseado con los colores del arcoíris y dos novias en plata.

* * *

Ciudad de México fue la primera jurisdicción en Latinoamérica en legalizar el matrimonio entre personas del mismo sexo en 2009. Argentina lo hizo unos meses después: fue el primer país en la región y el décimo en el mundo. Durante los siete años siguientes, la actitud de Latinoamérica hacia el matrimonio cambió drásticamente: Brasil, Uruguay y Colombia también legalizaron el matrimonio gay, y estos cuatro países empezaron a desempeñar un papel principal en la defensa de los mecanismos de protección global en las Naciones Unidas.

México era más ambivalente. Por una parte, había sido el pionero en la región: el matrimonio igualitario de Ciudad de México fue precedido por el reconocimiento de las uniones civiles entre parejas del mismo sexo en 2006, y ambas reformas fueron posibles por la constitución de 2001, que ilegalizaba la discriminación por motivos de «preferencia» —los legisladores fueron demasiado remilgados como para redactar la palabra «sexual» en el documento fundacional del país, pero se lo enmendaría en 2011—. Pero, por la otra, México continuaba siendo un baluarte no solo del catolicismo conservador, sino también del tipo de machismo rural que formaba parte de su imagen nacional. Estas fuerzas alimentarían la reacción masiva en contra que tendría el anuncio de Enrique Peña Nieto, el año en que conocí a Zaira y a Martha, de que iba a introducir una ley para legalizar el matrimonio igualitario a nivel nacional.

Hubo un total de ochenta y un eventos del Orgullo en todo México en 2016, el número más alto en el mundo después de Estados Unidos y Brasil. El más grande tuvo lugar en Ciudad de México —medio millón de personas—. También era el más antiguo, con mucho, de Latinoamérica: llevaba celebrándose desde 1979. Ciudad de México se anunciaba desde hacía más de una década como «la ciudad de las libertades» y tenía su propio pueblito gay, la Zona Rosa, tan antigua como El Castro*. Era una ciudad en la que las parejas del mismo sexo se besuqueaban en público en los vagones del metro, donde se intentaba conseguir el voto rosa con tesón y

---

* Barrio histórico gay de San Francisco (Estados Unidos), uno de los primeros en el país. (N. de la T.).

donde las personas homosexuales podían casarse, adoptar a niños y registrarse como padres y madres sin enredos; donde las personas trans podían cambiar legalmente de género sin tener que pasar por un juez y donde una clínica pública ofrecía terapia de reemplazo hormonal gratuitamente. Quizá lo más significativo fuera que el aborto libre estaba permitido —y no tenía ningún coste— en la Ciudad de México durante el primer trimestre del embarazo. Salvo Cuba y Uruguay, en ningún otro país de Latinoamérica era legal, excepto en casos de agresión sexual y malformación del feto.

México tenía su propia línea rosa interna, puede que incluso más marcada que la de su vecino del norte. Estaba trazada principalmente alrededor de su ciudad capital, un oasis de liberalismo. Era un mundo dentro de un país, con costumbres bien diferentes a consecuencia de su diversidad y su geografía, de su sistema federal difícil de manejar y también de su historia, pues era un país devotamente católico con un Estado rabiosamente laico y un pasado revolucionario. Aquí, como en algunos otros países, el papel principal en el cambio de las normas sociales en cuanto al sexo y al género lo estaba desempeñando un proceso más amplio de reformas legales, junto con la revolución digital y el movimiento global por los derechos humanos. Al igual que en Sudáfrica y en Colombia, la nueva constitución —y la consiguiente jurisprudencia en derechos humanos— fue fruto de una reforma política llevada a cabo tras largos períodos de gobiernos autoritarios o guerras civiles.

En el caso mexicano, las reformas constitucionales de principios del siglo XXI llegaron por parte de dos fuerzas opuestas, en una especie de maniobra envolvente contra el catolicismo conservador y la afianzada élite política. En la década de 1990, la insurgencia zapatista introdujo la idea de los derechos de las personas indígenas en el discurso político mexicano, y se abrió así un debate nacional sobre la manera en que se podría ofrecer protección constitucional a otros grupos marginados —como las personas con discapacidad o las homosexuales—. Mientras tanto, desde la derecha, los objetivos modernizantes del presidente Vicente Fox Quesada abrazaron la noción liberal de los «derechos individuales»: México se había anquilosado bajo el mandato del partido único, y Fox buscaba rejuvenecer el país y reintegrarlo a la economía global, no solo con una agenda para el libre comercio, sino también con una para los derechos humanos.

Pero cuando la Ciudad de México, de izquierda, aprobó la legislación para el matrimonio igualitario en 2009, el sucesor conservador de Fox, Felipe Calderón Hinojosa, interpuso una demanda de inmediato ante la Suprema Corte de Justicia de la Nación: la ley del matrimonio igualitario de Ciudad de México era contraria a la definición de «familia» redactada en la constitución, afirmaba el gobierno. El tribunal falló a favor de Ciudad de México: el propósito del matrimonio no era la procreación y, por tanto, cualquier definición que fuera exclusivamente heterosexual era discriminatoria. El fallo iba incluso más allá: los matrimonios entre personas del mismo sexo llevados a cabo en Ciudad de México tenían que ser reconocidos también en cualquier otra parte del país. Esto hizo que el régimen del matrimonio igualitario en México fuera muy diferente al de Estados Unidos, donde eran legales solo en los estados que los reconocían —hasta el 2015, cuando el Tribunal Supremo exigió la conformidad en toda la nación—.

Para cuando Zaira y Martha se casaron[265] en diciembre de 2013, ya se habían celebrado 3619 matrimonios entre personas del mismo sexo en Ciudad de México desde 2009 —no era un número muy elevado— y alrededor del 10 % eran de parejas que venían desde otras partes de México expresamente a casarse. El 21 de marzo de 2010, unos días después de que se aprobara la ley, veintinueve parejas de todo el país participaron en una ceremonia colectiva de gran notoriedad en las escaleras del majestuoso ayuntamiento colonial. «Ciudad de México fue un laboratorio social donde veíamos cómo se desarrollarían las cosas en el resto del país», me dijo la veterana activista lesbiana Lol Kin Castañeda, quien organizó el grupo de matrimonios. «Lo utilizamos para hacer que detonara el asunto en los estados. Una de las obligaciones de las parejas participantes era que debían volver a casa y ejercer sus derechos exigiendo la seguridad social conjunta, por ejemplo. Esto forzaría el cambio en todo el país», concluyó.

Zaira y Martha tomaron una postura más radical: intentaron detonar el asunto desde dentro al exigir no solo el matrimonio en su casa, sino también el registro de Martha como la segunda madre de Sabina en Guadalajara, a pesar de que se podía hacer en Ciudad de México. No se ponían de acuerdo sobre el asunto.

Martha me dejó muy claro que habría sido feliz casándose en Ciudad de México y yendo ahí también para que la certificaran como la otra madre. Pero Zaira era intratable: «Claro que es mucho más fácil en la capital, pero lo más fácil no es necesariamente lo más justo. Nosotras venimos de Guadalajara: vivimos aquí, crecimos aquí, nuestra hija nació aquí y crecerá aquí; aquí pagamos nuestros impuestos, así que necesitamos hacerlo aquí. Obviamente sabíamos que iba a ser más largo y complejo, pero teníamos que pensar en quienes vinieran después de nosotras. Los activistas que tienen cincuenta y sesenta años nos abrieron la puerta para que pudiéramos usar nuestros derechos. Ahora nos toca hacer lo mismo».

* * *

GUADALAJARA NO ES, de ningún modo, una provincia atrasada. Majestuosa y de rápido crecimiento, se trata de la segunda ciudad de México. Tiene un centro colonial prístino, una escena artística animada, una industria artesana reconocida a nivel global, la industria tecnológica más desarrollada del país y una gran comunidad gay, por todos conocida. La otra gran ciudad del estado de Jalisco es Puerto Vallarta, una meca de las vacaciones para los «gringos» gais, pero el estado en sí es profundamente conservador, un reducto de las políticas católicas de derecha. Cuando Ciudad de México aprobó la legislación para el matrimonio igualitario, Jalisco fue uno de los dos estados que apelaron —sin éxito— a la Suprema Corte en un intento para no tener que reconocer dichos matrimonios dentro de sus fronteras.

Con el fallo de 2010 sobre el matrimonio igualitario, la Corte también abrió la puerta a que Zaira y Martha se casaran en Guadalajara, en vez de tener que ir a Ciudad de México. El complejo sistema federal de México implicaba que la Corte no podía ordenarle a los estados que cambiaran la ley, pero podía invalidar las sentencias, caso a caso, a través de un mecanismo arcano llamado «amparo», es decir, «protección». Si se negaran a casarlas, un amparo obligaría a las autoridades a hacerlo aduciendo que el estado había negado el derecho constitucional de la pareja a la igualdad.

El primer amparo que tuvo éxito ante un matrimonio del mismo sexo ocurrió en el estado sureño de Oaxaca. Fue concedido en diciembre de 2012. Durante los siguientes años surgió una red comunitaria extraordinaria de futuras parejas y abogados activistas por todo el país, lo que provocó que se establecieran organizaciones por los derechos LGTB en ciudades provinciales alejadas, desde Mexicali en el desierto al norte hasta Tuxtla en la jungla al sur, a tres mil quinientos kilómetros de distancia. Alex Alí Méndez Díaz, el abogado de Oaxaca que fue quien empezó todo y cuya organización funcionaba como centro neurálgico de toda esta actividad, me dijo que para 2017 se habían concedido alrededor de doscientos amparos.

Al igual que el de Zaira y Martha, la mayoría de los matrimonios otorgados[266] mediante un amparo tuvieron lugar sin incidentes, aunque en ocasiones las autoridades locales, simplemente, se negaban a cumplir. Esto ocurrió en Mexicali, justo en la frontera con Estados Unidos, donde la ciudad se hizo de rogar durante dos años con un amparo concedido a dos peluqueros del lugar. Al final, los citaron con una denuncia formal diciendo que los hombres estaban «locos». Esto dio paso a una campaña nacional, bajo la etiqueta #MisDerechosNoSonLocuras, que incendió el país entero en enero de 2015, y convocó a una manifestación a la salida del ayuntamiento de Mexicali en la que participaron varios centenares de defensores de la pareja. El alcalde decidió dispersar la manifestación casando a los hombres ahí mismo, una victoria extraña y poderosa para la movilización popular en el país.

Dos semanas antes de que tuviera lugar el primer matrimonio entre personas del mismo sexo en Oaxaca en marzo de 2013, Zaira y Martha se presentaron ante el Registro Civil de Guadalajara. Las echaron, como sabían que ocurriría, y dieron una conferencia de prensa en la que anunciaron que presentarían una demanda de amparo. La demanda fue una de las primeras del país en ser oídas y en recibir un fallo: en noviembre de 2013 se lo concedieron.

* * *

Planifiqué la visita que iba a hacer a Guadalajara para que coincidiera con el Orgullo de cada año, y mientras estábamos en el café al aire libre, Zaira me enseñó una foto de su página de Facebook del Orgullo del año anterior. Sabina está al frente del desfile y lleva una banda arcoíris sobre el hombro unida a Zaira por una cuerda rosa. Martha va un paso por detrás y está empujando un carrito cubierto también por telas arcoíris. Las mujeres usan vaqueros, llevan botas de montaña y camisas vaqueras también; alrededor del cuello lucen, sin apretar, corbatas de hombre con estampado arcoíris y tienen las largas melenas recogidas en gorras de béisbol. Una amiga que está desfilando a su lado porta un cartel amarillo chillón: «Soy SABINA y exijo un certificado de nacimiento con los nombres de mis dos MAMIS». Sobre la «i», un corazón.

Zaira alardeó de que Sabina se sabía todas las consignas de la manifestación tan bien como cualquier canción infantil, y levantó a la niña sobre el regazo para mostrármelo. Sabina cantó al ritmo de una canción infantil: «¡Alerta que camina! ¡La lucha feminista por América Latina!». Martha, que estaba tensa, se relajó y terminó riéndose al recordar que su hija las había despertado temprano el día del último desfile, presumiendo sus calcetines arcoíris —también los llevaba puestos hoy— y exigiendo que se pusieran en marcha.

Esperaba acompañar a Zaira y a Martha a la marcha, pero me dijeron que se iban a quedar al margen. Hubo una polémica en la ciudad entre las ONG y los negocios del colectivo que dio como resultado dos marchas rivales durante dos fines de semana consecutivos, y yo, sin darme cuenta, había venido a la ciudad más por las fiestas que por la política.

En cualquier caso, Zaira y Martha tenían su propia polémica doméstica sobre el Orgullo: otro motivo por el que quedarse al margen. Zaira no creía que hubiera «nada malo en que la gente esté desnuda, o en que se exprese llevando muy poca ropa puesta, o en que se besen o no, ya que es todo parte de la diversidad, de quiénes somos como colectivo. Pero mami… —así llamaba a Martha—. Sé que no piensa así. ¿Por qué no dices nada?».

«Ahora que tenemos a Sabina, no me gusta que haya exhibicionistas aquí [en el Orgullo]. Zaira cree que no pasa nada por que Sabi vea manifestaciones con gente desnuda. Yo no estoy de acuerdo. Hay ciertas cosas que solo llegan conforme vas cumpliendo años. Hay que ganárselas», dijo Martha.

Se hizo la hora de irme si era que quería llegar al desfile. Nos despedimos y quedamos en volver a vernos en su casa un poco más tarde. Dije que quería comprarle alguna cosita a Sabina de regalo, que qué le gustaría. «Uy, a Sabina le gusta todo. No he conocido a una niña tan entusiasta como ella. Últimamente quiere ser Spider-Man y Superman, ¿no? Y luego, de repente, es una princesa», respondió Zaira. No había ninguna limitación de género en el hogar: «Si quiere un coche, se lo compramos; si quiere una muñeca, también. Tiene libertad».

Los padres se buscan a ellos mismos en sus hijos. Así me describiría Martha a Sabina más adelante: «Es una cosita seria. Quiere hablar, quiere ser ella misma».

2

Tal como me habían dicho, a Sabina le encantó el bolsito de hombro con bordados que le regalé cuando llegamos mi intérprete Andrés y yo a su hogar un poco más tarde aquel día. La pequeña salió corriendo a llenar el bolso con sus cosas favoritas y anduvo de acá para allá entre nosotros, contribuyendo en nuestras conversaciones con sus gracias mientras nos acomodábamos con unos vasos de zumo fresco de piña. Sabina vaciaba y volvía a llenar el bolso una y otra vez, repartiendo sus juguetes entre los adultos y pidiendo que se los devolviéramos para guardarlos. De vez en cuando, se pavoneaba con ostentación por la sala pasándose el bolso por el hombro.

El apartamento estaba encima de la tienda de Martha, en una colonia residencial en el sudeste de la ciudad. En el estilo mexicano, las casitas de las colonias se situaban tanto en lo alto como al pie de las colinas, en hileras de casas de dos pisos pintadas de colores llamativos, y adornadas con antenas de televisión y rejas de seguridad; enfrente de cada una había una zona de aparcamiento que hacía las veces de patio cuando el coche no estaba. El apartamento era una estancia larga y rectangular, sobria y limpia, con un biombo rojo oscuro que separaba la zona del cuarto en la parte trasera y pequeños toques de color rojo por todas partes: el borde del reloj de la cocina, los cojines de las sillas del comedor, manzanas de madera sobre la mesa. No había ninguno de los elementos religiosos personalizados —fotografías de bautizos en marcos hechos a mano, altares adornados a la Virgen— que suelen encontrarse en las casas mexicanas. Zaira creció yendo a la iglesia evangélica y era una protestante devota.

Martha había sufrido dos atracos a mano armada en la tienda —con cuchillos y pistolas—, pero no parecía alarmada. Había tres cárteles de la droga que se estaban peleando en Jalisco, pero la colonia en sí era «muy segura» en comparación con otras áreas. Aun así, dos años después de mi visita, secuestraron a la sobrina de Zaira: se la llevaron de casa intrusos armados. Se la devolvieron sana después de que la familia pagara el rescate.

Martha compró el terreno unos diez años antes con el dinero que consiguió ahorrar tras un período de dos años en Estados Unidos, y construyó la tienda encima. Se juntó con Zaira unos años más tarde, en un momento en el que ambas necesitaban un lugar en el que vivir después de haber salido de relaciones sentimentales muy largas. Terminaron siendo compañeras de piso en la casa de una amiga en común: «Muy como en *The L Word*», dijimos entre risas. Congeniaron charlando hasta altas horas de la madrugada sobre maternidad, y Martha le habló de lo triste que se sentía por ser estéril tras un aborto. Decidieron tener un bebé juntas, y Zaira quedó embarazada en menos de seis meses con la ayuda de un banco de esperma y de su anterior pareja, que se dedicaba a la medicina. Ambas decidieron construir un apartamento encima de la tienda de Martha y criar a su bebé ahí.

Pero desde el momento en que nació Sabina las acosaron los problemas debido a la naturaleza extraoficial de su relación. La bebé nació prematura, y a Martha, en un principio, no le permitían entrar en la sala de incubadoras. «Nos llegaron a conocer como "el caso". El hospital amenazaba con llamar a la policía porque a Martha no la dejaban estar ahí, con nuestro bebé en apuros, nuestra vida. Un día llegó a casa con el corazón roto: "Dicen que no soy su mamá". Al día siguiente ahí estuve yo, luchando. Nos llevó siete días, pero al final ganamos. Y cuando nos fuimos, un mes más tarde, las enfermeras nos tomaban fotos, nos animaban: "¡Es el caso! ¡Es el caso!". Así que la próxima vez que lleguen dos mamás, no serán las primeras…», relató Zaira.

Como Sabina nació un mes antes de lo esperado, el apartamento no estaba preparado, por lo que durante el mes que estuvo en la incubadora Martha y Zaira trabajaron frenéticamente para completarlo. Llegaron a tiempo, pero inmediatamente se encontraron con problemas con «la autoproclamada presidenta de la colonia», como describió Zaira a una metomentodo de la zona que afirmaba que estaban violando el reglamento. Desde el primer momento, «esta mujer decidió que nos quería fuera porque éramos una pareja de lesbianas. Al parecer, no teníamos la reputación moral de la colonia, pero muchos de nuestros vecinos vinieron y nos dijeron que no tenían ningún problema con nosotras. Nos intimidó repetidas veces y tuvimos que pedir una orden de alejamiento. Eso hizo que se calmara. Y, mientras tanto, descubrimos que teníamos muchos otros amigos y defensores aquí».

En el vecindario había otra pareja de lesbianas, a quienes habían conocido en la calle con sus respectivas criaturas. Alé se pasó por ahí para contarme un poquito de su historia: el padre biológico de su hijo Robbie era un amigo gay a quien llamaba «papá» y cuya familia lo adoraba, pero Alé y su mujer Max eran las madres legalmente, ya que habían ido a Ciudad de México a casarse y a registrar a Robbie. Lo que fortaleció su determinación fue la actitud de la madre de Max, que dejó bien claro que le quitaría el niño a Alé en caso de que le pasara cualquier cosa a su hija.

«¡No hay nada más doloroso para una madre que oír eso cuando tienes un bebé!», exclamó Zaira. «Das toda tu vida; entregas tu tiempo, tu amor…», añadió Martha.

* * *

La tarde se alargó hasta el anochecer y nosotros pasamos del zumo de piña a la cerveza. Los ruidos de un sábado por la tarde flotaban en el ambiente: los acelerones de los coches, hombres justicieros en las esquinas, gritos de adolescentes. Zaira miró hacia Martha, que asintió con una inclinación de la cabeza, y mientras charlábamos en la parte de arriba oíamos a Sabina con otros niños en la calle justo debajo. Estaba con vecinos, viejos clientes de Martha que siempre habían sido amables y hospitalarios. «El único problema con ellos es que viven con una familia muy grande, con abuelos, tíos, tías y sobrinos, y Sabina muchas veces nos pregunta: "¿Por qué somos solo nosotras tres?"», dijo Martha.

Una vez, Sabina les contó a sus primos —los sobrinos de Martha— que tenía «dos mamis». «Tus mamis son tortas», dijeron los niños. Sándwich, bocadillo, emparedado: en el habla coloquial mexicana, *torta* era el término despectivo para referirse a las lesbianas, por la manera en que sugiere dos piezas de pan apretadas una contra otra. Martha estaba escuchando la conversación a escondidas y se quedó impresionada por la manera en que Sabina había defendido a su familia: «No tiene ningún problema en corregir a los demás, sabe exactamente cómo hacerlo».

El problema, decía Martha, lo tenía con sus hermanas: «No consideran a Sabi parte de la familia. Los primos siempre están recibiendo regalitos y a ella la dejan de lado. Y cuando me llama «mamá», la corrigen: "Ella no es tu mamá"». Al principio, rechazaron a Sabina, pero la pequeña se las ganó. «Aun así, no la ven como a una hija».

¿Sería más fácil una vez que le otorgaran el reconocimiento legal?

«Será otro problema, porque no lo entienden. "¿Por qué quieres que Sabi lleve nuestro apellido?", preguntan. "¿Por qué quieres mantener a una niña que ni siquiera es tuya?"».

Martha tenía la certeza de que si su madre viviera las cosas serían diferentes: «Ella amaría a Sabina como si fuera su propia hija, estoy segura».

* * *

MARTHA ERA LA DÉCIMA de once hermanos, fue criada por una madre soltera que se ganaba la vida vendiendo perfumes y cremas; sus hermanas mayores dejaron la escuela para cuidar de los más pequeños. Su padre era un alcohólico «que nos abandonó de verdad, a pesar de que viviera en casa», me dijo.

Martha había tenido una relación muy cercana con su madre, por lo que se sintió devastada cuando la echó de casa después de que una de sus hermanas mayores revelara que tenía una novia. En aquel momento tenía veintiún años y se fue a vivir con la novia, que trabajaba con ella en el mercado de productos frescos de Guadalajara. «Al final, mi hermana menor nos reconcilió. Me dijo que mi mamá lloraba y me extrañaba. Yo tengo un corazón bondadoso, así que dije: adelante». Martha nunca regresó a vivir en casa, pero ella y su madre volvieron a hacerse íntimas, y su madre terminó adorando a su novia: «Creo que se la ganó con todos aquellos enormes cestos de frutas».

El primer beso de Martha fue con una entrenadora deportiva en la escuela secundaria, y conoció a la mayoría de sus amigas —y encontró a sus amantes— a través de la liga femenina local de sóftbol. Con el paso del tiempo, no obstante, empezó a sentirse desafectada de este mundo: no soportaba las infidelidades, la malicia; y después del fracaso de otra relación, decidió ir al norte y probar suerte en California.

Era 1995. Cruzó la frontera en Tijuana con papeles falsos y llegó hasta Santa Bárbara, donde se había instalado su primera novia. «Todas mis amigas de la infancia estaban ahí, pero, aun así, me sentía sola. Todas estaban trabajando todo el rato y muy duro; y yo estuve mucho tiempo sin trabajo. Cada vez que hablaba con mami, lloraba». Consiguió trabajo como niñera y, al final, un puesto en un restaurante mexicano. Aunque se daba cuenta de que había mucha más libertad allí que en su casa —una amiga de la secundaria estaba en el proceso de transición de género—, no salió con nadie ni echó raíces. «Extrañaba mi tierra natal y, sobre todo, me sentía culpable por mi madre, que estaba tan lejos. Me partió el corazón». Cuando Martha me habló de esta segunda separación, sentí lo profunda que debió ser la herida por su destierro inicial unos años antes.

Era un lunes por la mañana y vine a hablar con Martha mientras Zaira estaba en el trabajo. Martha había dejado a Sabina en el cuarto con la tableta de color rosa intenso de Hello Kitty, y en un momento dado, la pequeña vino hasta nosotros para hablarnos de lo que estaba pasando por ahí con alguien llamado Diego. Martha parecía incómoda y me explicó que Diego era el «amigo fantasma» de Sabina. Ella no provenía de una familia religiosa, pero estaba convencida de que necesitaban bautizar a Sabina para protegerla de estos demonios: «No es la primera vez. Abajo, en la tienda, Sabi dijo que una niña salió del cuarto de baño». El bautizo sería «una protección, porque la Biblia dice que, de esa manera, los espíritus no se llevarán su alma». Pero Zaira se oponía rotundamente por dos motivos: no era católica, y la Iglesia condenaba a su familia y su estilo de vida.

Les mencioné a la otra pareja de lesbianas que conocí en Guadalajara, que habían adoptado a un niño al nacer y al que bautizaron en la iglesia, con ambas madres reconocidas como tales. Martha conocía a las mujeres —eran parte de un grupo de madres lesbianas que Zaira había establecido—, pero le asombró lo del bautizo. Le conté la historia.

María y Soledad tuvieron la determinación de celebrar el bautizo de su Santiago, y querían poder participar completamente. También querían que sus amigos más íntimos, un hombre abiertamente gay y una mujer soltera, fueran los padrinos —normalmente, estos tenían que estar casados y ser padres—.

Así que se pusieron a ello. Primero fueron a la parroquia local, donde las rechazaron sin escucharlas siquiera. En la segunda iglesia, el cura dijo que tenía que hacer algo de búsqueda espiritual: «Búsqueda espiritual. No, gracias», escupió María. Finalmente, alguien sugirió a un cura progresista en otra parte de la ciudad: «Sin problemas». Y así bautizaron a Santiago, frente a toda la congregación un domingo por la mañana, con sus madres lesbianas, su padrino gay y su madrina soltera a su lado, en la pila. «No creo que esto hubiera sido posible hace apenas dos años. Bueno, sí, hubiera sido posible, pero a escondidas, guardando las apariencias. Pero ahora la gente está más dispuesta a escuchar y a cambiar de opinión», me dijo María.

¿Qué podía haber provocado este cambio? «La política», respondió. «Por los cambios que han ocurrido políticamente en este país, la moda de la "no discriminación" es fuerte y se implementa. Discriminar no era nada del otro mundo [en el pasado], pero ahora incluso se castiga».

* * *

ZAIRA NACIÓ DE NUEVO en el cristianismo evangélico, junto con su familia, a los trece años. La conversión de la familia formó parte de una espectacular tendencia que se dio en toda la región en los últimos años del siglo XX, conforme el movimiento pentecostal de estilo estadounidense se iba extendiendo por el sur sobre las alas de la revolución digital; dicha tendencia surgió por el desencanto creciente que había con la *doble moral* de la Iglesia católica y, en México, por la terrible agitación social que trajo la guerra contra las drogas y el narcoterrorismo.

A Zaira, que era una apasionada, le dio fuerte, y para cuando cumplió dieciséis años ya era pastora de jóvenes en la Casa de Cristo, su iglesia. Esto le causó un conflicto interno: «Completé un curso de preparación, a pesar de que sabía que yo era diferente por dentro. No sabía cómo expresarlo, cómo buscar la palabra "cristiana" para ello, pero sabía que me gustaban las chicas. Y sabía que estaba mal, por todos los sermones de la iglesia. Me sentía muy culpable, y recuerdo haberme arrodillado ante Dios y haber pedido: "Por favor, quíteme esto. Estoy segura de que no quiere que sea mala…"».

Pero sí que lo era. Empezó una relación sexual con su mejor amiga en la escuela, y a los dieciocho años, la hija del pastor las delató. Zaira tuvo que someterse a una ardua liberación: cuarenta días de ayuno y una «cadena de oración por toda la congregación para que el espíritu maligno me abandonase, llamándonos cada hora del día. ¡Toda esta gente orando por mí para liberarme de mi lesbianismo!». Le prohibieron que hablara con su amiga y tenía que ir directamente a la iglesia después de la escuela para rezar y ayunar.

Al final de los cuarenta días, el pastor le preguntó cómo se sentía. «Estoy llenísima del Espíritu Santo, pero aún la amo», le respondió. Le dijeron que la había poseído el diablo y la condenaron al ostracismo; ya no le permitieron cantar en el coro y la obligaron a sentarse sola en la iglesia. Después de tres domingos así, los mayores de la iglesia le dijeron que la expulsarían si no cambiaba. Se marchó, atormentándose con preguntas a Dios acerca de la razón por la que la había hecho de esa manera, puesto que había dedicado su vida a servirle. Para colmo, su novia no la esperó: «Me enteré de que me estaba siendo infiel… ¡con media escuela!».

Sus padres, al final, la apoyaron, y eso hizo que su confusión se disipara. Cuando salió del armario ante su familia extendida —con el dramatismo característico, durante la celebración de la Nochevieja—, su padre abandonó la mesa: «¡Sobre mi cadáver, una hija lesbiana!». Y su madre se echaba la culpa por haberla mandado a una escuela solo para niñas: «Te he fallado». Pero los mayores de la familia dijeron: «Siempre lo supimos. Te amamos. Ya se les pasará». Y así fue. Su madre acudió a terapia y su padre empezó a hacer preguntas, y pronto estuvieron firmemente de su lado, algo que ella atribuyó «al respeto y la tolerancia» que habían formado parte de su educación.

El padre de Zaira, veinticinco años mayor que la madre, era «un hombre del mundo» que había vivido durante la mayor parte del tiempo en Estados Unidos, donde «hizo un poco de todo», desde trabajar en cocinas hasta boxear de manera no profesional antes de establecerse en su carrera profesional como gerente en una empresa de piedras en Guadalajara. Les dijo a sus hijos que no se había unido a la Casa de Cristo porque Dios no reside entre cuatro paredes. Ahora que habían expulsado a Zaira de la iglesia, hizo hincapié en el mensaje a su hija: «Si cree en Dios, Él está con usted».

Zaira se tomó esto en serio. Buscando en internet, se encontró con Otras Ovejas, una iglesia cristiana mundial para personas LGTB que había sacado el nombre de Juan 10:16: «También tengo otras ovejas que no son de este redil; a aquellas también debo traer». La fundación tenía mucha actividad también en África Oriental y, de hecho, cuando Michael Bashaija —otro refugiado del cristianismo evángelico— huyó a Nairobi en 2014, uno de los lugares en los que buscó ayuda fue en su capítulo keniano.

Zaira recibió materiales informativos por correo por parte de Otras Ovejas, y aprendió que «Dios me ama tal y como soy». Conoció a la hija lesbiana de un pastor evangélico cuando estuvo en la universidad. Estrecharon su vínculo a través de sus experiencias compartidas y organizaron un grupo de oración. «Dejamos de ser "ovejas inútiles" y empezamos a "trabajar" donde Dios nos había colocado, con las personas que nos necesitaban (espiritualmente hablando)», me escribió Zaira en un mensaje de Facebook. «Cada fin de semana me iba de viaje, y cada vez más gente nos estaba esperando». Cuando la otra mujer se puso enferma, el grupo dejó de funcionar y Zaira dirigió su energía hacia el activismo.

Para cuando nos conocimos seis años después, Zaira ya no acudía a ninguna iglesia —«Todas son homófobas acá en México»— pero su discurso estaba salpicado de la invocación cristiana. «Dios nos ama», me había dicho al relatarme la historia del nacimiento de Sabina. «Él nos ama más». Había pruebas de sobra: la inseminación artificial funcionó a la primera, el nacimiento prematuro de Sabina les dio la oportunidad de completar el apartamento a tiempo, no hubo ningún problema a pesar del parto temprano y, lo más importante, «además de todo esto, Él nos ha concedido el regalo de una niña».

3

Un domingo, Zaira y Martha me invitaron a que las acompañara a una reunión de su grupo de madres lesbianas. Una mujer llamada Claudia ofreció su casa: a su madre le encantaba preparar pozole, una sopa tradicional hecha a base de maíz que se toma en las celebraciones, que lleva mucho trabajo y que inspira mucho amor. Zaira y Martha estaban entusiasmadas. Tomamos un taxi hacia un suburbio lejano y paramos durante el camino para comprar cerveza.

Llegamos tarde, las otras madres ya habían tomado pozole —boles de sopa humeantes con enormes granos de maíz y trozos de cerdo secos, adornados con lima, chile y aguacate— y se habían puesto a jugar a un bingo con imágenes mexicanas. La que cantaba gritaba: «¡El azteca!», «¡El diablo!» o «¡La sirena!», mientras los niños se colaban entre ellas. Había mucho escándalo: las adultas bebiendo cerveza y los niños a tope de azúcar.

Claudia, la anfitriona, vivía ahí con sus padres. Su hija de catorce años hizo amablemente las veces de flautista de Hamelín con los más pequeños durante toda la tarde. Claudia acababa de salir de una larga relación abusiva con un hombre trans alcohólico. No estaba segura de que fuera lesbiana, estrictamente hablando, pero necesitaba compañía desesperadamente y estaba encantada de recibir al grupo. Había otra pareja mayor con una hija adolescente, pero las otras ocho familias tenían niños de menos de cinco años.

¿Había también un *baby boom* entre las lesbianas de México? El censo de 2012 del país ofrece información sorprendente[267]. La familia de Zaira y Martha era una de las 229.773 compuestas por parejas del mismo sexo, alrededor del 1% del total. Y el 75% de estas familias tenía hijos. Comparad con Estados Unidos[268]: en 2010, la Oficina del Censo contó alrededor de 594.000 familias del mismo sexo, también alrededor del 1% del total. Proporcionalmente, había tantas familias así en Estados Unidos como en México, una equivalencia inesperada. Pero en el norte, muchos menos tenían hijos: solo 115.000, el 25%. Quizá no sea tan sorprendente, ya que se adhiere al perfil de México como una población en crecimiento y al de Estados Unidos como una en descenso, y sugiere el valor relativo de los hijos en el México católico en comparación con Estados Unidos. Cuando Zaira y Martha decidieron ser madres en 2011, no fue, para nada, algo excepcional entre las parejas del mismo sexo mexicanas; sí lo habría sido si hubieran sido estadounidenses.

Pero el perfil demográfico de la reunión para tomar pozole sugería también algo más: estas familias eran jóvenes. Los niños habían nacido a partir de 2010, cuando el matrimonio igualitario se legalizó en Ciudad de México. ¿Hasta qué punto, entonces, eran consecuencia directa de la aceptación social y legal de las relaciones lésbicas o gais?

El grupo de Guadalajara, puesto en marcha por Zaira, formaba parte de la Red de Madres Lesbianas en México, de ámbito nacional y conocida por todas las integrantes, simplemente, como La Red.

Había unas dos mil familias en La Red en todo el país, y según su fundadora, Ana de Alejandro García, alrededor del 80% de las madres tuvieron a sus hijos estando en relaciones heterosexuales y salieron después. Pero me dijo que el número de madres que tenían hijos siendo lesbianas crecía cada año. Creía que este cambio no se daba tanto como consecuencia de una nueva apreciación por los derechos, sino, más bien, por «el acceso mucho más fácil a la tecnología de reproducción asistida. Y no solo por la tecnología en sí, sino por la información que hay en internet sobre ella. Ya no es necesario ir a una clínica y pagar miles de pesos. Puedes investigar sobre la inseminación en Google y hacerla en casa, con un hombre a quien conoces y en quien confías. Es de gran ayuda para las madres lesbianas esta era de la información».

Zaira tenía su propia opinión sobre su lugar en el cambio generacional: «La maternidad es algo que una planifica independientemente, tanto si las leyes cambian como si no. Habría sido madre de igual manera. Lo que es diferente es que antes habría escondido el hecho de que soy lesbiana, mientras que ahora lo digo abiertamente». En una época anterior, podría incluso haberse casado con un hombre para tener un bebé, como habían hecho tantas otras lesbianas a las que conocía.

Una de las madres en la reunión del pozole lo había hecho de ambas maneras. Maribel López era una mujer enérgica de mediana edad vestida con unos vaqueros ajustados y unas botas también vaqueras. Tenía dos hijos mayores, jóvenes adultos ya, fruto de un breve matrimonio heterosexual al que la habían forzado, y ahora era madre de una bebé recién nacida, junto con su mujer, Blanca. Maribel nació y se crio en Estados Unidos, y tenía una empresa de limpieza en Carolina del Norte antes de mudarse a Guadalajara para estar con Blanca: «Adoro a todos mis hijos, pero, claro, ahora es diferente. Estoy criando a Joushi junto con mi maravillosa mujer —en vez de sola y escapando de un matrimonio heterosexual—. Mi propia vida muestra el cambio [en la sociedad]», me dijo con un acento del sur.

Blanca era una preciosa percusionista rubia que conoció a Maribel durante un tour por Estados Unidos. Su madre no quiso saber nada de sus novias anteriores, pero adoró a Maribel y era la primera a la que servía cuando cenaban, como haría cualquiera con su yerno. Aun así, dijo Blanca, «cuando le dije a mi mamá que estaba embarazada, se echó a llorar. "¿Cómo va a crecer el bebé sin un papá?". Pero luego mi hermana le recordó: "Mami, nosotras crecimos sin un papá. ¿Qué pasa?"». Nació la bebé y la madre de Blanca se enamoró.

En marzo de 2016, unas semanas después de que naciera Joushi, Maribel y Blanca fueron en coche con ella hasta Ciudad de México para casarse y registrarse como sus madres: «No es Las Vegas, pero fue diverti-dísimo. ¡Hizo que me sintiera tan orgullosa de ser mexicana!», dijo entre risas Maribel.

* * *

EN CUANTO EL BINGO dio paso a un caos jovial, Zaira decidió pedir silen-cio en la fiesta. «¡Mami, toma notas, por favor!», gritó desde el otro lado de la habitación a Martha, que, sentada a mi lado en los escalones, puso los ojos en blanco y sacó una libreta del bolso.

Zaira hizo circular entre ellas un calendario que había creado un grupo de padres gais en Ciudad de México, y propuso que el grupo de Guadala-jara hiciera algo parecido: «¿Veis? Hay una familia por mes. Dividiremos los meses, buscaremos un fotógrafo y luego ustedes —las familias— deci-dirán cómo quieren que las vean».

Pero una mujer llamada Luz —una madre soltera con el cabello de color carmesí— puso objeciones: «Créanme, conozco los peligros de la visibilidad. Cuando salí del clóset, tuve que dejar la facultad de Medicina. Vayan con mucho cuidado con esto».

Maribel se le echó encima: «Es nuestro momento. Debemos ponernos en pie y que nos vean». Contó a las otras mujeres que trabajaba en una academia de inglés y que todos sus colegas y estudiantes estaban al tanto, y que incluso la habían felicitado cuando Blanca dio a luz: «Nosotras nos apuntamos, ¡claro que sí!».

Otra mujer preguntó: «¿Qué pasa con los niños? ¿Podemos tomar es-tas decisiones sobre la exposición, por ellos? ¿Sufrirán acoso en la escuela o tendrán problemas con los profesores?».

A lo que Maribel respondió: «Por experiencia, los niños son quienes se lo toman bien. Saben cómo manejar las cosas. Somos nosotras, las adultas, quienes cargamos con la vergüenza».

La noche ya había caído, y el montón de botellas vacías era grande. Los ánimos se caldearon de repente y luego, igual de rápido, volvieron a un buen humor ruidoso. Las mujeres empezaron a jugar a dividir los me-ses del año, y cuando una dijo que tenía muchas ganas de participar pero no podía enseñar el rostro, otra aportó: «¡Octubre! ¡Denle octubre! ¡Se puede poner una calabaza en la cabeza!». La reunión se deshizo en risas. Las mujeres recogieron a sus hijos y sus pertenencias, y fueron desplazándose lentamente hasta la puerta mientras pasaban por una serie de largos abrazos.

4

Volví a Guadalajara para la noche del pozole desde Ciudad de México, donde había asistido al Orgullo de la ciudad capital. Las primeras marchas, a finales de la década de 1970, tenían sus raíces en el izquierdismo radical mexicano y en las ideas de la liberación gay que llegaban desde Estados Unidos tras lo de Stonewall. Ahora, en 2016, el tema del trigésimo octavo Orgullo anual de la ciudad era «Todas las familias, todos los derechos»[269]: la familia se había convertido en la línea rosa de México.

El desfile estaba encabezado por familias: la «lesbomaternal» Red de Madres Lesbianas de Ana de Alejandro García y un grupo «homopaternal» —en su mayoría, padres— llamado Familias Diversas, fundado por una famosa pareja gay, los primeros gais en adoptar legalmente a una hija en México. Felipe Nájera, uno de los padres, era un actor que se parecía a Rock Hudson, y cuando la teatral maestra de ceremonias lo presentó, se permitió hacer una broma lasciva: «Creí que tendrías más experiencia en tomarlo —dijo cuando agarró con torpeza el micrófono al pasárselo—, ¿no eres pasivo?».

«Soy papá, no pasivo», respondió malhumorado antes de soltar un discurso apasionado sobre implementar el matrimonio igualitario en todo el país. El intercambio fue una aguda ilustración del desacuerdo del que había sido testigo entre Zaira y Martha acerca de si Sabina debía acudir al Orgullo: el choque cultural entre, por una parte, el espíritu de la disidencia sexual que propulsaba el movimiento de liberación gay y, por otra, el establecimiento de los límites que venía con la crianza, ahora que las personas queer estaban creando familias.

Cuando Ana de Alejandro García tomó el micro, superdesenvuelta y temible, no hubo ni siquiera un intento por hacer ese tipo de bromas. Su lista de demandas, que enumeró rápidamente, incluía la legalización de la gestación subrogada —era ilegal en todos los estados menos en uno— y la lucha contra un término que había acuñado ella misma: la *gestonormatividad*, el favoritismo legal por la madre biológica sobre la otra parte. Por supuesto, un subconjunto de esto era el asunto de Zaira y Martha: el derecho de que una segunda mujer fuera reconocida como madre de la criatura.

Fieles a sus raíces en el activismo feminista, las madres de La Red y sus hijos llevaban pancartas pintadas a mano y coreaban los mandamientos latinoamericanos sobre la lucha con la que llevaban generaciones. El grupo de Familias Diversas era algo más elaborado: tenían un trencito de colores llamativos adornado con globos y en el que se podían sentar los niños; hasta contaban con un tema musical grabado por un artista reconocido. Llevaban camisetas con un mensaje: «Familias Diversas por un mundo mejor para nuestros hijos».

De vuelta en Guadalajara conocí al autor Jaime Cobián, el venerable y más antiguo integrante del movimiento gay de la ciudad. Su organización fue el primer punto de parada de Zaira y Martha cuando empezaron a buscar el amparo. Cobián también era padre —estaba criando al hijo de su hermana—, pero se negó a ayudarlas. «¿Por qué?», respondió con vehemencia cuando le pregunté por sus motivos. «Había una niña de por medio. Si alertas a las autoridades, puede que tomen acciones que más tarde lamentarás. No quería arriesgarme a que el gobierno les arrebatara a la niña porque son lesbianas». Le obsesionaba un caso anterior en el que una mujer trans de la comunidad solicitó asistencia social para poder sacar adelante a su criatura de ocho años, a quien había estado cuidando desde que nació. Los intentos que hizo la organización de Cobián por ayudarla dieron como resultado que se llevaran a la criatura.

Zaira y Martha entendían de otra manera el hecho de que Cobián las rechazara: «Querían encontrar antes a hombres para que se casaran. Se veía mejor. No creían que fuéramos lo suficientemente buenas para sentar jurisprudencia porque somos lesbianas», dijo Martha. Sin fondos propios, la pareja encontró financiación, al fin, en la organización feminista CLA-DEM, el Comité de Latinoamérica y el Caribe para la Defensa de los Derechos de la Mujer.

Pero por motivos que yo no terminaba de entender, Zaira y Martha rompieron su relación con CLADEM, y estaban buscando a alguien más para que las ayudara en su búsqueda del segundo amparo para registrar a Martha como la otra madre de Sabina. Jaime Cobián puso los ojos en blanco ante tal apuro: «¡Claro que tienen que ir a Ciudad de México! La niña tiene que ser lo primero».

* * *

LA PRIMERA VEZ que la pareja intentó registrar a Martha como la segunda madre de Sabina fue a principios de 2014, poco después de su matrimonio. Pero las autoridades se negaron a aceptar su certificado de matrimonio para tal propósito: el código civil de Jalisco solo permitía que el certificado de nacimiento mencionara una «madre» y un «padre». Zaira y Martha interpusieron un recurso de apelación en dos ocasiones y ninguna resultó.

Conforme Zaira me contaba todo esto, los ojos se le inundaban de rabia: «Es doloroso para mí incluso pensar que si no estoy aquí, que si un coche me atropella, mi hija se queda en el limbo. Y pensar que Martha la ha criado desde el momento en que nació, pensar que no se puede quedar con ella cuando la verdad, honestamente, es que ¡ha sido más una madre para Sabina que yo! En serio, es tu hija, tú la pariste —insistía en que ambas mujeres habían "parido" a la niña—, ¿y no tienes derechos? ¡Es tan injusto! Yo digo: "Que vengan a la casa sin saber cuál de las dos dio a luz real y físicamente a Sabina, ¡que digan ellos cuál de las dos es más la madre!"».

Al mirar a Martha escuchando esta diatriba y constatar su tristeza, me sentí abrumado por las contradicciones: no solo en su relación, sino también entre los significados políticos de las personas a las que estaba conociendo alrededor de todo el mundo —sus lugares públicos en la línea rosa— y sus luchas privadas, entre ellas y con sus propios demonios.

284

¿Por qué insistía tanto Zaira en no ir a Ciudad de México? No había nada en su relación —al menos, que yo hubiera visto— que sugiriera que ella no quisiera que Martha tuviera derechos sobre Sabina. Estaba claro que aceptaba el rol de su mujer como cuidadora principal.

Intenté entender su posición volviendo a su historia; en particular, a aquellos cuarenta días de terapia de conversión disfrazada de liberación a la que había sido sometida a los dieciocho años, su condena al ostracismo. No podía entender por qué la estaban castigando por amar a una mujer, cuando «sigo siendo la misma persona, la misma cristiana; continúo realizando buenas acciones, atendiendo a los demás, orando. Me dije: "Nada ha cambiado dentro de mí, la única diferencia es que ahora la Iglesia ya no me quiere". Así que me deprimí mucho… Le reprochaba a Dios y le preguntaba: "¿Por qué me hizo así? Yo quería servirle. Por favor, quíteme esto"».

¿Quería decir Zaira «quíteme la homosexualidad» o «quíteme la depresión»? Empezó con lo primero, pero cambió hacia lo segundo y luego se transformó en algo que iba más hacia el activismo, hacia una posición de autonomía: se quitó la carga de la depresión ella misma luchando por sus derechos y su dignidad.

Pensé en aquellas palabras que dijo cuando volví a ver las imágenes tomadas a la salida del registro el día de su matrimonio, cuando describió, entusiasmada, «la satisfacción y el triunfo» de haber ganado la pelea y de haber conseguido que un alto poder —en este caso, el Estado— la reconociera por quien era. Quizá la tozudez por hacerlo en Guadalajara en vez de ir a Ciudad de México estuviera arraigada en el trauma por la terapia de conversión y en la manera en que superó aquello.

Me parecía que su mujer, Martha, tenía sus propios demonios y preocupaciones: la querida madre que la había echado cuando descubrió que su hija estaba en una relación lésbica, su infertilidad, la inseguridad de ser la compañera mucho mayor de esta preciosa y lábil mujer. ¿Acaso se la podía culpar por querer ir a Ciudad de México?

Pero ¿se podía culpar también a Zaira por insistir en pelear por la dignidad, por buscar la manera de superar la depresión y el ostracismo aceptando la lucha?

5

«Hemos pasado algo de miedo», le dijo Martha a mi investigadora Julieta cuando hablaron por teléfono unas semanas después de mi visita a Guadalajara, en agosto de 2016. El Frente Nacional por la Familia estaba ganando fuerzas en su empeño por detener la iniciativa del presidente Peña para legalizar el matrimonio igualitario en toda la nación. Todos los sacerdotes estaban hablando sobre ello en los sermones y había pancartas movilizando la protesta por toda la ciudad. Ella y Zaira habían llevado a Sabina a una contramanifestación organizada por el colectivo LGTB y les sorprendió la hostilidad que mostraron los manifestantes hacia ellas. Incluso activistas de izquierda que anteriormente se habían solidarizado con las causas LGTB se habían unido al Frente Nacional, quizá convencidos por su mensaje «antihomófobo». Martha se preguntó si esta era una de las razones por las que las organizaciones por los derechos humanos estaban rechazando ayudarlas con la demanda.

Para empezar, ¿por qué había anunciado Peña la reforma? El destacado periodista político mexicano Jenaro Villamil me dijo que creía que el presidente estaba utilizando el asunto «como un tipo de pueblo chiquito que quiere aparecer como si fuera capitalino». Buscaba formar parte del club de los líderes globales liberales —personificado por el presidente de Estados Unidos Barack Obama, a quien emulaba—, y abrazaba el matrimonio igualitario como una medalla de modernidad y sofisticación. Villamil y otros críticos acusaban a Peña de intentar hacer *pinkwashing* sobre el pésimo historial que tenía en cuanto a los derechos humanos —el término se utilizaba en los medios de comunicación mexicanos; lo habían tomado prestado del debate sobre Israel y los derechos LGTB— con asuntos «suaves» —su otra cruzada quijotesca era la legalización de la marihuana—.

Pero el hecho de que el presidente y sus consejeros percibieran los derechos LGTB como algo «suave» demuestra lo lejos que había avanzado la sociedad mexicana durante los seis años que habían pasado desde que Ciudad de México legalizara los matrimonios del mismo sexo. Mientras que una encuesta de 2010 halló que el 22 %[270] de la población mexicana apoyaban el matrimonio igualitario, en una de mayo de 2016, hecha después del anuncio de Peña, la cifra subió hasta el 65 %[271]. Incluso con márgenes de error, el cambio era asombroso.

Aun así, el asunto era profundamente divisivo, tal y como evidenciaban las reacciones negativas que provocaba. Un candidato conservador de la oposición, electo dos semanas más tarde, tildó la iniciativa de Peña como «un regalo del cielo»[272] en las encuestas: la parte cristiana ya tenía su línea rosa. Y lo que pareció que sería una extensión ineludible, estado por estado, del matrimonio igualitario en México se ralentizó. Las demandas de amparo continuaron siendo interpuestas y ganadas, individualmente, pero varios estados que tenían planes para legalizar el matrimonio entre personas del mismo sexo congelaron estas iniciativas.

En 2018, eligieron al populista radical Andrés Manuel López Obrador (o AMLO, como se le conocía universalmente), el primer presidente de izquierda en décadas. El partido de AMLO, Morena, proponía una importante plataforma LGTB, pero su líder mantenía una enorme popularidad entre las personas corrientes quedándose bien al margen de la línea rosa: era un cristiano devoto y nunca se pronunciaba sobre el aborto ni sobre el matrimonio entre personas del mismo sexo. En el discurso que dio al ganar, no obstante, incluyó a «seres humanos de todas las corrientes de pensamiento y de todas las preferencias sexuales»[273] entre la larga lista de personas a las que su gobierno atendería.

* * *

«A SABINA LE VA MUY BIEN. Va a la escuela y está muy feliz. ¡Hasta quiere ir los fines de semana!», dijo Martha en la misma conversación con Julieta en agosto de 2016. Zaira y Martha fueron francas con la escuela sobre la situación en la que estaban. Aceptaron a Sabina sin necesidad del certificado de nacimiento, por el momento.

Intenté mantener el contacto, pero la línea se cortó. Llamé, escribí, contacté con otros, pero nadie sabía cómo llegar hasta ellas. Por fin, en mayo de 2017, Zaira respondió a un mensaje por Facebook. El tema del registro les estaba causando muchas tensiones y estaba afectando negativamente su relación. Mientras tanto, la escuela metió más presión: la familia tenía hasta el final del año escolar —en dos meses— para proporcionar un certificado de nacimiento. Si no encontraban la manera de incluir a Martha en el documento, tendrían que entregarlo sin su nombre. «Aparecería solo yo como su única madre, y Sabi será legalmente la hija de una mamá soltera, yo, lo cual implica que Martha perderá la oportunidad de ser también su mamá legal», me escribió Zaira.

Ella me dijo que se sentía abandonada, incluso por el grupo de madres que había conocido la noche del pozole: «Toman el camino más fácil; tienen dinero y van a Ciudad de México, nunca buscan conseguir un cambio en casa, un cambio para todas las generaciones que están por venir. Todo esto que le estoy contando genera estrés y discusiones entre Martha y yo… tristeza, desesperanza, frustración… Nos ha invadido todo… Ay, Mark, supongo que por eso no le contesté. No sabía cómo decirle. Lo que estamos viviendo me lastima profundamente. Deje que me vaya y fume un cigarrillo, pues estoy llorando otra vez».

* * *

Zaira y Martha se separaron a lo largo de 2018, pero no cedieron en su búsqueda del amparo para que Martha pudiera ser reconocida como la otra madre. A finales de aquel año, les habían negado el amparo cuatro veces. No podían conseguir más prórrogas por parte de la escuela de Sabina, así que Zaira se rindió. Eso me lo escribió a principios de 2019 y me dijo que, después de todo, irían a Ciudad de México. El plan era hacerlo en marzo, pero el secuestro de la sobrina de Zaira las había metido en un «lío económico».

Dos meses más tarde, me desperté una mañana con el siguiente mensaje por parte de Zaira: «Le saludo con malas noticias. Tengo cáncer». Se trataba de una forma de leucemia. Cuando detectaron la infección ya era demasiado tarde para la quimioterapia, así que iba a empezar con el tratamiento en una clínica de naturopatía. «Debo ser fuerte, porque, como si estuviera decretado, y con la mala suerte que tengo, no he registrado a mi hija y estoy a un paso de la muerte. He hecho todo lo posible por exigirle al Estado un certificado de nacimiento para dos mamás. Mi esposa, mi hija y yo nos lo merecemos. Ya pasaron seis años y estamos luchando por presentar todavía otro amparo. Incluso si es desde el hospital o desde mi lecho de muerte, exigiré el certificado para Sabina».

Zaira se había quedado sin dinero para el tratamiento y estaba publicando anuncios para un evento de recaudación de fondos en un club local, financiado por la organización del Orgullo de Guadalajara. Explicó que la abogada de una organización LGTB la estaba ayudando en el quinto intento por conseguir registrar a Martha como la madre de Sabina: «Ahora con más urgencia que nunca, necesito que Martha sea reconocida como la madre de Sabina con un certificado de nacimiento oficial. No puedo ni morirme en paz. Eso fue lo que dije hace seis años, y ahora mírame, viviendo la situación exacta. Esta es la historia, Mark».

Me fortalecí contra el dolor desplazándome por las publicaciones de Zaira en Facebook, llenas de vitalidad; la mayoría eran *selfies*, a menudo con Sabina: en parques de atracciones, ganando medallas en taekwondo, sorbiendo refrescos, nadando. Martha prácticamente había desaparecido de las redes, pero justo un año antes de la carta que me mandó Zaira había publicado una extraña actualización de estado: «Orgullosa de mi hija ciento por ciento, viendo terminar su primer curso en la escuela y el principio de uno nuevo. Por muy difícil que pareciera, lo hicimos, Zaira. Vayamos a por más, familia De la O Sandoval».

«Soy tan feliz por [Sabina], porque es un paso más allá. Orgullosa de ti por tu esfuerzo y tu voluntad. Lo estamos haciendo bien, mi amor. Nadie dijo que sería fácil, pero nuestra niñita avanza con pasos sólidos. ¡Gracias! Te amo», había respondido Zaira dirigiéndose directamente a Martha.

Sin importar el estado de la relación de Zaira y Martha, lo que dijera la ley o el pronóstico médico, una cosa estaba clara: Sabina tenía dos madres.

11

Dólares rosas, «global gay»[274]

El 17 de marzo de 2012, el crucero *Celebrity Summit* partió de Puerto Rico con dos mil hombres gais a bordo para pasar ocho días de crucero por el Caribe. En lo que se estaba convirtiendo en una floreciente industria, al barco lo había alquilado Atlantis Events, una empresa estadounidense especializada en cruceros «todo gay», «una experiencia sin preocupaciones basada en la amistad, la camaradería, la aventura y la diversión pura y desinhibida»[275]. Los cruceros gais se habían vuelto tan populares porque ofrecían a sus clientes un mundo hedonístico en el que todo era gay, en el que podían ser ellos mismos en cualquier parte de alta mar, sin las típicas restricciones del mundo heteronormativo: la ley, la familia, el entorno de trabajo, la calle. Todo el día tomando sol en bañadores diminutos y todas las noches bien vestidos, o desvestidos, en fiestas temáticas; las drogas y el sexo formaban buena parte del ambiente. Pero al estar en las aguas territoriales del país que el crucero estaba visitando, estaban sometidos a sus leyes. Y así, cuando los trabajadores del muelle en Dominica vieron a dos hombres desnudos practicando sexo en un balcón conforme el *Celebrity Summit* atracaba, llamaron a la policía.

La isla de Dominica fue una colonia británica. Aquí, como en todo el Caribe anglófono, la «sodomía» era ilegal y conllevaba una pena de hasta catorce años. Unos agentes de la policía subieron a bordo del crucero y arrestaron a los dos hombres bajo sospechas de estos cargos y de exhibicionismo, y los llevaron a una cárcel local. Tras una noche en el calabozo, los hombres aceptaron un acuerdo de reducción de pena: les retiraron el cargo de sodomía y ellos se declararon culpables por exhibicionismo. Los multaron con novecientos dólares estadounidenses y fueron deportados, corriendo ellos mismos con los gastos. El crucero zarpó; no los esperó.

La policía de Dominica facilitó las fotos de las fichas policiales de los culpables a los medios de comunicación: bronceados y musculosos, llevaban camisetas azules sin mangas y se llamaban Dennis Mayer —un policía retirado de cincuenta y tres años— y su pareja de cuarenta y un años, John Hart. Llevaban juntos diecisiete años, y cuando volvieron a Palm Springs (California) relataron a los medios estadounidenses que estuvieron retenidos durante diecinueve horas en una celda oscura plagada de insectos sin luz, agua ni lavabo: «Nos insultaron durante toda la noche. Nos hicieron desfilar como si fuéramos una cosa rara»[276]. La policía los amenazó con realizarles exámenes rectales; la gente «estaba gritando y protestando en la calle» cuando entraron en el juzgado, donde los jueces los llamaron «canallas» y «vagabundos». Mayer dijo que de la experiencia aprendió que «el odio y la intolerancia» todavía existían en el mundo[277]; estaba especialmente enfadado con el operador del tour por haber llevado «a dos mil gais a un puerto donde nos odian». Una fotografía de los hombres tomada desde el muelle, en la que se los ve claramente practicando sexo, llegó hasta la página web Queerty, pero «la verdadera cuestión no es qué estábamos haciendo en el balcón, sino por qué uno de los promotores más importantes de eventos y cruceros gais está llevando a personas del colectivo LGTB a estos países en los que tienen leyes en contra de los homosexuales»[278], respondió Mayer.

¿Se estaban burlando Mayer y Hart de las leyes y costumbres de Dominica o estuvieron tan desatados por sus vacaciones de ensueño que se habían olvidado de que ya no estaban en una discoteca flotante gay abierta las veinticuatro horas del día? Da igual: no se los podía comparar con Tiwonge Chimbalanga, humillada y encarcelada por ser ella misma en Malaui, o con Caleb Orozco al otro lado del mar, luchando por anular las mismas leyes de sodomía en Belice. Ellos mismos se presentaron como víctimas, pero algunos dominiqueses —y algunos comentaristas en páginas web en Estados Unidos— los tildaron de turistas estadounidenses ignorantes y arrogantes, ajenos o desdeñosos con las costumbres del

lugar que estaban visitando, e incluso con los problemas de los dominiqueses LGTB.

Mayer y Hart habían cruzado una línea rosa. Su arresto puso al descubierto la manera en que los mundos podían chocar en el siglo XXI a medida
que las ideas sobre la sexualidad y la libertad sexual —y, por supuesto, las
personas que las encarnaban— cruzaban las fronteras. El hecho de que estos cruceros mandaran a cientos de —mayoritariamente— hombres blancos lo único que hacía era corroborar las percepciones locales de que la
homosexualidad era un fenómeno estadounidense, algo que tenían que
aguantar los isleños si querían el dinero, pero contra lo que creían que necesitaban luchar si deseaban proteger sus valores. Unas semanas más tarde, el
ministro de Educación de Dominica encargó un estudio sobre «las causas
primordiales de la desviación y el aumento de incidentes de homosexualidad»[279] en las escuelas. El estudio demostró que la situación era mucho
peor de lo que había imaginado, así que nombró a un comité especial
«para mitigar la proliferación del crimen, la violencia, la homosexualidad y
las conductas desviadas en las escuelas».

Cuando contacté con Daryl Phillip, el líder LGTB de Dominica, en
2018, describió el incidente del *Celebrity Summit* como una colisión entre
las ideologías de diferentes partes del mundo que «nos hicieron reconside-
rar nuestros derechos en la sociedad. No se tolerará en ninguna parte del
mundo que alguien practique sexo a plena vista, pero al mismo tiempo
sacó a colación el tema de que la sodomía sea ilegal en un país, algo que
alimenta el ser abiertamente homófobo». Puede que las detenciones provocaran el estudio del ministro de Educación —una iniciativa que, me
dijo Phillip, no llegó a nada—, pero también hizo que las personas de la
industria turística se declararan a favor de los cruceros gais y proporcionó
un espacio para llevar a cabo «debates públicos para la derogación de las
leyes contra la sodomía en la isla».

Más al norte en el Caribe, durante mucho tiempo Jamaica fue conocida por su violencia homófoba extrema, procedente más de la cultura
dancehall y de las letras de cantantes como Buju Banton que de la religión. Pero este país no era excepcional[280]: un estudio de Human Rights
Watch efectuado en 2018 demostró que se trataba de un fenómeno a lo

largo de todas las naciones del Caribe de habla inglesa. Un activista de nombre Bennet, de Santa Lucía, le dijo a HRW que «la gente llamaba a las estaciones de radio para decir que me iba a pegar un tiro en la cabeza, que me iban a rajar la garganta»[281]. Bennet recordaba que cuando llegó el primer crucero gay a la isla, los taxistas se negaban a llevar a los pasajeros, pero cuando se enteraron de que los turistas gais eran derrochadores, los conductores cambiaron de opinión: «La gente pensaba que estábamos trayendo un concepto extranjero y que la juventud se volvería "más gay". Pero luego se dieron cuenta de que, a fin de cuentas, habían venido a disfrutar de unas vacaciones».

Entonces, ¿podrían ser los cruceros un agente de cambio en una parte del mundo donde las leyes contra la sodomía que aún constaban en sus registros convertían a las islas del Caribe de habla inglesa en un caso aparte en la región?

En 2018, Bermudas —un territorio británico autogobernado— se convirtió en el primer Estado del mundo en revocar el matrimonio igualitario cuando su gobernador anuló un fallo del Tribunal Supremo que permitía a dos hombres casarse, tras recibir presiones por parte de un grupo cristiano, y lo reemplazó por un proyecto de ley para parejas de hecho. Kevin Dallas, el ejecutivo abiertamente gay de la empresa turística independiente Bermuda Tourism Authority, escribió al Parlamento que esto representaba «una amenaza innecesaria al éxito de nuestra industria turística… [y podría] provocar un serio daño a nuestra reputación»[282]. Señaló que el turismo LGTB mundial aportaba 165.000 millones de dólares.

Ellen DeGeneres hizo un llamamiento al boicot turístico del país, y la compañía de cruceros Carnival Cruise Line anunció que apoyaría el recurso de apelación de la organización LGTB local. Carnival solía obtener 100 % en el Índice de Igualdad Corporativa de Human Rights Campaign, una herramienta desarrollada por la organización para valorar a las empresas estadounidenses en el trato a sus empleados LGTB, a los consumidores y a los inversores. La compañía emitió un comunicado: «Aunque siempre nos atenemos a las leyes de los países por los que navegamos, creemos que viajar y el turismo acercan a las personas y las culturas de una manera poderosa. Como resultado, consideramos que es importante respaldar al colectivo LGTBQ de las Bermudas y a sus muchos aliados para luchar contra cualquier acción que restrinja los viajes y el turismo»[283]. Una amenaza clara.

En noviembre de 2018, el Tribunal de Apelación de Bermudas ordenó al Estado que reanudara el reconocimiento del matrimonio entre personas del mismo sexo, y al año siguiente el territorio celebró su primer desfile del Orgullo, con el apoyo entusiasta de la Bermuda Tourism Authority. «La gente no solo viaja por estos eventos, sino que va a lugares en los que saben que son bienvenido. En este último par de años, en las Bermudas hemos avanzado muchísimo... Hay muchas más reacciones positivas a la isla en las redes sociales que las que tuvimos el año pasado»[284], dijo Kevin Dallas.

Anteriormente, en 2019, Brunéi, un país musulmán en el Sudeste Asiático, presentó un nuevo código penal que hacía que el sexo entre homosexuales pudiera ser penado con la muerte —junto con el adulterio e insultar al profeta Mahoma—. El actor George Clooney y la estrella del rock Elton John encabezaron un boicot global a las propiedades del sultán de Brunéi, que incluía el hotel Beverly Hills en Los Ángeles y el Dorchester en Londres. Organismos que iban desde la Federación Policial (de Inglaterra y Gales) hasta el Deutsche Bank y JP Morgan se llevaron los sustanciales negocios que hacían con aquellos hoteles, Virgin Australia canceló el acuerdo que tenía con Royal Brunei Airlines, el gobierno británico retiró los anuncios turísticos del país y los operadores turísticos amenazaron con dejar de mandar a clientes para allá.

Tan solo un mes después, el sultán de Brunéi incluyó una moratoria en las disposiciones sobre la pena de muerte del nuevo código en lo que respecta a la homosexualidad y el adulterio. «No puedes abochornar a los "malos", pero sí a las personas con las que hacen negocios»[285], le dijo Clooney a Ellen DeGeneres en su programa de entrevistas en la televisión, avisándoles a sus vecinos Indonesia y Malasia —que también andaban buscando endurecer sus leyes contra la homosexualidad— que vieran el éxito de la campaña como un «disparo de advertencia». Por supuesto, este tipo de presión era exactamente contra lo que el primer ministro de

Malasia, Mahathir Mohamad, clamaba en 2003, cuando dijo que la promoción de Occidente del «sexo libre incluyendo la sodomía»[286] era una amenaza a los valores asiáticos.

Hablando del episodio «Actores» del magacín ruso de 2013, el analista político alineado con el Kremlin, Alexey Mujhin, afirmó que «la industria LGTB es una industria global y necesita nuevos mercados»[287]: la base del apoyo de Occidente a un movimiento por los derechos LGTB en Rusia era «el deseo de dinero y de poder». En la retórica de la homofobia política global, esta frase se reproducía repetidamente: si el chisme del reclutamiento proporcionaba una manera de percibir que los derechos LGTB iban sobre «dinero y poder» —patrocinadores, turistas sexuales y hombres mayores «pagaban» a personas para que fueran homosexuales—, el consumo era la otra.

El presidente de Brasil Jair Bolsonaro apuntó al dólar rosa —un contribuyente significativo a la economía turística del país— cuando dijo a los periodistas en abril de 2019 que, aunque daba la bienvenida a los turistas sexuales heteros a su país, «no podemos permitir que este lugar se vuelva conocido como un paraíso del turismo gay. Brasil no puede ser un país del mundo gay, del turismo gay. Tenemos familias»[288]. Entendida desde este lado de la línea rosa, esta lucha se daba entre los valores tradicionales locales y la cultura de la comodidad global.

Vista desde el otro lado —desde la perspectiva de Daryl Phillip en Dominica, por ejemplo, o desde la de Kevin Dallas en Bermudas intentando estimular la economía de su país— el consumismo y el turismo abrían la insularidad a personas, capitales e ideas frescas, y a nuevas nociones sobre la libertad.

* * *

DESPUÉS DEL FALLO DE LA CORTE SUPREMA DE ESTADOS UNIDOS que exigía la igualdad matrimonial en todo el país el 26 de junio de 2015, el presidente Barack Obama dio la orden de que bañaran la Casa Blanca con los colores de la bandera arcoíris y explicó que a través de «los incontables pequeños actos de valor de millones de personas a lo largo de las décadas...[289] un país entero» se había «dado cuenta de que el amor es amor».

El amor también era dinero.

Visa sacó un anuncio con la coletilla «Amor. Aceptado en todas partes»[290]. Y Jell-O utilizó el eslogan «JELL-O-V-E es para todo el mundo» debajo de cubos gelatinosos con los colores del arcoíris. Y mientras que marcas de bebidas de gama alta como Absolut llevaban tiempo detrás del mercado gay, incluso las cervezas más populares empezaron a cubrirse con la bandera arcoíris: Budweiser presentó una botella de edición especial con la Estatua de la Libertad impuesta sobre la bandera arcoíris. Al menos cincuenta corporaciones de las más importantes en Estados Unidos[291] salpicaron sus marcas con estos colores; entre ella, Coca-Cola, AT&T, YouTube, Levi's, Mastercard, MTV, Gap y American Airlines.

El año anterior, para protestar por las leyes contra la homosexualidad en Rusia, Google publicó un *doodle* del arcoíris el día de la inauguración de los Juegos Olímpicos de Invierno en Sochi. Nike, Adidas y Converse compitieron con zapatillas de edición especial con el arcoíris. En 2012, Target, una tienda al por menor de Estados Unidos que había levantado críticas por haber financiado a políticos conservadores en contra de los homosexuales, se unió a la campaña del matrimonio igualitario con un nuevo anuncio para su servicio de registro de bodas. En él salían dos hombres sonrientes dándose la mano, y debajo de ellos, las palabras «Sed vosotros mismos, juntos»[292].

El Orgullo Mundial de junio de aquel año en Londres estuvo dominado por batallones corporativos que competían entre ellos por ser la imagen de marca más hábil en la temática gay, y algunas empresas incluso intentaron utilizar la oportunidad para hacer marketing directo: British Airways repartió una oferta «Especial Orgullo» con un veinte por ciento de descuento para el próximo vuelo. Unos meses más tarde, en la India, vi cómo se unían empleados de tres multinacionales estadounidenses con centros de operaciones en la ciudad —Google, Hewlett Packard y Goldman Sachs— a activistas queer e *hijras* en el Orgullo de Bangalore. Los «Gayglers» de Google, el grupo de afinidad LGTB propio de la empresa, acapararon toda la atención con sus bonitas parejas Android del mismo sexo dándose la mano y haciendo ondear banderas arcoíris.

Dos décadas antes, en 1990, algunos expertos y activistas empezaron a predecir lo que Bob Cant denominó «McPink»: «Una economía global rosa que promueve una serie de opciones de vida en constante cambio»[293], no tanto una lucha por la libertad y los derechos. ¿Era el consumismo el nuevo campo de batalla en la lucha por los derechos, o había desbordado el asunto y se había transformado en una marca? El historiador del arte Frank Smigiel imaginó un momento no demasiado lejano en el que la utopía sexual no significaría «un lugar de cuerpos liberados y placeres en los que "el amor no conoce fronteras", sino un tiempo en el que un mega-centro comercial se cubriría de banderas arcoíris, como si quisiera decir: "Bienvenidos, compradores gais". Con un nuevo *packaging*, la homose-xualidad ocurriría en una sociedad de consumo como cualquier otro logo o nombre de marca»[294].

En un ensayo influyente y profético de 1996 titulado *Lo queer global*, el sociólogo australiano Dennis Altman siguió la manera en que la expan-sión del mercado libre había abierto el mundo a la imagen de marca gay estadounidense y, por tanto, a la «idea —principalmente estadouniden-se— de que la (homo)sexualidad es la base para una identidad comercial, política y social»[295]. Las personas gais en todo el mundo llevaban la misma ropa e imitaban los mismos estilos, bailaban la misma música, veían el mismo porno, aspiraban a un estilo de vida hecho para los consumidores estadounidenses. Los desfiles del Orgullo que se multiplicaban por todo el planeta celebraban también una mitología de la liberación estadounidense. Incluso en Alemania, cuna del movimiento por los derechos homosexua-les, los desfiles del Orgullo se llaman «Christopher Street Day», el «Día de la Calle Christopher», para conmemorar los disturbios de Stonewall en Nueva York ocurridos décadas antes.

Sin duda alguna, las ideas estadounidenses de lo que significa «gay» se volvieron globales al final del siglo xx. La subcultura gay salió del gueto y entró en la corriente principal marcando tendencias a través de las indus-trias de rápida globalización de la moda, el diseño y el entretenimiento: mirad, por ejemplo, la manera en que Madonna elevó el *vogue* gay de

Harlem a un fenómeno de estilo internacional a principios de la década de 1990. Durante esos mismos años, los términos *libra rosa* y *dólar rosa* se llegaron a utilizar para expresar el poder adquisitivo de los homosexuales «DINK» (las iniciales en inglés para «sueldo doble, sin descendencia»).

Como en el caso del Carnival Cruise Line y las Bermudas o el boicot a los hoteles de lujo del sultán de Brunéi, el creciente mercado rosa motivaba a muchas multinacionales a recibir con los brazos abiertos los derechos LGTB como uno de sus «valores» fundamentales. También la disposición legal cambiante de sus propias fuerzas de trabajo. Había empresas de Europa y Norteamérica que estaban incorporadas en países en los que el derecho laboral ahora prohibía expresamente la discriminación por motivos de orientación sexual o identidad de género, y esto influía en las políticas corporativas, en particular cuando se trataba de derechos de la pareja. Algunas corporaciones fueron más allá y crearon específicamente ambientes de trabajo amigables con las personas LGTB para atraer a personal queer. Como lo mostró la imagen de marca de Goldman Sachs en el Orgullo de Bangalore en 2012: «La inclusión da forma a nuestra cultura».

Mientras estuve en Bangalore, conocí a un estratega de cuentas de Google llamado Yash Godbole que me contó que cuando se registró anónimamente en la lista de distribución global de Gayglers de la compañía, en el departamento de recursos humanos «unieron los puntos» y lo contactaron para preguntarle si le gustaría establecer una sección en la India. Para ayudarlo a decidirse, sus empleadores lo mandaron al Mardi Gras de Sídney, para que «pudiera ver lo que ocurre en otras partes y cómo se comportan las personas alrededor del mundo en estos asuntos». Con el ánimo de sus jefes, Godbole salió del armario primero ante sus colegas y luego ante su familia. Me dijo que el hecho de que lo hubieran aceptado en el trabajo marcó «una gran diferencia» en casa.

Pero si la «diversidad e inclusividad» era una estrategia para la contratación de trabajadores, también era un modo de establecer una imagen de marca corporativa que sugería el tipo de movimiento hacia delante que imponía la moda —la esencia de la modernidad— que estas marcas particulares querían proyectar. Como decía una campaña de Heineken lanzada en 2011: «Abre tu mundo»[296].

* * *

Botellas abiertas, sociedades abiertas, armarios abiertos. Desde Heineken hasta Google, George Soros y los descendientes ideológicos de Harvey Milk («¡Hermanos y hermanas gais, debéis salir del armario!»), las personas que mandaban estos mensajes se dirigían a una manera particular —principalmente estadounidense— de ser gay o LGTB en el mundo. En casi todos los países que visité durante la investigación para este libro, conocí a jóvenes que se hacían llamar Beyoncé. Y vi banderas arcoíris y pegatinas en aldeas rurales indias y en apartamentos impecables en Ciudad de México, en edificios de apartamentos de la época soviética en ciudades provinciales rusas y en pensiones de mala muerte para refugiados a las afueras de Nairobi.

Para 2017, Grindr, la aplicación gay para ligar con geolocalizador, tenía veintisiete millones de usuarios en ciento noventa y dos países. Escuché decir a usuarios en lugares tan represivos como Egipto, Nigeria o Cisjordania que la aplicación no solo fue un mecanismo más seguro para ayudarlos a encontrar a personas en el mismo distrito o incluso en la misma calle, sino que además los lanzó a un mundo más amplio, sin límites, en el que sus nacionalidades eran tan solo una manera de definirse a sí mismos: también podían identificarse inscribiéndose en una o más de las doce «tribus» de Grindr: oso, pulcro, maduro, discreto, *geek*, deportista, cuero, nutria, seropositivo, macho, trans y *twink*.

Pero, para 2018, Grindr —fundada por un israelí-estadounidense en Nueva York— era propiedad de una empresa de videojuegos china con sede en Pekín, aunque aún no estaba disponible en la mayoría de las ciudades chinas: aquí prevalecía Blued con sus cuarenta millones de usuarios. El lenguaje «global gay», de tendencia estadounidense, ya no estaba, por tanto, financiado solo por flujos de capital europeos, sino que tenía significados profundamente diferentes dependiendo de dónde se lo hablara. El lenguaje global de lo «gay» había sido apropiado y también, indigenizado.

En la India, la aplicación para ligar PlanetRomeo —originalmente alemana; ahora la dirigían desde Ámsterdam— era la forma de comunicación primaria para los hombres homosexuales y bisexuales del país; se utilizaba para encontrar ligues, pero también para promocionar fiestas y productos gais, y para encontrar a otras personas queer cerca. En su investigación doctoral de 2011 sobre la aplicación en la India, Akhil Katyal describe la manera en que «crea el marco idóneo para el modismo de una "comunidad gay genuina" mundial que el equipo [de PlanetRomeo] utiliza constantemente en su material publicitario, y por las referencias globalizadas en exceso que enmarcan la mayoría de sus perfiles de usuario. No sorprende encontrar fotografías de Brad Pitt, los Backstreet Boys o Daniel Radcliffe usadas como fotos de perfil por personas en Raipur o Meerut en la India, referencias al "ambiente *bondage*" de San Francisco o a subculturas Pokémon de Chile entre los usuarios de Calcuta, o citas de Ghalib, Robert Frost, Timberlake y Sultanpuri dándose empujones en el mismo perfil»[297].

Las personas queer en la India, como en el resto de los sitios, conforman sus identidades inspirándose en un armario digital global que se echan por encima de sus experiencias locales y referencias culturales. Puede que hubiera una continuidad de superficie entre las imágenes que se veían en los desfiles del Orgullo desde Manila hasta Montevideo, o un ritmo similar en la música que sonaba en las discotecas gais, o incluso un lenguaje en código compartido en las aplicaciones para ligar para especificar las preferencias sexuales. Pero, al final, no eran más que envoltorios, como la propia bandera arcoíris, doblada como estaba alrededor de varias agendas, subjetividades e historias.

Donde sí había una continuidad era en la razón por la que llevaban estos envoltorios las personas: por una experiencia común de marginación o represión y por el papel que el envoltorio desempeñaba como si fuera un tipo de talismán, un presagio de la liberación. De manera estructural, las vidas de todas las Beyoncé que conocí en Nigeria, Egipto, Uganda, Filipinas y la India tenían algo en común, sobre todo, la violencia que habían experimentado por sus maneras afeminadas. Quizás esta fuera la razón por la que habían tomado el nombre de una gloriosa y resiliente amazona estadounidense. Pero culturalmente no compartían casi nada: estructuras familiares y fes religiosas distintas, clases y culturas étnicas o nacionales diferentes.

Lo mismo que ocurría con las Beyoncé en un extremo de la escala social, sucedía también con los Gayglers en el otro. En la superficie, los empleados de Google que vi marchar en el Orgullo de Bangalore en 2012 tenían la misma pinta que los que vi en el Orgullo Mundial de Londres o en el Mardi Gras de Sídney, vestidos como iban todos con sus camisetas Android lindas y gais. Pero los Gayglers indios se diferenciaban drásticamente en un aspecto: exceptuando a Yash Godbole, ninguno de ellos era abiertamente gay. El resto —unos ciento cincuenta en total— eran «aliados», se asociaban al grupo porque estaba a la moda y era una marca de modernidad. Como observó Dennis Altman en el 2000, «la reclamación de la identidad gay o lesbiana puede tratarse tanto de algo occidental como de la sexualidad»[298]. Este era el motivo, decía, por el que los del sudeste asiático habían importado la palabra *gay* para incluirla en su lenguaje corriente en vez de utilizar términos locales establecidos hacía mucho tiempo, y el motivo por el que las palabras *moderno* e *internacional* eran empleadas para describir «lo gay» en Perú y en México, respectivamente.

De nuevo en Bangalore, los Gayglers que no era gais estaban «cubriendo a aquellas personas que aún no podían arriesgarse a que las vieran por la calle», me dijo Yash Godbole. Puede que Google tuviera una política global de diversidad e inclusividad, pero «claro que queda diluida en países en los que todavía va en contra de la ley y en los que sigue habiendo mucho tabú en la sociedad».

* * *

DE TODOS LOS LUGARES QUE VISITÉ, Lagos me pareció el sitio en el que más intensa era esta disonancia. La megaciudad nigeriana era el centro de operaciones en África Occidental de decenas de multinacionales, en un país en el que la mera implicación de la homosexualidad o cualquier percepción de su apoyo era punible con catorce años en la cárcel. Un desfile del Orgullo era inimaginable.

Una noche en octubre de 2014 fui a las estilosas oficinas de un hombre al que llamaré Teddy, que había creado un grupo gay en Facebook.

Teddy se estaba acercando a los cuarenta años, tenía mucho mundo y había viajado extensamente; tenía el típico cuerpo de gimnasio y la mirada cómplice de alguien que te encontrarías en los barrios de Chelsea o el Soho, pero también, cada vez más, en los centros comerciales y sofisticados clubes de Victoria Island en Lagos. Estábamos sentados alrededor de una mesa de reuniones con pizza y vino tinto y unos quince miembros del grupo de Facebook, hombres y mujeres: abogadas, emprendedores, actuarios, managers séniors. Muchos de ellos tenían los recursos para ir y venir entre sus dobles vidas. Algunos estaban casados y tenían hijos en Nigeria, pero tenían parejas del mismo sexo con las que llevaban mucho tiempo juntos. «¡Suben las ruedas, me suelto la melena!», así describió alguien el viaje en avión entre Lagos y Londres.

Varios miembros del grupo trabajaban para multinacionales que pregonaban sus políticas de diversidad LGTB, y aun así ninguno de ellos estaba fuera del armario, ni en el trabajo ni en casa. Lagos era el lugar más rico del continente africano, con una población de clase media enorme, que era culta, de mundo y estaba conectada. Pregunté a mis compañeros de cena por qué creían que Lagos no estaba siguiendo la tendencia globalizante y urbanizante cuando se trataba de costumbres sexuales.

Una de las mujeres presentes —la llamaré Ife— trabajaba para una multinacional con un potente perfil de diversidad. ¿Se había declarado en el trabajo? Bufó con mofa: «¿Está usted loco? ¡Mi jefe va a la misma iglesia que yo!». Sin excepción, cada una de las personas presentes aquella noche iba a la iglesia, principalmente a alguna de las congregaciones pentecostales que estaban brotando por toda África. «No es solo una cuestión religiosa. Es una cuestión de sociedad, cultura y redes de contacto. Hay que ir a la iglesia para pertenecer y para ascender en el mundo. Me tapo las orejas cuando necesito hacerlo y trabajo duro para ahorrar para mi próximo viaje al extranjero», dijo Ife.

* * *

En julio de 2018, las corporaciones de Israel se involucraron en una lucha en la línea rosa del país.

Incluso bajo el gobierno de derecha de Benjamin Netanyahu, Israel era un firme promotor de los derechos LGTB, dentro y fuera de sus fronteras. Aunque no se pudieran contraer matrimonios entre personas del mismo sexo —en el país solo eran legales los matrimonios religiosos—, en 2006 una sentencia del Tribunal Supremo obligó al Estado a registrar los que se hubieran celebrado en cualquier otro lugar. Pero tal y como ocurrió con las luchas por la ideología de género en otras partes, la derecha religiosa judía puso el límite en las familias: la adopción por parte de cualquiera que no constituyera una pareja heterosexual casada era prácticamente imposible, y mientras que la gestación subrogada llevaba siendo legal para las parejas heterosexuales desde 1996, recién fue legalizada para las mujeres solteras en 2018 mediante una ley que continuaba excluyendo a los hombres solteros. Esto prohibía efectivamente que los gais acudieran a la gestación subrogada en Israel —lo cual podían hacer en el extranjero—.

Netanyahu en un principio prometió que se incluiría a los hombres gais en la enmienda a la ley, pero se vio obligado a dar marcha atrás por sus socios en el gobierno de coalición. Enfurecido, el movimiento LGTB del país hizo un llamamiento a la huelga generalizada en todo el territorio, y el domingo 22 de julio se estimó que unas cien mil personas se habían manifestado bloqueando el tráfico y llenando la plaza Rabin en Tel Aviv. Fue una de las concentraciones públicas más grandes ocurridas en Israel, en gran parte por la manera en que las corporaciones —locales y multinacionales, públicas y privadas— se involucraron: al menos cuarenta de ellas dieron el día libre a sus trabajadores para que pudieran participar.

La enorme industria tecnológica de Israel marcó la pauta con una declaración por parte de IBM: «A nadie se le debería negar el derecho humano básico, el derecho a tener una familia, por la decisión de ser fiel a uno mismo y a su identidad»[299]. Facebook, Microsoft, Apple y muchas otras empresas fueron detrás, igual que lo hicieron entidades públicas como El Al y las autoridades nacionales del transporte. Microsoft, Mellanox y iStore llegaron a ofrecer incentivos financieros a los empleados que quisieran recurrir a la gestación subrogada.

Hubo tres criterios que impulsaron este inesperado aumento en el activismo LGTB financiado por las corporaciones. El primero fue la sólida cultura natalista del país: los tratamientos de fertilidad son gratuitos, y al contrario que en los países europeos, la población de Israel va en aumento. En este contexto, el cambio global hacia el matrimonio y la crianza en la cultura gay y su lucha por los derechos tenía un impacto particularmente fuerte aquí. Traer niños al mundo era algo «cercano al deber nacional»[300], escribió Lee Walzer en su diario de viajes gais de Israel en el año 2000. Este imperativo era el resultado del énfasis que hace el judaísmo en la vida familiar y el recuerdo del Holocausto, en el que un millón de niños judíos fueron asesinados, dijo Walzer, pero también era el resultado de «la necesidad percibida de tener a más israelíes para hacer frente a las tendencias demográficas árabes».

El segundo criterio era la furia ante la hipocresía del gobierno. Como se dijo en un artículo en el periódico *Haaretz*: «Un momento, ¿no celebró Israel un mes del Orgullo espectacular? ¿Es [el gobierno] amigable con el colectivo LGTB o no?»[301]. El Estado israelí estuvo invirtiendo grandes cantidades en Tel Aviv como destino turístico gay internacional desde 2010, cuando anunció por primera vez una campaña de ochenta y ocho millones de dólares para este fin. La semana del Orgullo en Tel Aviv estuvo organizada y financiada por el departamento de promoción de la ciudad. Esto era bueno tanto para los negocios —en 2013 atrajo a veinte mil turistas internacionales al país— como para la propaganda, ya que, a través de su apoyo a los derechos LGTB, el país se promocionaba como un oasis de libertad: la única democracia en un barrio peligroso.

En este contexto, la marcha atrás de Netanyahu fue vista por los israelíes laicos como un presagio más de la invasión teocrática. Y esta era la tercera —y más importante— razón por la cual tantos israelíes salieron a protestar y por la que el sector corporativo del país se oponía tan enérgicamente. «El mayor don de Israel es el talento, la diversidad y la creatividad de todas sus gentes. Desafortunadamente, la nueva legislación… mina esos valores. Apple mantendrá siempre sus valores de justicia, dignidad y respeto mutuo, y apoyamos a todos nuestros empleados que aspiren a la igualdad ante la ley»[302], se leía en la declaración de Apple Israel.

Estos son los valores corporativos globales que suscriben compañías como Apple. Apple Israel pasa por alto las contradicciones en una declaración como esta —dado el trato que el país da a los palestinos— para poder sacar lustre a su marca con los israelíes liberales y laicos que, a su vez, abrazan los derechos de los homosexuales como una muestra de su identidad global y progresista.

Así, el apoyo israelí secular y corporativo a los derechos LGTB indicaba la incapacidad de Netanyahu para formar un nuevo gobierno tras las elecciones de 2019, un castigo por su alianza con el sector religioso de derecha.

12

Fadi y Nadav

I'billin – Tel Aviv – Jaffa (y Ramala)

Fadi Daeem: enfermero; residente en Jaffa, veintitantos años. Pronombre: él.

Nadav Kain: novio de Fadi, organizador de fiestas y trabajador en la industria
de la moda; Tel Aviv y Jaffa, veintitantos años. Pronombre: él.

Khader Abu-Seif: mejor amigo de Fadi, periodista y *copywriter*; Tel Aviv y
Jaffa, veintitantos años. Pronombre: él.

Nabil*: estudiante universitario; Ramala, unos veinticinco años. Pronombre: él.

Dan*: marido de Nabil, ingeniero de *software*; Tel Aviv y Ramala, veintitantos
años. Pronombre: él.

Zeinab*: activista por los derechos humanos; Ramala, veintitantos años.
Pronombre: ella.

*Seudónimos.

1

Cuando Fadi Daeem llevó a su novio Nadav Kain a la boda de su hermana a su I'billin natal en el norte de Israel en julio de 2016, ambos lucían
cortes de cabello a juego —la cabeza rapada con el pelo en forma de bol
en la parte de arriba, casi como si fuera una kipá— y bigotes más bien
modernos. Fadi llevaba un traje negro con un broche metálico en forma
de pajarita enganchado encima del primer botón de la camisa blanca y

todos los adornos faciales: un aro en la nariz, una barrita plateada atravesando una de las cejas, pendientes de circonita. Nadav se contuvo, y en vez de llevar las uñas de colores chillones, como era habitual, usaba «algo más relajado, color carne, con brillantes». Dijo: «No quería ser el novio extremista en la boda familiar».

Fadi dijo que no estaba particularmente nervioso por llevar a Nadav al pueblo para la boda. Estábamos los tres sentados en su mesa habitual en la acera del Casino San Remo, un café al doblar la esquina de su casa en el distrito de moda de Noga, en el antiguo puerto árabe de la ciudad de Jaffa, que ahora estaba incorporada a Tel Aviv. Con su bichón maltés, Sushi, repeinado a nuestros pies, nos tomamos unas limonadas al estilo de Oriente Medio servidas en tarros de cristal; luego fueron unos Cosmopolitans. Cayó la tarde entre risas por la última vez que Nadav había ido a visitar a la familia Daeem en I'billin con sus padres.

«Mi madre…», dijo Fadi alzando las manos al cielo en un gesto de exasperación burlona. «Es la típica madre árabe que todo lo quiere controlar. ¡Necesita saber todo lo que ocurre en mi vida!». Fadi le contó que iba la mayoría de los fines de semana a casa de los Kain para la cena del Shabat, «y por eso quería saber quiénes eran estas personas que "cocinan para mi hijo los viernes por la noche"».

«"¿Crees que puedes cocinar para mi hijo?"», interrumpió Nadav imitando a suegra como si fuera una diva. «¡"Te vas a enterar! Yo puedo hacerlo mejor". ¡Y lo hizo! ¡Jamás había visto tanta comida! Había un montón de platillos espectaculares cubriendo toda la mesa. Cada uno tenía algo diferente, ¡menuda locura! Me encanta su comida».

«Y mi madre en pijama…». ¿En *pijama*? «Sí. Siempre hace lo mismo y dice: "Ay, lo siento… Llevo en la cocina desde que ha salido el sol y no he tenido un solo *momento* para cambiarme…"».

«Pero luego va perfectamente maquillada y peinada… Era la primera vez que mis padres iban a una casa árabe. No sabían cómo comportarse con todas las tías y los tíos entrando y saliendo…».

Los padres de Nadav eran los hijos laicos de judíos asquenazíes. Su padre se acababa de jubilar como funcionario civil en el ejército. Una de sus abuelas sobrevivió a Auschwitz: tenía su número tatuado en el brazo.

En el momento de la liberación, tenía trece años y había perdido a toda su familia. La nueva patria judía le ofrecía refugio y sentido.

Los padres de Fadi eran árabes cristianos. Fueron activistas comunistas en su juventud, y criaron a su hijo con la historia de la población palestina y su desposeimiento durante la Nakba de 1948, la «catástrofe» de la creación de Israel. Una de las abuelas de Fadi todavía conservaba las llaves de la casa de la que había huido en Haifa; la otra contaba cosas terroríficas de la toma de I'billin por parte de los judíos. Cuando Fadi era pequeño, su madre prohibió que se viera la televisión israelí en casa.

Me preguntaba sobre qué habrían hablado los Daeem y los Kain durante la comida en I'billin. «Comida», entonaron ambos a la vez.

«Mi madre dijo que todo lo necesario para la comida lo compró barato en Ramala», dijo Fadi. «Y va mi madre y pregunta que cómo van las cosas por Ramala últimamente», añadió Nadav. «"¡Estupendamente! Me encanta, volveré la semana que viene"». «Una conversación básica, nada excitante».

Ramala es la capital *de facto* de Palestina en los Territorios Palestinos Ocupados: un símbolo de la autodeterminación palestina. Como ciudadana israelí, a la madre de Fadi le permitían ir allá, y lo hacía a menudo para visitar a una íntima amiga. Pero desde la Segunda Intifada de los primeros años del siglo XXI y las consiguientes restricciones, su amiga —como a todos los palestinos que residían en Gaza y Cisjordania— ya no podía entrar a Israel sin un permiso especial. En este contexto, Nadav y Fadi coincidían en que una charla entre árabes y judíos sobre Ramala nunca iba a ser solo sobre el precio de las verduras. Aun así, distanciándose por un momento de sí mismos y observando las líneas que habían traspasado con su relación, se asombraron tanto de lo absurdo como de la banalidad de la reunión de sus familias, y de sus madres hablando de cruzar la Línea Verde que separa Israel de los Territorios Ocupados para hacer las compras.

* * *

FADI TENÍA VEINTIOCHO AÑOS cuando nos conocimos en 2016. Era enfermero en el departamento de medicina interna en el Centro Médico Wolfson al sur de Tel Aviv. Era tímido y atento; tenía unos ojos grandes con los que miraba fijamente y una bonita cara enmarcada por unas cejas bajas y una barba densa. La enfermería era una de las vocaciones más viables para los árabes en territorio israelí que quisieran ascender socialmente, y él estaba muy centrado en su carrera: trabajaba muchas horas y se estaba preparando para ser profesor. También era voluntario en Al-Qaws (El Arcoíris), la organización LGTB palestina, donde contestaba el teléfono una noche a la semana. Le sorprendió el número cada vez más elevado de trans de Palestina que llamaban desde ambos lados de la Línea Verde.

Fadi hablaba inglés de manera fluida y meticulosa; era de movimientos parcos, pero luego extendía de forma inesperada sus largos brazos en un gesto amanerado para acompañar el humor irónico que gastaba o los colocaba de modo adecuado en caso de que necesitara mostrarse firme. Parecía que siempre estaba enrollando un cigarrillo y poniendo los ojos en blanco. Se mantenía fiel a sus principios de una manera vehemente, pero perdonaba las manías humanas, aunque no siempre las suyas. De adolescente fue gótico a más no poder —su grupito de inadaptados «raritos, graciosos», en la escuela árabe de élite a la que asistió, se hacía llamar «las Perras Unidas»— y antes de conocer a Nadav, que trabajaba en la industria de la moda, las pintas que llevaba eran las de un holgazán. Pero ahora lucía la barba con más estilo y era más atrevido con la ropa: se ponía petos con camisas con estampados por debajo, túnicas largas y negras abotonadas hasta el cuello y gafas de aviador. Con más de metro ochenta y esos andares largos, llamaba la atención en Tel Aviv.

Fadi le dijo a su madre que era gay a los veinte años, en un momento en el que estaba hundido tras su primera ruptura. Hubo llantos y lo llevaron a un psicólogo —un árabe en I'billin—, que le dio antidepresivos y apoyo y habló también con su madre, largo y tendido. La madre de Fadi trabajaba como secretaria en el ayuntamiento del municipio, el padre se encargaba de los mayores en el pueblo. Ambos adoraban a su hijo —tenía dos hermanas— y mantuvieron su habitación de la infancia intacta, un altar a su adolescencia: la bandera palestina sobre la puerta, un grafiti sobre la pared («libertad») en los colores nacionales de Palestina, lemas pintados directamente en la pared en blanco y negro.

El más significativo de todos ellos, para Fadi, era el verso de Gibran Khalil Gibran: «Tus hijos no son tus hijos. / Son hijos e hijas de la vida deseosa de sí misma»*. Fadi me contó que conforme fue adentrándose en la adultez, «para mí era importante decirles a mis padres —decirme a mí— que, aunque ellos me hubieran traído a este mundo, yo tenía mis propios sueños y deseos». Pareció funcionar: «No crie y eduqué a mi hijo para mantenerlo cerca»[303], le gustaba decir a su madre, y tanto ella como el padre estaban orgullosos de la vida que se había montado en Tel Aviv, dadas las restricciones que pesaban sobre los árabes en Israel.

Aun así, ocurrían conflictos inevitables: «Mi madre me llama de repente para decirme que quite mi estado de relación en Facebook porque ha oído algo malo en el pueblo. Yo me niego: "Si no lo quieres aceptar, es tu problema". Y me vuelve a llamar a los dos días y se disculpa: "No quería decir eso. Por supuesto que te acepto"».

Si este era el caso, mientras estábamos hablando en el Casino San Remo unas semanas antes de la boda de la hermana de Fadi, me preguntaba cómo se tomaría su madre la presencia de Nadav ahí.

Nadav imaginaba que nadie le prestaría demasiada atención: «Seré el amigo raro de Tel Aviv. Estarán tan ocupados que ni se darán cuenta de que estoy allí».

Su predicción no podría haber sido más errónea: una masa de Daeems se pusieron en fila para saludarlo. «Parece que mis parientes saben exactamente quién eres. Mi madre debe habérselo contado», le informó Fadi un poco más tarde.

A Fadi lo conmovió la manera en que su familia más extensa —gente conservadora y religiosa de pueblo— se estaba «abriendo a la idea de que estuviera con un hombre».

* * *

DESPUÉS DE LA BODA, la madre de Fadi y su hermana de catorce años se hicieron amigas de Nadav en Facebook, donde este publicaba vídeos

---

* «Los hijos», en *El profeta* (trad. de José Guraieb). (N. de la T.).

escandalosos bajo el pretexto de promocionar una «FiestaHomoTecno» mensual en Tel Aviv llamada Kok-Schok*. Los vídeos solían estar protagonizados por él mismo con pelucas y tacones imposibles, el tipo de drag estrafalario que tiene sus raíces en el East Village o en Berlín, pero que él utilizaba para apuntar a las hipocresías y banalidades de la sociedad israelí. Las mujeres Daeem habían dado «me gusta» en esos vídeos en particular, lo cual quería decir, según Nadav, que «todas sus amistades van a ver al hombre de Fadi bailando y en tacones. Nos tenemos el uno al otro como pareja en el perfil. Así que nuestra relación no es ningún secreto en I'billin ni en el trabajo de la madre de Fadi ni en la escuela de su hermana. Supongo que este es el poder que tienen las redes sociales: puedes dejar que la gente sepa algo, pero manteniendo cierta distancia para que no sepan lo que quieres que sepan».

Nadav tenía dos años menos que Fadi y trabajaba para uno de los diseñadores de moda preeminentes de Israel. Era pelirrojo y delgado, animado y amigable; sus uñas pintadas contrastaban con un bigote y unas patillas anchas que casi le llegaban hasta la barbilla, y llevaba tacones a menudo, incluso en días entre semana. Había vivido en Europa durante varios años antes de conocer a Fadi y tenía ganas —como tantos jóvenes israelíes— de volver a mudarse, «lejos del odio y la tensión».

Pero Fadi estaba resuelto a quedarse. No solo por su carrera, sus amistades y su familia, sino porque «quiero estar aquí cuando Palestina gane la guerra. No me lo quiero perder. Quiero ser parte de la revolución, si ocurre. Y creo que lo hará».

Aun así, a pesar de que su sueño fuera formar parte de una Palestina libre, no tenía problemas en admitir que le costaba imaginar cómo sería eso. En *Oriented*, una película documental de 2015[304] sobre él y dos de sus amigos —palestinos gais, como él—, dice que tiene envidia de su abuela y las llaves de su casa en Haifa, «porque vivió en la Palestina del pasado. Ella sabe lo que anhela, lo que quiere. No como yo. Yo no lo sé. Si llega a haber un Estado palestino o un Estado para todos, no sé si me sentiré en casa».

---

* Homófono de una expresión polisémica en inglés compuesta por los términos *pene* e *impresión*. (N. de la T.).

Está hablando —al menos, en parte— sobre su sexualidad y el extraño lugar en el que se encuentra como hombre gay palestino en Israel; en concreto, uno que está saliendo con un judío. Dadas las diferentes leyes y costumbres a ambos lados de la Línea Verde, esta se había convertido también en una especie de línea rosa, y los derechos LGTB fueron instrumentalizados, en ambas partes, como una línea divisoria entre los judíos y los árabes, los israelíes y los palestinos.

* * *

A LOS CATORCE AÑOS, Fadi le dijo a su madre que quería ser israelí —queriendo decir «judío» en vez de «árabe»—.

«¿Qué? ¿Qué carajo?», fue su respuesta, según su recuerdo. «¿¡Por qué!?». «Creo que encajaría mejor ahí. Es más tolerante y abierto». Ella se mantuvo firme: «Solo eres un niño, no entiendes nada. Ya se te pasará».

Le pregunté a Fadi qué fue lo que lo llevó a la conclusión de que estaría mejor en la sociedad judía. «Internet», respondió sin dudar. A los catorce años empezó una relación física con un chico de su clase. Aunque sabían que tenían que mantenerlo a escondidas, no sentían una vergüenza particular por el hecho; tampoco tenían un nombre para ello. El nombre ya se lo dieron otros en el patio de recreo: un grupo de niños se mofaron de su amigo, más afeminado que Fadi, con la palabra *homo*. «Sí, soy homo. ¿Qué pasa?», respondió el amigo.

El encuentro provocó que Fadi se pusiera a investigar a través de internet, y encontró artículos que compartió con su amigo «sobre la homosexualidad y si se puede curar. Nos dimos cuenta de que no estábamos solos». Los artículos estaban en inglés o en hebreo, y Fadi pronto se vio en una sala israelí de chat gay: «El hebreo que manejaba no era demasiado bueno, así que me solía sentar ahí con un diccionario». Desarrolló una relación de amistad en línea con un hombre en Haifa: «Descubrí el ambiente gay y me di cuenta de que había todo un mundo allá fuera, lleno de gais; existía ese sitio llamado Tel Aviv, que era genial, la comunidad de judíos era supertolerante con los gais…».

Más adelante, Fadi conocería a palestinos que venían a Tel Aviv esperando «un paraíso gay. Creen que van a ser felices y a estar satisfechos, pero luego se dan cuenta de que tienen que esconder otra identidad: la árabe. Pueden ser abiertamente gais en Tel Aviv, pero tienen que cambiarse el nombre o disimular el acento para poder encajar. Dejan atrás un armario, pero se encuentran en otro».

Estos hombres no están intentando solamente pasar inadvertidos en la sociedad israelí, sino que también están tratando de desaparecer de la sociedad palestina: «Este mundo es pequeño, y todas las familias árabes se conocen. Si te conviertes en "judío" y solo te acuestas con judíos, nadie del pueblo se va a enterar de lo tuyo; estarás a salvo», dijo Fadi.

Otro hombre gay palestino, Marwan, me dijo algo parecido. Él provenía de un hogar musulmán devoto en Jerusalén Este, y cuando empezó a actuar según sus deseos homosexuales, «me resultó más fácil "pecar" de esta manera en hebreo, una lengua extranjera; no hacerlo en nuestra propia casa, en nuestra lengua». Para los niños árabes gais como Fadi y Marwan, el hebreo no era tan solo la lengua del pecado —y de la opresión—, sino también, de una manera confusa, la de la posibilidad e, incluso, la de la liberación.

Aun así, al final, el coqueteo de Fadi con la identidad israelí no duró más que unos meses. Poco después se mudó a Haifa para entrar en el internado cristiano ortodoxo: era uno de los campos de entrenamiento para la élite palestina y aseguraba que sus estudiantes aprendieran «la historia real» junto con el currículum israelí. El entendimiento de Fadi sobre la identidad palestina aumentó, a la par que lo hizo la identidad gay. Empezó a hacer búsquedas en internet en árabe y se encontró con Al-Qaws, fundada en Jerusalén en 2007. La organización armaba un encuentro semanal los miércoles por la noche en Haifa, y cuando Fadi se presentó hecho un manojo de nervios, recuerda, «una chica simpática se me acercó: "¡Ven, no tengas miedo!". Ella también era estudiante de secundaria, queer y árabe. ¡Y gótica! Guau».

Después invitaron a Fadi a una de las legendarias fiestas de Al-Qaws, en la discoteca Jaffa: «Música árabe, árabes bailando, ¡un espectáculo de *drag* árabe!». Un reportaje de 2008 en el periódico *Haaretz* presenta la escena que Fadi se habría encontrado: «Una *drag queen* negra con una peluca rubia oscura, vestida con una túnica hecha a partir de una kufiya se sube al escenario. "No me importa lo que digan —le canta a su amante—. Cada día voy a ser lo que quiero ser". Más adelante, aparece en la *performance* el personaje llamado Arus Falasteen, la Novia de Palestina, al compás de canciones de lucha»[305]. Una persona que acudió a la fiesta lo describe como «un lugar en el que no pides perdón por nada sobre tu identidad. En las discotecas y en otras fiestas nos exigen que dejemos el aspecto palestino fuera del local antes de entrar. Aquí no te piden eso. Al contrario, alientan nuestra identidad».

En Al-Qaws, en sus reuniones y fiestas, Fadi se vio «hablando sobre política gay e identidad palestina. Y fue agradable mantener estas conversaciones en árabe por primera vez, y no en hebreo. Me sentí bien, sentí que era donde encajaba».

El novio de Fadi se quedó en el pueblo «y se convirtió en un chico hetero para poder sobrevivir». Pero Fadi descubrió que podía ser queer y árabe. No tenía que escoger.

2

Fadi y Nadav acudieron al Orgullo de Tel Aviv por primera vez, por casualidad, en el mismo año: 2004. Fadi tenía dieciséis años; Nadav, catorce. Fue durante el momento más crítico de la Segunda Intifada. Los enfrentamientos fueron especialmente graves en Gaza, y el primer ministro Ariel Sharon acababa de anunciar el controvertido plan para retirar a todos los israelíes del territorio. Hubo también atentados suicidas con bombas con frecuencia, y los israelíes estaban más intranquilos que nunca.

La madre de Nadav lo llevó en coche hasta Tel Aviv desde la cercana Rosh Ha'ayin, su ciudad natal, para que asistiera al Orgullo. Aunque Nadav ya estaba descargando pornografía gay por internet, no se consideraba como tal, y recuerda que no tenía «ni idea» siquiera de que el Orgullo fuera un evento gay o de lo que pudiera significar: «Quería ir al Orgullo porque algunos de mis grupos favoritos iban a actuar, nada más. Pero una vez ahí, me encontré con todas aquellas locuras: hombres en ropa interior, desnudez, un estilo de vida diferente… Desde luego, me reveló muchas cosas, me dio una sensación de lo que podía ocurrir en mi vida».

La respuesta de Fadi al mismo evento no pudo haber sido más diferente. Estaba en su segundo año en el internado, y su mejor amigo y él decidieron ir juntos, aunque ninguno de los dos se había declarado aún a su familia. «No sabíamos cómo prepararnos, así que preguntamos a algunos amigos judíos qué debíamos ponernos y nos fuimos de compras, a por ropa nueva. Vaqueros ajustados y camisetas sin mangas». Los muchachos tomaron un *sherut* —un taxi compartido en Israel— desde Haifa y se perdieron completamente, pero al final encontraron la manera de llegar hasta las celebraciones.

«Era enorme y estaba lleno de colores, y ambos sentimos que no encajábamos ahí. No sé muy bien por qué. Quizá porque era demasiado abierto: hombres besándose, gente desnuda bailando…», recordaba Fadi. Le gustaron las *drag queens* y tenía presente el calor que hacía «y a los tíos buenos, por supuesto». Pero «sentíamos como que… "no somos nada". Todo el mundo estaba feliz celebrando la libertad. Recuerdo que me pregunté si volvería alguna vez a Tel Aviv, a vivir aquí; y me pregunté cómo sería yo».

No se pudieron quedar a la fiesta en la playa, ya que tenían que estar en casa para la cena. En el camino de vuelta estuvieron de acuerdo en que el Orgullo no era para ellos.

¿Sintió Fadi que no era «nada» porque era un árabe en una ciudad judía, en un Orgullo judío?

«No sentí que encajara. No celebré la libertad, como estaba haciendo todo el mundo, porque tenía una identidad que no era para nada libre. Puede que fuera capaz de vivir en zonas de Tel Aviv y ser gay y estar orgulloso, pero en otras partes de Israel o de Palestina no me siento orgulloso, aceptable, cercano a quien soy. ¡Y eso que ahora ni siquiera estoy hablando de mi identidad *palestina*!».

Me fijé en que Fadi pasó del verbo en pasado al verbo en presente, y me chocó la manera en la que utilizó la expresión «cercano a quien soy» en vez de, más sencillamente, «yo mismo». ¿Era posible para el nieto queer de palestinos expulsados y viviendo en Israel sentirse, en algún momento, algo más que «cercano» a su propio ser? ¿O era el don de su identidad desplazada lo que hacía manifiesta una verdad más profunda en todos nosotros, que es que no existe el «verdadero» ser y que todos estamos construidos por el lugar en el que vivimos y las cosas que ocurren en nuestro entorno, por las líneas trazadas a nuestro alrededor y la manera en que nos sometemos a ellas o intentamos abrir una brecha en ellas o expandirlas?

* * *

ESTAR EN ISRAEL despertaba estas preguntas en mí.

Al contrario que Fadi, se suponía que yo «encajaba» aquí, y había maneras en las que no lo hacía. No ya como judío, sino —con mucha incomodidad— como sudafricano blanco que reconocía en este país tantos aspectos del racismo estructural del *apartheid* en el que me crie. Israel era como esos espejos de feria: distorsionaba mi sentido de la autopercepción.

Planifiqué mi primera estancia de investigación en Israel en junio de 2013, para coincidir con la legendaria semana del Orgullo de Tel Aviv. A esta ciudad con frecuencia se la describía como «la más gay de la Tierra» y, de hecho, la metrópolis estaba engalanada con banderines arcoíris. Parecía que se había presentado la mitad de la ciudad: ciento cincuenta mil personas. En el acto de inauguración hubo miembros de todos los partidos políticos principales —incluyendo el partido Likud de Benjamin Netanyahu— dando mensajes de apoyo a una multitud en la que la cifra de asistentes con niños era casi igual a la de aquellos con los abdominales marcados y al aire. No se suelen ver muchas banderas de Estados Unidos en el Orgullo de Nueva York o banderas francesas en el Orgullo de París, pero el desfile que bajó por la calle Ben Yehuda estaba inundado de banderas israelíes, algunas con los colores del arcoíris. Parecía que participar en el Orgullo era tanto un acto patriótico como uno de afirmación.

Tras unas horas de músculos marcados y música atronadora, decidí despegarme de la fiesta de la playa y, en su lugar, acudí a la ceremonia de la *havdalah* en el Parque de la Independencia. La *havdalah* es un ritual precioso que tiene lugar al final del *sabbat* judío, y me encontré con unas cincuenta personas sentadas en círculo bajo los árboles. Un rabino gay empezó la ceremonia con panderetas e incienso, elevándonos por encima del ritmo disco que venía desde la playa. Nos recordó que nos encontrábamos en uno de los lugares más conocidos de Tel Aviv para hacer *cruising*, y nos dijo que estábamos canalizando no solo a nuestros ancestros judíos, sino también a los espíritus de otras culturas: en este mismo sitio había un cementerio musulmán. Yo no sabía eso y me horrorizó; tal vez, de manera ingenua. Al fin y al cabo, esta es la historia moderna de Israel.

Pensé en una película reciente hecha por el magnate del porno Michael Lucas, un ferviente propagandista de Israel. *Men of Israel* presenta a hombres israelíes magníficos, esculpidos por el servicio militar obligatorio, practicando sexo en varios lugares de interés, incluidas las ruinas de un pueblo al salir de Jerusalén. Lucas dijo del pueblo que fue «abandonado hace siglos»[306], pero, obviamente, fue abandonado mucho más recientemente, durante la Nakba. También dijo que estaba haciendo la película como un acto de patriotismo —acababa de convertirse en ciudadano israelí— para estimular la industria del dólar rosa a la manera en que lo hizo el estudio pornográfico de Belami para la República Checa. Un crítico ha descrito la película de Lucas como «porno de profanación»[307], y aunque la ceremonia de la *havdalah* no era ni mucho menos su equivalente, me sentí desconcertado por su propia forma de profanación, por el modo en que los espíritus de palestinos expulsados estaban siendo convocados para proporcionar un color multicultural al ritual, en vez de ser honrados a través de la reparación o apaciguados con el arrepentimiento.

* * *

A PESAR DE QUE FADI HABÍA CRECIDO conociendo la historia de la Nakba y durmiendo bajo una bandera palestina desde la infancia, me dijo que no se dio cuenta de «lo que significaba ser árabe en Israel» hasta que se mudó a Jerusalén tras graduarse de la secundaria en 2007.

El primer trabajo de Fadi fue como auxiliar de enfermería en el hospital de Hadassah, y encontró alojamiento en la zona árabe de Jerusalén Este. Durante el largo trayecto en autobús hasta el trabajo en la zona judía en el oeste, experimentaba «ser un enemigo en tu propio país. La gente te mira de manera diferente, te trata de manera diferente». Una vez, en invierno, «tenía mucho frío a primera hora de la mañana. Llevaba la kufiya porque era el único pañuelo cálido que tenía. ¡Madre mía! Entré en el autobús y todos me miraban como si estuviera a punto de matarlos». Un guardia de seguridad dentro del vehículo le pidió los papeles. No los llevaba encima, y le dijo que se bajara. Intentó razonar con él en hebreo, ya impecable, pero el tipo «me agarró y físicamente me echó». Nunca más volvió a llevar la kufiya en el oeste de Jerusalén.

En Hadassah, muchos de sus pacientes eran ultraortodoxos, y lo dejó estupefacto el hecho de que se negaran a que él los tocara: «Decían: "No quiero que un árabe me cuide". ¡Y esto es aceptable! Mi jefa me decía que son sus creencias, que no se les permite que los toquen personas que no son judías». A Fadi aquellos tres años en Jerusalén lo radicalizaron: «No quería borrar mi identidad para que me fuera bien. Me volví consciente de que tendría que luchar por mi existencia como palestino».

Mudarse a Tel Aviv para estudiar Enfermería fue «un gran alivio». Se hizo amigo de otros estudiantes árabes —algunos de ellos, gais— y también trabó amistad con chicos judíos. Pero nunca volvió al Orgullo: «Tengo otras maneras de celebrar mi sexualidad aparte de participar en una fiesta que está diseñada para mostrarle al mundo que Israel es "el paraíso gay". Y, por supuesto, el Orgullo excluye a los palestinos. Los gais de todo el mundo pueden venir aquí y celebrar su libertad en Tel Aviv, pero los palestinos gais tienen un muro que les impide hasta pensar en ir a la ciudad. Es absurdo».

El año en el que nos conocimos, el 2016, Fadi se encontró con un dilema. *Oriented*, la película que va sobre él y sus amigos, iba a encabezar el festival de cine LGTB en un ostentoso evento para dar comienzo a la semana del Orgullo. ¿Asistiría? Después de darle vueltas durante un rato, tomó una decisión y escribió una declaración que le pidió al director, Jake Witzenfeld, que leyera durante el evento. También la publicó en las redes:

«Proyectar la película durante el TLV Fest, un festival financiado por el gobierno de Israel, es un acto directo de *pinkwashing* y representa lo contrario de lo que intenté conseguir con ella. Un país ocupante no puede celebrar la libertad a la vez que se la niega a toda una nación. Un país racista no puede celebrar la diversidad. No voy a ser partícipe de esta proyección ni de estas celebraciones. Espero que vosotros tampoco»[308].

El término *pinkwashing* se utilizaba cada vez más para describir, según los activistas, el uso que hacía Israel de su trayectoria liberal en cuanto a los derechos homosexuales para lavar las violaciones que cometía contra los palestinos. Originalmente, el término fue acuñado en Estados Unidos[309] para aludir a la manera en que las farmacéuticas aseguraban apoyar a las mujeres con cáncer de mama mientras sacaban provecho de su enfermedad. Ahora se lo había apropiado el movimiento de solidaridad con Palestina y fue introducido en la corriente principal estadounidense por la escritora Sarah Schulman, que en 2011 lo definió en *The New York Times* como «una estrategia deliberada para ocultar las continuas violaciones a los derechos humanos de los palestinos tras la imagen de modernidad que muestra la vida gay israelí»[310].

La afirmación de que Israel promovía los derechos LGTB como si estuviera corriendo un tupido velo sobre las otras violaciones de derechos humanos provocó muchas críticas, dado que las personas homosexuales israelíes lo tenían mucho más fácil que en cualquier otro país de Oriente Medio y que sus victorias fueron principalmente el resultado de sus propias luchas. Pero el gobierno israelí instrumentalizó en efecto el tema utilizándolo para trazar una línea rosa entre el país y sus vecinos, en una campaña apoyada en gran medida por el movimiento sionista, que estaba más extendido. «¿En qué lugar de Oriente Medio puede un oficial gay servir a su país?»[311], preguntaba un cartel que colocó una organización sionista estadounidense para una recaudación de fondos en 2008. Y continuaba: «Solo en Israel… Apoya la democracia. Apoya a Israel». La comparación llegó a introducirse en la jurisprudencia israelí: en un caso de 2010 sobre el estatus legal del Jerusalem Open House —un centro LGTB— que sentó precedente, el juez dictaminó que «el tratamiento del colectivo gay es una de las medidas de Israel como un Estado liberal democrático, a diferencia de la situación que se vive en la abrumadora mayoría de los Estados de Oriente Medio»[312].

Cuando conocí a Fadi y a Nadav en 2016, el gobierno acababa de anunciar que iba a gastar tres millones de dólares en una campaña turística que incluiría una competición internacional, cuyos ganadores viajarían a Tel Aviv en un avión de El Al con los colores del arcoíris. El presupuesto para esta promoción era diez veces más alto que el de todo el programa gubernamental de servicios sociales para el colectivo LGTB, y las organizaciones LGTB más importantes del país amenazaron con retirarse del Orgullo. El gobierno accedió rápidamente a aumentar el presupuesto de este último.

Nadav, que rara vez publicaba sobre política en las redes, expresó la rabia que sentía en Facebook. La campaña del gobierno no se trataba «simplemente de traer a turistas ricos»[313] a Israel, «sino de crear una imagen más inocente del Estado… y de desviar la atención de la terrible manera en que trata a sus minorías», incluyendo a las personas homosexuales, a la comunidad trans y «a palestinos en territorios ocupados». Nadav también hizo un vídeo[314] para una fiesta de Kok-Schok después del Orgullo que tituló «FUCK PRIDE»: que le den al Orgullo. En él aparece como una buscona con medias de rejilla y ligas que se mete en un gran coche negro alemán, atraída por el tono tranquilizador del mensaje que dio en el Orgullo de 2016 el primer ministro Netanyahu —«Todos fuimos creados a imagen de Dios. Todos somos israelíes»—, antes de darse cuenta de que es una trampa; entonces sale del coche en tropel, arroja vómito rosa y echa a correr hacia una lavandería automática para limpiarse.

Desde 2013, el Ministerio de Asuntos Exteriores israelí publicaba una página titulada «Israel Gay» en su sitio web, en la que describía al país como «una de las sociedades más inclusivas del mundo para el colectivo LGTB. Israel protege firmemente los derechos de la ciudadanía gay, y el colectivo LGTB está representado al más alto nivel y en todas las facetas de la sociedad israelí»[315].

Le pregunté a Nadav qué pensaba de todo esto. Lo descartó bruscamente y lo tildó de «sandeces de relaciones públicas». Me dijo que él utilizaba las uñas como prueba de fuego. Aquel día las llevaba de un color morado metálico intenso y me las mostró: «Sí, puede que Tel Aviv sea la ciudad más gay del mundo, y puedo pasearme como me dé la gana aquí. Pero Tel Aviv es una burbuja. Fuera de sus fronteras me meto las manos en los bolsillos».

* * *

Aun así, Nadav reconoció que era el beneficiario generacional de una revolución en cuanto a las sexualidades tradicionales en Israel, de las cuales formaba parte la aceptación de las personas homosexuales. Nadav encontró aceptación incluso entre sus parientes religiosos: llevó a su novio anterior, un suizo no judío, al Séder de Pésaj familiar sin que hubiera ningún incidente.

Al igual que Fadi, Nadav fue gótico de adolescente. Su grupo de amistades se hacía llamar Kadisha, por la Jevra Kadisha, la sociedad judía que preparaba al difunto para el entierro, «porque siempre íbamos de negro», y la mayoría resultó ser queer. La fuerza impulsora de Kadisha era un chico que empezó a presentarse como mujer desde muy temprano, y ahora había hecho la transición con el apoyo de su familia.

También al igual que Fadi, Nadav era el beneficiario de la revolución digital —los israelíes fueron usuarios pioneros—. Afiló su identidad y expandió su comunidad a través de Myspace, «una especie de zona libre, perfecta para alguien que estaba extendiendo los límites». Fue aquí, escudriñando los «libros abiertos de personas privadas», donde se le ocurrió la idea de llevar tacones y comenzó a desarrollar un estilo para sí mismo. La afirmación que le brindaban los demás fue más importante: «Podía vestirme en la privacidad de mi habitación y subir fotos mías y ¡recibía tantos elogios! Eso es algo que nunca habría pasado si hubiera bajado por la calle en Rosh Ha'ayin con un corsé y tacones. Me habrían tirado piedras».

Navegando por los perfiles de Myspace llegó hasta su primer novio, un tipo mayor que tenía su propia casa, y Nadav salió del armario para sus padres cuando empezó a pasar las noches con él, «sobre todo porque no quería mentirles». Tenía dieciséis años. Al principio los padres se enfadaron, pero luego aceptaron su orientación sexual y el jugueteo con el género: la madre le ataba los corsés antes de llevarlos a él y a sus amigos a fiestas góticas y, luego, a fiestas gais en Tel Aviv.

Como todos los jóvenes israelíes, Nadav hizo los tres años de servicio militar al terminar la escuela. Se sintió bajo presión y abatido por tener que cortarse las rastas rosas y raparse la cabeza. La ejecución de su servicio fue más alegre: fue fotógrafo de la inteligencia militar, y dado que «todo el mundo quería ir al campo de batalla porque los hombres con armas están buenísimos, yo conseguí lo que quería, que era quedarme al margen de la violencia y hacer lo mínimo posible, documentando la proyección de películas para los mayores en Tel Aviv o quedándome en las oficinas imprimiendo cosas». Pero Fadi me contó, por separado, que el servicio militar de Nadav era la única cosa de la que no podía hablar, y creía que a su novio la experiencia lo había dejado «profundamente traumatizado».

Nadav no recuerda que en ningún momento su sexualidad fuera un problema en el ejército. Las Fuerzas de Defensa de Israel refrendaron una política antidiscriminatoria para proteger a sus reclutas gais y lesbianas ya en 1993. Si hubiese querido, Nadav habría podido acudir al Orgullo con el uniforme militar. El año en el que terminó el servicio, en 2012, la FDI publicó una fotografía de dos soldados vestidos de uniforme dándose la mano durante el desfile, con la siguiente captura: «Es el mes del Orgullo. ¿Sabías que la FDI trata a todos sus soldados por igual?»[316]. (Aquel año, las investigaciones realizadas por la organización Gay Youth, respetada y financiada por el Estado, descubrieron que el ejército «no era siempre tan tolerante»[317] en la práctica: en un estudio que llevó a cabo sobre reclutas LGTB, el 40 % de los soldados del colectivo dijeron que habían sufrido abusos verbales; el 20 %, abusos físicos; y el 4 %, sexuales).

A Nadav no le parecía tan sorprendente que Israel aparentemente recibiera de buena gana a los soldados homosexuales tantos años antes de que Barack Obama revocara la política del Prohibido Preguntar en Estados Unidos: «Los israelíes necesitan al ejército, no como los estadounidenses. Estamos en guerra, así que se necesita a todas y cada una de las personas. Todo el mundo tiene que hacerlo. De ser así, más te vale aceptar también a los homosexuales».

* * *

UNA DÉCADA MÁS TARDE, para cuando Nadav estaba saliendo con Fadi, más de tres cuartos de los israelíes judíos[318] estaban a favor del matrimonio entre personas del mismo sexo, según una encuesta de 2016. Aquí se incluían pequeñas mayorías de quienes se identificaban como «de la religión mayoritaria» y «de derecha». La excepción más drástica se encontraba entre los ultraortodoxos, ya que el 84 % estaba en contra. Desde sus inicios en 2002, el evento del Orgullo en Jerusalén —tan solo a setenta kilómetros de distancia de Tel Aviv— solía quedar arruinado por las protestas, e incluso por la violencia, de esta comunidad conservadora. En 2005, tras la petición del alcalde ultraortodoxo de la ciudad de que se prohibiera el evento, un tal Yishai Schlissel se abrió paso a través del control de seguridad y apuñaló a tres personas. «He venido a asesinar en nombre de Dios. No podemos tener este tipo de abominación en este país»[319], dijo durante el interrogatorio. Se pasó diez años en la cárcel, y tres semanas después de que lo pusieran en libertad en 2015, volvió a la carga. En esa ocasión apuñaló a seis personas en el Orgullo de Jerusalén. Una de ellas, de dieciséis años, murió a consecuencia de las heridas.

Los derechos LGTB se convirtieron en el emblema de un Estado moderno abierto, por contraposición al *shtetl** teocrático. Como dijo una destacada activista lesbiana ya en 1994, tras una sentencia pionera contra la discriminación traída a colación por un auxiliar de vuelo: «Estábamos en la Edad Media en 1988 [cuando Israel revocó, por fin, las leyes contra la sodomía]. Ahora estamos al mismo nivel que casi cualquier otro país en Europa»[320]. La sentencia exigía que El Al ofreciera prestaciones de pareja a los empleados públicos gais y lesbianas. Doce años más tarde, el Tribunal Supremo de Israel dictaminó que los matrimonios entre personas del mismo sexo celebrados en el extranjero debían ser reconocidos en el país.

El asunto ganó apoyo popular no solo porque los derechos de los homosexuales se hubieran convertido en un emblema de la modernidad

---

* Villa con una población elevada de judíos en Europa del Este y Europa Central antes del Holocausto (N. de la T.).

—un tiro de advertencia para los teócratas y, luego, una iniciativa de propaganda a base de *pinkwashing*—, sino también por la manera en que la ciudadanía israelí LGTB se presentaba como patriota: queriendo ser «soldados y madres»[321], como escribió una de las madres lesbianas pioneras del país, Ruti Kadish; se alistaban no solo para defender a su patria vulnerable, sino también para formar familias y tener niños judíos. Para el 2018, estos eran los sentimientos que propulsarían el consenso prácticamente nacional —aparte de los conservadores judíos religiosos— de que los hombres gais deberían poder acceder a los servicios de gestación subrogada, y la furia que llevó a cientos de miles de personas a manifestarse aquel año en la plaza Rabin.

Tanto Fadi como Nadav estaban entre los manifestantes, aunque más tarde me dirían que ambos se sentían algo incómodos allí.

* * *

Nueve años antes, en agosto de 2009[322], un Nadav de diecisiete años acompañó a su madre a la primera protesta importante por temas LGTB en Israel. También fue en la plaza Rabin.

Un intruso armado irrumpió en una reunión en el centro juvenil LGTB de Tel Aviv y abrió fuego indiscriminadamente. Mató a una chica de quince años y a un hombre de veintiséis, e hirió a varios más. «Fue espeluznante. La sensación de que podría haber sido yo, aquí, en esta ciudad que es tan abierta, en la misma zona a la que me dirigía aquella misma noche. De repente te acuerdas de que eres gay y de que la gente te quiere matar por serlo», contó Nadav.

En una sociedad tan acostumbrada al horror, el ataque resonó estrepitosamente, sobre todo porque el sospechoso principal era un hombre judío que en apariencia estaba vengando el honor de un familiar. Provocó una efusión de apoyo a las personas LGTB en toda la sociedad israelí, en la que solía haber una división de izquierda. Pusieron en libertad al sospechoso y el caso sigue sin resolverse, pero el legado de este episodio es que incorporó el tema LGTB a la escena política mayoritaria como nunca.

Nadav y su madre se unieron a unas veinte mil personas en la plaza, haciendo ondear banderas israelíes y escuchando a portavoces de todo el espectro político y social. El discurso de apertura lo dio el presidente de Israel, el venerable Shimon Peres, que le recordó al país que «somos una nación del "No matarás"»[323]. Pero como escribió el activista y erudito en Derecho Aeyal Gross, aunque tener a Peres «fue una especie de momento histórico, se hizo difícil oírlo declarar [esto] sin preguntarse si era aplicable también a los asesinatos de palestinos por parte de israelíes, especialmente dada la reciente hostilidad en Gaza»[324].

La académica Gil Hochberg escribió que tal vez los asesinatos hubieran «sacado del armario»[325] a los líderes políticos israelíes en cuanto a los asuntos LGTB, pero la mayoría de esos líderes «eligieron aislar el evento presentándolo como una excepción en la sociedad israelí, por lo demás de naturaleza liberal, tolerante y pacífica». Sin duda alguna, este era el enfoque de Benjamin Netanyahu: «Somos un país democrático y tolerante, gobernado por el Estado de derecho, y debemos respetar a todas y a cada una de las personas»[326], dijo como respuesta al ataque.

Seis años más tarde, en 2015, Netanyahu emitió otro comunicado tras otro ataque en un local gay, la discoteca Pulse en Orlando (Florida). Aquí, el «terrorista» había asesinado a cincuenta personas «porque lo empujaba un odio fanático»[327] en contra de «el colectivo LGTB». Y «no estaba solo»: estaba el Daesh, que «arroja a la gente por los tejados», e Irán, «que cuelga a los homosexuales de grúas». La intolerancia de tales «regímenes y organizaciones terroristas» estaba alineada en contra de todos los «infieles», de manera indiscriminada: «Esta semana han sido los homosexuales en Orlando, unos días antes de esto fueron los judíos en Tel Aviv».

Esto fue lo más cerca que estuvo Netanyahu de acusar a los enemigos árabes de odio asesino hacia los homosexuales, pero otros —por lo general, desde el movimiento sionista estadounidense— lo hacían de una manera más explícita. «Mientras que los funcionarios del Estado palestino y las familias destrozan las vidas de los palestinos homosexuales, Israel es un santuario para el colectivo LGTB»[328], decía un folleto sobre el tema hecho por la organización sionista StandWithUs. Ese mismo año, el comentarista judío-estadounidense gay James Kirchik acusó a los activistas que estaban en contra del *pinkwashing* de estar «lavando la imagen»[329] de la «grave situación de los palestinos gais» y de «la espantosa represión de los homosexuales en Cisjordania y en la Franja de Gaza».

¿Tenía razón?

3

En 2013, estuve en Cisjordania, principalmente por Ramala, un puesto de avanzada en los Territorios Ocupados, con diplomáticos extranjeros y cooperantes, unos cuantos hoteles internacionales y muchos cafés y restaurantes. Ramala tenía también un ambiente gay discreto en un par de los cafés y en hogares particulares, especialmente en los de expatriados y diplomáticos. Era un lugar al que se podía viajar, ir a estudiar a la Universidad Birzeit o trabajar para el gobierno, y así estar lejos de tu familia. «No es Tel Aviv ni Beirut, pero al menos puedo respirar», me dijo un estudiante de Nablus.

Las personas queer a las que conocí en Ramala me pidieron que las mantuviera en el anonimato. Solo esto ya recalcaba lo diferente que era el estilo de vida para las personas queer al cruzar la Línea Verde. Pero «que estemos a cubierto no quiere decir que suframos represión. Es más una cuestión de prioridades. Somos un pueblo ocupado luchando por nuestra libertad», me dijo una mujer a quien llamaré Zeinab.

Ella, que llevaba *hiyab*, tenía unos veinte años y trabajaba en la administración pública. Había salido del armario en el trabajo, y me comentaba las dificultades que eso le acarreaba. No obstante, al final la valoraban por el trabajo que hacía. El hecho de que hubiera una organización llamada Palestinos Queers a Favor del BDS supuso una diferencia significativa en su vida. «BDS» era la sigla de «boicot, desinversión y sanciones», y consistía en una iniciativa de la sociedad civil palestina para aislar a Israel internacionalmente, al estilo del boicot que hubo contra el *apartheid*. El componente de movimiento lo estableció Haneen Maikey, de Al-Qaws, a quien también conocí en Ramala. Maikey me dijo que la involucración de las personas LGTB en la sociedad civil estaba empezando a introducir entre los palestinos la noción de que las personas queer vivían entre ellas y no solo en Israel; que también eran patrióticas.

«¿Sabías que las relaciones homosexuales fueron declaradas legales aquí cuarenta años antes que en Israel?», me preguntó Zeinab. Era cierto: Jordania despenalizó la sodomía en 1951, un año después de anexionar a Cisjordania. Pero la sodomía continuaba siendo un crimen en Gaza porque el código penal británico nunca había sido revisado allá. Y en ambas partes de la Palestina «independiente» la expresión pública de la homosexualidad era tabú, al igual que reivindicar los derechos por este motivo. Estos tabúes tenían raíces sociales y religiosas, como en el resto del mundo islámico. Pero también fueron exacerbados por las políticas tan específicas del conflicto palestino-israelí. En la tradición de los movimientos de liberación del siglo xx en todo el mundo, la escena política mayoritaria en Palestina entendía cualquier tipo de reivindicación especial como una distracción de la lucha principal por la libertad. Además de todo esto, la homosexualidad acarreaba un estigma muy particular —y letal—: el de la contaminación israelí y el de la colaboración con el opresor.

Esta manera de pensar tenía sus orígenes en una política de la inteligencia israelí que empezó durante la Primera Intifada de 1987, cuando los agentes israelíes chantajeaban a palestinos para que se convirtieran en sus informantes, aprovechando que estaban en una posición vulnerable debido a su comportamiento sexual —tenían aventuras extramatrimoniales o eran homosexuales—. Esta política fue tan corrosiva, dijo Haneen Maikey en un encuentro solidario en París al que fui en 2012, que veinticinco años más tarde «a mi mejor amigo de Ramala no le gusta estar en público conmigo porque sus padres piensan que soy un colaborador del gobierno de Israel»[330].

La existencia de esta política fue verificada en 2014, cuando cuarenta y tres veteranos y reservistas de la unidad de inteligencia de élite del país firmaron una carta abierta renunciando a continuar sirviendo en los Territorios Ocupados, en parte porque los instruyeron a fin de que utilizaran la orientación sexual para chantajear a los palestinos y que se convirtieran en informantes. «Si eres homosexual y conoces a alguien que conoce a una persona a la que están buscando —y necesitamos saberlo—, Israel hará que tu vida sea miserable»[331], testificó uno de los firmantes. «Cualquier caso en el que "pescaras" a una persona inocente a quien pudieras exprimir para sacarle información o a quien pudieras reclutar como colaboradora era un triunfo para nosotros y para toda la comunidad de inteligencia en Israel».

De este modo, una línea rosa se yuxtapuso a la Línea Verde. A un lado, algunos israelíes describían la homofobia palestina como otro ejemplo de lo salvajes y anticuados que eran los árabes, a pesar de que al mismo tiempo estuvieran chantajeando a los que eran gais para que se convirtieran en sus informantes. Al otro, algunos palestinos citaban la aceptación de la homosexualidad de Israel como un ejemplo más de la decadencia de los colonos occidentales en tierras árabes, y lo veían como un arma usada en su contra.

Por supuesto, había islamistas conservadores que repetían los mismos chismes que los guerreros de los «valores tradicionales» utilizaban en todas partes contra el Occidente liberal. Como dijo el líder de Hamás Mahmoud al-Zahar en una entrevista en 2003 con Reuters: «Ustedes [en Occidente] no tienen religión. Son laicos. No viven como seres humanos. Ni [siquiera] viven como animales. Aceptan la homosexualidad. ¿Y nos critican a nosotros?»[332].

Esto se dijo antes de que hubiera cualquier señal pública de una organización LGTB entre los palestinos en los Territorios Ocupados. Pero en tan solo una década, Al-Qaws se convirtió en una parte visible de la sociedad civil palestina, especialmente en el movimiento BDS. Inevitablemente hubo una reacción en contra: en 2019, la Autoridad Palestina prohibió las actividades de Al-Qaws tras un acontecimiento en Nablus, que violó «los altos valores y principios de la sociedad palestina»[333], como afirmó un portavoz de la policía, y tenía la intención de «sembrar la discordia» y quebrantar la «paz» palestina.

He ahí un oficial palestino laico marcando una línea rosa, según la hoja de ruta global de la guerra cultural. Esta línea rosa era específica del conflicto palestino-israelí en tanto delineaba una cultura nativa asediada no solo desde el Occidente capitalista liberal, definido en líneas generales, sino desde un invasor que parecía estar valiéndose de la homosexualidad en la guerra contra la gente a la que había subyugado, e incluso chantajeando a las personas a las que tenía la intención de salvar.

* * *

NABIL PROVENÍA de la conservadora Yenín en Cisjordania. Tenía veinticuatro años y era estudiante de negocios en Birzeit. Dan tenía cinco años más, era un judío israelí de origen canadiense que trabajaba como programador en Ra'anana, el Silicon Valley de Israel. La pareja vivía junta en Ramala, y Dan iba y venía los escasos cuarenta minutos hasta el trabajo cruzando la Línea Verde cada día. Si lo paraban, insinuaba distraídamente que estaba yendo a visitar a familiares en un asentamiento. Esto me lo dijo mientras estábamos sentados en la azotea de su edificio una noche en junio de 2013. La pareja compartía el piso con dos cooperantes extranjeros, y su mundo social giraba en torno al ambiente de los expatriados. Nabil vivía aterrorizado por si lo descubrían, y eso se manifestaba en una ansiedad abrumadora que tenía dificultades para esconder bajo su encanto hospitalario: no dejó que me quedara sin agua de menta en el vaso.

Nabil empezó a explorar su sexualidad buscando a hombres en Manjam, una aplicación para ligar popular en el mundo árabe: «Los hombres que encontraba normalmente eran más mayores y estaban casados. Se los comía la culpa». Él provenía de una familia devota, y evitaba su autodesprecio oponiéndose firmemente al islam que oía predicar, con sus proscripciones en contra de la homosexualidad y de la vida occidental a la que él veía cada vez más atractiva. Su identidad atea era incluso más fuerte que la gay, y con frecuencia clamaba en las redes contra la hipocresía de todas las religiones.

Nabil creció en el Golfo y no hablaba nada de hebreo, pero, al igual que Fadi, llegó a entender que la homosexualidad era más fácil al otro lado de la Línea Verde. Y así —de nuevo, al igual que Fadi—, encontró un diccionario hebreo-árabe y se metió en Atraf, la aplicación para ligar israelí. Ahí conoció a Dan, un autoproclamado «extraño e inadaptado» que ya formaba parte del pequeño ambiente gay mixto en Tel Aviv que incluía a Fadi y a sus amigos.

En aquel momento, Nabil estaba viviendo con familiares en Amán. De hecho, había un ambiente gay floreciente en la capital jordana que giraba en torno a Books@Café, una cafetería-librería propiedad de un hombre palestino gay de más edad, pero Nabil se mantuvo alejado de ahí. Se sentía —como me dijo— «más cómodo enseñando la cara y hablando sobre la vida [con alguien como Dan], porque él está detrás de la frontera. No me sentía demasiado cómodo haciéndolo con palestinos por lo delicado del asunto».

A finales de 2011, Dan vino a Amán para conocer a Nabil y empezaron una relación. Al año siguiente, Nabil se mudó a Ramala para estudiar. Estaba desesperado por ver el paraíso gay de Tel Aviv y su orilla, tan cerca y a la vez tan inaccesible. A los residentes palestinos de los Territorios Ocupados les otorgaban pases para entrar en Israel por motivos específicos, como necesitar atención médica. En mayo de 2012 Nabil consiguió un permiso de un día para unas pruebas cardíacas. Dan lo recibió en el punto de control y fueron hasta Jerusalén en coche. Ahí dieron un paseo por la Ciudad Vieja, que Nabil llevaba sin ver desde la infancia, y luego fueron hacia la playa.

Pero la romántica escapada de un día salió espantosamente mal. Menos de veinte minutos después de aparcar, los paró la policía en lo que parecía ser una comprobación rutinaria. Dado que los papeles de Nabil estipulaban que solo podía ir al hospital, los detuvieron en una comisaría cercana. Durante varias horas de interrogatorios separados, Nabil admitió que él y Dan eran amantes. En un momento dado le trajeron un teléfono y un hombre se presentó, en árabe, como un oficial del Shabak —la agencia de seguridad de Israel— responsable de Ramala: «Puedes irte, pero solo si vienes a verme dentro de tres días a mi despacho en el punto de control de Kalandia. Hay algo de lo que tenemos que hablar».

Nabil entendió de inmediato que lo iban a chantajear, pero le aterrorizaba que revelaran públicamente su relación con Dan si no acudía a la cita. Asistió a un par de reuniones de Al-Qaws en Ramala y contactó con una líder del grupo, que actuó de manera despectiva con él:

«Dijo: "¡Vosotros, los gais, solo queréis ir a ver la buena vida en Tel Aviv y luego venís a buscarnos llorando cuando os metéis en problemas!"».

Con la sensación de que no tenía otra opción, Nabil fue a ver al oficial del Shabak, que le hizo preguntas personales detalladas antes de sugerir que se convirtiera en un informante en el campus de Birzeit. Cuando Nabil pidió un abogado, el oficial se volvió cruel y lo amenazó con encarcelarlo. Pero si hacía los «pequeñísimos favores» que se le pedían, podría ir de visita a Israel tanto como quisiera. No mencionó específicamente nada acerca de revelar su relación, pero estaba implícito.

Nabil rehusó, pero se fue preocupado: ahora era vulnerable a que lo humillaran e incluso lo atacaran físicamente. El oficial del Shabak no volvió a contactar con él ni sacó a la luz lo suyo, como había amenazado, pero vivía con miedo y sentía que necesitaba, desesperadamente, marcharse de Palestina. En ese momento solo llevaba con Dan varios meses, pero ya que Dan tenía la doble nacionalidad, decidieron que la mejor opción para Nabil sería casarse con él y solicitar la residencia por estos motivos en Canadá. Como tantos cisjordanos, Nabil tenía un pasaporte de Jordania. Sudáfrica era el único país que celebraba matrimonios entre personas del mismo sexo y al que los jordanos podían viajar sin un visado, así que Dan reservó los billetes para que fueran a Ciudad del Cabo en octubre de 2012. Aquí se alojaron en una pensión gay que proporcionaba a las parejas visitantes la experiencia de la boda al completo —celebrante con licencia y sesión de fotos glamurosas incluidos—. Ambos pasaron una semana idílica.

Nabil consideró brevemente solicitar asilo en Sudáfrica, pero regresó a Ramala con la intención de pedir el visado canadiense. Esto se tenía que hacer a través de Egipto, y por el alboroto en El Cairo después de la revolución, el requerimiento no salió bien. Cuando lo conocí un año después de la detención en la Ciudad Vieja, seguía varado en Ramala, con tendencia a sufrir terribles ataques de pánico. Dan se mudó con él, en parte para cuidarlo, pero su presencia dejaba a Nabil más vulnerable aún: a sus compañeros de piso unos amigos palestinos los habían interrogado sobre el «tipo canadiense» que vivía con ellos. En las semanas posteriores a conocerlos, el interrogatorio aumentó, y Dan sintió que ya no era seguro para él estar en Ramala. Volvió a Tel Aviv y Nabil huyó a Estambul, donde la pareja tenía algunos contactos, para esperar el visado.

Conocí a Nabil y a Dan a través de Amira Hass, la periodista israelí que vivía en Ramala e informaba para *Haaretz*. En el artículo que escribió en 2012 sobre el caso, Hass publicó la confirmación por parte de la policía de Jerusalén de que habían detenido a Nabil y de que le habían pasado la información a la «unidad de coordinación de la Administración Pública» de Cisjordania; pero, concluyó secamente Hass, «la policía no respondió a las preguntas de *Haaretz*[334] sobre si informa al Shabak de los detalles de cada residente temporal ilegal a quien detiene».

* * *

ANTES DE 2003, alguien como Nabil podría haber ido de visita a Tel Aviv, e incluso decidir quedarse ahí, con relativa facilidad. A finales del milenio, hubo muchos reportajes sobre palestinos gais que huyeron de la persecución y llegaron hasta la ciudad. Un reportaje del *New Republic* de 2002 citaba a un hombre de Gaza a quien había torturado brutalmente, en apariencia, su propia gente; lo dejaron colgando con la cabeza cubierta de heces y lo violaron con una botella de Cola-Cola por negarse a «convertirse en un agente secreto del sexo»[335]. Otros afirmaban que los retuvieron y torturaron, acusados de ser «colaboradores». Un reportaje fiable de 2008 llamado *Ningún lugar al que huir*[336], publicado por el programa de Derecho de Interés Público de la Universidad de Tel Aviv, documentaba testimonios de palestinos en Israel que afirmaban haber sido perseguidos por las milicias y los funcionarios del Estado palestino.

En 2012, Fadi vio un documental israelí muy celebrado[337], *Los hombres invisibles*, que trataba sobre tres palestinos gais que habían huido a Tel Aviv de lo que describían como circunstancias horribles, y a quienes los habían ayudado a conseguir el reasentamiento. «Sentí: "¡Bien por ellos!". Es imposible irse de los Territorios Ocupados, conseguir un visado para ir a cualquier sitio. Y aquí estaban ellos, utilizando realmente a Israel, el invasor, para ayudarlos a emprender el vuelo», me dijo. Aun así, Fadi se preguntaba sobre la veracidad de sus afirmaciones: «Yo provengo de la cultura árabe. Sé que esta cultura no tolera la homosexualidad con facilidad, y que nosotros, los queers, tenemos que luchar por nuestra aceptación. Pero, según mi experiencia, la familia no abusa de ti de esa manera; no te intenta asesinar por ser gay».

Fadi era contundente en que su propia experiencia de aceptación no era resultado de la exposición de su familia a los medios y costumbres israelíes: «Mi familia vive en Israel, pero antes de esto vivían en el pueblo. Su vida es en árabe, y su mundo, también. No ven la tele israelí, no leen periódicos hebreos. Cuando les dije que era gay, era la primera vez que oían esa palabra. Tuve que llevarlos paso a paso y explicárselo todo. Soy algo excepcional en mi familia, ya que tuve que informarme sobre la sociedad israelí y sumergirme en ella para poder sobrevivir. Así que no creo que mi familia sea tan diferente de una que viva en Cisjordania».

Por supuesto, reconocía, las vidas de las personas homosexuales en Cisjordania «son mucho más duras que la mía. Por ejemplo, no pueden viajar. Y yo tengo el privilegio de vivir en Tel Aviv, de ir a fiestas, discotecas gais, vivir como yo elijo. No es igual en Ramala». Aun así, sentía que las historias que oía por parte de los cisjordanos que conocía cuando asistía a los retiros anuales de Al-Qaws no eran «ni mucho menos tan duras» como las que veía o leía sobre ellos en los medios de comunicación israelíes. La gente a la que traté en Ramala estaba de acuerdo, aunque después de la prohibición de las actividades de Al-Qaws por parte de la Autoridad Palestina en 2019, la organización reconoció que hubo un aumento en las amenazas contra sus miembros en las redes sociales.

Sin importar la veracidad de las afirmaciones de aquellos palestinos que huyeron a Israel con la llegada del milenio, sus historias eran, sin embargo, utilizadas ideológicamente, hiladas en una narrativa del rescate: los homosexuales palestinos estaban huyendo de su cruel patria para encontrar refugio en la hospitalaria Israel. «Apoyo a Israel porque apoyo los derechos de los homosexuales»[338], dijo Alan Dershowitz en 2004, afirmando que había estado trabajando con las autoridades israelíes para conceder asilo a cuarenta refugiados palestinos gais. En realidad, la legislación de Israel prohibía el asilo a cualquier palestino, y cuando le señalaron esto al famoso profesor de Derecho, se retractó alegando que le habían informado mal: a los cuarenta les habían aplicado una especie de arresto domiciliario —tiene poco que ver, desde luego, con el asilo— que les permitía quedarse temporalmente dentro de las fronteras de Israel.

Nadie sabe cuántos fugitivos llegaron a Israel entre 1995 y 2003. Me dijo Fadi que había conocido a «un montón». Shaul Ganon, el activista israelí que estaba más involucrado en ayudarlos, ofreció estimaciones que iban desde los trescientos hasta los novecientos, pero solo hay evidencia de que tres —los tres de *Los hombres invisibles*— habían pasado realmente por el proceso de reasentamiento para que los ubicaran en alguna otra parte. El resto, sea cual fuere la cifra, se debió colar por las rendijas de Tel Aviv; con frecuencia vivían en la calle y subsistían a través del trabajo sexual. Estos fugitivos quedaron «atrapados en medio del conflicto palestino-israelí»[339], concluía del reportaje *Ningún lugar al que huir*. En sus hogares los persiguieron, pero «dentro de Israel la policía les dio caza; querían devolverlos a los territorios de los que habían escapado, por lo que se vieron obligados a vivir a escondidas y terminaron escapando de nuevo».

4

«¡Bienvenido a Palestina!».

El mejor amigo de Fadi, Khader Abu-Seif, me recibió con estas palabras y un pícaro destello en los ojos cuando nos conocimos en Tel Aviv en junio de 2013, rodeados como estábamos por israelíes modernos en el patio de un café a la vuelta de la esquina de su apartamento. Estaba actuando de una manera bastante deliberada para un extranjero; esta generación encontró la confianza en su identidad palestina, beneficiaria a su modo de la Primavera Árabe.

Khader, a quien conocí antes que a Fadi, era carismático y un gran vividor. Tenía un carisma libertino y una energía incontenible, y parecía que se había convertido en la voz pública del mundo árabe gay en Tel Aviv: con frecuencia lo citaban en los medios de comunicación y tenía una columna en el *Time Out* israelí. A diferencia de Fadi, él era un chico de ciudad: provenía de una familia del hampa de Jaffa con mala reputación, se educó en la escuela con niños judíos, se sentía más cómodo escribiendo en hebreo que en árabe, fue un morador de las discotecas gais de la ciudad desde sus primeros años de adolescente. Cuando lo conocí, era el jefe de asuntos árabes en Aguda, la organización paraguas LGTB de Israel. Por eso lo vituperaron y lo acusaron de colaborar con los camaradas de Fadi en Al-Qaws, que adoptó la línea del movimiento BDS de no «normalización» de las relaciones con las instituciones israelíes.

Khader no vacilaba en el hecho de que vivía entre judíos —eran sus amigos y amantes—, pero tenía claro que a él no lo iban a salvar ni lo iban a someter. Se lo ve en la película *Oriented* diciéndole a la audiencia judía lo irritado que se pone cuando los periodistas esperan encontrar en él a un palestino «sufriendo», cuando, en realidad, su familia lo acepta: «Es como si Israel y Occidente hubieran monopolizado el concepto de liberalismo y estar fuera del armario»[340], dice.

Cuando Khader y Fadi se conocieron por internet siendo adolescentes, parecían incompatibles: «Yo era gótico, y Khader era... asustadizo», me dijo Fadi. A pesar de que sus políticas fueran bien diferentes, se hicieron íntimos amigos cuando Fadi se mudó a Tel Aviv para estudiar Enfermería. Khader lo introdujo al Tel Aviv gay, y Fadi se encargó de la educación política de su amigo, anotando irónicamente que Khader «tenía una columna en la que hablaba sobre palestinos gais, pero en realidad no conocía a ninguno».

Surgió un grupo animado de amistades y colaboradores, hombres gais —y también mujeres hetero forcejeando contra las convenciones sociales— alrededor de un colectivo al que llamaron Qambuta. El nombre, que significa «coliflor», surgió al cocinar la verdura una noche en la cocina de Fadi. Él y su amigo Na'eem —también enfermero— vivían en una casa con encanto y un poco ruinosa de la época otomana que encontraron en una zona muy diversa de Jaffa, entre un supermercado árabe y el restaurante de hummus más famoso de la ciudad, Abu Hassan.

* * *

ORIENTED EMPIEZA CON Fadi, Khader y Na'eem meneando el esqueleto por la casa de Jaffa, bebiendo cócteles de vodka a tragos y preparándose para una fiesta de Qambuta. Están hablando en la mezcla habitual de árabe, inglés y hebreo mientras discuten quién acudirá. El novio de Khader, un DJ israelí especializado en música árabe, será quien pinche los discos.

«¿A cuántas amistades va a traer?»[341], pregunta Na'eem. «Solo uno, pero vendrán más», responde Khader. «Solo quiero saber cuántos judíos habrá. ¿Un cuarto? ¿La mitad de la gente?». «Habrá judíos, obviamente».

Na'eem lo presiona: «¿Qué porcentaje? ¿Setenta y cinco? ¿Cincuenta por ciento?». «¿Qué pasa con eso?», espeta Khader. «¡Todo!», Fadi mete baza. «¿Por qué? Son de izquierda. Si está bien que vayan a Anna Loulou [una discoteca de Jaffa], ¿por qué no a nuestra fiesta?». «Porque es nuestra fiesta…», dice Fadi.

«Aun así, les encanta ir de fiesta y nos apoyan. No van a darnos por saco y a decir: *Vive la occupation!*». «Vienen a salvarnos», dice Fadi con sequedad.

Khader pone los ojos en blanco y hace una pose exagerada con el velo, a lo *camp*: «Sí, ¡nuestros salvadores!».

* * *

MÁS ADELANTE SE VE A FADI EN LA CAMA hablando por teléfono con su mejor amiga. Se sugiere que se trata de la mañana después de la fiesta de Qambuta.

«Me va a explotar la cabeza. Madre mía… He pecado»[342], dice él.

«¿Qué has hecho?».

«Me traje a uno a casa… Estaba bueno. Buenísimo».

«¿Cómo se llama?».

«Binyamin».

«¿Binyamin? ¿Binyamin como tal?».

«Un judío, sí».

«¡No!».

* * *

De hecho, Fadi y Binyamin —«Ben»— no se conocieron en la fiesta de Qambuta, sino en Anna Loulou, la pequeña discoteca cavada en las murallas que era el epicentro del ambiente queer de Jaffa; un lugar en el que Fadi y sus amigos se sentían como en casa, prácticamente único por la diversidad que había: árabes y judíos, gais y heteros.

Ben era estadounidense, rubio y de buena constitución, y entre ellos enseguida surgió la chispa. Fadi se lo llevó a casa: «Nos acostamos, y después vio todas las banderas palestinas en mi cuarto y me dijo que tenía que agregarlo a Facebook antes de que se marchara». Él no entendió su insistencia, pero le hizo caso. En cuanto vio su perfil, se dio cuenta de que era la manera que tenía Ben de contarle a su ligue que era soldado, un sionista comprometido que había hecho aliá* para alistarse en el ejército israelí.

Se enamoraron perdidamente. También se peleaban «como si estuviéramos locos. En una ocasión fue tan exagerado que nos echaron de Anna Loulou. En un momento estábamos bebiendo algo en el bar, todo agradable y divertido, y entonces surgió el tema. Él dijo que no tenía ningún problema con que fuera palestino, pero obviamente era mentira. Creía que estaba intentando alejarlo del sionismo», relató Fadi.

En *Oriented*, la cámara muestra a Fadi con su amiga en un rincón tranquilo en una boda, unas semanas después de conocer a Ben, hablando sobre el apuro en el que se encuentra: «Me siento débil. Me estoy enamorando de un sionista… Estoy enamorado del enemigo»[343]. A él no le importa que Ben sea judío, pero «sí que no crea que hay una ocupación israelí aquí… que mi gente sufrió una catástrofe… ¿Cómo se puede querer a alguien así?».

Seis meses más tarde, Fadi lo dejó. La ruptura fue amarga. Cuando en 2014 estalló la guerra, unos meses después, Ben le mandó un mensaje: «Siento mucho lo que le está pasando a Gaza». Fadi se extrañó al ver que en su foto de perfil había una bandera israelí unida con la palestina, un meme del momento entre los israelíes izquierdistas.

---

* Emigración del judío a Israel. (N. de la T.).

«¿Qué te ha pasado?», escribió Fadi.

«Acabo de pensar en esto», respondió Ben.

* * *

Fadi conoció a Nadav en una fiesta a principios de 2014, seis meses después de haberse separado de Ben. Los cámaras de *Oriented* todavía seguían a Fadi en aquel momento, y capturaron una charla entre él y Khader sobre el chico que acababa de aparecer en su vida. «Es bastante evidente que entre vosotros no hay una lucha de identidades. No sois un judío y un árabe, sino Fadi y Nadav. Sin más»[344], le dice Khader a su amigo.

Fadi, como siempre, inexpresivo: «Como dos niñitas perdidas que se encuentran. Estando con Ben era como jugar a ver quién se sentía más inferior, [pero] la relación con Nadav, ahí me relajo y respiro».

Como parecía que ocurría siempre con Fadi, se enamoró perdida y rápidamente de Nadav. Este había pasado varios años viviendo en el extranjero: «No tenía idea de nada. Ni siquiera sabía que Fadi era un nombre árabe. Tampoco se me pasó por la cabeza el hecho de que él fuera árabe. No tenía ninguna idea política sobre nada». Cuando Fadi reveló su etnicidad y su pensamiento político, Nadav se encogió de hombros y siguió a lo suyo.

Cualquiera podría imaginar que esto indignaría a Fadi, pero no lo hizo. Tras las doctrinas de Al-Qaws y el conflicto con Ben, lo encontró enormemente refrescante. «La política no es un problema para Nadav. Evidentemente, él se define como israelí y conoce la historia de Palestina. No la niega, como hacía Ben, pero no hablamos sobre política. Esta es una de las cosas que más me gustan de él, que es apolítico. Lo de la identidad sexual y de género, sí; le encanta, vive por ello, lo respira. Pero lo de Israel y Palestina no le interesa», me dijo Fadi.

Después de salir durante un año, decidieron irse a vivir juntos. Encontraron un buen apartamento haciendo esquina en una nueva y sofisticada urbanización de bloques de apartamentos con paredes de piedra, construida donde estaba el antiguo mercado de productos frescos de Jaffa, a una manzana de los cafés de Noga a los que solían ir. Por primera vez en su vida, Fadi no colgó la bandera palestina sobre la cama: «No sentía la necesidad de demostrarle a Nadav que era palestino. Aún la tengo, por supuesto, pero no la saco».

Aun así, cuando Fadi trajo a casa la versión final de *Oriented*, Nadav se sintió molesto: «Se me hizo difícil verlo. Que si "los judíos esto, los judíos lo otro…", o sea, ¿por qué hablan de "los judíos" de esta manera todo el rato?».

Fadi le explicó que cuando los palestinos dicen "judíos" se refieren a los "sionistas", pero a Nadav le pareció racista: «Yo soy judío y estoy contigo al ciento por ciento. ¡Te quiero! Y aun así me ves como "uno de esos judíos…"». Fadi entendió a qué se refería, y al final los de producción acordaron reemplazar el subtítulo «judíos» por «judíos de Israel», aunque no fuera la traducción literal.

Fadi le contó a Nadav todo lo de Ben, «e intenté explicarle lo diferente que era a él. También le dije que, al igual que parecía que yo había cambiado la actitud de Ben sobre los palestinos, él también me cambió a mí. Antes de estar con él, yo estaba totalmente en contra incluso de la idea de enamorarme de un chico judío… perdón, ¡un judío de Israel!». Los tres echamos a reír, y continuó: «Y entonces, cuando pasó lo de Ben, me di cuenta de que no se pueden controlar los sentimientos. ¡Fue tan extremo! Me di cuenta de que el amor no conoce religiones, diferencias políticas, nacionalidades…».

Fadi se paró antes de decir «fronteras». Sabía muy bien lo cursi que podía sonar, pero aun así lo decía en serio. También era consciente de las dinámicas de poder que se daban en su relación con Nadav y de la manera en que reflejaban sus lugares respectivos en la sociedad israelí. Conforme la política se fue volviendo cada vez más polarizada tras la guerra de Gaza en 2014, sentía que la gente sospechaba de él más que nunca y dejó de expresar cualquier tipo de opinión política en el trabajo. También le molestaba que fuera Nadav quien tuviera que ir a buscar un nuevo apartamento para alquilar, a pesar de que él era quien tenía un trabajo fijo en la administración pública.

Y luego estaba lo del idioma. La lengua que usaban en su relación era el hebreo, y Nadav no mostraba ninguna predisposición a aprender árabe.

«Al principio sentía que no podía estar con un chico que no entendiera mi cultura y mi música, y en ocasiones todavía se hace duro», dijo Fadi. El tema de la lengua suponía una alienación mayor para él: no podía hablar árabe en el trabajo, ni siquiera con sus compañeros árabes —me dijo que era un decreto nacional, supuestamente, para evitar tensiones en el puesto de trabajo—, «y hay días que me los paso sin hablar mi propia lengua».

Le conté lo mucho que me sorprendió el uso que hizo de la expresión «cercano a quien soy» cuando se describió a sí mismo ante mí. Se rio. «Me he dado cuenta de que nunca voy a ser completamente yo mismo, sin importar dónde vaya. Es un alivio darse cuenta de eso. No me quejo. Lo acepto e incluso juego con ello. Cuando necesito mi hogar, a mis padres, mi lengua, voy al pueblo. Cuando necesito a Nadav, voy a él». La gente mira a la pareja «desde fuera, y creen que somos raros. Nos gustan cosas que no les gustan a otros, tenemos una lengua diferente que nadie más entiende. Sabemos que somos diferentes, pero estamos cómodos el uno con el otro, más de lo que lo hemos estado en ninguna otra parte».

Fadi creía que las palabras que utilizó en *Oriented* para describir su relación con Nadav daban en el clavo: «"Dos niñitas, perdidas en el mundo". Me gusta».

* * *

EL COLECTIVO QAMBUTA GRABÓ DOS VÍDEOS[345] dirigidos por Khader, y los subió a YouTube. En el primero, un vídeo tributo a una balada de la cantante libanesa Yasmine Hamdan, Fadi y sus amigos hacen de jóvenes árabes luchando contra el destino: hombres y mujeres queer forzados a contraer matrimonios heterosexuales. «Teníamos la sensación de que quizás estuviéramos siendo muy críticos con la comunidad árabe, así que para nuestro siguiente vídeo queríamos mostrar a la gente que tenemos la misma manera de pensar, que también somos palestinos», dijo Fadi.

Eligieron hacer un vídeo sobre el tema[346] del derecho a volver, con otra balada de fondo —al fin y al cabo, son gais—. En esta ocasión era de un grupo de música pop masculino libanés llamado Adonis, un lamento al amor perdido titulado *Sawt el Madini*, «los sonidos de la ciudad». La idea para este vídeo surgió por el hecho de que los abuelos de los integrantes del grupo se quedaron con las llaves de las casas de las que fueron desalojados en 1948. En secuencias de pesadilla, Fadi y sus amigos van de un lado para otro entre ruinas, el paisaje onírico del desposeimiento de sus mayores. Parece que las llaves de las casas de sus abuelos son, al final, la clave de sus propias identidades como *millennials* palestinos viviendo en Israel. En la secuencia final, corren libremente.

Detecté otro mensaje en la elección de *Sawt el Madini*, sugerido por el primer verso de la canción: «La voz de la ciudad me llama»[347]. Hay una pista en la propia manera de pensar que tiene Khader sobre su identidad urbana, a la cual se refiere con frecuencia, como en aquella entrevista en la que se compara con «los árabes gais de Haifa»[348]: ellos eran «chicos de pueblo y nosotros somos chicos de ciudad», lo que quería decir: «A ellos les interesa la política muchísimo más que a nosotros. Solo hablan en árabe o en inglés, jamás en hebreo. Nosotros, en Tel Aviv, jugueteamos con otras culturas».

Fadi, un chico de pueblo, también se atenía a la idea de que la ciudad era un lugar que iba más allá de la política: «En todos los países, la "gran ciudad" es un lugar en el que la política no tiene demasiada importancia. La libertad que encuentras a nivel personal hace que tengas la sensación de que hay otras cosas en la vida aparte de la política. Cuando llegas por primera vez a la ciudad, quieres pasártelo bien, salir de fiesta y acostarte con todo el mundo. Así es como te hace sentir Tel Aviv. Yo me olvido de la política. Luego, cuando necesito recordar de dónde vengo, me voy al pueblo», me dijo.

En un país como Israel, la política es sinónimo de sectarismo, y estos hombres —Fadi, Nadav, Khader y Nabil en Ramala, quizás el que más— estaban sedientos de una fusión urbana en la que la etnicidad, la nacionalidad y la religión no fueran la característica que los definiera (o incluso la característica principal), aunque reconocieran y celebraran las tres. Y porque sus identidades nacionales estaban tan sobredeterminadas por el conflicto, a ellos los atraía especialmente un tipo de identidad cosmopolita que iba más allá de las sangrientas líneas en la arena*.

Durante mi estancia en Israel y en Palestina, también me junté con algunas de las mujeres que fundaron Aswat, la pionera organización lesbiana palestina de Haifa. Al igual que Fadi y sus amigos, ellas eran ciudadanas israelíes y también se movían entre el creciente nacionalismo palestino y el mundo feminista judío-israelí de sus camaradas y amantes. Conocí a una de ellas cuando estuvo de visita en París en 2014: «La gente…», exhaló mientras observaba a los parisinos paseando desde nuestra posición elevada en un café de un *quartier* étnicamente diverso, «¿son árabes? ¿Son judíos? ¿Quién sabe? ¿A quién le importa?».

* * *

«LA VOZ DE LA CIUDAD ME LLAMA».

A principios de 2017, Fadi y Nadav se mudaron a un apartamento más grande en Ahad Ha'am, una calle de gravilla junto al bulevar Rothschild, en el mismísimo centro de Tel Aviv. No había nada más urbano en Israel.

Cuando me puse en contacto con ellos un año más tarde, me apenó enterarme de que se habían separado después de cuatro años juntos. Ambos insistieron en que fue de manera amigable. «Al fin y al cabo, aún tenemos a Sushi», dijo Nadav. Tenían al perro en custodia compartida.

Fadi no quería hablar de la separación. Nadav explicó que «no estábamos avanzando en la dirección que quería seguir cada uno individualmente». Nadav estaba más involucrado que nunca en su emprendimiento en el mundo de la noche y Fadi estaba estudiando para ser enfermero en la unidad de emergencia. «Nos dimos cuenta de que ninguno de los dos se quería sacrificar por la relación, así que tuvimos que dejarla».

Nadav se fue del piso, y Khader y Na'eem fueron a vivir en él: el hogar de Qambuta fue reconstituido, y esta vez no fue en la zona árabe de Jaffa, sino en el mismo corazón de la ciudad judía. «Me encanta estar

---

* Traducción literal de la expresión *(to draw) a line in the sand,* que en inglés significa «marcar un antes y un después».

aquí, en medio de todo», me dijo Fadi. Jaffa se había vuelto «muy turísti-co. Todos los blancos y ricos se han mudado ahí porque es "oriental"». En cualquier caso, Tel Aviv era más árabe de lo que se pudiera imaginar: «Se oye árabe todo el rato, la calle es muy diversa, nuestros vecinos son árabes». Nadav seguía dándole vueltas a lo de vivir en el extranjero, pero las cosas estaban más claras que nunca para Fadi: esta era su casa. «Si estoy en una larga relación con alguien, es con Tel Aviv».

Al haberse separado hacía tan poco, Nadav y Fadi asistieron cada uno por su lado a la enorme manifestación en la plaza Rabin en julio de 2018, para protestar por la exclusión de los gais que había hecho el gobierno en la nueva legislación para la gestación subrogada. Fadi me dijo que sentía que «no encajaba» en aquella plaza: parecía «un problema de hombre blanco, exigiendo la gestación subrogada en Israel mientras en Palestina no puedes ni siquiera mencionar que eres gay». Me chocó la manera en que ahora utilizaba la palabra *blanco* en vez de *judío* o *sionista*. Se trataba de la nueva política radical de Israel, que integraba nociones ya globaliza-das del «colonialismo de asentamiento» y políticas raciales del Black Lives Matter en un análisis del país. También había una nueva libertad en la manera en que hablaba Fadi, que ya no iba con pies de plomo al referirse a la realidad de la vida para las personas queer palestinas por miedo a que lo tacharan de propagandista israelí.

A la semana siguiente, Fadi acudió a un evento que le pareció mucho más significativo. Era el desfile del Orgullo en Lod, la antigua ciudad árabe justo al salir de Tel Aviv, al lado del Aeropuerto Internacional Ben Gurión. Su amigo Khader era una de las personas que iban a hablar. Fadi recordaba que Khader dijo: «Estamos construyendo un futuro mejor para todos los niños, juntos. Uno en el que no pasa nada por ser árabe, palestino, judío, gay, trans, lo que te dé la real gana…». Esta era la visión cada vez más convincente de su generación: un solo Estado democrático laico en el que todos fueran iguales.

Me dijo Fadi que se sintió especialmente «conmovido» al escuchar a «personas árabes hablando de cuánto se parece la homofobia a odiar a alguien por ser árabe… Haciendo hincapié en que la discriminación contra los árabes es igual que la discriminación contra los gais». Tan solo había cincuenta participantes en la manifestación, pero era «un comienzo», y Fadi se sintió inundado de «esperanza». Dado que Lod era el escenario de una de las expulsiones más brutales de palestinos durante la Nakba, dio la sensación de que realmente era una especie de regreso al hogar: «Si un desfile gay puede incluso ir a Lod, una ciudad que es en esencia árabe, ¿qué más puede ser posible?».

Nadav me contó que el tema de la gestación subrogada le parecía «problemático», pero de todas maneras fue a la plaza Rabin para unirse a las protestas. «Todo el día fue conmovedor porque brindó atención a nivel nacional sobre cuestiones homosexuales y no solo sobre la gestación subrogada». Pero lo conmovió mucho más, personalmente, una manifestación a la que había acudido antes, aquel mismo día, para protestar contra la violencia que sufría la gente trans: «Ese es el problema real, hombres gais que quieren pagar a alguien para que tenga un bebé por ellos frente a personas que arriesgan sus vidas cada vez que salen de casa. No hay discusión».

13

La guerra cultural trans

Algo profundo estaba ocurriendo en las políticas LGTB en Occidente durante las primeras dos décadas del siglo XXI, conforme el dial de la atención pública estaba pasando de la L y la G, y por encima de la binaria B, a la T.

Las personas abiertamente homosexuales podían alistarse en el ejército, casarse, tener hijos, presentar programas de televisión, dirigir grandes empresas, ganar elecciones e incluso gobernar países —aunque pequeños: Irlanda, Islandia, Bélgica, Luxemburgo—. Durante el siglo XX, la agenda gay fue transgresora y radical: desde los disturbios de Stonewall en 1969 hasta la época del sexo libre de la década de 1970 y la respuesta de enfado ante la epidemia de sida. Ahora, en el siglo XXI, el movimiento se atribuyó las victorias y se metió para dentro. Se pusieron los pantalones y se mudaron a los barrios residenciales; se turnaban para llevar a los niños al colegio y lucían uniformes militares. Era como en la serie cómica de televisión *The New Normal*: «Apoyo el matrimonio entre personas del mismo sexo porque soy conservador»[349], podría decir el primer ministro británico David Cameron en la conferencia del Partido Conservador de 2011.

Ocho años después, un hombre abiertamente gay estaba haciendo campaña para la nominación presidencial del Partido Demócrata en Estados Unidos con su marido al lado, y tenía muy buenas perspectivas. «Primera familia»[350], anunció la portada de la revista *Time* en mayo de 2019 sobre un retrato de Pete y Chasten Buttigieg. Con los rostros afeitados y vestidos con pantalones azul marino y camisas de botón, posaron frente a su casa de listones blancos —la típica casa estadounidense— en South Bend (Indiana). Apenas cuatro años después de que el Tribunal Supremo dictaminara que el matrimonio igualitario era legal en todo el país, una encuesta de abril de 2019 halló que el 70% de los votantes estadounidenses estaban «dispuestos a elegir a un presidente gay»[351], aunque solo el 36% creía que el país estuviera realmente preparado para ello.

Al final, Buttigieg perdió la nominación ante Joe Biden, quien lo nombró secretario de Transporte. Cinco años antes, cuando había salido del armario públicamente y ocupaba el puesto de alcalde de South Bend, escribió en el periódico de su ciudad natal que «si los diferentes lados evitan los insultos y sembrar el miedo, podemos tratar estas cuestiones basándonos en lo mejor que tiene Indiana: sus valores, como el respeto, la decencia y el apoyo a las familias; a todas»[352]. Se estaba refiriendo a la legislación divisiva de Indiana que permitía a los negocios discriminar en contra de las personas LGTB en nombre de la «libertad religiosa». Algunas de las políticas de Buttigieg eran progresistas —era un ferviente defensor de la reforma electoral—. El hecho de que fuera un feligrés casado y un excombatiente proveniente del corazón de los estados conservadores implicaba que podía reivindicar los «valores familiares», que durante mucho tiempo fueron el terreno de la derecha, para sí mismo.

Si ahora esta era su agenda política, se preguntaba el historiador Martin Duberman en el libro publicado en 2018 con el mismo título: «¿Ha fallado el movimiento gay?»[353]. El autor expresaba una perspectiva de izquierda: el estatus de esta clase dirigente traicionó —o exilió— la naturaleza radical de la lucha gay, desde el desafío que suponía para la familia nuclear hasta la manera en que desplegaba la libertad sexual. Esta crítica constituía la premisa fundacional de que hubiera un número cada vez mayor de personas que se denominaban queers: rechazaban la «homonormatividad» o la ponían en duda.

Pero este rechazo era, en ocasiones, demasiado fácil. El movimiento gay abrió nuevas fronteras en lo más profundo del corazón de la sociedad: el aula, el consejo escolar, la base militar, el lugar de trabajo, la legislatura. Mis amigos gais que eran padres, al asistir a las reuniones escolares, a las citas médicas y a las fiestas de cumpleaños de los niños, estaban más en el frente que yo, aunque sus vidas parecieran más convencionales. Y gracias a su presencia, más personas que nunca estaban expuestas a la idea de que el amor no solo se daba entre parejas heterosexuales y que las familias se podían componer de distintas maneras.

También sería un error asumir que simplemente porque las personas homosexuales eran celebradas como «la nueva normalidad» —se podían casar, criar a los hijos y defender a su país—, sus problemas se hubieran acabado. Un estudio de 2017 sobre la juventud LGTBQ[354] en todo Estados Unidos reveló que el 70,1 % de las personas encuestadas había sufrido acoso verbal y el 28,9 %, físico, por su orientación sexual. En 2018, una de cada cuatro personas encuestadas en el Estudio Nacional LGTB del gobierno del Reino Unido[355] decía haber sufrido acoso, recibido insultos o comentarios negativos durante el año anterior por su orientación sexual o su identidad de género. Casi la mitad de los empleados LGTBQ estadounidenses[356] no habían salido del armario en el trabajo, según un estudio del mismo año. Uno de cada cinco trabajadores del Reino Unido[357] gay, lesbiana o bisexual había sufrido acoso homófobo en el trabajo, según un estudio de 2013.

Aun así, inevitablemente, conforme la guerra cultural sobre la homosexualidad comenzó a decaer en una parte del mundo, se empezaron a afianzar otros campos de batalla. No solo ya por la «ideología de género», como en Francia y en Latinoamérica, sino específicamente por la «identidad de género». En Estados Unidos y el Reino Unido en particular, los derechos trans cada vez eran más vistos, por algunos, como la nueva frontera de los derechos civiles, y por otros, como la reducción al absurdo de las políticas de identidad, el capricho especial de una minoría que se creía con privilegios y que amenazaba el bienestar de la mayoría.

* * *

EN MAYO DE 2014, la revista *Time* anunció[358] el «Punto de inflexión trans» con Laverne Cox, la glamurosa estrella de *Orange Is the New Black*, en la portada. La revista lo formuló explícitamente en relación con las victorias del movimiento gay. «Casi un año después de que el Tribunal Supremo dictaminara que los estadounidenses tenían la libertad para casarse con la persona a la que amaran, sin que importara su sexo, otro movimiento por los derechos civiles está listo para poner en duda normas y creencias culturales establecidas desde hace mucho tiempo»[359], escribió Katy Steinmetz, la autora del artículo.

«¡Hermanos y hermanas gais, debéis salir del armario!». A la máxima de Harvey Milk, que era la premisa fundacional del movimiento gay, la iban a adoptar también las personas trans. Ellos también estaban «saliendo de los márgenes para luchar por un lugar igual en la sociedad»[360], escribió Steinmetz en *Time*. Esta «nueva transparencia» estaba «mejorando las vidas de una minoría ampliamente malinterpretada y estableciendo nuevas políticas conforme los activistas trans y sus partidarios ejercían presión para conseguir cambios en escuelas, hospitales, lugares de trabajo, prisiones y fuerzas militares».

La narrativa trans se convirtió en un importante atractivo para los medios de comunicación estadounidenses. En un momento de contracción y revaluación del «sueño americano», con el Black Lives Matter a un lado y los partidarios de Trump del «Make America Great Again» al otro, la naturaleza-crisálida de una transición de género que sale bien llegó a señalar una forma de redención especialmente estadounidense: una persona que triunfa, contra todo pronóstico, al ser fiel a sí misma. «Cada vez más estamos viviendo y persiguiendo nuestros sueños de manera visible. Y así la gente puede decir: "Sí, claro, yo conozco a una persona que es trans", cuando se tienen puntos de referencia que humanizan y desmitifican la diferencia»[361], dijo Laverne Cox a *Time*. Según un estudio[362], el número de personas en Estados Unidos que conocían a alguien trans se duplicó del 8% en 2008 al 16% en 2015.

El verano de 2015 fue el punto culminante de la visibilidad trans en Estados Unidos, una tendencia que se estaba difundiendo a nivel global, cómo no, gracias al poder blando de los medios de comunicación estadounidenses: el canal de televisión TLC emitió *I Am Jazz*, una serie de telerrealidad sobre una adolescente trans; *The New York Times* inauguró la serie «Transgender Today»; la estrella de la televisión Bruce Jenner, antiguo campeón olímpico en la prueba de decatlón, se visibilizó como Caitlyn en la portada de la revista *Vanity Fair* y a través de la televisión. Lo más importante para la cultura juvenil, quizá, fue que Miley Cyrus se asumió como de género fluido.

Pero la visibilidad tenía un doble filo. Como me dijo la activista trans de Míchigan, Charlotte Cleo Wolf: «Se estaba dando una lenta tendencia de adaptación cultural y luego, con lo de Caitlyn, de repente se volvió sensacionalista». Wolf creía que el hecho de que el matrimonio igualitario se normalizara al mismo tiempo quería decir que «las personas trans se han convertido en la nueva casta intocable», una posición que antes ocupaban quienes eran homosexuales.

Como muchas activistas transfemeninas, Wolf estaba convencida de que «es más peligroso y da más miedo» que antes, precisamente «por estar a la vista de todo el mundo. No es que el odio que nos tiene la gente haya aumentado, es que la gente ahora nos odia y sabe que somos reales. Antes, si alguien nos veía, se podía poner violento. Ahora es que nos buscan».

Los datos parecían confirmar la percepción de Wolf[363]: hubo nueve asesinatos documentados de personas trans en Estados Unidos en 2014, veintidós en 2015 y treinta en 2016. Pero esto podría haber sido fruto de la «visibilidad trans» de alguna de estas maneras: haciendo que las personas trans sean más vulnerables o contándolas más que anteriormente, tanto sus vidas como sus muertes.

* * *

EN 2014, Herb Schreier, un psiquiatra infantil del Área de la Bahía de San Francisco, me habló de une paciente de siete años que había pasado muchos años con problemas de identidad de género. La criatura fue a un campamento de verano trans y volvió con algo que anunciar: «Mami, creo que por fin sé lo que soy. Soy "elle"». Schreier, un hombre con setenta años cumplidos, comentó lo rápido que habían cambiado las actitudes sociales alrededor de la homosexualidad: «¿Quién habría imaginado hace una generación que dos hombres o dos mujeres podrían casarse y tener una familia? En la próxima generación, recordaremos lo del género y diremos: "Ah, sí, aquella cosa binaria de hombre y mujer... Menos mal que ya lo hemos superado"».

Es difícil imaginar que algo tan arraigado en la cultura humana como el binarismo de género desapareciera en algún momento. Aun así, estaba ocurriendo algo sin precedentes en Estados Unidos en particular, en el inesperado paso doble del fenómeno trans —que consistía en cruzar la línea del género—, y su corolario, el movimiento no binario, que consistía en acabar con ello por completo.

En 2002, ninguna de las empresas del Fortune 500[364] en Estados Unidos ofrecía a sus trabajadores —y sus familias— un seguro que cubriera la atención sanitaria relacionada con la transición. En 2017, había un tercio que sí lo hacía. En 2018, diecisiete de sus estados ofrecían este tipo de atención a los trabajadores públicos, y dieciocho lo hacían a través de los programas estatales de atención sanitaria del Medicaid. La primera clínica de identidad de género[365] para niños en Estados Unidos fue incorporada al Hospital Infantil de Boston en 2007. Tan solo una década después ya había más de cuarenta centros de ese estilo. Entre 2010 y 2017, el número de derivaciones[366] al Centro para la Salud y el Desarrollo de la Juventud Trans del Hospital Infantil de Los Ángeles (CHLA, por su sigla en inglés), que era la institución más grande en todo el país, se multiplicó por diez, pasando de veinticinco a doscientos cincuenta y cinco al año. En el último año, el Centro estaba ayudando a más de mil jóvenes a someterse a la transición de género.

Algo parecido estaba ocurriendo también en otras partes del mundo. El hospital Royal Children's en Melbourne[367], Australia, registró dieciocho derivaciones de jóvenes que querían transicionar en 2012. En 2017, la cifra estaba en más de doscientos cincuenta. El Servicio de Desarrollo de la Identidad de Género británico[368] (GIDS, por su sigla en inglés) detectó un aumento de veinte veces en el número de derivaciones anuales de personas menores de dieciocho años a su clínica de género, pasando de menos de cien en 2010 a más de dos mil en 2017. Aun así, la cifra real era minúscula y desproporcionada respecto de la atención que el tema estaba generando en el momento, tanto pública como políticamente.

Hubo, sin duda, un movimiento por los derechos trans que se remontaba al trabajo pionero de Magnus Hirschfeld en Berlín al comienzo del siglo XX. La noción llegó a los medios de comunicación dominantes de habla inglesa en 1952, cuando la exsoldado Christine Jorgensen se convirtió en una «explosiva rubia»[369], como dijo la prensa, tras una operación de cambio de sexo en Dinamarca. Mientras las mujeres trans blancas de clase media se metieron dentro y formaron organizaciones, como el club Hose and Heels («medias y tacones»), las mujeres trans pobres y negras se echaron a las calles para luchar contra la discriminación en bares y cafeterías, lo que culminó en los disturbios de Stonewall en 1969. Pero había un nuevo componente en este movimiento en el siglo XXI, uno que lo hacía más conflictivo, pero también mucho más grande de lo que había sido: era un movimiento juvenil.

Cinco décadas antes, Alfred Kinsey demostró que la orientación sexual no estaba fijada en un binario inmutable de «heterosexual» y «homosexual», sino que existía a lo largo de un espectro. Ahora, en el siglo XXI, la gente exigía que el género fuera entendido también de esa manera, en vez de como algo fijado en el poste de la masculinidad o en el de la feminidad. La gran diferencia radicaba en que esto no estaba dirigido por hombres con batas blancas, sino por una juventud que estaba poniendo en duda las convenciones de género de sus mayores. A través del «género» exigían que se los escuchara, y criticaban también a través de él el sistema en el que habían crecido. Puede que esto tratara sobre la biología y el comportamiento humano, pero también era una cuestión de política y de cambio generacional.

El antropólogo médico Eric Plemons, de la pionera iniciativa de Estudios Trans en la Universidad de Arizona, me contó que cuando estuvo trabajando en un centro de atención sin cita previa para jóvenes sin techo queer en Portland, tenían una pizarra blanca en la que se les pedía que escribieran sus nombres y pronombres. Estos podían cambiar a diario, y los pronombres no se limitaban a «él», «ella» y «elle»: había otras opciones que incluían «elli» y, en inglés, «hir» y «em»; también en inglés estaban tomando nombres comunes, especialmente los de animales como «lobo» o «pájaro», para usarlos en lugar de los pronombres.

«Sin importar lo que hubiera escrito en la pizarra, la expectativa era que los adultos en aquel espacio actuarían con sensibilidad y respeto hacia ellos». Plemons, trans y de unos cuarenta años en el momento en que hablamos, sentía tanto exasperación como envidia por «la manera en que las criaturas pueden exigir cosas a las personas adultas que, en mi generación, no pudimos». Él no lo entendía como si fuera el capricho de unos niños malcriados, como hacían algunos adultos, sino como una «posición de poder que tenía esa juventud: "Debes escucharme". Es una apelación a los adultos para que les otorguen un tipo de reconocimiento que no han tenido tradicionalmente en la sociedad».

Esto reflejaba un cambio fundamental, junto con las revoluciones digital y médica, en la manera de criar a los hijos, particularmente en el mundo anglófono. Joel Baum, que dirigía la organización de apoyo y educación Gender Spectrum, me lo explicó así: «La idea de que "a los niños hay que verlos y no escucharlos" ya no se sostiene. Así que cuando empezamos a preguntarles quiénes son, nos lo dicen. Es nuestra responsabilidad escucharlos».

Este se convertiría en uno de los principios más conflictivos del nuevo movimiento por la defensa trans: si los padres y las madres debían «escuchar» a las criaturas que afirmaran una identidad trans, o bien refrenarlas si sospechaban que se trataba solo de una «fase», una forma de rebelión o incluso —como creían algunos— un «contagio social» como resultado de una intensa presión del grupo, tanto en las redes como en persona.

«La identidad es un proceso»[370], dijo el sexólogo Kenneth Zucker en un documental de la BBC de 2017. «Es complicado. Lleva mucho tiempo saber quién es realmente una criatura. Un niño de cuatro años podría decir que es un perro. ¿Salimos entonces y le compramos comida para perros?». Zucker fue precursor en los cuidados de género en los niños en Norteamérica, pero como creía que la transición era el último recurso y que había maneras menos permanentes para tratar la disforia de género en la infancia y en la adolescencia, cada vez más personas entendían sus métodos como una forma de terapia de conversión. Tras una evaluación externa, lo despidieron de su puesto como jefe de la Clínica de Identidad de Género y de Familia en el Centro de Adicción y Salud Mental (CAMH, por su sigla en inglés) de Toronto.

Mucha gente dentro de la comunidad trans y entre sus alianzas celebraron una victoria, pero quinientos médicos clínicos e investigadores firmaron una petición en defensa de Zucker. Tras una investigación a fondo para *The Cut*, el periodista Jesse Singal tachó de manera provocativa el despido de Zucker como «un montaje»[371]. Zucker demandó a la CAMH por despido improcedente, y en 2018 el hospital llegó a un acuerdo y se disculpó ante él por haber descrito su comportamiento erróneamente. A pesar de que la CAMH se negó a volver a nombrarlo y a reabrir su clínica, Zucker se sintió «resarcido»[372]. Mantuvo que su enfoque no se aproximaba lo más mínimo a la terapia de conversión, y creía que el campo de la disforia de género estaba siendo «envenenado por la política» de tal manera que suprimía la investigación científica legítima.

Una de las críticas más destacadas del enfoque de Zucker era la psicóloga Diane Ehrensaft, del Centro para el Género en la Infancia y Adolescencia de San Francisco, autora de varios libros sobre niños e identidad de género. «Cuando decimos que escuchen a los niños y las niñas, las críticas que recibimos es que no pueden saber quiénes son», me dijo. Pero la buena crianza consiste en escuchar con atención: «Pedir irse a la cama más tarde es muy diferente a que una joven persona nos intente contar algo sobre su esencia».

Zucker denominó a su enfoque «espera atenta», pero quienes lo criticaban decían que abogaba por la corrección de la expresión del género contrario. Ehrensaft y otros médicos clínicos afirmaban que esto les podía causar enormes daños. Otros también señalaron que los adolescentes encontrarían información sobre las hormonas en internet y los propios medicamentos en la calle. Ya que iban a explorar el género de todas maneras, mejor que lo hicieran de una forma segura y bajo supervisión. Este enfoque de la «afirmación de género» llegó a representar cada vez más la corriente mayoritaria en la medicina norteamericana. Pero conforme el movimiento trans fue creciendo a lo largo de la década, también lo hicieron sus críticos, y el punto de vista de Zucker —sus oponentes lo llaman «regulador»— empezó a recibir cada vez más apoyo por parte de padres y madres preocupados: ¿y si afirmaban una identidad trans a alguien a una edad temprana y luego se arrepentía?

En el Reino Unido, el Servicio de Desarrollo de la Identidad de Género intentó tomar un camino intermedio mediante un enfoque descrito por su directora, Polly Carmichael, como «afirmar sin confirmar»[373]: «Intentamos afirmar y apoyar sin promover nuestros intereses (o los de otras personas)», dijo en una presentación en 2017, abogando en su lugar por una «actitud curiosa».

Pero Eric Plemons me dijo que, en Norteamérica, ambos bandos expresaban cada vez más «posturas divergentes pero fervientemente fijas» y que estaban congelados en un conflicto insoluble. Plemons creía que ambas partes «escogían la evidencia según les conviniera» y que no había ningún consenso aún, ni clínico ni de ningún otro tipo. No obstante, estaba preocupado: «No se cambian los tratamientos de diabetes por un par de estudios a pequeña escala, pero esto está ocurriendo aquí, en la salud trans, porque esto no va solo de salud: va sobre la moral y la política. Hay un lado correcto y uno equivocado».

La transición de género era una nueva línea rosa.

* * *

Esto se debía a que la lucha por los derechos trans no iba solo de tener acceso a la atención sanitaria, ni siquiera de que estuvieran libres de la discriminación y la violencia. También iba de que tuvieran categóricamente el derecho a que se les reconozca o afirme por quienes eran y el derecho a decidirlo por sí mismos. Como resultado, esto le daba una nueva y controversial vuelta de tuerca al derecho humano fundamental a la autodeterminación. La gente empezó a poner en duda no solo la manera en que se les había «asignado» un género al nacer, sino también el modo en que luego los patologizaban con «trastorno de la identidad de género» o «disforia de género». De la misma forma que llegó a entenderse la homosexualidad como una diferencia natural del comportamiento humano, también debía entenderse ahora la inconformidad de género. Se trataba de una identidad, no de una enfermedad.

En 2013, el *DSM-5*, el manual diagnóstico de los trastornos psiquiátricos en Estados Unidos[374], cambió el diagnóstico de «trastorno de la identidad de género» por «disforia de género»: un «estado de malestar» con el propio cuerpo. Más adelante en esa misma década, los profesionales de la salud harían presión para que se suprimiera totalmente la disforia de género de la lista de patologías del *DSM*, como se hizo con la homosexualidad en 1973. Ahora la tendencia consistía en utilizar una escala de «congruencia de género» [375] para medir «el grado en el que las personas trans individualmente se sienten verdaderas, auténticas y cómodas con su identidad de género y apariencia externa», como lo formularon quienes elaboraron el concepto en el estudio de 2012. Ahora se mediría a las personas trans según un valor positivo y no conforme al valor negativo del malestar o del desorden.

Esto reflejaba una revolución cultural en la comprensión del cuerpo, que pasaba de la «enfermedad» al «bienestar», una muletilla de la época. Desde la dieta y el ejercicio hasta los regímenes antienvejecimiento y la cirugía plástica, había una «mayor comprensión de que la salud consiste en la optimización y la autorrealización en vez de en la curación», me dijo Eric Plemons, quien explicaba además que el discurso que anteriormente fue propiedad de las personas trans —«Soy una mujer atrapada en el cuerpo de un hombre»— se «convirtió en la lengua franca de todo el mundo: "Soy una persona delgada atrapada en el cuerpo de una gorda", "Soy una persona preciosa atrapada en el cuerpo de una fea"... Antes, la transexualidad era una patología que se trataba, ahora es uno más de los discursos estadounidenses sobre la propia optimización: "Quiero ser mi verdadero yo"».

Y, desde luego, tú eras la única persona que podía saber quién es tu verdadero «tú». En 2012, Argentina se convirtió en el primer país en aprobar una legislación que permitía a las personas cambiar de género legalmente basándose solo en la «autoidentificación» [376]. Esto quería decir que podían modificar el marcador de género legalmente sin necesidad de un certificado externo, un diagnóstico psiquiátrico o una intervención médica. Para el 2018, esto era ley en otros nueve países: Dinamarca, Irlanda, Noruega, Malta, Bélgica, Colombia, Portugal, Brasil y Pakistán. En el ámbito médico, la Asociación Mundial de Profesionales para la Salud Transgénero (WPATH, por su sigla en inglés) comenzó a abogar por un modelo de «consentimiento informado»[377], en el que se recomendaba que los pacientes tuvieran el derecho a decidir unilateralmente si querían transicionar por la vía médica, excepto en el caso de la cirugía, para la cual debería seguir siendo necesaria una derivación psicológica.

Pero como tantas veces ocurría en el discurso de los derechos humanos alrededor de los «derechos de las minorías», algunas voces empezaron a discutir que los derechos de la mayoría podían peligrar.

En Estados Unidos, esto se convertiría en un nuevo campo de batalla de la guerra cultural. En el Reino Unido, encendería el debate más impugnado sobre la orientación sexual y la identidad de género desde que Margaret Thatcher prohibiera la «promoción» de la homosexualidad en las escuelas en la controvertida enmienda al artículo 28 de la Ley de Gobierno Local de 1988. El debate provocó una «guerra cultural despiadada»[378], escribió la columnista de *The Guardian* Hadley Freeman en 2019, «en la que las perdedoras eran las mujeres, fueran trans o no; todas ellas se sintieron injustamente atacadas… Las mujeres biológicas sintieron que se les estaba diciendo que adhirieran al pensamiento mágico, que negaran su experiencia vivida y aceptaran la irrelevancia de la biología, mientras que las mujeres trans sintieron que se les estaba pidiendo que defendieran su identidad».

En 2004, el Reino Unido se convirtió en el primer país en permitir el cambio legal en la identidad de género sin la condición previa de la operación quirúrgica, tras una sentencia contra el gobierno en el Tribunal Europeo de Derechos Humanos. Pero seguía siendo necesario un diagnóstico psiquiátrico, al igual que la obligación de vivir con el género sentido durante dos años. Las personas trans consideraron el proceso «demasiado burocrático e invasivo»[379], dijo la primera ministra Theresa May en 2018, después de que el gobierno realizara un inaudito estudio LGTB a nivel nacional. May prometió un proceso «más simplificado y desmedicalizado, porque ser trans no debería tratarse como una enfermedad» y abrió una consulta pública para modificar la ley.

Quizás, en medio del destructivo debate sobre el Brexit que estaba ocurriendo en el momento, el gobierno de May esperaba conseguir una victoria de consolación, pero la consulta trajo serias objeciones al dominio público.

En un encarnizado editorial[380], *The Economist* alegó que la «autoidentificación» comprometería el bienestar de la infancia al tentarlos con tratamientos irrevocables, y que «habrá hombres depredadores que reivindicarán ser trans para poder cometer crímenes más fácilmente» utilizando la identidad femenina para acceder a espacios no mixtos, desde los baños hasta las cárceles y los centros de acogida. Helen Joyce, editora en *The Economist*, describió en otro lugar el modo en que creía que la identidad de género se había convertido en una «plataforma política»[381]: «La lucha por el matrimonio igualitario se terminó, y los grupos que habían hecho campaña a favor, que ya eran grandes, ricos y tenían poder político, no eran reacios a dirigir la atención a una nueva causa… [para poder] sobrevivir. Muchos a la izquierda estaban naturalmente dispuestos a creer en un nuevo eje de opresión. Algunos a la derecha, incluyendo a muchos británicos conservadores, lamentaron haber tardado tanto en apoyar el matrimonio igualitario».

Desde la perspectiva de Joyce, las instituciones y los ideólogos estaban volviendo a trazar la línea rosa para satisfacer sus propias necesidades y poder seguir adelante con los derechos civiles, aunque de manera desacertada, ahora que la línea previa sobre el matrimonio igualitario se había borrado.

Pero el argumento de peso más importante que tenían *The Economist* y otros medios en contra de la autoidentificación —que expondría a mujeres y niños a abusos de depredadores— podía ser refutado con facilidad. La Ley de Igualdad de 2010 ya otorgaba a las mujeres trans el derecho a acceder a la mayoría de los espacios solo para mujeres, y aunque hubo algún caso aislado de abuso, el gobierno afirmó que se encargaba de estos crímenes de forma adecuada con las leyes existentes. Además, no había evidencia[382] en países pioneros como Argentina o Dinamarca que sugiriera fraude en la identidad de género o un aumento en la violencia por motivos de género como resultado de la autoidentificación.

Entonces, ¿por qué ahora era un problema? En un foro organizado por *The Economist* sobre el tema, el periodista Nick Duffy identificó un momento en el que «se dio la vuelta»[383]: el 3 de noviembre de 2015, cuando el electorado en Houston, Texas, votó en contra de una ordenanza por la

Igualdad de Derechos. Duffy cuenta con detalle que la campaña contra esta ordenanza, liderada por los conservadores cristianos estadounidenses, «machacó con un mensaje constante: si votas [a favor], estás votando por permitir que las mujeres trans entren en el baño de las mujeres. Las mujeres no están a salvo, tampoco las niñas ni los miembros de tu familia. Se repetía en cada entrevista, publicación y anuncio», incluyendo uno en el que salía la violación implícita a una niña pequeña en el baño.

Lo que decía Duffy era que el movimiento evangélico conservador[384], al haber estado «pasando por una racha de mala suerte en Estados Unidos» con su «gastada partitura sobre los peligros de la homosexualidad fracasando estrepitosamente contra el mantra "el amor es amor"» del movimiento por el matrimonio igualitario, había encontrado una nueva manera de luchar en la guerra cultural: en contra de los derechos trans. Y ahora, en una transferencia surrealista, algunas feministas británicas estaban importando desde el otro lado del charco un argumento ideado por los fundamentalistas estadounidenses de derecha. Las feministas británicas escépticas con la identidad trans replicaron que eran más libres[385] que sus hermanas estadounidenses para expresar en voz alta sus preocupaciones, debido a la ausencia de la derecha cristiana que sí estaba en Estados Unidos. No tenían que temer que las vincularan con homófobos y cruzados contra el aborto.

Así, cada uno de los lados en esta guerra cultural entendía que el otro estaba marcando una nueva línea rosa sobre la identidad de género.

En Gran Bretaña, esta línea rosa tomó forma durante un debate acerca de la autoidentificación. En Estados Unidos, fue a través de los baños públicos y se llegó a conocer como «el debate de los baños».

* * *

A PARTIR DE 2015, seguí la problemática de los baños escolares en el Medio Oeste estadounidense, en dos distritos escolares rurales cerca de Ann Arbor, Míchigan. A ambos distritos se los obligó a revisar sus políticas sobre la utilización de los baños por la presencia de menores trans.

Resulta que en uno de esos distritos, en Dexter, había también un padre trans, un hombre llamado Will Sherry que dirigía el centro de estudiantes LGTBI en la Universidad de Míchigan, en el campus de Ann Arbor. Sherry y su mujer tenían tres hijos en el sistema escolar de Dexter, y en cuanto surgió el tema, organizó talleres de sensibilización. Me dijo que creía que la nueva visibilidad trans era «una consecuencia tanto de las iniciativas que surgen de las bases cuando alguien se declara en una comunidad como de las apariciones de Caitlyn Jenner en los medios de masas».

No hubo problemas en Dexter, pero en Grass Lake, a más distancia de la liberal Ann Arbor, estalló una lucha encarnizada durante el otoño de 2017, cuando a Cruz Neely, un niño de diez años, le dieron permiso para utilizar el baño de los varones después de que se declarara como tal en la escuela. La familia Neely llevaba acudiendo a un terapeuta de género desde hacía más de un año para que los ayudara a entender la insistencia de su hijo en que era un niño y para abordar el ánimo sombrío y casi suicida que tenía y que se veía exacerbado al ir a la escuela, donde se negaba a utilizar el baño. Junto con el terapeuta, la familia decidió que empezaría el siguiente curso como un niño y con su nuevo nombre. Notificaron al centro, y en un principio no les pusieron ningún inconveniente, ni sobre el baño ni sobre nada. Terri Neely me dijo: «La diferencia en Cruz fue asombrosa. Cuando la gente dice que es solo un baño y que estoy criando a un copo de nieve… No lo entienden. No, es un símbolo de aceptación. Son personas adultas diciéndole a un niño: "Creemos que eres quien dices ser". Esto también enseña a los compañeros que es un niño y no un rarito que tiene que usar el baño de los profesores».

Aun así, la familia Neely estuvo de acuerdo en que Cruz siguiera utilizando el baño de los profesores hasta que se instalaran cubículos alrededor de los orinales de los niños. Estos ya existían, como en la mayoría de los baños de las escuelas, alrededor de los inodoros, pero el compromiso era inaceptable por algunos miembros de la comunidad, que llevaron el asunto a la reunión del consejo escolar y a la página comunitaria de la ciudad en Facebook. Las quejas entraban en dos categorías[386]: que la presencia de Cruz en los baños de los niños violaba la «libertad religiosa» de otros compañeros y que los ponía «de verdad» en riesgo, porque los exponía a acusaciones de indecencia sexual, ya que Cruz era, en realidad, una niña.

Terri Neely me enseñó algunos de los comentarios de odio en Facebook. Estaban llenos de desprecio y eran de mal gusto, y expresaban claramente la sublevación contra el liberalismo de élite que acababa de llevar al poder a Donald Trump: «Esos progresistas tienen que mudarse a Ann Arbor… No están iluminando nuestro pueblito tranquilo con música [los Neely acababan de abrir una academia de música], sino imponiendo m… [mierda] trans a nuestros hijos… ¡FUERA!»[387].

Grass Lake estaba en un condado que le había dado casi el 60 % de los votos a Donald Trump en 2016. Terri Neely, que se definía como demócrata moderada, no tenía ninguna duda de que sus adversarias «estaban envalentonadas por Trump. Era como si la discriminación volviera a estar permitida. Creen que la "corrección política" es una estupidez y que te convierte en cobarde». Después de que el Partido Republicano de Kansas votara por «oponerse a todos los esfuerzos por validar la identidad trans»[388] a principios de 2018, la adversaria principal de Neely creó una etiqueta para que su posición política fuera explícita: «#buildthewallnotthestall»[389] («construid el muro, no el cubículo»). El «muro», claro está, era la barrera de Trump contra la inmigración a lo largo de la frontera con México.

El comité escolar al final accedió a dejar que Cruz utilizara los baños de los niños, y Neely me dijo que creía que una mayoría silenciosa apoyaba la jugada: eran «personas decentes» que, simplemente, «hasta ahora no habían tenido la oportunidad de pensar en las personas trans, pero estaban haciendo todo lo posible por entender la cuestión». De hecho, creía que lo que los llevó a apoyar a su familia fue la virulencia del otro lado: «La gente veía cuán extremas se estaban poniendo las cosas por todas partes, desde las concentraciones de supremacistas blancos en Charlottesville hasta los llamamientos en Facebook ¡¡para que la policía entrara en el baño y arrestara a mi hijo de diez años aquí en Grass Lake!! Creo que nos convertimos en un foco de atención, y eso motivó a personas que, de otro modo, no dirían lo que piensan».

Aun así, un grupo de habitantes de Grass Lake planeó llevar el asunto al juzgado alegando que la «mezcla de sexos» en los baños de la escuela estaba vulnerando «la privacidad de su cuerpo y la libertad de expresión» de sus hijos. Contaban con el apoyo de la Alianza para la Defensa de la Libertad, una organización cristiana conservadora que abogaba por la «libertad religiosa» y que se metía en estos litigios en todo el país. Tenían muy pocas probabilidades de ganar, ya que, aunque Donald Trump intentara echar atrás las reformas del gobierno de Obama, la jurisprudencia en varios casos estaba consagrando lenta pero inexorablemente los derechos de los estudiantes trans. Terri Neely estaba convencida de que, al final, lo que estaba detrás del acuerdo del consejo escolar por acomodar a su hijo era esto mismo: asesores legales diciendo que no les quedaba otro remedio.

* * *

En mayo de 2016, al mismo tiempo[390] que los Neely estaban intentando entender lo que estaba pasando con el terapeuta de género, el gobierno de Barack Obama tomó la decisión de enviar una «Carta a mi estimado colega» a todos los distritos escolares estipulando que el Título IX —la ley que prohíbe la discriminación por sexo en las instituciones educativas que reciben fondos federales— cubría también la identidad de género. Esto quería decir, en esencia, que las escuelas estaban obligadas a permitir que los niños y las niñas trans utilizaran las instalaciones que fueran «coherentes con su identidad de género».

El gobierno de Obama asumió el tema de los derechos trans por el modo en que el movimiento por los derechos LGTB empezó a desplazar el énfasis del matrimonio igualitario hacia una nueva frontera. En 2012, el vicepresidente Joe Biden se refirió hábilmente a los derechos trans como «la lucha por los derechos civiles de nuestro tiempo»[391]. En 2010, el Departamento de Estado bajo las órdenes de Hillary Clinton modificó la regulación para permitirles a las personas trans cambiar los marcadores de género del pasaporte sin necesidad de aportar pruebas de una operación quirúrgica. Obama contrató a varias personas trans de alto nivel e incluyó a niños y niñas trans en la búsqueda de huevos de Pascua en la Casa Blanca que se celebra cada año. Más sustancialmente, anuló la ley que prohibía a las personas trans servir en el ejército en 2016, y su gobierno garantizó en forma expresa a las personas trans el acceso igualitario a la atención sanitaria en la Ley del Cuidado de la Salud a Bajo Precio.

Pero fue la postura de su gobierno sobre el Título IX lo que reunió a los grupos de presión cristianos y conservadores, que ya conocían el potencial de esta nueva cruzada tras la derrota de la ordenanza por la Igualdad de Derechos en Houston. Tras la «Carta a mi estimado colega», el poder legislativo de Carolina del Norte aprobó una ley que prohibía expresamente a las personas trans utilizar las instalaciones públicas según su identidad de género. La fiscal general Loretta Lynch respondió con una demanda alegando violaciones a la Ley de Derechos Civiles, y varias ciudades y estados —entre ellos, California— aprobaron acuerdos que prohibían a sus empleados públicos viajar a Carolina del Norte o llevar a cabo cualquier negocio allí. Hubo empresas privadas que también se unieron a la condena retirando sus negocios, y varios eventos deportivos fueron cancelados o desplazados a otros sitios.

Carolina del Norte derogó la ley por el coste financiero, aunque no por una consideración legal o moral. Pero otros once estados decidieron demandar al gobierno de Obama por las protecciones federales a estudiantes trans. Dirigidos por Texas y principalmente desde el sur, estos estados acusaron al gobierno federal de querer transformar «los marcos educativos de todo el país en laboratorios para crear un enorme experimento social, burlándose del proceso democrático y saltándose las políticas de sentido común que protegen a los niños y los derechos básicos a la privacidad»[392]. A principios de 2017, los estados podían retirar las demandas: Donald Trump estaba al mando. Revocó la interpretación que hizo Obama del Título IX dos meses después de llegar al poder.

En muchas partes liberales del país, en cualquier caso, la cultura ya había dado un cambio. Massachusetts y Nueva York contaban con políticas que obligaban a las escuelas a permitir que sus estudiantes utilizaran las instalaciones que fueran congruentes con su identidad de género. La psicóloga Diane Ehrensaft me dijo que, en el Área de la Bahía de San Francisco, «cuestionarse el género ha pasado a ser lo normal en el patio de recreo». Pero en regiones más conservadoras, el asunto de los baños se convirtió en una línea rosa entre las tres grandes luchas de la derecha cristiana: defender «la familia», proteger la «libertad religiosa» y oponerse a la intromisión federal en temas locales.

En todo el país, la Alianza para la Defensa de la Libertad, que se dio a conocer por luchar contra el matrimonio entre personas del mismo sexo y el aborto en nombre de la libertad religiosa, se ocupó de varios casos. La ADF y sus aliados definieron su contienda como una oposición a la «obsesión por los asuntos trans»[393] del gobierno de Obama, según dijo Tony Perkins, del Consejo de Investigación Familiar (FRC, por su sigla en inglés), y a la colocación del «extremismo sexual por encima del bienestar de los niños de la zona», al amenazar con recortar los fondos. De esta manera, las críticas por parte de la derecha estadounidense a los derechos LGTB se parecían a las que se daban en otras partes del mundo: que los deseos de individuos marginales estaban siendo favorecidos por encima del bienestar de la mayoría.

Aquí, en el corazón estadounidense, la lucha también se estaba librando, en palabras del papa Francisco, con la «colonización ideológica» de «la teoría del género»[394]. El colonizador, en este caso, era Washington D.C. Como dijo Perkins, del FRC, en un boletín informativo en 2016: «Evidentemente, el gobierno de Obama no se detendrá ante nada para poder seguir adelante con sus objetivos, y están dispuestos a arriesgar a toda una generación de niños con tal de conseguirlo. Nos quitamos el sombrero ante grupos como ADF, que se plantan por las familias y los distritos escolares que se niegan a sacrificar a sus hijos en este altar de la anarquía de género»[395].

En mayo de 2018, un juez del tribunal de apelaciones dictaminó que el Título IX efectivamente se aplicaba tanto a la «identidad de género» como al «sexo». Hubo fallos similares en otros juzgados, pero parecía que las organizaciones conservadoras estaban determinadas a seguir litigando, por cuestiones de movilización política aunque no por las perspectivas de éxito.

Desde el momento en que ocupó el cargo en 2017, Donald Trump trazó una línea en contra de los excesos liberales de la era Obama procurando echar para atrás los derechos trans: anunció que tenía la intención de impedir que se unieran a las fuerzas armadas y revocó el Título IX.

En 2018 sus diplomáticos estaban tratando de cambiar[396] la palabra *género* por *mujer* en los documentos por los derechos humanos de las Naciones Unidas, y un funcionario del Departamento de Justicia declaró ante el Tribunal Supremo[397] que no creía que los trabajadores trans estuvieran protegidos ante la discriminación bajo la ley federal. Luego, a finales de ese mismo año, se filtró a *The New York Times* el borrador de una circular[398] del Departamento de Salud y Servicios Humanos que mostraba que el gobierno estaba intentando definir el sexo como «inmutable», lo que imposibilitaba cualquier cambio legal de sexo o de identidad de género. Todo esto surgió de los esfuerzos de Trump por consolidar su base evangélica conservadora; para estos creyentes, la «ideología de género» se había convertido en el nuevo mal, el último baluarte contra los ataques a «la familia» ahora que el matrimonio igualitario era legal y contaba con el apoyo de la mayoría de los y las estadounidenses.

Como ocurría en las luchas contra la «ideología de género» en todas las otras partes del mundo, se trataba de una extensión lógica de la reacción negativa que también había tenido lugar antes respecto de los derechos de los homosexuales; en aquella ocasión, los pánicos morales iban sobre la necesidad de proteger a los niños y a las familias de las influencias pervertidas y de los adultos depredadores.

* * *

El caso de los baños que más notoriedad tuvo durante esos años demostró la naturaleza única de la guerra cultural en Estados Unidos.

Cuando Gavin Grimm era adolescente, demandó al consejo escolar del condado de Gloucester en Virginia después de que le prohibieran utilizar los aseos de los chicos en 2015. Grimm había hecho la transición a hombre. Como ocurrió en Grass Lake, el permiso que tenía para hacer uso de las instalaciones de los chicos le fue revocado ante las quejas recibidas. Grimm perdió el caso, pero ganó la apelación. El consejo escolar elevó la petición al Tribunal Supremo, que en un principio aceptó oír el caso, pero lo mandó de nuevo al tribunal de circuito en 2017, ya que Trump había sido elegido y la actitud del gobierno federal ante el Título IX había cambiado. Al final, Grimm ganó el caso en agosto de 2019.

A pesar de que el Tribunal Supremo declinó oír el caso de Grimm, la manera en que los litigantes se agruparon para dar apoyo a ambas partes revela hasta qué punto los baños se habían convertido en un nuevo campo de batalla nacional en la guerra cultural. A Gavin Grimm lo representó, en todo momento, la Unión Americana de Libertades Civiles (ACLU, por su sigla en inglés) y contaba con el apoyo de una legión de organizaciones por los derechos humanos. Al otro lado había una lista de organizaciones conservadoras, que incluía a la Alianza para la Defensa de la Libertad, y una reveladora excepción: el Frente de la Liberación de las Mujeres (WoLF, por su sigla en inglés), una organización feminista asociada con la Alianza de Política Familiar, de derecha; interpusieron un escrito en el que insistieron en que las niñas y mujeres trans eran, en realidad, «hombres» que trataban de quitarles oportunidades a las mujeres «simplemente "identificándose" como una mujer»[399].

En su página web, WoLF detalló sus objeciones a la interpretación de Obama del Título IX: no solo eliminaba «la habilidad de distinguir legalmente entre hombres y mujeres en escuelas con fondos federales»[400], sino también «los derechos de las niñas a la privacidad personal y a vivir sin acoso sexual masculino, exposición obligada a la desnudez masculina y voyerismo». Por tanto, despojaba «a mujeres y niñas de su protección legal».

En 2019, WoLF se alió con la Fundación Heritage, de derecha, para presionar en contra de que las disposiciones del «sexo» en la Ley de Derechos Civiles de 1964 fueran utilizadas para proteger a las personas trans ante la discriminación. La Corte estaba escuchando el caso de Aimee Stephens, una mujer de Míchigan a la que habían despedido de su trabajo, una funeraria, cuando se visibilizó como trans. La oposición de WoLF surgía de la «preocupación» por «la seguridad e integridad corporal de las mujeres y los niños, cuyas vidas correrían peligro o quedarían arruinadas»[401] si personas como Stephens tuvieran derechos legales como mujeres.

En una decisión histórica, la Corte fallaría a favor de Stephens, trágicamente, justo después de su muerte en 2020. Pero el poder del argumento de WoLF fue reconocido incluso por la jueza liberal Sonia Sotomayor durante la audiencia. Ella cuestionó sobre cómo lidiar con el hecho de que incluso si una mujer transgénero se identificara correctamente como mujer, «hay otras mujeres que se sienten incómodas [y] se sentirían molestas si alguien que aún tuviera características masculinas entrara en su baño».[402].

En 1972, las feministas lesbianas —y los hombres gais— no permitieron que las mujeres transgénero participaran en el Orgullo de San Francisco, y en 1973 la cantante transexual Beth Elliot fue expulsada de una conferencia feminista después de que la ponente principal, Robin Morgan, la menospreciara diciendo que era un «oportunista, infiltrado y destructor, con mentalidad de violador»[403].

Desde el libro de Janice Raymond publicado en 1979 *El imperio transexual*[404], en el que comparaba la medicina transexual con la eugenesia nazi, hasta el rechazo insidioso que hizo Germaine Greer de las mujeres trans como «damas de pantomima»[405], se trataba de un hilo continuo en una de las líneas del pensamiento feminista. Ahora, en la década de 2010, la crítica se volvió a encender, en particular por la cantidad de hombres trans que estaban saliendo del armario. No todo era ideológico: había preocupaciones particulares entre madres y profesionales por la cantidad de chicas adolescentes que estaban transicionando: ¿estaban encontrando a su verdadero «yo» o eran víctimas de un sesgo de género al evacuar la femineidad en una sociedad misógina?

En el Reino Unido, un grupo de diez mujeres tomaron el Orgullo en julio de 2018 con pancartas que proclamaban: «El transactivismo borra a las lesbianas»[406] y «Lesbiana = Mujer». Eran miembros del grupo Get the L Out*, «sacad la L», refiriéndose a que «se debía sacar la L de "Orgullo LGTB"». Una de las protestantes dijo a un reportero: «Un hombre no puede ser lesbiana; una persona con pene no puede ser lesbiana».

---

* Juego de palabras. En inglés, la expresión *get the F out* significa «vete a la mierda»: la F se acorta para no escribir la palabra malsonante *fuck*. (N. de la T.).

La mayoría de los principales líderes LGTB británicos[407] condenaron la protesta de «Get the L Out» por «tránsfoba». Pero a pesar de que la cantidad de mujeres que había era pequeña, no se trataba de una posición marginal en el país. En octubre de 2018, una petición[408] encabezada por treinta y tres figuras destacadas gais y lesbianas reunió más de siete mil firmas para condenar la decisión por parte de la organización LGTB más importante del país, Stonewall, de asumir la defensa trans, ya que esto amenazaba la identidad y la cultura lésbicas.

* * *

Si el baño era un campo de batalla de la guerra cultural del siglo xxi, el campo de deportes se convirtió en otro. Las feministas del WoLF se refirieron a la «cruel ironía»[409] de la decisión por parte del gobierno de Obama de clasificar la «identidad de género» como una forma de «discriminación sexual»: «El Título IX, que se decretó en parte para defender los deportes femeninos, ahora se utilizará para desmantelarlos, ya que los atletas masculinos utilizarán la "identidad de género" para exigir acceso a los equipos femeninos, ocupando espacios que, de otra manera, habrían sido para mujeres, y dominando la competición».

El asunto se convirtió en una cuestión de debate global en 2018 alrededor de Caster Semenya, la campeona olímpica sudafricana de media distancia que ha batido récords. A pesar de que Semenya creció como mujer y siempre se ha considerado como tal, las pruebas médicas revelaron que tenía «diferencias en el desarrollo sexual», con altos niveles de testosterona. Cuando la Asociación Internacional de Federaciones de Atletismo (IAAF, por su sigla en inglés) le comunicó a Semenya en 2018 que debía rebajar sus niveles de testosterona médicamente si quería seguir compitiendo como mujer, ella apeló el caso. El Tribunal internacional de Arbitraje para el Deporte (CAS, por su sigla en inglés) falló en su contra en abril de 2019: la decisión de la IAAF era efectivamente discriminatoria con la atleta, pero el tribunal consideró que esa discriminación era «necesaria» para preservar «la integridad del atletismo femenino»[410].

Las pruebas para la verificación del sexo en las mujeres comenzaron en la década de 1950, y en épocas anteriores, a las pocas mujeres a las que se les descubría que tenían «diferencias en el desarrollo sexual» —lo que en general quería decir que tenían cromosomas XY en vez de XX, o genitales ambiguos— simplemente las expulsaban de las competiciones, como ocurrió con la velocista Ewa Klobukowska en 1967. A la atleta polaca le retiraron las medallas de los Juegos Olímpicos de 1964: a los veintiún años su carrera ya estaba acabada.

Pero en cincuenta años, los tiempos habían cambiado. Semenya no se iba a callar: era abiertamente lesbiana, estaba casada con otra mujer y contaba con el apoyo moral de la constitución sudafricana y el apoyo financiero del patrocinio de Nike a sus espaldas. Su cualidad de *butch* y su valentía eran celebradas en vez de denigradas, y se convirtió en un icono internacional de los derechos humanos. Tanto el clamor en su contra como su determinación por luchar eran consecuencia de la guerra cultural por el género. Aunque ella no fuera trans ni de género fluido, se erigió en un símbolo, para quienes se oponían a ella, de la manera en que el nuevo orden del género podía comprometer los espacios femeninos ganados con tanto esfuerzo. Y quienes la apoyaban consideraban que era la víctima no solo de una violación contra su dignidad y su integridad corporal, sino también de una insistencia cada vez más insostenible en una línea en la arena entre hombres y mujeres en un momento en el que la ciencia y la cultura comprendían tanto el sexo como el género más como un espectro.

Una de las personas que expresó estas preocupaciones en voz alta fue la gran Martina Navratilova, una defensora acérrima de los derechos tanto de las mujeres como de los homosexuales. Navratilova escribió un artículo de opinión en *The Times* en 2019 sobre sus temores acerca del deporte femenino en una era que afirmaba la identidad trans: «Un hombre puede decidir ser una mujer, tomar las hormonas en caso de que las organizaciones deportivas involucradas lo requieran, ganar todo lo que esté a la vista y, quizá, una pequeña fortuna, y luego revertir esa decisión y volver a ponerse con lo de tener bebés si es lo que desea. Es una locura y es una trampa. Estoy encantada de referirme a una mujer trans de la manera en que prefiera, pero no lo estaría de competir contra ella. No sería justo»[411].

Navratilova estaba hablando en abstracto, expresando sus preocupaciones en voz alta sobre lo que podría ocurrir en el futuro. Con la excepción de un evento de atletismo en Connecticut muy citado al que lo ganaron dos chicas trans en 2018, había muy pocos ejemplos reales de victorias de mujeres trans en el campo de los deportes, menos aún de abuso. Teniendo en cuenta esto —y, por supuesto, los obstáculos que aquellas adolescentes trans en Connecticut debieron haber tenido que superar simplemente para llegar a estar en esa pista—, la activista trans Julia Serano sugirió que este alarmismo formaba parte de la más amplia guerra cultural sobre la identidad de género: «El fijar como objetivos a atletas trans e intersexuales y con inconformidad de género se parece mucho a lo que está ocurriendo con el control de los baños y, en general, a la histeria antitrans que se ha estado dando. La gente quiere creer que hay una diferencia esencial entre hombres y mujeres que los convierte en categorías completamente distintas y explícitas. Dicha esencia no existe en la vida real»[412], dijo Serrano durante la resolución de Semenya.

La propia Caster Semenya no tenía ninguna duda sobre su género —y su capacidad—: «Soy una mujer y soy rápida»[413], dijo cuando interpuso la apelación. Y después, en una publicación intensa y brillante cuando perdió: «Han intentado hacer que cambie mi cuerpo, que tome medicamentos para bajar mis niveles de testosterona… Me han sometido a exámenes humillantes cuando les he dicho quién soy. Soy la niña de alguien, la hija, la esposa. Sé quién soy»[414].

El caso de Semenya se convirtió en la prueba de fuego para la pregunta característica de la época de las políticas de identidad: ¿cuál era la relación entre cómo te sentías por dentro y cómo te veía y definía el mundo?

* * *

En Estados Unidos en particular, la guerra cultural del género provocaba crisis en los diversos ámbitos y en las instituciones que iban más allá de los baños y los campos de deporte. Desde el Womyn's Music Festival de Míchigan, que insistía, no sin controversia, en una política de entrada solo para «mujeres nacidas»[415] hasta, más seriamente, universidades femeninas que se veían obligadas a revisar sus criterios de admisión —y las razones de su existencia—. Después de que a una mujer trans la rechazaran en dos ocasiones en el Smith College, las protestas presionaron a la institución para que cambiara sus políticas en 2015, uniéndose a varias (Mills, Bryn Mawr, Barnard y Wellesley) que ya admitían a mujeres trans antes de que cambiaran su estatus legalmente, siempre y cuando vivieran como mujeres. En 2018, alrededor de la mitad de las treinta y cuatro universidades femeninas en el país aceptaban a mujeres trans.

Estas instituciones también se vieron obligadas a lidiar con la situación de los hombres trans, con solicitantes que se identificaban como mujeres pero que luego hacían la transición a hombre mientras estaban en la universidad. ¿Se podía permitir a un hombre en un espacio solo para mujeres? Algunas instituciones, como Wellesley, no tenían en cuenta las solicitudes de hombres trans, pero sí se les permitía quedarse a los que transicionaban estando ya matriculados. Había veinticuatro alumnos como estos en Wellesley en 2014, y la decana de estudiantes dijo que el centro «aún no había averiguado cómo ser una universidad de mujeres en un momento en el que el género ya no era considerado binario»[416].

Esto aportó una nueva y significativa dimensión a la forma de la guerra cultural, conforme se desviaba de los derechos de los homosexuales hacia los derechos trans en el siglo XXI en el mundo occidental, y particularmente en Estados Unidos. La guerra se estaba luchando en dos frentes: el conservadurismo religioso a la derecha y una corriente particular del feminismo a la izquierda.

Había algo que la complicaba aún más: la manera en que estas ideologías se fundían con las preocupaciones por los hijos y los jóvenes adultos que estaban transicionando. Si se estaba abriendo una nueva línea rosa alrededor de los derechos trans en países como Estados Unidos y el Reino Unido, se la confundió con una rebelión juvenil sobre el género, con luchas generacionales sobre los derechos de los niños y los roles en la sociedad, y con las responsabilidades de los adultos que los cuidaban.

14

Riot Youth

Ann Arbor y alrededores

Liam

Liam Kai*: miembro de Riot Youth, estudiante de último curso de secundaria cerca de Ann Arbor; luego estudiante en la Universidad de Míchigan, últimos años de la adolescencia. Pronombre: él.

Beth*: madre de Liam, trabajadora social; cerca de Ann Arbor, unos cincuenta años. Pronombre: ella.

Susan*: segunda madre de Liam, no vive con él; cerca de Ann Arbor, cincuenta y tantos años. Pronombre: ella.

Andrea*: esposa de Beth, trabajadora social; cerca de Ann Arbor, unos cincuenta años. Pronombre: ella.

*Seudónimos.

Levantarse con dolor de cabeza: una mierda.
Levantarse con el pecho plano: no tiene precio[417].

Liam Kai, de dieciocho años, acaba de terminar la escuela secundaria en una ciudad cerca de Ann Arbor, Míchigan, y publicó esto el 18 de junio de 2014. Habían pasado nueve días desde la cirugía de pecho y uno desde que le habían quitado las vendas y los drenajes. Ese mismo día publicó un vídeo en Instagram. Conforme le van retirando el vendaje, Liam mira hacia abajo, hacia su nuevo pecho de chico, y suelta con alegría: «¡Tío!». Dentro de unas semanas, empezaría a inyectarse la testosterona que, por fin, lo catapultaría desde lo que él veía como el purgatorio de una infancia andrógina hacia la virilidad del vello corporal y una voz grave.

A Liam le asignaron sexo femenino al nacer. Fue adoptado en China a los seis meses y llevaba desde los trece años viviendo como un niño, vendándose el pecho a diario con un chaleco constrictivo de nailon. «Le doy las gracias a lo que sea que esté allá fuera porque esta semana es la última que tengo que fajarme. Duele, me da vergüenza, es frustrante y estoy cansado»[418], tuiteó antes de la operación.

No obstante, hasta el día en que cumpliera los dieciocho años, Liam no podría hacer nada en términos médicos para ayudar en su proceso de transición de género. Esto se debía a que sus madres legales, una pareja lésbica que se separó cuando tenía seis años, no se ponían de acuerdo sobre el tema. Tras un comienzo un tanto escabroso, su madre Beth, con quien convivía, aceptó la identidad trans de Liam: «Para mí, esta intervención es la cirugía plástica que necesita mi hijo, en vez de la doble mastectomía que necesita mi hija», me dijo justo antes de la operación de Liam. Pero la otra madre, Susan, con quien Liam había roto la relación por completo, se oponía ferozmente a la operación. Ambas madres estaban muy comprometidas con el feminismo, pero mientras que Beth arraigaba su aceptación de Liam en un feminismo que le enseñó que el género era un constructo, Susan creía que Liam tendría mejor salud y sería más feliz si simplemente aceptaba que era una chica. A través de órdenes judiciales consiguió negar el consentimiento para cualquier tipo de tratamiento médico mientras fuera menor de edad.

Conocí a Liam y a su familia en su casa a las afueras de Ann Arbor en abril de 2014, justo antes de que cumpliera los dieciocho años, mientras se preparaba para la operación. Beth llevaba con su mujer Andrea más de doce años. Habían criado a Liam juntas. Él se refería a ellas, colectivamente, como «mamás» —a veces, con exasperación burlona: «¡¿Mamáááás?!»— y en Twitter le gustaba hacerse llamar «un niño de mamás (ojo al plural)». En el momento de la operación, hubo algo redentor e incluso victorioso

374

para todos ellos. No solo por la manera en que creían que iba a mejorar la vida de Liam, sino por la marca física e irrevocable de lo que ya sabían todos: que era un hombre.

Vine a Estados Unidos buscando específicamente a una familia como esta. Quería entender la relación que había entre mi generación de pioneros —mujeres como Beth, que expandían los límites de la definición de «familia» al criar a sus hijos fuera de la institución del matrimonio heterosexual— y esta nueva generación de pioneros ejemplificada por niños trans como Liam. Encontré algunas familias así en el Área de la Bahía de San Francisco y alrededor de Nueva York y Washington D. C. —por supuesto, la mayoría de los niños trans tenían una familia heterosexual—. Pero aquí teníamos a una en un lugar más inesperado, en un hogar modesto pero confortable a lo largo de una fila de chalés idénticos de ladrillos a la vista, junto a una de esas áreas comerciales interminables que definen a las zonas residenciales estadounidenses.

Sin duda, lo que ayudó a la familia fue lo cerca que estaban de Ann Arbor, hogar de la Universidad de Míchigan, un oasis liberal en las praderas del Medio Oeste. Había un programa extraescolar llamado Riot Youth para adolescentes LGTBQCA —lesbianas, gais, transexuales, bisexuales, queer, cuestionándose y aliados—, organizado por un centro juvenil local. Durante mi estancia en Ann Arbor conocí también a otros jóvenes de Riot Youth. Les seguí la pista durante los siguientes cinco años, conforme iban entrando en la vida adulta e iban transformando no solo sus identidades y, en algunos casos, sus cuerpos, sino también la manera en que la sociedad y la cultura pensaba sobre el género en la segunda década del siglo XXI.

* * *

BETH ME DIJO que fue hasta China para tener una hija. Se trataba, en parte, de una respuesta al abandono de bebés por ser niñas. Se estaba acercando a los cuarenta y quería ser madre. Susan estaba dispuesta a acompañarla. Beth, haciéndose pasar por «madre soltera», envió la solicitud a las autoridades chinas y en noviembre de 1996 se fue con un grupo que iba para allá a recoger a sus hijos. Las condiciones en el orfanato eran espantosas: la niña que le dieron sufría desnutrición y estaba muy enferma. Igual que hicieron con el resto de las bebés, la habían maquillado macabramente con colorete y le habían pintado las cejas; las habían embellecido para sus nuevos padres.

Cuando nos conocimos en 2014, Beth era una mujer fornida y tenía el cabello gris. Tenía un aire descuidado y una forma de hablar inexpresiva que andaba en una fina línea entre la seriedad de los del Medio Oeste y la ironía. Andrea era todo lo contrario. Era una mujer judía, provenía de la Costa Este y era toda una bromista; cada historia que contaba era un pequeño show. Un sábado por la noche nos sentamos a la mesa con Liam para compartir una olla de sopa vegetal y una jarra de té helado que no tenía fondo. Me enseñaron las fotos de cuando se «fugaron» para casarse en las Cataratas del Niágara hacía poco. En aquel momento, el matrimonio entre personas del mismo sexo aún no era legal en Míchigan, pero Andrea, que era empleada pública, quería beneficiarse de las prestaciones para su familia. Y así, en cuanto el Tribunal Supremo tumbó la Ley de Defensa del Matrimonio en junio de 2013, se fueron de viaje a Nueva York, uno de los estados en los que podían casarse. Liam fue el padrino de boda. Aquella noche hubo muchas risas y burlas hechas desde el cariño a medida que me contaban esta historia y algunas otras. Liam era, literalmente, el hetero del trío.

Liam tenía el rostro ancho y una sonrisa fácil; era guapo y se movía con la elegancia estudiada de alguien que ha pasado gran parte de su vida observando a los demás para intentar averiguar cómo comportarse. Era meticulosamente pulcro, iba arreglado de forma impecable y tenía un armario elegante: aquella noche llevaba una camisa almidonada de color rosa y azul y unos pantalones cortos azul marino bien planchados. «He *estudiado* la manera en que hablan los chicos. He entrenado la voz para poder salir a bailar, pero no puedo continuar hasta que empiece con la T [testosterona]», me dijo una noche que fuimos a comer una hamburguesa. Aun así, había muchos chicos que, de todos modos, no salían a bailar, y mientras estábamos charlando y pasando el rato solo caí en la cuenta de que le habían asignado sexo femenino al nacer cuando se rio de manera desenfadada o cuando presté atención a la piel tan suave que tenía.

Sentados a la mesa en el hogar familiar, Andrea abordó directamente a Liam: «Las niñas se tienen que limitar, no ocupar demasiado espacio, pero tú no lo hacías. Tú te despatarrabas. Y bebías como en los anuncios de cerveza y eructabas al terminar, ¡como un universitario de fraternidad! Yo, que soy una lesbiana anticuada, pensaba que eso era lo que teníamos entre manos».

«Yo creo que nunca pensé que Liam fuera trans. Solía comprarle muchas cosas con el mensaje del poder de las chicas. "¡Las chicas mandan!". Quería que mi hija fuera fuerte y segura de sí misma», añadió Beth.

Inevitablemente, estuvimos mucho tiempo hablando sobre ropa, esos principales marcadores de género y, con frecuencia, los primeros puntos de resistencia para niños y niñas con inconformidad de género. De niña, a Liam le daba igual la ropa. Beth dijo: «Se ponía cualquier cosa, la sacaba de un montón que había en el suelo. Pero tendrías que ver su armario ahora, todo está muy organizado. Le da mucha importancia a cada pieza de ropa».

«Estaba bien siendo una niña. Lo que pasa es que odiaba parecer una», interrumpió Liam. Eso fue hasta la pubertad, cuando empezó a crecerle el pecho y su malestar se convirtió en depresión. Como parte de la lucha por la custodia de sus madres en 2009, Liam tuvo que acudir a terapia por mandato judicial. Durante las sesiones mencionó la angustia que le causaba la inflexibilidad de Susan sobre el género y que a veces tenía que recordarse a sí mismo que era una niña. Entonces le pidieron a Beth que acudiera a la consulta con Liam y les dijeron a ambos, del tirón, que Liam era trans. «¡Liam se emocionó tanto! Lo quería todo, pero todo lo que yo sabía sobre ser trans era lo que veía en las entrevistas de televisión. Estaba aterrorizada y no dejaba de pensar: "Esto no es lo que yo quiero para mi criatura". Siempre había gozado de buena salud, no podía pensar en las hormonas ni en una operación. Ojalá hubiera estado preparada», recordaba su madre.

Conmocionada, Beth lo acató. Donaron todas las cosas de niña de Liam, compraron *binders* para comprimirle el pecho, que estaba creciendo, y escribieron cartas a la escuela. Pero luego Beth entró en pánico e insistió en que Liam volviera a ser una niña, al menos, hasta que las cosas estuvieran más claras. Tuvo que devolver los *binders* y llevar nuevamente ropa que fuera por lo menos de género neutro. Tal vez el choque fuera inevitable, y llegó unos meses más tarde, mientras Liam veía *Luna nueva*, de la saga *Crepúsculo*, en la que los muchachos se convierten en hombres lobo a cierta edad. Con aquello llegó un nuevo físico, me explicó Liam: «Taylor Lautner pasa de ser flaco a tener músculos y se corta la larga melena. Atraviesa una enorme transformación de identidad y se convierte en una especie de ser sobrenatural con un cuerpo grande y esculpido. Era un fenómeno adolescente y estaba muy emocionado por verlo». Pausó y se le llenaron los ojos de lágrimas. «Me causó mucho dolor ver que él tenía músculos en vez de pechos. Unos músculos por los que todos se sentían atraídos y que yo no tendría jamás».

Liam empezó a pensar en tomar una sobredosis de calmantes. No llegó a hacer nada, pero por primera vez «tenía un plan». En la siguiente sesión de terapia, se derrumbó en llanto: no podía seguir viviendo como una chica. Esta terapeuta no era la misma de las primeras sesiones. Era más cautelosa, o quizás estuviera mejor informada en este campo que tan rápidamente evolucionaba. Remitió a la familia a una persona especialista en género, y Liam y sus madres empezaron a planear su transición social con más cuidado. Este fue el punto de inflexión para Beth: «Me convertí en una mamá osa, apoyando totalmente la transición de Liam».

Los tres decidieron su nuevo nombre de la misma manera en que tomaban todas las decisiones importantes: «En el revés de una servilleta en nuestra cantina preferida». Liam escogió un nombre que reflejara, en parte, su herencia china. Una chica de trece años terminó el curso escolar, y el siguiente lo inició un chico de trece años llamado Liam Kai.

Liam pasó de ser una chica desaliñada, introvertida y depresiva a un chico ordenado, hablador y seguro de sí mismo. La transformación fue tan rápida que a los cuatro meses, cuando concluyó el año escolar, recibió el premio anual «Liderazgo, estudio y servicio» en la categoría masculina. «¡El tío fui yo!», no dejaba de repetir a sus madres después de haberlo ganado. «Hay uno para las chicas y otro para los chicos, ¡y el tío fui yo!».

La escuela, un centro público corriente en la zona central de Estados Unidos, estuvo dispuesto a poner el nombre masculino de Liam en el trofeo antes de que se lo hubiera cambiado legalmente. La gloria del «Premio al Tío», como lo llamaba la familia, compensó algunas de las dificultades que vinieron después. Liam dejó de salir con las chicas que habían sido sus amigas desde el principio, lo que le produjo mucha pena. Había una barrera entre sí que no terminaba de entender. Y no llegó a hacerse amigo de los chicos, tal vez porque no había pasado la pubertad masculina a su lado. Algunos le echaron una mano cortésmente y le enseñaron la manera que tienen los chicos de llevar un gorro o los vaqueros caídos, pero si intentaba hablar sobre chicas o sobre salir con ellas, «las cosas se ponían algo turbias, porque quería decir que esto iba en serio».

Por el tema de fajarse el pecho Liam dejó de ir a natación, que era su pasión. Su vida ya no tenía lugar dentro de los rituales de la vida estadounidense en las zonas residenciales, como ir al campamento de verano o a encuentros deportivos. Pasaba la mayor parte del tiempo en casa. Se involucró bastante en el Riot Youth, pero los fines de semana se sentía solo y aislado. Encontró compañía en los dramas de televisión y una salida creativa a través de su propia escritura: redactaba *fanfics* de manera compulsiva y los publicaba en internet.

Liam me contó que no había tenido demasiada suerte con las chicas. Las que había conocido en Riot Youth estaban muy a menudo metidas en temas de autolesiones adolescentes, como hacerse cortes, y las chicas a las que se acercaba en el instituto se solían echar atrás porque era trans. Aun así, había algo bastante típico en lo que me contaba sobre su vida amorosa: igual que sus compañeros, había experimentado la intensidad adolescente del anhelo y la pérdida.

Liam empezó el instituto en 2010, un año después de haber transicionado. Tomó la decisión de no ir *stealth* («sigiloso»), el término trans para decir que alguien está viviendo en su género sentido sin revelar que ha transicionado, porque «odio los secretos» y porque había algunos en el nuevo centro que ya lo conocían. Antes de encontrar la manera de salir del armario, no obstante, el tema se precipitó al oír por casualidad a un compañero de clase refiriéndose a él: «Es que no sé qué cosa llamarle». Se sintió muy disgustado. Junto con sus madres y sus compañeros de Riot Youth, decidió hacer frente al asunto. Habló con su tutor y pidió llevar a cabo un debate en clase.

El ambiente, recordaba Carol, una de las profesoras de Liam, estuvo algo tenso de antemano: «La gente había empezado a hablar; no necesariamente con malicia, pero sí de manera chismosa. Pero la cosa cambió prácticamente de inmediato cuando él dijo: "Este soy yo". ¡Un chico de trece años! Menuda locura, ¿no? Hubo este cambio, y después de que todo el mundo lo supiera, fue como que... "vale". Claro que hubo estudiantes que seguían estando incómodos, pero lo de hablar a sus espaldas se acabó, porque Liam dijo que si tenían preguntas, se las hicieran».

Carol había conocido a Liam como una chica en cursos anteriores. Cuando mencionó la idea de transicionar en aquel entonces, Carol quería mostrarle su apoyo, «pero en el fondo no podía dejar de pensar que era una decisión muy importante para tomarla a una edad tan temprana. ¿Cómo podía estar segura de ello?». Pero cuando se lo encontró en el instituto, «no podía creer su transformación. Aquella chica tan deprimida, casi suicida, se había convertido en un líder seguro de sí mismo; estaba educando a otros, era uno de los guías del centro y fue el iniciador del concurso de talentos anual». La transición de género de Liam fue «obvia; es quien se supone que debe ser».

Todos los adultos con los que hablé sobre Liam estaban igualmente asombrados. Lo entendí como algo que iba más allá la afirmación como acto reflejo, algo que, en ocasiones, es un lugar común en las políticas de identidad. A mí me parecía que ellos, el mejor tipo de liberales de las praderas, se regodeaban en el relato de un joven que se transforma —que lo logra—, contra todo pronóstico, siendo fiel a sí mismo. Aunque estuvieran montándose una película de Hollywood en la cabeza, se estaban concientizando sobre quiénes eran las personas y qué derechos merecían.

* * *

Para cuando Liam les dijo a sus madres que era un chico a los trece años en 2009, en los Países Bajos se aprobó un nuevo protocolo médico[419] y se estaba empezando a usar en Estados Unidos. Se podía retrasar la pubertad en niños[420] que sabían o creían que podían ser trans con un medicamento que bloqueaba la producción de hormonas. Los datos confirmaban la experiencia personal de Liam: la adolescencia era el momento en el que los menores con disforia de género corrían más riesgo de autolesionarse debido a la manera en que cambiaban sus cuerpos. De repente, la voz se les ponía más grave y les empezaba a salir vello facial, o les salían pechos y comenzaban a menstruar. Pero con los bloqueadores de pubertad podían retrasar este proceso y luego, un poco más tarde, iniciar la terapia hormonal cruzada para transicionar a la adultez en el género sentido. Y eso, en el caso de los hombres trans, sin tener que someterse a una mastectomía, porque no les habría salido pecho.

El «protocolo holandés» estipulaba[421] que a los menores solo se les podía permitir que empezaran la terapia hormonal cruzada en la adolescencia tardía. Esto les haría ganar algo de tiempo hasta que pudieran tomar decisiones más maduras. La mayoría de los países de Europa Occidental —entre los que se incluye el Reino Unido— no permitían la transición de género médica antes de los dieciséis años; estaba regulado con planes de salud nacionales. Sin embargo, hacia el final de la década, las investigaciones sobre el sistema endocrino mostraban que el uso prolongado de los bloqueadores de pubertad podía ser peligroso, y en 2017, la Sociedad Estadounidense de Endocrinología Pediátrica recomendó[422] el uso de las hormonas sexuales cruzadas antes de los dieciséis años en niños y niñas con disforia de género. La sensación en Estados Unidos era cada vez más «¿por qué esperar?». Las madres de Liam, Beth y Andrea, estaban conformes: ¿por qué no le permiten que pase por la adolescencia como un chico, junto con los otros, en vez de hacerlo esperar y aumentar así los ya considerables problemas sociales que tenía? Lo único que los limitaba era la negativa de Susan, la otra madre, a dar el consentimiento incluso para los bloqueadores de pubertad.

Las hormonas eran baratas, pero los bloqueadores de pubertad costaban más de mil doscientos dólares al mes, en 2018, y apenas los cubría el seguro. Por eso esta opción era totalmente inalcanzable para los niños más humildes o para los que no contaban con el apoyo de sus padres. Pero dado que la atención sanitaria en Estados Unidos se mueve en función de los consumidores y que hay una cultura de la crianza intervencionista, los progenitores podían conseguir cambios para sus hijos si contaban con los recursos y la voluntad necesarios.

Existían criterios diagnósticos, desde luego, que los especialistas en el cuidado de la identidad de género parafraseaban como «perseverancia, constancia e insistencia»: perseverancia en la identificación con el género contrario, un deseo sostenido de pertenecer al otro sexo y la insistencia en presentarse como de ese sexo. La psicóloga infantil Diane Ehrensaft me dijo que a menudo aconsejaba a los padres que vivieran con la ambigüedad durante un tiempo hasta que las cosas estuvieran más claras. Hizo una distinción cuidadosa entre dos tipos de niños: los que expresaban la sensación de que eran del género contrario desde el momento en que empezaban a hablar y los que eran «creativos con el género». Estos últimos, de mayores, podían ser gais o lesbianas o, cada vez con más frecuencia, conforme el concepto se arraigaba en la cultura estadounidense, asumir una identidad «no binaria» o *genderqueer*. «Pero con los niños trans más jóvenes, en general nos podemos dar cuenta a una edad muy temprana, aunque no siempre en un solo momento concreto. Cuando estamos seguros, deberíamos dejar que echasen a volar», dijo Ehrensaft.

* * *

La idea de que Liam era trans le surgió por primera vez viendo *The L Word*, la serie de televisión estadounidense. Escuchó a Max, el personaje trans, hablando de *binders*, tecleó la palabra en Google y ahí empezó todo. Se obsesionó con los videoblogs en YouTube de hombres en el proceso de transición que mostraban, semana a semana, los cambios que estaban consiguiendo con el cuidado personal, la terapia hormonal, los entrenamientos en el gimnasio, los tatuajes, e incluso a través de las operaciones quirúrgicas. En cuanto supo que iba a transicionar, investigó las opciones que tenía para operarse escudriñando vídeos gráficos que colgaban en la red médicos que promocionaban sus servicios.

Al cumplir los dieciocho años, Beth y Andrea decidieron pagarle a Liam, a modo de regalo, su primer tatuaje. Al igual que los músculos, los tatuajes son un fetiche de la masculinidad y se habían convertido en una parte importante de la cultura transmasculina. Como dijo el autor trans Jay Prosser[423] en su revolucionaria autobiografía *Segundas pieles*, publicada en 1998, era una manera de crear el propio cuerpo. Liam llevaba años queriendo uno. Tenía una relación especialmente estrecha con el padre de Beth, un granjero que, aunque al principio le costó un poco entender que su nieta ahora era su nieto, terminó diciéndole a Beth, sencillamente: «Tienes un hijo muy bueno. Es simplemente bueno». El abuelo Bob murió poco después de la transición de Liam, y él eligió esas palabras para su tatuaje: «Es simplemente bueno» quedaría grabado con tinta en el interior de la parte superior de su brazo derecho.

«Los chicos hacen ejercicio, se tatúan y consiguen bíceps. Tienen que trabajar durísimo para las operaciones y las hormonas. Crean a la persona que siempre han sabido que son y se enorgullecen de ello», me dijo Liam. Había una frase para describir eso que él encontró en internet y que le gustaba: «Hombre hecho a sí mismo».

La frase se convirtió en una especie de meme, y había desde camisetas —Liam tenía una— hasta tatuajes con ella. La utilizó el sociólogo Henry Rubin[424] para describir a los hombres trans a los que estaba estudiando, y lo hizo a propósito para que tuviera un doble sentido: la transición de género era un acto de creatividad y voluntad personal, pero también la adaptación del caparazón externo al «verdadero yo» interior. Si se «hacen a sí mismos», están hechos por su verdadero «yo» en vez de por sus características externas. En la mayoría de las personas, el interior y el exterior eran coherentes, pero en algunas otras, no. Para esas personas, la transición era lo que las reconciliaba y las convertía en un todo. La «autenticidad» pasó a ser el santo grial de la psicología contemporánea occidental; se apartó del enfoque reparativo («te vamos a curar») y adoptó uno que estaba más en consonancia con el espíritu propio de principios del siglo XXI: «Te vamos a afirmar. Te vamos a ayudar a que seas tu mejor versión, la más verdadera».

Cuando Henry Rubin publicó *Hombres hechos a sí mismos* en 2003, reconoció que «la idea de un yo esencial no es, actualmente, popular»[425], pero creía que «debemos preguntarnos qué significa que los individuos sientan que tienen un "yo verdadero", aunque aceptáramos que las identidades [de género] son constructos novelados de nuestra imaginación colectiva». Pero ocurrió algo espectacular en el discurso de la identidad desde que Rubin escribió esas palabras, y el movimiento trans tuvo mucho que ver con ello. La socióloga Tey Meadow lo concretó en su libro *Trans Kids,* publicado en 2018: ahora se entendía el género como «una parte fundamental e inmutable del yo psíquico»[426], en vez de como un constructo social —como defendían las primeras feministas— o como algo aprendido y performativo —como sostenían las últimas, como Judith Butler—. En apenas quince años, el construccionismo social —la idea de que la identidad es contextual o intercambiable— pasó a estar fuera de moda.

Las investigaciones empezaron a buscar fundamentos biológicos para la identidad trans. Stephen Rosenthal, un endocrinólogo destacado en este campo, publicó en 2014 una reseña sobre las investigaciones llevadas a cabo en la que describió la identidad de género como «una compleja interacción entre factores culturales, ambientales y biológicos»[427]. Los contendientes más fuertes del aspecto biológico eran los desajustes hormonales de una madre durante el embarazo.

El impulso por llevar a cabo investigaciones sobre el género del cerebro, dice Tey Meadow, no era distinto de la explosión de estudios que hubo sobre el «gen gay» a finales del siglo XX: «Si existe un fundamento biológico para la homosexualidad o la transexualidad, entonces las personas homosexuales y trans no pueden ser otra cosa que lo que son, y la mayoría tiene la responsabilidad legal y social de protegerlos»[428], en una democracia liberal, por lo menos. Pero lo atractivo de esta potencial herramienta de diagnóstico era, para algunos, la causa de escepticismo o incluso de miedo para otros: podía aportar información que permitiría a las familias tomar decisiones sobre las transiciones de los hijos, pero también podía ser utilizada para dar información a futuros padres que podía hacer que abortaran en caso de que el feto no fuera atractivo, o para excluir del proceso a quienes no dieran «positivo» en la prueba para transicionar.

Por consiguiente, el eterno debate sobre la naturaleza contra la educación se refractó, en el Estados Unidos del siglo XXI, a través de un debate sobre la identidad trans. ¿Estábamos destinados a vivir conforme a las consecuencias de nuestros genes y de nuestra educación o podíamos sobreponernos a estas herencias? Parecía que la transición de género dejaba abierta la danza del desarrollo de la identidad entre la noción de que se construye por nuestra relación con los demás —lo que pensamos de ellos y lo que ellos piensas de nosotros— y la noción de que la generamos nosotros mismos o de que nos la transmiten nuestros genes. ¿Qué poder tenemos sobre nuestros cuerpos y nuestros destinos? ¿Nos hemos hecho a nosotros mismos o nos han hecho otros?

Estados Unidos es un caldo de cultivo ideal para este tipo de investigaciones, dada la naturaleza de la atención sanitaria, que se basa en las necesidades de los consumidores: en el siglo XXI, los pacientes estaban tomando cada vez más control sobre su propia sanidad si se la podían permitir. Entre la comunidad gay había bastante tradición al respecto, ya que durante la epidemia de sida, pacientes y activistas exigieron responsabilidades a los médicos y a la industria farmacéutica. Si el activismo por el sida que tuvo lugar a finales del siglo XX dio un codazo a la medicina estadounidense para que actuara en función de los pacientes, la revolución digital de principios del siglo XXI le dio el empujón determinante: permitió que la gente llevara a cabo sus propias investigaciones a través de la información y las redes de contactos en internet. «Los padres y los propios niños están manejando esto. Van muy por delante de la profesión médica. Son ellos quienes nos están desafiando a nosotros», me dijo el psiquiatra infantil Herb Schreier.

* * *

LIAM PROGRAMÓ la operación de pecho para que fuera lo antes posible después de cumplir los dieciocho años. Tras escudriñar durante meses páginas web, reseñas y videoblogs en YouTube, se decidió por un especialista en Cleveland. Beth lo llevó tres horas en coche hasta la cita preliminar, en la que le aconsejaron que se hiciera una «mastectomía periareolar con sutura "en bolsa de tabaco" y liposucción de pecho»[429] en vez de una mastectomía bilateral subcutánea, debido a que tenía una constitución delgada y pechos pequeños. Liam estaba contento con esta recomendación: la otra podía ser más efectiva a la hora de retirar el tejido mamario, pero dejaría cicatrices feas bajo los pezones. Su doctor subió un vídeo a YouTube en el que mostraba el procedimiento, y Liam lo vio algo incómodo. Yo también me forcé a verlo. Era una incisión circular alrededor del pezón y la areola, que se retira y queda colgando por una sutura «en bolsa de tabaco» mientras se succiona el tejido mamario fuera de la cavidad; luego se vuelve a colocar la piel alrededor del pezón. Es como un capullo de rosa desplegándose donde debería estar el pezón.

A Liam lo aterrorizó la operación y lo pasó mal con el período de convalecencia, pero lo veía como el dolor que tenía que sufrir para poder llegar a su verdadero yo. Culturalmente, él provenía de un mundo diferente al mío; uno en el que con series como *Nip/Tuck* la cirugía plástica era cada vez más común, uno en el que con la saga *Crepúsculo* los cuerpos realzados digitalmente estaban en cambio constante. Actualmente, los tatuajes y los piercings definían la cultura hípster prácticamente igual que el pelo largo definió la cultura *hippie* cuarenta años atrás, y no había tanta diferencia entre las modificaciones superficiales del cuerpo y las alteraciones más profundas de la terapia hormonal y de las operaciones quirúrgicas.

La «reconstrucción genital» existía desde hacía más de setenta años para las mujeres trans. Incluso más tiempo, si incluimos la castración de los eunucos en Oriente Medio y el sur de Asia. Pero para los hombres trans aún estaba en las primeras fases de desarrollo, y muchos elegían vivir sin ella. Había dos opciones: la metoidioplastia, que hipertrofia el clítoris con hormonas y luego lo libera para que se separe del cuerpo como un pequeño falo, o la faloplastia, en la que se crea un pene con el injerto de tejido de otras zonas, como el brazo o el muslo. En cualquier caso, se puede recolocar la uretra a través del falo para permitir la micción y los labios mayores se pueden coser para formar un escroto en el que es posible insertar prótesis testiculares.

Liam me dijo que no tenía ninguna prisa por llevar a cabo ninguna de estas intervenciones, y esperaba que, para cuando estuviera listo, fueran más avanzadas.

* * *

POCO DESPUÉS DE HABER PASADO una temporada con Liam durante la primavera de 2014, entró en la vida adulta con una extraordinaria velocidad. Cumplió los dieciocho. Fue al baile del instituto —se puso un esmoquin plateado, y sus mejores amigas, unos vestidos de organza extravagante—. Se graduó como segundo de la clase. Se sometió a la operación de masculinización del tórax y se fue de casa a un programa de verano en la Universidad de Míchigan, donde se matriculó como estudiante en septiembre de 2014. Volvió a salir con chicas y consiguió inyecciones de testosterona a través del centro de salud para estudiantes de la universidad, que ahora ofrecía la transición de género como parte de sus servicios.

Celebró el 4 de julio publicando su primera foto sin camiseta en Twitter. «¡Feliz Día de la Independencia! Dicen que nunca subas nada de lo que te puedas arrepentir, pero, la verdad, me arrepentiría si NO la subiera: la primera vez que siento el sol en el pecho. Tres semanas y cuatro días de postoperatorio y dos días con testosterona. ¡Todavía me cuesta tanto creerlo! Gracias, mamás, por todo lo que habéis hecho. No estaría aquí sin vosotras»[430].

En la fotografía, tomada por Beth en el parque que hay al lado de su casa, Liam lleva pantalones de camuflaje caídos, obviamente, para enseñar la banda de los calzoncillos de American Eagle. Su pecho es de aspecto masculino, pero aún tiene las caderas redondas —la testosterona lo cambiará pronto— y ese aspecto serio y cohibido de cualquier adolescente que está averiguando qué hacer con su nuevo cuerpo.

Junto a una imagen de sí mismo, con dieciocho y sin camiseta, escribió un tuit: «Soy feliz. Incluso cuando estoy molesto, soy feliz»[431].

Sean y Charlote

Sean: miembro de Riot Youth, estudiante de último curso de instituto en Ann Arbor; luego estudiante de universidad en Massachusetts, últimos años de la adolescencia. Pronombre: elle.

Charlotte: exmiembro de Riot Youth, pareja de Sean, activista y estudiante a tiempo parcial; Ann Arbor, veintipocos años. Pronombre: ella.

Augustine: pareja posterior de Sean, empleade en la industria alimentaria; Ann Arbor, veintipocos años. Pronombre: elle.

Elizabeth: madre de Sean, profesora universitaria; Ann Arbor, cincuenta y pocos años. Pronombre: ella.

Cada año, Riot Youth organizaba un baile queer, y programé la visita a Míchigan durante la primavera de 2014 para que coincidiera con él. El tema de este año era «Los 80 contra los 90», y disfrazaron una sala de reuniones en el centro de Ann Arbor para que fuera discoteca. Alrededor de las 05:00 p. m., los muchachos —algunos parecían que aún no habían pasado por la pubertad— empezaron a llegar bajo un letrero que indicaba las normas de la casa: «El baile queer es para la juventud LGTBQCA porque los bailes escolares normales no siempre son espacios seguros ni acogedores». No se permitían drogas, desnudez, tocar sin permiso, «quedarse mirando, señalar ni quedarse con la boca abierta mirando al resto». Y faltaría más: «Respetad los nombres y los pronombres de las personas. Si no los sabes, pregunta».

Parecía que los años 80 eran recordados como un gótico fluorescente y los 90, como un *grunge* de franela: el primero era perfecto para los chicos gais y los emos, mientras que el último era perfecto para los queers. Pero no mucho más distinguía esta fiesta de cualquier otra fiesta adolescente, excepto por el hecho de que algunas chicas llevaban las cabezas rapadas con colas de rata y se besaban con otras chicas.

Liam estaba ahí, con sus pantalones de algodón y una camisa escocesa. Me dijo que iba de *Yo y el mundo*, la clásica serie de comedia de los 90, pero parecía él mismo. No bailó y se escapó temprano. Cada vez estaba más incómodo con el término *queer*, que parecía «haber tomado todo el espacio en Riot Youth. Cuando hablaban de personas hetero, normalmente se referían a otras personas que eran enemigos homófobos o "aliados". Y yo pensé: "¿Qué pasa conmigo? Estoy aquí, soy hetero"».

* * *

En ese baile queer, la canción más popular, por lejos, fue el tema principal de *Frozen*, la película de Disney. Cuando sonaba, los jóvenes eufóricos, se reunían en círculos, levantaban los brazos al aire y coreaban: «Let it go! Let it gooooo!». En uno de los grupitos más enloquecidos estaba la pareja que era, prácticamente, el centro de la comunidad del Riot Youth: Sean y Charlotte.

Sean, que acababa de cumplir dieciocho años, tenía una figura pequeña, con curvas, y llevaba el estilo del manga: botas de montaña y pantalones vaqueros cortos, muy cortos, rajados; gafas de pasta de gran tamaño bajo un flequillo igualmente exagerado, del que salían mechones, como en los dibujos animados, que parecían residir en la boca de su dueñe. Charlotte, dos años mayor, llevaba el pelo teñido de color castaño rojizo en dos trenzas vikingas que caían de debajo de su sombrero fedora vintage, su característica distintiva.

Charlotte era más alta que Sean y, hacia el final de la noche, alzó en brazos a su pareja y le dio un beso con lengua bastante prolongado. Los jóvenes alrededor estallaron en un típico grito de alegría. Un poco más tarde, al hablar sobre este momento, Sean puso los ojos en blanco de una manera muy teatrera detrás de aquellas gafas tan grandes: «¡Heteroaliados! A veces me cabrean y siento que necesitamos nuestro propio espacio como personas queer».

Un poco antes ese mismo día, mientras estábamos pasando el rato en la Zona Neutral —el centro de ocio juvenil que era el hogar de Riot Youth—, Sean me instruyó en las taxonomías de sexo y género del día: «Soy pansexual pero homorromántique. Eso significa que puedo acostarme con cualquier género, pero en una relación solo estaría con mujeres o personas *genderqueer*. Yo misme soy *genderqueer*, por lo que utilizo el pronombre "elle"».

Sean tenía una manera de ser dulce y tímida, y unos modales casi corteses que contradecían su rol como ideólogue principal del Riot Youth. Su madre, Elizabeth, era una filósofa feminista que crio a su hija bajo el precepto de que el género era un constructo social del patriarcado y estaba diseñado de manera que la prescripción de los roles mantuviera a las mujeres subyugadas. Pero si el proyecto de la generación de Elizabeth era derrocar este «sistema de castas» empoderando a la mujer, Sean era partidarie de un nuevo proyecto revolucionario: «Hacer borrón y cuenta nueva. Si el binarismo de género dice que existen el "hombre" y la "mujer", nos salimos de esto. No prestamos atención al género como contrato social; para nada. De hecho, creo que es un poco tonto y muy violento. ¿Quién querría formar parte de ello?», me dijo.

La sala de reuniones del Riot Youth estaba cubierta de obras de arte y con asientos de tela rellenos de bolitas en el suelo. En el piso de abajo había mesas comunales, un banco con terminales de ordenador, un estudio de grabación y el espacio cavernoso en el que se iba a celebrar la fiesta. Mientras hablábamos, Sean no quitaba el ojo de encima del equipo encargado de la decoración: parecía que el tema de «los 80 contra los 90» necesitaba cubos de purpurina. Cuando pregunté por el género de los demás jóvenes Sean respondió con una paciencia exagerada: «Cada quien tiene su propio género. Existen tantos géneros en el mundo como personas, o sea, unos siete mil millones, ya que no hay dos personas que experimenten la masculinidad y la feminidad de la misma manera. Cada une es su propio "yo"». Sin embargo, existían marcadores subculturales, que Sean me explicó a grandes rasgos: «La manera en que las personas caminan o se desplazan, en que nos sacamos la lengua de una manera amistosa; la manera en que se afeitan parte del pelo o llevan colas de rata; la manera en que te contienes, sonríes y hablas».

Por supuesto, también había un componente político. Sean había elegido ser queer «porque es un término de gran enfado. Es radical». En una época en que las personas homosexuales tenían interés por casarse y tener hijos, señaló, «siento que no somos como el resto. No quiero que se me asimile a una cultura hetero».

Me pregunté si la elección del término *queer* no era —al menos, en parte— simplemente un cambio léxico: queer no estaba demasiado extendido como insulto en Estados Unidos, algo que sí ocurría en Gran Bretaña e incluso en la liberal Ann Arbor, y «¡qué gay eres!» seguía siendo el insulto de referencia en el patio de recreo, que se podía aplicar a cualquiera que estuviera haciendo algo que no te gustara. Para la generación de Sean, *queer*, en realidad, no tenía una connotación negativa tan grande.

Indigo, una amiga de Sean, estaba con nosotros aquella tarde, con el pegamento de purpurina y cartulina. Me explicó lo queer haciendo una comparación con la generación de su madre. Desde que era pequeña, su madre —una feminista bisexual— la había llevado consigo al Womyn's Music Festival de Míchigan. Indigo acudió cada año, aunque lo pasaba mal con la política de entrada del festival, tan controvertida: las mujeres trans estaban excluidas. «Hay una división enorme entre las generaciones», me dijo Indigo, y no solo porque a las mujeres mayores del festival les gustaba «la pintura corporal y las guitarras acústicas», mientras que las más jóvenes hacían «pogos y círculos de velas»: «Somos más fluidas. Nos molestan menos las categorías. Eso es lo que nos convierte en queer».

La cultura juvenil queer oscilaba entre dos posiciones aparentemente contradictorias expresadas por Indigo y Sean: por una parte, había un abrazo de la fluidez y, por la otra, una serie de identidades fijas que no dejaba de proliferar. Conforme fue pasando el tiempo que estuve con estos jóvenes, me di cuenta de que el impulso por categorizar y la aseveración de la fluidez no eran tan contradictorios como podrían parecer en un principio: era su intento por expandir el binarismo de género que habían heredado en un espectro, utilizando las categorías para colocarse durante el camino de la manera en que creían que encajaba mejor con cómo se sentían. Y la misma decisión de liberarse de la masculinidad o de la feminidad que les prescribieron al nacer, junto con su presunta heterosexualidad, les dio una causa común. Esto es lo que me dijo Sean al explicarme la diferencia entre queer y gay: «Queer es nuestra cultura, quienes somos. Gay describe el tipo de sexo que practicamos, lo que hacemos».

En mi generación, la «homosexualidad» era lo que hacíamos y «gay» era quienes éramos. Me dio la sensación de que para la generación *genderqueer* de Sean, «elle» era el nuevo «gay». Declararme gay en la década de 1980 no consistió solo en reconocer mi sexualidad y ser fiel a mí mismo, sino que se trataba de identificarme con una subcultura política y social y separarme, con una actitud algo desafiante, de lo corriente. Tal vez Sean estuviera haciendo lo mismo con su nombre masculino y los pronombres, que suponían contorsionismos gramaticales.

«Cuando me declaré lesbiane a los quince años, mis padres no tuvieron ningún problema. Pero cuando me declaré *genderqueer* al año siguiente, me dijeron que ni hablar, que no podía ser», me dijo Sean.

Sean era sangre azul en Ann Arbor, hije de una profesora ilustre y de un doctor en medicina. En cuanto recibieron una carta por parte de su hije en la que los informaba del cambio en el nombre y el género, sus padres convocaron una reunión: «Me dijeron: "¡Eres judía y Sean es un nombre irlandés! Eres femenina y Sean es un nombre masculino, ¡no puede ser!"». Ahora, un año más tarde, «me siguen llamando por mi nombre legal y utilizan "ella". Para ellos es muy complicado cambiar, y yo les digo: "Si lo intentáis durante dos meses, será difícil, pero luego lo pillaréis, ¿vale?"».

* * *

«ERA RARITE Y UNE EMPOLLONE, estaba obsesionade con sacar buenas notas; estuve muy aislade socialmente el primer año en Community», me dijo Sean sobre el instituto público imán de Ann Arbor. Eso fue hasta que un chico guay de la clase de Sean empezó a prestarle atención. Se llamaba Max y todo el mundo utilizaba el pronombre «él» con él, incluso sus profesores: era un músico de rock que se vestía y aseaba de una manera totalmente masculina, a pesar de que aún no hubiera empezado a tomar hormonas.

«¡Eres un *sasquatch*!», le dijo Max a Sean. El *sasquatch* era una bestia semihumana de la mitología de los pueblos originarios de Estados Unidos, también conocido como Bigfoot o Pie Grande. Resonaba como algo que estaba aún sin formar y era el término que tenía Max «para una persona queer que aún no se había declarado», me contó más tarde Sean entre risas. «Max dijo que tenía el potencial», e invitó a su nueve amigue a la Alianza Queer-Heterosexual del instituto. Al igual que otros centros progresistas, Community cambió el nombre de su club de afinidad LGTB de Alianza Gay-Heterosexual (GSA, por su sigla en inglés) a Alianza

Queer-Heterosexual (QSA, por su sigla en inglés). Los GSA existían desde la década de 1980[432], supervisados por orientadores, para luchar contra el acoso escolar homófobo. En 2018 había miles de clubes así en los centros escolares de todo el país. Ofrecían un espacio para los estudiantes queer y una manera para que también pudieran visibilizarse: podían acceder, con bastante seguridad, como «heteroaliados».

En la primera fiesta del QSA a la que fue Sean, una noche en el sótano de la casa de una chica mayor, estaban jugando a «diez dedos», uno de esos juegos adolescentes que te hacen confesar cosas emocionantes e incómodas. Cuando alguien preguntó: «¿Te has acostado con alguien?», Sean levantó un dedo sin darse cuenta siquiera, «y todo el mundo me miró, en plan: "¡Vaya con la *sasquatch!*"». Sean relató un incidente con una chica cuando eran más jóvenes, y dijo que era bi.

«¡Venga ya! Eso ya lo hemos visto, lesbianas que dicen que son bi porque les da mucha vergüenza admitirlo», dijo una de las chicas mayores.

Los demás coincidieron, y «aquello me cabreó, porque sabía que me atraían los hombres», dijo Sean. Lo que siguió fue «un tiempito de confusión». En realidad, fueron seis largos meses en los que Sean agonizó sobre si era realmente bi o si solo lo decía para ganar capital social en este nuevo grupo de personas guais que parecían querer ser sus amigos. «Al final hice un análisis de costes y beneficios sobre declararme como heteroaliade, bi o lesbiane, y pensé: "¿Sabes qué? Soy queer". Así que eso fue lo que dije y es en lo que me he convertido».

Entonces Sean empezó a salir con Charlotte, que acababa de visibilizarse como trans. «Charlotte era la primera persona a la que veías y oías. Una voz que retumbaba; sobresalía por encima de todo el mundo —ya medía un metro ochenta— y tenía una melena oscura. Era imposible no verla. Decía lo que le pasaba por la cabeza. Yo no podía creer algunas de las cosas que soltó por esa boca. A veces le decía que usara su botón de editar. Esto siguió siendo una fuente de tensión en nuestra relación». Pero era también lo que hacía que Sean la admirara: «Era muy radical».

Un día, pasando el rato en casa de Max, Sean y Charlotte se enfadaron por la manera en que «Max estaba tocando las mismas cinco notas en el piano, una y otra vez. Nos empezamos a abrazar, casi por aburrimiento».

En una semana, Sean estaba pasando el rato en casa de Charlotte y comenzaron a salir. Fue su primera relación.

* * *

A Charlotte le asignaron sexo masculino al nacer. Me contó que la primera vez que escuchó la palabra *transexual* fue en la National Public Radio, a los diez años más o menos: «Estas personas son horribles», dijo su madre. Pero Charlotte pensó: «¡Vaya, no soy la única!». Corría el año 2005 y Charlotte ya se conectaba a internet. Encontró Laura's Playground, una web con «recursos trans», y, a través de la función del chat, se hizo amiga de una chica en Australia. Después, en un videojuego MMO (multijugador masivo en línea) llamado *Guild Wars*, decidió, por capricho, escoger un avatar femenino: una hechicera que escupía fuego. Se unió a una reina guerrera. Ambas se protegían en el juego y se hicieron íntimas en una sala privada, en la que chateaban durante horas. La reina guerrera resultó ser una mujer alemana que se estaba quedando ciega, y Charlotte le confió que le habían asignado sexo masculino al nacer, pero que se sentía una chica. Era la primera vez que se lo decía a alguien. A los dieciséis años, en el otoño de 2010, decidió salir del armario. Fue al instituto con ropa de chica y facilitó a sus profesores su nuevo nombre y pronombre.

«Así fue», me dijo Charlotte cuando nos conocimos el día del baile queer, algo más temprano, en un café de Ann Arbor, tomando un té servido en tazas demasiado grandes. El tema de *Frozen* era de verdad el himno adolescente de la temporada: «Salir del armario fue como… Madre mía, *let it go*. Estaba lidiando con tantas otras cosas en mi vida, mi familia desquiciada, arreglarle la vida a mi hermano pequeño…». Charlotte había escuchado bastantes historias de otros diciendo lo difícil que les resultó salir del armario, pero según ella, «me quitó un peso de encima y, sinceramente, me puso las cosas más fáciles».

Al igual que Sean, Charlotte era judía, pero venía de un ambiente muy diferente. Sus padres se separaron siendo ella muy pequeña. Su padre fue una figura en gran medida ausente, y tanto ella como su hermano vivían con una madre y un padrastro difíciles. Charlotte se fue de casa a los dieciséis años, a vivir con familiares. A través del seguro de su padre consiguió que le cubrieran el tratamiento hormonal aduciendo un trastorno endocrino. Tres años después seguía teniendo nuez y vello facial, pero ahora tenía curvas —«¡Me duelen tanto las caderas! Los huesos están creciendo mucho más tarde de lo que deberían»— y pechos. «No es que diga: "¡Mis tetas! ¡Me encantan!". Es más como que las hormonas me hacen sentir más normal».

Aun así, seguía habiendo un vacío entre cómo se sentía y el aspecto que tenía. Describió la disforia de la pubertad —cuando su cuerpo empezó a producir vello y la voz se le volvió grave— con la fluidez de alguien que lleva tiempo utilizando palabras para llenar ese vacío, para explicarse a sí misma y a los profesionales, a los familiares o al mundo entero: «Cuando era niña sabía exactamente quién era. Pero me daba miedo decirlo, así que era como si tuviera a una persona diferente viviendo dentro de la cabeza. Mi proceso de pensamiento y el de acción se separaban en personas diversas. Mi cuerpo físico no seguía lo que quería mi cerebro». Conforme su cuerpo se transformó de la androginia de la niñez hacia la masculinidad, «era como si estuviera en una nave espacial dándoles a todos los botones para tratar de hacer algo, pero sin que [la nave, el cuerpo] obedeciera. La persona en mi cerebro se hizo mayor, tenía una personalidad, mientras que la de mi cuerpo se desarrolló por un camino totalmente distinto. Fue emocionalmente traumático el hecho de estar simplemente en mi cuerpo, porque no podía tener el aspecto de la persona en mi cabeza».

* * *

Si CHARLOTTE UTILIZÓ Laura's Playground y *Guild Wars* para entender su identidad de género, el que le enseñó a Sean a través de internet fue Tumblr, la plataforma que se convirtió en una piedra angular para la cultura juvenil queer y el sitio de blogueo preferido para quienes la conforman. En Tumblr, los jóvenes podían probar diferentes estilos e identidades con texto e imágenes que eran fáciles de refinar antes de sacarlas al mundo exterior.

El nuevo nombre de Sean se le ocurrió «de repente una noche, y sentí que encajaba». Se lo contó a Charlotte, que «hizo el cambio inmediatamente. Me impresionó bastante». Entonces Sean empezó a utilizar ese nombre y a probar los pronombres «él» y «elle», por internet y en el Riot Youth, durante unos buenos meses antes de escribir la carta a sus progenitores.

«Odiaba mi cuerpo. De verdad, lo odiaba. Y ahora tenía una palabra para lo que estaba sintiendo: "disforia"», me dijo. Sean lidió con esta sensación fajándose «con vendas elásticas, algo que era increíblemente incómodo y, también, peligroso». Los sentimientos de disforia fluctuaban, y en los días en que no la sentía, Sean iba sin sujetador, como cuando nos conocimos a raíz del baile queer.

Cuando hablamos unos cuantos años después, Sean vinculó directamente su disforia a la depresión y a un sentimiento de impotencia sobre ser mujer durante la adolescencia. Me contó que esto tenía conexión con las reiteradas experiencias de acoso sexual que sufrió en las calles de Ann Arbor: el aspecto que tenía llamaba la atención, en excesivas ocasiones y de manera lasciva, de hombres mayores. Quería asegurarse de que yo entendiera que esta había sido su propia experiencia, y que el «patriarcado» no era, ni mucho menos, la causa de la disforia de la mayor parte de las personas trans.

En el instituto, Sean llegó a pensar sobre sí misme que era «trans no binarie»: estaba saliendo con Charlotte y empezaba a formar parte de una subcultura que valorizaba tanto la autenticidad como los problemas de las personas trans. Pero, aunque no se sintiera cómode como mujer, tampoco creía firmemente que fuera un hombre como para someterse a la transición médica. La ronda de presentación al principio de cada reunión del Riot Youth le ofreció la posibilidad de utilizar el pronombre «elle», Tumblr le facilitó la categoría de *genderqueer*[433] y una identidad.

Con esta nueva identidad, Sean salió de su caparazón de niña tímida. Se unió a GayRilla, el programa de teatro de Riot Youth que acudía a centros escolares para crear conciencia y buscar apoyo, y se convirtió en líder del proyecto más ambicioso del grupo: una «encuesta de satisfacción» en los centros escolares del sudeste de Míchigan.

* * *

La mañana siguiente al baile queer acompañé a Sean a una reunión para la encuesta de satisfacción de la Alianza Gay-Heterosexual en la Escuela de Artes de Detroit. Detroit estaba a menos de 65 kilómetros, pero estos muchachos provenían de un lugar muy distinto al de sus invitados blancos de la ciudad universitaria. Los chicos de Detroit, casi todos afroamericanos, utilizaban un lenguaje diferente: rechazaban la palabra *queer*, que consideraban una indulgencia de las zonas residenciales, mientras que ellos estaban empezando a hablar sobre sus orientaciones sexuales e identidades de género. Una chica salió del armario de manera bastante dramática durante la reunión, y durante un rato el proceso viró hacia afirmarla y ayudarle a encontrar la manera de lidiar con sus padres y profesores. Sean manejó el asunto con aplomo.

Me quedé en Detroit después de la reunión para hacer una visita al Centro Ruth Ellis, una agencia de servicios sociales y refugio para la juventud LGTB. Al igual que la Zona Neutral, el hogar de Riot Youth en Ann Arbor, el centro también estaba situado en una zona industrial reconvertida. Pero el contexto no podría haber sido más diferente en el terreno baldío postapocalíptico de Highland Park, al lado de la planta abandonada de Ford. Estaba cerca del parque Palmer, la principal zona de *cruising* de Detroit y donde pasaban el rato las personas negras trans y gais. Al menos nueve personas trans o con inconformidad de género fueron asesinadas en Detroit entre 2011 y 2018. A todas se las vio por última vez en el parque Palmer, donde gran parte de la juventud que acudía a los servicios de Ruth Ellis se ganaban el pan —y pagaban las hormonas que compraban en la calle— a través del trabajo sexual. Es difícil verificar las estadísticas[434], pero hay estudios que estiman que en la década de 2010, entre el 20 % y el 40 % de la juventud sin techo de Estados Unidos era LGTB, y en una amplia encuesta de 2015 sobre personas trans[435], un tercio reportó haber estado sin hogar en algún momento de su vida. Este nefasto resultado tenía relación, sin duda, con otra estadística: el 50 % había experimentado algún tipo de rechazo por parte de su familia.

Los lunes se celebraba la Noche de Dejarse Caer en el Ruth Ellis, y aunque la mayoría de los que se dejaban caer se estaban liberando en una sesión de *vogue* en el gran espacio común que había al fondo, yo acudí a un grupo de debate sobre juventud trans en la sala de reuniones. Después de presentarme y hablar un poco sobre mi investigación en Ann Arbor, las seis personas que estaban ahí me miraron como si hubiera venido de otro planeta. La líder irrefrenable del grupo, una autodidacta de veintiún años llamada Emani Love, dijo: «Eso es otro país. ¿Ha traído el pasaporte?». Todo el mundo rio.

Jay era el único blanco —y el único chico trans— en la sala, un fugado del sistema de acogida de Carolina del Norte. Pudo entrar, de manera bastante excepcional, en una terapia hormonal de reemplazo bien administrada gracias a una subvención por discapacidad que el centro le había ayudado a conseguir. Pero no lo tenía fácil para poder dar el siguiente paso, necesario para obtener un empleo remunerado: tan solo el cambio legal del nombre y del marcador de género —un prerrequisito para los documentos nuevos— costaba cuatrocientos dólares. Vivía de su subvención por discapacidad y del trabajo sexual ocasional, que anunciaba por internet.

«Si una persona como yo quiere operarse, es que no lo voy a lograr», dijo Emani Love. Esto la llevó a un cierto nivel de autoaceptación: «Mi cuerpo es como es».

Una joven que se identificaba como trans pero que iba vestida —para la calle— con ropa de hombre, coincidió: «Trabajamos con lo que tenemos, pero sabemos quiénes somos».

Esto último era clave. Aunque no contaran con el apoyo de sus familias como Liam, o con el acceso a los medicamentos como Charlotte, o con la libertad para explorar como Sean, tenían un entendimiento muy claro de lo que significaba el género: se podían insertar en la matriz de la sexualidad y del género igual que cualquiera de los otros jóvenes en Ann Arbor, a pesar de que en ocasiones utilizaran palabras diferentes.

Como muchas de las personas jóvenes de Riot Youth, Emani Love supo lo suyo desde la infancia. Igual que Liam, Charlotte y Sean, en un principio también tuvo problemas con su madre, que era soltera y contaba con una subvención por discapacidad a causa de una amputación. Al final, terminó aceptándola. Pero a diferencia del resto de Ann Arbor, ella no contó con ningún apoyo cuando se sumió en una crisis durante la disforia de género activada por la pubertad. En su caso fue por el cambio en la voz, que le impidió seguir cantando con las niñas en el coro de la iglesia.

Dejó los estudios y estuvo «cuatro años perdida», hasta que encontró el Centro Ruth Ellis.

* * *

ANTES INCLUSO DE QUE SEAN escribiera la carta declarándose trans a sus padres, su vida familiar era tensa. Su padre y su hermano pequeño estaban en conflicto constantemente: «Había tantos gritos en casa; yo también me peleaba con mi padre por querer más autonomía. Y sobre política. Él creía que el capitalismo era el mejor sistema del mundo y que nada más estaba a la altura».

Después del cambio de nombre y de género, las relaciones familiares se deterioraron aún más. Justo después de que Sean cumpliera dieciocho años le echaron la bronca por haber llegado tarde a casa. Se fue furiose y se mudó con Charlotte, que acababa de encontrar un piso con una amiga en un bloque de apartamentos a las afueras de la ciudad, a un trayecto en bus de Community, donde Sean estaba cursando el último año.

La pareja estaba viviendo ahí cuando la conocí unos meses más tarde, durante el fin de semana del baile queer. A Sean le acababan de conceder una beca completa para asistir a una universidad en Massachusetts, y sus padres le estaban presionando para que la aceptara, en gran parte porque no les gustaba la influencia de Charlotte y querían que Sean se expusiera a un mundo más grande. Pero Sean estaba decidide a quedarse en Ann Arbor y a estudiar fotografía en el centro de estudios superiores local.

Sean estuvo «muy deprimide» durante la etapa anterior a que tomara el nuevo nombre e identidad: «Estuve durante meses sin poder dormir». Convertirse en Sean y despojarse de su género femenino fue un «gran alivio». «Todas aquellas expectativas que tenía encarnadas en mi nombre femenino desaparecieron. Sobre la feminidad, sobre ser una persona que quiere sobresalir en todo. Por fin fui mi propia persona. Me podía hacer a mí misme».

* * *

«Nos impresionó profundamente la manera en que Sean pareció abrirse socialmente cuando salió del armario y se unió a Riot Youth», me contó su madre, Elizabeth, cuando nos reunimos una tarde en su oficina en el campus de la Universidad de Míchigan. «Hasta se cortó el pelo y se lo tiñó de un color llamativo, casi como una forma de obligarse a sí misma a ser extrovertida». Elizabeth también valoró que Sean se convirtiera en líder del Riot Youth. «Pero lo que nos chocó fue que se declarara trans» más o menos un año después. «Fue como una bomba, para nosotros no tenía sentido».

Elizabeth era una renombrada académica feminista y también lo parecía: llevaba un flequillo sensato y gafas de abuelita, un suéter sencillo y pantalones plisados pasados de moda. Quería dejar claro que no era crítica, ni mucho menos, con la identidad trans: «Es reaccionario oponerse a la identidad trans por principio. La gente tiene que encontrarse a sí misma». Pero estaba «absolutamente confundida» por su propia hija: «En la medida en que la identidad de Sean significa un repudio de las normas de género y la identificación con una comunidad que rechaza de manera similar todo ese sistema de categorización, lo puedo comprender. Pero creo que lo que Sean quiere decir al ser "trans" o "queer" va más allá de eso y, sencillamente, no sé cómo entenderlo».

Elizabeth recordaba que la primera vez que Sean se visibilizó —como lesbiana— lo hizo, apropiadamente, de una manera poco seria: «Literalmente, se escondió detrás de un armario en nuestra habitación y salió de repente. Fue divertido, porque no era que ella hubiera necesitado estar en el armario con nosotros. "Vale, bien. Qué bueno saberlo"». De hecho, fue «algo así como un alivio», dados los peligros de la heterosexualidad adolescente: «Si lo piensas bien, una identidad lésbica es mucho más segura. No hay embarazos, no hay fiestas en las que te emborrachas y algún *creepozoide* te viola durante una cita. Qué horror. Me dejó aliviada que no fuera a estar expuesta a eso y, más importante aún (esto viene por mi feminismo), creo que un gran peligro que corren las chicas adolescentes heterosexuales es que sienten que su identidad tiene que ir unida a la de algún chico. No quería que Sean tuviera ninguno de esos problemas de autoestima».

Pero cuando Sean se visibilizó como trans, fue de una manera completamente distinta: «Una larga carta dejando las cosas claras: el cambio de nombre, el pronombre». En la conversación que tuvimos casi tres años después, Elizabeth consiguió dominar el nombre, pero aún le costaba el pronombre. Esto señalaba una inquietud sobre la nueva identidad de Sean que iba más allá de la incomodidad gramatical, en tanto que Elizabeth seguía sin poder entenderlo. «A Sean siempre le gustaron las cosas de chicas de pequeña. Disfruta en su cuerpo femenino —lo que me encanta— y antes de esto nunca había expresado ningún interés en la masculinidad».

Le dije a Elizabeth que su recuerdo sobre la relación de Sean con su cuerpo femenino estaba completamente en desacuerdo con la consideración de la propia disforia de Sean. ¿Recordaba alguna de las experiencias de las que me habló Sean sobre recibir atención sexual inapropiada?

Resultó que Elizabeth se acordaba claramente: cuando Sean servía helados detrás de un escaparate de cristal en una tienda del centro, «había hombres que se acercaban y hacían cosas raras, como poner una nota adhesiva con su número de teléfono en la ventana... ¡a una niña de catorce años! Un tipo fue hasta la ventana y empezó a chuparla mientras ella preparaba un cono de gofre». En efecto, Sean se vio expueste a «un número inusualmente alto de hombres depredadores a una edad temprana... No todas las mujeres tienen la misma experiencia de la encarnación femenina, a una edad tan temprana, como Sean». Aun así, si este era el problema, Elizabeth no estaba segura de que abandonar la feminidad fuera la respuesta.

Elizabeth entendía la política de la identidad de Sean, pero le preocupaba que fuera solo eso: una representación, un gesto social o político o una forma de esconderse, en vez de algo que sentía profundamente. La réplica de Sean fue el razonamiento de *Born This Way* («nací así»), el estribillo de la canción de 2011 de Lady Gaga que se convirtió en una especie de himno para la juventud estadounidense queer. Le dije a Elizabeth que yo lo veía como une joven advirtiendo a sus padres que no se entrometieran: «No intentes cambiarme». Yo utilicé la misma táctica con mis padres cuando me declaré gay a los dieciocho años, aunque no hubiera estado seguro, ni mucho menos, de mi razonamiento. Pero para Elizabeth, que entendía el género como un constructo, no tenía sentido en absoluto. A ella le parecía que, si acaso, la adquisición de su hija de una identidad *genderqueer* era precisamente lo contrario: «Sean encontró una comunidad de gente en la que encajaba, y eso provocó una transformación de su identidad. Bajo mi punto de vista, es perfectamente legítimo. ¿Por qué no?».

* * *

En noviembre de 2014, seis meses después de haber conocido a Sean y a Charlotte, fuimos a cenar a su restaurante de comida china favorito de South Main, en Ann Arbor. Mientras hablábamos sobre el activismo, tuvieron una discusión. Tuve la sensación de que ya habían debatido sobre eso.

«Llegas a un punto en el que dejas de decir "que te den" a todo el mundo. Puedo ir por ahí y ser queer y radical, o puedo ser una chica más y encajar en la cultura», dijo Charlotte.

«Mi identidad esencial es ser queer», dijo Sean suave pero firme.

«Hay muchas personas dentro de la comunidad trans que en realidad no son transexuales», respondió Charlotte, y utilizando el pronombre inclusivo, pero atacando claramente a su pareja, siguió: «Y para elles es como que: "Vamos a enfadarnos, echarnos a las calles, armar jaleo". Pero para otras —transexuales de verdad, como ella— es una cuestión de seguridad. No necesariamente quieren sacar las cosas muy a la luz, solo quieren sobrevivir. Me estoy dando cuenta de que yo estoy más en la cultura antigua que en la nueva».

«Yo, al contrario», dijo Sean.

«Eso es porque no eres transexual», espetó Charlotte, y luego se dirigió a mí: «Sean es una de esas personas que dicen que salgas y cambies el mundo. Hay muchas personas transexuales mayores que, en vez de eso, se están centrando en cuidar de los suyos en la comunidad».

Charlotte estaba haciendo hincapié en la diferencia que había entre ella y Sean. Ella se consideraba transexual porque había modificado de manera permanente su cuerpo con hormonas, si bien aún no con operaciones quirúrgicas. Sean, por otro lado, no se había sometido a ningún tipo de intervención médica, y Charlotte decía que eso le brindaba muchas más opciones en el mundo.

La pareja tenía una palabra ingeniosa y algo burlona para las personas a las que les atraía esta subcultura porque era guay o rebelde: *trans-trenders**. Tres décadas antes, cuando estudiaba en una universidad estadounidense, las equivalentes a las *trans-trenders* eran las LUG, que es la sigla en inglés para «lesbianas hasta el momento de graduarse». Fueron muy criticadas por las bolleras de pura cepa, pero al observar ahora a mis amigas, algunas de las cuales se casaron con hombres y tuvieron hijos, me parecía que en vez de haber abandonado sus experimentos en la época de estudiantes habían transportado aquellas experiencias a sus vidas profesionales, a sus relaciones y a la manera que tenían de criar a sus hijos. Siguiendo la misma lógica, me pregunté si era tan malo que jóvenes como Sean resultaran ser *trans-trenders*.

Después de Ann Arbor, me fui hacia el oeste para averiguarlo.

Rose

Rose*: exmiembro de Riot Youth, química; Oakland, unos veinticinco años.
    Pronombre: ella.
Janie*: pareja de Rose, estudiante de Derecho, unos veinticinco años.
    Pronombre: ella.
Fiona*: siguiente pareja de Rose y esposa, editora de mesa; Portland, unos
    veinticinco años. Pronombre: ella.
*Seudónimos.

---

* *Trend* significa «moda» en inglés, por lo que el término quiere decir «persona que sigue la moda trans». (N. de la T).

Rose era exmiembro de Riot Youth y tenía unos cuantos años más que Sean y Liam. Cuando nos conocimos en noviembre de 2014, estaba viviendo en el Área de la Bahía de San Francisco, en un bungaló muy lindo, junto con su pareja, Janie. Se conocieron cuando estudiaban en la Universidad Reed, en Oregón. Ahora Rose trabajaba en la industria petroquímica y Janie estaba estudiando Derecho. Rose tenía un encanto gallardo y mordaz; era delgada, con aspecto de muchacho y piel oscura. Le gustaba «pavonearme y hacerme la dura, como cualquier *butch*», me dijo. Durante unos años estuvo viviendo como un hombre llamado Fynn, y aún tenía una voz grave masculina y algo de vello facial a consecuencia de los siete meses que había estado tomando testosterona cuando tenía diecinueve años, durante su primer año en la universidad.

Siempre fue marimacho, y a una edad temprana, a los doce años, salió del armario. La adolescencia no fue nada fácil, pues no solo tenía el aspecto de un muchacho, sino que era pobre y birracial en la ciudad de blancos Ann Arbor —su madre era una inmigrante asiática—. Sufrió acoso escolar cuando estuvo en Huron, una escuela pública grande. Normalmente, eran otras chicas las que se metían con ella. En una ocasión le dieron una paliza y la tiraron por las escaleras. «No me sentía cómoda dando parte de ello. Entonces todo el mundo sabría que era gay», me dijo. Los profesores, a diferencia de los de Community, que era más progresista y donde estudiaron Sean y Charlotte, no ayudaron para nada: «Había dos mujeres mayores que no habían salido del armario, a pesar de que tenían fotos de los mismos niños en el salvapantallas. No se saludaban cuando se cruzaban por los pasillos y evitaban a los niños gais como la peste. Una tragedia».

Rose encontró un anuncio de Riot Youth «en una esquina olvidada» a los trece o catorce años. «Estaba muerta de miedo, pero fui. Creo que durante semanas nadie se dio cuenta de que estaba ahí». El grupo le cambió la vida, principalmente «porque estaba expuesta a personas mayores que tenían estudios, dinero, conexiones por todas partes. Dije: "Yo quiero eso". Si no hubiera sido por el Riot Youth, creo que no habría ido a la universidad».

Rose solo era cuatro años mayor que Sean, pero las nociones de lo *genderqueer* y los pronombres no binarios acababan de surgir cuando se unió al grupo en 2008. Por eso siempre se sentía un poco confundida en la ronda de los pronombres: «Solía decir: "Utilizo el pronombre masculino en femenino" o "Utilizo el pronombre femenino en masculino", y todos se reían porque no tenía ningún sentido».

Rose evocó a Liam, a quien sabía que había estado entrevistando, para insistir: «¡Liam es un tío! Es tan... un tío. Es un chico adolescente, eso es lo que es. Para mí fue diferente, yo nunca tuve una fuerte convicción de que me fuera a funcionar solo "hombre" o solo "mujer"». Al final tomó la decisión «que pareció la más fácil que había en ese momento»: se cambió el nombre por el de Fynn y el pronombre por «el de toda la vida, el masculino, que se podía entender».

Echando la vista atrás, Rose sentía que un chico trans un poco mayor del Riot Youth, muy convincente y con quien estaba saliendo, la presionó para que realizara el cambio y ridiculizó su indecisión. Pero ella no lo hizo en contra de su voluntad. Quería estar por encima de la posición social de su familia, y tenía la sensación de que la masculinidad le sería de ayuda. «Ser un hombre en nuestra cultura significa tener poder de decisión, ser agresivo y fuerte, en vez de ser una persona maliciosa y maquinadora. No quiero decir que los hombres trans no existan, claro que sí. Y para algunas personas la transición es una opción evidentemente acertada. Pero para muchas mujeres jóvenes como yo, en la adolescencia, en un momento tan vulnerable, la idea de ser un chico es atractiva». Especialmente si eras una adolescente marimacho y la otra opción era convertirte en «una bollera de esas grandes, devoradoras, que van en moto y llevan chaquetas de cuero; así era como las veíamos. ¿Quién querría ser eso?». Cuando se convirtió en Fynn, notó la diferencia enseguida: «La manera en que la gente me miraba a los ojos, un nivel de respeto y educación que nunca estuvo ahí cuando la gente pensaba que era una mujer o me veía como a una marimacho».

Aquella afirmación no hizo sino aumentar cuando llegó a Reed, conocida por su progresismo. «Deseaba algún tipo de validación por la persona que era. No me la estaba dando mi familia, ni la estaba consiguiendo como mujer masculina negra y de clase trabajadora. No encontraba apoyo. Y entonces vi esa comunidad de personas que sí contaban con ese apoyo y pensé: "Yo quiero esto. Quiero que me celebren, quiero gustarle a la gente"».

Y les gustó: los chicos trans eran los más codiciados del campus. «¡No me podía quitar a las chicas de encima! Madre mía, el capital sexual... Podría haberme acostado con una chica diferente cada noche de la semana. Se me subió a la cabeza. Después de haber sido una mujer joven a quien no validaban ni apreciaban, de repente era el amo del campus. A los diecinueve años, eso es básicamente lo único que importa».

Rose y Janie se conocieron durante las jornadas de bienvenida del primer año y empezaron a salir al cabo de poco tiempo. Se les ocurrió un nombre para todas las otras *groupies* de trans que rondaban a Rose: «las Annas», porque más de una se llamaba así. «No me consideraban una amenaza porque no era un hombre de verdad, pero, aun así, era lo suficientemente hombre como para atraerlas sexualmente», así describió Rose lo que sentían las Annas.

Janie también empezó siendo una de las Annas. Me dijo que, en retrospectiva, entendió aquello como una manera de aceptarse como gay. Se estuvo atormentando por su orientación sexual en el instituto y entonces, cuando comenzó a salir con «Fynn», «pensaba: "Qué bien, porque es un tío. ¡Estoy saliendo con un tío! Mi sexualidad está a salvo"».

La pareja fue «muy hetero durante un tiempo», dijo Janie. «Pero gay», añadió Rose. «Bueno, cuando nos acostábamos, aquello era culturalmente gay. Y la manera en que salíamos, también. Durmió en el suelo de mi habitación durante tres semanas antes de dormir juntas, y luego durmió en mi cama sin que nos acostáramos durante una semana y media más».

Entonces, ¿dónde estaba exactamente la parte heterosexual? «En la manera en que nos veían los demás», dijo Rose.

«Y también en la manera en que yo nos veía. Insistía mucho en que yo era una mujer hetero, y ella, un hombre».

«Nos parecía divertido», dijo Rose y añadió: «"Je, je, somos heteros"».

«"Je, je, tenemos *passing*"».

Rose comenzó a tratarse con una persona especialista en cuestiones trans en Portland. Después de dos sesiones, consiguió el volante médico que le permitiría empezar la terapia de reemplazo hormonal a través del servicio de salud para estudiantes de Reed. Pero cada vez que se inyectaba, se desplomaba por la ansiedad. Los días que le tocaba ponerse la inyección, sufría desmayos y se pasaba la mañana llorando. «Decía: "No creo que esto sea lo adecuado para mí"», recordaba.

Ahora Janie se podía reír del cambio que sufrió Rose con la testosterona: «Quería que nos acostáramos todo el rato. Estaba acostumbrada a decir a hombres heteros que me dejaran en paz, pero la situación era diferente. Rose era alguien con quien de verdad quería estar». Sentados en su patio, con el pitbull de Rose husmeando a nuestro alrededor, Janie se volvió hacia su pareja: «Yo quería acostarme contigo, pero no siete veces al día».

«Decías que era diferente», respondió Rose.

«Olías diferente, tu carácter era diferente. Eras de mecha muy corta. Yo tuve un padrastro maltratador y me dio mucho miedo. Sentía que no podía decir nada sobre aquello. No digo que la T vuelva a la gente abusiva, claro que no, pero la vuelve irascible y hambrienta. Y en nuestra cultura no se habla sobre nada de esto. Hay muchas mujeres, mujeres jóvenes, mujeres queer vulnerables, que se están metiendo en relaciones con personas que están transicionando hormonalmente, y nadie habla sobre esto».

Las cosas alcanzaron un punto crítico por un grupo de mujeres que Janie había decidido montar en el campus, en el que la norma para acceder era que te tenías que identificar como mujer.

«Yo quería ir», había dicho Rose.

Janie le dijo a Rose que no podía estar en misa y repicando: «Se trata de un espacio para mujeres; un espacio de puertas cerradas. Experimento el patriarcado en esta relación y necesito un espacio para poder hablar sobre esto».

«No estás reconociendo mi experiencia femenina», bramaba Rose.

«¡Eres un hombre!», gritó como respuesta Janie. «Me parece bien, pero no puedes venir a un espacio para mujeres. Si eres un hombre, sé un hombre».

Este fue el punto de inflexión para Rose: «Necesitaba aquellos espacios y comunidades de mujeres. Quería formar parte de ellos. Tenía que tomar una decisión». Aun así, no fue fácil. Dejó la testosterona durante unos meses, volvió a tomarla, y la dejó, por fin, siete meses más tarde. En aquel momento eligió otro nombre femenino, diferente del que tenía legalmente: «No era la niña que mis padres habían criado; era alguien diferente y necesitaba reconocerlo».

Para ayudar a Rose a entenderse a sí misma, Janie le dio una copia de *Stone Butch Blues*, la icónica novela autobiográfica de Leslie Feinberg publicada en 1993. Me dijo Rose que leer a Feinberg «me ayudó a darme cuenta de que todas las cosas que me gustaban de ser un hombre —incluyendo amar a las mujeres— podían formar parte de una cultura lésbica *butch*».

Pero ahora, cuatro años más tarde, Rose se encontraba algo perdida como joven *butch* en el Área de la Bahía de San Francisco. En su grupo de edad no había «prácticamente ninguna otra lesbiana *butch*, ya que ahora todo el mundo es trans o *genderqueer*», y entre sus colegas no se sentía cómoda compartiendo su historia sobre la transición por miedo a que la tacharan de tránsfoba. Estaba tan preocupada por esta reacción que me pidió que utilizara un seudónimo cuando escribiera sobre ella.

Durante las primeras semanas después de instalarse en esta zona, Rose encontró un anuncio para un grupo de apoyo personal para lesbianas *butch* y fue para allá. «Pero lo pasé bastante mal. Era la persona más joven de la sala por unos veinte años. Y cuando dije algo sobre nuestras hermanas trans, no lo entendieron en absoluto. Parecieron sorprendidas, algo hostiles. "¿Cómo puedes considerarte lesbiana si tienes pene?". Yo respeto a mis mayores, pero hay cosas que dicen que no puedo entender. Es que está mal».

A Rose le preocupaba que las chicas que empezaban a tomar testosterona o que se sometían a operaciones quirúrgicas durante la adolescencia «no tuvieran necesariamente la capacidad mental para entender la misoginia que hay en nuestra cultura y que puede que sea lo que esté sirviendo de base para tomar esas decisiones. Desde luego, yo no la tenía». Pero al relatarme su historia, solo hubo una persona hacia la que expresó enfado: aquel terapeuta de género que la derivó a la terapia hormonal después de tan solo dos consultas. «Estaba superemocionada, pero cuando echo la vista atrás, creo que es una locura. ¡Tenía solo diecinueve años! ¿Dos sesiones y me mandas a este camino irrevocable?».

Aun así, Rose rechazaba de manera directa el término *arrepentida*, que cada vez se utilizaba más para referirse a personas como ella, que habían cruzado a un lado de la frontera del género y luego la habían cruzado de vuelta. A ella, en realidad, le encantaban la voz grave y los pelitos que tenía encima del labio y en la barbilla: aunque estaba contenta siendo una mujer, esto hacía que su apariencia fuera más coherente con la manera en que se sentía por dentro. «Tuve que pasar por lo de ser un hombre para entender que soy una mujer. ¿Sabes? Si hubiera nacido hombre, habría sido igual. Tendría que haber estado una temporada siendo mujer. Así funciono yo: no encajo en estas categorías».

El hecho de que Rose eligiera otro nombre femenino en vez de volver al nombre de nacimiento indicaba el modo en que estaba construyendo la feminidad con sus propias especificaciones y no aceptándola como algo predestinado. Ahí estaba ella, una persona joven del siglo XXI, diseñando su propio género de la manera en que sentía que era lo correcto, con las herramientas que tenía a mano —ora la testosterona, ora el feminismo— en diferentes momentos de su vida. Su género cambió en el instituto por lo que aprendió en Riot Youth, y luego volvió a cambiar en la universidad porque se enamoró de Janie y descubrió el feminismo.

De esta manera, me parecía a mí, ella era como la mayoría de nosotros, en tanto que fue moldeada en su juventud por su contexto. Si hubiera crecido en la zona rural de los montes Apalaches, de donde provenía su padre, tal vez no habría encontrado la categoría trans. Si se hubiera enamorado de otra persona en el campus y hubiera dado con otro tipo de feminismo, probablemente habría continuado con la testosterona.

Tal vez esta sea una muestra de la fluidez que hay en Estados Unidos en la segunda década del siglo XXI —la proliferación de opciones a las que se enfrentan los jóvenes—, pero también se trata de una función del desarrollo humano: todos estamos formados por los caminos que elegimos tomar o ignorar, motivados por las bisoñas pasiones de la juventud, o por la inercia, hasta que contemos con más conocimientos.

* * *

A DIFERENCIA DEL DISCURSO DE ROSE, los relatos de los «arrepentidos» que llegaban al dominio público hacia el final de la década eran generalmente desoladores o de enfado. En un programa de la BBC emitido en 2017, una mujer británica blanca llamada Lou relataba que le habían dicho: «"Si no llevas a cabo la transición, te autolesionarás y terminarás suicidándote". Me convencieron de que mis opciones eran transicionar o morir»[436]. Su cuerpo femenino le había parecido grotesco cuando, en realidad, era el cuerpo normal de una chica: «Ahora, al haber transicionado, me voy a quedar con un cuerpo femenino extraño para siempre. Voy a tener el pecho plano y barba, y no hay nada que pueda hacer por ello».

Conforme fue progresando la década, la cobertura que hacían los medios sobre la juventud trans pasó de ser de celebración a aleccionadora, como en la historia de portada del *Atlantic* de 2018: «Cuando un niño dice que es trans… las opciones son difíciles (y no hay respuestas sencillas)»[437]. Una destacada terapeuta trans, Erica Anderson, le dijo a *The Washington Post* ese mismo año que le preocupaba que «bastantes niños se están metiendo en esto porque está de moda… [y] en nuestra prisa por mostrar apoyo, nos estamos perdiendo ese elemento. A los niños lo que les importa es que sus iguales los acepten. También es una moda entre profesionales»[438]. Anderson me dijo que estaba «sumamente preocupada» por «la futura generación; algunos de ellos dirán que esto era necesario, pero otros estarán enfadados y criticarán duramente a los profesionales de la salud que no investigaron adecuadamente estas decisiones».

Pero había otros que creían que la figura de quien detransicionaba estaba siendo utilizada para refutar la noción de la identidad trans y para echar el freno a un cambio cultural y médico que estaba impidiendo un terrible sufrimiento y salvando vidas. El «discurso del arrepentido» era «subsidiario, en algunos casos, de los razonamientos contra las transiciones tempranas»[439], escribió Tey Meadow en *Trans Kids,* a pesar de que los datos mostraban que «tan solo un pequeño porcentaje de los individuos que llevan a cabo transiciones completamente médicas y sociales se arrepentían de haber tomado esas decisiones».

En el centro de este debate[440] estaba la evidencia que sugería que la mayoría de los niños y las niñas con inconformidad de género «desistían» del deseo que tenían por ser del otro género y, en su lugar, cuando crecían resultaban ser gais o lesbianas. Los críticos de la transición temprana sostenían de forma convincente que la intervención imposibilitaba este desarrollo natural y que pararlo podía ser considerado incluso una forma de homofobia, ya que se prefería que los «niños afeminados» se convirtieran en niñas en vez de dejarlos que florecieran como niños gais con inconformidad de género. Pero otros argumentaban que la mayoría de los niños con inconformidad de género maduraban en adultos con inconformidad de género: solo los «perseverantes, constantes e insistentes» eran los que trataban de conseguir transicionar. Esto parecía estar respaldado por datos del Reino Unido[441].

Había una tendencia que estaba causando una preocupación concreta[442]: el aumento espectacular de chicas adolescentes, como Rose, que querían llevar a cabo la transición. Entre 2010 y 2017, el Reino Unido registró un incremento de cuarenta a mil cuatrocientas de este tipo de derivaciones al año. Durante el mismo período, las derivaciones de chicos que querían pasar a ser chicas aumentaron de cincuenta y seis a seiscientas dieciséis al año. Había una desproporción similar[443] en el programa de cuidado especializado en género más grande de Estados Unidos, con sede en el Hospital Infantil de Los Ángeles.

La directora del programa, Johanna Olson-Kennedy, me dijo que ella entendía esto como una consecuencia —al menos, en parte— de la política de la época: «Hay un movimiento político sobre el binarismo de género y no es nada sorprendente que esté siendo liderado por personas a quienes les asignaron sexo femenino al nacer. Están reaccionando contra la misoginia, el patriarcado, los privilegios. Su actitud es: "Mirad, este binarismo al que vosotros, vuestra generación, os acostumbrasteis… A nosotras no nos sirve"». Esto estaba pasando también durante el punto culminante del movimiento #MeToo. Las personas jóvenes estadounidenses a quienes les asignaron sexo femenino al nacer —tanto si se identificaban o no como hombres— eran más conscientes que nunca del sesgo de género en la sociedad.

Pero Olson-Kennedy creía que había una razón más plausible para esta desproporción, y era que la sociedad aceptaba de mucho mejor grado a las marimachos que a los afeminados: «Las chicas trans están ahí fuera, lo que pasa es que vemos a menos dando un paso adelante porque es muy tabú». Los jóvenes del Riot Youth estaban de acuerdo. Un chico afeminado me lo dijo de manera franca: «Cuando se trata de chicas que son lesbianas o que pasan a ser trans, están subiendo hasta la altura de un chico; pero cuando se trata de chicos femeninos, es como que se están rebajando a la altura de una chica en la escala social».

Un número cada vez más elevado de familias —especialmente de madres, que eran las beneficiarias del movimiento por las mujeres— también entendían este fenómeno como una reacción al sesgo de género. Pero algunas personas, tal vez como Elizabeth, la madre de Sean, veían las ganas de sus hijas por transicionar como una solución falsa, en tanto que provenía de un deseo por desvincularse de la feminidad frágil.

Me presentaron, a través de unas amistades en común, a otra madre que se había plantado con mucha más entereza frente a su hijo, en proceso de transición, de lo que Elizabeth lo había hecho con Sean. Era una abogada bastante importante a quien llamaré Dee: «Imagine que está empezando a vivir su sexualidad como una chica hoy en día. Eche un vistazo al porno y a lo que les hace a las mujeres. ¿No querría usted salir de ahí corriendo? Es duro ser una mujer joven en estos tiempos, yo estaría tentada de salirme de todo eso si tuviera la edad de mi hija. Tenía la esperanza de que al ser una profesional con éxito, podría ser el ejemplo de que las mujeres pueden triunfar. Pero no puedo luchar contra la cultura yo sola».

Conforme la transición temprana se convertía en una posibilidad cada vez mayor a lo largo de la segunda década del siglo XXI, el propio movimiento trans se transformó, en gran parte, en un movimiento de las familias. Eran los progenitores quienes buscaban soluciones y llevaban a los jóvenes a clínicas especializadas en género, luchando con los centros escolares, abogando encarnizadamente por la felicidad, los derechos y la seguridad de sus hijos. Conocí a muchas mamás oso como Beth, la madre de Liam. Estaban en las barricadas más que sus hijos, quienes, en muchas ocasiones, preferían ir *stealth* y seguir adelante con sus vidas en sus géneros recién afirmados. Pero conforme la década fue progresando, creció un contramovimiento de madres como Dee, profundamente preocupadas por la posibilidad de que sus hijas fueran *trans-trenders* y convencidas de que en el futuro se arrepentirían de las decisiones que pudieran estar tomando.

El hijo de diecinueve años de Dee, que ahora se hacía llamar Todd, anunció «inesperadamente» que era trans y que estaba tomando hormonas que le habían recetado en Planned Parenthood después de haber ido a la consulta una vez. Todd tenía problemas de depresión, y Dee estaba convencida de que lo habían seducido por internet con los relatos redentores de los hombres trans. Ella veía a Todd como a un actor en «un *Cuento de la criada* al revés». Era como si el argumento de la distopía de ciencia ficción se hubiera convertido en una realidad en la que toda una generación de mujeres jóvenes estaba siendo embaucada para que se privaran de la sexualidad y «se taparan a sí mismas con este uniforme espantoso». Ella consideraba que se trataba de un error tremendo y estaba dispuesta a luchar.

Dee le echaba la culpa a la industria de la sanidad, que creía que había «cedido» ante esta última «moda política» y estaba especulando con ello. Me enseñó una página web llamada 4thWaveNow («cuarta ola ya», refiriéndose a la cuarta ola del feminismo, que suscitaba mucho escepticismo ante el colectivo trans), lanzada a principios de 2015. Aquí encontró a decenas de otras madres a lo largo de todo el espectro político con historias sobre sus hijas misteriosamente parecidas y que estaban igualmente desesperadas. Las madres de 4thWaveNow[444] creían que sus hijas eran conejillos de Indias en un experimento social poco ético y víctimas de un «contagio social» del que eran especialmente susceptibles: la anorexia o la histeria de nuestros días. Incluso había un diagnóstico[445] para dicha condición, cuyo término acuñó la psicóloga de la Universidad de Brown Lisa Littman en un polémico ensayo publicado en 2017: *disforia de género de aparición rápida*.

La investigación de Littman sugería, al igual que las investigaciones finlandesas[446] a las que remitía 4thWaveNow, que una gran proporción de las chicas que llevaban a cabo la transición estaban buscando alivio de otros problemas de salud mental. La psicoanalista Lisa Marchiano afirmó[447] en 2017 que había consultado a «cientos» de familias con hijas así. A Marchiano le preocupaba que un modelo de cuidados terapéuticos basado en la «afirmación» de la identidad hubiera reemplazado a «modelos de salud mental que hacían preguntas por causas subyacentes»[448]. Se hacía eco de una voz más templada, la de la psicóloga infantil Avgi Saketopoulou, que se preguntaba, en un clarividente ensayo de 2011: «¿Cómo podemos saber cuándo es el género subsidiario de una psicopatología?»[449]. Saketopoulou identificó un vacío en la cultura actual entre las antiguas prácticas —que patologizaban las identidades trans— y la nueva ola de activismo político trans, que «no pregunta por los significados psíquicos del género».

A padres y madres como Dee les inquietaba que sus hijas corrieran el riesgo de caer en este vacío. Una madre a quien entrevistaron para *The New Yorker* en 2012 hablaba de «mareas de la historia que van avanzando, y al retraerse dejan a las personas varadas. La cultura de las drogas en los años 60 fue así, y la cultura sexual de los 80 con el sida. Creo que [la explosión trans] podría ser la siguiente oleada así, y no quiero que mi hija sea una víctima»[450].

En la cultura estadounidense del género de esta época, la imagen de una criatura varada se convirtió en un pararrayos para tantas de las inquietudes de la sociedad sobre el nuevo fenómeno de la transición temprana: para las feministas que creían que ponía en peligro la idea de ser mujer o que representaba una capitulación frente al patriarcado; para el número cada vez más alto de cristianos que creían que la «ideología de género» se estaba entrometiendo en los planes de Dios; para médicos clínicos, comprensiblemente intimidados ante la tarea de dar recomendaciones irrevocables sobre la identidad de género de un niño; para los padres, sumamente preocupados por la salud física y mental de sus hijos.

Y, por supuesto, para la misma juventud, que intentaba trazar un camino hacia la edad adulta en un mundo lleno de nuevas posibilidades, pero cargado de peligros.

* * *

PESE A, O PUEDE QUE PRECISAMENTE POR, sus propias experiencias, me contaba Rose mientras comíamos semillas de granada al sol de la tarde en su jardín en Oakland, ella creía en «incentivar la experimentación, siempre y cuando no sea de manera ciega». Durante su vida adulta estuvo residiendo en la cuenca del Pacífico, al fin y al cabo, en las orillas de la experimentación estadounidense, desde las drogas psicodélicas hasta la liberación gay y el nacimiento de internet. También vivió en el ecosistema generacional de las personas trans y queer con las que cumplió la mayoría de edad. Aun así, entendía el género como algo optativo: «Elijo ser mujer. Podría elegir ser un hombre mañana mismo y nadie se sorprendería. Es mi decisión».

En el espíritu del momento actual de «hacerse a uno mismo», Rose estaba incluso planteándose seriamente operarse el pecho, como ya habían hecho tantas lesbianas *butch*, sin convertirse en hombre. «Es que me encanta quitarme la camiseta, y no hay muchos sitios en los que pueda hacerlo teniendo esto». Resopló, con una ironía juguetona y agregó: «¿Dónde pone que hay que tener pechos para ser una mujer?».

Pensé en estos comentarios al ver un vídeo, más adelante, de la presentación de Johanna Olson-Kennedy en una conferencia sobre salud trans. En ella mencionaba que parte de su joven clientela no quería «ni menstruación ni bigote»[451]: «"La verdad es que no quiero vello facial, [pero] me da mucha disforia lo de sangrar"». La doctora declaraba estar «muy emocionada» por las posibilidades de lo que se estaba dando a conocer como «transición parcial».

Esto enfureció a alguien que dejó un comentario anónimo en 4thWave-Now: «Estamos en 2017, y los sistemas endocrinos de diseño son el último grito. Los seres humanos deberían toquetear y juguetear con el delicado equilibro hormonal porque es lo que quieren aquí y ahora. Un poco de aquí y un poco de allá, ¡claro que sí!»[452].

¿Se trataba simplemente de consumismo para niños consentidos? ¿O era una manera completamente nueva de autodefinirse conforme al fenómeno cultural no ya solo de la modificación corporal y de la autosuperación, sino también de la apertura del binarismo de género a un espectro? La terapeuta de género Diane Ehrensaft me dijo en 2018 que el único gran cambio que hubo en su consulta fue el surgimiento de jóvenes personas afirmando una identidad no binaria. Por supuesto que en el registro del Centro para el Género de la Niñez y la Adolescencia de San Francisco había personas que habían detransicionado, pero ella las entendía como «estrategas» y no como «arrepentidos»: «Vienen y nos dicen lo que creen que queremos oír para conseguir el tratamiento. Entonces, cuando obtienen la dosis que quieren, paran: la voz es lo suficientemente grave, el pecho es lo suficientemente grande. En ningún momento quisieron cruzar el binarismo por completo, sino que estaban encontrando su espacio en el nuevo mosaico de género».

Ya en 2011, la Asociación Mundial de Profesionales para la Salud Transgénero (WPATH) hizo una enmienda en los estándares de cuidados para incluir a las «personas con inconformidad de género»[453]. La ley iba rezagada, y prácticamente en cualquier lugar del mundo se seguía requiriendo que fueras hombre o mujer. En 2018, los únicos países que permitían un tercer sexo de manera legal eran Nepal, Bangladés, India, Australia, Nueva Zelanda y Dinamarca. La primera jurisdicción estadounidense en hacerlo, por mandato judicial, fue Oregón, en 2016, que empezó a admitir la opción del tercer género en los permisos de conducción. En 2018, Nueva York modificó la ley para que se pudiera marcar una X en vez de una H o una M en los certificados de nacimiento.

En muchos sentidos, la identidad no binaria era una réplica a la propia identidad trans binaria. De hecho, una de las críticas más convincentes al movimiento trans era que, como dijo *The Economist* en 2018, «los estereotipos de género pasados de moda han vuelto pisando fuerte»[454], ahora que la gente estaba reivindicando su derecho a determinar su propio género. En cuanto nos apoyamos en la «introspección» en vez de en la «anatomía» para ayudar a las pequeñas criaturas a determinar de qué género son, inevitablemente volvemos «a caer en los estereotipos: si te gusta liderar y planificar, eres un niño; si te gusta cuidar y chismorrear, una niña». La revista ofrecía varios ejemplos[455]: docentes de Australia que tenían que conseguir que los niños «exploraran el género» enumerando los comportamientos típicos de niños y de niñas; una organización para la juventud trans en el Reino Unido haciendo una presentación sobre el espectro del género con una muñeca de Barbie a un lado y un muñeco de G. I. Joe al otro. Hasta la «persona de jengibre», un gráfico explicativo muy ingenioso y querido por activistas del género, trazó un eje de la «expresión de género» desde lo «masculino» hasta lo «femenino»: ¿cómo vamos a definir cualquiera de los dos sin caer en los estereotipos?

Sin embargo, si esto era un defecto, tenía que ser cosa de la división que hacía la sociedad en masculinidad y feminidad en vez del propio movimiento trans. Y en este contexto, el esfuerzo de las personas con inconformidad de género por definirse fuera de él o por salir del paso era vigorizante. Uno de los primeros investigadores, el escritor español Paul B. Preciado, se describió como un «*hacker* de género» en vez de como alguien con «disforia de género»[456]. Y cuando Stephen Beatty —el hijo mayor de Warren Beatty y Annette Bening— salió del armario a través de las redes en 2012, enumeró de manera ingeniosa todas sus intersecciones: «Me identifico como un hombre trans, una reinona, homosexual, queer, un *nerd-fighter*, escritor, artista, y un tío que necesita un corte de pelo»[457]. Estaba tomando testosterona mientras se «presentaba de manera femenina»: «Qué agradable que, por fin, mi identidad sea legible para la gente».

El supuesto del «hombre hecho a sí mismo» es que conocemos, o podemos encontrar con un poco de ayuda, nuestro yo interior más verdadero y estructurar nuestro exterior de manera acorde. Pero ¿quién conoce en realidad a su yo más verdadero? ¿Y qué pasa si nuestro yo más verdadero es, como fue para Sean y para Rose durante gran parte de su adolescencia, algo bastante difícil de identificar? Las identidades de género fluido abrían esas posibilidades con sus arenas movedizas y también aportaban soluciones interesantes.

En Ann Arbor conocí a Jay, estudiante de universidad. Mientras que a Stephen Beatty le encantó que por fin fuera «legible», ser no binarie le brindó a Jay todo lo contrario: una ilegibilidad que le sentaba estupendamente: «Me gusta que la gente no sepa si soy hombre o mujer y tengan que preguntarme, porque, la verdad, ni yo sé cuál es mi género. Así, cuando la gente no sabe muy bien dónde colocarme, eso refleja cómo me siento por dentro». Me acordé del comentario de Jay unos años más tarde, en 2019, al leer una brillante polémica en contra de la cultura de la denuncia* por parte de la feminista negra Loretta Ross en *The New York Times*. Ross relata que, siendo profesora universitaria, «me equivoqué accidentalmente de género al referirme a una de las personas que estaban en la clase. Me quedé petrificada por la vergüenza, esperando que me acribillara. En su lugar, me respondió: "No pasa nada, yo también me equivoco con mi género a veces"»[458].

Si el viaje por la transición expresado por la identidad trans tradicional era teleológico, en tanto que se cruzaba un puente hacia el destino final del otro género, entonces este nuevo movimiento no binario —llamado, cada vez más, «género fluido»— estaba desarrollando la noción de la transición perpetua, algo desestabilizante pero tal vez liberador. La psicoanalista Virginia Goldner calificó la conciencia corporal de esta generación de esta manera: «Mi cuerpo ya no es mi destino. Ahora es mi lienzo»[459]. En un ensayo de 2011, Goldner hizo un llamamiento al entendimiento del género en este contexto como «un proceso, en vez de algo en sí mismo; un gerundio, en vez de un sustantivo o un pronombre; un estado permanente de transformación, en vez de un producto terminado».

Al final de la década, un número cada vez más elevado de teóricos trans estaban sugiriendo esta definición de la transición. En la edición de 2018 del referente *Historia de lo trans* —publicado originalmente en 2008—, Susan Stryker definió «el concepto de trans»[460] como «el cruce de un límite socialmente impuesto lejos de un punto de partida no elegido, en vez de un destino particular o un modo de transición».

La persona que se hace a sí misma —en vez del hombre hecho a sí mismo— era una característica ineludible del desarrollo humano, y parecía que las personas trans o de género variable eran, cada vez más, la manifestación más visible de esto. «El proyecto de estar constantemente gestionando, seleccionando, organizando, trazando estrategias y produciendo un género deseable y legible es algo que compartimos todos los humanos», me dijo Eric Plemons. ¿Cuál era, en realidad, la diferencia que

---

* Similar a la cultura de la cancelación, se trata de llamar la atención a personas por cosas que han dicho o hecho. (N. de la T.).

había entre el trabajo para la mejora del cuerpo que llevaban a cabo las mujeres cis, desde el maquillaje y las sesiones en el gimnasio hasta el bótox y la cirugía plástica, y los regímenes de hormonas y operaciones quirúrgicas a las que se sometían las mujeres trans?

Hay quienes fueron más allá, improvisando sobre el llamativo feminismo especulativo del «Manifiesto Cíborg» de Donna Haraway, publicado en 1985, que imaginaba una conciencia futura que iba más allá de los «dualismos binarios contradictorios»[461] que nos definen: humano-animal, humano-máquina, blanco-negro, hombre-mujer. En la era cibernética, de las prótesis y la realidad virtual, las personas trans podían ser «las primeras en evolucionar hacia el poshumanismo»[462], especulaba Laura Jacobs, una destacada psicoterapeuta trans. «Nuestras identidades no serán como nada de lo que podamos imaginar ahora. El propio género puede volverse infinito».

* * *

En 2019, el Centro para la Salud y el Desarrollo de la Juventud Trans[463] del Hospital Infantil de Los Ángeles ya estaba ayudando a más de mil jóvenes a transicionar. Pero al supervisar los datos, la directora del centro, Johanna Olson-Kennedy, me hizo ver que, a pesar del aumento pronunciado de derivaciones que estaba recibiendo su clínica, las cifras eran «todavía bajas, mucho más que las estimaciones que tenemos del número de jóvenes trans en la población general —más de veinte mil solo en Los Ángeles, utilizando las mejores estimaciones disponibles—. Aunque toda la clientela fuera de Los Ángeles, que no es el caso, esto significaría que solo estamos viendo a uno de cada veintiséis niños trans. ¿Qué pasa con los otros veinticinco?».

La cuestión, según ella, era esta: la inmensa mayoría de la juventud trans no estaba recibiendo cuidados y, por tanto, continuaba en riesgo. Visto así, las personas jóvenes que se sometían a la transición a través de las operaciones quirúrgicas y las hormonas no eran «conejillos de Indias» en un experimento social enorme y poco ético, como afirmaban Dee y las madres preocupadas en 4thWaveNow. En su lugar, se trataba de un pequeño grupo de «pioneros» en una nueva era de los derechos de los niños, de los derechos trans y de la atención sanitaria.

Como todos los pioneros, se enfrentaban a grandes riesgos. A Olson-Kennedy le preocupaba que no se estuvieran llevando a cabo suficientes investigaciones como para pronosticar cómo lidiarían los niños que transicionaron antes de la pubertad con la intimidad y la sexualidad siendo adultos. Erica Anderson, la terapeuta trans, me dijo que le preocupaba profundamente que las personas jóvenes estuvieran transicionando sin haber experimentado prácticas sexuales en el cuerpo con el que nacieron. Otros médicos clínicos luchaban con los dilemas de la infertilidad que acompañaba la transición temprana: ¿podían con doce años tomar una decisión así sobre su futuro? Las investigaciones médicas parecían indicar una multitud de efectos secundarios en la terapia de reemplazo hormonal a largo plazo, en particular una vida más corta. ¿Cómo se podía contraponer esto a los datos que indicaban las autolesiones y tendencias suicidas en personas con disforia de género y a un estudio de 2015 que halló que la testosterona «aumentaba significativamente la calidad de vida de los hombres trans»[464]?

Fueran «conejillos de Indias» o «pioneros», los otros jóvenes que conocí a través de Riot Youth y en otras partes durante la segunda década del siglo XXI se estaban moviendo, junto con la cultura, hacia terrenos inexplorados. Fue la primera generación que se sometió a la transición temprana: ¿qué garantías podía haber de lo que les ocurriría más adelante en la vida, tanto psicológica como fisiológicamente? Los estudios científicos eran recientes y sus beneficiarios, todavía jóvenes: los más mayores apenas tenían veintitantos años. ¿Qué les pasaría en los huesos y en sus relaciones conforme fueran creciendo? ¿Sería más corta su esperanza de vida? Y, si este era el coste de vivir lo que Liam denominó su «yo verdadero», ¿acaso importaría?

Al crecer

Durante su tiempo como estudiante universitario y luego de posgrado en la Universidad de Míchigan, Liam utilizó las redes sociales con diligencia para documentar su proceso de transición. Decía que era un intento por aumentar la visibilidad trans y por aportar información vital a todas las personas que estuvieran considerando pasar por ello. Subía vídeos a You-Tube con bastante regularidad en los que salía inyectándose testosterona, describiendo los cambios corporales que estaba experimentando y cómo se sentía. Salía en páginas de noticias, y en 2015 formó parte de una campaña en redes con bastante notoriedad que abogaba por la juventud trans. Cuando le escribí para felicitarlo por su participación en la campaña, respondió diciendo que la experiencia le había parecido «tremendamente empoderante»: sentía como si tuviera «por fin el control» de su vida y de su relato, y que, por eso mismo, tenía que «abandonar como sujeto de tu publicación actual y de las futuras».

A principios de 2014, publiqué un ensayo en la revista *Granta* que contaba con el visto bueno total por parte de él y de su familia. Por supuesto, él sabía que yo estaba preparando este libro. Todo el mundo tiene derecho a contar su propia historia, y por muy desilusionado que estuviera, reconocí que la decisión de Liam de abandonar era una consecuencia de que se estuviera haciendo mayor, de que estuviera llegando a ser él mismo. Lo conocí cuando era un adolescente tímido en el umbral de la edad adulta y la transición física, y ahora estaba hecho todo un líder y activista seguro de sí mismo. También entendí su decisión como consecuencia de haber adquirido una conciencia política, no solo como hombre trans, sino como persona negra —una parte clave de su identidad— en la era del Black Lives Matter. Uno de los principios fundamentales de esta nueva generación de activismo —para personas trans y, también, para personas negras— consistía en que había llegado el momento en que cada quien contara su propio relato, en vez de tener que aguantar lo que en ocasiones se denominaba «violencia» de la tergiversación o la apropiación. Aunque Liam dejó claro que no se sintió violentado en ningún momento por mi artículo en *Granta*, prefería que su relato «saliera de mí, de mi propia voz».

Acordamos que para este libro utilizaría el material que ya había publicado en la revista, pero nada más, exceptuando este epílogo, revisado por él. Y que seguiría utilizando seudónimos para él y su familia. Así que, aunque lo seguía por internet, perdí el contacto con él.

Sean rompió con Charlotte en febrero de 2015, cuatro meses después de que hubiera presenciado aquella riña en el restaurante de comida china. Me dijo Sean que la situación se había vuelto «insoportablemente enrevesada». Tanto la una como le otre se encontraban en el punto más bajo de sus años adolescentes más difíciles. Parecían haberse recuperado cuando nos volvimos a ver —por separado y a través de internet— dos años más tarde.

«Ahora nos llevamos muy bien, aunque discutimos muchísimo. Tenemos opiniones políticas muy divergentes, pero ahora tengo voz y puedo decir: "Para mí es diferente, métetelo en la cabeza". ¡Charlotte se pone furiosa! Tenemos una manera de discutir típica judía. Ya no puede decir lo que quiera, porque no voy a estar de acuerdo», me dijo Sean.

Charlotte vivía con su nueva pareja, también una mujer trans, en Detroit. Se graduó con honores en el centro de estudios superiores y ahora estaba solicitando posgrados en trabajo social. Sean también acabó yendo a la universidad, y cuando hablamos por Skype en 2017 estaba en su tercer año en una universidad pequeña y progresista a las afueras de Boston. Estaba estudiando Filosofía y Sociología, y daba clases de manera voluntaria en una cárcel cercana.

Ahora Sean llevaba gafas grandes y redondas y la melena hasta la cintura. Por las fotos de Facebook vi que también le gustaba arreglarse de vez en cuando con maquillaje de tonos intensos. Llegó a coincidir con su madre Elizabeth en que «el género es una especie de sistema de castas, y dentro de ese sistema se me ha designado como mujer. No puedo hacer nada por escapar de ello si no altero mi cuerpo de manera médica. Así que, si el mundo me va a percibir como mujer, no voy a luchar contra ello». Pero sin importar cómo pudieran percibirle, Sean lo tenía clarísimo: «Soy trans o agénero. Eso describe quién soy por dentro. Sigo siendo Sean, sigo utilizando el pronombre elle».

Desde el punto de vista de una persona de veintidós años a quien le va bien en la universidad, Sean podía echar la vista atrás con algo de retrospectiva. Su experiencia en el Riot Youth fue «muy importante, en tanto que me dio una sensación de empoderamiento, comunidad, posibilidad de cambiar mi entorno. Pero me alegra que ya no me restrinja la suposición de que cuantas más identidades oprimidas tengas, más cerca vas a estar de la verdad. Creo que eso me llevó a asumir una identidad trans que, de otra manera, podría no haber hecho».

Sean comprendió que la disforia de género que sufrió tenía conexión tanto con «problemas de salud mental» como con «la misoginia de la sociedad»: «No me gustaba que la gente me asimilara como mujer, me daba una sensación de inferioridad e impotencia. ¿La disforia que sentía era el resultado de la misoginia o era algo que venía de dentro? Lo he pasado tan mal durante tanto tiempo intentando encontrar la respuesta… Y no lo sé. ¿Acaso importa? Aquí estoy, da igual cómo haya llegado hasta aquí».

Tal vez habría sido distinto si hubiera habido hormonas o una cirugía de por medio, pero en vez de sentirse «varade» por la marea, Sean llegó a un nuevo sitio gracias a ella, uno que apreciaba y le definía. Una marea que le llevó hasta Augustine.

* * *

La primera vez que Augustine vio a Sean fue en un autobús en Ann Arbor, alrededor de las navidades de 2015. «Me llamó la atención la chaqueta de cuero roja que llevaba. Cualquiera puede llevar una chaqueta de cuero roja, pero normalmente solo las personas queer elegirían ponérsela. Al menos, en esta zona…», me contó Augustine dos años más tarde.

En aquel autobús, Augustine se fijó en que Sean tenía abierta la aplicación de Tumblr en el móvil. «Me acerqué y le hice un cumplido por el estilo que tenía. También le pedí su dirección de Tumblr». La corazonada de Augustine se confirmó: Sean también utilizaba el pronombre elle. Empezaron a chatear y pasaron varios meses antes de que empezaran a salir juntes.

Dos años y medio después, en el verano de 2018, estaban viviendo en el piso de alquiler destartalado de Augustine, en la zona oeste de la ciudad. Augustine trabajaba en el turno de noche de una panadería-pastelería y Sean estaba asistiendo a las clases de verano en el centro de estudios superiores, así que apenas se veían. Pero estaban muy felices juntes. Ahora a Sean le interesaban «la compasión y la empatía», y estaba en contra de la «cultura de la denuncia» que parecía que cada vez dominaba más los movimientos por la justicia social. El ambiente también estaba más calmado con su familia, que estaban muy contentos de que a Sean le fuera bien en la universidad; parecía que les gustaba Augustine.

Parecía que era imposible que Augustine cayera mal, pensé mientras hablábamos por videochat. Era larguiruche —metro noventa y cinco— y tenía la piel de color tostado; tenía una forma de ser dulce y tranquila, llevaba piercings en el rostro y se estaba dejando crecer el cabello en un afro. Al igual que Sean, se había ido de casa a los dieciocho años, antes de terminar el instituto, debido a conflictos familiares. Se fugó a Ann Arbor y desde entonces se mantenía a sí misme. Se le dieron muy bien las matemáticas y estaba ahorrando para estudiar Ingeniería.

Si a Sean le costaba articular una relación con el género, Augustine analizaba la suya minuciosamente con una imparcialidad indiferente: «Mucho antes de que dispusiera de las palabras adecuadas para hablar de ello, ya tenía una sensación generalizada de incomodidad cuando se referían a mí como hombre. Sentía casi vergüenza, como si me diera cuenta de que estaban mintiendo».

Esto tenía dos orígenes. El primero estaba en la idea «opresiva» que la madre de Augustine tenía sobre lo que deberían hacer los hombres: «Ser un buen padre. Pasarse la vida (entregarla, en realidad) para que las cosas en casa salieran adelante. Trabajar, dormir, comer». El segundo consistía en «este tema que está en la cultura y que parecía implicar una gran violencia y mucho sexo». Augustine creía que esta dicotomía —el padre abnegado y el matón agresivo— tenía mucha fuerza en la cultura afroamericana, donde la «hipermasculinidad» actuaba como un mecanismo de defensa ante la violencia del racismo. Así que «cuando mi madre u otras personas decían que yo era un "hombre", la verdad es que no sabía a qué se estaban refiriendo. No a mí».

Augustine descubrió la noción de la fluidez de género a través de Tumblr y empezó a llevar ropa interior femenina con volantitos. Lo hacía en secreto, y la ropa interior se la enviaban amistades trans que había hecho a través de las redes. Lo hacía «para recordarme que no era un hombre». Luego, después de irse de casa, empezó «a llevar faldas».

Pero Augustine llegó a entender el género a través del cabello. En particular, llegó a entender la intersección entre el género y la raza: «Cuando llevo el pelo en trenzas a ras del cuero cabelludo, la gente me percibe de manera más masculina y, en general, les doy más miedo. Soy negre, mido un metro noventa y cinco. Si alguien se topa conmigo, se sorprenderá e inquietará; puede que agarre el bolso. Pero cuando llevo peinados más femeninos, como trenzas con lana o extensiones, la gente no me percibe tanto como una amenaza. El racismo es más sutil».

Lo primero que me contó Augustine sobre su infancia fue que le educaron con la sensación de que «la gente me señalaría, porque aquí, en Estados Unidos, ser negre y chico es razón suficiente para señalarte». No abandonó la masculinidad conscientemente por esto, dijo. Pero recordaba de su infancia «a algún personaje público diciendo que los hombres jóvenes negros eran superdepredadores» —el comentario lo hizo Hillary Clinton en 1999—. «Siempre fui demasiado alte para mi edad, sobresalía por encima del resto. La respuesta emocional que tuve fue de asco: "No, no voy a ser así. Me voy a distanciar de esto [la imagen generalizada de la masculinidad negra]"».

Mientras Augustine me lo contaba, volví al relato de su primer encuentro con Sean y al hecho de que la chaqueta de cuero roja era un símbolo de que la persona que la llevaba era queer. «Por tanto, era seguro hablar con elle. No corría tanto riesgo al acercarme a elle», dijo Augustine.

«¿Correr el riesgo de qué?», pregunté. «El riesgo de que me percibiera como hombre y produjera el mismo temor que a veces producía al hablar con personas que esperaban que fuera un hombre».

* * *

En la versión de Sean del encuentro en el autobús, alguien le dio un golpecito en el hombro y —al parecer, muy amablemente— intentó ligar con elle: «Para entonces ya estaba harte de los hombres, después de haber tenido una experiencia con uno que estaba loco y que se volvió tan abusivo que no quería correr el riesgo de dar mi número de teléfono. Pero pensé: "A ver qué pasa en Tumblr. Al menos sabrá quién soy"».

Me chocó la manera en que tanto Sean como Augustine utilizaban la palabra *riesgo*. Me hizo pensar en algo que me acababa de decir Will Sherry, el director de Spectrum, el centro de apoyo a estudiantes LGTBQCA de la Universidad de Míchigan. «La palabra clave ahora es *seguridad*», me dijo cuando le pregunté por lo que había cambiado en su trabajo durante los últimos años. «Se ha convertido en la principal preocupación entre nuestra clientela, y mucha de nuestra programación se centra en eso».

Este era el espíritu de la era en la que se conocieron Sean y Augustine y en la que cultivaron su relación: el aumento de los tiroteos en centros escolares y universitarios, una concientización sobre la seguridad de las personas negras, y en particular de los hombres negros; una concientización sobre la seguridad de las mujeres a raíz de los casos de abusos sexuales en los campus universitarios y, más adelante, del movimiento #MeToo. La juventud del Riot Youth eran una generación que llegó a la mayoría de edad también en una época de miedo: el miedo a la masculinidad heterosexual blanca extendida y representada por Donald Trump, que separaba a los niños migrantes de sus padres, que entorpecía el acceso de los niños trans a utilizar los baños de manera coherente con su identidad de género, que despreciaba a la gente que era diferente o débil, que parecía que no le importaba la destrucción del planeta y lo que dejarían en herencia a sus hijos.

Había mayores que pensaban que las personas como Sean y Augustine formaban parte de una generación de «copos de nieve», y que consentir una cultura de la política de identidad les hacía un flaco favor a la hora de prepararse para la vida adulta. Ambes estuvieron en riesgo, claramente, durante sus tensas adolescencias, pero parecía que lo habían superado —igual que Liam, Rose y Charlotte—. Tal vez se hayan hecho más fuertes al haber tenido que luchar, con tanta vehemencia, por ser elles mismes. En una generación anterior, sin el caparazón colectivo de una subcultura no binaria o queer —o sin el acceso a soluciones médicas, como en los casos de Liam y Charlotte—, puede que se hubieran largado

—autodestruyéndose, como tantos adolescentes hacen— o puede que se hubieran enmendado, que se hubieran puesto los pantalones y se hubieran convertido en los hombres y las mujeres que la sociedad quería que fueran.

¿Esto los habría ayudado o los habría atado? ¿Los habría vuelto violentes o violentades? Quién sabe. Pero la manera en la que hablaban Sean y Augustine cuando vivían juntos en el verano de 2018, dos años y medio después de haberse conocido en aquel autobús, me hizo sentir la seguridad que tenían al estar juntos. Un abrigo en la tormenta.

Estaba muy contento por elles.

* * *

En 2016, Rose se separó de Janie y empezó a salir con otra de las «Annas» que había conocido en Reed: Fiona, que trabajaba en una editorial.

La pareja volvió a Portland, donde Rose empezó un trabajo exigente en la industria de la construcción y pasaba gran parte del tiempo en la carretera: «Soy un hombre en mi campo y una mujer en casa —se reía—. Cuando estoy en un pueblo en medio de Idaho, me resulta más fácil ser un hombre asiático de poca envergadura en vez de una bollera *butch* rara con voz de hombre». Sus colegas estaban al tanto de todo, y siempre les advertía que anduvieran con ojo cuando tenían que utilizar el lavabo, «por si ocurre algo sospechoso».

Pero con Fiona y su círculo de amistades en Portland, «soy una mujer, sin duda», dijo Rose.

A principios de 2017, se casaron como mujeres —ya era legal— en la cima del monte Tabor, con anillos de veinte dólares que compraron en una casa de empeños y rodeadas de muchas de sus amistades. Rose, cómo no, llevó un esmoquin. Al parecer, la boda hizo que retomara la relación con sus padres en Ann Arbor, de quienes se había distanciado durante varios años: «Mi madre estaba emocionadísima, le encanta Fiona».

La operación de pecho era algo que seguía estando entre los objetivos de Rose cuando volvimos a hablar al año siguiente: estaba yendo a consultas y «haciendo números». Aun así, confesó que en ocasiones deseaba «madurar de manera femenina», quizá «volverme menos ambigua»: «Me gusta poder cambiar siempre, como un camaleón, integrándome en una situación o en otra, pero al mismo tiempo deseo tener una consistencia entre mi esfera interna y la pública. Me gustaría que la gente pudiera verme como yo me veo. Espero poder hacer eso conforme vaya cumpliendo años».

Estábamos pasando el rato por Skype: Rose y Fiona en su acogedor apartamento en Portland, yo en mi estudio en Ciudad del Cabo. Rose estaba despatarrada sobre la silla; llevaba vaqueros y una camisa de cuello. Fiona, atenta y menuda, con el cabello largo y rojizo, estaba acurrucada con una taza de té.

Rose suspiró. «Supongo que podría vestir de manera diferente, más femenina, dejarme el pelo largo. Pero eso tampoco sería yo. Así que aquí estoy».

«Sí, aquí estás», dijo Fiona. Nos reímos.

15

La nueva línea rosa: la identidad de género

«Sᴉ ᴍᴇ ʜᴜʙɪᴇʀᴀ ϙᴜᴇᴅᴀᴅᴏ ᴇɴ Fɪʟɪᴘɪɴᴀs, no creo que hubiera transicionado, porque hay espacio en la cultura para las personas con inconformidad de género. Pero cuando llegué a Estados Unidos para estudiar en la década de 1990, solo encontré el binarismo. Y como no encajaba en el de hombre, elegí el de mujer».

Estas palabras me las dijo la escritora Meredith Talusan a finales de 2018. Incluso en el imperturbable café de Brooklyn en el que nos encontrábamos, Talusan llamaba la atención. Una modelo a tiempo parcial con características asiáticas, pecas y una melena rubia con la raya a un lado, como la llevan los muchachos, desconcertaba las categorías tanto de género como de raza. También era albina.

Estábamos hablando de cómo estaban cambiando las ideas sobre la identidad de género en todo el mundo en este siglo xxi globalizado, especialmente entre su Filipinas natal y Estados Unidos, donde había pasado su vida adulta. En su tierra podría haber encontrado la manera de expresar su feminidad sin convertirse en mujer. Pero cuando llegó como estudiante de primer año a Harvard, con dieciocho años, hizo una recalada en una sociedad en la que solo había dos géneros, masculino y femenino, y en la que había una confianza especial en las «soluciones» médicas y en el planteamiento de la identidad basado en los derechos. Estos factores —cultural, médico y político-legal— desempeñaron un papel en la transición de Talusan en 2006.

Una década después, era una voz reconocida en una segunda ola de pensadores trans que alteraban ideas anteriores sobre la naturaleza inmutable e inherente de la identidad de género. «No soy el tipo de mujer que cree que hay algo inalterable sobre mi persona que me haga ser mujer»[465], dijo en una entrevista en 2017, poco después de que la nombraran directora ejecutiva de *them*, la nueva revista digital de temática LGTB del grupo Condé Nast. «Fundamentalmente, soy una mujer porque hay partes importantes de mí que han sido codificadas en esta cultura como femeninas, y esta cultura dificulta mucho que las exprese a no ser que me identifique como mujer».

Le pregunté a Talusan si habría tomado decisiones diferentes en el caso de haber pertenecido a una generación más joven y haber llegado a Estados Unidos hoy en día, en 2018, ahora que existía una opción no binaria en la cultura estadounidense.

«No estoy segura de que hubiera sido capaz de resistir la ventaja de ser atractiva. Si tienes inconformidad de género, no resultas atractivo para nadie. Sacrificas tu atractivo. Puede que tengas capital político, pero no tienes capital sexual», contestó.

La perspectiva de Talusan era provocadora. No solo porque insistía en la naturaleza binaria del deseo sexual, sino además por la manera en que exploraba el papel del contexto y del deseo mismo en la formulación de la identidad de género. Este punto de vista fue categóricamente rechazado por activistas trans anteriores porque sugería la psicopatología y, por tanto, la posibilidad de una terapia correctiva. Pero ahora Talusan y otros estaban reivindicando —como dijo otra escritora de la segunda ola, Andrea Long Chu— una interpretación de «lo trans como una cuestión no de lo que se es, sino de lo que se quiere»[466]. Lo que venían a decir era que aunque las identidades de género fueran mutables o estuvieran relacionadas con el objeto, no eran menos válidas por ello.

Cuando nos conocimos en Brooklyn en 2018, Talusan dijo que cada vez se sentía más libre para jugar con la androginia. El mono que llevaba puesto y que parecía una tienda de campaña era todo un ejemplo: lo había comprado en una tienda de segunda mano, y quién sabía si era de hombre o de mujer. Era como si adquiriera un género propio según el cuerpo de quien lo luciera en aquel momento. Esta también era otra característica de la segunda ola: un cambio cada vez más acusado hacia la fluidez por parte de personas de la generación de Talusan, que en un principio cruzaron el binarismo de género de masculino a femenino, o viceversa.

Estuvimos charlando sobre cómo las personas no binarias en Estados Unidos estaban remitiendo a categorías de género fluido de las sociedades precoloniales para entenderse a sí mismas, desde los «dos espíritus» de los amerindios o los *bakla* de su Filipinas: el término es una abreviación de «hombre-mujer» en tagalo, y los filipinos *bakla* tienen sus raíces en los babaylanes precoloniales, chamanes que se presentaban como mujeres, pero que podían tener cuerpo tanto de mujer como de hombre.

En Occidente, el efecto que tuvo el movimiento trans, conforme fue progresando a lo largo de la década, fue el de hacer borrosa aquella frontera entre lo masculino y lo femenino que a Talusan le había parecido tan rígida dos décadas antes. Activistas, periodistas, médicos, terapeutas y científicos sociales hablaban de un «espectro de género» en vez de referirse a una «división de género», y las personas jóvenes, como las de Riot Youth, encontraron su lugar en algún punto dentro del espectro, a veces con ayuda médica, a veces sin ella.

Pero en Filipinas, como en tantas otras sociedades en las que siempre hubo identidades de un tercer género, el efecto de la revolución trans global podía ser exactamente el contrario. El incremento en el acceso a la información sobre los derechos trans y las opciones médicas implicó la definición de las concepciones culturales más fluidas sobre el género y la sexualidad dentro del binarismo de lo masculino y lo femenino. En lugares de todo el mundo, la tecnología digital y médica permitía un acceso más amplio a toda una serie de nuevas posibilidades sociales y biológicas. Al mismo tiempo, el actual movimiento global por los derechos LGTB entró en contacto con sociedades que contaban desde hacía mucho tiempo con maneras de acomodar a las personas que no encajaban perfectamente en un género o en el otro.

En estas sociedades hubo nuevos debates y nuevas políticas sobre quién era masculino y quién, femenina; sobre si alguien podía ser ambos o ninguno de ellos; sobre el derecho a la autodeterminación de las personas para elegir su propio género y si —y cómo— el Estado tenía como deber respetarlo y el sistema de salud, facilitarlo. A principios del siglo XXI, esta conversación se convirtió en una renovada frontera de los derechos humanos globales, en ocasiones dispuesta a lo largo de una línea rosa marcada sobre la homosexualidad y a veces trazada directamente encima de ella, en sociedades en las que la identidad de género y la orientación sexual no estaban tan separadas como sí lo estaban, cada vez más, en Occidente. Puede que antes alguien fuera *bakla*, pero ahora existía la posibilidad de ser trans o gay.

En Filipinas, la llegada de un movimiento LGTB globalizado —específicamente, un movimiento trans— anunciaba el inicio de un cambio en la subcultura *bakla* y en el lugar que ocupaba en la sociedad. De esta manera, podría haber funcionado limitar la inconformidad de género que constituía gran parte de la identidad *bakla* e imponer un binarismo de género más rígido.

* * *

EN MAYO DE 2013, cinco años antes de conocer a Meredith Talusan, fui a Filipinas para seguir una campaña electoral peculiar: una mujer trans llamada Bemz Benedito se estaba presentando a las elecciones para el Congreso y era la cabeza de lista de lo que se tildó como «el primer partido LGTB del mundo». El nombre del partido era Ang Ladlad y fue registrado como partido de interés especial en el arcano sistema de listas electorales del país. Si el partido conseguía trescientos mil votos en todo el país, Benedito llegaría al Congreso para representar expresamente a los filipinos LGTB, y se convertiría en la cuarta representante trans elegida en el mundo después de una parlamentaria polaca, una congresista venezolana y una regidora peruana.

Filipinas era conocida por ser «amigable con los gais»[467]: el 73 % de las personas encuestadas en 2013 estaban de acuerdo con que «la homosexualidad debería ser aceptaba por la sociedad», el resultado más alto, por lejos, de toda Asia, según el estudio de Pew sobre Actitudes y Tendencias

Globales. Aun así, la legislación en contra de la discriminación llevaba más de doce años languideciendo en el Congreso, debido a la oposición de la Iglesia en este país fervientemente católico. Ang Ladlad se constituyó alrededor de este asunto. Ya habían intentado registrarse para presentarse en las elecciones anteriores, en 2010, pero en un principio no se les permitió que lo hicieran porque la comisión electoral dictaminó que el partido promovía la «inmoralidad». El partido acudió al Tribunal Supremo y ganó el derecho a disputa. Gracias a la cobertura mediática, que fue compasiva, y al gran enfado por la homofobia de la comisión, Ang Ladlad obtuvo ciento veinte mil votos sin apenas haber hecho campaña.

Ahora, tres años más tarde, Bemz Benedito encabezaba la lista de Ang Ladlad. De unos treinta y cinco años, tenía una belleza televisiva, además de un máster de la universidad más destacada del país y una década de experiencia como ayudante en el Congreso a sus espaldas. Proyectaba diligencia y seriedad durante la campaña electoral, en vez de la exagerada hiperfeminidad que se solía asociar con los *bakla*. Aun así, tenía una estrategia original para conseguir animar a la gente a que saliera a votar: ir a cada salón de belleza en el vasto archipiélago.

Los *bakla* filipinos dirigían los salones de peluquería, repartidos por todo el país, y el concurso de belleza anual Miss Gay que se da prácticamente en cada distrito. «Los *parloristas* son nuestro pilar»[468], me explicó Benedito conforme entramos en otra de estas cajas de zapatos *kitsch* en la ciudad de Baguió, donde había un ajetreo de esteticistas que se encontraban en diferentes puntos del espectro de género. «Estos son los centros neurálgicos de la comunidad, y también donde los *bakla* se ponen en contacto, como profesionales, con el público general. ¡Toda filipina tiene a un peluquero *bakla*!».

Pero una de las misiones explícitas de Benedito era asegurarse de que los *bakla* dejaran de estar restringidos a trabajar en la industria de la belleza o como artistas. Y esto es lo que hizo que su campaña —y el movimiento trans en Filipinas— fuera tan interesante: marcó una línea rosa, como en el resto del mundo, entre el lugar establecido pero limitado en la sociedad ocupado por personas de un tercer género tradicional y las posibilidades de una nueva identidad trans de estilo occidental, como la de Benedito.

Benedito era una de las líderes de STRAP, la firme Sociedad de Mujeres Transexuales de Filipinas. Otra de sus líderes, Mikee Nuñez-Inton, me relató su experiencia cuando se unió a la organización: «Lo primero que me dijeron fue: "Tú no eres *bakla*, ¡tú eres una mujer!"». En un principio, ella lo entendió como el deseo de las mujeres trans por distanciarse de un término utilizado frecuentemente de manera peyorativa, pero luego llegó a verlo como una cuestión de clase y de aspiración.

Nuñez-Inton daba clases sobre estudios de género en la Universidad de La Salle en Manila cuando hablamos en 2018: «Mientras que a nuestros ancestros babaylanes los trataban con respeto y representaban funciones esenciales consagradas en las sociedades precoloniales, que fueron asumidas por los curas católicos durante la época española, los *bakla* contemporáneos se han visto relegados a la industria de la belleza, de clase relativamente baja»[469], dijo en una entrevista en 2015.

Así, Nuñez-Inton me dijo: «En serio, lo que separa a los *bakla* de los trans es la economía». Se necesitaban recursos —y la lengua inglesa— para acceder a internet y a las ideas globalizadas de la identidad trans, por no mencionar la cirugía, que requeriría un viaje a Hong Kong o a Bangkok.

La palabra *bakla* es amplia y abarca a cualquiera a quien le hayan asignado sexo masculino al nacer, pero se presente de forma femenina: un chico amanerado es *bakla*, también alguien que ha ido a Bangkok a ponerse pechos. Algunos *bakla* utilizan el pronombre masculino, y otras, el femenino; hay quienes van cambiando según el contexto. Pero ahora, en el siglo XXI, el activismo trans estaban utilizando *bakla* para reivindicar sus derechos y sus cuerpos como mujeres: si lo hacían, podrían competir en sociedad por todas las cosas que hacían las mujeres. Podrían librarse de las limitaciones de sus identidades confusas y de las paredes de sus salones de belleza. Podrían cruzar la división de género en vez de languidecer en ella. ¡Podrían incluso presentarse al Congreso! (Benedito perdió en el intento de ser la primera congresista trans del país, pero tres años más tarde lo consiguió Geraldine Roman, que heredó la circunscripción de su padre).

En Filipinas, *bakla* consistía en tener *pusong babae*[470], «un corazón de mujer». En el sur de la India, de manera similar, las *kothis* se describían en tamil como *pen manaam konda aan*: «un corazón de mujer en un cuerpo de hombre». Me dijo Mikee Nuñez-Inton que para las personas trans asiáticas de origen indígena, «la identidad no se asienta en la mente, como en Occidente, sino en el corazón, el espíritu, el yo interior». La importancia radicaba en que «en Occidente, donde parece que está en la mente, se trata como una patología y como algo que se puede curar con terapia, psiquiatría, o transformando el cuerpo. En cambio, si se encuentra en el corazón, es simplemente quien eres. No hay ninguna función patologizante».

Me chocó la similitud de estas autodefiniciones con la descripción prefreudiana de Karl Heinrich Ulrich del *urning*[471], como alma femenina dentro de un cuerpo masculino, o el tercer sexo uranista de Edward Carpenter[472], que sostuvo en 1908 que tenía las emociones de un sexo en el cuerpo del otro. Definirse a través del corazón o del alma en vez de por la mente tenía otro efecto, decía Mikee Nuñez-Inton: «Porque no existe un diagnóstico de dismorfia corporal ni la expectativa de que la curación pueda venir de la manipulación y la transformación del cuerpo; la identidad de género no trata sobre el cuerpo. Alude más bien a la expresión y al comportamiento como una manifestación del yo interior, en vez de una alienación del cuerpo respecto de la mente».

* * *

PUEDE QUE BEMZ BENEDITO y las activistas de STRAP estuvieran intentando ayudar a los *bakla* a ver la liberación que venía con ser una mujer, pero Meredith Talusan me dio otra visión sobre la jerarquía trans-*bakla*: «En Filipinas, las mujeres trans están más estigmatizadas que los *bakla*, porque se considera engañoso "pasar" como mujer si no lo eres biológicamente. Si tienes inconformidad de género, es mejor que lo expreses abiertamente».

En Estados Unidos, Meredith Talusan era legalmente una mujer, pero en Filipinas, Mikee Nuñez-Inton no tenía otra opción que seguir siendo legalmente un hombre. Simplemente, las leyes del país no contemplaban disposiciones que permitieran cambiarse el género, y esto, como no podía ser de otra manera, provocaba alegatos de engaño cada vez que hubiera que enseñar algún documento de identidad.

Así era en prácticamente todo el mundo. Según el *National Geographic* en 2016, solo cincuenta de los ciento noventa y cinco países soberanos permitían el cambio legal en los marcadores de género. En otros veintisiete países el cambio de género era legal, pero extremadamente difícil. En sesenta y siete países no era legalmente posible, mientras que en los cincuenta y cuatro restantes «aún no se han recopilado datos referentes al cambio legal de género, y el debate sobre el tema es una nueva frontera»[473].

Incluso en los países en los que era posible transicionar legal o médicamente, el proceso podía ser arduo hasta el extremo, a pesar de la manera en que en ocasiones se celebraba a las personas trans. China era una de las naciones en las que esta bifurcación estaba más pronunciada. Desde el arte de la dinastía Ming hasta la ópera de Pekín, el travestismo femenino siempre había sido valorado en la estética china, y esto se reflejaba en la cultura popular del siglo XXI a través de la figura de Liu Ting. Liu ganó un premio —siendo hombre— al «modelo nacional a seguir por su virtud»[474], después de haber cargado con su madre a la espalda de casa al hospital y vuelta. Cuando anunció públicamente su transición en 2015, se convirtió en una celebridad mediática, con tanto glamur como Caitlyn Jenner, pero con mucha más virtud. Otra fantástica mujer trans, Jin Xing, era la presentadora del programa de variedades más visto en China, con una estimación de cien millones de espectadores en línea a la semana.

Pero el proceso real de la transición legal en China era prácticamente imposible. Para que una persona pudiera ser apta para una cirugía era necesario que contara con el consentimiento escrito de sus familiares y que hubiera estado bajo cuidados médicos por transexualidad durante más de cinco años. También tenía que aportar pruebas para mostrar que la psicoterapia no había resultado efectiva y que un psicólogo asegurara que sería heterosexual después de la operación. Como en otros países, solo se podía cambiar el género legalmente después de haber pasado por una cirugía, e incluso entonces los problemas no se acababan, ni mucho menos: los certificados de estudio no se podían modificar, y como contradecían la manera en que se presentaba e identificaba el portador, rara vez eran aceptados. Un estudio de 2017 sobre adolescentes trans realizado por el Centro LGTB de Pekín[475] confirmó la manera en que esto reflejaba las normas sociales: uno de cada cinco aseguraba haber sido forzado a ir a terapia de conversión, y entre los participantes que dijeron que sus padres conocían su identidad de género, el 93 % notificó haber sufrido abusos o abandono.

En mi Sudáfrica natal, la legislación de 2003 permitía a quienes se hubieran sometido a un tratamiento médico solicitar el cambio legal de género, pero la mayoría de los funcionarios del gobierno rechazaban —incorrectamente— aceptar el tratamiento hormonal como motivo suficiente. Y aunque el hospital Groote Schuur de Ciudad del Cabo contaba con una clínica para el género de talla mundial y financiada por el Estado que ofrecía tratamiento para la transición de manera gratuita, tan solo asignaba cuatro días al año para la cirugía genital, lo que significaba que en 2018 la lista de espera era de veinticinco años. Había consultas privadas, pero estaban fuera del alcance de la mayoría.

En la vecina Botsuana, la activista trans Ricki Kgositau ganó un caso que sentó precedente en 2017 cuando el tribunal ordenó al gobierno que le emitiera un nuevo carné de identidad femenino. (En Puerto Rico se ganó un caso similar en junio de 2018, utilizando la legislación de Estados Unidos, en nombre de tres adolescentes trans). Kgositau fue hasta Tailandia a operarse, como tantas otras personas que se lo podían permitir. La industria del turismo médico tailandés atraía a más de dos millones de personas al año en la década de 2010, y la cirugía de afirmación de género se convirtió en un nicho importante dentro de ella. Se cree que decenas de miles de personas —la gran mayoría, extranjeras— han recurrido a estos servicios durante las tres décadas que llevan funcionando, por una fracción de lo que cuestan en Occidente —y con unos resultados muy elogiados—.

Quienes se lo pueden permitir siempre han viajado para operarse, desde «la chica danesa» que fue a Berlín en la década de 1930 hasta Jan Morris, que fue a Casablanca en 1972, pasando por Christine Jorgensen, que fue a Dinamarca en 1952. En 2018, la descripción de un viaje para someterse a una cirugía contaba como un reportaje más sobre viajes: Meredith

Talusan publicó un artículo para *Condé Nast Traveler* sobre su experiencia en Tailandia, que le dio «el espacio para que el proceso [de curación] fuera más fácil, y me permitió encontrar consuelo y alivio en mí sin las expectativas del mundo sobre el género. A solas en aquella habitación de hotel en Pattaya al otro lado del océano, empecé a recuperarme no solo de la operación, sino de las imposiciones abrumadoras del mundo. En esa habitación de hotel fue donde empecé a entender cómo ser, simplemente»[476].

La ironía estaba en que mientras que Tailandia podía ser globalmente reconocida por su atención médica de género y por su tolerancia, la ley no permitía a los *kathoey* tailandeses —«travestis»— cambiar legalmente de nombre o de género, lo cual les suponía una restricción importante a la hora de trabajar y de viajar fuera de la industria del sexo. En 2013, Bangkok salvó este problema reemplazando los carnés de identidad con una identificación a través de la huella dactilar, pero, aun así, los tailandeses trans de allí y de otras partes no podían conseguir pasaportes ni licencias para conducir después de haber transicionado. Si se habían sometido a una operación o estaban viviendo como mujeres, se encontraban en una zona gris, sin poder viajar ni enviar solicitudes para trabajar, y sin poder cambiar la documentación.

* * *

Aunque las personas trans empezaran a ser legalizadas[477] y a estar despatologizadas en países que iban desde Argentina hasta Pakistán en 2018, seguían siendo criminalizadas y procesadas de diferentes maneras en, al menos, cincuenta y siete países. Varios de ellos seguían imponiendo leyes que prohibían «hacerse pasar» o travestirse en público. Estas leyes solían ser parte de los códigos contra la vagancia —o «vagabundos»— heredados de la época colonial, en un principio utilizados para controlar tanto la homosexualidad como la prostitución en Gran Bretaña, y luego el paso libre de los esclavos emancipados en Estados Unidos.

La Corte de Justicia del Caribe emitió un fallo contra Guyana en noviembre de 2018 que sentó precedente, al considerar que las leyes contra la vagancia del país eran inconstitucionales. Cuatro mujeres trans fueron aleatoriamente arrestadas y acusadas de llevar «atuendos femeninos» para «fines inapropiados»[478] en 2009. El tribunal dictaminó que «la diferencia es tan natural como respirar» y que «nadie debería ver su dignidad pisoteada, o sus derechos humanos negados, simplemente a causa de una diferencia, particularmente una que no conforma ninguna amenaza para la seguridad o el orden público». El gobierno guyanés aceptó el falló y declaró que había que dedicar más esfuerzos para la integración del colectivo LGTB en la sociedad.

Pero las leyes tomaron la dirección contraria en algunas de las antiguas colonias británicas. Conforme el wahabismo fue extendiendo su influencia junto al creciente movimiento por los derechos LGTB, se promulgaron nuevas leyes dirigidas a las personas trans apelando —valga la ironía— a las definiciones colonialistas británicas de «vagabundo». Esto impactó específicamente a las comunidades trans de los extremos geográficos del mundo islámico: Nigeria en el África Occidental y Malasia en el Sudeste Asiático.

Al igual que los babaylanes en Filipinas, el tercer género *'yan daudu* del norte de Nigeria tenía sus raíces en la época precolonial y un pasado como curanderos entre el pueblo hausa. Para finales del siglo xx, los *'yan daudu* estaban vinculados a los oficios femeninos, como cocinar y vender comida en los mercados; también se los relacionaba con el trabajo sexual. Continuaron formando parte de la sociedad hausa, incluso bajo el islam: la vida social, en particular en comunidades más pequeñas, solía girar en torno a sus celebraciones. Sin embargo, esto dejó de ser así a partir del año 2000, cuando los doce estados del norte de Nigeria, islámicos, adoptaron la *sharía*. Entre las nuevas leyes promulgadas se encontraba la pena de muerte por homosexualidad en algunos estados y castigos menores por ser «vagabundos». Esto último estaba definido en la mayoría de los estados como «cualquier hombre que se vista o lleve atuendos de mujer en el espacio público o que practique la sodomía como manera de subsistir o como profesión»[479].

Se instauró una policía de la moral llamada *hisba* para hacer cumplir las leyes. El resultado fue, como escribió el periodista nigeriano Elnathan John en 2016, que los *'yan daudu* se volvieron «visibles» ante la ley por primera vez: ya «no podían celebrar fiestas a puertas abiertas o enviar invitaciones para sus celebraciones. Sus ocupaciones "femeninas" estaban amenazadas y muchos de ellos se sentían incómodos trabajando en algo que los pudiera identificar con facilidad»[480]. Esta «visibilidad» significaba que tenían que volverse invisibles.

Al mismo tiempo, algo similar estaba ocurriendo en Malasia, donde, como en las vecinas Tailandia e Indonesia, siempre hubo personas de género variable. Entre 1985 y 2013, los trece estados malasios aprobaron leyes de la *sharía* que criminalizaban a «hombres haciéndose pasar por mujeres». Cuando el primer ministro de Malasia, Mahathir Mohamad, clamó contra los intentos de Occidente por imponer sus valores al mundo en 2003, la amenaza a los valores asiáticos consistía en «la práctica de sexo libre, incluyendo la sodomía»[481]. En 2012, su sucesor, Najib Razak, dijo en un encuentro de once mil imanes y líderes religiosos que «los LGTB, el pluralismo, el liberalismo, todos estos "ismos" van en contra del islam y es de obligado cumplimiento que luchemos contra ellos»[482]. En los nueve años que pasaron, algo le ocurrió al discurso global de la línea rosa: el enemigo gay, con su crimen por «sodomía», se había transformado en «LGTB», lo que quería decir que las personas trans también estaban en la línea de fuego.

Por supuesto, en los años de esta nueva guerra cultural global, un pánico moral antigay solía afectar con más dureza a las personas con inconformidad de género. Los líderes religiosos y políticos marcaron una línea rosa a favor de la «soberanía cultural» y en contra de las influencias degradantes de Occidente al despotricar contra la perversión que representaba el matrimonio entre personas del mismo sexo, en vez de específicamente contra las personas trans o la diferencia de género. Pero debido a su visibilidad y a su aparente «extrañeza», las mujeres trans en particular se convirtieron en la manifestación más visible de esta nueva amenaza. Y en países como Nigeria y Malasia, las personas del tercer género vieron amenazado su lugar en la sociedad por las nuevas políticas globales —y la conciencia— acerca de los derechos LGTB.

Los efectos de todo esto se pueden ver en la manera en que el tercer género *waria* en Indonesia se convirtió en un demonio popular rosa en el pánico moral que se asentó en el país a partir de 2016. Kyle Knight, autor de un reportaje de Human Rights Watch sobre el tema, me habló de la reunión que tuvo con una *waria* mayor en Célebes en marzo de 2016. Las seis semanas anteriores fueron la primera vez en su vida que su comunidad le dio problemas: «Unos niños pasaron por delante de mí, me señalaron y gritaron: "¡LGTB! ¡LGTB!". Yo no tenía ni idea de lo que querían decir. Obviamente lo habían sacado de los medios y habían recibido un mensaje potente por parte del gobierno: yo era una persona a la que ahora tenían permitido odiar».

Como le ocurrió a Tiwonge Chimbalanga en Malaui siete años antes, la primera vez que se topó con el término *LGTB* fue como un insulto. Un concepto que pretendía empoderarla estaba siendo utilizado en su contra.

* * *

Aun así, las *waria* siguieron formando buena parte de la vida en Indonesia incluso después de la crisis que comenzó en 2016, igual que las personas trans en Malasia. Lo que ocurrió en algunas partes del África Occidental fue más grave. Al hacer que las personas homosexuales fueran visibles y contabilizadas, y al definirse los fundamentalistas religiosos en gran parte contra esta «abominación», los hombres con inconformidad de género y las mujeres trans pasaron a vivir de manera discreta en proporción directa con la intensidad del pánico moral desatado.

En Ghana, donde hubo una campaña constante contra el colectivo LGTB dirigida por cristianos evangélicos entre los años 2006 y 2011, las personas con inconformidad de género se retiraron de la vista pública. Según los investigadores Christophe Broqua y Karine Geoffrion, esto coincidía con la manera en el que término *kodjo-besia*[483] («hombre-mujer» en twi) pasó de ser un descriptor neutro de la identidad de género a una calumnia homosexual.

Algo parecido, pero más extremo, ocurrió en Senegal. Los *goor-jigeen* («hombres-mujeres» en wólof) llevaban tiempo siendo parte de la sociedad: con frecuencia provenían de familias acaudaladas y entre sus responsabilidades estaba la organización de las ceremonias, entretener y, vestir y asear a las mujeres. A lo largo de todo el siglo XX conformaron un grupo visible dentro del entramado diverso y urbano de Dakar, pero ya en el siglo XXI no se podía encontrar a ninguno. Como ocurrió con los *kodjobesia* en Ghana, el término *goor-jigeen* empezó a ser utilizado «para insultar a los individuos que se cree que son gais o que se perciben como afeminados, como resultado de sus preferencias sexuales»[484], escribieron Broqua y Geoffrion. Según parece, desaparecieron.

Cuando fui de visita a Dakar en diciembre de 2012, conocí al veterano activista LGTB senegalés Djiadji Diouf. Fue uno de los que fueron arrestados y condenados a cinco años de cárcel en 2008, durante el pánico moral antigay que barrió el país aquel año. Me explicó lo que había ocurrido con los *goor-jigeen*: «La mayoría de los senegaleses no sabían que dos hombres podían tener relaciones sexuales. Veían a los *goor-jigeen* y pensaban que se trataba solo de afeminamiento. No les importaba. Era algo de lo que se podían reír. Pero ahora, con la tecnología e internet, se enteraron de algo: ¡hay hombres que van detrás de hombres! Ahí se dieron cuenta de que dos hombres pueden tener relaciones sexuales, y entonces empezó la resistencia».

Diouf me dijo que cualquier ambiente gay que hubiera podido desarrollarse antes de su arresto y de su juicio ahora era totalmente clandestino; habían vuelto a ser encuentros furtivos y encubiertos, posibilitados —para quienes tenían acceso— por aplicaciones de ligue como Grindr. La situación no había mejorado seis años después, me dijo un activista más joven llamado Ababacar Sadikh Ndoye cuando hablamos en 2018. Arrestaron a once personas en secreto en una fiesta privada tras haber recibido quejas por parte de los vecinos, y bajo custodia las agredieron y abusaron de ellas. Este tipo de redadas sucedía con regularidad.

Ndoye me dio su versión sobre la desaparición de los *goor-jigeen*: «En otros tiempos, se los aceptaba como artistas que bailaban en ceremonias para que la gente se riera. Pero con los arrestos de 2008 [de Djiadji Diouf y otros], los senegaleses empezaron a ver a los *goor-jigeen* de manera diferente debido a los medios de comunicación. Llegaron a pensar que estas personas ya no eran meros payasos, sino grupos organizados y financiados por inversores occidentales para corromper a los jóvenes y destruir la cultura, la religión y los valores senegaleses».

Seguía habiendo dos ocasiones en las que se podía ver un destello del espíritu de los *goor-jigeen* de Dakar; durante el Mardi Gras y, en mayor medida, durante el Tajabone, un Halloween musulmán en el que, con la excusa de la costumbre del «truco o trato», tradicionalmente se había permitido que las personas queer se travistieran en público. Una versión más seria del islam también se deshizo de esta tradición, pero el Tajabone continuaba siendo «una noche en la que el colectivo LGTBQI puede disfrazarse e ir a discotecas o fiestas sin que les den problemas», me dijo Ndoye.

Durante el resto del año, los *goor-jigeen* —en el sentido original de la palabra— dejaban de lado sus atuendos femeninos. Muchos tenían esposa e hijos y ni siquiera se acostaban con hombres, pero se habían vuelto la cara más visible de esta nueva amenaza, una depravación que ahora tenía nombre y estaba identificada, y venía desde Occidente.

Algo dramático pasó en la línea rosa: una identidad de género aceptada se convirtió en una conducta sexual inaceptable tras el paso de un movimiento global por los derechos LGTB.

* * *

GOOR-JIGEEN, 'YAN DAUDU y *kodjo-besia* en África. *Bakla, waria* y *kathoey* en el Sudeste Asiático. En tantas sociedades, en el sur de Asia, en las islas del Pacífico y también en América ha habido espacio para personas que no encajaban perfectamente en el binarismo masculino-femenino.

Todas estas son palabras que describen a personas afeminadas con cuerpos de hombre, y hay muchos menos ejemplos del modo contrario. Uno proviene del África Austral, donde a las mujeres marimacho[485] se las puede «llamar» *sangomas*, o curanderas tradicionales, porque su apariencia masculina se percibe como el símbolo de su posesión por parte de un ancestro masculino y, por tanto, refleja su proximidad al mundo ancestral. Hay otras dos, que son las *burrneshas* en Albania y las *bacha posh* en Afganistán.

En ambas, el cambio de género se debía, originalmente, a razones materiales. Las *burrneshas* —o vírgenes juramentadas— hacían un voto de castidad y vivían como hombres, tal vez, para permitir que la propiedad continuara en la línea de sangre en caso de que no hubiera herederos varones. Las *bacha posh* eran chicas seleccionadas para «vestirse como chicos» —que es lo que significa en persa— si no había hijos en la familia, para poder obtener los privilegios masculinos, como el acceso a la educación y la posibilidad de aprender. En ambos casos, algunas personas con inconformidad de género encontraron espacio dentro de estas categorías para ser ellas mismas. Las *burrneshas* parecían ser una estirpe en extinción[486] durante el siglo XXI —tal vez, dijo una a *The Guardian*, porque las mujeres ahora estaban más empoderadas en los Balcanes—. Pero las *bacha posh* seguían formando parte de la vida moderna[487] en Afganistán. Para las *burrneshas* y las *bacha posh*, asumir la masculinidad implicaba un ascenso en el estatus social. Pero cuando las personas con cuerpos masculinos vivían o se comportaban como mujeres, en muchas ocasiones esto acarreaba una pérdida de estatus social.

Mucho se ha escrito sobre el lugar especial que los curanderos «dos espíritus» ocupan en las culturas nativas americanas. Pero en ocasiones estas identidades precoloniales han sido «romantizadas»[488] como una alternativa a la férrea cultura colonizadora binaria que penalizaba el travestismo, como apunta le historiadore estadounidense trans Genny Beemyn. La realidad era más compleja. Citando a la antropóloga Sabine Lang, Beemyn explica que la manera en que trataban a las personas femeninas de género fluido en la sociedad nativa americana solía reflejar la manera en que trataban a las propias mujeres: «Si las mujeres predominaban en ciertas tareas particulares, como siendo curanderas, chamanas y artesanas, entonces los individuos a quienes les asignaron sexo masculino que asumían roles femeninos participaban de las mismas profesiones».

Por supuesto, hay mucho que distinguir entre todas estas personas tan diferentes que están desperdigadas por todo el mundo, pero tienen dos cosas en común. La primera es que se las entiende como un tercer género, en vez de como masculinos o femeninas. La segunda es que tienen un papel asignado para desempeñar en la sociedad, con frecuencia porque la fusión de los géneros es percibida como un don o un poder, aunque se lo pueda utilizar de manera negativa. En algunas sociedades, el papel es más espiritual, en otras es más práctico. Y con el tiempo, a menudo debido a la influencia colonialista, ha cambiado de la primera a la segunda.

Indonesia es un buen ejemplo. Al igual que los babaylanes filipinos, los chamanes de género fluido llamados *bissu* oficiaban en el archipiélago antes de que el islam y el cristianismo —y la rigidez de género colonialista— arrasara con ellos. En el siglo XXI aún se podía encontrar algún *bissu* en Célebes, pero en gran parte de Indonesia las *waria* (hombres-mujeres) se ganaban la vida tocando música en la calle y con el trabajo sexual. El papel de una persona de género variable está restringido aquí, como en todas partes: un *bakla* filipino no puede aspirar a ser más que un peluquero, y una *hijra* india, al trabajo sexual y la mendicidad. Se los reconoce y tienen su espacio en la sociedad, pero este está limitado. No pueden salir de él.

El movimiento trans global, encarnado en Bemz Benedito en Filipinas, quería cambiar eso en una dirección: convertirse en una mujer.

Mientras tanto, la subcultura «global gay» de clase media, con el énfasis en la masculinidad convencional, intentaba moverlo en la dirección contraria: convertirse en un hombre. Mikee Nuñez-Inton me dijo, por ejemplo, que algunas discotecas gais, al estilo estadounidense, habían implementado en Manila una política de entrada para evitar que accedieran los *bakla* afeminados.

¿Se quitarían del medio los «gais» y los «trans», estas dos poderosas identidades globales, a las personas del tercer género como los *bakla*? ¿O los derechos derivados de estas nuevas identidades les aportarían nuevas libertades y un espacio más expandido? ¿Se desarrollarían nuevos híbridos localizando lo «global» de maneras renovadas?

* * *

NO HABÍA OTRO LUGAR en el que estas preguntas fueran tan punzantes como en el subcontinente indio, donde hubo poblaciones significativas de personas del tercer género durante milenios: *hijras* en la India y Bangladés, *metis* en Nepal, *khwaja sara* en Pakistán. Los activistas trans o del tercer género en toda la región contaban con el impulso del movimiento global por los derechos LGTB del siglo XXI, y utilizaban las constituciones y los tribunales de sus países para obtener victorias para el reconocimiento legal.

La primera sentencia así fue ganada en Nepal, a través de una querella interpuesta por la organización pionera del país Blue Diamond Society. Le llevaría al Estado varios años implementar la resolución de forma exhaustiva, pero en 2015 los pasaportes de Nepal podían ser expedidos con el tercer género, y la constitución de aquel año convirtió en un derecho ser reconocido como del tercer género en dos documentos para la ciudadanía. En Pakistán, una sentencia del Tribunal Supremo de 2009 exigió una cobertura sobre los derechos y el bienestar de las personas del tercer género, y en 2017 el presidente del tribunal mandó a las autoridades a que registraran a las personas trans como tercer género en el censo de aquel año. Bangladés también tomó la decisión en 2013 de reconocer a las *hijras* como personas de un tercer género.

Y en 2014, el Tribunal Supremo de la India confirmó, en un fallo que sentó precedente, «el derecho de cada persona a elegir su género»[489]. Esto surgió como respuesta a una demanda interpuesta por la Autoridad Nacional de Servicios Jurídicos (NALSA, por su sigla en inglés), y ordenó la inclusión de las personas trans en los programas de prestaciones sociales, igual que estaban los *dalits* (la casta de los intocables). Para el 2019, esta resolución apenas había sido implementada, y fue desafiada o diluida de varias maneras por las políticas del gobierno y la nueva legislación. Aun así, en los años posteriores a la sentencia de la NALSA, la manera en que las personas de género variable pensaban sobre sí mismas y sus derechos empezó a cambiar drásticamente en la India.

Cada vez más las personas que solían denominarse *hijras* se estaban reconfigurando como *transgénero* o *TG*. Esto se debía en parte a la publicidad en torno al fallo de la NALSA y al nuevo interés de la industria de la salud pública por las poblaciones trans en la lucha contra el sida. También se debía, sin duda, a la revolución de la información, que trajo la «explosión trans» a Asia y al resto del mundo.

En Estados Unidos conocí a personas trans sin techo y trabajadoras sexuales en el parque Palmer de Detroit y a exmiembros trans del Riot

Youth de los alrededores de Ann Arbor que estaban estudiando en facultades de Derecho de universidades de la Ivy League. En la India, también conocí a *hijras* que, expulsadas de sus familias pobres, vivían en sociedades paralelas, feudales y violentas, que subsistían sobre la base del trabajo sexual y la mendicidad. Pero también conocí a personas jóvenes urbanas y con estudios que estaban desarrollando, cada vez más, sus identidades de género por internet en vez de en la sociedad *hijra*, y encontrando espacio en los tramos más altos de la economía india globalizada. Estaba Anita, por ejemplo, que trabajaba para Amazon como ingeniera principal —una de seis en el país— y que estaba totalmente «visibilizada» en el trabajo en Hyderabad, conectada a través de una lista de distribución a otras sesenta personas trans empleadas por Amazon en todo el mundo. Y estaba Sameera Jahagirdar, anestesista especializada que había montado la primera clínica de cuidado de género de espectro total en la India en un hospital universitario en Puducherry.

Pero estos casos eran excepcionales. Entre la juventud con estudios era más común encontrarse con personas que se identificaban como trans en las redes o a través de grupos LGTB, pero que no se podían imaginar saliendo del armario ante sus familias o en sus puestos de trabajo, o sometiéndose a cualquier tipo de transición permanente si se quedaban en la India. O, entre las personas más humildes, aquellas que intentaban mantener un equilibrio entre sus identidades de género y su familia o sus obligaciones comunitarias.

En Devanampattinam, una aldea de pescadores tamil, una joven de veintidós años llamada Lakshaya me explicó el dilema que tenía. Le habían asignado sexo masculino al nacer, y era indistinguible del resto de los niños de la aldea cuando la conocí en 2012 de no ser por su manera lánguida de pasearse, sus cejas depiladas y los pendientes de strass que llevaba. Si hubiera nacido en un pueblo de pescadores filipino, podría haber encontrado su lugar como esteticista *bakla*. Pero en la India, esta fluidez de género no era socialmente aceptable. Si hubiera nacido en una generación anterior, podría haber simulado ser un «hombre de verdad» escondiendo su verdadero yo femenino y casándose con una mujer escogida por su familia. O podría haberse escapado del matrimonio y haberse convertido en un paria reclutado por la comunidad *hijra* a la que tanto temía y despreciaba, y haber llevado un sari todo el tiempo, dejándose el pelo largo y sometiéndose a la castración.

Pero Lakshaya y sus amistades en la aldea —se hacían llamar *kothis*— habían conquistado tal nivel de autonomía personal y conciencia política a través de la lucha india contra el sida y también a través de internet que ninguna de las opciones anteriores era aceptable: «Queremos quedarnos en nuestra aldea y quedarnos como estamos», me dijo convincentemente.

Este libro termina con su historia y con su lucha por ser ellas mismas.

16

Las *kothis*

Devanampattinam – Cuddalore – Puducherry

Sivagami: sacerdotisa; Devanampattinam, unos treinta años. Pronombre: ella.
Lakshaya: trabajadora contra el sida; Devanampattinam, veintipocos años.
    Pronombre: ella.
Mohana: mejor amiga de Lakshaya, pescador e intérprete en el templo;
    Devanampattinam, unos veinticinco años. Pronombre: ella.
Dinisha: compañera de clase de Lakshaya y colega en la organización contra el
    sida; Devanampattinam, veintipocos años. Pronombre: ella.
Gomati: madre de Lakshaya, trabajadora de la construcción,
    Devanampattinam, cuarenta y tantos años. Pronombre: ella.
Sheetal: jefa de Lakshaya en la organización contra el sida, líder local *hijra* y
    gerente de hospital; Puducherry, treinta y tantos años. Pronombre: ella.
Sameera Jahagirdar: anestesista y fundadora de la clínica de género en el
    hospital; Puducherry, treinta y tantos años. Pronombre: ella.

Sivagami

La sacerdotisa Sivagami nos estaba esperando a la entrada del templo, en una caja rectangular pequeña cubierta por un techo de zinc junto a un sumidero lleno de basura. Un poco más allá había una nueva y enorme planta de aguas residuales, y al otro lado del agua estaba Cuddalore, el

antiguo puerto colonial. Detrás de nosotros, la aldea de pescadores Devanampattinam se esparcía bajo cocoteros sobre una de las interminables
playas de Tamil Nadu, a doscientos kilómetros al sur de Chennai.

Sivagami tenía treinta y tantos años, era enérgica e imponente, tenía
una solemnidad afectada y una sonrisa deslumbrante que insinuaba carisma. Llevaba la melena grasienta recogida en un moño bajo; en las orejas,
unos pendientes con forma de flor. Por lo demás, iba vestida con el uniforme estándar de los hombres del sur de la India: una camisa de madrás
sobre el lungui atado a la cintura. Mientras nos dirigía hacia el templo,
me explicó que este estaba dedicado a Angalamman, una encarnación
particularmente feroz de la diosa Kali. El espacio era sobrio e improvisa-
do: un par de santuarios modestos dispuestos a lo largo de las paredes de
color rosa claro, bombillas y ventiladores que pendían de las vigas que
cruzaban el tejado de zinc expuesto; había una colección de saris colgando
de una cuerda de tender.

Pregunté que por qué había tantos saris.

Sivagami se rio. Sabía que era una pregunta capciosa. «Angalamman es
una diosa que nos es muy conveniente», dijo en tamil estirando el brazo
para abarcar a la decena de personas, más o menos, que estaban agachadas
sobre las esterillas que había en el suelo embaldosado o repantingadas fuera. «Cuando le rezamos, debemos vestirnos como mujeres. Aunque vayamos al pueblo a recaudar fondos para ella, la diosa requiere que vistamos
así. Nadie se burlará».

En 2011, cuando los contadores del censo llegaron a Devanampattinam con una nueva categoría en sus formularios, Sivagami podría haber
elegido que la contaran como «transgénero» —una de las 487.803 personas en toda la India que lo hicieron—. La inmensa mayoría de ellas se
habrían identificado como *hijras*, como las personas trans o de un tercer
género en la India llevaban haciéndolo desde hacía siglos. Pero Sivagami
era algo más, insistía: una *kothi*, porque aunque se sentía mujer por dentro y llevaba el pelo largo y joyas, solía vestir con ropa de hombre y no se
había sometido al «corte», la emasculación que define la identidad *hijra*.

La palabra *kothi* era jerga *hijra*. Derivaba de una palabra para «mono»
y su significado sería más o menos el equivalente occidental para «pasivo»:

la persona receptora en las relaciones sexuales entre homosexuales. Pero en las primeras décadas del siglo xxi, *kothi* se había convertido en una categoría de identidad propia en la India y era distinta a *hijra*. Esto ocurrió al mismo tiempo que la expansión de las nociones de «gay» y «LGTB» a nivel global durante la lucha contra el sida. De repente, las comunidades *kothi* estallaron en todo el subcontinente —especialmente entre las personas que vivían en ámbitos rurales y las más humildes— de una manera que competía con el *boom* del ambiente gay de clase media en las ciudades. Esperaba entender la historia de cómo había ocurrido, y de lo que significaba, a través de las visitas que hice a la India y a Devanampattinam a partir de 2012.

La aldea fue uno de los primeros lugares que visité al explorar las líneas rosas del mundo, y a pesar de la distancia y de la absoluta falta de una lengua común, llegué a conocer bastante bien a las *kothis* de la aldea a lo largo de los cinco años siguientes y a desarrollar un gran respeto y afecto por ellas. Este libro empezó con el relato de Tiwonge Chimbalanga, que salió al mundo desde su casa, una aldea aislada en los acantilados de Thyolo, en Malaui. Parece apropiado terminar en otra aldea, esta a orillas del mar de Andamán, para intentar entender cómo entró el «mundo», con todas sus nociones globalizadas sobre la orientación sexual y la identidad de género, en la aldea a principios del siglo xxi y la transformó. O no. Simetrías aparte, termino nuestro viaje aquí por una razón más sustancial: si la identidad de género fuera realmente una nueva frontera global del siglo xxi que pusiera en juego las nociones contemporáneas de los derechos trans con tradiciones inmemoriales, las *kothis* de Devanampattinam estarían de verdad en el frente.

* * *

Después de pasar un rato con Sivagami dentro del templo durante aquella primera visita, salí a sentarme con otras *kothis* en la hierba llena de maleza del exterior. Había unas diez, y sus edades comprendían desde los últimos años de la adolescencia hasta los cuarenta y pocos. Estaban tumbadas sobre los regazos unas de otras, soñando despiertas, cuchicheando, tomándose el pelo, cantando trozos de canciones de películas en tamil. Algunas, como el lechero Ramu, tenían esposas e hijos, y tenían la apariencia y se comportaban como cualquier otro hombre de la aldea. Al sentarme, se estaban metiendo con Ramu por este mismo hecho. Quien lo hacía era el pescador Mohan («Mohana»). Utilizando jerga *hijra* subida de tono, Mohana estaba montando un espectáculo cuestionando a Ramu por cómo había conseguido dejar embarazada a su mujer, en dos ocasiones mínimo, antes de que lo dejara. Ramu fingió enfado y humillación, pero parecía estar disfrutando de la atención y de las risas estridentes a su costa.

Mohana era, claramente, el eje de la comunidad. Con solo veintitrés años, tenía el físico musculoso de un pescador y una belleza fascinante. Su apodo: All-India Pass, como el abono de tren, porque iba a todas partes y conocía a todo el mundo. Aunque no tenía estudios y era analfabeta, llevaba las cuentas del templo: los números se le daban muy bien, y durante mis visitas a la aldea siempre la encontraba con un proyecto entre manos, ya fuera acordando préstamos financieros o matrimonios.

Mohana solía ponerse a cantar las baladas con falsete, como un cantante que hace *playback* al estilo de Bollywood. Cuando actuaba era altanera; cuando no, se mostraba algo cohibida. Su mejor amiga, Lakshaya, era la charlatana y la lista del grupo. Tenía veinte años, se estaba sacando un grado de Ciencias por correo y era trabajadora social en una organización contra el sida en la zona rural de Cuddalore —a través de esta organización llegué a conocer el templo—. Mohana no se fiaba de mi llegada a la aldea, pero Lakshaya me recibió con los brazos abiertos. Estaba llena de ideas y preguntas sobre el mundo exterior, que entraba en la aldea a través del diccionario tamil-inglés, que estaba destrozado y lo llevaba siempre consigo, y a través de su teléfono inteligente Samsung, el único que vi en la aldea.

Fue en esta primera reunión a la salida del templo cuando Lakshaya me dijo que ella y sus amigas, como *kothis*, deseaban «quedarse en la aldea y quedarse como están». En los años siguientes, sería testigo del crecimiento de su determinación, incluso conforme la sociedad —la familia y la economía— conspiraban para limitar sus perspectivas y forzarlas de vuelta al binarismo de género, es decir, que se casaran y tuvieran hijos o que se fugaran y se unieran a las *hijras*. En otro espacio y en otro tiempo, podrían haber encontrado su lugar, algunos quizá como hombres gais, y otras, como mujeres trans. Pero estas opciones no estaban disponibles cuando cumplieron la mayoría de edad en la aldea durante los primeros años del siglo XXI.

De hecho, en 2012, cuando las conocí, nunca habían oído la palabra *gay*. Cuando volví de visita tres años después, conocían la palabra gracias a la industria del cine indio, que había encontrado al personaje gay, y también a su creciente exposición al movimiento por los derechos LGTB. Lakshaya me explicó la diferencia entre gais y *kothis*: «Los gais llevan ropa buena y se van de fiesta y tienen relaciones sexuales. Una *kothi* es alguien que vive en la aldea y hace trabajos de mujeres».

Llegados a este punto, las actitudes hacia la orientación sexual y la identidad de género habían cambiado de forma drástica en la India, reflejando la expansión global de los derechos LGTB. En julio de 2009, la Corte Suprema de Delhi despenalizó el sexo entre homosexuales después de ocho años de esfuerzos por derogar el artículo 377 del código penal del país, que ilegalizaba «las relaciones carnales que van contra natura»[490]. A pesar de que el Tribunal Supremo de la India decidiría confirmar el artículo 377 en 2013, la campaña Voces en Contra del 377 cambió significativamente la opinión pública sobre la homosexualidad, especialmente entre la inmensa clase media india: cuando visité por primera vez la India, en 2012, la sentencia de la Corte Suprema de Delhi fue ampliamente celebrada como una muestra de la modernidad del país.

Más adelante, en abril de 2014, el Tribunal Supremo de la India emitió el fallo que decía que las personas trans tenían pleno derecho a la igualdad y a la autodeterminación. El mundo empezó a colarse en Devanampattinam a través de la pantalla rota del teléfono inteligente de Lakshaya y a través de su trabajo en la organización contra el sida. Y cuando fui de visita en 2015, Lakshaya y sus amigas eran plenamente conscientes de estos avances, que cambiarían sustancialmente la manera en que pensaban sobre ellas y sobre su lugar en este mundo.

Pero cuando nos conocimos en 2012, ni siquiera habían oído hablar del artículo 377, menos aún del intento por revocarlo. Cuando les hablé de ello, Mohana mostró uno de sus más altaneros desprecios: «Sabemos cómo lidiar con la ley. Si los policías nos molestan, nos los follamos o los sobornamos. Con quien tenemos problemas es con nuestra familia. Ahí es donde necesitamos una campaña».

Durante los años en que las conocí y las visité, de 2012 en adelante, las *kothis* de Devanampattinam se beneficiaron de una nueva cultura basada en los derechos —nacionales y globales—, que les permitía imaginar una vida libre de las constricciones de generaciones pasadas. Pero estaban intentando aplicarlos en una aldea que aún se regía por los modos antiguos. Se encontraban en una zona fronteriza a lo largo de las crudas fronteras de la línea rosa, tanto corporales como territoriales. Lo que me parecía tan interesante de su lucha era la manera en que procuraban emplear los modos antiguos —la práctica devota hindú— para conseguir sus objetivos: su templo a las afueras de la aldea donde Sivagami las lideraba, y la aldea, en devoción compartida hacia la diosa Angalamman.

La diosa es querida por los pobres y los parias, los pescadores, *hijras* y *kothis*. Debido a que patrulla el perímetro para proteger a los aldeanos del mal, se suelen encontrar pequeños santuarios en las afueras, igual que aquí, en Devanampattinam, donde una niña vio en una ocasión una palmera supurando leche, una señal de su presencia. En cuanto la sacerdotisa Sivagami descubrió una conexión personal con la deidad, empezó a liderar *poojas* (rezos comunales) en el santuario, y el pescador Mohana fue una de las primeras devotas. Mohana empezó a recaudar fondos entre sus compañeros pescadores y supervisó la construcción del templo en el lugar; también trajo a algunos de los mayores de la aldea para que administraran el templo. Así, a través de la adoración a Angalamman compartida con los aldeanos, las *kothis* esperaban entretejerse en su comunidad natal en vez de tener que huir hacia un destino como *hijras*, como hizo con anterioridad la propia sacerdotisa Sivagami.

* * *

DE PEQUEÑA, SIVAGAMI siempre había mostrado interés por las cosas femeninas. Me contó que andaba con los saris de su madre, lo cual era posible porque su padre había muerto a una edad temprana. A los quince años empezó a salir con un chico mayor. Supuso entonces que era una *hijra* y se escapó a Bombay, donde esperaba encontrar a su hermana mayor, que se había ido a la ciudad una década antes por el mismo motivo. El mito, perpetuado por las leyes coloniales británicas, decía que las *hijras* secuestran a los niños para castrarlos y acicalarlos, pero la realidad es que las comunidades de *hijras* en las ciudades daban refugio a quienes se escapaban de casa, en muchas ocasiones, huyendo de matrimonios concertados o de la perspectiva de que fueran a ocurrir; albergaban a gente inadaptada que no podía encontrar espacio en sus comunidades nativas porque no era típicamente masculina.

De manera similar a los *bissu* y a los babaylanes más al este, a las *hijras* se las ensalzaba en tiempos precoloniales: el carecer de sexo las acercaba a lo divino y tenían el poder de conceder fertilidad. El espacio que ocupaban entre lo masculino y lo femenino también les otorgaba un puesto gestionando los harenes en la corte islámica. Pero su estatus fue cayendo a lo largo del siglo XX, en parte porque los británicos declararon que eran una «banda criminal»[491] y fueron ilegalizadas. Después, conforme la India urbana se fue modernizando, su espacio social se contrajo aún más. Para cuando Sivagami se encontró en Bombay a mediados de la década de 1990, las *hijras* se ganaban la vida a través de la mendicidad y el trabajo sexual. En ambos roles, se convirtieron en elementos fijos de la vida urbana moderna: al mendigar, extorsionaban a los tenderos amenazando con fastidiarlos levantándose los saris, y como trabajadoras sexuales, el hecho de que estuvieran fuera de los roles de género tradicionales hacía que los hombres tuvieran acceso a ellas, fuera del matrimonio, de maneras que no estaban permitidas con las mujeres biológicas. Ironías de la vida: dado su estatus original, llevaban el rastro del sexo —su atractivo, pero también su estigma y violencia— como nadie más en la sociedad india.

Cuando Sivagami llegó a Bombay, se convirtió en la *chela* (significa «discípula», pero a veces también tiene el sentido de «hija») de una gurú mayor que ella, que inició a la joven prófuga en su «casa» y la instruyó en el acicalamiento femenino antes de explotarla para que pudiera ganarse el sustento. La gurú le dio a Sivagami un nombre femenino, y después de unos dos años, empezó a prepararla para el ritual de la emasculación que le permitiría acoger a sus propias discípulas e ir ascendiendo en la jerarquía *hijra*.

Cuando fui por primera vez a Devanampattinam en 2012 y conocí a Sivagami, el movimiento global por los derechos trans estaba ganando fuerza también en la India, y varias *hijras* habían roto los tabúes de la sociedad al contar sus experiencias[492], con frecuencia de una violencia abyecta y de esclavitud sexual. Me pregunté si su vida como *hijra* había sido así.

«No, Mark», insistió y continuó: «A mí me trataron bien. Me dieron un hogar. Y nunca me forzaron a mantener relaciones sexuales. Pero eso implicaba que tenía que mendigar mucho, día y noche, y a veces, si no había conseguido lo suficiente, entonces sí, claro, tenía que hacer *dhanda*». Esto último significa «negocios» en hindi, pero también quiere decir «trabajo sexual» en la jerga de las *hijras*.

¿Cómo se sentía al respecto?

«No me gustaba».

Tampoco le gustaba la perspectiva de la emasculación. Al ser técnicamente ilegal en la India, tradicionalmente se la practicaba la propia *hijra*, pero en esta época era más frecuente que la llevara a cabo un médico en la clandestinidad, que cobraba muy caro y con frecuencia hacía desastres. Sivagami creía que no le quedaba otra: «¿Cómo, si no, voy a sobrevivir y progresar?».

Su hermana mayor la encontró y la mandó de vuelta a Devanampattinam antes de que se sometiera al procedimiento. En casa, en la aldea, Sivagami empezó a juntarse con un sacerdote que la formó a cambio de favores sexuales. «No me importó. Cuando personas como nosotras andan por la calle, los pendencieros nos apartan y nos fuerzan a mantener relaciones sexuales con ellos. Con él era distinto. Por lo menos, aprendí algo. Y ahora la gente viene a mí para que la ayude a resolver sus problemas, en vez de para que les chupe la polla», me dijo.

Sivagami se ganó rápidamente la fama de curandera. Los suplicantes hacían donaciones, en efectivo o con favores, a cambio de una oración. Su madre, Vijaya, hacía las veces de mánager tratando de captar clientes y preparando a los suplicantes para sus consultas. Vijaya siempre andaba ajetreada y estaba encantada de hablar conmigo. «Una vez, ofreciendo rezos en casa, lo poseyó la diosa Angalamman», dijo refiriéndose a Sivagami. «En ese momento supimos que tenía la gracia de Dios. ¿Sabe? Tiene a Angalamman dentro de él. Por eso es como es».

* * *

Si la sacerdotisa Sivagami y sus *kothis* estaban luchando por encontrar un lugar para ellas en su comunidad natal a través de la devoción a la diosa Angalamman, entonces su vehículo principal era un festival de diez días de duración llamado Mayana Kollai, un Halloween tamil (la frase se traduce como «redada en el cementerio») al que convirtieron en el punto focal del calendario de la aldea. Yo acudí en marzo de 2013.

Llegué en mitad de un *pooja* diurno al inicio del festival junto con la fotógrafa Candace Feit y nuestra intérprete, Lavanya Keshavraj. Observamos a Sivagami sacrificar una cabra en el patio delantero lleno de arena del templo. Estando en trance, se quitó la camisa y se soltó la coleta a sacudidas. Sus rizos como serpientes quedaron sueltos y le cayeron sobre el torso lleno de vello de una manera que hacía que fuera propiamente de otro universo, feroz, más allá de las categorías de género que imponía este mundo, mientras canalizaba a la diosa Angalamman hacia la aldea. Durante la posesión, siempre había una ayudante alrededor para mantenerla a salvo o recogerla. Después de haber colapsado y revivido, salió del templo vestida y serena para tomar el control de la multitud allí reunida. Con una vara y en medio de una percusión estridente, lideró la procesión de las deidades del tempo hasta la aldea.

Lakshaya se convirtió en nuestra guía y protectora: no participa en la Mayana Kollai por motivos que descubriría más adelante. Caminando con nosotros, señaló una gran escultura de arena. Era una Angalamman en posición supina, de un metro de alto y por lo menos diez de largo; la arena estaba teñida de diferentes colores, y estaba coronada por el rostro de la diosa en cúrcuma y kohl. Este iba a ser el escenario en el que las *kothis* y otros devotos representarían la historia de Mayana Kollai.

La procesión del mediodía terminaba en el templo principal de la aldea. Aquí, rodeada por una muchedumbre de mujeres cantando y en saris amarillos, Sivagami condujo a los devotos a un trance atravesándoles pinchos de metal en la lengua. Después, la gente se dispersó, y nos pasamos el resto del día en casa de una u otra *kothi* o en la cabaña que servía como camerino, observando cómo se preparaban para el ritual de la noche.

Mohana, la All-India Pass, iba a hacer de «Kali azul», la deidad más feroz, y vimos cómo la pintaban de arriba abajo con ese color. «Estamos en trance, por lo que realmente no sabemos lo que nos ocurre», dijo cuando le pregunté qué podía esperar. «Normalmente estaríamos nerviosas por los hombres que se meten con nosotras, pero cuando estamos aquí ante Dios, tenemos el poder y nos dejamos de miedos e inhibiciones».

Al anochecer, las diosas *kothis* ya estaban listas, al igual que un conjunto de otros aldeanos. Un generador se puso en marcha con un rugido y un anillo de luces de colores se encendió. Varios focos iluminaron el sitio del ritual, alrededor del cual los aldeanos empezaron a congregarse. De pie, entre ellos, había pequeños grupos de *kothis* y de *hijras* de las aldeas cercanas. Había músicos, bailarines y vendedores de parafernalia religiosa y de comida. A algunos de ellos los habían colocado las *kothis* del templo, pero otros simplemente se habían presentado ahí. Lakshaya estaba encantada: la reputación del templo se estaba extendiendo. Ella se adosó a nosotros como si fuera pegamento conforme la atmósfera se volvió más crispada y estridente, con los hombres apestando a vino de palma y los tambores retumbando.

Por último, las artistas entraron en trance y adoptaron sus papeles como deidades. Contaron la historia de cómo la diosa Angalamman salvó al mundo bailando con su consorte Shiva. Cada artista estaba bajo el control de otra persona, como marionetas a punto de romper los hilos: los habitantes de la aldea parecían tener realmente miedo de esas deidades danzantes, en particular de las tres diosas *kothis*: roja, amarilla, azul. El papel de la sacerdotisa Sivagami era dirigir tanto a las multitudes como a las artistas, y lo desempeñó alrededor del montículo de arena aporreando una gran vara.

Más tarde, bajo la luna llena, Sivagami condujo a toda la congregación hasta el cementerio de la aldea, donde se produjeron actuaciones aparentemente espontáneas sobre los sepulcros mientras que había tumbas reales que aparecieron cavadas. Reflejada en el océano justo al otro lado de las paredes del cementerio, la luna sostuvo la representación con su luz fantasmal, y a pesar de que no pude estar al tanto de todas las diosas *kothis*, Sivagami parecía estar en todas partes acarreando aquella vara tan grande. Conseguía que todo pareciera pendiente de un hilo: un equilibrio entre la actuación y la realidad, este mundo y el otro, el orden y la amenaza del caos. Había algo carnavalesco en las actuaciones de las *kothis*, por la manera en que hacían uso de su poder de forma casi vengativa para compensar las humillaciones que sufrían durante el resto del año: los desaires a su feminidad, la presión por amoldarse y casarse, la compulsión al trabajo sexual; las constantes insinuaciones que las rodean, la violencia contra ellas, tanto sexual como física.

Más adelante, leí un artículo en *The Times of India* que sugería que el reciente resurgimiento de la tradición Mayana Kollai podría estar impulsada por una visibilidad cada vez mayor y el empoderamiento de las personas trans. Su autor escribió que el festival simbolizaba «uno de los muchos discursos culturales de la vida tamil»[493], que decía que «la energía femenina es capaz de rejuvenecer, recuperar y revitalizar la vida humana más allá de la muerte y la destrucción». El punto álgido era cuando una «mujer vestida como Kali o Angalamman despelleja a un ave, bebe su sangre, la deja colgando de la boca y entra en trance mientras los tambores suenan».

En Devanampattinam, este papel lo desempeñaba la preciosa Mohana, resplandeciente en el sari azul y dorado, con marcas faciales de guerrera feroz y una peluca que le caía en forma de cascada hasta debajo de la cintura. Cuando apareció, bastante convincentemente, para arrancar la cabeza de la gallina de un bocado y beberse su sangre —Lakshaya me gritó por encima del estruendo que había un juego de manos implicado—, la multitud clamó con asombro y repugnancia, y apenas parecía que Sivagami la tuviera bajo control. No eran gritos fingidos, había pánico real y la amenaza de una estampida. Una Lakshaya inquieta nos llevó hasta la cabaña que hacía las veces de camerino, adonde vinieron más adelante Mohana y las otras *kothis*.

Esperaba que Mohana estuviera entusiasmada, pero estaba afligida. Tenía ríos corriendo por el maquillaje azul. A pesar de su papel devoto, un grupo de chicos de la aldea, borrachos, la habían arrinconado conforme llegó a la actuación, vestida por completo como Kali. Nos dijo que le metieron mano y quisieron follársela, y ella entró en cólera: «¡Hasta cuando voy como Kali, cuando estoy haciendo el trabajo del templo, el trabajo de Dios, me tratan como a una ramera!».

Ninguna de las *kothis* de Devanampattinam ofrecían sexo con regularidad, pero la mayoría admitió que lo hacían de vez en cuando por el dinero relativamente fácil que reportaba —y porque, aparte del templo, era el único lugar en el que podían desempeñar y experimentar una forma de la femineidad—. Ahora, en el camerino, Sivagami intentaba tranquilizar a su Kali azul. «Lleva un tiempo. No puedes esperar que los aldeanos te vean como a una diosa enseguida, cuando el resto del año eres alguien con quien se encuentran detrás de las casuarinas».

Una mujer animada estaba con nosotros. Se llamaba Soorya, y era la mejor amiga de Mohana. Le pregunté cómo se habría comportado el público si ella hubiera hecho el papel de Kali.

«Habría sido peor. Tendrías que haber llamado a la policía para que clausuraran esto». Se refería a lo que pasó apenas tres meses antes: la violación en grupo y el asesinato de una mujer joven en un autobús de Delhi, que provocó enfado y una protesta pública en toda la India. «Así es como tratan los hombres a las mujeres en esta sociedad. Si yo hubiera sido Kali esta noche, probablemente ya me habrían violado», me dijo Soorya.

Lakshaya

Cuando volví a Devanampattinam dos años después, no encontré a Soorya por ninguna parte. Lakshaya me dijo que a su amiga la habían obligado a abandonar sus sueños de ser contable y la habían casado con un muchacho en otra aldea. Ahora tenía un bebé. Le pregunté si podíamos ir de visita, y nos fuimos dos horas en coche hasta su nuevo hogar. «Ojalá pudiera volver a Devanampattinam. No me permiten ir a ningún sitio. Ni trabajar», dijo en voz baja y frunció el ceño al recibirnos.

Soorya nos sirvió un biryani de verduras en una casa pequeña pero confortable. Se la veía seria cuando Mohana y Lakshaya hablaban amablemente con su marido, un joven apuesto que llevaba una camisa blanca bien planchada. Parecía preocupado por complacer a su mujer —ante los invitados, por lo menos— y nos dijo que quería ser un padre que estuviera presente, a diferencia del suyo, que había abandonado a la familia. Cada vez que salía de la habitación, Soorya ponía cara de desprecio e incluso de repugnancia.

«Deberías haber nacido *kothi*», le dijo Lakshaya, sin ninguna pizca de ironía, mientras Mohana hacía saltar al bebé sobre las rodillas con anhelo. «Entonces serías libre».

* * *

La primera vez que Lakshaya escuchó la palabra *kothi* fue a los catorce años, recién llegada a Cuddalore, donde su madre —una trabajadora itinerante de la construcción— había ido a buscar trabajo. Ambas llevaban varios años yendo de acá para allá, desde que su madre había huido de un matrimonio cómodo económicamente pero abusivo. Lakshaya se matriculó en una escuela local y se hizo amiga de un chico llamado Dinesh, que iba a clase desde Devanampattinam, al otro lado del remanso. Ambos se sentían atraídos, me dijo Lakshaya, porque eran «afeminados», aunque Lakshaya aún no tenía un nombre para ello. Dinesh le dio uno: eran *kothis*, «corazones de mujeres en cuerpos de hombres». De hecho, Dinesh prefería el nombre de Dinisha, y en vez de «él», «ella».

Dinisha aprendió lo que eran las *kothis* por su trabajo después de clase: hacía de trabajadora social para la organización local contra el sida, la misma en la que Lakshaya encontraría trabajo más adelante. Su cometido, como el de organizaciones parecidas en toda la India, consistía en identificar a individuos de alto riesgo y convencerlos de que acudieran a los Centros de Acogida, el nombre oficial para este tipo de lugares. Aquí podían recibir orientación sobre prácticas sexuales seguras, pruebas del sida y, en caso de que fuera necesario, derivaciones para su tratamiento. La tarea de Dinisha como trabajadora social consistía en ir a «puntos calientes», como estaciones de autobús o los matorrales a lo largo de la playa, y buscar «contactos». Tenía que entablar conversación con ellos e intentar llevarlos al Centro de Acogida. Le pagaban cinco mil rupias al mes —unos setenta y cinco dólares—, que venían del gobierno indio, y para ganarlas tenía que traer a un número mínimo de contactos, que se registraban como *kothis* (homosexuales pasivos o afeminados), *panthis* (hombres bisexuales activos) o «de dos pisos», a los que en Estados Unidos y en otros lugares se los conoce como «versátiles». Todas estas palabras provenían de la jerga de las *hijras*.

Así que Lakshaya no era tan solo una nueva amiga de Dinisha, sino también un «contacto», aunque uno cohibido. A pesar de que Lakshaya aceptó de buena gana un nombre femenino, no parecía tener interés por el Centro de Acogida. La manera en que Dinisha consiguió que entrara fue sugiriendo que fueran para buscar algo de ropa para una fiesta de etiqueta que se iba a celebrar. En Cuddalore, como en toda la India, el Centro de Acogida se convirtió en un punto de encuentro local para la comunidad de *kothis*. Estaba localizado en una mansión que se estaba desmoronando, construida a la manera tamil tradicional, alrededor de un patio central cubierto, y cuando las amigas de la escuela llegaron y Lakshaya vio el panorama, se dio a la fuga. «Por aquel entonces, aquellas personas aún me daban miedo. ¡Y mi escuela quedaba tan cerca! ¿Y si se enteraban?», dijo.

Dinisha tuvo más éxito llevando a su nueva amiga a casa en Devanampattinam, donde presentó a Lakshaya a Mohana, el pescador. Ambas establecieron un vínculo rápidamente, y con su energía habitual, Mohana se puso a buscar un hogar para Lakshaya y su madre en la aldea. Esto fue dos años después del tsunami de 2004, que hizo estragos en la aldea, destrozó gran parte de ella y mató a más de sesenta personas. Muchos de los aldeanos fueron trasladados a viviendas estatales de nueva construcción en un terreno más elevado. Lakshaya y su madre se mudaron a una cabaña hecha de barro y hojas de palmera. Seis años más tarde, cuando fui a Devanampattinam por primera vez, seguían viviendo ahí.

Dinisha y Mohana presentaron a su nueva amiga a las otras *kothis* de la aldea, aunque aún no a Sivagami. Lakshaya la conocería un poco más tarde, de una manera muy casual. Le llevó un tiempo hacerse a la idea de que era «un corazón de mujer en el cuerpo de un hombre», pero enseguida empezó a acompañar a Dinisha al Centro de Acogida y a experimentar con su presentación femenina: se hizo pendientes y comenzó a pintarse las uñas.

Debido a su precaria situación familiar, Lakshaya supo que no podría continuar con sus estudios si no ganaba algún tipo de sustento. Así, un par de años después de haber llegado al lugar, solicitó ser trabajadora social contra el sida. Entonces ella también se dedicó a pasar las tardes reuniendo a *kothis* y llevándolas al Centro de Acogida para que las contabilizaran y orientaran.

* * *

«ANTES DE LA EPIDEMIA DE SIDA, solo los hombres gais de clase alta o las *hijras* contaban con el espacio [entre otros grupos minoritarios de género o de sexo en la India] para ser ellos mismos. Ahora, con el apoyo oficial a las *kothis*, había sitio también para que las personas humildes y rurales fueran sí mismas. Fue un gran cambio».

Estas palabras me las dijo un hombre llamado Sunil Menon, la primera persona en proponer que se utilizaran los términos *kothi* e *hijra* en la lucha contra el sida, más de dos décadas antes de que conociera a Lakshaya y a sus amigas. Menon fue uno de los primeros hombres abiertamente gais en Tamil Nadu. Antropólogo y coreógrafo de desfiles de moda instalado en Chennai, fue el fundador de la primera organización contra el sida con base comunitaria en el sur de la India. Tenía especial interés en encontrar la manera de sacar a las personas que llevaban la etiqueta de *kothis* de las faldas de la sociedad *hijra*, donde estaban sujetas a jerarquías rígidas y arcanas y, por tanto, era mucho más difícil llegar a ellas a través de las campañas de salud públicas. Cuando fui de visita a Sahodaran, su organización en Chennai, dos décadas después de que la fundara, me chocó su misión, que era convencer a las *kothis* de que no necesitaban someterse a una cirugía o convertirse en mujeres para ser fieles a ellas mismas y para hallar su lugar en el mundo.

La investigación de Sunil Menon llamó la atención del mundo de la salud pública, y lo invitaron a que diera una ponencia en la Conferencia Internacional sobre el Sida en 1993, al principio de la epidemia india. La idea de las *kothi* entusiasmó a la audiencia, sobre todo porque los epidemiólogos y los activistas que trabajaban en el país veían el valor que tenía adoptar palabras indígenas para describir conductas homosexuales, en vez de utilizar el término clínico y occidental HSH (hombres que tienen sexo con hombres).

Los epidemiólogos tenían un interés particular en las *kothis* porque, como receptoras pasivas de sexo anal, se consideraba que eran quienes corrían un riesgo más alto de infectarse, y las que eran más probable que propagaran el virus del VIH, ya que tantas de ellas eran trabajadoras sexuales con diversas parejas. La persona responsable de la popularización de esta idea[494] fue otro emprendedor social extravagante, Shivananda Khan, un hombre nacido en el Reino Unido de padres del sur de Asia y fundador de Naz Foundation International, que llegaría a ser la ONG contra el sida más grande de todo el subcontinente.

La estrategia de las *kothi* se convirtió en un caso clásico de éxito, y fue una de las razones por las que la India fue elogiada por su gestión de la epidemia. Tuvo un profundo efecto también entre las bases: conforme les fueron entrando los fondos, las comunidades de *kothis* empezaron a florecer por toda la India, agrupándose alrededor de Centros de Acogida en los barrios bajos de las ciudades y en localidades provinciales como Cuddalore. Dado que a los trabajadores sociales les pagaban por encontrar a *kothis*, no es de extrañar que identificaran a tantas: era una identidad monetizada. «Las *kothis* siempre han existido, pero antes estaban bajo las alas de la comunidad de las *hijras*. Salieron a través de la epidemia del sida, se formalizó su posición, consiguieron empoderarse», me dijo Manohar Elavarthi, un importante activista de la ciudad de Bangalore.

* * *

SIN DUDA ALGUNA, esto parecía ser cierto en el caso de Lakshaya. Su trabajo en la Sociedad para el Desarrollo de la Salud Orientada a la Comunidad de Sahodaran (SCOHD, por su sigla en inglés), en Cuddalore, expandió de manera sustancial su red de contactos sociales, y ganó mucha autoconfianza. Pronto llamó la atención de la fundadora de la SCOHD, una impresionante *hijra* de más edad llamada Sheetal, y cuando Lakshaya terminó sus estudios a los veinte años, le dieron la responsabilidad de dirigir un programa en el Centro de Acogida. Aprendió a utilizar el ordenador del centro, que hacía ruidos raros, y, a través de él, empezó a explorar el mundo en línea. En el trabajo le hablaron de Facebook, y entró en la blogosfera el 12 de diciembre de 2011, bajo la imagen de una sofisticada mujer-pájaro andrógina. Según el perfil, «Lakshaya Johnny» era un hombre. Cuando la añadí a mis amistades un año más tarde, tenía ciento tres amigos en Facebook, su género era «otro» y su foto de perfil era la de una estrella famosa del cine tamil, «porque estoy cansada de que la gente me pregunte si soy un hombre o una mujer». Para el 2017 se sentía con la confianza suficiente como para mostrar su propia cara en las redes, en un retrato que la representaba como yo la conocía: con un rostro rollizo y sonriente, enmarcado por unas orejas con pendientes de diamante y el cabello corto con flequillo; con una «camisa-pantalón», como llamaban los indios al atuendo masculino, pero con un sari por encima del hombro para señalar su identidad de género.

El motivo original por el que Lakshaya se metió en internet fue para buscar a *panthis*, según me dijo, «pero entonces me volví política con el tema». En los años posteriores a conocernos vi cómo creció su red de contactos hasta las trescientes personas y cómo se desarrolló también su conciencia política. Seguía a activistas trans destacados y con frecuencia distribuía octavillas sobre los *transgénero*, una palabra que estaba utilizando cada vez más. «Tenemos [un] lugar como "tercer género" en los papeles del gobierno [el censo], pero no en los corazones de la gente»[495], escribió en una publicación de 2014. Escribía poesía y publicó también algún verso fascinante: «Nosotras las *kothis* somos esculturas talladas, pero la gente solo nos ve como una roca».

En 2017 empecé a leer un importante libro indio recién publicado, *Sexualidad*, de akshay khanna. Al hacerlo, tuve la sensación de que estaba leyendo sobre Lakshaya y sus amigas. khanna decía que la financiación oficial de organizaciones con base comunitaria y accionadas por *kothis* implicaba «empleos regulares en ONG, la creación de redes de apoyo y servicios, y la inauguración de una esfera de respetabilidad para personas que hasta ahora habían sido despreciadas»[496].

Pero no era solo una cuestión de dinero. De hecho, se ganaba mucho más con la mendicidad o con el trabajo sexual que reuniendo a *kothis* y mandándolas a un Centro de Acogida. Era mucho más importante, decía khanna, «una movilidad social y política; la opción de cubrirse de respetabilidad, de aceptar las decisiones propias y de sentir la legitimidad de una misma»[497]. No obstante, había una pega: la construcción de lo que khanna denomina «la *Kothi* epidemiológica»[498], una categoría de identidad creada por la industria del sida en torno al acto de que te penetren o seas afeminado. Y esto, mantenían él y otros, tenía graves consecuencias.

En una de mis visitas a la India, me desvié hasta la ciudad de Lucknow, al norte, para ir a ver a Saleem Kidwai, un historiador y el padre de la erudición sobre lo queer en la India: había coeditado el referente *Amor entre personas del mismo sexo en la India*[499], publicado en el año 2000. Al describirle el tiempo que pasé en Devanampattinam, puso en duda la idea de que hubiera una tradición del género *kothi* en la India: «No he encontrado referencias a ello antes del siglo xx en mis investigaciones sobre historia».

Le dije a Kidwai que Lakshaya me había estado hablando de la diferencia entre los gais y las *kothis*, que los primeros provenían de la ciudad y vivían vidas sofisticadas mientras que las últimas vivían en la aldea y «hacían trabajos de mujeres». Esto confirmó su análisis: «La industria del sida ha glorificado a las *kothis* como estereotipos de mujeres maltratadas, trabajadoras sexuales y "segundas mujeres"». «¿Cómo podía eso ser "empoderante"?», se preguntaba. Y si ese grupo marginalizado conseguía empoderarse, ¿dejarían de llegar los fondos?

Sin duda, en mis visitas a Devanampattinam fui testigo de cómo las *kothis* de la aldea asumían roles femeninos subordinados. La vida amorosa de Dinisha era un buen ejemplo. En el instituto, un *panthi* se metió con ella por ser afeminada. La empujó del columpio, se puso encima de ella y la forzó. Llevaba con él desde entonces. No obstante, él solo acudía a ella cuando estaba borracho. Y, por supuesto, tenía novia. En ocasiones la seguía forzando, pero a ella no le importaba, decía, porque eso confirmaba su feminidad.

El pescador Mohana parecía diferente. Ella había estado con su *panthi* durante más de cinco años: eran primos y estaban juntos en el negocio, compartían el mismo barco de pesca. Tenían un punto de encuentro secreto en una arboleda de casuarinas al otro lado de la aldea y, según se dice, estaban perdidamente enamorados. Pero cuando volví a ver a Mohana en 2015, tenía el corazón partido: me dijo que su *panthi* tenía que casarse para hacer frente a los rumores que se estaban extendiendo sobre su relación. Mohana estaba absorta en la búsqueda de la esposa ideal para su *panthi*: una que no fuera demasiado guapa y que no estuviera demasiado acomodada. «Es lo mejor. Si no se casa, su hermano pequeño tampoco podrá casarse y la gente hablará. De esta manera, él tendrá su esposa y sus hijos, y nosotros nos encontraremos en nuestro sitio especial», me dijo frotándose los ojos.

La sacerdotisa Sivagami tenía sus sospechas. Me resumió a los *panthis*: «Estarán contigo mientras tengas dinero para mantenerlos. Cuando te caigas, no estarán ahí para levantarte. Por eso les digo a mis *kothis*: "En esta vida solo podemos depender las unas de las otras"». Su relación más duradera también fue con un primo —era frecuente entre las *kothis* de la aldea—, pero rompió con él. «Solía emborracharse y abusaba de mí». El celibato era una opción mucho más preferible, y la abrazaba como parte de su llamada divina.

El activismo por los derechos humanos era la llamada de Lakshaya, y parecía que le ofrecía una ruta de escape de la opresión de género. Hacía declaraciones potentes en las redes sobre los derechos de las mujeres, sobre todo después de la violación en grupo y el asesinato en Delhi en 2012. «Si Prabhu y yo nos vamos a vivir juntos, de verdad te digo, Mark, no me voy a pasar un año entero cocinando. No voy a ser una de esas *kothis* que solo están ahí para cocinar y mantener a su hombre», me dijo en 2015 en referencia a su último flechazo con un *panthi*.

Pero Lakshaya siempre estaba fantaseando con un *panthi* o con otro, y siempre le partían el corazón: ella quería amor, ellos querían sexo. Como reflejó en un poema: «Soy un corazón con dos vidas. Actúo como un hombre y sufro como una mujer»[500].

* * *

LA MADRE DE LAKSHAYA, CUYO NOMBRE ERA GOMATI, no veía valor en que abrazara cada vez más la feminidad. Cuando oía a otras personas de la aldea referirse a ella como Lakshaya, la reprendía: «Naciste como varón. ¿Por qué quieres rebajarte?».

Lakshaya me contó que, desde la infancia, su madre le impedía vestirse como una niña, y esta tensión no hizo más que aumentar cuando se trasladaron a Devanampattinam y Lakshaya se adentró en el mundo de las *kothis*. Así, cuando el Centro de Acogida organizó un taller para las familias, Lakshaya decidió traerse a Gomati con ella. Una madre anonadada escuchó que su hijo en realidad era su hija, y aunque tragó saliva y dijo que lo aceptaría, llevó a Lakshaya directamente a un sacerdote local para intentar arreglar las cosas. Este no la consoló: Lakshaya había nacido así y no había nada que se pudiera hacer por ello. Fue una grandísima suerte que este sacerdote fuera Sigavami y que en ese momento todavía oficiara como hombre.

Aun así, Gomati clamó contra Lakshaya y dobló sus esfuerzos por conseguir una nuera. Fueron años de amargo conflicto. Pero llevaban mucho tiempo estando solas en el mundo, desde la primera infancia de Lakshaya, y ninguna podía con la idea de separarse. Lakshaya internalizó algunos de los preceptos del movimiento más amplio por los derechos a través de su trabajo en el Centro de Acogida y por su exposición a internet. «Si no puedo hacer que me aceptes, ¿cómo puedo hacer que me acepte la sociedad?», le dijo a su madre en la que ambas me dijeron que fue su peor pelea.

Cuando nos conocimos en 2014, Gomati tenía cuarenta y pocos años. Era una mujer de pequeña envergadura y cuya fina belleza estaba agrietada por los años de duro trabajo. Aunque me contó la historia de cómo llegó a aceptar a Lakshaya como si fuera un guion bien ensayado, no dudé de su sinceridad, dado el gran cariño del que fui testigo entre ellas. «Al final entendí lo que me dijeron [en el taller familiar del Centro de Acogida]. Entendí que es el error de Dios, no el de Mathi [seguía utilizando el nombre masculino de Lakshaya]; tampoco el nuestro. No deberíamos tratarlos de manera diferente, deberíamos aceptarlos».

Pero su aceptación venía con una condición: Lakshaya no podía llevar saris, ni siquiera en el templo. Por esta razón no participó en el festival del Mayana Kollai. Lakshaya no lo veía como un compromiso inaceptable. En su lugar, lo entendió como el pegamento que mantendría unida a su familia.

Sumamente inteligente, Lakshaya fue escalando con rapidez por los diferentes rangos en la SCOHD, ganándose el apodo de Indira Gandhi entre sus colegas. Con el aumento de salario y la ayuda —por supuesto— de Mohana para encontrar crédito de manera informal, por fin consiguió un hogar en condiciones para ella y para Gomati. Cuando fui de visita en 2015, vivían en un bungaló bajo las palmeras, en la playa, con dos adorables perros blancos encadenados al amplio balcón con vistas a los montones de basura y al mar enmarcado por palmeras que había al otro lado. Como suele ocurrir en la India, el interior impecablemente limpio contrastaba de manera drástica con la suciedad del exterior. Tenía dos habitaciones pulcras y brillantes, pintadas con una capa vibrante de color índigo.

Aunque Gomati no podía dejar de llamar a Lakshaya por su nombre masculino, había empezado a referirse a «mi hija» y a utilizar el pronombre femenino, y la casa se convirtió en algo así como un lugar de encuentro para las *kothis* de la aldea. La propia condición de forastera de Gomati —mujer soltera, migrante— hizo que fuera más fácil, tal vez, aceptar a su hija. También lo hicieron la interdependencia económica y el estatus creciente de Lakshaya en el mundo: por primera vez en dos décadas, Gomati tenía su propio hogar como consecuencia directa de la identidad *kothi* de Lakshaya.

Gomati nos preparó una comida deliciosa: dosa —la típica tortilla a base de arroz fermentado— con curry vegetal y conserva de coco. Mohana estaba con nosotros, y después de la comida las chicas abrieron el armario de Godrej, una instalación fija en prácticamente todos los hogares indios, por muy modestos que sean, y sacaron saris. Trajimos una peluca de regalo para Mohana, y Gomati participó con gran entusiasmo en una sesión de disfraces que terminó conmigo enrollado en más de cinco metros de seda.

* * *

«¡Mira esto! ¿Soy yo?».

Lakshaya dejó de un manotazo un carné de identidad en la mesa cuando quedamos con ella y Mohana para comer en un restaurante vegetariano que se había convertido en nuestro lugar habitual en Cuddalore. Era febrero de 2015, habían pasado casi dos años desde la última vez que nos habíamos visto. En el carné estaba la fotografía de una chica guapa; llevaba un sari y maquillaje, y tenía un parecido superficial con la persona joven e indignada sentada enfrente de mí.

Lakshaya dijo que la semana anterior había solicitado lo que se conoce como «Carné de Identidad Aravani». *Aravani* es el término oficial en tamil para referirse a las *hijras*, y fue designado por la policía en 2008 como un vocablo no despectivo para las personas a quienes el gobierno de Tamil Nadu decidió conceder el estatus de «la clase más atrasada», como, por ejemplo, los *dalits* («intocables»). Quienes poseían un carné Aravani tenían derecho a una serie de servicios y prestaciones sociales, entre las que se incluía el acceso a una pensión a los cuarenta años (el fundamento era que a esa edad ya no podrían ganarse la vida con el trabajo sexual), el derecho a una vivienda e, incluso —al menos, sobre el papel—, a la cirugía para la reasignación de sexo de manera gratuita. En la práctica, el Estado ofrecía una versión más sanitaria y profesional del ritual de la castración a la que se sometían las *hijras*, pero solo había un hospital público —y una larga lista de espera— que lo ofrecía de manera gratuita. Aun así, a partir de 2008, Tamil Nadu se convirtió en el estado más progresista de la India en cuanto a los derechos trans y en el modelo propuesto para una nueva política nacional tras la sentencia del Tribunal Supremo de la NALSA en 2014.

Lakshaya decidió solicitar el carné no tanto por los beneficios, sino por el reconocimiento oficial que creía que era su derecho como *TG*, el término que ahora utilizaba de manera intercambiable con *kothi*.

Ninguna de las personas a las que conocí durante mi primera visita a Devanampattinam o a Cuddalore, hacía dos años, había utilizado esa palabra, pero, entretanto, la noción había arraigado con las implicaciones que tenía sobre los derechos y la transición biomédica.

Para conseguir el carné Aravani había que pasar por una entrevista con el Comité de Evaluación del Distrito, compuesto por cinco personas, entre las que había una especializada en medicina, otra en psicología y una líder *hijra* local. Lakshaya acudió a la entrevista con la típica camisa-pantalón, doblegando el género con nada más que un pendiente y las cejas depiladas. Antes incluso de que pudieran escucharla, la rechazaron las *hijras* que estaban sentadas a la entrada. La regañaron y le dijeron que al presentarse así estaba comprometiendo todo el proceso.

Y así volvió al día siguiente, con un sari y hecha una furia, para que la entrevistaran —con éxito— y le sacaran la fotografía que me estaba enseñando en su carné recién expedido. Seguía estando furiosa: «No tengo nada en contra de quienes llevan saris, pero yo no soy una de ellas. Y tengo un acuerdo con mi madre. Esto es una falta de respeto hacia ella y una humillación para mí. ¡Y esto está mal! ¡Muy mal! Tenemos que luchar contra esto».

Hablamos de investigaciones que vi sobre la gran variación que había en los criterios de valoración en los diferentes distritos de Tamil Nadu, y que dependían en gran parte de la opinión que tuviera la «persona perteneciente a la comunidad transgénero» del comité evaluador: había quienes insistían en que para ser apta tenías que presentarte como mujer o incluso mostrar pruebas de que te habías operado. Lakshaya se mantenía firme en que no debería estar obligada a llevar un sari para que la consideraran transgénero: «Se trata de cómo me siento por dentro, no de qué manera me ven por fuera. ¡Eso es lo que dice el Tribunal Supremo!».

Se estaba refiriendo a la sentencia de 2014 de la NALSA, cuyo fallo clave fue que era un derecho constitucional de la población india el hecho de elegir por ellos mismos si eran de género masculino, femenino o del tercer género. Pero el propio gobierno estaba resuelto a rebatir la sentencia: un informe de expertos del Ministerio de Justicia Social y

Empoderamiento insistía en que era necesario que hubiera el tipo de «valoración psicosocial»[501] que ya había en Tamil Nadu. También lo hacía un proyecto de ley parlamentaria introducida para sacar una legislación nacional a partir de la sentencia.

Estas posiciones estaban reforzadas por la presión de algunas de las *hijras* poderosas que lideraban la comunidad trans de la India y que insistían en que hubiera algún tipo de medida para controlar el acceso. Como me dijo Sudha, una líder *hijra* de Chennai: «Solo alguien que siempre vista con atuendos femeninos puede considerarse transgénero. Si alguien se hace llamar trans y lleva camisa-pantalón, no puedo estar de acuerdo. Si llevas bigote y dices que por dentro te sientes mujer, lo siento, pero no enfrentas nuestros problemas».

Como las *hijras* que rechazaron a Lakshaya, Sudha creía que si cualquiera pudiera entrar y reivindicar sus derechos basándose en una identidad sentida, se podía abusar del sistema y desacreditar a mujeres transgénero «auténticas». Tanto ella como otras líderes *hijra* creían que, dada la discriminación histórica que habían sufrido, solo las mujeres transgénero deberían poder acceder a esos derechos. Lakshaya se encontraba en el bando contrario, en una nueva coalición queer que incluía a las personas no binarias y a los hombres trans de las ciudades, y que insistía en que el Estado se atuviera a la sentencia de la NALSA con la confirmación del derecho a la autoidentificación.

Cuando la Ley de Protección de los Derechos de las Personas Transgénero fue por fin aprobada en el Parlamento a finales de 2019, quedó estipulado que era necesario someterse a un proceso de evaluación si alguien deseaba cambiar su marcador de género legalmente. Los activistas se enfurecieron, y algunos tacharon el día de su aprobación como «el día del asesinato a la justicia de género»[502]. Hubo otras objeciones. En un principio, el proyecto de ley había prohibido mendigar a transgéneros —la palabra era un sustantivo en la India— y estipulaba que era ilegal que alguien que no fuera un tribunal[503] arrebatara a los hijos transgénero de sus familias: si las familias no podían o no querían cuidar de sus hijos trans, los trasladarían a instalaciones de «rehabilitación». Esto era una vuelta al mito colonialista de que las *hijras* secuestraban a los niños.

A través de una intensa campaña de presión, los activistas consiguieron que se retirara la prohibición de la mendicidad, pero la prohibición real de acoger a menores permaneció. En particular, dado el abuso —junto con el refugio— con el que se encontraban las jóvenes *chelas* que se escapaban de sus casas en la sociedad *hijra*, podría haberse tratado de un intento bien intencionado por incluir a los menores trans en el ámbito de las leyes de protección del resto de los niños en la India. Aun así, la propia palabra *rehabilitación* sugería la criminalidad o la conversión en vez del cuidado —y amenazaba los fundamentos inmemoriales de la sociedad *hijra*: su estructura familiar intergeneracional—. Puede que el Estado estuviera intentando modernizar y regularizar a las millones de personas trans de la India, pero estaba proponiendo hacerlo de una manera que demolería la estructura social y económica de la que dependían las *hijras*.

Sheetal (y Sameera)

Las identidades son contextuales, no cabe duda, y están determinadas por muchas cosas, incluyendo el acceso a la información y a los recursos materiales. De repente, en un país en el que la identidad trans ofrecía la posibilidad de obtener beneficios económicos y sociales e incluso poder político, las *kothis* como Lakshaya se encontraron en el centro de un nuevo y acalorado debate. Pero la vida era complicada para ellas, aunque ahora se hicieran llamar TG —con todo el atractivo de la autodeterminación que esto prometía—, porque seguían estando atadas a las viejas costumbres. Esto fue lo que se manifestó en los debates sobre la Ley Transgénero de 2019. Donde más clara veía esta contradicción era en el rol de Sheetal, la jefa de Lakshaya en la SCOHD, y en las vidas de las *kothis* de Devanampattinam.

Conocí a Sheetal en Devanampattinam, donde presidía el festival Mayana Kollai como si fuera una figura maternal. Medía más de un metro ochenta y tenía un modo de andar imponente. Solía llevar el femenino *salwar kameez* y tenía una larga melena ondulada con un suave tinte de henna, pero se sentaba como un hombre, con las piernas abiertas, y fumaba los cigarrillos también como un hombre. Vivía en Puducherry, cerca del lugar, con su *panthi*, un hombre más joven que siempre llevaba una chaqueta y botas de cuero. Parecía estar abnegado por ella, y también era su chófer: Sheetal iba a los sitios en la parte de atrás de su moto. Ella tenía la típica voz ronca —y la franqueza— de una *hijra*, pero hablaba un inglés correcto, ya que provenía de una familia de clase media y tenía un grado en Ingeniería —en tecnología de construcción marina, nada más y nada menos—.

Le pregunté a qué se debía su estatus en el festival de Mayana Kollai, si era porque era la directora de la SCOHD, donde trabajaba Lakshaya.

Me respondió que no, que era por su estatus en la sociedad *hijra*: era la *nayak*, la líder, y por eso «todas estas chicas son parte de mi familia».

Esto me resultó sorprendente: asumí que al renunciar a su identidad *hijra*, las *kothis* de la aldea tampoco formaban parte de su elaborada sociedad. Pero resulta que eran «hijas» de Sheetal. Me dijo que tenía sesenta y dos hijas en dos distritos, y muchas de ellas, como la sacerdotisa Sivagami, también tenían sus propias hijas. «Es un trabajo muy grande, una familia muy grande. La gente se siente atraída por mí porque soy muy libre. No soy la típica *nayak* que dice: "Eh, ven y tócame los pies". Soy muy alegre. Yo sufría cuando iba a casa de mi gurú, sentada allá, negándose a saludarme. No quería eso para mis hijas».

Así, Sheetal era la «madre» de Sivagami y la «abuela» de las *kothis* más jóvenes de la aldea, incluyendo a Lakshaya y a Mohana; para muchas de ellas, desde el principio de la adolescencia. No se trataba simplemente de un sentimiento, sino de la afirmación de una familia escogida de la manera en que los jóvenes queer lo hacían en todo el mundo: estaba altamente regulado a través de unos códigos que tenían cientos de años, con obligaciones por ambas partes.

El rol principal de Sheetal en el ritual era acompañar a sus hijas en el proceso de convertirse en *nirvan* o castradas. También las «cuidaba» cuando tenían necesidad y zanjaba las discusiones que había entre ellas, aunque el control que ejercía no era tan férreo como en las grandes ciudades, donde una «casa» era con frecuencia un espacio físico en el que las *hijras* vivían y trabajaban, como experimentó la sacerdotisa Sivagami en Bombay.

Sin esta conexión directa física o como agente de trabajo, no estaban del todo claras cuáles eran las obligaciones recíprocas de las *kothis* de la aldea con Sheetal. Esto se debía, en parte, a que era tabú hablar de asuntos internos de las *hijras*, y también a que le tenían miedo e incluso les molestaba, por muy «alegre» que fuera. Aunque ninguna de las hijas de Devanampattinam realizaba trabajos sexuales o mendigaba con regularidad, Sheetal les reclamaba el diezmo sin piedad. Al parecer, así actuaba también en la gestión de la SCOHD, pero ninguno de sus empleados se sintió cómodo confirmándomelo. En cualquier caso, irritaba a Lakshaya: «Mientras haya un sistema de *chelas* y gurús, llevaremos una vida oprimida»[504], escribió en su muro de Facebook en 2015.

Pero Lakshaya estaba atrapada: Sheetal no era tan solo su abuela en la sociedad *hijra*, también era su jefa en el mundo del sida.

* * *

Sheetal observaba las decisiones que había tomado su joven protegida, Lakshaya, y la reconciliación familiar que posibilitó, con no poca envidia: «Mis padres me echaron de casa. Con un grado en Ingeniería y todo, no tuve otra opción que irme a Bombay. No tenía apoyo familiar. Si hubiese contado con él, no tendría que haber recurrido nunca al *dhanda* [trabajo sexual] y hacer esto», me dijo. Hizo un movimiento en el aire con la mano como si fuera un cuchillo y la bajó claramente hacia la ingle.

En un principio, Sheetal salió del armario cuando estaba estudiando en Goa en la década de 1990. Ya había un ambiente gay ahí, debido, en gran parte, a los expatriados y a los turistas de Bombay y Delhi. Después de graduarse, sus padres quisieron mandarla a Dubái, donde residía su hermano, me explicó, «pero sabía que no sobreviviría ahí, con esta manera de andar que no es de hombre», así que, en su lugar, se asentó en Chennai, donde se involucró en el trabajo contra el sida de Sunil Menon. Al haber aprendido sobre organizaciones con base en la comunidad, volvió a Puducherry para montar una sección. Ahí empezaron realmente sus problemas familiares, según dijo. Sus padres abandonaron la ciudad avergonzados, volvieron a su Kerala natal y cortaron todos los lazos.

«Tal vez eso te haya dado cierto tipo de libertad», me aventuré. «No puedo llamarlo "libertad"», devolvió rápidamente, dejando que una extraña vulnerabilidad quebrara sus rasgos, y continuó: «Siento soledad. Después de las seis de la tarde, no sé a dónde ir».

Cuando dijo esto, me acordé de una investigación[505] que leí sobre Bangalore, una ciudad cercana en la que en 2012 se encargó un estudio sobre la salud mental de las personas trans tras las treinta y nueve «muertes no naturales» contabilizadas en la comunidad *hijra* en dieciocho meses, quince de las cuales fueron suicidios. Un asombroso 32 % de las personas encuestadas dijeron que habían contemplado suicidarse durante el mes anterior. Estas cifras concordaban con las de otras partes del mundo, y siempre hubo altas tasas de suicidio en las comunidades *hijras*. Pero algo había cambiado en años recientes, me dijo Manohar Elavarthi, el jefe de la organización que encargó la investigación. Él creía que las cifras de suicidios se habían disparado por el «estrés psicológico» de la era de los derechos humanos. «La velocidad a la que cambias no se corresponde con la velocidad a la que lo hace la sociedad». Citó ejemplos específicos de Bangalore, donde las *hijras* habían empezado a ir por su cuenta. «Pero luego se ven ahí fuera, aisladas de su familia y, también, de la *jamaath* [la sociedad *hijra*]; totalmente aisladas. No pueden lidiar con ello».

La manera en que lo hizo Sheetal —a pesar de sus estudios y de la movilidad ascendente— fue quedándose en la *jamaath*. Era una de las líderes *hijra* más jóvenes de la India y una de las que más estudios tenía. También tenía ambiciones nacionales. Cuando nos conocimos en un hotel del aeropuerto de Chennai en 2015, estaba haciendo escala de vuelta a Puducherry tras haber asistido a una reunión nacional de líderes trans en Delhi para debatir sobre la implementación de la sentencia de la NALSA. Me dijo que cada vez estaba haciendo más viajes, y que gran parte de su puesto era como reformista de lo que creía que era un sistema muy necesario.

Hablaba de ella en tercera persona: «No puedes esperar que cada líder sea como Sheetal. Las personas mayores consiguen dinero a través de su hija. Sheetal no es así porque ahora las nuevas generaciones están llegando y no quieren ser esclavas». Sheetal creía que la *jamaath* era más necesaria que nunca: «Si no hay *jamaath*, son libres de ir y pelearse con el público, hacer tonterías. En la *jamaath*, si ocurre algo así, las llamamos [al orden] para que hagan lo correcto. Si no nos escuchan, las echamos de la *jamaath*». Su mayor logro, dijo, fue intervenir con éxito para que las *hijras* dejaran de mendigar en las tiendas de Puducherry, suscitando así más respeto para ellas. No obstante, cuando le pregunté cómo se ganaban la vida entonces, fue bastante imprecisa.

A través de su identidad de género, Sheetal perdió toda perspectiva de una carrera convencional. Y a su familia. Para compensar lo primero, encontró el mundo de las ONG y el emprendimiento sobre el sida, donde destacaba. Y para compensar lo segundo, manejaba la *jamaath*. Esto implicó que se tomara una excedencia de su trayectoria profesional en la lucha contra el sida para convertirse en aprendiz de gurú en Bombay durante cuatro años mendigando y haciendo la calle. ¿Por qué?

«Cuando salga, ¿quién me va a cuidar?», me respondió, de forma un tanto agresiva, agregando: «Esto no es Sídney ni Melbourne, ¿vale?».

* * *

SHEETAL TENÍA UN TERCER TRABAJO, además de dirigir la SCOHD y a las *kothis* e *hijras* locales. Era coordinadora de planta en un hospital.

Hacía unos años, el Colegio de Medicina e Instituto de Investigación Mahatma Gandhi de Puducherry decidió establecer una clínica de atención transgénero. El instituto era una de las facultades de Medicina más importantes de la India, y para el 2016 su clínica sería el primer centro de salud trans de espectro completo del país. La primera paciente en recibir una vaginoplastia fue una de las propias doctoras, una joven y brillante anestesista llamada Sameera Jahagirdar, que había contribuido decisivamente a que se estableciera el centro.

El primer paso fue desarrollar una relación formal con la comunidad *hijra* del lugar, y como jefa local, Sheetal era la agente. Ante su insistencia, el hospital contrató a cuatro mujeres trans de la comunidad. Como era de esperar, entre ellas estaba la propia Sheetal, a la que, además de ser nombrada coordinadora de planta, se le asignó la responsabilidad del acercamiento a la comunidad.

A través de ella, el colegio médico llevó a cabo su primera investigación en la comunidad trans de Puducherry. Fue en 2016 y consistió en un estudio de las complicaciones urogenitales surgidas como consecuencia de operaciones desmañadas. De las cincuenta y cinco personas examinadas, por lo menos seis tenían problemas tan graves que terminarían sufriendo un fallo renal si no se corregía su condición. «Imagine el dolor y la vergüenza con la que conviven estas chicas en su día a día», me dijo la doctora Sameera Jahagirdar.

Conocí a Sameera con su «maridito» Karthick en 2013, en un café en el barrio colonial francés de Puducherry. Acababa de empezar con el tratamiento hormonal: llevaba ropa informal andrógina —vaqueros y una kurta blanca— y se estaba empezando a dejar el pelo largo. Tenía el rostro alegre y redondo. Era cariñosa, esbelta y sincera; hablaba con precisión médica sobre su transición de género, pero también de manera emotiva. Dos años más tarde, cuando fui a visitarla al hospital, me recibió con una bata blanca y el cabello recogido en una coleta bien hecha. Al quitarse la bata, se apreciaban los bultos de su nuevo pecho creciendo bajo la camisa de cuello masculina que llevaba. Seguía siendo «señor Sameer» en el trabajo, pero muchos de sus colegas ya estaban al tanto.

Karthick, unos años más joven, era definitivamente un «maridito» y no un *panthi*. Tenía su propio trabajo bien pagado en el sector editorial, y ambos habían conocido a sus respectivas familias, que terminaron aceptando que eran una pareja. Incluso llevaban anillos de boda, intercambiados durante una ceremonia privada a la que acudieron los padres de los dos: uno era director en una escuela, el otro era periodista.

Sameera era parte de esa pequeña élite de mujeres trans indias cuyas oportunidades y conciencia sobre sí mismas hacían que evitaran o incluso se posicionaran en contra de la identidad *hijra*. Sameera descubrió su identidad de género a través de la literatura, por internet, y luego en bibliotecas médicas. Esto quería decir que había internalizado la noción occidental de «transgénero», de los derechos y de la transición biomédica antes incluso de contemplar si era una *hijra*. Me dijo que si hubiera pertenecido a otra clase o a otra generación, su única opción habría sido unirse a la *jamaath*, la sociedad *hijra*. En lugar de eso, dijo: «LGTBQI es mi *jamaath*». Era socia activa de Orinam, la organización activista con sede en Chennai, y las pocas amistades cercanas que había construido surgieron a través de este grupo.

Unirse a Orinam fue «una decisión muy consciente. Pensé que necesitaba un sistema de apoyo, una comunidad, y no podía ser la *jamaath*. Me preocupaba el estatus social, me asustaba el estigma [de ser una *hijra*]. Eso no era para mí, ¡yo soy médica!».

Sameera reconoció haber desconfiado cuando Sheetal fue a trabajar al hospital, ya que aún albergaba un temor residual por las *hijras*. Sin embargo, llegó a valorar su presencia. La franqueza de la líder *hijra* abrió las puertas a que el personal del hospital entendiera la propia transición de la doctora —e hiciera preguntas al respecto—. Y trabajaba sin descanso para asegurarse de que los pacientes trans recibieran los cuidados y el respeto debidos por parte de todos los servicios del hospital.

* * *

POR SU PARTE, a Sheetal le encantaba trabajar en el hospital: «La gente me respeta. Me llaman "señora". Llevo bien el trabajo».

Le pregunté por Sameera.

«Ay, me encanta. Con él eres libre, puedes ir y hablar con él». Pero a Sheetal le preocupaba que «no se declare [trans]. Ese es el problema». Esto fue antes de la operación de Sameera, y Sheetal no utilizaba ni su nombre ni el pronombre femenino con su colega: «Quiero contratar a Sameer en mi departamento, pero él no. Hay muchas cosas que no puede hacer porque aún está en el armario».

Pero cuando volví a hablar con Sameera en 2017 —no conseguí volver a dar con Sheetal, a pesar de todos los esfuerzos—, la relación se había deteriorado. Parecía que a Sheetal le costaba acatar la jerarquía del hospital, en la que Sameera tenía autoridad sobre ella. Esta se quejó de que Sheetal consideraba el hospital como parte de su competencia y se autoestableció como la guardiana de la comunidad trans, filtrando quién podía presentarse para los servicios médicos.

Para Sameera, se trataba de un caso práctico del choque de culturas: la diferencia entre la manera en que funcionaba la sociedad *hijra* feudal y el modo en que tenía que hacerlo una institución moderna como el centro de cuidado de género en un hospital. Le preocupaba que la incapacidad de Sheetal para adaptarse fuera un presagio de las dificultades que vendrían, conforme el país con la población con mayor número de personas trans se iba introduciendo en el orden del género del mundo moderno.

Para el 2019, parecía que ambas habían hecho las paces: «He pasado página», me dijo Sameera. Era cierto: estaba dirigiendo campamentos de salud en Rayastán, participando en una serie de vídeos en línea grabados en Hyderabad y haciendo planes para mudarse a Australia con Karthick para especializarse en medicina intensiva.

* * *

En 2019, Sameera aún salía con su nombre masculino en la página web del hospital. Pero entre colegas y pacientes —ahora dirigía la unidad de cuidados intensivos— era «un noventa y cinco por ciento señora Sameera». Hubo un par de momentos peliagudos. No por parte del personal, sino por parte de pacientes o, más frecuentemente, de sus familias, que a veces la miraban de manera lasciva. En una ocasión hasta la toquetearon: «Cuando me llevé a la familia a la sala de consultas, este *goonda* de la aldea no me quitaba la mano del trasero; me lo agarró, me lo pellizcó, me dio un repaso a todo el culo con el dedo. Dentro de mi UCI, con mi equipo de enfermeras y residentes ahí delante. Incluso tuvo el descaro de darme un beso al aire. Ahí me volví loca. Le di una buena bofetada y todo el mundo lo vio».

Al igual que hice con la *kothi* Mohana después de que la acosaran en el festival Mayana Kollai en Devanampattinam, le pregunté a Sameera si eso habría ocurrido en el caso de que fuera una mujer cisgénero. ¿Acaso no estaba experimentando lo que les ocurría a mujeres y niñas en India todo el rato?

«Sí, claro. En la calle. Pero ¿a una mujer en un puesto de autoridad? Eso jamás». Continuamos hablando sobre cómo, en sus palabras, «se da por hecho que estás disponible [sexualmente] si eres un hombre femenino. Se supone que te van a acosar sexualmente, incluso que te van a pegar». Reflexionó sobre su infancia, en la que se metieron mucho con ella por su afeminamiento, e identificó, con una precisión quirúrgica, el «insulto, pero también la alegría» de que te ridiculicen y deseen al mismo tiempo. «No lo soportaba, pero también me hacía sentir bien. Eres diferente y, como tal, te tratan como si fueras algo malo. Pero lo deseas. Quieres esa atención. Ahí empieza el conflicto [interno]. Así se divide la mente. "Se supone que debo ser así"».

Podría haber estado describiendo a las *kothis* de Devanampattinam.

Vuelta a Devanampattinam

En 2015, la sacerdotisa Sivagami me dijo que Sheetal la había referido a la Clínica de Cuidados Transgénero y que estaba hablando con el psicólogo del centro sobre operarse. Me quedé atónito.

En mi última visita, Sivagami se había mantenido firme en que no lo haría. Ahora lo estaba considerando por presión del grupo y por la sensación de que, de otra manera, no se ganaría el respeto necesario de la comunidad *hijra* más amplia: «En cualquier caso, no tengo hijos. ¿Quién me va a cuidar cuando sea mayor si no lo hacen mis hijas?». Pero se sentía desgarrada, ya que el poder sacerdotal viene dado por un torso masculino desnudo —cuanto más peludo, mejor— y era su vocación. Llevaba meses rezando en busca de orientación.

Según el código *hijra*, se ascendía a un cierto tipo de devoción —y se obtenía un estatus superior— mediante la castración: el entierro del órgano mutilado confirma que se tiene el poder para otorgar fertilidad a otros. De hecho, cuando hablamos Sheetal y yo sobre su operación, me dijo que lo había hecho, principalmente, por el honor: «Había tanta gente que esperaba eso de mí. Me llaman "mamá", pero cuando voy a la *jamaath* se burlan de mí. Se burlan de mis hijas y también de mis nietas porque su gurú no es transgénero de verdad». Nadie había exigido la operación de Sheetal, era simplemente que «no conseguimos que nos respeten hasta que ocurre». Se lo debía no solo a sí misma, sino también a sus hijas, y lo describió como una estrategia de supervivencia en vez de algo surgido de una necesidad interna.

Sin duda, los servicios que ahora tenía disponibles Sivagami en el radiante nuevo hospital de Puducherry eran mucho mejores que aquellos a los que habría estado obligada a recurrir de manera clandestina en Bombay veinte años antes. Puede que esto explicara su cambio de parecer. Decidió seguir adelante: «Solo pasar por una cirugía hará que tenga sentido que haya nacido como "un corazón de mujer en un cuerpo de hombre"».

Aun así, no se sometería a un aumento de pecho ni tomaría hormonas; de ese modo podría mantener el pecho masculino requerido para realizar los *poojas*. Lo estuvo hablando en sus sesiones de terapia y con Shetaal, y decidieron que era la mejor solución. De este modo encarnaría su propio y algo particular género: tendría un tronco superior masculino y un tronco inferior femenino.

Estas combinaciones parecían cada vez más plausibles en la era de los derechos trans, que estaba aireando la inmemorial comunidad *hijra* con nociones de autonomía personal.

Lakshaya, de una generación más joven, estaba enterada de estas nociones a través de internet y de su activismo, y también estaba encontrando su propio y particular camino: «Cortarme el pene no hará que sea más mujer. Ya lo soy».

* * *

EL 31 DE MARZO DE 2017, Sheetal le pidió a Lakshaya que fuera la maestra de ceremonias en el evento del Día Internacional de la Visibilidad Transgénero en Puducherry. Al acto acudieron el jefe de gobierno y también varios políticos y altos funcionarios. Se me hinchó el corazón al mirar las fotografías: ahí estaba mi chica de Devanampattinam en el podio, con un vestido rosa de estilo occidental, a la moda, pero recatado. Le cubría los brazos e iba atado al cuello; tenía una hilera de botones grandes de metal en el frente. Tal vez Puducherry estaba a la distancia suficiente de la aldea como para que Lakshaya llevara ropa de mujer en público; tal vez estaba empezando a disfrutar vistiéndose como una mujer, siempre y cuando fuera bajo sus condiciones. Llevaba el pelo corto, pero con su característico flequillo atrevido, y pendientes de bisutería a juego con los botones del vestido.

El orgullo que me recorrió me recordó la manera en que me sentí al ver a Tiwonge Chimbalanga fascinando a la audiencia en Colores de Ciudad del Cabo, la recaudación de fondos para los refugiados LGTBI que tuvo lugar en Ciudad del Cabo en 2015. Hubo una parte de mí que sintió cierta incomodidad ante el orgullo por Aunty Tiwo, una preocupación por si estaba cayendo en el complejo de salvador que tanto se ha criticado como uno de los peligros de la línea rosa. Pagué para que trabajara dos días a la semana en PASSOP, la organización de refugiados LGTBI, y parecía que esto la había sacado del alcoholismo y la estaba conduciendo hacia un propósito. Intenté, de manera parecida, pero sin éxito, financiar la educación de Michael Bashaija en Uganda antes de que huyera del país. También acudí en su auxilio unas cuantas veces en Kenia.

En la India no tuve esa dinámica con nadie. Menos aún con Lakshaya, que estaba inmensamente orgullosa: rechazó incluso el pago por el trabajo tan importante que hizo como mi *fixer*. En vez de ello, le regalé una nevera: un obsequio para la fiesta de inauguración de su nuevo hogar. Mi papel se acercaba más al de una especie de mentor. Mi intérprete Lavanya y yo pasamos muchas horas con ella, ayudándola a reflexionar sobre su futuro. Por ejemplo, la llevé a Puducherry a que conociera a la doctora Sameera, con la esperanza de que esto la inspirara para emprender una carrera profesional. Y le presenté con ahínco a mis propios contactos LGTB en Chennai.

Lakshaya me llamó la atención entre las *kothis* de Devanampattinam porque se estaba moviendo. Me parecía que siguiendo su trayectoria podría dar cuenta del progreso a lo largo y a lo ancho de la línea rosa en la India. Y ahí estaba ella, en un vestíbulo de la India, presentando nada más y nada menos que ¡al jefe de gobierno! Me dijeron que su ingenio sacó del apuro al invitado de honor, que erróneamente se refirió a las personas trans como «discapacitadas» y el público amenazó con marcharse en protesta. Lakshaya encontró la manera de apaciguarlo sin ofender al jefe de gobierno: «Si somos discapacitados, es porque amigos, familiares y vecinos nos han restado capacidad. Sí, señor, tiene usted razón. A ese respecto, claro que somos discapacitados».

Más adelante, por Skype, Lakshaya sonrió mientras me contaba la historia: «Tenía que aclarar las cosas en ese mismo momento, así que lo hice de una manera muy correcta. Me gané mucho respeto por ello. ¡Un amigo de Chennai hasta me dijo que en el futuro podría ser periodista!».

* * *

Durante esa misma conversación por Skype a finales de 2017, le pregunté a Lakshaya qué iba a hacer con su vida. No dijo nada, pero juntó las palmas de las manos a la manera de las *hijras*. ¿Me estaba diciendo que se había vuelto una mendiga?

Explicó: «Los últimos nueve meses han sido los peores de mi vida. Sheetal me trasladó a un trabajo más importante en Puducherry, y me afectaron mentalmente todas las peleas internas. Durante un tiempo pensé en suicidarme, así que lo dejé».

Tal vez habían ascendido a Lakshaya por encima de sus capacidades. O, de manera inversa, tal vez fueran esas capacidades las que le habían causado el conflicto con las *hijras* superiores a ella en la *jamaath*, cuyo acceso a los recursos ahora estaba bajo el control de Lakshaya. Sea como fuere, se había convertido en una víctima, precisamente, de la construcción de la identidad *kothi* contra la que previnieron académicos y activistas. Se subió al carro de la financiación contra el sida y luego chocó. Era un Ícaro *kothi*.

«Ahora tengo más paz. Puedo dormir», insistió.

¿Había buscado otros trabajos?

Había empezado a trabajar en una empresa privada, pero solo duró un par de días: «La gente me miraba y hablaba a mis espaldas». Había otra oferta sobre la mesa haciendo inventario en una empresa de motores de vehículos pesados, pero solo le daban cuatro mil rupias al mes —unos sesenta dólares—, y las deudas por el nuevo hogar eran el triple. Por lo que, sí, se había puesto a mendigar. «He conseguido mantenerme y encargarme de los intereses de la casa». Ganaba fácilmente doce mil rupias al mes trabajando solo tres o cuatro días a la semana.

¿Qué pasaba con sus principios? ¿Y con el acuerdo con su madre?

«Llevo un sari para realizar un trabajo, Mark. Es mi situación, ya está». Lo consiguió desplazándose cincuenta kilómetros a otra población, donde vivía su «mami trans» —así describió a su gurú—. Ahí, la gente no la conocía. Admitió que estaba en apuros: era demasiado femenina para trabajar en algo normal, y demasiado masculina para trabajar como *hijra*. «La camisa-pantalón es un vestido mucho más cómodo, no tienes que embutir el pecho y ponerte un sostén. Y si tengo algo de pelo, los tenderos sueltan: "¿Por qué eres tan varonil?". Así que tengo que depilarme toda la cara». Por supuesto, llevaba una peluca al trabajar, lo que suscitaba comentarios por parte de otras chicas: «"¿Por qué no llevas tu propio pelo?". Pero no me puedo dejar el pelo largo, porque cuando vuelvo a casa soy una *kothi* y vuelvo a llevar la camisa-pantalón». Por lo que, dijo, «es difícil, pero aguanto, porque solo pienso en mi familia».

En los días laborales se iba temprano de Cuddalore con la camisa-pantalón y el atuendo femenino guardado en una bolsa pequeña. Había encontrado un lugar donde cambiarse una vez ahí. Normalmente, conseguía volver a cambiarse antes del viaje de regreso, pero a veces, si corría el riesgo de perder el último autobús, se veía forzada a hacerlo con el sari puesto: «Si el conductor ve a un TG en el bus, deja la luz encendida para que no puedas dormir. Aun así, es mejor, porque los borrachos siempre andan de viaje y se aprovechan».

No obstante, todo ello no era nada en comparación con el acoso que recibía en el trabajo por tener los genitales masculinos intactos. Esto provenía «de miembros de mi propia comunidad, porque siempre se discrimina a quienes no hemos pasado por la operación» y también de los tenderos a los que mendigaba. «Los hombres te alcanzan para tocarte el pene y te dicen: "¡No estás operado! ¡Eres un hombre, no un transgénero! ¡Opérate y vuelve luego!"».

Respiré profundamente antes de hacerle la siguiente pregunta, que era obvia.

«Me conoces, Mark. No soy alguien que crea que un órgano reproductor deba decidir la identidad de género». Utilizó estas precisas palabras en tamil, aprendía rápidamente. «Pero hay una presión constante por parte de la comunidad, que está haciendo que me sienta insatisfecha como *kothi*. Esta presión me hace temer que esto esté en mi futuro [operarse]».

«Oír eso me parece demoledor, Lakshaya», dije. Quise echarme a llorar.

Detectó mi emoción y me dedicó una sonrisa que se atisbó a través de las ondas del Skype, como asegurándome —y tal vez a ella misma—: «Estos pensamientos ocurren cuando me estoy poniendo el sari y voy por ahí con él, haciendo el trabajo. Pero cuando llego a casa, en el momento en que me quito la peluca, también me quito estos pensamientos».

Más adelante en la conversación, dijo: «No tengo que responder ante nadie haciendo este trabajo. Respondo ante mí».

Lavanya, mi intérprete, se echó encima: «¡Tienes opciones, Lakshaya!».

Pero Lakshaya se mantuvo firme: «No es una opción, es mi situación».

* * *

MOHANA VINO con Lakshaya para hablar conmigo por Skype. Resulta que ella también tenía un «problema». Estaba pensando en casarse.

Esto venía de All-India Pass, la reina de Devanampattinam, la que dijo que nunca podría estar con una mujer. ¿Cómo?

«Podré con ello. Podré tener un hijo. No es tan complicado, todos los hombres y las mujeres lo hacen. ¿Por qué no iba a poder yo?».

¿Qué pasaba con su *panthi*?

«Él también se va a casar. Así la gente dejará de fastidiarnos. Y podremos seguir viéndonos».

Mi intérprete Lavanya, una feminista convencida, se puso a la altura de las circunstancias: «Y si tu mujer tiene relaciones fuera del matrimonio, ¿cómo te vas a sentir?».

«No lo hará. Las mujeres no hacen eso».

«¡Qué típico que pienses de esta manera! ¡Puede que al final sí que seas un hombre!», sentenció Lavanya.

Mohana respondió: «Están mis padres. Tengo que respetarlos, darles alegría y satisfacción».

Lavanya no lo dejaba estar: «¿Y qué pasa con sus padres?».

«No voy a hacer nada que los deshonre. Todo hombre tiene que vivir con ello».

¿Había traducido Lavanya eso correctamente? ¿Estaba Mohana llamándose a sí misma «hombre»?

* * *

LAVANYA ERA UNA VETERANA en las organizaciones sin ánimo de lucro de Tamil Nadu. Estuvo indagando por ahí y encontró un trabajo para Lakshaya.

Así que la siguiente vez que estuvimos en contacto, a principios de 2018, Lakshaya me dijo que estaba trabajando para Internet Saathi, un proyecto de Google India y Tata dedicado a «tender un puente sobre la división de género en internet en las zonas rurales de la India»[506], según su página web, formando a las mujeres en competencias digitales en trescientas mil aldeas en todo el país. Para agosto de 2018, Internet Saathi había beneficiado a diecisiete millones de mujeres[507], según *Forbes India*. Unos cuantos millares estaban en Tamil Nadu, donde Lakshaya coordinaba equipos de «mujeres embajadoras»[508] para acercar y formar siguiendo el modelo desarrollado por las organizaciones contra el sida.

Un trabajo perfecto para alguien que en otra ocasión se había empoderado de esta manera, haciendo que el mundo sea un lugar más grande al meterse en internet.

Lakshaya estaba contenta y le iba muy bien. Viajaba mucho, pero, así como era el nuevo mundo del trabajo, podía hacer gran parte de él desde el hogar que había construido con su madre en la playa de Devanampattinam, y que ahora se podía permitir gracias a su sueldo fijo.

* * *

EL 6 DE SEPTIEMBRE DE 2018, el Tribunal Supremo de la India emitió el fallo que revocaba el artículo 377 de su código penal y despenalizó la homosexualidad. Me puso sobre aviso, apropiadamente, mi corresponsal en Devanampattinam: «Esperando un momento histórico»[509], escribió Lakshaya en inglés en una actualización de estado en Facebook durante la mañana en la que estaba previsto el fallo. Después, tres horas más tarde, publicó el titular «El amor es amor…»[510] y un meme en el que salía el mapa de la India hecho con la bandera arcoíris y la etiqueta «#LGTBlegalizado».

«Nuestra capacidad para reconocer a otros que sean diferentes es una señal de nuestra propia evolución»[511], dijo uno de los cuatro jueces, D. Y. Chandrachud, en un juicio humano y erudito que tuvo en consideración un siglo de derecho, desde el juicio a Oscar Wilde hasta la despenalización de la homosexualidad en Trinidad y Tobado cinco meses antes. Con citas que iban desde Leonard Cohen hasta Eve Kosofsky Sedgwick —una de las fundadoras de la teoría queer—, el juez Chandrachud puso el listón a nivel global para la jurisprudencia sobre la orientación sexual y la identidad de género. Admitió el primer recurso que debía interponer el tribunal —restablecer a las personas queer «el simple derecho como seres humanos a vivir, amar y emparejarse como la naturaleza los ha hecho», que iba con décadas de retraso—, pero también quiso demostrar que la constitución india podía ser utilizada para fraguar una «igualdad verdadera» al «cuestionar ideas predominantes sobre la dominación de los sexos y los géneros».

El presidente del Tribunal Supremo de la India Dipak Misra expresó aspiraciones similares en su juicio principal: acabar con la discriminación, en especial la que había en contra de la enorme población trans del país, sería un auténtico «precursor de una Nueva India»[512]. El juez Misra escribió, largo y tendido, sobre cómo el «estigma, la opresión y los prejuicios» que experimentaban los «transgéneros» tenían que ser «erradicados», y alentó a todos los indios a que «se planten y actúen» en contra de este tipo de discriminaciones. También elogió a la comunidad por «su

488

espíritu formidable, compromiso excelente, férrea determinación e infinita esperanza». Tan solo cuando las personas trans se liberaran de «un cierto tipo de esclavitud indescriptible en palabras», «la comunidad LGTB» tendría los «derechos igualitarios» garantizados en la constitución.

El juez Misra empezó su resolución con Goethe:[513] «Soy lo que soy, así que tómame como soy». Esta frase, por supuesto, es el lema del musical *La jaula de las locas* y fue proclamada también por Gloria Gaynor, y se convirtió, sin duda alguna, en un himno global gay. Sin haber siquiera leído la resolución, Lakshaya podía cantar el estribillo con un poema que había publicado en tamil en Facebook el día en que se dictaminó:

Mi amor
Mi identidad de género

No necesito ninguna ley que vaya a cuestionarme
ni meter miedo a la gente...
Estoy deseando un nuevo comienzo.
#LGBTIQ+ #CPI [Código Penal Indio]_377
#NO_HAY_VUELTA_ATRÁS[514]

Todo mejora

EL 26 DE ENERO DE 2019, nueve años después de que Tiwonge Chimbalanga se sentara en el banquillo acusada de «conocimiento carnal contra natura»[515] en Malaui y casi cinco años desde que la visitara por primera vez en su hogar en el exilio, volví a verla. Hacía un tiempo que no estaba en Tambo Village y, con la fecha de entrega inminente, tenía la idea de terminar este libro donde empezó: de vuelta en Sudáfrica, a veinte kilómetros por la orilla de mi casa en Ciudad del Cabo, en la chabola de dos habitaciones de Aunty.

Era un sábado por la tarde, el día después de haber recibido la nómina a final de mes, y las calles estaban repletas: había grandes grupos haciendo pícnics en el parque en frente de la casa de Aunty, niños escabulléndose entre coches que andaban muy lento mientras los adultos estaban sentados en la calle, algunos bebiendo cervezas Black Label sacadas de la nevera de Aunty a dieciocho rands (1,30 USD) la botella. Al pararme a la salida de la casa de Aunty, tres jóvenes hombres estaban apoyados contra el puesto de verduras, vacío, que ahora parecía ser una barra de bar, bebiendo cerveza en vasos cortos que se podían esconder con facilidad.

Aunty estaba con ellos, encantada de verme y aparentemente sobria. Tenía la piel radiante, sin el lustre plateado de base ni la confusión por las *babelas*, que era como llamaban en Sudáfrica a las resacas. Se le marcaba el pecho bajo la parte de arriba de la ropa; era de tejido negro, y por la parte de abajo estaba envuelta en una tela con estampados locales, en vez del atuendo de África Central que solía llevar. Su marido, Benson, estaba a su lado, como siempre, y también parecía estar sobrio. Aunty me dijo que estaban bebiendo vino tinto en vez de cerveza, ya que era más sano.

Llevaba unos dos años sin hacerle una visita, y la chabola estaba en peores condiciones de las que recordaba. La mesa grande había sido reemplazada por un escritorio de formica. El *collage* con fotos y recortes al tuntún había dado paso a retratos enmarcados de Aunty y Benson como los que llevé a Malaui; estaban colgados en línea recta en una zona bastante alta en las paredes. El efecto que producían, dados los fondos elíseos de los retratos de estudio, era el de la pareja dominando a sus seres corpóreos, desde luego, menos atractivos y sofisticados, pero aparentemente más sanos y equilibrados de lo que los había visto.

Mientras hablábamos, había una ligera percusión de clientes golpeando suavemente sobre la verja de seguridad. Querían cambiar las botellas vacías por otras llenas recién sacadas de la nevera. Aun así, dijo Aunty que sus ganancias eran exiguas, porque los márgenes eran muy estrechos y no tenía suficiente capital para comprar más cajas de cerveza al por mayor. Se quejaba de su pobreza: seguía trabajando en PASSOP, la organización de refugiados, como «voluntaria» asalariada, donde ganaba tres mil rands al mes —unos doscientos dólares— muy por debajo del salario mínimo.

PASSOP estaba ahora al mando de otro malauí, un hombre llamado Victor Mdluli, y se había convertido en el último ángel de la guarda de Aunty, aunque ella no podía terminar de aceptar que él era su jefe y no al contrario. Al igual que el resto de las personas que velaron por ella desde su arresto hacía nueve años, Mdluli sentía que Aunty «daba un montón de trabajo», me dijo. Hacía poco, había entrado en la fundación alemana que la financiaba echando pestes y armándola por un pago atrasado. Aun así, Mdluli entendía la historia de Aunty; hablaba su lengua y valoraba enormemente que estuviera en PASSOP. «La verdad es que Aunty Tiwo trabaja duro y tiene un gran corazón», me dijo, aunque hubiera que manejar ese corazón. Resulta que Aunty empezó a ofrecer a los nuevos solicitantes de asilo refugio en su chabola, compartiendo su espacio y su comida con ellos hasta que se habituaran. Pero varios informaron de las condiciones que debían cumplir: Aunty intentaba ligar con ellos.

Sentados en la chabola el sábado por la tarde, Aunty habló con entusiasmo de lo contenta que estaba en aquel momento. «Todos conocen a Aunty. Todos quieren a Aunty». Hubo otro golpe en la verja de seguridad, otro intercambio de botellas. «¿Ves? Todos me apoyan».

Le pregunté qué pasaba con la policía, ya que, a fin de cuentas, su negocio era ilegal.

«¡Sin problemas! Ellos me quieren. Incluso hoy se pasan por aquí. "Aunty, cualquier problema, nos llamas"».

Aunty pintó un cuadro de ella misma como líder de aquellos malauíes de Tambo Village que en otra ocasión la habían menospreciado e incluso atacado. Imaginé que había algo de verdad en ello: «Si un malauí tiene problemas, puede venir a Aunty. No solo de Malaui, también xhosa. Cualquiera. Yo intento ayudar».

En mi anterior visita, me enteré de que los hermanos de Benson, musulmanes devotos, vinieron una tarde para alejarlo de la influencia satánica de Aunty: «*Moffie, moffie, moffie!*», le gritaron, utilizando la palabra sudafricana para «maricón». Benson se negó a irse con ellos, y sus hermanos, furiosos, le pegaron tal paliza que el casero de Aunty tuvo que acudir corriendo a separarlos y echar a los agresores.

Pregunté cómo estaban las cosas con la familia de Benson.

«¡Les encanto!». Sonrió mientras contaba la historia, a su manera, de cómo había ayudado a uno de los hermanos de Benson, que acababa de arribar desde Malaui, a obtener una carta de recién llegado, el primer paso para solicitar la condición de refugiado. El hermano se reunió con ella en las oficinas de PASSOP, e informó a la familia que era una mujer pudiente, que tenía un escritorio, un ordenador e influencia. Ahora se llevaba muy bien con la hermana de Benson, que la cargaba con todos sus problemas. «No más *moffie, moffie, moffie*. Ahora soy familia para ellos. Ayudo con todo». Esta ayuda incluía algo de dinero —treinta rands por aquí, cincuenta por allá— cuando las despensas estaban vacías, lo cual ocurría con frecuencia. Al parecer, los familiares de Benson venían de visita a menudo. Por supuesto, al ser musulmanes, cuando lo hacían solo bebían Coca-Cola.

Aunty estaba aún más ilusionada por una visita que acababa de recibir por parte de un familiar que ahora vivía cerca. Su hija se iba a casar pronto y quería que Aunty estuviera presente en representación de la familia Chimbalanga: «Soy la hija del jefe, ya lo sabes».

* * *

EN SEPTIEMBRE DE 2010, unas semanas antes de que a Aunty la indultaran tras la misión humanitaria de Ban Ki-Moon a Malaui, un adolescente de quince años se ahorcó en Greensburg (Indiana). Se llamaba Billy Lucas, y su familia denunció que había sufrido un gran tormento durante años en la escuela por parte de otros niños que asumían que era gay. Durante las semanas siguientes, se informó de otras tres muertes como esta en Estados Unidos, incluyendo la de Tyler Clementi, un estudiante de primer año de la Universidad de Rutgers que se mató saltando desde el puente George Washington después de que su compañero de habitación publicara un vídeo de él besándose con otro hombre.

Cuando el periodista Dan Savage compartió un enlace a una noticia sobre el suicidio de Lucas, un lector comentó que deseaba haber podido tener cinco minutos con el joven para decirle que «todo mejora»[516]. La mayoría de quienes pasamos por este tipo de vergüenza y humillación de adolescentes por ser queer, gay, trans, tener inconformidad de género o, simplemente, por ser diferentes, sabemos que esto es verdad. Así, a Savage se le ocurrió una idea genial que luego se convertiría en una campaña en las redes sociales y tendría un éxito abrumador. En ella salían personajes famosos grabando vídeos guionizados para dar esperanza a la juventud queer. Savage animó a que la gente subiera sus propios vídeos, y para el 2019 el proyecto It Gets Better («todo mejora») consiguió reunir y difundir más de sesenta mil historias. Según su página de inicio, el proyecto inspiró «a personas alrededor de todo el mundo a compartir sus historias y a recordarle a la próxima generación de juventud LGTBQ+ que la esperanza está ahí y que todo mejorará»[517].

It Gets Better se convirtió en un meme inspiracional a lo largo de la década, un mantra para el movimiento global LGTB en expansión. Si el «largo arco del universo moral» se doblaba para la justicia, como dijo célebremente Martin Luther King Jr. —citando al teólogo Theodore

Parker—, entonces el arco era un arcoíris y se haría justicia a las personas queer, ¿no?

It Gets Better sugiere un marco temporal que está siempre avanzando: el mundo se estaba acercando de manera inexorable a la aceptación e incluso al abrazo de las personas queer y trans como iguales, y cualquier resistencia en la línea rosa debía entenderse como un revés o un retroceso en el camino. Este movimiento hacia delante entrelazaba, de manera poderosa, con los marcos espaciales, siempre en expansión, de la migración y la urbanización: todo mejoraría, esperaban tantas personas desesperadas, si estuvieran en cualquier otra parte.

Desde luego, para el 2019 la línea rosa estaba oscilando, si no borrándose del todo. En mayo de aquel año, la Organización Mundial de la Salud por fin aprobó la CIE-11, que despatologizaba la identidad trans. Aquel mismo mes, Taiwán se convirtió en el primer país de Asia en el que las parejas del mismo sexo podían casarse. Pero en África, la Corte Suprema de Kenia falló en contra de la despenalización de la homosexualidad. De todos modos, algo había cambiado en Kenia, así como había ocurrido en la India a través de una campaña de despenalización una década antes: el movimiento queer tenía nuevos aliados, y los kenianos queer eran ahora una parte visible y aceptada de la clase media urbana del país.

Que todo mejorara era un trabajo lento: en junio de 2019, un estudio bienal digno de crédito, encargado por la organización LGTB nigeriana más grande, mostró que tan solo el 60 % de los nigerianos rechazarían a un miembro familiar queer[518], en contraposición al 83 % de 2017. Y solo un 70 % creía que las personas LGTB debían ir a la cárcel, menos que el 90 % de 2017.

En enero de 2019, Angola siguió los pasos de la otra gran antigua colonia portuguesa, Mozambique, y de manera unilateral despenalizó la homosexualidad. Y después de lo de Belice y Trinidad y Tobago, hubo activistas de otros cuatro países caribeños que empezaron a preparar demandas judiciales: Dominica, San Vicente y las Granadinas, Barbados e incluso Jamaica. Pero en las Islas Caimán, en noviembre de 2019, un tribunal de apelación dio marcha atrás con un fallo anterior que legalizaba el matrimonio gay. El gobierno de Bermudas estaba buscando un desagravio parecido.

En el país centroafricano de Zambia detuvieron a dos hombres, a finales de 2019, tras acceder a una cabaña en Lusaka para pasar un rato juntos, en privado y de manera consensuada. Casi exactamente diez años después de que arrestaran a Tiwonge Chimbalanga y a Steven Monjeza en la vecina Malaui y que los sentenciaran a catorce años de cárcel, condenaron a quince años a Japhet Chataba y a Stephen Samba, la pena máxima por «crímenes contra natura» en Zambia. Con los mismos viejos e inquietantes argumentos, se volvió a trazar una nueva línea rosa, como si el movimiento por los derechos LGTB global no hubiera ocurrido desde la terrible experiencia de Aunty. Daniel Foote, el embajador de Estados Unidos en Zambia, protestó rotundamente en contra de la condena, declarando que estaba «personalmente horrorizado». El presidente de Zambia, Edgar Lungu, respondió que la homosexualidad era anticristiana y que los africanos estaban siendo forzados a hacer algo bestial para poder «ser percibidos como inteligentes, civilizados y avanzados»[519]. Acusó a Foote de entrometerse en los asuntos soberanos de Zambia y exigió que destituyeran al embajador.

En el momento de escribir esto, aún no se había dado el tipo de protesta global sobre Chataba y Samba que sí hubo sobre Aunty y su pareja a principios de 2010. ¿Acudirán corriendo diplomáticos veteranos a Zambia en misiones humanitarias, como lo hizo Ban Ki-Moon a Malaui? ¿Liderará Miley Cyrus una petición global para la puesta en libertad de Chataba y de Samba, como lo hizo Madonna por Chimbalanga y Monjeza? ¿Los indultarán y los llevarán en avión hasta Sudáfrica? Y de ser así, ¿qué les esperará ahora en mi país natal una década después de la llegada de Aunty? Tal vez el mundo haya seguido adelante con otros asuntos creyendo que este ya estaba solucionado.

O no. Durante los arrestos de Zambia, el embajador de Estados Unidos en Alemania, Richard Grenell, estaba realizando una campaña respaldada por la Casa Blanca para despenalizar las relaciones homosexuales a nivel global. Grenell fue un nombramiento político: abiertamente gay, un experto de derecha de las noticias de la Fox y profundamente leal a

Donald Trump. En una reunión que convocó en las Naciones Unidas en diciembre de 2019, dijo que quería que a los sesenta y nueve países en los que la homosexualidad seguía siendo ilegal se los denunciara «a diario»[520]. Afirmaba que la iniciativa contaba con el apoyo tanto de Trump como del vicepresidente Mike Pence, y que la despenalización era uno de los asuntos LGTB en los que hasta los grupos religiosos estaban de acuerdo. El Centro para la Familia y los Derechos Humanos, miembro de un grupo de presión católico y de derecha, consideró favorable la iniciativa de Grenell: una evidencia alarmante de la manera en que la guerra cultural global se había alejado de la cuestión gay y hallaba un nuevo frente de batalla en la ideología de género.

Embajadores europeos y latinoamericanos y organizaciones por la defensa LGTB echaron una jarra de agua fría sobre la iniciativa de Grenell. Esto se debió a que demonizaba a ciertos países, especialmente en el mundo islámico, y a que no tenía una mirada más global hacia la discriminación por motivos de la identidad de género: «En vez de centrarse solo en la despenalización, necesitamos promover la aceptación, la comprensión y la igualdad para todas las personas LGTBIQ en todas partes»[521], dijo Jessica Stern, de OutRight International. También se trataba del tipo de maniobra de la línea rosa que podía formular alegaciones de neoimperialismo y complicarles la vida a las personas queer en el lugar, en vez de facilitársela.

La Fundación Heritage, conservadora y firme oponente a los derechos LGTB, alegó: «Muchos países de aquí [en las Naciones Unidas] pueden ver este evento como una ofensiva contra su soberanía». En el otro bando, el activista LGTB libanés Hadi Damien hizo ver que «este intento no lo puede realizar ningún otro país que no sea el país en el que la homosexualidad aún está penalizada»[522], y que naciones como Estados Unidos no deberían ser más que facilitadoras, trabajando con grupos locales y liderando con el ejemplo a nivel doméstico. A pesar de que Damien no lo dijera, se trataba claramente de un golpe a la actitud del gobierno de Trump hacia los inmigrantes y las personas trans en el país.

Más tarde, en 2020, Grenell se convertiría en el «Pinkwasher-in-Chief» de Donald Trump, tratando de arañar el voto gay para su candidato en las elecciones de ese año. Cuando Joe Biden asumió como presidente en enero de 2021, emitió una orden radical sobre los derechos LGTBQI+ en su primer día en el cargo, con la que buscaba derogar muchas de las políticas de la era Trump, desde el acceso al baño hasta la discriminación laboral. Dos semanas después, Biden revocó la prohibición de Trump de que las personas transgénero sirvieran en el ejército.

En febrero de 2021, Biden publicó un memorando de política exterior mucho más coherente y complejo que la fanfarronería de Grenell. La directiva de Biden fue muy similar a la que había llevado a cabo Barack Obama ocho años antes, instruyendo a las agencias estadounidenses que operan en el extranjero «para garantizar que la diplomacia y la asistencia exterior de los Estados Unidos promuevan y protejan los derechos humanos de las personas LGTBQI+». Veremos, en la década de 2020, si un interés renovado de la política exterior de Estados Unidos en estos temas significa un resurgimiento de las batallas de la línea rosa de los años de Obama, peleadas esta vez por la «ideología de género», o si una nueva sensibilidad sobre estos temas, junto con un mapa global más complejo y un activismo local más efectivo, quebranta el simple binarismo «esto versus lo demás» de la línea rosa de principios del siglo XXI.

Es en la interrupción de esta cartografía que encuentro mayores motivos para el optimismo que en la nueva política de Biden —aunque sea bienvenida—. Tenemos como ejemplo lo que sucedió en otro país del sur de África, Botsuana, en 2019. Allí, el cambio vino desde adentro: el Tribunal Superior despenalizó la homosexualidad, solo un mes después de que el tribunal de Kenia no lo hiciera.

El demandante era un hombre joven llamado Letsweletse Motshidiemang, que presentó el caso siendo estudiante universitario con veintiún años y la ayuda de un catedrático de Derecho. Al entrevistarlo en el momento del fallo, las palabras de Motshidiemang se hacían eco de las de Aunty: en la pequeña aldea rural en la que se crio, «la gente sabía que era diferente, pero estaba rodeado de personas que me querían. Nunca me enseñaron a odiarme». De eso se encargó otra cosa: «Lo hicieron las leyes».

El fallo de Botsuana llegó dos años después de la victoria de Ricki Kgositau, en el mismo juzgado, en su demanda para que pudiera cambiarse el marcador de género en el permiso de conducción. Al igual que en la vecina Sudáfrica, en Kenia y varios países latinoamericanos los activistas estaban siguiendo un acercamiento deliberado: todo podía mejorar si se luchaba por los derechos de una manera gradual, a medida que los tribunales y las sociedades sobre las que juzgaban se iban acostumbrando al mundo cambiante.

En Kenia, el fallo negativo citó una sentencia de 2003 en Botsuana: «Aún no ha llegado el momento de despenalizar las prácticas homosexuales».

En junio de 2019, el juez de Botsuana Lichael Leburu expresó su réplica: «Conforme la sociedad va cambiando, las leyes deben evolucionar»[523].

* * *

EN TODOS LOS SITIOS a los que viajé para escribir este libro vi ejemplos del activismo de It Gets Better, desde los videodiarios de hombres trans como Liam en Estados Unidos hasta el proyecto Dyeti-404 de Elena Klimova en Rusia, que empezó como reacción a la homofobia violenta desencadenada por la legislación del país contra la propaganda. El proyecto ofrecía una plataforma para que la juventud que se sintiera aislada pudiera compartir sus relatos y encontrar una comunidad en internet. Y yo conocí a varias de estas personas, en mis viajes a Rusia, para quienes todo mejoró gracias a Dyeti-404.

En 2013, en Egipto, conocí a un chico que se hacía llamar Juelz. Era un adolescente de una ciudad de provincia a quien su familia había sorprendido con su amante, otro hombre. Le afeitaron la cabeza y lo arrastraron por el lugar atado a un carro de caballos. Luego lo encerraron en una habitación durante un mes y le dieron palizas a diario. Se quiso suicidar, pero me dijo que se mantuvo con vida subiendo «vídeos de "It Gets Better"» a YouTube a través de su teléfono móvil, en los que informaba a otras personas en situaciones parecidas. Todo mejoró para Juelz: pasó el examen de Abogacía, se mantuvo atrevidamente fuera del armario y, la última vez que hablamos, estaba planeando reunirse con su novio en Estados Unidos.

En Estados Unidos, una cantidad cada vez más grande de padres y madres —como Dee, con quien hablé sobre su hijo en proceso de transición— le echaban la culpa al activismo en línea por engañar a sus hijas adolescentes, ya de por sí confundidas, asociando que «todo mejora» con transicionar hacia la masculinidad en vez de tratar la depresión subyacente. Y en ocasiones, al hojear rápidamente estos testimonios en línea, a mi parecer, representaban el solipsismo de la generación *selfie*, instruida en los lugares comunes de la autoafirmación. Pero era fascinante ver la manera en que «lo personal es político», la máxima de mi propia generación, se había transformado en la noción de que compartir el relato de cada quien era por sí mismo transformador, incluso redentor.

A finales del siglo XIX, cuando los europeos empezaron a ponerle nombre al comportamiento sexual, la gente también empezó a pensar de manera diferente sobre sus cuerpos y cómo los compartían, por la manera en que los comportamientos privados se convirtieron en identidades públicas. Ahora, un siglo después, gracias a la revolución de las redes sociales, no solo las nociones de privacidad se fueron desvaneciendo cada vez más, sino que las identidades se volvieron individuales y subjetivas en vez de colectivas y «objetivas». Como periodista y biógrafo, siempre he sostenido que la mejor forma de entender el cambio es contando los relatos de las personas. Ahora, una generación más joven me estaba desafiando a que viera el modo en que contar el propio relato —hacerse visible, compartir recursos y experiencias— podía en efecto lograr un cambio político y social. Era Harvey Milk recargado para la era digital. Ya no era simplemente «¡Hermanos y hermanas gais, debéis salir del armario!», sino «¡Cuenta cómo has llegado hasta aquí y cómo te sientes, e inspira a los demás a que hagan lo mismo!».

Obviamente, si se trataba de un solicitante de asilo, como Aunty, Michael o Maha, contar su historia conllevaba una compensación muy importante: les aseguraba un billete hacia la condición de refugiado en otro país. Pero ¿por qué las personas que aparecen en este libro, de diferentes partes del mundo, decidieron contarme sus historias para que las leyerais?

En algunos casos, cambiaron de parecer en mitad del proceso. Aunque no podría estar más contento con el resultado, Fadi no fue mi primera opción en Israel/Palestina; Nabil, el hombre gay acosado por el Shabak en Ramala, consiguió llegar a Canadá y no quiso revisitar el pasado; Khader, a quien también conocí durante mi primera visita al país, no quiso saber nada de mí cuando volví. Tal vez estuviera harto de contar su historia. O, a lo mejor, como Liam en Ann Arbor, quería contar la historia él mismo. Puede que simplemente yo no le cayera bien. Por suerte, a otros sí: en una ocasión, cuando acudí a entrevistar a la pobre Zaira en Guadalajara, tuvo la sensación de que tenía que reunirse conmigo y traer a su familia con ella. Salió bien, pero después volvió a desaparecer. También lo hicieron Maha en Ámsterdam y Pasha en Moscú: la gente pasa página o no quiere revisitar los traumas. Qué raro debe resultarles, entonces, ver más adelante sus relatos impresos, detenidos en un momento concreto, con frecuencia uno difícil.

Pero más allá de estas dinámicas interpersonales —o cambios en la vida de la gente—, había razones de peso en común por las que las personas que salen en este libro eligieron compartir tanto tiempo, y tantas partes de su vida, conmigo y, por tanto, quienes estáis leyendo esto. La mayoría tenían que ver con el activismo que profesaban, con el hecho de haber tomado una posición para seguir adelante con sus vidas, y también con una situación. Pasha se consideraba víctima de una nueva forma de fascismo —una idea potente en la parte del mundo en la que vivía— y quería que el mundo lo supiera. Maha creía importante que las experiencias de las lesbianas árabes entraran a formar parte del discurso LGTB. Fadi deseaba fehacientemente que el mundo entendiera lo que implicaba ser palestino y gay en Israel. Lakshaya sentía, cada vez más conforme se desarrollaba nuestra relación, que su perspectiva debía ser escuchada en los nuevos debates sobre los derechos trans en la India. Y aunque hubiera ocurrido alguna tragedia, como en el caso de Pasha, todas estas personas se sentían orgullosas de lo que habían hecho. Les gustaba la idea de que las reconocieran e incluso las reafirmaran no solo por las cosas por las que habían pasado, sino por quienes eran; que las escucharan.

Esta cuestión me cargó con una responsabilidad especial. «¿Qué sacaremos nosotros de esto?», preguntó el pescador Mohana, directamente, durante nuestra primera reunión en Devanampattinam, cuando sugerí que podrían compartir sus vidas conmigo. Lakshaya le mandó callar —ella ya era activista y entendía el poder de las redes de contacto y la publicidad—, pero yo lo agradecí, en ese momento y siempre —aunque a veces me saque de quicio—, porque me recordó el elemento de transacción que conlleva mi trabajo. Era diligente a la hora de rebajar sus expectativas, pero obviamente estaban ahí: Pasha esperaba que la publicidad jugara a su favor para recuperar a Yarik; Aunty y Michael esperaban llamar la atención y conseguir el apoyo económico que necesitaban. Esperaban que contar sus historias a través de mí contribuyera a que todo mejorara.

* * *

Feliz cumpleaños.
Me he quedado sin hogar.

Recibí este escueto mensaje por parte de Michael Bashaija al abrir Facebook el 11 de noviembre de 2019, mientras revisaba las pruebas de este libro.

«Lamento oír eso. ¿Dónde estás durmiendo? ¿Tienes trabajo? ¿Tienes amistades que te den apoyo emocional?», respondí.

«En la furgoneta de mi profesor», contestó, y envió algunas *selfies* en las que salía en una Winnebago con paneles de madera y con una bufanda de invierno alrededor del cuello. «Perdí el trabajo, voy a empezar en un almacén pronto. Estoy haciendo amistades».

De nuevo, me asombró la resiliencia de este joven hombre, siempre presente en sus dramáticas llamadas de auxilio. Me alegró saber que estaba estudiando —se había matriculado en un curso de inglés en el Colegio Universitario de Vancouver, una puerta de entrada a futuros estudios— y que estaba empezando a tejer una comunidad a su alrededor. Pero me abstuve de escribirle «dale tiempo», el lenitivo que le estuve ofreciendo desde que nos conocimos, hacía ya cinco años, cuando estaba traumatizado por el secuestro y la tortura que sufrió. ¿Mejoraría todo? ¿Quién era yo para saberlo?

Tampoco puedo decir que todo mejorará para Lakshaya, dado el mensaje que me había enviado hacía poco. El trabajo en Internet Saathi había concluido y ella volvía a estar en la calle, llevando un sari para juntar las palmas y pedir. Para poder hacerlo, se había instalado en el hogar de su «mami trans» y solo regresaba a Devanampattinam una vez al mes, durante la luna llena, para rendir culto en el templo y ver a sus amigas *kothi* y a su madre. Ahora tiene un currículum y buenas referencias. Con suerte, le abrirán las puertas a otro trabajo. Pero, si no lo hacen, ¿sucumbirá al destino del que con tanto esfuerzo ha trabajado por escapar? En muchos sentidos, su lucha por ser ella misma refleja la de les niñes no binaries que conocí, como Sean, al otro lado del mundo en Ann Arbor. Aunque, a diferencia de Sean, Lakshaya no contaba con ninguna red de apoyo. Al igual que Aunty y Michael, su pobreza —por no hablar de su identidad de género— dificultaba predecir si todo mejoraría.

Aunty raspa algunos rands de cada botella que vende y mantiene a un hombre desempleado —y parece que ahora también a su familia— con unas ganancias exiguas que no son, en absoluto, seguras. En marzo de 2019, los fondos por parte de la fundación alemana se terminaron, y me volví a encontrar echando mano del bolsillo para mantenerla trabajando en PASSOP otro mes, justificándomelo como una contribución a Aunty salida de mis derechos de autor. Luego me enteré de que el otro antiguo benefactor de Aunty, el hombre gay británico de mayor edad, le había conseguido un trabajo en un programa de jardinería para personas sin hogar, y de que se las había arreglado para obtener un préstamo de sus nuevos empleadores el primer día. Lo malgastó en una juerga de fin de semana y no apareció por el trabajo el lunes siguiente. Cuando me puse en contacto con ella, en noviembre, por las mañanas trabajaba en el jardín y por las tardes, en PASSOP, pero sus perspectivas de continuar ahí eran inciertas. No puedo afirmar que todo mejorará para ella, por mucho que intente ayudar, dado lo lábil que es, lo profundo que ha caído en la trampa de la dependencia, lo violenta que puede ser la vida en su mundo.

Me sentí tan aliviado al encontrarla sana y feliz después de la visita de enero de 2019, que volví a casa cantando durante prácticamente todo el camino por la orilla de la Bahía Falsa. Tengo tantas ganas de que todo mejore. Al disponerme a redactar estas últimas páginas sobre la línea rosa, me doy cuenta de lo involucrado que estaba —un hombre gay de la misma edad que Dan Savage— en la energía redentora —o, como mínimo, meliorativa— del movimiento por los derechos LGTB globales de principios del siglo XXI. Quería que ese largo arco se doblara ya. No solo políticamente, sino también en el discurso. Si no iba a escribir una crónica sobre la desaparición de la línea rosa, por lo menos iba a ofrecer historias de triunfo sobre ella o de resiliencia a su pesar. O de resolución, una imposibilidad.

* * *

¿HABRÍA MEJORADO todo para Pasha si hubiera encontrado la manera de suprimir su identidad trans o si no se la hubieran sugerido en ningún momento a través de las ondas de la revolución de la información?

¿Habría mejorado todo para Michael si su benefactor estadounidense no le hubiera enviado los fondos para que huyera a Nairobi?

¿Habría mejorado todo para Zaira y su relación con Martha si hubiera ido a Ciudad de México a registrarse como la otra madre de Sabina?

¿Habría mejorado todo para Maha si se hubiera quedado en su querido El Cairo en vez de haberse mudado a Ámsterdam, un lugar al que llegó a detestar, aunque estar en El Cairo hubiera significado vivir dentro del armario?

¿Habría mejorado todo para Aunty si se hubiese visto obligada a arreglárselas por su cuenta sin la red que Amnistía Internacional le proporcionó, una red que se convirtió en una trampa?

¿Habría mejorado todo para Rose si hubiera resistido la tentación de la transición y se hubiera quedado al margen de la testosterona? ¿O si hubiera resistido la tentación de la detransición?

¿Cuánto más empeoraría todo para Lakshaya si saliera a mendigar cada día con un sari puesto —e incluso si se operara— pero consiguiera la estabilidad suficiente, en el aspecto financiero, para pagar sus deudas y mantener su preciosa casa en la playa?

Y así podríamos continuar.

Este tipo de preguntas nos pueden ayudar a entender las decisiones a las que se enfrentan las personas en la línea rosa, pero intentar responderlas sería cosa de ficción: este libro nos conduce solo adonde sus protagonistas han decidido —o se han visto obligados a— llevarnos. Y la distancia que tengo con ellos —ni yo estoy en sus cabezas ni ellos en la mía— hace que me resulte imposible decidir sobre sus vidas. A veces me han comunicado si todo ha mejorado; a veces, no. Yo no puedo decirlo por ellos, pero sí puedo decir una cosa con total seguridad: las cosas han cambiado para todos ellos.

Esto es lo que más me choca de las personas que habéis conocido en estas páginas: lo dinámicas que son, lo lejos que han llegado todas, en una sola generación, al dejar atrás las normas que definieron a sus familias y sus culturas durante décadas e incluso siglos. Todas ellas han tomado decisiones que habrían sido inconcebibles tan solo una generación anterior, y al hacerlo no solo han cambiado sus vidas de manera drástica, también sus culturas y sociedades.

Esto es tan cierto para la juventud de Riot Youth en Ann Arbor como para las *kothis* de Devanampattinam. Ambos grupos están forjando identidades de género de maneras inconcebibles —e insondables— para sus familias. También lo están haciendo, de modo diferente, Maha en El Cairo y Fadi en Jaffa: son los productos tanto de la revolución digital como de la Primavera Árabe, de una primera generación de árabes que reclaman su orientación sexual como una identidad y que han inventado un nuevo lenguaje para ello.

Al igual que Maha en Egipto, Zaira en México se benefició del movimiento por las mujeres. Solo esto abrió el horizonte de ambas y les permitió considerar la vida y la familia sin los hombres. En Guadalajara, Zaira me lo dejó claro: los avances en la cultura de los derechos, por no mencionar la tecnología para la reproducción asistida, les brindaron opciones que no existieron para generaciones anteriores. Pero como el resto de las personas de este libro, ella vivía en una zona fronteriza, en un interregno; se le presentaban nuevas posibilidades, pero aún no era capaz de concretar estas posibilidades en el mundo real. De ahí su activismo, el amparo, insistiendo en que la ley reconociera a su nueva familia.

La identidad trans de Pasha y la gay de Michael se volvieron más nítidas —quizás incluso se formaron— por las disputas que estaban teniendo lugar a su alrededor, en Rusia y en Uganda, respectivamente, en estos dos Estados con frontera sobre una línea rosa y, por tanto, por los conflictos en los que se vieron involucrados: con su esposa en el caso de Pasha y con los padres en el caso de Michael.

En otra época, Michael podría haber expresado su sexualidad de manera discreta, como habían hecho las personas con inclinaciones homosexuales en su cultura durante generaciones. O, incapaz de hacerlo por su inconformidad de género, podría haber corrido más peligro incluso de adolescente —por las drogas y el alcohol— que como fugitivo y, más adelante, como refugiado.

En otra época, Pasha podría haberse quedado con su masculinidad. Pero me dijo que esto podría haber terminado con ella.

Estamos forjados por nuestros contextos y, desde luego, somos quienes los creamos. Sin embargo, cuando pienso en las opciones de Aunty, me choca que su identidad se mantuviera de manera extraordinariamente consistente. El mundo la percibió como «embrujada», y luego, como «gay»; después, fue «transgénero» y, por último, «LGTBI». Podía —y de hecho, lo hacía— tomar estas etiquetas (en particular, la última) en caso de que fuera necesario. Pero había algo eterno e inmutable en la manera en que se percibía a sí misma, sin importar lo que dijera la palabra.

Esto me hizo dudar de la forma que tenía de entender el género como un constructo. Ella no «llegó a ser» una mujer[524], como dice Simone de Beauvoir en *El segundo sexo*. Ya lo era.

* * *

El viaje personal que he llevado a cabo, durante los años en los que he estado trabajando en este libro, me ha conducido a través de mis líneas rosas internas hasta nuevos territorios de empatía, conocimiento y, también, autoconocimiento.

De niño, estando en mi primer año de escuela primaria en Johannesburgo, donde los niños y las niñas estaban separados durante del recreo, lo pasaba mal compitiendo físicamente con los míos y solía terminar jugando solo. He escrito ya[525] sobre un día en particular en el que debí haberme quedado merodeando por una especie de arroyo pequeño que conformaba el límite entre las dos partes del patio de recreo —debió ser mi ensoñación lo que me llevó a cruzar la frontera—, cuando una profesora se abalanzó y me dio un sermón sobre el lugar al que pertenecía. Aquel día aprendí una lección valiosa: si quería encajar, necesitaba aparentar que aceptaba los límites de género impuestos. Las transgresiones debían ocurrir en la clandestinidad o en el éter, más allá de la vigilancia de los adultos.

Pero ¿y si de pequeño me hubiera teletransportado al Área de la Bahía de San Francisco en la segunda década del siglo XXI y, debido a las repetidas veces que crucé aquel arroyo, hubiera terminado en la sala de consultas de, por ejemplo, la psicóloga infantil especializada en género Diane Ehrensaft? ¿Me habría convertido en una niña pequeña porque albergaba fantasías en las que me vestía con la ropa de mi madre y no me gustaba el juego violento de los niños? ¿O me habrían dicho que no pasaba nada por ser «creativo con el género» y habría desarrollado una nueva identidad más allá del binarismo de género? ¿Qué habría llegado a ser?

Cuando conocí a Diane Ehrensaft, le conté que estos pensamientos me ponían algo nervioso. Asintió de manera sabia: «Creo que se siente aliviado por haber crecido en tiempos más sencillos porque usted sabía lo que era. Si en alguna parte de su conciencia hubiera sentido algún conflicto o ambivalencia, puede que ahora se sintiera diferente». De todas formas, me dijo: «Debo preguntarle, ¿estamos abrumando a los niños de alguna manera con todas estas amplias posibilidades? Es mucho más sencillo andar en una caja que no tener ningún límite».

Lo cierto es que el pánico que sentía no era tan fuerte como la intriga que se desarrolló, dentro de mí, durante los años en los que investigué y escribí este libro: empecé a preguntarme por mi propia identidad de género y por los caminos que no tomé. En la medida en que fui un niño algo afeminado, ¿fue porque me sentía atraído por otros niños y, por lo tanto, pensé que necesitaba parecer una niña para llamar su atención? ¿O llegué a ser «gay», una identidad tribal que nunca me ha parecido del todo adecuada, porque necesitaba pertenecer a alguna parte y la masculinidad heterosexual no era suficientemente espaciosa? Nunca pensé que fuera una niña, pero desde luego hubo momentos en los que deseé serlo, imaginándome en los brazos de un Lothario lleno de espinillas en vez de tener que pasarle el balón en la cancha. ¿Qué habría ocurrido si no hubiera pasado nada por cruzar aquel arroyo o incluso —¡Dios me libre!— por quedarme en su ambigüedad, transformando esa frontera aparentemente impenetrable entre los géneros en una zona fronteriza que pudiera contenerme?

Mientras escribo estas palabras, estoy teletransportando a ese niño de seis años en el arroyo hacia alguna otra parte, a Devanampattinam a principios del siglo XXI. Mi destino está claro: soy una *kothi*.

Pensando en esto, me acuerdo de las palabras del historiador Saleem Kidwai diciendo que *kothi* podía ser una identidad opresiva, a diferencia de la gay o la transgénero, liberadoras y con esa aura de que todo mejora. Reflexionando sobre las vidas de Lakshaya y el equipo del templo, soy capaz de verlo, por supuesto. No me cambiaría por ellas. Y, aun así, mi experiencia con las *kothis* y con todas las personas que he conocido a lo largo de este viaje me ha dado una lección sobre los límites del mantra «It Gets Better», sin importar el poder que tenga. Postula un flujo de tráfico en sentido único entre personas mayores en ambientes «más libres» y personas jóvenes en ambientes más constrictivos. Entre Lakshaya y yo, por ejemplo. Sugiere un movimiento hacia delante —el progreso ineludible prometido por la democracia liberal—, que viene con el hecho de crecer. Predice que Uganda, Egipto, India y México podrían, con la influencia adecuada, «madurar» hacia el tipo de sociedades con la clase de libertades que son propias de Europa Occidental o de Norteamérica.

Esta cosmovisión nos limita y no nos permite ver a las personas en otros lugares —con otras experiencias, en otras circunstancias— como iguales. No tiene en cuenta lo que yo, un profesional gay blanco mayor de Sudáfrica que estudió en Estados Unidos, podría aprender de mis experiencias en otros sitios: de Tambo Village, al otro lado de la bahía; de Devanampattinam, al otro lado del océano Índico; de mis experiencias con personas tan jóvenes que podrían ser mis hijos, todavía intentando averiguar esas cosas que llevan tanto tiempo resueltas para mí. A lo mejor los progenitores llegan a saber esto, pero yo no tengo hijos. Y he cambiado gracias a este libro. Ya no voy por ahí con la incuestionable etiqueta de la masculinidad, y me parece algo tremendamente liberador.

A Lakshaya en realidad no la conocí en el templo, sino en una reunión que convocaron por mí en la oficina de la organización contra el sida en la que trabajaba, en noviembre de 2012. Según el nuevo modelo global, la ronda introductoria consistía en decir el nombre, el pronombre y la orientación sexual o la identidad de género.

«Soy Mark. Él», dije. Y antes de que me diera cuenta: «*Kothi*».

Qué bien me sentí al decirlo.

Ciudad del Cabo, febrero de 2021.

BIBLIOGRAFÍA SELECCIONADA

Libros y ensayos escritos por Mark Gevisser

Estos son los ensayos y reportajes que he publicado sobre el tema de la línea rosa antes de la aparición de este libro. Algunos de los capítulos de esta obra fueron incluidos por primera vez, en formato diferente, en estos artículos. Todos están disponibles en www.markgevisser.com.

Gevisser, M. (enero 2018), «House of Rainbow: LGBT Rights Balanced on The Pink Line», *Griffith Review*, p. 59. También publicado (3 marzo 2018) como «House of Rainbow: The New Pink Line Dividing the World», *The Guardian*.

Gevisser, M. (2016), «Walking Girly in Nairobi», en E. Wakatama (ed.), *Safe House: Explorations in Creative Nonfiction*, Dundurn. También publicado (18 mayo 2016) como «Love's Runaways: The Gay Ugandans Forced into Exile», *The Guardian*.

Gevisser, M. (diciembre 2015), «LGBT Power Surge: Why Russia, Uganda and Other Repressive States Are Fighting a Losing Battle Against Sexual Freedom», *Foreign Policy*.

Gevisser, M. (12 noviembre 2015), «The Transgender Woman Fighting for Her Right to See Her Son», *The Guardian*.

Gevisser, M. (6 abril 2015), «Engendered: The Trans Community Is Coming Out and Bringing with It a Depth of Understanding of What It Means to Be Human», *The Nation*.

Gevisser, M. (2015), «Self-Made Man», *Granta*, 129.

Gevisser, M. (2015), *Kanaga's Choices: Queer and Transgender Identity in the Digital Age*, Global Information Society Watch.

Gevisser, M. (2015), «Homosexuality and the Global Culture Wars», en T. Sandfort, F. Simenel, K. Mwachiro y V. Reddy (eds.), *Boldly Queer, African Perspectives on Same-Sex Sexuality and Gender Diversity*, Hivos.

Gevisser, M. (27 noviembre 2014), «Love in Exile», *The Guardian*.

Gevisser, M. (12 mayo 2013), «Ang Ladlad Party Brings Beauty Parlors and Gay Pageants out to Vote in Philippines», *The Guardian*.

Otras obras

Ackroyd, P. (2017), *Queer City: Gay London from the Romans to the Present Day*, Vintage.

Ahmed, S. (2000). *Strange Encounters: Embodied Others in Post-coloniality*, Routledge.

Aizura, A. Z., et al. (eds.) (2014), «Decolonizing the Transgender Imaginary», *Transgender Studies Quarterly*, 1(3).

Altman, D. (2008), «AIDS and the Globalization of Sexuality», *Social Identities*, 14(2).

Altman, D. (1996), «On Global Queering», *Australian Humanities Review*, 2.

Altman, D. (2001), *Global Sex*, University Chicago Press.

Altman, D. y Symons, J. (2016), *Queer Wars*, Polity Press.

Amar, P. (2014), *The Security Archipelago: Human-Security States, Sexuality Politics, and the End of Neo-liberalism*, Duke University Press.

Appiah, K. A. (2006), *Cosmopolitanism: Ethics in a World of Strangers*, Norton.

Appadurai, A. (2000), *Modernity at Large: Cultural Dimensions of Globalization*, University of Minnesota Press.

Beachy, R. (2014), *Gay Berlin: Birthplace of a Modern Identity*, Alfred A. Knopf.

Beemyn, G., *Transgender History of the United States*, una versión especial íntegra de un capítulo del libro *Trans Bodies, Trans Selves*, editado por Laura Erickson-Schroth, https://www.umass.edu/stonewall/sites/default/files/Infoforandabout/transpeople/genny_beemyn_transgender_history_in_the_united_states.pdf.

Binnie, J. (2004), *The Globalization of Sexuality*, Sage Publications.

Blue, M. (4 octubre 2013), «Globalizing Homophobia, Parts 1-4», *Right Wing Watch*.

Bob, C. (2010), *The Global Right Wing and the Clash of World Politics*, Cambridge University Press.

Boellstorff, T. (2004), «The Emergence of Political Homophobia in Indonesia: Masculinity and National Belonging», *Ethnos*, 64(4), pp. 465-486.

Boellstorff, T. (2005), *The Gay Archipelago: Sexuality and Nation in Indonesia*, Princeton University Press.

Bornstein, K. (2010), *Gender Outlaws: The Next Generation*, Seal Press.

Bornstein, K. (2013), *My New Gender Workbook: A Step-by-Step Guide to Achieving Peace Through Gender Anarchy and Sex Positivity*, Routledge.

Bracke, S. y Paternotte, D. (eds.) (2016), «Habemus Gender! The Catholic Church and "Gender Ideology"», *Religion and Gender*, 6(2).

Butler, J. (2007), *El género en disputa: el feminismo y la subversión de la identidad* (Trad. M.ª A. Muñoz), Paidós (trabajo original publicado en 1990).

Butler, J. (2006), *Deshacer el género* (Trad. P. Soley Beltrán), Paidós Ibérica (trabajo original publicado en 2004).

Chiang, H. (ed.). (2019), *Global Encyclopedia of Lesbian, Gay, Bisexual, Transgender, and Queer (LGBTQ) History*, Gale.

Chu, A. L. (invierno 2018), «On Liking Women», *n+1*.

Cohen, L. (2005), «The Kothi Wars: AIDS Cosmopolitanism and the Morality of Classification», en V. Adams y S. L. Pigg (eds.), *Sex in Development: Science, Sexuality, and Morality in Global Perspective*, Duke University Press.

Corbett, K. (2009), *Boyhood: Rethinking Masculinities*, Yale University Press.

Corey-Boulet, R. (2019), *Love Falls on Us: A Story of American Ideas and African LGBT Lives*, Zed.

Corrales, J. y Pecheny, M. (2010), *The Politics of Sexuality in Latin America: A Reader on Lesbian, Gay, Bisexual and Transgender Rights*, University of Pittsburgh Press.

Currah, P. y Stryker, S. (eds.) (2015), *TSQ: Making Transgender Count*, 2(1), Duke University Press.

De la Dehesa, R. (2010), *Queering the Public Sphere in Mexico and Brazil: Sexual Rights Movements in Emerging Democracies*, Duke University Press.

D'Emilio, J. (1993), «Capitalism and Gay Identity», en H. Abelove, M. A. Barale y D. M. Halperin (eds.), *The Lesbian and Gay Studies Reader*, Routledge.

Drucker, P. (2000), *Different Rainbows*, Gay Men's Press.

Duberman, M.; Vicinus, M. y Chauncey, G. (eds.) (1989), *Hidden from History: Reclaiming the Gay and Lesbian Past*, Penguin.

Duberman, M. (2018), *Has the Gay Movement Failed?*, University of California Press.

Dutta, A. (2013), «Legible Identities and Legitimate Citizens: The Globalization of Transgender and Subjects of HIV-AIDS Prevention in Eastern India», *International Feminist Journal of Politics*, 15(4).

Dutta, A. y Roy, R. (2014), «Decolonizing Transgender in India: Some Reflections», *TSQ*, 1(3).

Ehrensaft, D. (2016), *The Gender Creative Child: Pathways for Nurturing and Supporting Children Who Live Outside Gender Boxes*, The Experiment.

El Feki, S. (2014), *Sex and the Citadel: Intimate Life in a Changing Arab World*, Anchor Books.

Epprecht, M. (2008), *Heterosexual Africa? The History of an Idea from the Age of Exploration to the Age of AIDS*, Ohio University Press.

Epprecht, M. (2004), *Hungochani: The History of a Dissident Sexuality in Southern Africa*, McGill-Queen's Press.

Essig, L. (1999), *Queer in Rusia: A Story of Sex, Self, and the Other*, Duke University Press.

Fassin, É. (2006), «The Rise and Fall of Sexual Politics in the Public Sphere: A Transatlantic Contrast», *Public Culture*, 18(1).

Feinberg, L. (2021), *Stone Butch Blues* (Trad. L. Martínez Vicente), Antipersona (trabajo original publicado en 1993).

Foucault, M. (2007), *Historia de la sexualidad I. La voluntad de saber* (Trad. U. Guiñazú), Siglo XXI (trabajo original publicado en 1976).

García, J. N. C. (2008), *Philippine Gay Culture: Binabae to Bakla, Silahis to MSM,* UP Press.

Gaudio, R. (2009), *Allah Made Us: Sexual Outlaws in an Islamic African City*, Wiley-Blackwell.

Gessen, M. y Huff-Hannon, J. (eds.) (2014), *Gay Propaganda: Russian Love Stories,* OR Books.

Goldner, V. (2011), «Trans: Gender in Free Fall», *Psychoanalytic Dialogues*, 21(2), pp. 159-171.

Gross, A. (2015), «The Politics of LGTB Rights in Israel and Beyond: Nationality, Normativity, and Queer Politics», *Columbia Human Rights Law Review*, 46(2), pp. 81-152.

Gupta, A. (2013), «This Alien Legacy: The Origins of "Sodomy" Laws in British Colonialism», en C. Lennox y M. Waites (eds.), *Human Rights, Sexual Orientation and Gender Identity in the Commonwealth*, Human Rights Consortium, Institute of Commonwealth Studies.

Halberstam, J. J. (2013), *Gaga Feminism: Sex, Gender and the End of the Normal*, Beacon Press.

Halberstam, J. J. (2018), *Trans**, University of California Press.

Herdt, G. (2009), *Moral Panics, Sex Panics: Fear and the Fight over Sexual Rights,* New York University Press.

Hoad, N. (2007), *African Intimacies: Race, Homosexuality and Globalization*, University of Minnesota Press.

Hoad, N. (2000), «Arrested Development, or The Queerness of Savages: Resisting Evolutionary Narratives of Difference», *Postcolonial Studies*, 3(2), pp. 133-158.

Hoad, N.; Martin, K. y Reid, G. (eds.) (2005), *Sex and Politics in South Africa*, Double Storey.

Hochberg, G. (ed.) (2010), «Queer Politics and the Question of Palestine/ Israel», *GLQ: A Journal of Lesbian and Gay Studies*, 16(4), pp. 493-663.

Human Rights Watch (16 de abril de 2018), *Audacity in Adversity: LGBT Activism in the Middle East and Nort Africa*.

Human Rights Watch (30 noviembre 2010), *Fear for Life: Violence Against Gay Men and Men Perceived as Gay in Senegal.*

Human Rights Watch (21 marzo 2018), *«I Have to Leave to Be Me»: Discriminatory Laws Against LGBT People in the Eastern Caribbean.*

Human Rights Watch (marzo 2014), *In a Time of Torture: The Assault on Justice in Egypt's Crackdown on Homosexual Conduct.*

Human Rights Watch (15 diciembre 2014), *License to Harm: Violence and Harassment Against LGBT People and Activists in Russia.*

Human Rights Watch (2011), *Rights in Transition: Making Legal Recognition for Transgender People a Global Priority.*

Human Rights Watch (10 agosto 2016), *«These Political Games Ruin Our Lives»: Indonesia's LGBT Community under Threat.*

Human Rights Watch (17 agosto 2009), *«They Want Us Exterminated»: Murder, Torture, Sexual Orientation and Gender in Iraq.*

Jernow, A. L. (2011), *Sexual Orientation, Gender Identity and Justice: A Comparative Law Casebook*, International Commission of Jurists.

John, E. (2016), «The Keeper of Secrets», en E. Wakatama Allfrey (ed.), *Safe House: Explorations in Creative Non-fiction*, Dundurn.

Joyce, H. (4 diciembre 2018), «The New Patriarchy: How Trans Radicalism Hurts Women, Children—and Trans People Themselves», *Quillette*.

Kaoma, K. (2012), *Colonizing African Values: How the US Christian Right is Transforming Sexual Politics in Africa*, Political Research Associates.

Kaoma, K. (2009), *Globalizing the Culture Wars: U.S. Conservatives, African Churches, & Homophobia*, Political Research Associates.

Katyal, A. (2016), *The Doubleness of Sexuality: Idioms of Same-Sex Desire in Modern India*, New Text.

khanna, a. (2014), *Sexualness*, New Text.

Kollman, K. (2007), «Same-sex Unions: The Globalization of an Idea», *International Studies Quarterly*, 51(2).

Kuhar, R. y Paternotte, D. (2017), *Anti-gender Campaigns in Europe: Mobilizing Against Equality*, Rowman & Littlefield.

Levintova, H. (21 febrero 2014), «How US Evangelicals Helped Create Russia's Anti-gay Movement», *Mother Jones*.

Long, S. (2005), *Anatomy of a Backlash: Sexuality and the «Cultural» War on Human Rights*, Human Rights Watch.

Long, S. (2009), «Unbearable Witness: How Western Activists (Mis)recognize Sexuality in Iran», *Contemporary Politics*, 15(1), pp. 119-136.

Martel, F. (2013), *Global gay: Cómo la revolución gay está cambiando el mundo* (Trad. N. Petit Fontserè), Taurus (trabajo original publicado en 2012).

Massad, J. (primavera 2002), «Re-orienting Desire: The Gay International and the Arab World», *Public Culture*, 14(2), pp. 361-385.

Massad, J. A. (2007), *Desiring Arabs*, University of Chicago Press.

McBee, T. P. (2014), *Man Alive: A True Story of Violence, Forgiveness and Becoming a Man*, City Lights.

McBee, T. P. (2012-2015), «Self-Made Man», *The Rumpus*, columnas 1-32.

Meadow, T. (2018), *Trans Kids: Being Gendered in the Twenty-First Century*, University of California Press.

Mock, J. (2014), *Redefining Realness: My Path to Womanhood, Identity, Love & So Much More*, Atria Books.

Morris, J. (2010), *Conundrum*, Faber & Faber.

Narrain, A. y Bhan, G. (2005), *Because I Have a Voice: Queer Politics in India*, Yoda Press.

Narrain, A. y Gupta, A. (2011), *Law Like Love: Queer Perspectives on Law*, Yoda Press.

Nealy, E. C. (2017), *Trans Children and Youth: Cultivating Pride and Joy with Families in Transition*, W. W. Norton & Company.

Nelson, M. (2016), *The Argonauts*, Graywolf Press.

Nkabinde, N. Z. (2009), *Black Bull, Ancestors and Me: My Life as a Lesbian Sangoma,* Jacana Media.

Norton, R. (23 mayo 2013), «The Gay Subculture in Early Eighteenth-Century London», en *The Gay Subculture in Georgian England* [recurso *online*].

Parker, R. (1999), *Beneath the Equator: Cultures of Desire, Male Homosexuality and Emerging Gay Communities in Brazil*, Routledge.

Paternotte, D. (2015), «Blessing the Crowds: Catholic Mobilizations Against Gender in Europe», en S. Hark y P. Villa (eds.), *Anti-Genderismus: Sexualität und Geschlecht als Schauplätze aktueller politischer Auseinandersetzungen*, Transcript Verlag.

Paternotte, D. (invierno 2015), «Global Times, Global Debates? Same Sex Marriage Worldwide», *Social Politics: International Studies in Gender, State & Society*, 22(4), pp. 653-674.

Paternotte, D. y Tremblay, M. (eds.) (2015), *The Ashgate Research Companion to Lesbian and Gay Activism*, Ashgate.

Pepper, R. (ed.) (2012), *Transitions of the Heart: Stories of Love, Struggle and Acceptance by Mothers of Transgender and Gender Variant Children*, Cleis Press.

Plemons, E. (2017), *The Look of a Woman: Facial Feminization Surgery and the Aims of Trans-Medicine*, Duke University Press.

Preciado, P. (2008), *Testo yonqui*, Espasa Calpe.

Prosser, J. (1998), *Second Skins: The Body Narratives of Transsexuality*, Columbia University Press.

Puar, J. K. (verano 2001), Global Circuits: Transnational Sexualities in Trinidad, *Signs*, 26(4), pp. 1039-1065.

Puar, J. K. (2017), *Ensamblajes terroristas: el homonacionalismo en tiempos queer* (Trad. M.ª Enguix Tercero), Bellaterra (trabajo original publicado en 2007).

Rao, R. (noviembre-diciembre 2015), «Global Homocapitalism», *Radical Philosophy*, 194(1), pp. 38-49.

Rao, R. (2014), «Queer Questions», *International Feminist Journal of Politics*.

Rao, R. (2015), «Re-membering Mwanga: Same-Sex Intimacy, Memory, and Belonging in Post-colonial Uganda», *Journal of Eastern African Studies*, 9(1), pp. 1-19.

Reddy, G. (2005), *With Respect to Sex: Negotiating Hijra Identity in South India*, University of Chicago Press.

Reid, G. (2013), *How to Be a Real Gay: Gay Identities in Small-town South Africa*, UKZN Press.

Revathi, A. (2010), *The Truth About Me: A Hijra Life Story*, Penguin Books India.

Rose, J. (5 mayo 2016), «Who Do you Think You Are?», *London Review of Books*.

Rubin, G. S. (1993), «Thinking Sex: Notes for a Radical Theory of the Politics of Sexuality», en H. Abelove, M. A. Barale y D. M. Halperin (eds.), *The Lesbian and Gay Studies Reader*, Routledge.

Rubin, H. (2003), *Self-Made Men: Identity and Embodiment Among Transsexual Men*, Vanderbilt University Press.

Sadgrove, J.; Vaderbeck, R. M.; Andersson, J.; Valentine, G. y Ward, K. (2012), «Morality Plays and Money Matters: Towards a Situated Understanding of the Politics of Homosexuality in Uganda», *Journal of Modern African Studies*, 50(1), pp. 103-129.

Saketopoulou, A. (2011), «Minding the Gap: Race and Class in Clinical Work with Gender Variant Children», *Psychoanalytic Dialogues*, 21(2), pp. 1233-1243.

Sánchez García, A. (octubre 2014), *The Happy Judicialization of Sexual Rights: Abortion and Same-Sex Marriage in Mexico* [tesis de doctorado], Kent Law School.

Sandfort, T.; Simenel, F.; Mwachiro, K. y Reddy, V. (2015), *Boldly Queer: African Perspectives on Same-Sex Sexuality and Gender Diversity*, Hivos.

Schulman, S. (2012), *Israel/Palestine and the Queer International*, Duke University Press.

Sedgwick, E. K. (1991), *Epistemology of the Closet*, University of California Press.

Serano, J. (2013), *Excluded: Making Feminist and Queer Movements More Inclusive*, Seal Press.

Serrano-Amaya, J. F. (2017), «La tormenta perfecta: ideología de género y articulación de públicos», *Revista Latinoamericana Sexualidad, Salud y Sociedad*, 27, pp. 149-171.

Sharlet, J. (septiembre 2010), «Straight Man's Burden: The American Roots of Uganda's Anti-gay Persecutions», *Harper's Magazine*, pp. 36-48.

Snyder, T. (2018), *El camino hacia la no libertad* (Trad. M. L. Rodríguez Tapia), Galaxia Gutenberg (trabajo original publicado en 2018).

Solomon, A. (2003), «Viva la Diva Citizenship: Post-Zionism and Gay Rights», en D. Boyarin, D. Itzkovits y A. Pellegrini (eds.), *Queer Theory and the Jewish Question*, Columbia University Press.

Solomon, A. (2012), *Far from the Tree: Parents, Children and the Search for Identity*, Scribner.

Stryker, S. (2021), *Historia de lo trans: las raíces de la revolución de hoy* (Trad. M. Pérez y M. T. Sánchez), Continta me tienes (trabajo original publicado en 2017).

Stryker, S. y Aizura, A. (eds.) (2013), *The Transgender Studies Reader*, vol. 2, Routledge.

Stryker, S. y Whittle, S. (2006), *The Transgender Studies Reader*, Routledge.

Stychin, C. F. (2004), «Same-Sex Sexualities and the Globalization of Human Rights Discourse», *McGill Law Journal*, 49.

Tamale, S. (ed.) (2011), *African Sexualities: A Reader*, Pambazuka Press.

Thoreson, R. R. (2014), *Transnational LGBT Activism: Working for Sexual Rights Worldwide*, University of Minnesota Press.

Thoreson, R. R. (2014), «Troubling the Waters of "a Wave of Homophobia": Political Economies of Anti-queer Animus in Sub-Saharan Africa», *Sexualities*, 17(1-2).

Travers, A. (2018), *The Trans Generation: How Trans Kids (and Their Parents) Are Creating a Gender Revolution*, NYU Press.

Valentine, D. (2007), *Imagining Transgender: An Ethnography of a Category*, Duke University Press.

Van Klinken, A., y Chitando, E. (2016), *Public Religion and the Politics of Homosexuality in Africa*, Routledge.

Vanita, R. y Kidwai, S. (2000), *Same-Sex Love in India: Readings from Literature and History*, Palgrave.

Weber, C. (2016), *Queer International Relations: Sovereignty, Sexuality and the Will to Knowledge*, Oxford University Press.

Weiss, M. L. y Bosia, M. J. (2013), *Global Homophobia: States, Movements, and the Politics of Oppression*, University of Illinois Press.

Whitaker, B. (2008), *Unspeakable Love: Gay and Lesbian Life in the Middle East*, Saqi Books.

Wintemute, R. (2005), «From "Sex Rights" to "Love Rights": Partnership Rights as Human Rights», en N. Bamforth (ed.), *Sex Rights*, Oxford University Press.

Filmografía recomendada

Blecher, S. (directora) (2011), *Two Men and a Wedding* [documental], Real Eyes Films.

Bocahut, L. y Brooks, P. (directores) (1998), *Woubi Chéri* [documental], Dominant 7 Films.

Chiang, S. L. y Symons, J. (directores) (2016), *Out Run: Make Politics Fierce* [documental], New Day Films.

Dubowski, S. (director) (2001), *Trembling Before G-d* [documental], Cinephil.

France, D. (director) (2012), *How to Survive a Plague* [documental], IFC Films.

Herrera Borquez, C. (directora) (2017), *Etiqueta no rigurosa* [documental], La Cleta Films.

Hubbard, J. (director) (2012), *United in Anger: A History of ACT UP* [documental], Mix.

Livingston, J. (directora) (1990), *Paris Is Burning* [documental disponible en Netflix], Art Matters In.

Schiller, G. y Weiss, A. (directoras) (1984), *Before Stonewall: The Making of a Gay and Lesbian Community* [documental], Jezebel Films.

Sharma, P. y Dubowski, S. (directores) (2008), *A Jihad for Love* [documental], Halal Films.

Steele, B. (director) (2014), *Hunted: The War Against Gays in Russia* [documental], Blakeway Productions.

Treut, M. (directora) (1999), *Gendernauts: A Journey Through Shifting Identities* [documental], Hyena Films.

White, J. (director) (2014), *Young and Gay in Putin's Russia* [documental], Vice Media.

Williams, R. R. (director) (2013), *God Loves Uganda* [documental], Full Credit Productions.

Witzenfeld, J. (director) (2015), *Oriented* [documental disponible en Netflix], Conch Studios.

Wright, K. F. y Zouhali-Worrall, M. (directoras) (2012), *Call Me Kuchu* [documental], ITVS/POV films.

AGRADECIMIENTOS

Este libro no habría sido posible sin la beca que me otorgaron desde la Open Society y el apoyo que recibí por parte de Leonard Benado, Steve Hubbell, Bipasha Ray y sus colaboradores. El equipo que trabaja por los derechos LGTB en la Fundación me ayudó generosamente a desarrollar el concepto de este libro y me presentó a personas inestimables: en particular, doy las gracias a Michael Heflin, Maxim Anmegichean, Greg Czarnecki, Ian Southey-Swartz, Nguru Karugu, Giselle Kasim y Joy Chua. Joel Bedos, Graeme Reid y Carla Sutherland me ayudaron a conceptualizar el libro y me presentaron a más personas inestimables; también lo hicieron Julie Dorf y Mark Bromley, del Consejo para la Igualdad Global, que me llevaron a una conferencia para que pudiera empezar a reflexionar sobre estas ideas y me invitaron a que captara la atención de los activistas en varias reuniones que convocaron.

Gracias a una invitación para que hiciera una presentación en la Conferencia de Hivos sobre Sexualidades del Mismo Sexo y Diversidad de Género Africanas, que tuvo lugar en Nairobi en 2014, tuve la oportunidad de reunir las grandes ideas de este libro, y una comisión de la fundación Commonwealth Writers me auxilió con la investigación en el África Oriental. Las comisiones de *Granta* y *The Guardian* me permitieron seguir con la investigación en Estados Unidos, la India y el África Austral. Le doy las gracias a Sigrid Rausing, a Jonathan Shainin y a Clare Longrigg también por sus invalorables perspectivas editoriales. Tuve un estallido crítico de reflexión y escritura durante una residencia en Bellagio en marzo de 2018; estoy muy agradecido con la Fundación Rockefeller por haberme seleccionado, con Pilar Palaciá por el magnífico santuario y con mis compañeros residentes por sus puntos de vista.

El equipo de Graeme Reid en Human Rights Watch —y quienes estuvieron antes, bajo la dirección de Scott Long— ha establecido un gran nivel para la documentación de lo que ocurre en la línea rosa: el archivo que ha generado es indispensable. Me gustaría dar las gracias, en particular, a Kyle Knight y a Ryan Thoreson, y especialmente a Neela Ghoshal, por su compromiso a ayudarme (y a Michael Bashaija) en el África Oriental. Los artículos periodísticos de Lester Feder en BuzzFeed han sido también muy valiosos; le doy las gracias, además, por el compañerismo. He mantenido conversaciones con otros académicos y activistas sobre estos temas que me han permitido enmarcar las ideas del libro: Sonia Corrêa, Scott Long, David Paternotte, Eric Plemons y Rahul Rao han sido especialmente generosos con su tiempo y sus puntos de vista. Gracias, también, a Justus Eisfeld, Maria Margaronis, Frédéric Martel, el difunto Joel Nana, Fernando Serrano Amaya, Jessica Stern y Muthoni Wanyeki. Daniel Wolfe y Richard Elovich no se acordarán, pero la chispa para este libro fue una conversación en su casa en Brooklyn en 2011, cuando Richard me pasó su copia de *La modernidad desbordada*, de Arjun Appadurai, como respuesta a mis divagaciones inconclusas.

Es imposible que un proyecto de esta envergadura se haya podido llevar a cabo sin la generosidad, la hospitalidad y los conocimientos de amigos, colegas y desconocidos por todo el mundo. En Sudáfrica, le doy las gracias a Victor Mdluli, a Guillane Koko y a PASSOP, además de a Neville Gabriel y a su equipo en The Other Foundation; en Malaui, a Gift Trapence y a Dunker Kamba; en Uganda, a Richard Lusimbo, a Adrian Jjuuko y a Sean Mugisha; en Senegal, a Djiadji Diouf y a Mariam Armesen; en Nigeria, a Jide Mcauley, a Jude Onwambor y a Cheikh Traore.

En Egipto, Scott Long me facilitó presentaciones, análisis y una cálida hospitalidad; y Tarek al-Moustafa, mi investigador e intérprete, fue brillante a la hora de escuchar mis ideas e hizo un trabajo de *networking* excepcional. Otras personas que ayudaron a la hora de interpretar fueron Ahmed Awadallah, Ramy Youssef y Noor Sultan. Gracias, también, a Azza Sultan, a Paul Amar y a otros cuyos nombres no puedo mencionar.

En Israel y en Palestina, Sarah Schulman y Elle Flanders me presentaron a personas indispensables, igual que Aeyal Gross, un guía seguro a través de un país complejo. Eve Guterman fue una investigadora y traductora inestimable. Gracias, también, a Rawda Morcos, a Amira Hass y a Louise Bethlehem. Estoy muy agradecido con Jake Witzenfeld, el director de *Oriented*, por haberme presentado a Fadi y haberme dado acceso a las transcripciones de la película.

No podría haber realizado mi trabajo en Rusia sin el brillante Evgeny Belyakov, mi investigador e intérprete, otro fenómeno del *networking*. Gracias también a Margret Satterthwaite, Constantin Yablonskiy, Evgeny Byrgyn y Alfred Miniakhmetov, por ayudarme con la interpretación; a Tatiana Vinnichenko y Rakurs, por recibirme en Arcángel, y a Polina Sevchenko y a Coming Out San Petersburgo, por su hospitalidad allí. Anastasia Smirnova y Maria Kozlovskaya, de la Red LGTB de Rusia, me presentaron a Pasha y fueron de gran ayuda al instruirme sobre la problemática, al igual que Andrei y Yael Demedetskiy y Masha Gessen.

En México, doy las gracias a Julieta Cabeza Blum, mi fantástica e inteligente investigadora, traductora, intérprete y guía de comidas. Andrés Carrillo Marrot también hizo de intérprete; Ricardo Baruch y Arturo Sánchez García me brindaron una investigación preliminar inapreciable. Miguel Ángel Ochoa fue quien sugirió que conociera a Zaira y a Martha e hizo las presentaciones; Rodrigo Cruz llevó a cabo investigaciones adicionales sobre México y Latinoamérica; Álex Alí Méndez, Alehlí Ordóñez y Rez Wockner fueron fuentes muy necesarias sobre el derecho en ese país.

En Estados Unidos me presentaron a los jóvenes de Riot Youth a través de Laura Wernick: estoy en deuda con ella y con el equipo comprometido que había en aquel momento en la Zona Neutral en Ann Arbor, especialmente con Lori Roddy y Jonah Thompson. Alex Kulick fue mi investigador y *fixer* en Ann Arbor, y Alexander Pines y Mel Ferrara llevaron a cabo más investigaciones que pusieron a mi disposición. Las siguientes personas desempeñaron un papel indispensable a la hora de ayudar, iluminar y conectarme: Joel Baum, Diane Ehrensaft, Jamison Green, Esther Kaplan, Tey Meadow, Rachel Pepper, Eric Plemons, Asa Radix, Andrew Solomon y Herb Schreier. Varios exmiembros de Riot Youth, especialmente Milo Inglehart, fueron generosos con su tiempo y sus perspectivas.

En Filipinas, Ging Cristobal me facilitó el viaje. No podría haber realizado el trabajo sin la generosidad de Leo Chiang y Johnny Symons, que me llevaron a bordo de la grabación para su documental *Out Run*.

No habría conocido a las *kothis* de Devanampattinam ni habría podido escribir sobre ellas sin la ayuda de tres personas extraordinarias: mi amigo Vikram Doctor, un informante paciente y muy perspicaz a la hora de escuchar mis ideas durante todos los años que llevó este proyecto; L. «Ramki» Ramakrishnan de Orinam, guía político e intelectual igualmente paciente en Tamil Nadu; y Lavanya Keshavraj, mi investigadora e intérprete, que me animó a salir de la ciudad y luego se convirtió en mi conducto constante hacia la aldea. Nuestras visitas, con mi amiga la fotógrafa Candace Feit y nuestro conductor Saravanan, fueron de los momentos más interesantes durante mi estancia en la línea rosa. Le doy las gracias a Vikram Sundarraman por sus investigaciones e interpretaciones adicionales. Otras personas que han echado una mano, tanto en la India como con información sobre el país, son Vinay Chandran, Alok Gupta, Sameera Jahargirdar, Saleem Kidwai, Arvind Narrain, Siddharth Narrain, akshay khanna y Aniruddhan Vasudevan.

Me gustaría dar las gracias a los siguientes amigos, colegas y desconocidos, por haber leído y comentado parte o la totalidad del manuscrito: Tarek al-Mustafa, Ricardo Baruch, Robert Beachy, Louise Bethlehem, Sonia Corrêa, Leena Dallasheh, Maggie Davey, Vivek Divan, Vikram Doctor, Julie Dorf, Peter Gevisser, Ran Greenstein, Aeyal Gross, Alok Gupta, Alfred LeMaitre, Scott Long, Julia Martin, David Paternotte, Eric Plemons, L. Ramakrishnan, Ira Sachs, Yana Sitnikova, Andrew Solomon, Carol Steinberg, Jonny Steinberg y Martine Taub. Y, especialmente, a Edwin Cameron, un partidario sin reservas de este proyecto.

Cuatro amigos han conseguido que este libro saliera a la luz al leer los borradores: Jessica Dubow, Damon Galgut, Philip Miller y Ellah Wakatama, que también hicieron las veces de editores extraoficiales. Y otras tres amigas me han ofrecido sabios consejos: Maggie Davey, Bridget Impey y Claire Messud. Estoy profundamente agradecido con todos ellos.

Kay Lalor logró que decidiera encarar este proyecto con sus meticulosas investigaciones. Y Claire Anderson, Evgeny Belyakov y Mel Ferrara comprobaron el manuscrito y recopilaron las notas finales: fueron un equipo formidable en la línea de meta.

Los consejos de David Godwin fueron sabios y agudos: le estoy eternamente agradecido por todos los que me ha dado durante la última década. Muchas gracias, también, a Sarah Chalfant, a Rebecca Nagel, a Alba Ziegler-Bailey y a Luke Ingram de la agencia Wylie. En Farrar, Straus and Giroux he tenido la inmensa suerte de estar en manos de un dúo: Ileene Smith y Jackson Howard. Estoy profundamente agradecido con Ileene por su confianza en mi trabajo y su sabiduría sobre el mundo editorial, y con Jackson por su perspectiva, compromiso y pasión a la hora de editar y crear este libro. Chandra Wohleber editó y corrigió el libro con precisión y perspicacia, y Alex Merto lo adornó con brillante destreza. Scott Auerbach fue el responsable de la publicación. Con ellos y con el resto en FSG estoy inmensamente agradecido. Jonathan Ball Publishers sigue siendo mi hogar sudafricano. Como siempre, le doy las gracias a Jeremy Boraine y a su equipo. Muchas gracias, también, a Helen Conford y a sus colaboradores en Profile Books de Londres, por la técnica y la pasión que han brindado a *La línea rosa*.

Agradezco a Urano (y al sello Tendencias) por la pasión y precisión con la que han abordado esta edición en español. Le doy las gracias en especial a mi editor Leonel Teti, a mi traductora, Sara Villar Zafra y a Fernando Serrano-Amaya por sus consejos en la presente edición.

No soy rápido a la hora de escribir libros ni lo hago sin esfuerzo. Esto es algo de lo que pueden dar fe mis amistades más cercanas y mi familia. Les estoy muy agradecido —ya sabéis quiénes sois— por la manera en que se preocupan por mí, me sostienen y me inspiran. Para empezar, para terminar y por siempre, esta vez más que nunca por su amor, sabiduría y apoyo: Dhianaraj Chetty.

Por último, doy las gracias a todas las personas que estuvieron dispuestas a confiar en mí lo suficiente como para hablar conmigo: por supuesto, a quienes habéis conocido en estas páginas, pero de igual manera a quienes, por cuestiones de espacio, tiempo y otras consideraciones varias, no he podido incluir aquí. Quiero que sepáis que los esfuerzos que realizasteis conmigo no fueron en vano: me habéis iluminado y transformado con vuestras historias, a pesar de que no estén representadas. Espero poder haceros justicia en alguna otra parte, y que quienes estéis leyendo esto también continuéis haciendo justicia. El largo arco se dobla...

SOBRE EL AUTOR

Mark Gevisser es el autor de *A Legacy of Liberation: Thabo Mbeki and the Future of the South African Dream, Lost and Found in Johannesburg: A Memoir* y *Portraits of Power: Profiles in a Changing South Africa*. También ha coeditado la antología revolucionaria *Defiant Desire: Gay and Lesbian Lives in South Africa*. Sus artículos periodísticos y comentarios han aparecido en *The New York Times, The Guardian, Granta, The Wall Street Journal, The New York Review of Books, The Nation, Los Angeles Times* y otras publicaciones. Ha producido y escrito el guion para el largometraje *The Man Who Drove with Mandela*, que ganó el premio Teddy por Mejor Documental en el Festival de Cine de Berlín en 1999, y ha sido comisario de exposiciones sobre la historia y la sociedad sudafricana en su Johannesburgo natal. En 2012 recibió una beca de la Open Society. En la actualidad reside en Ciudad del Cabo, Sudáfrica.

NOTAS

Solo he utilizado citas directas de fuentes secundarias, datos sacados de estudios o información que no se encuentra fácilmente a través de una búsqueda por internet. También hay una bibliografía seleccionada.

Epígrafe

1. Baldwin, J. (2011), *The Devil Finds Work*, Vintage International [e-book], p. 178.

Nota del autor

2. Appiah, K. A. (10 agosto 2018), «Go Ahead, Speak for Yourself», *The New York Times*.

Prólogo: Una deuda con el amor

3. Somanje, C. (28 diciembre 2009), «Gays Engage!», *The Nation*.

4. Rice, A. (9 junio 2010), «Malawian Gay Couple's Beautiful Thing, and Its Ugly Consequences», *Daily Maverick*.

5. Rice, A. (9 junio 2010), «Malawian Gay Couple's Beautiful Thing, and Its Ugly Consequences», *Daily Maverick*.

6. (27 de noviembre de 2018), *The Advocate*.

7. Paternotte, D. (2015), «Blessing the Crowds: Catholic Mobilizations Against Gender in Europe», en S. Hark y P. Villa (eds.), *Anti-Genderismus: Sexualität und Geschlecht als Schauplätze aktueller politischer Auseinandersetzungen*, Transcript Verlag.

8. Clarke, W. (17 mayo 2013), «France Least Tolerant Country in Western Europe of Homosexuals», *The Telegraph*.

9. McCarthy, J. (23 mayo 2018), *Two in Three Americans Support Same-Sex Marriage*, Gallup (Estados Unidos).

10. Genç, K. (28 junio 2018), «Sex Changes in Turkey», *The New York Review of Books*; (16 abril 2018), *Audacity in Adversity: LGBT Activism in the Middle East and North Africa*, Human Rights Watch.

11. Editorial (28 marzo 2018), «Trump's Heartless Transgender Military Ban Gets a Second Shot», *The New York Times*.

1. Las líneas rosas del mundo

12. Discurso de Barack Obama (27 junio 2013), *Remarks by President Obama and President Sall of the Republic of Senegal at Joint Press Conference*, The White House.

13. (2018) *Marriage*, encuesta de Gallup (Estados Unidos).

14. (16 agosto 2016), «Watch Unreleased Footage of Obama's Phone Call to James Obergefell on the Night of the Supreme Court's Same-Sex Marriage Decision», *The Washington Post*.

15. Reuters (26 junio 2013), «Barack Obama Applauds Supreme Court Decision on Gay Marriage», *NDTV*.

16. Amnistía Internacional (2010), *Senegal: Land of Impunity*, Reino Unido.

17. (7 diciembre 2011), «Gay Rights Are Human Rights», *The Washington Post*.

18. Departamento de Estado de Estados Unidos (2012), *Senegal 2012 Human Rights Report*, Country Reports on Human Rights Practices for 2012.

19. Watson, J. (27 junio 2013), *DOMA Decision a «Victory for American Democracy»*, ABC News Radio.

20. Discurso de Barack Obama (27 junio 2013), *Remarks by President Obama and President Sall of the Republic of Senegal at Joint Press Conference*, The White House.

21. Grefe, C. y Ladurner, U. (2 abril 2014), «Investiert in Afrika und wir teilen den Profit», *Zeit Online*.

22. Poxall, A. (30 diciembre 2017), «From Evropa to Gayropa: A Critical Geopolitics of the European Union as Seen from Russia», *Geopolitics*, 3.

23. Feder, L. (9 noviembre 2013), «The Russian Plot to Take Back Eastern Europe at the Expense of Gay Rights», BuzzFeed News.

24. Vasilyeva, N. (12 diciembre 2013), «Putin Defends Conservative Values», Associated Press.

25. Discurso de Vladimir Putin (19 septiembre 2013), *Meeting of the Valdai International Discussion Club*, página web del Kremlin.

26. Bearak, M. (5 octubre 2016), «Theresa May Criticized the Term "Citizen of the World", but Half the World Identifies That Way», *The Washington Post*.

27. Beckwith, R. T. (13 junio 2016), «Read Donald Trump's Speech on the Orlando Shooting», *Time*.

28. Feder, J. F.; Shulte, A. y Deen, K. (3 julio 2018), «The Man Who Taught Donald Trump to Pit Gay People Against Inmigrants», BuzzFeed News.

29. Feder, J. F.; Shulte, A. y Deen, K. (3 julio 2018), «The Man Who Taught Donald Trump to Pit Gay People Against Inmigrants», BuzzFeed News.

30. Snyder, T. (2018), *El camino hacia la no libertad* (Trad. M. L. Rodríguez Tapia) (trabajo original publicado en 2018), Galaxia Gutenberg, p. 109.

31. Wildman, S. (5 mayo 2017), «Marine Le Pen Wants to Protect France's LGBTQ Community», *Vox*.

32. (5 julio 2018), «Europe's Anti-immigrant Parties Are Becoming More Gay-Friendly, Partly as a Way to Bash Muslim Immigrants», *The Economist*.

33. Staudenmaier, R. (17 marzo 2017), «Gay in the AfD: Talking with LGBT Supporters of Germany's Populist Party», *Deutsche Welle*.

34. Roggers, T. (11 mayo 2017), «Gays Really Love Germany's Racist, Homophobic Far Right Party», *Vice*.

35. Walker, S. (21 noviembre 2013), «Ikea Removes Lesbian Couple from Russian Edition of Magazine», *The Guardian*.

36. Kompaniya, N. (productora) (2013), «Play Actors» [episodio], *Special Correspondent*, All-Russia State Television and Radio Broadcasting Company VGTRK, www.youtube.com/watch?v=MYIWgduByfw.

37. Kompaniya, N. (productora) (2013), «Play Actors» [episodio], *Special Correspondent*, All-Russia State Television and Radio Broadcasting Company VGTRK, www.youtube.com/watch?v=MYIWgduByfw.

38. Kompaniya, N. (productora) (2013), «Play Actors» [episodio], *Special Correspondent*, All-Russia State Television and Radio Broadcasting Company VGTRK, www.youtube.com/watch?v=MYIWgduByfw.

39. Kompaniya, N. (productora) (2013), «Play Actors» [episodio], *Special Correspondent*, All-Russia State Television and Radio Broadcasting Company VGTRK, www.youtube.com/watch?v=MYIWgduByfw.

40. Essig, L. (1999), *Queer in Russia: A Story of Sex, Self, and the Other*, Duke University Press, p. 6.

41. Ogala, E. (7 enero 2013), «No Going Back on Criminalizing Same-Sex Marriage in Nigeria—Mark», *Premium Times*.

42. Discurso del Dr. Mahathir (20 junio 2003), *The Star Online*.

43. (21 febrero 2012), «Cardinal Responds to U. N.'s Criticism of Africa's Social Policies», *National Catholic Register*.

44. Khalaf, R. (29 mayo 2015), «Iran's "Generation Normal"», *Financial Times*.

45. (6 marzo 2014), «Iran's Supreme Leader: Libidinous Act of Gay Marriage Signals the Stampede of Human Values», www.leader.ir/fa/speech/11526.

46. Lamb, K. (22 febrero 2017), «Why LGTB Hatred Suddenly Spiked in Indonesia», *The Guardian*.

47. Orbán, V. (25 mayo 2017), *Discurso de apertura en el Segundo Congreso Mundial de las Familias de Budapest*, miniszterelnok.hu.

48. Weaver, C. (16 octubre 2015), «God's TV, Russian Style», *Financial Times*.

49. Provost, C. (6 junio 2017), «"This Is a War": Inside the Global "Pro-family" Movement Against Abortion and LGBT Rights», openDemocracy.

50. Provost, C. (6 junio 2017), «"This Is a War": Inside the Global "Pro-family" Movement Against Abortion and LGBT Rights», openDemocracy.

51. (27 abril 2016), «Chinese Cyberchiefs Preach Net Sovereignty in Moscow», *China Digital Times*.

52. Ellis-Petersen, H. (4 de marzo de 2016), «China Bans Depictions of Gay People on Television», *The Guardian*.

53. Kanso, H. (23 octubre 2017), «Amid Egypt's Anti-gay Crackdown, Gay Dating Apps Send Tips to Stop Entrapment», Thomson Reuters Foundation News.

54. Torocheshnikova, M. (2 febrero 2015), «Nevidimye Deti», Radio Liberty.

55. (18 diciembre 2008), «UN: General Assembly Statement Affirms Rights for All», Human Rights Watch.

56. (12 junio 2019), «Understanding of LGBT Realities "Non-existent" in Most Countries, Says UN Expert», UN News.

57. Kohut, A. et al. (4 junio 2013), «The Global Divide on Homosexuality: Greater Acceptance in More Secular and Affluent Countries», Pew Research Center.

58. Wintemute, R. (2005), «From "Sex Rights" to "Love Rights": Partnership Rights as Human Rights», en N. Bamforth (ed.), *Sex Rights*, Oxford University Press, pp. 186-224.

59. Kohut, A. et al. (4 junio 2013), «The Global Divide on Homosexuality: Greater Acceptance in More Secular and Affluent Countries», Pew Research Center.

60. *The World Factbook: Country Comparison: Distribution of Family Income—Gini Index*, sitio web de Central Intelligence Agency.

61. Sutherland, C. et al. (2016), *Progressive Prudes: A Survey of Attitudes Towards Homosexuality & Gender Non-conformity in South Africa*, Human Sciences Research Council.

62. Gevisser, M. (2000), «Mandela's Stepchildren: Homosexual Identity in Post-apartheid South Africa», en P. Drucker (ed.), *Different Rainbows*, Gay Men's Press.

63. Gevisser, M. (2000), «Mandela's Stepchildren: Homosexual Identity in Post-apartheid South Africa», en P. Drucker (ed.), *Different Rainbows*, Gay Men's Press.

64. Roberts, B. et al. (2016), *Sexual Orientation and Gender Identity (SOGI): Tabulation Report Based on the 2015 Round of the South African Social Attitudes Survey (SASAS)*, Human Sciences Research Council.

65. Roberts, B. et al. (2016), *Sexual Orientation and Gender Identity (SOGI): Tabulation Report Based on the 2015 Round of the South African Social Attitudes Survey (SASAS)*, Human Sciences Research Council.

2. Aunty

66. Roehr, B. (2010), «How Homophobia Is Fueling Africa's HIV Epidemic», *The BMJ*, 340, x.

67. Blecher, S. (directora) (2011), *Two Men and a Wedding* [documental], Real Eyes Films.

68. Hilton, P. (31 mayo 2010), «The Power of Madonna! Malawi Releases Gay Couple After Madge Protests!», Perezhilton.com.

69. Levitan, R. (2018), Comunicación personal, HIAS.

70. ACNUR (1951), Convención sobre el Estatuto de los Refugiados, Asamblea General de las Naciones Unidas.

71. ACNUR (21 noviembre 2018), *Nota de orientación del ACNUR sobre las solicitudes de la condición de refugiado relacionadas con la orientación sexual y la identidad de género* (Unidad Legal Regional del Bureau de las Américas, trad.), Refworld.

72. Gruberg, S. (30 octubre 2015), «Obama Administration Makes Refugee Program More LGBT-Inclusive», Center for American Progress.

73. Council of Europe (2012), *Discrimination on Grounds of Sexual Orientation and Gender Identity in Europe*, 2.ª ed., Council of Europe Publishing.

74. Willoughby, I. y Rosenzweig, A. (9 diciembre 2010), «EU Says Czech "Arousal" Test for Gay Asylum Seekers Could Violate Human Rights Convention», Radio Praha.

75. Jernow, A. L. (2011), *Sexual Orientation, Gender Identity and Justice: A Comparative Law Casebook*, International Commission of Jurists.

76. Jansen, S. (2013), «Introduction: Fleeing Homophobia, Asylum Claims Related to Sexual Orientation and Gender Identity in Europe», en T. Spijkerboer (ed.), *Fleeing Homophobia: Sexual Orientation and Gender Identity in Europe*, Routledge, p. 4.

77. ACNUR (23 octubre 2012), «Directrices sobre protección internacional n.º 9: solicitudes de la condición de refugiado relacionadas con la orientación sexual y/o la identidad de género…».

78. Booth, R. (21 agosto 2019), «Judge Rejected Asylum Seeker Who Did Not Have Gay "Demeanour"», *The Guardian*.

79. Grierson, J. (2 septiembre 2019), «Home Office Refused Thousands of LGBT Asylum Claims», *The Guardian*.

80. Mizere, A. (17 enero 2010), «NGOs Cash In on Gays», *The Daily Times*.

81. Fanon, F. (2008), *Black Skin, White Masks*, Pluto Press.

3. ¿Una nueva guerra cultural global?

82. Lewis, M. K. y Marshall, I. (2011), *LGBT Psychology: Research Perspectives and People of African Descent*, Springer Science+Business Media, p. 145.

83. Gettleman, J. (3 enero 2010), «Americans' Role Seen in Uganda Anti-gay Push», *The New York Times*.

84. Pink, A. (13 mayo 2018), «Massachusetts GOP Candidate Blames Holocaust on Gay Nazis», *The Forward*.

85. Kaoma, K. (5 octubre 2009), «Globalizing the Culture Wars: U.S. Conservatives, African Churches, and Homophobia», Political Research Associates.

86. Beirich, H.; Schlatter, E. y Nelson, L. (10 julio 2013), «Dangerous Liaisons: The American Religious Right and the Criminalization of Homosexuality in Belize», Southern Poverty Law Center.

87. Arinaitwe, J. K. (25 julio 2014), «How US Evangelicals Are Shaping Development in Uganda», Al Jazeera.

88. Sharlet, J. (marzo 2003), «Jesus Plus Nothing: Undercover Among America's Secret Theocrats»,]. *Harper's Magazine*, pp. 53-64.

89. Sharlet, J. (septiembre 2010), «Straight Man's Burden: The American Roots of Uganda's Anti-gay Persecutions», *Harper's Magazine*, p. 44.

90. Sullivan, A. (7 diciembre 2009), «Rick Warren and Uganda's Looming Gay Genocide», *The Atlantic*.

91. Reid, G. (7 junio 2017), «US Court Dismisses Uganda LGBTI Case, but Affirms Rights», Human Rights Watch.

92. Beirich, Schlatter y Nelson, *Dangerous Liaisons*.

93. (29 de julio de 2013), «Stirm Strikes Back at SPLC», *7 News Belize*.

94. Ramos, A. (28 noviembre 2014), «Churches Call for Referendum on Sodomy Law», *Amandala*.

95. Resumen informativo de un grupo extremista, «Congreso Mundial de Familias», Southern Poverty Law Center [consultado en 2018].

96. Descripción de las actividades en el Congreso Mundial de Familias (junio 2015), «Exposed: The World Congress of Families», Human Rights Campaign.

97. Levintova, H. (21 febrero 2014), «How US Evangelicals Helped Create Russia's Anti-gay Movement», *Mother Jones*.

98. Blue, M. (4 octubre 2013), «Globalizing Homophobia, Part 3: A New Life for Discredited Research», Right Wing Watch.

99. Levintova, «How US Evangelicals Helped Create Russia's Anti-gay Movement».

100. (19 agosto 2019), «Poland's Ruling Party Leader Praises Polish Archbishop for LGBT Opposition», *National Catholic Register*.

101. (18 agosto 2019), «Poland's Kaczynski Condemns Gay Pride Marches as Election Nears», Reuters.

102. Kalan, D. (9 octubre 2019), «In Poland's Upcoming Election, the Law and Justice Party Is Demonizing the LGBT Community to Win», *Foreign Policy*.

103. (25 octubre 2012), «Lords Hansard Text for 25 October 2012», página web del Parlamento británico.

104. Ackroyd, P. (2017), *Queer City: Gay London from the Romans to the Present Day*, Chatto and Windus, p. 42.

105. Gupta, A. (2013), «This Alien Legacy: The Origins of "Sodomy" Laws in British Colonialism», en C. Lennox y M. Waites (eds.), *Human Rights, Sexual Orientation and Gender Identity in the Commonwealth*, Human Rights Consortium, Institute of Commonwealth Studies, pp. 85 y 94.

106. Fumbuka Ng'wanakilala (noviembre 2011), «Tanzania Stands Firm on Aid-Gay Rights Spat with UK», Reuters.

107. (27 octubre 2011), «Statement on British "Aid Cut" Threats to African Countries That Violate LBGTI Rights», *Pambazuka News*.

108. Comentarios de Museveni sobre el proyecto de ley contra la homosexualidad (28 enero 2010), «Uganda: Ambassador Credentialed; Gets Earful on Anti-homosexuality Bill», WikiLeaks.

109. Biryabarema, E. (24 febrero 2014), «Ugandan President Signs Anti-gay Bill, Defying the West», Reuters.

110. (5 julio 2011), «Fundamentalists in Pakistan Protest LGBT Pride Event at US Embassy...», MPact Global Action for Gay Men's Health and Rights.

111. Cpl Casimir Krul [productora] (2013), *Kandahar Pride*, AFN Afghanistan, DVIDS.

112. Puar, J. K. (2017), *Ensamblajes terroristas: el homonacionalismo en tiempos queer* (Trad. M.ª Enguix Tercero), Bellaterra (trabajo original publicado en 2007).

113. Schulman, S. 22 noviembre 2011), «Israel and "Pinkwashing"», *The New York Times*.

114. Massad, J. (primavera 2002), «Re-orienting Desire: The Gay International and the Arab World», *Public Culture*, 14(2), p. 363.

115. (13 enero 2014), «Nigerian President Signs Anti-gay Bill into Law», Reuters.

116. Grefe, C. y Ladurner, U. (2 abril 2014), «Investiert in Afrika und wir teilen den Profit», *Zeit Online*.

117. (21 febrero 2012), «Cardinal Responds to U.N.'s Criticism of Africa's Social Policies», *National Catholic Register*.

118. Maymulakhin, A., Zinchenkov, O. y Kravchuk, A. (2007), *Ukranian Homosexuals and Society: A Reciprocation*, Nash Mir (Our World) Gay and Lesbian Centre, p. 69.

119. Kaoma, *Globalizing the Culture Wars*.

120. Virtue, D. W. (27 septiembre 2004), «Anglican Communion Future Unclear: Realignment Yes, Schism Now Unlikely», Church of the World.

121. Rao, R. (noviembre-diciembre 2015), «Global Homocapitalism», *Radical Philosophy*, 194(1), p. 45.

4. Michael

122. (2014) The Anti-homosexuality Act, Parlamento de Uganda, Refworld.

123. (1 abril 2015), «Resettlement Is Not a Human Right, It Is a Privilege: UNHCR to Ugandan LGBTI Refugees in Kenya», *Kuchu Times*.

124. (1 abril 2015), «Resettlement Is Not a Human Right, It Is a Privilege: UNHCR to Ugandan LGBTI Refugees in Kenya», *Kuchu Times*.

125. (14 mayo 2014), «Uganda: Anti-homosexuality Act's Heavy Toll», Human Rights Watch.

126. Rao, R. (2015) «Remembering Mwanga: Same-Sex Intimacy, Memory and Belonging in Postcolonial Uganda», *Journal of Eastern African Studies*, 9(1), pp. 2 y 4.

127. Wasula, J. (12 junio 2015), «Africans Must Join Hands and Fight Homosexuality», *New Vision*.

128. (2-9 octubre 2010), *Rolling Stone*.

129. (2 noviembre 2010), «Uganda Court Orders Anti-gay Paper to Shut: Group», Reuters.

130. Smith, D. (15 febrero 2012), «Ugandan Minister Shuts Down Gay Rights Conference», *The Guardian*.

131. En J. Sadgrove et al. (2012), «Morality Plays and Money Matters: Towards a Situated Understanding of the Politics of Homosexuality in Uganda», *Journal of Modern African Studies*, 50(1), pp. 121 y 109.

132. En J. Sadgrove et al. (2012), «Morality Plays and Money Matters: Towards a Situated Understanding of the Politics of Homosexuality in Uganda», *Journal of Modern African Studies*, 50(1), pp. 124-125.

133. Rescue Fund to Help LGBT People Escape Africa, Indiegogo.

134. Judge, M. (6 marzo 2014), «"Rescuing" Gay People from Africa Is No Answer to Homophobic Laws», *The Guardian*.

135. Michael Bashaija [usuario] (9 septiembre 2018), publicación de estado, Facebook.

136. Michael Bashaija [usuario] (10 septiembre 2018), publicación de estado, Facebook.

137. Michael Bashaija [usuario] (6 octubre, 21 septiembre, 30 octubre, 17 noviembre, 28 octubre, 11 noviembre y 3 octubre 2018), publicaciones de estado, Facebook.

138. AFP (25 mayo 2019), «Kenya Court Refuses to Decriminaise Homosexuality», *ENCA*.

5. La línea rosa a través del tiempo y del espacio

139. Karimi, F. y Thompson, N. (25 febrero 2014), «Uganda's President Museveni Signs Controversial Anti-gay Bill into Law», CNN.

140. Foucault, M. (2007), *Historia de la sexualidad I. La voluntad de saber* (Trad. U. Guiñazú), Siglo XXI (trabajo original publicado en 1976).

141. Stryker, S. (2021), *Historia de lo trans: Las raíces de la revolución de hoy* (Trad. M. Pérez y M. T. Sánchez), Contínta me tienes (trabajo original publicado en 2017), p. 89.

142. D'Emilio, J. (1993), «Capitalism and Gay Identity», en H. Abelove, M. A. Barale y D. M. Halperin (eds.), *The Lesbian and Gay Studies Reader*, Routledge, pp. 467-478.

143. Stryker, *Historia de lo trans*, p. 85.

144. Kompaniya, N. (productora) (2013), «Play Actors» [episodio],*Special Correspondent*, All-Russia State Television and Radio Broadcasting Company VGTRK, www.youtube.com/watch?v=MYIWgduByfw

145. Dash, D. K. y Yadav, S. (28 julio 2011), «In a First, Gurgaon Court Recognizes Lesbian Marriage», *Times of India*.

146. khanna, a. (2014), *Sexualness*, New Text, p. 2.

147. Sánchez García, A. (octubre 2014), *The Happy Judicialization of Sexual Rights: Abortion and Same-Sex Marriage in Mexico* [tesis de doctorado], Kent Law School, pp. 128-129.

148. *Diversidad*, página oficial de la Ciudad de Buenos Aires sobre el ambiente LGTB y su historia, Buenosaires.gob.ar.

149. Florida, R. (2010), *La clase creativa: la transformación de la cultura del trabajo y el ocio en el siglo* XXI (Trad. M. Asensio), Paidós (trabajo original publicado en 2002).

150. Florida, R. (30 abril 2003), «Gay-Tolerant Societies Prosper Economically», USA Today.

151. Citado en D. Altman y J. Symons (2016), Queer Wars, Polity Press, p. 95.

152. Stryker, Historia de lo trans, pp. 74-75.

153. Igbokwei, C. (19 agosto 2007), «HIV Epidemic Looms», The Sun.

154. (27 agosto 2019), «Lebanon: Entry Ban Follows Gender, Sexuality Conference», Human Rights Watch.

155. (4 septiembre 2019), «U.S. Providing over $20 Million to Ankara LGBT Organisation-Interior Minister», Ahval News.

6. Amira y Maha

156. El Feki, S. (2014), Sex and the Citadel: Intimate Life in a Changing Arab World, Anchor Books, p. 218.

157. Human Rights Watch (marzo 2004), «In a Time of Torture: The Assault on Justice in Egypt's Crackdown on Homosexual Conduct».

158. Whitaker, B. (19 noviembre 2001), «Homosexuality on Trial in Egypt», *The Guardian*.

159. Human Rights Watch, «In a Time of Torture».

160. Long, S. (19 septiembre 2015), «Entrapped! How to Use a Phone App to Destroy a Life», *A Paper Bird*.

161. Schneider, H. (9 septiembre 2001), «Cultural Struggle Finds Symbol in Gay Cairo: Arrests of 52 Men Reflect Tension Between Islamic Traditionalists, Secularists», *The Washington Post*.

162. Human Rights Watch, «In a Time of Torture».

163. Human Rights Watch, «In a Time of Torture».

164. Admin7Crimes (17 noviembre 2016), «More than 274 LGBTQ Victims of Egypt's Ongoing Repression», *Erasing76Crimes*.

165. Feder, J. L. (23 septiembre 2014), «LGBT Egyptians Go into Hiding as Regime Cracks Down», BuzzFeed News.

166. Feder, J. L. (23 septiembre 2014), «LGBT Egyptians Go into Hiding as Regime Cracks Down», BuzzFeed News.

167. Stack, L. (10 agosto 2016), «Gay and Transgender Egyptians, Harassed and Estrapped, Are Driven Underground», *The New York Times*.

168. (2 enero 2015), «Egyptian Gays in Fear Under Sisi Regime», News24.

169. Long, S. (1 marzo 2015), «New Arrests of Alleged Trans and Gay People in Cairo», *A Paper Bird*.

170. www.youtube.com/watch?v=nstpKSb5dQs&fbclid=IwAR0oBWIxU6fURP jsu9p_4mTGW2Y_mXO_SU1EAK1L69A-0Bhg3OIDsoDgg8U [vídeo no disponible; último acceso en 2017].

171. Feder, J. L.; Schulte, A. y Deen, K. (3 julio 2018), «The Man Who Taught Donald Trump to Pit Gay People Against Inmigrants», BuzzFeed News.

172. SEHAQ, Queer Refugees Group [usuario] (11 agosto 2018), «In the memory of Ehab», publicación de evento, Facebook.

173. Martin, N. (31 julio 2019), «"We Need Freedom": Sehaq, the Party Space for Amsterdam's Queer Refugees», *The Guardian*.

7. Demonios populares rosas

174. (19 marzo 2016), «Hamed Sino Applauds Rainbow Flag at Cairo Concert», ScoopEmpire.

175. Human Rights Watch (16 abril 2018), «Audacity in Adversity: LGBT Activism in the Middle East and North Africa».

176. United Nations Assistance Mission for Iraq (2012), *Report on Human Rights in Iraq: January to June 2012*, UNAMI Human Rights Office and Office of the High Commissioner for Human Rights.

177. Human Rights Watch (17 agosto 2009), «"They Want Us Exterminated": Murder, Torture, Sexual Orientation and Gender in Iraq».

178. Human Rights Watch (17 agosto 2009), «"They Want Us Exterminated": Murder, Torture, Sexual Orientation and Gender in Iraq».

179. (27 mayo 2016), «Iran's Supreme Leader Says "There Is No Worse Form of Moral Degeneration Than Homosexuality"», OutRight Action International.

180. Ghoshal, N. (27 noviembre 2018), Correspondencia con el autor, Human Rights Watch.

181. Al-Kadhi, A. (5 julio 2017), «As a Gay Man Born in Iraq, I Know That Western Intervention Is to Blame for the Murder of LGBT Iraqis», *The Independent*.

182. Cohen, S. (2017), *Demonios populares y «pánicos morales»: delincuencia juvenil, subculturas, vandalismo, drogas y violencia* (Trad. V. de los Ángeles Boschiroli) (trabajo original publicado en 1972).

183. Rubin, G. S. (1989), «Reflexionando sobre el sexo: notas para una teoría radical de la sexualidad», en C. S. Vance (ed.), *Placer y peligro: explorando la sexualidad femenina* (Trad. J. Velasco y M.ª Á. Toda), Talasa.

184. Norton, R. (23 mayo 2013), «The Gay Subculture in Early Eighteenth-Century London», en *The Gay Subculture in Georgian England*.

185. Norton, R. (23 mayo 2013), «The Gay Subculture in Early Eighteenth-Century London», en *The Gay Subculture in Georgian England*.

186. Norton, R. (23 mayo 2013), «The Gay Subculture in Early Eighteenth-Century London», en *The Gay Subculture in Georgian England*.

187. Neilson, M. (27 febrero 2016), «Gays and Lesbians Feel Heat of Discrimination and Prejudice in Indonesia», *The Sydney Morning Herald*.

188. Human Rights Watch (10 agosto 2016), «"These Political Games Ruin Our Lives": Indonesia's LGBT Community Under Threat».

189. (10 agosto 2013), «Indonesia: Vice Presidential Candidate Has Anti-rights Record», Human Rights Watch.

190. Boellstorff, T. (2004), «The Emergence of Political Homophobia in Indonesia: Masculinity and National Belonging», *Ethnos*, 64(4), p. 465.

191. Snyder, T. (2018), *El camino hacia la no libertad* (Trad. María Luisa Rodríguez Tapia) (trabajo original publicado en 2018), Galaxia Gutenberg.

192. Dr. Mahathir (20 junio 2003), Texto completo de su discurso, *The Star Online*.

193. Putin, V. (12 diciembre 2013), *Presidential Address to the Federal Assembly*, página web del Kremlin.

194. Johnson, D. K. (2013) «America's Cold War Empire: Exporting the Lavender Scare», en M. L. Weiss y M. J. Bosia (eds.), *Global Homophobia: States, Movements, and the Politics of Oppression*, University of Illinois Press, pp. 56-57.

195. Johnson, D. K. (2013), «America's Cold War Empire: Exporting the Lavender Scare», en M. L. Weiss y M. J. Bosia (eds.), *Global Homophobia: States, Movements, and the Politics of Oppression*, University of Illinois Press, pp. 62-63.

196. Matthews, O. (22 febrero 2014), «Vladimir Putin's New Plan for World Domination», *The Spectator.*

197. Reid, G. (6 noviembre 2017), «"Traditional values": A Potent Weapon Against LGBT Rights», Human Rights Watch.

198. Gessen, M. (3 julio 2017), «The Gay Men Who Fled Chechnya's Purge», *The New Yorker.*

199. Milashina, Y. (1 abril 2017), «Honor Killings: How the Ambitions of a Famous LGBT Activist Reawakened Ancient Terrifying Customs in Chechnya», *Novaya Gazeta.*

200. Herdt, *Pánicos morales.*

201. Milashina, Y. y Red LGTB de Rusia (2017), *Report on Facts of Persecution of LGBT People in the North Caucasus Region* (Trad. E. Belyakov), p. 4.

8. Pasha

202. (4-5 agosto 2016), Transcripciones de la vista por la demanda civil de Pasha contra Yulia (Trad. E. Belyakov), Tribunal de la ciudad de Liúbertsy.

203. (4-5 agosto 2016), Transcripciones de la vista por la demanda civil de Pasha contra Yulia (Trad. E. Belyakov), Tribunal de la ciudad de Liúbertsy.

204. (25 noviembre 2016), Fallo sobre el juicio de Pasha (Trad. E. Belyakov), Tribunal de la ciudad de Liúbertsy.

205. (9 diciembre 2014), «Psychological Assessment of a Child: Psychological Assessment 1488/a» (Trad. E. Belyakov), Federal Medical Research Center on Psychiatry and Narcology of the Ministry of Health of Russian Federation.

206. (9 diciembre 2014), «Psychological Assessment of a Child: Psychological Assessment 1488/a» (Trad. E. Belyakov), Federal Medical Research Center on Psychiatry and Narcology of the Ministry of Health of Russian Federation.

207. Pasha Captanovska [usuario] (10 agosto 2014), publicación de estado, Facebook.

208. Pasha Captanovska [usuario] (10 agosto 2014), «No more bears!», publicación de estado, Facebook.

209. Pasha Captanovska [usuario] (12 agosto 2014), «It's humiliating and insulting», publicación de estado, Facebook.

210. Ley Federal 436-FZ de 2010, Sobre la protección de los niños contra la información nociva para su salud y desarrollo, 29 diciembre 2010.

211. Pasha Captanovska [usuario] (27 enero 2013), «The day of kissing was successful», publicación de estado, Facebook.

212. Vale, P. (5 septiembre 2013), «Russian Lawmaker Proposes Bill to Deny Homosexual Parents Custody of Their Own Children», *HuffPost*.

213. (7 agosto 2013), «Russia: Silencing Activists, Journalists Ahead of Sochi Games», Human Rights Watch.

214. O'Brien, F. (9 febrero 2014), «Sochi 2014: Russian Anti-gay Stance Exaggerated, Says Lesbian Ski-Jumper», *The Sport Review*; Andrew Higgins (7 septiembre 2013), «Facing Fury over Antigay Law, Stoli Says "Russian? Not Really"», *The New York Times*.

215. Discurso de Vladimir Putin (19 septiembre 2013), *Meeting of the Valdai International Discussion Club*, página web del Kremlin.

216. Oliphant, R. (17 enero 2014), «Putin Says Gay Visitors to Sochi Olympics Must "Leave Children Alone"», *The Telegraph*.

217. White, J. (guion y actuación) (2014), *Young and Gay in Putin's Russia*, parte 1/5. [vídeo], Vice Media, www.youtube.com/watch?=AZ_aSl3ktjg.

218. (15 diciembre 2014), «License to Harm: Violence and Harassment Against LGBT People and Activists in Russia», Human Rights Watch.

219. Gessen, M. y Huff-Hannon, J. (eds.) (2014), *Gay Propaganda: Russian Love Stories*, OR Books, pp. 19-25.

220. Brown, H. (12 agosto 2019), «A Gay Couple Had to Flee Russia for the Crime of Caring for Their Adopted Children», BuzzFeed News.

221. (2 abril 2015), «Russia: Court Hearing Against LGBT Group», Human Rights Watch.

222. (29 enero 2018), «Global Attitudes Toward Transgender People», Ipsos.

223. (2013) «Play Actors», *Special Correspondent*, All-Russia State Television and Radio Broadcasting Company VGTRK [vídeo], www.youtube.com/watch?v=MYIWgduByfw.

9. Pánico a la teoría de género

224. Paternotte, D. (2015), «Blessing the Crowds: Catholic Mobilizations Against Gender in Europe», en S. Hark y P. Villa (eds.), *Anti-Genderismus: Sexualität und Geschlecht als Schauplätze aktueller politischer Auseinandersetzungen*, Transcript Verlag.

225. Ver Corrêa, S. Paternotte, D. y Kuhar, R. (31 mayo 2018), «The Globalisation of Anti-gender Campaigns», *International Politics and Society*.

226. Cochrane, K. (24 diciembre 2008), «From Mary Wollstonecraft to Queer Theory», *The Guardian*.

227. Citado en Brackem S. y Paternotte, D. (2016), «Unpacking the Sin of Gender», *Religion and Gender*, 6(2), p. 143.

228. (29 julio 2013), «Pope Francis: Who Am I to Judge Gay People?», BBC News.

229. Discurso del papa Francisco (27 julio 2016), *Meeting with the Polish Bishops: Address of His Holiness Pope Francis*, The Holy See.

230. Fassin, É. (2016), «Gender and the Problem of Universals: Catholic Mobilizations and Sexual Democracy in France», *Religion and Gender*, (6)2, pp. 176-177.

231. Lodola, G. y Corral, M. (2013), «Support for Same-Sex Marriage in Latin America», en J. Pierceson, A. Piatti-Crocker y S. Shulenberg (eds.), *Same-Sex Marriage in Latin America: Promise and Resistance*, Lexington Books, p. 43.

232. Goñi, U. (15 julio 2010), «Defying Church, Argentina Legalizes Gay Marriage», *Time*.

233. Pecheny, M.; Jones, D. y Ariza, L. (2016), «Sexual Politics and Religious Actors in Argentina», *Religion and Gender*, 6(2), p. 212.

234. Carrasquillo, A. (14 marzo 2013), «Pope Francis, Argentina's President Kirchner Have a History of Contentious Battles», NBC News.

235. Chernaik, M. y Grove, L. (23 febrero 2010), «Review of Existing Research on Marriage 2004 to 2009: Report by Grove Insight for Freedom to Marry», Freedom to Marry.

236. Tóibín, C. (20 mayo 2015), «Catholic Church "Neutered" on Gay Marriage» [vídeo], Channel 4 News, www.youtube.com/watch?v=b-3LDyltfs8

237. Pollak, S. (24 septiembre 2017), «Australian Campaign for Marriage Equality Follows Irish Model», *The Irish Times*.

238. Australian Bureau of Statistics (2017), *Australian Marriage Law Postal Survey* [conjunto de datos]; Shirleene Robinson y Alex Greenwich (24 noviembre 2017), «How the Yes Campaign Was Successful: Thank You, Internet», *HuffPost*.

239. (29 noviembre 2018), «Brazil's Classrooms Become a Battleground in a Culture War», *The Economist*.

240. Kaiser, A. J. (3 mayo 2019), «Call for Students to Film "Biased" Teachers Brings Brazil's Culture Wars to the Classroom», *The Guardian*.

241. Petrov, A. (4 septiembre 2019), «Bolsonaro Calls for Bill to Ban Gender Ideology in Brazilian Elementary Schools», *The Rio Times*.

242. Corrêa, S. (noviembre 2018), «The Brazilian Presidential Election: A Perfect Catastrophe?», *Sexuality Policy Watch*.

243. Gomes da Costa Santos, G. (29 noviembre 2018), «How an Anti-LGBT Agenda Helped Secure Bolsonaro's Election Victory», *Public Seminar.*

244. Casey, N. (8 octubre 2016), «Colombian Opposition to Peace Deal Feeds Off Gay Rights Backlash», *The New York Times.*

245. Citado en Campoy, A. (4 noviembre 2016), «A Conspiracy Theory About Sex and Gender Is Being Peddled Around the World by the Far Right», *Quartz.*

246. Fernando Serrano Amaya, J. (2017), «La tormenta perfecta: ideología de género y articulación de públicos», *Revista Latinoamericana Sexualidad Salud y Sociedad,* 27, pp. 149-171.

247. Careaga-Pérez, G. (2016), «Moral Panic and Gender Ideology in Latin America», *Religion and Gender,* 6(2), pp. 251-255.

248. (9 noviembre 2016), «Resumen de la violencia contra las personas trans y de género diverso en todo el mundo», *TDoR 2016 Press Release* [comunicado de prensa TDoR 2016], Transgender Europe.

249. Cowie, S. (22 enero 2018), «Violent Deaths of LGBT People in Brazil Hit All-Time High», *The Guardian.*

250. (11 enero 2018), «Judith Butler Attacked in Brazil: A Briefing», *Sexual Policy Watch.*

251. Butler, J. (2007), *El género en disputa: el feminismo y la subversión de la identidad* (Trad. M.ª A. Muñoz), Paidós (trabajo original publicado en 1990).

252. Prosser, J. (1998), *Second Skins: The Body Narratives of Transsexuality,* Columbia University Press.

253. Fassin, *Gender and the Problem of Universals,* p. 176.

254. Blue, B. (4 octubre 2013), «Globalizing Homophobia, Part 3: A New Life for Discredited Research», Right Wing Watch.

255. Levintova, H. (21 febrero 2014), «How US Evangelicals Helped Create Russia's Anti-gay Movement», *Mother Jones.*

256. Green, E. L.; Better, K. y Pear, R. (21 octubre 2018), «Transgender Could Be Defined out of Existence Under Trump Administration», *The New York Times.*

257. Anderson, R. T. y Severino, R. (23 mayo 2016), «3 Ways Conservative Lawmakers Should Fight Obama's Bathroom Directive», *The Daily Signal.*

258. (19 agosto 2019), «Poland's Ruling Party Leader Praises Polish Archbishop for LGBT Opposition», *National Catholic Register.*

259. Orbán, V. (12 noviembre 2017), *Prime Minister Viktor Orbán's speech at the 27th Congress of Fidesz-Hungarian Civic Union,* miniszterelnok.hu

260. Orbán, V. (12 noviembre 2017), *Prime Minister Viktor Orbán's speech at the 27th Congress of Fidesz-Hungarian Civic Union,* miniszterelnok.hu

261. Oliveira Pereira da Silva, I. (21 noviembre 2017), «Gênero, política e religião nos protestos contra Judith Butler», *Nexo Jornal.*

10. Zaira y Martha

262. *Primera boda gay en GDL* [vídeo], www.youtube.com/watch?v=_4MK4Zltv5s

263. *Primera boda gay en GDL* [vídeo], www.youtube.com/watch?v=_4MK4Zltv5s

264. (15 diciembre 2015), *GDL Noticias – Pareja de mujeres se une en legítimo matrimonio* [vídeo], Televisa Guadalajara, https://www.youtube.com/watch?v=T8C3aA4gcaM&ab_channel=TelevisaGuadalajara

265. Robledo, F. (16 mayo 2017), Correspondencia con el autor.

266. Herrera Borquez, C. (directora) (2017), *Etiqueta no rigurosa* [documental], La Cleta Films.

267. (21 abril 2017), «Paternidad asumida con amor desde la homosexualidad». *Laguna.*

268. United States Census Bureau (2011), *Same-Sex Couple Households: American Community Survey Briefs* [conjunto de datos], U.S. Department of Commerce.

269. (25 junio 2016), «Todas las familias, todos los derechos: la petición de los asistentes a la marcha gay en la CDMX», *Animal Político.*

270. De las Heras, M. (11 enero 2010), «Matrimonio gay en México: con mayoría en contra», *El País.*

271. (23 mayo 2016), «Apoyan legalizar las uniones gay en el país; 25% cree que afecta los valores morales», *Excélsior.*

272. (10 junio 2016), «ONGs de Aguascalientes exhiben a sacerdotes por inducir voto a favor del PAN», *ADNPolítico*.

273. (10 julio 2018), «Este es el discurso completo que dio AMLO en El Zócalo», *Expansión*.

11. Dólares rosas, «global gay»

274. Esta frase me fue dada por Frédéric Martel (2018); Martel, F. (2013), *Global gay: cómo la revolución gay está cambiando el mundo* (Trad. N. Petit Fontserè), Taurus (trabajo original publicado en 2012).

275. Atlantis Events, Inicio de la página web.

276. Curry, C. y Katrandjian, O. (24 marzo 2012), «Gay Cruise Passengers "Weren't Trying to Put a Show"», ABC News.

277. (26 marzo 2012), «Couple Returns from Gay Cruise to Address Public Sex Allegations», KESQ.

278. Mayer, D. y Hart, J. (16 mayo 2012), «Exclusive: Gay Couple Arrested on Atlantis Events Cruise Tell Their Side of the Story», *Queerty*.

279. (6 septiembre 2012), «St. Jean Says Anti-social Behavior, Homosexuality Bigger Than Imagined», *Dominica News Online*.

280. (21 marzo 2018). «"I Have to Leave to Be Me": Discriminatory Laws Against LGBT People in the Eastern Caribbean», Human Rights Watch.

281. (21 marzo 2018), «Paradise Lost: The Plight of LGBT People in the Eastern Caribbean», Human Rights Watch.

282. (12 diciembre 2017), «BTA: Bill Poses Threat to Success of Tourism», *Bernews*.

283. Morgan, R. y Ruggiero, R. (3 abril 2018), «Cruise Line Carnival Corp. Joins the Fight Against Bermuda's Same-Sex Marriage Ban», CNBC.

284. Johnston-Barnes, O. (4 septiembre 2019), «BTA on Pride: The Message Went Out», *The Royal Gazette*.

285. Tange, T. (14 mayo 2019), «George Clooney: Brunei Boycott over Gay Death Penalty "Warning Shot" to Malaysia, Indonesia», *Malaymail*.

286. (19 junio 2003), «Mahathir: Beware of the West», Al Jazeera.

287. Kompaniya, N. (productora) (2013), «Play Actors» [episodio], *Special Correspondent*, All-Russia State Television and Radio Broadcasting Company VGTRK, www.youtube.com/watch?v=MYIWgduByfw

288. Phillips, T. y Kaiser, A. J. (26 abril 2019), «Brazil Must Not Become a "Gay Tourism Paradise", Says Bolsonaro», *The Guardian*.

289. (26 junio 2015), «Transcript: Obama's Remarks on Supreme Court Ruling on Same-Sex Marriage», *The Washington Post*.

290. King, H. (26 junio 2015), «Corporate America Celebrates Gay Marriage Decision», CNN Business.

291. Kulp, P. (26 junio 2015), «The Best Reactions by Major Companies to the Historic Gay Marriage Decision», *Mashable*.

292. (26 julio 2012), «Target's Same-Sex Registry Ad Praised by LGBT Advocacy Bloggers», *HuffPost*.

293. En Binnie, J. (2004), *The Globalization of Sexuality*, Sage Publications, p. 59.

294. En Binnie, J. (2004), *The Globalization of Sexuality*, Sage Publications, p. 61.

295. Altman, D. (1996), «On Global Queering», *Australian Humanities Review*, p. 2.

296. (18 enero 2011), «Heineken Launches New Global Brand Campaign; First Film, "The Entrance", an Online Hit», página web de Heineken.

297. Katyal, A. (2011), *The Double Game of Sexuality: Idioms of Same Sex Desire in Modern India* [tesis de doctorado], SOAS, Universidad de Londres.

298. Altman, D. (2000), «Gay Identities in South-East Asia», en P. Drucker (ed.), *Different Rainbows*, Gay Men's Press, p. 150.

299. Weiss, M. (20 julio 2018), «Israeli Firms to Back Strike over Surrogacy Exclusion», *The Irish Times*.

300. Walzer, L. (2000), *Between Sodom and Eden: A Gay Journey Through Today's Changing Israel*, Columbia University Press, p. 179.

301. Kaplan Sommer, A. (22 julio 2018), «Why the Battle for Gay Rights in Israel Passes Through Parenthood, Not Marriage», *Haaretz*.

302. Tarnopolsky, N. (23 julio2018), «Debate over Surrogacy Draws Tens of Thousands of Israelis into the Streets», *Los Angeles Times*.

12. Fadi y Nadav

303. Witzenfeld, J. (director), *Oriented* [documental disponible en Netflix], Conch Studios.

304. Witzenfeld, J. (director), *Oriented* [documental disponible en Netflix], Conch Studios.

305. Traubmann, T. (27 febrero 2008), «Drag Against the Occupation», *Haaretz*.

306. Blumenthal, M. (16 octubre 2013), «Israel Cranks Up the PR Machine», *The Nation*.

307. Schulman, S. (2012), *Israel/Palestine and the Queer International*, Duke University Press, p. 117.

308. Fadi Daeem [usuario] (28 mayo 2016), publicación de estado, Facebook.

309. Schulman, S. (2 febrero 2016), «A Documentary Guide to Pinkwashing», *HuffPost*.

310. Sarah Schulman (22 noviembre 2011), «Israel and "Pinkwashing"», *The New York Times*.

311. Gross, A. (10 junio 2015), «Pinkwashing Debate: Gay Rights in Israel Are Being Appropriated for Propaganda Value», *Haaretz*.

312. Gross, A. (2015), «The Politics of LGTB Rights in Israel and Beyond: Nationality, Normativity, and Queer Politics», *Columbia Human Rights Law Review*, 46(2), p. 85.

313. Nadav Kain [usuario] (18 abril 2016), actualización de estado, Facebook.

314. Nadav Kain [usuario] (30 mayo 2016), publicación de vídeo, Facebook.

315. (19 julio 2018), «Gay Israel», página web del Ministerio de Asuntos Exteriores de Israel.

316. Sherwood, H. (13 junio 2012), «Israeli Military Accused of Staging Gay Pride Photo», *The Guardian*.

317. Katz, Y. (16 agosto 2011), «40 % of IDF's Gay Soldiers Suffer Abuse», *The Jerusalem Post.*

318. (6 enero 2016), «Three-Quarters of Jewish Israelis Support Same-Sex Unions: Poll», I24News.

319. Odgaard, L. (31 julio 2013), «Gay Pride Parade in Holy Jerusalem», *Al-Monitor.*

320. Citado en Solomom, A. (2003), «Viva la Diva Citizenship: Post-Zionism and Gay Rights», en D. Boyarin, D. Itzkovits y A. Pellegrini (eds.), *Queer Theory and the Jewish Question,* Columbia University Press, p. 156.

321. Gross, «The Politics of LGBT Rights», p. 94.

322. Gross, «The Politics of LGBT Rights», p. 106.

323. (8 agosto 2009), «20.000 Attend Tel Aviv Rally for Gay Club Victims», *The Jerusalem Post.*

324. Gross, A. (25 octubre 2009), «Harvey Milk Was Here», *Zeek.*

325. Hochberg, G. Z. (2010), «Introduction: Israelis, Palestinians, Queers: Points of Departure», *GLQ: A Journal of Lesbian and Gay Studies,* 4, p. 494.

326. Heller, J. (2 agosto 2009), «Israeli Gays's Safe Haven Turns Deadly», Reuters.

327. (15 junio 2016), *Bibi Netanyahu Statement on the Orlando Terror Attack* [vídeo], www.youtube.com/watch?v=7FBqTbNb5Ma

328. Hochberg, «Introduction: Israelis, Palestinians, Queers».

329. Kirchik, J. (29 noviembre 2011), «Sarah Schulman's Pinkwashing Op-Ed Is Nonsense», *Tablet Magazine.*

330. Maikey, H. y Kumsieh, R. (21 marzo 2012), *Resister au Pinkwashing-au cœur du mouvement queer árabe* [transcripción de conferencia], París.

331. (12 septiembre 2014), «Any Palestinian Is Exposed to Monitoring by the Israeli Big Brother», *The Guardian.*

332. (28 octubre 2010), «You Should Be Ashamed of Supporting Israel, Hamas Tells West», *Haaretz.*

333. (19 agosto 2019), «Palestinian Authority Bans Events by Local LGBTQ+ Organisation», *The New Arab*.

334. Hass, A. (28 mayo 2012), «Shin Bet Inquiry: Did the Israeli Slip His Gay Palestinian Lover into the Country Illegally?», *Haaretz*.

335. Halevi, Y. K. (20 agosto 2002), «The Horrors of Being Gay, Palestinian and Refugee», *The New Republic*.

336.. Kagan, M. y Bendor, A. (abril 2008), *Nowhere to Run: Gay Palestinian Asylum-Seekers in Israel*, Tel Aviv University's Public Interest Law Program (PILP).

337. Mozer, Y. (director) (2012), *The Invisible Men* [documental], Mozer Films y LEV Pictures.

338. Peratis, K. (24 febrero 2006), «For Gay Palestinians, Tel Aviv Is Mecca», *The Forward*.

339. Kagan y Ben-Dor, *Nowhere to Run*.

340. Witzenfeld (dir.), *Oriented*.

341. Witzenfeld (dir.), *Oriented*.

342. Witzenfeld (dir.), *Oriented*.

343. Witzenfeld (dir.) *Oriented*.

344. Witzenfeld (dir.), *Oriented*.

345. MrRayan0005 (25 enero 2013), *Yasmine Hamdan / La Mouch (Tribute Video)* [vídeo], www.youtube.com/watch?v=x1BVhbDw5jI

346. MrRayan0005 (14 abril 2013), *Adonis-Sawt L Maldini (Tribute Video)* [vídeo], www.youtube.com/watch?vRuEsvOC2hVs

347. MrRayan0005 (14 abril 2013), *Adonis-Sawt L Maldini (Tribute Video)* [vídeo], www.youtube.com/watch?vRuEsvOC2hVs

348. Mathew Schultz (29 noviembre 2015), «"We're Fighting Two Fights Here": Being Gay and Palestinian in Israel», *Vice*.

13. La guerra cultural trans

349. Cameron, D. (5 octubre 2011), *Conservative Party Conference Speech*, BBC.

350. Alter, C. (2 mayo 2019), «First Family: The Unlikely, Untested and Unprecedented Campaign of Mayor Pete Buttigieg», *Time*.

351. (30 abril 2019), «Biden Surging Among Democrats in Presidential Race, Quinnipiac University National Poll Finds; U.S. Voters Support Wealth Tax, Oppose Free College», Quinnipiac University Poll.

352. Buttigieg, P. (16 junio 2015), «South Bend Mayor: Why Coming Out Matters», *South Bend Tribune*.

353. Duberman, M. (2018), *Has the Gay Movement Failed?*, University California Press.

354. Kosciw, J. G.; Greytak, E. A.; Zongrone, A. D.; Clark, C. M. y Truong, N. L. (2018), *The 2017 National School Climate Survey*, GLSEN.

355. (2018), *National LGBT Survey: Summary Report*, Government Equalities Office.

356. Workplace Equality Program Team (2018), *Corporate Equality Index 2018: Rating Workplaces on Lesbian, Gay, Bisexual, Transgender, and Queer Equality*, Human Rights Campaign.

357. Guasp, A.; Gammon, A. y Ellison, G. (enero 2015), *Homophobic Hate Crime: The Gay British Crime Survey 2013*, Stonewall.

358. Steinmetz, K. (29 mayo 2014), «The Transgender Tipping Point», *Time*.

359. Steinmetz, K. (29 mayo 2014), «The Transgender Tipping Point», *Time*.

360. Steinmetz, K. (29 mayo 2014), «The Transgender Tipping Point», *Time*.

361. Steinmetz, K. (29 mayo 2014), «The Transgender Tipping Point», *Time*.

362. Adams, S. y Goodman, M. (17 septiembre 2015), «Number of Americans Who Report Knowing a Transgender Person Doubles in Seven Years, According to New GLAAD Survey», GLAAD.

363. Human Rights Campaign y Trans People of Color Coalition (2017), *A Time to Act: Fatal Violence Against Transgender People in America 2017* Human Rights Campaign.

364. Zillman, C. (13 julio 2015), «Changing Genders at Work: Inside the Fortune 500's Quiet Transgender Revolution», *Fortune*.

365. «Interactive Map: Clinical Care Programs for Gender-Expansive Children and Adolescents», página web de Human Rights Campaign.

366. Olson-Kennedy, J. (2018), *Referrals to the Center for Transyouth Health and Development by Year*, CHLA.

367. «The Gender Service background, funding and program logic», página web del Royal Children's Hospital.

368. (2011) *The Number of Gender Variant People in the UK-Update 2011*, Gender Identity Research and Education Society (GIRES).

369. Stryker, S. (2021), *Historia de lo trans: Las raíces de la revolución de hoy* (Trad. M. Pérez y M. T. Sánchez), Continta me tienes (trabajo original publicado en 2017), p. 101.

370. Berk, A. y Conroy, J. (directores) (2017), *Transgender Kids: Who Knows Best?* [documental], BBC 2.

371. Singal, J. (7 febrero 2016), «How the Fight over Transgender Kids Got a Leading Sex Researcher Fired», *The Cut*.

372. Hayes, M. (7 octubre 2018), «Doctor Fired from Gender Identity Clinic Says He Feels "Vindicated" After CAMH Apology, Settlement», *The Globe and Mail*.

373. Carmichael, P. (26 noviembre 2017), *GIDS* [presentación], Intercom Trust Conference, Plymouth, https://drive.google.com/file/d/16D2m4dRWCTZWfQ 029tFb962JKZhaQGDn/view

374. Heffernan, D. (3 diciembre 2012), «The APA Removes "Gender Identity Disorder" from Updated Mental Health Guide», GLAAD.

375. Kozee, H. B.; Tylka, T. L. y Bauerband, L. (2012), «Measuring Transgender Individuals' Comfort with Gender Identity and Appearance: Development and Validation of the Transgender Congruence Scale», *Psychology of Women*, 2, p. 181.

376. (8 junio 2012), «Argentina Adopts Landmark Legislation in Recognition of Gender Identity», Outright Action International.

377. Urquhart, E. (11 marzo 2016) «Gatekeepers vs. Informed Consent: Who Decides When a Trans Person Can Medically Transition?», *Slate*.

378. Freeman, H. (6 marzo 2019), «Sport Can Help to Clarify the Trans Debate», *The Guardian*.

379. Government Equalities Office y Penny Mordaunt (3 julio 2018), «Government Announces Plans to Reform Process of Changing Legal Gender», Gov.uk

380. (27 octubre 2018), «Who Decides Your Gender?», *The Economist*.

381. Joyce, H. (4 diciembre 2018) «The New Patriarchy: How Trans Radicalism Hurts Women, Children—and Trans People Themselves», *Quillette*.

382. Köhler, R. (11 enero 2017), «Implementation of Legal Gender Recognition Procedures Based on Self-Determination in Malta, Norway, Denmark, Argentina, and Ireland with a Focus on Fraudulent Intents and Repeated Decisions», TGEU.

383. Duffy, N. (13 julio 2018), «Transphobia and Homophobia Are Inextricably Linked», *The Economist*.

384. Duffy, N. (13 julio 2018), «Transphobia and Homophobia Are Inextricably Linked», *The Economist*.

385. Joyce, «The New Patriarchy».

386. Surma, A. (8 septiembre 2017), «Fliers Distributed Throughout Grass Lake Opposing Transgender Bathrrom Rule», *MLive*; (30 octubre 2017), «Local Mother of Transgender Child Speaks Out», WILX News 10.

387. Tammy Marie [usuario], publicación de estado, Facebook.

388. Shorman, J. y Woodall, H. (18 febrero 2018), «Kansas GOP Votes to "Oppose All Efforts to Validate Transgender Identity"», *The Wichita Eagle*.

389. Tammy Gerlach [usuario] (Sin fecha), publicación de estado, Facebook.

390. Lhamon, C. E. y Gupta, V. (13 mayo 2016), «Dear Colleague Letter on Transgender Students», U.S. Department of Justice y U.S. Department of Education.

391. (31 octubre 2012), «Vice President Joe Biden: Transgender Discrimination "Civil Rights Issue of Our Time"», Transgender Law Center.

392. «State of Texas v. United States», 7.16-cv-54-o (District Court Northern District of Texas Wichita Falls Division, 2016).

393. Perkins, T. (20 septiembre 2016), «ADF Takes Highland in Bathroom Fight», Family Research Council.

394. Discurso del papa Francisco (1 octubre 2016), *Meeting with Priests, Religious Seminarians and Pastoral Workers*, The Holy See.

395. Perkins, «ADF Takes Highland».

396. Borger, J. (25 octubre 2018), «Trump Administration Wants to Remove "Gender" from UN Human Rights Documents», *The Guardian*.

397. (24 octubre 2018), «R. G. & G. R. Harris Funeral Homes, Inc. v. EEOC & Aimee Stephens», ACLU.

398. Green, E. L.; Better, K. y Pear, R. (21 octubre 2018), «Transgender Could Be Defined out of Existence Under Trump Administration», *The New York Times*.

399. «WoLF v. U.S.», página web de WoLF.

400. «WoLF v. U.S.», página web de WoLF.

401. Fitzsimons, T. (30 enero 2019), «Conservative Group Hosts Anti-transgender Panel of Feminists "from the Left"», NBC News.

402. Liptak, A. y Peters, J. W. (8 octubre 2019), «Supreme Court Considers Whether Civil Rights Act Protects L. G. B. T. Workers», *The New York Times*.

403. Stryker, *Historia de lo trans*, p. 178.

404. Raymond, J. (1979), *The Transsexual Empire: The Making of the She-Male*, Beacon Press.

405. Greer, G. (2000), *La mujer completa* (Trad. M. Bofill Abello y H. Braun), Kairós.

406. Gabbatis, J. (7 julio 2018), «London Pride: Anti-trans Activists Disrupt Parade by Lying Down in the Street to Protest "Lesbian Erasure"», *The Independent*.

407. Gabbatis, J. (7 julio 2018), «London Pride: Anti-trans Activists Disrupt Parade by Lying Down in the Street to Protest "Lesbian Erasure"», *The Independent*.

408. Best, J. (2019), *Please Join Us in Asking Stonewall to Reconsider Its Transgender Policies and Approach*, iPetitions.com

409. (Febrero 2019), «WoLF v. US: Frequently Asked Questions», página web de Women's Liberation Front.

410. Citado en Feltham, L. (1 mayo 2019), «"Necessary Discrimination": CAS Rejects Caster Semenya's Appeal», *Mail & Guardian*.

411. Navratilova, M. (17 febrero 2019), «The Rules on Trans Athletes Reward Cheats and Punish the Innocent», *The Times*.

412. Burns, K. (11 mayo 2019), «Caster Semenya and the Twisted Politics of Testosterone», *Wired*.

413. De Villiers, O. (19 junio 2018), «Semenya Starts Legal Battle Against IAAF: "I Am a Woman and I Am Fast"», *IOL*.

414. Semenya, C. (27 septiembre 2019), «I Wanted to Be a Soldier», *The Players' Tribune*.

415. Molloy, P. M. (29 junio 2014), «Equality Michigan Petitions Michfest to End Exclusionary Policy», *The Advocate*.

416. Padawer, R. (15 octubre 2014), «When Women Become Men at Wellesley», *The New York Times*.

14. Riot Youth

417. Liam Kai [usuario] (18 junio 2014), publicación, Twitter.

418. Liam Kai [usuario] (2 junio 2014), publicación, Twitter.

419. Cohen-Kettenis, P. T. y De Vries, A. L. C. (2012), «Clinical Management of Gender Dysphoria in Children and Adolescents: The Dutch Approach», *Journal of Homosexuality*, 59(3), pp. 301-320; Dreger, A. (2009), «Gender Identity Disorder in Childhood: Inconclusive Advice to Parents», *Hastings Center Report*, 39, pp. 26-29.

420. Olson-Kennedy, J. et al. (2016), «Health Considerations for Gender Non-conforming Children and Transgender Adolescents», en Madeline B. Deutsch (ed.), *Guidelines for the Primary and Gender-Affirming Care of Transgender and Gender Nonbinary People*, 2.ª ed., Universidad de California, pp. 186-199.

421. Pine, E. (30 abril 2016), «Gender Dysphoria in Children and Adolescents: Medical Consideration».

422. López, X. et al. (2017), «Statement on Gender-Affirmative Approach to Care from the Pediatric Endocrine Society Special Interest Group on Transgender Health», *Current Opinions on Pediatrics*, 29(4), pp. 475-480.

423. Prosser, J. (1998), *Second Skins: The Body Narratives of Transsexuality*, Columbia University Press, capítulo 2.

424. Rubin, H. (2003), *Self-Made Men: Identity and Embodiment Among Transsexual Men*, Vanderbilt University Press.

425. Rubin, H. (2003), *Self-Made Men: Identity and Embodiment Among Transsexual Men*, Vanderbilt University Press, p. 11.

426. Meadow, T. (2018), *Trans Kids: Being Gendered in the Twenty-First Century*, University of California Press, p. 215.

427. Rosenthal, S. (2014), «Approach to the Patient: Transgender Youth: Endocrine Considerations», *Journal of Clinical Endocrinology & Metabolism*, 99(12), pp. 4379-4389.

428. Meadow, *Trans Kids*, p. 75.

429. Medalie, D. (24 enero 2011) *Dr. Medalie performs FtM peri areolar mastectomy procedure with purse string* [vídeo], http://www.youtube.com/watch?v=h1UealCPtnU

430. Liam Kai [usuario] (4 julio 2014), publicación, Twitter.

431. Liam Kai [usuario] (4 julio 2014), publicación, Twitter.

432. Documento informativo (2015) *GSA Court Victories: A Quick Guide for Gay Straight Alliances*, American Civil Liberties Union.

433. GenderFluid Support [usuario] (2019), *Gender Master List* publicación, Tumblr.

434. (21 junio 2010), «Gay and Transgender Youth Homelessness by the Numbers», Center for American Progress.

435. (2016), *Report of the 2015 U.S. Transgender Survey*, National Center for Transgender Equality (NCTE).

436. Berk y Conroy (directores), *Transgender Kids: Who Knows Best?*.

437. Singal, J. (julio/agosto 2018), «When Children Say They're Trans», *The Atlantic*

438. Solovitch, S. (21 enero 2018), «When Kids Come in Saying They Are Transgender (or No Gender), These Doctors Try to Help», *The Washington Post.*

439. Meadow, *Trans Kids*, p. 78.

440. Cantor, J. M. (30 diciembre 2017), «How Many Transgender Kids Grow Up to Stay Trans?», *PsyPost.*

441. Kiss, C. (3 julio 2018), «The Idea That Trans Men Are "Lesbians in Denial" Is Demeaning and Wrong», *The Economist.*

442. (17 mayo 2018), «GIDS Referrals Increase in 2017/18», The Travistock and Portman NHS Foundation Trust.

443. Olson-Kennedy, J. (2018) *Referrals to the Center for Transyouth Health and Development by Year*, CHLA.

444. Worriedmom (5 mayo 2017), «The Lost Generation Strikes Back», 4thWaveNow; Inga Bereson (22 marzo 2018), «How Has the UK Become a Police State? (And Has Twitter Become Its Informant?)», 4thWaveNow.

445. Littman, L. (2018), «Rapid-Onset Gender Dysphoria in Adolescents and Young Adults: A Study of Parental Reports», *PLOS One*, 13(8).

446. (23 mayo 2015), «New Study out of Finland: Girls with Gender Dyshoria Have Many Other Mental Health Issues», 4thWaveNow.

447. Marchiano, L. (6 octubre 2017), «Misunderstanding a New Kind of Gender Dysphoria», *Quillette.*

448. Marchiano, L. (25 septiembre 2016), «Layers of Meaning: A Jungian Analyst Questions the Identity Model for Trans-Identified Youth», 4thWaveNow.

449. Saketopoulou, A. (2011), «Minding the Gap: Race and Class in Clinical Work with Gender Variant Children», *Psychoanalytic Dialogues*, 2, pp. 1233-1243.

450. Citado en Talbot, M. (18 marzo 2013), «About a Boy», *The New Yorker.*

451. Anónimo (4 agosto 2017), «No Menses, No Moustaches: Gender Doctor Touts Nonbinary Hormones & Surgery for Self-Sacrificing Youth», 4thWaveNow.

452. Anónimo (4 agosto 2017), «No Menses, No Moustaches: Gender Doctor Touts Nonbinary Hormones & Surgery for Self-Sacrificing Youth», 4thWaveNow.

453. World Professional Association for Transgender Health (2011), *Standards of Care for the Health of Transsexual, Transgender, and Gender Noncomforming People*, 7.ª edición.

454. (27 octubre 2018), «Who Decides Your Gender?», *The Economist*.

455. (25 octubre 2019), «Transgender Politics Focuses on Who Determines Someone's Gender», *The Economist*.

456. Preciado, P. B. (2008), *Testo yonqui*, Espasa Calpe, p. 47.

457. Citado en Talbot, «About a Boy».

458. Ross, L. (17 agosto 2019), «I'm a Black Feminist. I Think Call-Out Culture Is Toxic», *New York Times*.

459. Goldner, V. (2011), «Trans: Gender in Free Fall», *Psychoanalytic Dialogues*, 21(2), pp. 165 y 166.

460. Stryker, S. (2021), *Historia de lo trans: Las raíces de la revolución de hoy* (Trad. M. Pérez y M. T. Sánchez), Continta me tienes (trabajo original publicado en 2017), p. 19.

461. Haraway, D. (1995), *Ciencia, cyborgs y mujeres: la reinvención de la naturaleza* (Trad. M. Talens), Cátedra (trabajo original publicado en 1991), p. 250.

462. Jacobs, L., «Posthuman Bodies, Posthuman Selves», en G. Beemyn, *Transgender History of the United States*, una versión especial íntegra de un capítulo del libro *Trans Bodies, Trans Selves*, editado por Laura Erickson-Schroth, pp. 41-42, https://www.umass.edu/stonewall/sites/default/files/Infoforandabout/transpeople/genny_beemyn_transgender_history_in_the_united_states.pdf

463. Olson-Kennedy, *Referrals to the Center for Transyouth Health and Development by Year*.

464. Mari, F. (marzo 2016), «Gender Bender», *Texas Monthly*; Colt Kleo-Meyer, *Infographics*, Coltkeo-meier.com

15. La nueva línea rosa

465. Jerkins, M. y Talusan, M. (23 abril 2015), «Writing Trans Identity, Race, and All the Poetry: An Interview with Meredith Talusan», *The Toast*.

466. Long Chu, A. (invierno 2018), «On Liking Women», *n+1*.

467. Kohut, A. et al. (4 junio 2013), «The Global Divide on Homosexuality: Greater Acceptance in More Secular and Affluent Countries», Pew Research Center.

468. Gevisser, M. (12 mayo 2013), «Ang Ladlad Party Brings Beauty Parlors and Gay Pageants out to Vote in Philippines», *The Guardian*.

469. Nuñez-Inton, M. (26 agosto 2015), «ILGA Meets… Mike Inton», International Lesbian, Gay, Bisexual, Trans and Intersex Association.

470. Nuñez-Inton, M. (agosto 2015), «The *Bakla* and Gay Globality in Chris Martinez's *Here Comes the Bride*», *Intersections: Gender and Sexuality in Asia and the Pacific*, p. 38.

471. Beachy, R. (2014), *Gay Berlin: Birthplace of a Modern Identity*, Alfred A. Knopf, p. XVII.

472. Carpenter, E. (2015), *El sexo intermedio: un estudio de algunos tipos transitorios de hombres y mujeres* (Trad. C. Sanrune), Amistades peligrosas (trabajo original publicado en 1908).

473. (Enero de 2017), «The Legality of Gender Change», *National Geographic*.

474. Chow, E. K. (23 octubre 2017), «China's Complicated Approach to Transgender Rights», *The Diplomat*.

475. Taylor, M. (6 septiembre 2019), «Trans Chinese Teens Forced into "Conversion Therapy"-Study», Thomson Reuters Foundation News.

476. Talusan, M. (13 junio 2018) «Why I Chose Thailand for My Gender Reassignment Surgery», *Condé Nast Traveler*.

477. Mapa digital (2019), *Criminalisation and Prosecution of Trans People*, TGEU.

478. «Quincy McEwan et al. y Sociedad Contra la Discriminación por la Orientación Sexual (SASOD) v. Fiscal General de Guyana», CCj 30 (AJ), Tribunal de Justicia del Caribe, 2018.

479. «Kano State Prostitution and Other Immoral Acts (Prohibition) Law 2000», en P. Ostein, *Sharia Implementation in Northern Nigeria, 1999-2006: A Sourcebook*, vol. III, Spectrum Books, p. 207.

480. John, E. (2016), «The Keeper of Secrets», en E. Wakatama Allfrey (ed.), Safe House: Explorations in Creative Non-fiction, Dundurn, pp. 109-128.

481. (19 junio 2003), «Mahathir: Beware of the West», Al Jazeera.

482. (19 julio 2012), «Najib: LGBTs, Liberalism, Pluralism Are Enemies of Islam»,]. The Malaysian Insider.

483. Broqua, C. y Geoffrion, K. (17-20 junio 2015), «Góor-jiggéen and Kodjo-besia: The Resignification of Two Categories from Gender to Sexuality in Senegal and Ghana», [presentación], International Association for the Study of Sexuality, Culture and Society (IASSCS), Xth International Conference, Dublín, Irlanda.

484. Broqua, C. y Geoffrion, K. (17-20 junio 2015), «Góor-jiggéen and Kodjo-besia: The Resignification of Two Categories from Gender to Sexuality in Senegal and Ghana» [presentación], International Association for the Study of Sexuality, Culture and Society (IASSCS), Xth International Conference, Dublín, Irlanda.

485. Nkabinde, N. Z. (2009), *Black Bull, Ancestors and Me: My Life as a Lesbian Sangoma,* Jacana Media.

486. Malfatto, E. y Prtoric, J. (5 agosto 2014), «Last of the Burrnesha: Balkan Women Who Pledged Celibacy to Live as Men», *The Guardian.*

487. Nordberg, J. (20 septiembre 2010), «Afghan Boys Are Prized, So Girls Live the Part», *The New York Times.*

488. Genny Beemyn, Transgender History of the United States, una versión especial íntegra de un capítulo del libro Trans Bodies, Trans Selves, editado por Laura Erickson-Schroth, p. 7, https://www.umass.edu/stonewall/sites/default/files/Infoforandabout/transpeople/genny_beemyn_transgender_history_in_the_united_states.pdf

489. Citado en Human Rights Watch (2011), «Rights in Transition: Making Legal Recognition for Transgender People a Global Priority».

16. Las kothi

490. Citado en khanna, a. (2014), Sexualness, p. 161.

491. Reddy, G. (2005), *With Respect to Sex: Negotiating Hijra Identity in South India*, University of Chicago Press, p. 26.

492. Revathi, A. (2010), *The Truth About Me*, Penguin Books India.

493. Muthukumaraswamy, M. D. (17 marzo 2016), «When Graveyards Throb with Life and Women Power», *The Times of India*.

494. Cohen, L. (2005), «The Kothi Wars: AIDS Cosmopolitanism and the Morality of Classification», en V. Adams y S. L. Pigg (eds.), *Sex in Development: Science, Sexuality, and Morality in Global Perspective*, Duke University Press, p. 291.

495. Lakshaya [usuario] (Sin fecha), publicación de estado, Facebook.

496. khanna, *Sexualness*, p. 54.

497. khanna, *Sexualness*, p. 71.

498. khanna, *Sexualness*, p. 343.

499. Vanita, R. y Kidwai, S. (2001), *Same-Sex Love in India: Readings from Literature and History*, Palgrave.

500. Lakshaya [usuario] (Sin fecha), publicación de estado, Facebook.

501. (27 enero 2014), *Report of the Expert Committee on the Issues Relating to Transgender Persons*, Ministry of Social Justice and Empowerment.

502. Mallapur, C. (22 agosto 2019), «Why New Bill Meant to Benefit Transgender People Is Termed Regressive», IndiaSpend.

503. Proyecto de Ley 169 de 2019 (Protección de Derechos) Personas Trans, 15 de julio de 2019, Lok Sabha.

504. Lakshaya [usuario] (22 abril 2013), publicación de estado, Facebook.

505. Dutta, S. et al. (abril 2014), «Addressing Mental Health Needs Among Male Born Sexual Minorities», Karnataka Health Promotion Trust.

506. «Bridging the Online Gender Divide in Rural India», Internet Saathi.

507. Bathija, M. (7 agosto 2018), «Internet Saathi: Improving Digital Literacy among Women», *Forbes India*.

508. «Our Values in Action», Internet Saathi.

509. Lakshaya [usuario] (6 septiembre 2018), publicación de estado, Facebook.

510. Lakshaya [usuario] (6 septiembre 2018), publicación de estado, Facebook.

511. Corte Suprema de la India, «Navtej Singh Johar & Ors. v. Union of India», Mandato Judicial (Criminal) n.º 76 de 2106, 6 de septiembre de 2018.

512. Corte Suprema de la India, «Navtej Singh Johar & Ors. v. Union of India», Mandato Judicial (Criminal) n.º 76 de 2106, 6 de septiembre de 2018.

513. Corte Suprema de la India, «Navtej Singh Johar & Ors. v. Union of India», Mandato Judicial (Criminal) n.º 76 de 2106, 6 de septiembre de 2018.

514. Lakshaya [usuario] (6 septiembre 2018), publicación de estado, Facebook.

Epílogo. Todo mejora

515. Rice, A. (9 junio 2010), «Malawian Gay Couple's Beautiful Thing, and Its Ugly Consequences», *Daily Maverick.*

516. Parker-Pope T. (22 septiembre 2010) «Showing Gay Teenagers a Happy Future», *The New York Times.*

517. *Welcome to the It Gets Better Project,* It Gets Better.

518. (Junio 2019), *Social Perception Survey on Lesbian, Gay, Bi-sexual and Transgender Persons Rights in Nigeria,* Initiative for Equal Rights and Vivid Rain.

519. (2 diciembre 2019), «Zambia to Warn U.S. over Remarks About Jailing of Gay Couple», Sky News.

520. Gennarini, S. (19 diciembre 2019), «Pro-LGBT Government and U.S. Clash on Campaign to Decriminalize Homosexuality», C-Fan.

521. Lavers, M. K. (20 diciembre 2019), «US Hosts Homosexuality Decriminalization Event at UN», *Los Angeles Blade.*

522. Citado entre las notas de un asistente a la reunión; son mías.

523. Brown, R. L. (11 junio 2019), «In Historic Shift, Botswana Declares Homosexuality Is Not a Crime», *The Christian Science Monitor.*

524. De Beauvoir, S. (2015), *El segundo sexo* (Trad. A. Martorell), Cátedra, p. 371.

525. Gevisser, M. (2014), *Lost and Found in Johannesburg: A Memoir*, Straus and Giroux, p. 77.

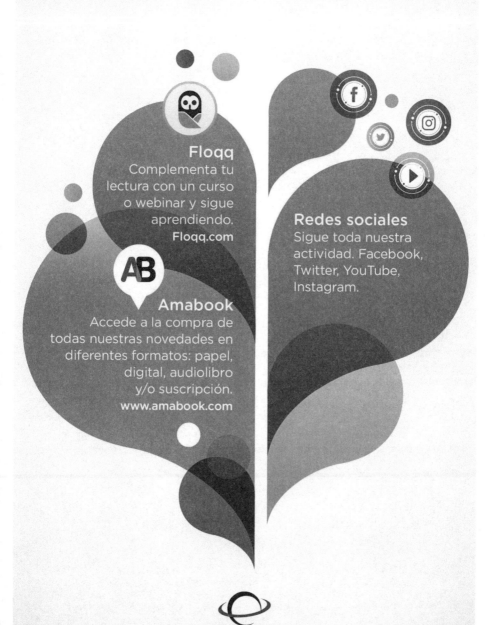